장례용어

양무석 · 김철재 편저

도서출판 보성

머리말

하나의 전공분야에 접근하여 학문내용을 탐색해 들어가는 데 있어서 <전공용어에 대한 先 이해>는, 매우 효과적인 전공 이해의 방법 중의 하나이다. 장례지도과의 경우도 역시 예외는 아니다. 2002학년도 우리 대학에 장례지도과가 처음 개설된 이래로 <전공용어>라는 교과목은, 장례지도과의 주요한 전공교과목으로서 지금까지도 그 자리를 차지하여 오고 있다.

그런데 학문의 역사가 일천한 관계로 적절한 교재가 제대로 준비되지도 못한 채 그 동안의 수업이 진행될 수밖에 없었던 점은, 매우 아쉬운 측면이라 아니 할 수가 없다. 이처럼 교재에 대한 아쉬움을 느껴오던 차, 이제 지금까지 수집된 여러 상장제(喪葬祭) 관련 자료들을 종합 정리하여, 마침내 <전공용어>교과목에 적절한 하나의 교재를 발간하게 되었다. 제목은 편의상 <상장·제의례 용어집성(喪葬祭儀禮用語集成)>이라고 명명하였다. 만시지탄이지만 그나마 다행으로 여기지 않을 수 없는 바이다.

내용 구성은 크게 네 부분으로 나누어, 제1장 상장의례(喪葬儀禮) 용어, 제2장 제의례(祭儀禮) 용어, 제3장 풍수지리(風水地理) 용어, 제4장 기타 의례관련(儀禮關聯) 용어 등으로 구분하였다. 그리고 각 장에서의 용어에 대한 설명 순서는, 사전적(辭典的) 편찬 방식에 따라, 가나다 순으로 하였다.

내용을 이처럼 구분한 이유는, <상장의례학>과 <제의례학>이 비록 서로 비슷한 학문 내용으로 혼용되어 구성되어 있기는 하지만, 그러나 앞으로의 장례학과의 학문 정착을 위해서는, 이제부터라도 각자의 고유 독자 영역이 확립되어야 하지 않을까 하는 기대와 바람 때문이며, 또한 <풍수지리학>의 용어 역시 우리나라에서 명품 장례지도사가 되기 위해서는 넘어야 할 고지(高地)라고 여겨지기 때문이다. 그리고 용어의 설명 순서를 가나다 순으로 정한 것은 그러한 사전적 설명 방법이 용어를 정리하는 데 대체적으로 무난한 방법이라고 여겨졌기 때문이다.

일단 정리는 하였지만 미흡한 부분이 너무 많이 눈에 띈다. 부족한 부분은 앞으로 계속해서 수정 보완해 나갈 예정이다. 독자 제현(諸賢)의 아낌없는 질정(叱正)을 바란다.

2011. 8.
편저자 識

머리말 (장례용어)

상장·제의례 용어집성(喪葬祭儀禮 用語集成)이 나온 지 벌써 여러 해가 되었다. 이후 역사가 일천했던 장례학이 계속 학문적 발전을 거듭해오면서 추가로 많은 학문 용어들이 정리되고 다듬어졌다. 이에 증보의 필요성이 점증(漸增)되던 중, 그동안 미흡했던 자료와 보완한 자료, 새로 발굴한 자료, 추가로 정리한 자료들을 묶어, 이번에 새로운 판을 내게 된 것이다. 책 제목도 <장례용어>로 새롭게 작명(作名)을 하였다.

우선 지면(紙面)이 많이 증가되었다. 학문적으로 정리되고 다듬어진 설명이 필요한 장례관련 용어(用語)들이 그동안 많이 증가된 이유이다. 특히 상장례(喪葬禮)와 제의례(祭儀禮) 관련 용어들이 추가로 많이 발굴 정리되었다. 다음으로 용어의 시각적 이해를 높이기 위해 미흡하기는 하지만 사진(寫眞) 관련 자료들을 첨가하였다. 끝으로 제의례에서 의식(儀式)의 기도문으로서 매우 중요한 위치를 점하고 있는 축문(祝文)을 종류별로 다양하게 부록으로 첨가하여 보았다. 참고가 필요한 내용이라 사료되었기 때문이다.

전통 축문은 모두가 매장을 전제로 해서 작성된 것들이다. 그런데 오늘날은 화장(火葬)이 장법의 대세를 이루고 있다. 그렇다면 축문도 화장을 전제로 해서 현실에 맞게 개작(改作)되어야 한다. 화장을 전제로 한 축문 작성과 축문에 대한 표준화작업이 학계에서 필요한 이유이다. 앞으로 학계에서 고민해야 할 영역이라 사료된다.

끝으로 어려운 여건 속에서 흔쾌히 출판을 맡아준 보성출판사 박상규 사장님과 편집과 디자인에 애써주신 편집진 여러분들에게도 고마운 마음을 표한다. 막상 출판을 하려고 하니 무언가 또 미진하고 미흡한 생각이 든다. 출간을 할 때마다 늘 느껴지는 마음이다. 그래도 용기 내어 출간해 보고자 한다. 부족한 부분은 앞으로 계속해서 수정 보완해 나갈 예정이다. 독자 제현(諸賢)의 아낌없는 질정(叱正)을 바란다.

2018년 2월
비봉산하 연구실에서
편저자 식(識)

목 차

1. 상장의례 용어 ··· 7

2. 제의례 용어 ··· 261

3. 풍수지리 용어 ·· 335

4. 기타 의례 관련 용어 ·· 365

[부 록] ·· 385

   1. 기제(忌祭) 축문(祝文) ·· 386

   2. 상례(喪禮) 축문(祝文) ·· 395

   3. 묘제(墓祭) 축문(祝文) ·· 412

   4. 이개장(移改葬) 축문(祝文) ·· 417

   5. 석물입석(石物立石) 축문(祝文) ·· 422

   6. 개사초(改莎草) 축문(祝文) ·· 425

   7. 기타(其他) 축문(祝文) ·· 428

   8. 묘제(墓祭) 홀기(笏記) ·· 448

   9. 기제(忌祭) 홀기(笏記) ·· 454

1. 상장의례 용어

- **가가례(家家禮)** : 집집마다 달리 행하는 예법.
- **가공(加供)** : 보통 제사를 지낼 때 자손(子孫)이나 지손(支孫)들이 따로 제물과 술을 갖추어 유식(侑食) 후에 제상 앞에 벌여 놓는 것이다. 참고로 『사례편람』에서는 이러한 예를 잘못된 것으로 표하고 있는데, 만약 올바른 도리를 표할 마음이 있으면 이러한 제물이나 술 내지 준비한 돈을 직접 제주 또는 주부에게 보태주는 것이 합당하다고 하였다.
- **가령(加領)** : 상복의 부분 명칭으로 바깥쪽에 덧대는 겉깃.
- **가례(家禮)** : 『가례(家禮)』란 중국 송나라 때의 성리학자 주희[朱熹, 1130~1200 ; 자(字)는 원회(元晦) 중회(仲晦), 호(號)는 회암(晦庵) 회옹(晦翁) 둔옹(遯翁) 등]가 일상생활의 예절에 관한 내용을 모아 기록한 책으로서 한국 의례문화의 기본이 되는 의례서이다. 총 5권으로 구성되어 있다. 첫머리에는 가례도(家禮圖) 20장이 있고, 제1권은 통례(通禮), 제2권은 관례(冠禮), 제3권은 혼례(婚禮), 제4-6권은 상례(喪禮), 제7권은 서식에 관한 것, 제8권은 제례(祭禮)로 구성되어 있다. <사고제요(四庫提要)>에는 <가례(家禮)>라는 제목으로 5권과 부록 1권이 실려 있다. 이 책은 주희의 장례식 때 참석한 조객에 의해 제시되었고, 내용이 주희가 말년에 제시했던 예설과 다른 점이 많았기 때문에 위작이라는 논란도 있다. 그러나 <주문공문집>에 <가례서>가 있고, <가례부록>에 이 책을 다시 얻게 된 경위를 밝히고 있음을 근거로, 주희가 지은 책으로 보고 있다. <문집>이나 <어류(語類)>에 나타나는 내용으로 보아, 주희는 아버지의 상(喪)을 당한 후인 17, 18세부터 예(禮)에 관한 여러 자료들을 수집・정리하여 40세에 어머니의 상을 당한 후 일부를 찬술했는데, 이는 개인적으로 초년의 부친상과 중년의 모친상을 겪으면서 인정(人情)에 맞고 실제로 행하기 쉬운 예의 필요성을 느꼈기 때문인 것 같다. 그 후에도 계속 수정하다가 만년에 유실된 것으로 보인다. 10권으로 된 <찬도집주문공가례(纂圖集注文公家禮)>, 7권으로 된 <문공가례(文公家禮)>, 8권 또는 4권으로 된 <주문공가례의절(朱文公家禮儀節)>, <가례(家禮)> 4・5・7권본 등의 판본이 전한다.

이와 같이 판본에 따라 차이점이 있으나 편차에는 큰 차이가 없다. <성리대전서(性理大全書)>에 실린 <가례(家禮)>를 기준으로 편차목록을 살펴보면, 권1 가례도설(家禮圖說), 권2 가례서(家禮序)・통례(通禮)・관례(冠禮)・혼례(昏禮), 권3 상례(喪禮), 권4 상례·제례(祭禮)로 되어 있다. 권1의 <가례도설>은 주로 가묘(家廟)·사당(祠堂)·관리(冠履) 등에 관한 도설이 실려 있다. 권2 가운데 <통례>는 사당·심의제도(深衣制度)·사마씨거가잡의(司馬氏居家雜儀)로서 사마광(司馬光)이 <서의(書儀)>에서 다루었던 것과는 다르며, <관례>는 관(冠)·계(笄)의 2조목으로, <혼례>는 의혼(議昏)·납채(納采)·납폐(納幣)·친영(親迎)·부견구고(婦見舅姑)·묘견(廟見)·서견부지부모(壻見婦之父母)로 이루어져 있는데, 제목에서 보듯이 혼례의 시간적인 경과에 따라 거기에 맞는 예법을 서술한 것이다. 권3·4의 <상례>는 초종(初終)부터 담(禫)까지의 예(禮)로서 우제(虞祭) 및 거상잡의(居喪雜儀) 등에 필요한 모든 예법을 설명했다. 권4의 <제례>는 사시제(四時祭)·초조(初祖)·선조(先祖)·예(禰)·기일(忌日)·묘제(墓祭)로 이루어져 있다. 이 책은 사마광의 <서의>에 비해 전통적인 의례의 비중이 적고 속례(俗禮)와 주희의 독자적인 형식을 덧붙였으나, 편차나 협주에 인용되는 '사마온공왈'(司馬溫公曰)에서 보듯이 사마광의 설을 이어받고 있음을 알 수 있다. 『가례(家禮)』의 저술 동기에 대해 주희는, 예는 근본과 문(文)이 있는데, 가정에서 시행되는 것 가운데 명분을 지키고 애경(哀敬)을 행함은 근본이며 관혼상제에 대한 의식 절차는 문식(文飾)이므로 근본과 문식을 동시에 이루기 위한 것이라고 하였다.

주자의 이 『가례(家禮)』는 우리나라에는 고려 말기에 성리학의 수입과 함께 전래되어 조선시대 성리학자들에게 매우 커다란 영향을 주었다. 특히 17세기 이후 예학(禮學)의 흥기와 함께 사대부들의 의례(儀禮)로 정착되었으며, 여러 유학자들에 의해 주석서가 저술되기도 하였다. 그러나 풍속과 관념이 중국과 달라 조선에서 『가례(家禮)』를 시행하는 데에는 문제가 많았다. 이로 인해 『가례(家禮)』에 대한 수많은 의견과 시행 상에 필요한 세부 사항 등을 규정하는 서적과 미비한 것을 보충하는 의례서가 많이 발간되었다. 이는 『가례(家禮)』를 조선의 사정에 맞게 변형하여 수용하였다는 것으로 『가례(家禮)』가 한국 의례의 문화적 전통을 유교식으로 정착시키는 데 결정적인 역할을 했다는 것을 의미한다.

- **가례집람(家禮輯覽)** : 조선 선조 32년(1599) 한국 예학의 종장(宗長)이라고 일컬어지는 사계(沙溪) 김장생이 주자의 『가례(家禮)』를 중심으로 저술한 예학이론서이다. 아들 김집(金集)이 교정을 보았으며, 숙종 11년(1685) 서문중(徐文重), 이사명(李師命)이 목판본으로 간행하였다. 주자가례를 기반으로 하였다고는 하나 한국의 가정의례 전반에 걸쳐 그때까지의 여러 학설과 풍속에 대하여 기술하고, 또 저자 자신의 의견을 곁들여 놓았기 때문에 주체적인 색채가 짙은 책이다. 권1에 의례 전반에 대한 그림을 설명과 함께 실어 보기에 편리하게 한 점도 하나의 특징이다. 또한 저자의 서(序)와 우암(尤庵) 송시열의 <가례전집람후서(家禮全輯覽後序)>가 있고, 권2에 성년의식인 관례(冠禮), 권3에 혼례(婚禮), 권4~9에 상례(喪禮), 권10에 제례(祭禮)의 순으로 실려 있다. 조상의 위패를 모시는 가묘(家廟) 제도와 혼례, 상례, 제례에 대한 일반 가정의 의식절차와 그 의

미가 상세하게 기술되어 있다.

김장생(金長生, 1548년 7월 한성~1631년, 충청남도 논산, 조선의 유학자)은 정치인, 문신이며, 동방 18현 중의 한 사람이다. 자는 희원(希元), 호는 사계(沙溪), 본관은 광산이다. 아버지는 사헌부 대사헌 김계휘(金繼輝)이며, 어머니는 정부인 평산신씨로 이간공(夷簡公) 신영(申瑛)의 딸이다. 송익필과 이이, 성혼 등의 제자이자 계승자로 기호학파를 형성, 확장하는 데 기여하였고, 예학에 정통했다. 시호는 문원(文元), 저서로는 『사계전서(沙溪全書) 51권, (見朝鮮王朝實錄, 沙溪全書, 神道碑文)』, 『경서판의』, 『가례집람』, 『송강행록』 등이 있다.

- **가례증해(家禮增解)** : 18세기 말엽 조선 정조 때의 학자 경호(鏡湖) 이맹종(李孟宗)이 『주자가례』를 대본으로 하여 고금(古今)의 예설(禮說)을 모아 놓은 것을, 그의 아들 이의조(李宜朝)가 다시 교정·해설하여 1792년에 간행한, 『주자가례』를 증수(增修)·해설한 책이다. 예제(禮制)는 때에 따라 변하지만 가례는 일정하여 가치와 의의를 가지고 있다고 하면서 시대에 따라 달라진 여러 변례(變禮)를 보충하여 고례(古禮)의 본질을 자세히 해설하였다. 우리나라 가정의례의 변례(變禮) 부분을 거의 망라해 많은 참고가 된다. 저술은 『사례편람』보다 뒤져서 내용에 『사례편람』을 인용한 부분도 있으나, 간행은 『사례편람』보다 50여 년 앞선다. 도암 이재의 『사례편람(四禮便覽)』과 함께 『가례』의 해설서로 널리 보급되었다. 규장각 등에 소장되어 있다.

- **가마(加麻)** : 초상이 났을 경우 유복자(有服者)가 임시로 쓰는 두건. 혹은 소렴 때 복인(服人 - 상주)이 수질을 머리에 얹는 일을 일컬었으나, 특수한 관계에 따라 수질·요질 등을 더하는 상복 규정의 하나로서 심상(心喪)과 관계가 있다. 즉 심상(心喪) 3년복을 입는 복인들의 상복 형태로 주로 스승의 상례에 제자와 문하생들이 입는 상복을 말한다. 형태는 통두건에 마(麻)를 섞어 꼰 수질(首絰)을 두른 것이어서 말 그대로 마를 덧보탰다는 뜻이다. 가질(加絰)이라고도 한다. 즉 스승이나 존경하는 이의 상을 당할 때 복이 없으면서도 장사지낼 때까지 복을 입는 것이다.

- **가매장(假埋葬)** : 임시로 시신을 묻어 두는 것.

- **가모(嫁母)** : 아버지의 유고 등으로 다른 집으로 시집간 어머니.

- **가묘(家廟)** : 사대부 등 개인이 집안에 제사를 지내도록 마련한 유교적(儒敎的) 공간. 보통 사당(祠堂)이라고 알려진 조상의 신주를 함께 모신 곳이다. 원래 묘(廟)는 선조(先祖)의 목주(木主)를 설치하여 제사를 지내는 건물을 뜻하였으나 나중에는 신(神)에게 제사지내는 곳으로 통용되었다. 조선시대에 역대 임금과 왕비의 위패를 모시던 왕실의 사당격인 종묘(宗廟)가 대표적인 예(例)가 된다. 「단주(段註)」에 의하면, 신을 모시기 위해서 묘를 세운 시기는 삼대 이후(三代以後)라고 하였다. 그리고 「석명석궁실(釋名釋宮室)」에 의하면 묘(廟)는 모(貌)와 같은 것으로 선조의 형모가 있는 곳이라고 설명하고

있다. 또한 가묘(家廟)는 조묘(祖廟)를 말하는 것으로서 선조를 합해서 제사지내는 곳이라고 한다. 반면 사당(祠堂)은 조종이나 옛날 현인을 제사지내는 묘당(廟堂)으로서 한대(漢代)에서는 인가(人家)에서 종사(宗祠)를 건립할 때 묘소 앞에 많이 세웠는데, 나중에는 이러한 제한이 없어지고 단지 종족(宗族)이 많이 모여 사는 가까운 곳에 세워 세시(歲時)에 따라 족장이 족인들을 거느리고 함께 치제(致祭)하였던 곳이다. 『가례(家禮)』에 의하면 4대 봉사를 위해 4대까지의 신주를 모신 신성한 공간을 말한다. 우리나라에서는 흔히 이를 사당(祠堂)이라 하고, 집의 동쪽 혹은 동북쪽에 위치하는 경우가 많고, 지세(地勢)에 따라 방향을 달리하기도 한다. <제의례 용어> 장 사당(祠堂) 참조.

- **가복(加服)** : 상례에서 상복을 입는 관계에 있는 사람들이 특수한 이유로 본래대로 정한 정복(正服)에 한 등급을 더하여 더 무겁게 입는 오복제도의 하나이다. 오복(五服)제도란 상례에서 상복을 입는 예법으로서 참최복(斬衰服), 자최복(齊衰服), 대공복(大功服), 소공복(小功服), 시마복(緦麻服)의 다섯 가지 종류로 나누어지기 때문에 오복(五服)이라고 한다.

- **가빈(家殯)** : 집안에 빈소를 차림. 흔히 초빈(草殯)이라고도 하며, 상례기간이 길 경우에 보통 빈소와 시신안치 장소를 분리하게 되는데, 이 때 시신이 안치되는 곳을 바로 가빈(家殯)이라고 하는 것이다. 3일장을 넘겨 5, 7, 9일장 등 또는 그 이상이 되면 시신을 방안에 모시지 않고 마당의 뜰이나 헛간에 안치하기도 하였다.
조선시대에는 왕은 5월장, 대부는 3월장(三月而葬), 선비는 1월장(翌月葬)을 치르도록 장기(葬期)를 규정하였다. 그리하여 국상(國喪)이 나면 찬궁을 설치하여 임금의 재궁(梓宮)을 안치하는데, 보통 빈궁 내부 사방 벽에는 사신도(四神圖)를 그린다. 사대부의 경우는 담장 밑이나 헛간 등에 장목을 깔고 그 위에 관을 안치한 후 모래와 떼를 덮어 가매장을 한다. 이렇게 시신을 따로 하여 가매장 형태를 취하는 것은, 긴 장기(葬期)로 인한 시신의 부패를 관리하는 일종의 위생처리라 할 수도 있고, 또 실내로부터 격리되어 화재의 위험으로부터의 예방효과라고도 할 수 있다.

- **가산(家山)** : 한 집안의 묘지(墓地).

- **가신(家神)** : 집을 지켜주고 수호하는 신.

- **가장(假葬)** : 임시 매장. 지금도 일부 서, 남해도서 지방에서 시행되고 있는 초분(草墳)과 같은 가매장의 한 형태. 초분(草墳)이란 남서 해안이나 섬에서 송장을 풀이나 짚으로 덮어 두는 장례 방법으로서 3년 내지 10년 동안 그대로 두었다가, 살이 다 썩은 뒤에 뼈를 골라 시루에 쪄서 땅에 묻는다.

- **가족묘지(家族墓地)** : 민법상 친족관계에 있던 자의 분묘를 동일한 구역 안에 설치하는 묘지를 의미한다.

- **가진 수의** : 염습에 필요한 모든 용품이 갖추어진 수의세트를 일컫는 용어이다.

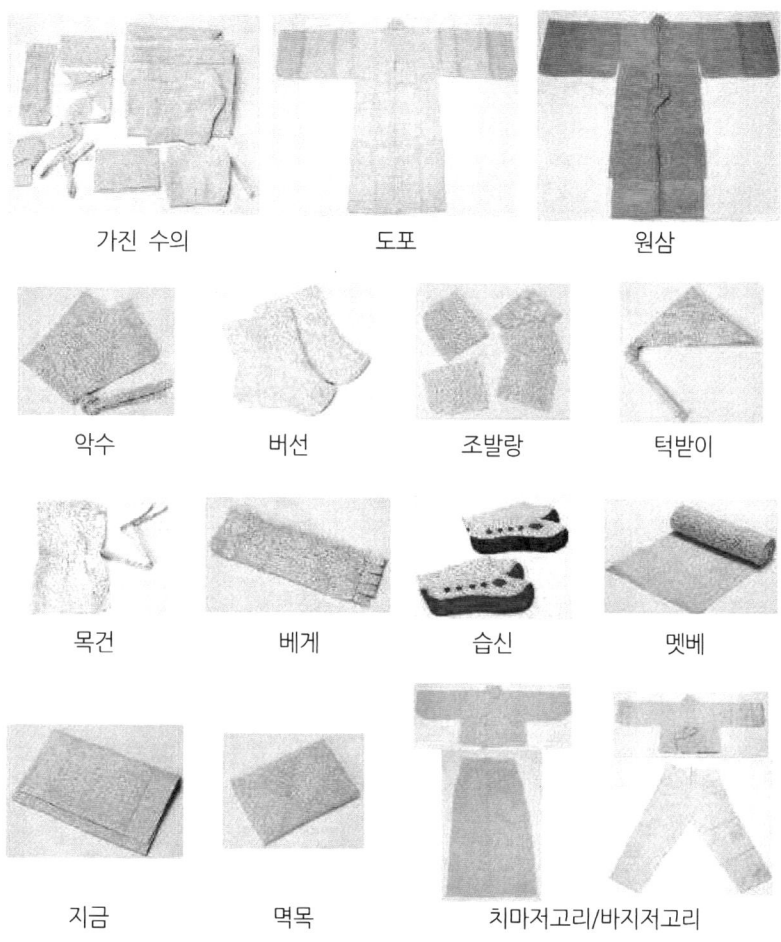

가진 수의 　　　　 도포 　　　　 원삼

악수 　　　 버선 　　　 조발랑 　　　 턱받이

목건 　　　 베게 　　　 습신 　　　 멧베

지금 　　　 멱목 　　　 치마저고리/바지저고리

- **가횡대(加橫帶)** : 나무를 횡판으로 하여 5판 또는 7판으로 하되 매판 정면에 '1234567' 이라고 숫자를 명시하고 내광을 아래서부터 덮되 위로 1장을 남겼다가 현훈(玄纁)을 드린 뒤 상주 이하가 2번 절하고 곡할 때 덮는다. 그 다음 회(灰)를 고루 펴서 단단히 다지되 외금정(外金井)까지를 한도로 한다. 현훈(玄纁)이란 장사 지낼 때에 산신에게 드리는 검은 헝겊과 붉은 헝겊의 두 조각 폐백. 나중에 무덤 속에 묻는다.

- **각공(刻工)** : 지석(誌石)의 글자를 새기는 사람. 석공(石工). 전각 기술자.

- **각사(角柶)** : 짐승의 뿔로 만든 수(獸) 젓가락. 복(復)을 한 후 또는 시신을 시상(屍牀) 에 옮긴 후 입이 다물어지고 수족이 오그라드는 것을 방지하기 위하여 설치철족(楔齒 綴足)을 할 때 사용하는 도구이다. 멍에처럼 구부러지게 만들고, 중앙의 구부러진 부분 과 양쪽 끝이 위로 향하게 해서 치아를 버티어 놓는다. 뼈로 만드는데, 길이는 6촌이

다. 각사가 없으면 나무를 깎아서 만들기도 한다.

• **각지석(刻誌石)** : 망인의 성명, 세덕(世德), 사적(事蹟), 자손 등을 간단히 적어서 묘 앞에 묻는 것으로, 돌에 새기거나 번자(燔瓷), 편회(片灰), 사발(沙鉢) 등을 사용하였다. 이것은 후일 봉분이 무너져 알아보지 못 할 때를 대비하는 것이다.

• **갈(碣)** : 가첨석(加添石 - 갈석 위에 지붕 모양으로 얹은 돌)을 얹지 않고 머리를 둥그스름하게 만든 작은 비석.

• **갈대(葛帶)** : 상복에 착용하는 칡의 섬유로 만든 띠. 자최, 참최의 거상(居喪)에는 졸곡 때 남자는 갈대(葛帶)를 띠고 여자는 마대(麻帶)를 띠며 대공, 소공복 이하의 경(輕)한 복제에서는 졸곡 때 남자와 여자 모두 갈대(葛帶)로 바꾼다.

• **갈장(渴葬)** : 서둘러 장사를 지내는 것. 예월을 기다리지 않고 급히 지내는 장례. 장사를 서둘러 치름. 사람이 죽어서 장사지내기까지 일정한 기간이 있는 데도 불구하고 그 기간을 앞당겨서 장사를 지내는 것. 예를 들어 시신의 부패 등을 피하기 위해 1개월을 1일로 계산하여 서둘러 장사를 지내는 것이다. 이럴 경우 3월이장(三月而葬)은 3일장으로 끝낼 수 있다. [예문] 자기네 딸은 내외가 손수 수시하여 당일로 입관하고 5일 만에 갈장하였다. → 갈장하다.

• **갈질(葛絰)** : 칡으로 만든 수질(首絰). 세속에서는 청홀치(靑忽致)라고도 하는데, 청홀치란 겉껍질을 벗겨낸 칡덩굴의 속껍질로서 노끈이나 베 등의 자료로 쓰이는 것이다.

• **강복(降服)** : 상례에서 상복을 입는 관계에 있는 사람들이 특수한 이유(예 : 父在母喪 등)로 본래대로 정한 정복(正服)에서 한 등급을 내려서 복을 더 가볍게 입는 오복제도의 하나인데, 참최 3년과 자최 3년에는 강복이 적용되지 않는다. 복불재강(服不再降) : 양자 나간 사람이나 출가한 여자가 본생가나 친정의 부재모상(父在母喪)에 상복(喪服)을 한 등급 떨어뜨리지 않는 일.

• **강쇄(降殺)** : 복의 등급을 내리는 것.

• **개관개렴(改棺改殮)** : 개장(改葬) 시 관을 바꾸고 염을 다시 함.

• **개두(蓋頭)** : 상복을 갖추어 입을 때 여자들이 머리에 쓰는 수질(首絰)에 끼워 머리를 덮는 삼베로 만든 천으로서 얼굴을 가릴 정도로 길게 한다. 이는 곡(哭)을 할 때나 슬퍼할 때 일그러진 표정을 가리는 얼굴가리개 역할을 한다. 관행에서는 이를 '터드레'라고도 하고, '개두포(蓋頭布)'라고도 한다.

• **개명정(改銘旌)** : 명정을 다시 씀. 왕이나 왕비는 묘호가 정해지면 명정을 다시 쓰는데, 이를 개명정이라 한다. 사대부도 이와 마찬가지로 시호(諡號 : 제왕이나 재상, 유현[儒賢] 들이 죽은 뒤에, 그들의 공덕을 칭송하여 붙인 이름)를 받으면 개명정을 하여 사용한다.

- **개복(改服)** : 상복 옷을 갈아입음.
- **개분(開墳)** : 무덤을 연다는 의미로 합장을 한 경우, 이를 이장하기 위해 무덤을 파는 일을 말한다.
- **개신교의 장례** : 장례 의식보다는 신앙의 신비를 강조했던 칼뱅을 중심으로 한 개혁 교회와 청교도들은 장사(葬事)에 있어서 묘지에서의 적절한 설교는 인정했으나, 어떤 의식을 집행하는 것을 반대하였다. 그 결과 칼뱅을 중심으로 한 개혁교회들은 천주교적 번잡한 상례의식에 대한 반동으로 장사에 있어서 어떤 의식을 집행하는 것을 반대했다. 이런 입장은 당연하게, 칼뱅의 교세가 강한, 한국 교회에도 영향을 주게 되었다. 그 결과 초기 한국 개신교의 장례 의식은 매우 혼란스러웠다. 선교 초기에는 선교사에 의해 간단한 형식으로 예배를 드리는 형태가 강조되면서, 전통적인 상·장례는 성서에 위배된다고 결정하여 그리스도교 신자들에게 조상의 영을 숭배하지 않겠다는 서약을 하도록 하기도 하였다. 그러나 다른 한편으로는 전통적인 장례 의식을 거의 그대로 수용하여 그리스도교적인 해석을 붙여서 실행하기도 하였다. 따라서 장례 의식이, 다양한 측면과 혼란스러운 측면을 동시에 가진 채, 전통적인 상제 예속을 배척하기도 받아들이기도 하면서 시행되었다. 1942년 '조선 예수교 장로회' 제13회 총회의 『喪禮式書』는 그러한 고심의 결과였다. 『상례식서』는 임종과 입관 절차에 대한 간단한 설명과 함께 출관식과 하관식 절차를 설명하고 있다. 출관식 순서는, ①개회, ②찬송, ③기도, ④성경, ⑤설교, ⑥기도, ⑦죽은 자의 약력과 신행생활, ⑧조사, ⑨찬송, ⑩축복, ⑪폐회의 순서로 구성되어 있다. 또 하관식 순서는, ①찬송, ②기도, ③성경, ④축사, ⑤고별기도, ⑥찬송, ⑦축복의 순서로 구성된다. 이후 지금까지 개신교에서 거행하는 상·장례 의식은 『상례식서』의 기본 틀을 벗어남이 없이 대개 그대로 실행되고 있다고 보아도 좋을 것이다. 현재 한국 개신교의 주류를 이루고 있다고 할 수 있는 장로교, 감리교, 성결교 등의 '장례예식서' 들을 보면, 상례 예문들에 있어서는 별 차이가 없지만, 의식의 집행에 있어서는 다소의 차이를 보이고 있다.

장례는 운명한 시신의 정제수시에서부터 하관에 이르기까지의 모든 의식 절차가 목사(牧師)의 집례(執禮)에 의하여 행한다. 운명을 하면 찬송과 기도로 고인의 영혼을 하나님께 맡기는 뜻의 예배(禮拜)를 보며 초종 중에는 날마다 목사의 집례로 기도회를 갖고, 유가족은 빈소에서 기도회를 가지는데, 찬송이 그치지 않게 한다. 장례식에는 분향을 하지 않고 헌화(獻花)를 한다. 곡을 하지도 않고 음식을 차리지도 않으며 절도 하지 않는다. 아침저녁으로 전과 상식(上食)을 올리지 않고 염습할 때에 묶지도 않는다. 장례식 전날 염습(殮襲)을 하고 입관(入棺)하는데, 이때에도 반드시 목사의 집례 아래 예배를 본다. 일반적인 순서는 다음과 같다 : ① 개식사(開式辭): 주례목사가 개식사를 한다. ② 찬송(讚頌): 291장, 293장, 541장, 543장 등 주례목사가 선택한다. ③ 기도: 고인의 명복을 빌며 유족들을 위로하는 내용의 기도를 한다. ④ 성경봉독: 보통 고린도 후서 5장 1절, 디모데 전서 6장 1절, 요한복음 11장 25~26절, 고린도 전서 15장 42~44절 등을 낭독한다. ⑤ 시편(詩篇) 낭독: 시편 90, 시편 121장 1~8절, 딤후 4장 7~8절 등을 읽는다. ⑥ 신약 낭독: 요한복음 14장 1절부터 3절이나, 데살로니가 전서 4장 13절부터 18절을 낭독한다. ⑦ 기도 ⑧ 고인의 약력보고 ⑨ 목사의 설교 ⑩ 찬송(다같이) ⑪ 영전에 헌화 ⑫ 주기도문 ⑬ 출관

- **개영역(開塋域)** : 무덤, 즉 산소(묘)를 쓸 자리를 정하여 무덤자리를 판다는 의미이다.
- **개인묘지(個人墓地)** : 1기의 분묘 또는 당해 분묘에 매장된 자와 배우자 관계에 있던 자의 분묘를 동일한 구역 안에 설치하는 묘지.
- **개자(介子)** : 맏아들(宗子) 이외의 모든 아들.
- **개장(改葬)** : 고치어 다시 장사지냄. 옮겨 묻음. 합장(合葬), 이장(移葬) 등 무덤을 다시 고쳐 만들거나 옮기는 일 일체를 일컫는 말이다. 즉 매장한 시체 또는 유골을 다른 분묘 또는 봉안시설에 옮기거나, 화장한 유골을 봉안시설에 옮기거나 자연장하는 것이다. 이미 장례한 묘지에서 시신을 발굴하여 다른 묘지로 옮겨 안장하는 것.
- **개제주고사(改題主告辭)** : 길제(吉祭) 때 신주의 글자를 고쳐 쓸 때에 고하는 고사(告辭). 모든 상례절차를 마치고 고인의 신주를 사당에 모실 때(길제), 4대조를 넘는 5대조 조상의 신주는 땅에 묻고 나머지 신주에는 신주의 글자를 고쳐 쓰게 되는데, 이를 일컬어 개제주(改題主)라고 하며, 이 때 지내는 고사(告辭)가 바로 개제주고사(改題主告辭)이다. 길제(吉祭)는 조상의 위패를 모신 가정에서 모든 조상의 신주를 고쳐 쓰고 죽은 이의 신주를 사당에 안치하기 위해 지내는 제사이다. 그러므로 사당을 모신 가정에서는 매우 중요한 제례이다. 길제는 담제를 지낸 이튿날 날짜를 정해서 지내는데, 담제를 지낸 다음 달 중의 정일(丁日)이나 해일(亥日)로 정한다. 날짜가 정해지면 담제 때와 같이 먼저 사당에 고한다. 효손모(孝孫某) 장이래월모일(將以來月某日) 지천세사우(祗薦歲事于) 조고(祖考) 복기득길(卜旣得吉) 감고(敢告) [효손 ○○는 장차 돌아오는 달 ○○일에 세사(歲事)를 할아버지께 올리려고 날을 정하여 이미 길한 날을 얻었기에 감히 고하옵나이다.] 이 때 입는 길복(吉服)은 3년상을 다 마친 다음에 입는 평복을 말한다. 날이 밝아서 제사를 지낼 때에는 상주 이하가 모두 자기 자리에서 화려한 옷으로 바꾸어 입고 사당 앞에 가서 뵙는다. 그 밖의 절차는 보통 때의 제사와 같다. 제사를 마치면 대(代)가 지난 5대조 할아버지와 할머니 신주는 묘소 곁에 묻는다. 신주를 묻을 때 묘에 알리는 절차는 없으나 술과 과일 등을 늘어놓고서 분향하고 절을 올린다. 또한 고조할아버지와 할머니 이하의 신주는 새로 쓴다.
- **개토고사(開土告辭)** : 천광 시 묘를 파기 전 토지신을 달래기 위해 제상을 차려 제사를 올리는데, 이때 읽는 고사.

- **개토제(開土祭)** : 묘를 쓸 때 흙을 파기 전 토지신에게 올리는 제사.
- **개호(介護)** : 간호(看護)의 일본식 표현.
- **갱장(更葬)** : 다시 장사지내는 것.
- **거(袪)** : 소매의 끝자락으로 소매부리라고도 한다. 袪(소매거)
- **거(炬)** : 횃불. 화톳불. 길이 멀어서 하루를 묵을 때 머무는 곳의 뜰과 문에 마련한다. 炬(홰 거)
- **거관(擧棺)** : 관을 든다는 의미의 한자말. 擧(들 거)
- **거관포(擧棺布)** : 관을 들 때 사용하는 베. 보통 두 가닥을 쓰는데, 넓이는 온 폭이고 각각 열자 정도이다.
- **거려(居廬)** : 여막살이. 상주가 여막(廬幕)에서 거처하는 것.
- **거상생활(居喪生活)** : 부모 등의 3년상을 치르며 상중의 근신생활을 일컫는 말이다.
- **거애(擧哀)** : 애통함을 드러냄.
- **거촉(擧燭)** : 촛불을 켬.
- **거포(擧布)** : 시신을 드는 베이다. 즉 시신을 들어 올릴 때 손으로 들기 힘들기 때문에 끈이나 포로 시신의 겨드랑을 감싸서 시신을 들어 올릴 때 사용하는 베로서 길이는 상황에 따라 맞게 한다.
- **건(巾)** : 의례를 행할 때 집사자(執事者)나 주인(主人) 등이 손을 씻는 관세(盥洗) 후 손을 닦는 수건. 술병의 주둥이를 닦을 때도 사용한다.
- **건장(乾葬)** : 시신을 가매장하여 육탈시킨 다음에 그 뼈를 매장하는 2중장의 장사 방법으로 토장(土葬)과 권빈(勸殯 : 權按) 등이 대표적이며 오늘날 납골 봉안의 기원이라고 할 수 있다.
- **겹(袷)** : 속 깃. 동구래 깃. 깃의 안에 대는 것.
- **겉 관(Case, Burial Vault)** : 일명 외관이라고도 하며 관을 매장할 때 흙의 무게나 물의 침수를 방지하기 위하여 특별히 만들어진 방어 장치. 예) 석관(石棺).
- **격몽요결(擊蒙要訣)** : 조선 선조 10년(1577)에 율곡(栗谷) 이이(李珥)가 아이들의 도학 입문서(道學入門書)로서 저술한 책인데, 그 말미에 제의초(祭儀抄)를 붙여 놓아, 우리나라 제사(祭祀)의 특징 중 하나인, 탕(湯)에 대한 전거(典據)를 마련해 놓고 있다.『격몽요결』: 초학(初學) 교육을 위해 이이(李珥 : 1536~84)가 지은 책. 목판본 2권 1책. 어린이에게 뜻을 세워 부모를 봉양하고 남을 대접할 줄 알며, 몸을 닦고, 독서의 방향을 교육하기 위해 이이가 1577년(선조 10)에 저술하였다. 내용은 10장으로 입지(立志)·혁

구습(革舊習)·지신(持身)·독서(讀書)·사친(事親)·상제(喪制)·제례(祭禮)·거가(居家)·접인(接人)·처세(處世) 등으로 나누었다. 책 끝에 사당도(祠堂圖)·시제도(時祭圖)·설찬도(設饌圖)·제의(祭儀)·출입의(出入儀)·참례의(參禮儀)·천헌의(薦獻儀) 등이 부록으로 붙어 있다. 조리 있는 서술과 배우고 익혀 실천하기에 적절한 덕목을 수록한 점이 특징이며, 저술 직후부터 왕으로부터 일반 유생에게까지 널리 익혀졌다. 인조 대에는 전국 향교의 교재가 되기도 하였다. 초학자들에게 <천자문>·<동몽선습>에 이어 널리 읽혀졌다. 국립중앙도서관 등에 소장되어 있다. '격몽'이란 몽매한 이들을 깨우친다는 것, 곧 교육을 말하는 것이고, '요결'은 그 일의 중요한 비결의 의미를 가리킨다는 것이다. [제례] 진찬 : 탕(湯), 전유어(煎油魚), 적(炙), 편, 메, 국을 차례로 올린다. 어동육서(魚東肉西)라 하여, 생선은 동쪽에, 육류는 서쪽에 놓으며, 동두서미(東頭西尾)로 한다. 그리고 좌포우해(左脯右醢)를 따른다. 나물은 근동엽서(根東葉西)가 원칙으로 뿌리 나물은 동쪽에, 잎나물은 서쪽에 놓는다.

- **견(絹)** : 비단 서너 자 혹은 한 필로 겹쳐 놓은 옷 아래에 머리가 있는 곳에 편다. 혹은 명주 십여 자로 그 반을 접어서 요로 하고, 햇솜을 두텁게 두어서 옷 아래 이불 위에 세로로 깔아서 상하 양 끝에 충분히 머리를 싸고 발을 쌀 만큼 취하니, 속칭 장편의(長片衣)이다. 혹은 명주 대여섯 자 남짓으로 반을 접어서 편의(片衣)를 만들고 햇솜을 두텁게 두어서 장편의의 위에 등이 닿는 곳에 가로로 깔고 좌우로 거두어 일으켜서 충분히 옆구리를 지날 만큼 하되 배까지는 가지 않을 만큼을 취하니, 속칭 횡편의(橫片衣)이다.

- **견전(遣奠)** : 영구가 집을 떠나기 전(발인하기 전) 출발 준비가 완료되었음을 알리기 위해 문 앞에서 지내는 전(奠). 즉 장사일이 되어 상여가 장지를 향하여 떠나는 발인(發靷)에 앞서 영구에게 이제 집을 떠나 장지로 향한다는 것을 고하는 의례. 보통 발인제로 오해하는데, 실은 발인 앞에 있는 천구(遷柩)에 해당하는 절차이다. 즉 유교식 상례의 9번째 절차인 천구의 마지막 절차로 영구를 상여에 싣고 상여가 출발하기 직전에 출발할 준비가 완료되었음을 고하는 전(奠)이다. 이때 보통 부녀자들은 참가하지 않는다. 차리는 음식은 조전(朝奠)과 같이 하되 포(脯)를 추가한다. 축관은 분향하고, 술을 올린 후 '상여에 멍에를 씌워 유택으로 가니 견전례를 베풀어 영원히 작별하나이다(**靈輀旣駕 往卽幽宅 載陳遣禮 永訣終天**)'라는 내용으로 축문을 읽는다. 고축(告祝)을 마치면 주인 이하는 모두 곡을 하고 재배한다. 끝나면 바로 전(奠)을 치운다. 이어 축관이 혼백을 모시고 상여에 올라가서 분향한다. 이때 따로 상자를 만들어 신주를 담아 혼백 뒤에 놓는다. 부인은 개두(蓋頭 ; 터드레)를 하고 섬돌 아래로 내려와서 곡한다. 집에 있어야 할 사람들은 곡을 하고 재배하여 하직인사를 한다. 이때 존장(尊長)은 절을 하지 않는다. 견전은 발인 직전 지내기 때문에 흔히 관행에서는 발인제(發靷祭)라고 통용되고도 있는데, 이는 잘못된 표현으로서 사실은 제사가 아니라 일이 있음을 알리는 고

유(告由)로서 전(奠)의 의미이다. 의식은 조전(朝奠) 때와 같이 진설하고 축관이 술을 따라 올린 다음 무릎을 꿇고 고사를 읽고 나면, 상주 이하는 모두 곡하고 절을 한다. 예법에는 제사가 끝나면 포를 거두어 영여에 넣기도 한다. 한편『주자가례』는 견전(遣奠)과 발인(發靷)을 구분하였고,『상례비요』와『사례편람』은 견전(遣奠)과 발인(發靷)을 합하여 발인(發靷) 조(條)에 기록하였다. [발인제] : 상여가 집에서 떠나기 바로 전에 상여 앞에 차려 놓고 지내는 제사.

1. 큰 상주 분향
2. 큰 상주 재배
3. 빈 잔 올리고 재배
4. 모두 엎드리고 집사자가 발인문 독. '영이기가 왕즉유택 제진견례 영결종천'
5. 잔을 비우고 상주 - 형제 - 딸 - 사위 - 손자 순으로 잔을 올린다.
6. 첨작하고
7. 시저를 모아놓고 다 같이 합배

[奠 <정할 전/제사 전, 멈출 전> : ㉠(터를) 정하다(定--) ㉡제사(祭祀) 지내다 ㉢제물을 올리다 ㉣지상에 안치하다 ㉤두다 ㉥드리다 ㉦바치다 ㉧제사(祭祀) 장사(葬事)지내기 전(前)에 영좌(靈座) 앞에 간단히 술. 과실(果實) 등(等)을 차려 놓는 일. 견전(遣奠), 견전제(遣奠祭), 노전(路奠)/노제, 망전(望奠) : 상중(喪中)에 있는 집에서 매달 음력 보름날 아침에 제사 때와 같이 차리어 지내는 식(式), 별전(別奠) : 조상(祖上)에게 임시로 지내는 제사]

- **결과(結裹)** : 관을 묶어서 쌈.
- **결관(結棺)** : 영구(靈柩)를 운반하기 편하도록 묶는 일. 즉 운구(運柩) 시 관(棺)을 들기 위하여 대렴을 할 때 시신을 관에 모시고 난 후 천판(天板 - 관 뚜껑)을 덮고 은정을 치고 이를 다시 묶는 일이다.

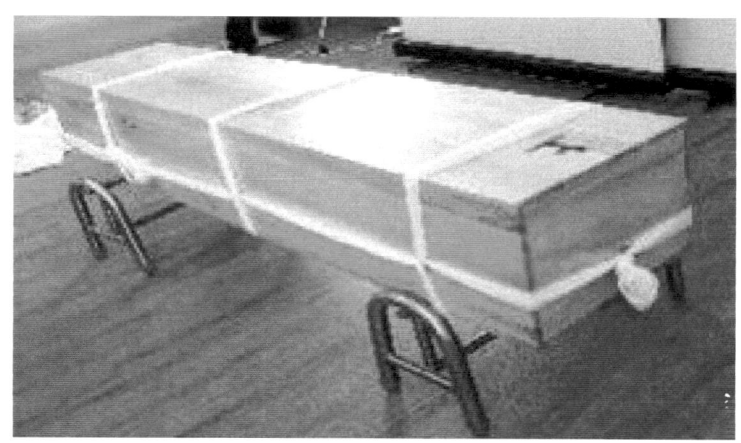

- **결관(結棺)바** : 입관의 절차 이후 영구를 운반하기 위하여 구(柩)를 묶는 끈. 소창 참조.
- **결리(結裏)** : 관을 싸고 다시 초석(草席)으로 싸서 가는 새끼줄로 묶는 절차이다.
- **경배(傾背)** : 죽음을 나타내는 말. 즉 등을 눕힌다는 의미로서 죽음을 지칭하는 말이다.
- **경복(輕服)** : 가벼운 상복(喪服). 5복(服) 중 소공복과 시마복 등처럼 가벼운 상복을 일컫는 말이다. 참최복과 재최복은 3년, 기년복은 1년, 대공복은 9개월, 소공복은 5개월, 시마복은 3개월을 입었다. 시마[麻](絲)와 같은 수준이라는 뜻이라고 한다. 고조부모·사위·외손, 소공(小功) 이하의 처부모의 상, 서자로서 후사가 된 자가 자기의 생모를 위하여 입는 옷도 시마복이다.
- **경상(輕喪)** : 가벼운 상. 예를 들어 상복을 석 달 동안만 입는 상. 보통 소공 5월과 시마 3월을 말한다.
- **경야(經夜)** : 망인을 장사지내기 전에 근친지기들이 그 영구 옆에서 밤샘을 하며 시신을 지키는 일이다. 부부일 경우의 그 한쪽이나 또는 아들이 시신과 같은 침상에서 하룻밤을 지낸 후 장례를 모시는 풍습에서 나왔다. 일본에서는 통야(通夜)라고 하는 고유한 장례풍습이 있다.
- **곁마기 수의** : 곁마기는 왕비와 궁중 여인들은 물론 일반 여성에 이르기까지 널리 보급되어 사용되었던 옷인데, 수의(壽衣)로도 사용되었다.
- **껴묻거리(부장품)** : 죽은 사람을 매장할 때 함께 묻는 물건. 죽은 자가 생전에 입었던 옷, 장신구, 애완용품 등이 있으며, 그 외에도 고인이 저승에 가서 사용할 기구도 함께 부장한다. 명기(明器) 참조.
- **계(筓)** : 쪽머리 혹은 북머리를 할 때, 머리를 묶어 고정할 때 사용하는 비녀이다. 소렴을 할 때, 여러 상주가 초종 때 풀었던 머리를 묶을 때 사용하는 비녀이다. <사상례(士喪禮)>의 소주(疏註)에 의하면, 대통 혹은 젓가락[箸] 같은 것으로서 남자가 괄발(括髮 - 삼끈으로 상투를 묶는 일)과 문(免 - 베로 머리를 묶는 일)을 할 때 사용하는 것이라 한다. 재질은 대나무나 나무를 쓴다고 한다. 남녀 구별 없이 사용한다. 또한 망자의 머리를 묶을 때 사용하는 것으로 뽕나무로 만들며, 길이는 4촌이다. 모양은 양쪽이 넓고 가운데가 잘록하다.
- **계기(啓期)** : 가매장(殯)한 곳을 여는 시기. 즉 발인하는 날 내지 장례를 행하는 날.
- **계모(繼母)** : 친모가 사망했거나 쫓겨난 후 아버지의 배우자가 된 후처로 복은 친모와 같이 자최 3년이다. 계모가 아버지에게 쫓겨났을 경우에는 복이 없으며, 아버지 사후 계모가 개가할 때 따라간 자식은 자최 부장기(不杖期)를 입는다.
- **계묘(啓墓 : 破墓)** : 무덤을 연다는 것으로 개분(開墳)과 같은 의미.

- **계문(啓門)** : 제사를 지낼 때 삼헌을 한 후 계반삽시(啓飯揷匙)를 하고, 조상이 차려 놓은 제수(祭羞)를 흠향할 수 있도록 모든 제관이 제청(祭廳) 밖으로 나오는 합문(闔門)을 한다. 식사를 할 시간이라는 한식경이 지나서 축관이 헛기침을 세 번 하는 것을 신호로 제청(祭廳)으로 모든 제관이 다시 들어가는데, 이 때 문을 여는 행위를 계문(啓門)이라 한다.

- **계문사신(啓門辭神)** : 제사를 지낼 때 문을 열고 조상신과 작별하는 의례. 축관이 문 북쪽을 가서 기침을 3번 하고 문을 열면 상주 이하 참례자 모두는 제자리에 서고 집사는 국을 거두고 냉수를 그 자리에 놓고 삼초반(三抄飯 - 밥을 3번 떠서 물에 마는 행위)을 한 다음 축관이 상주의 오른쪽에 서서 서쪽을 향하여 이성(利成)을 고한다.

- **계반개(啓飯蓋)** : 밥뚜껑을 여는 것.

- **계반갱개(啓飯羹蓋)** : 밥그릇 뚜껑인 반개와 국그릇 뚜껑인 갱개를 여는 것.

- **계부(繼父)** : 의붓아버지

- **계빈(啓殯) 파빈(破殯)** : 빈소를 여는 일. 발인할 때 출관(出棺)하기 위하여 빈소(殯所)를 열음. 장례를 행하는 날 발인하기 위해 영구를 모셨던 빈소를 여는 것이다. 계빈 축문을 읽고 장례의식을 올리게 되었음을 고하는 전제(奠祭)를 지낸다. 도빈(塗殯) 참조. 계기(啓期) 참조.

- **계상(稽顙)** : 거상(居喪) 중에 조객에게 절하는 예. 이마를 땅에 대고 머리를 조아릴 뿐 예의를 갖추는 모양이 없는 것.

- **계세(繼世)적 세계관** : 현재의 생활이 죽은 다음에도 그대로 계속된다는 고대인들의 세계관. 즉 이승과 저승은 서로 분리되거나 단절되어 있지 않고 직접적으로 연결되어 있어서, 죽으면 곧바로 저승으로 가서 이승에서의 신분과 생활을 그대로 영위한다고 믿었던 우리의 전통적인 생사관을 말한다. 계세사상에서는 사후세계를 이승의 세계와 크게 다르지 않다고 생각한다. 따라서 우리는 죽어서도 이승에서와 같이 계속 현세와 똑같은 삶을 영위해 나갈 수 있다고 생각한다. 그리하여 사체와 사후 거주처인 무덤을 보존하는 것을 매우 중요하게 여겼다. 순장(殉葬)과 후장(厚葬)의 풍습은 바로 이러한 계세적 세계관에서 도출될 수 있는 풍습들이다. 殉 : 따라 죽을 순, 순장하다(殉葬--). 후장(厚葬) : 두터운 성의로 장례(葬禮)를 지냄.

- **계실(繼室)** : 본 부인 이하의 여러 부인을 일컫는 말. 무덤 조성 시에는 본 부인만 합장하고(정자), 나머지 부인들은 따로 무덤을 만든다(주자).『사례편람』치장 조 <천광(穿壙)> 참조.

- **계장(繼葬)** : 조상의 무덤 아래 자손의 무덤을 잇대어 조성함을 나타내는 말. 선영(先塋)이 있을 경우, 장유유서(長幼有序)의 원칙에 따라 자손이 선조의 위쪽에 묘를 쓰지

못함을 이르는 말이다.
- **계절(階節)** : 묘소의 마당. 곧 무덤 앞에 평평하게 만들어 놓은 땅.
- **계조(繼祖)** : 조부(祖父)부터 이은 것.
- **계체석(階砌石)** : 섬돌. 묘의 명당과 봉분을 구분하는 경계를 만드는 섬돌로, 묘 바로 앞에는 혼유석(魂遊石)과 석상(石牀)과 장명등(長明燈) 등을 놓고, 그 다음에는 계체석(階砌石)으로 경계를 한 다음, 망주석(望柱石) 2개를 세운다.
- **고(袴)** : 바지. 면이나 무명, 혹은 비단 명주로 만든다.
- **고독사(孤獨死)** : 대개 혼자 사는 환자나 노인이 제대로 간호를 받지 못하고 본인이 사는 집 안에서 돌연사하는 것을 말한다. 특히 발병 직후에 도움을 받지 못하고 사망하는 경우가 많기 때문에 죽은 후 오랫동안 발견되지 못하는 경우도 적지 않다.
- **고려장(高麗葬)** : 고구려(고려) 때 늙고 병든 사람을 넓은 토굴이나 광중에 먹을 것과 함께 넣어 두었다가 죽으면 장사지냈다 하여 붙여진 이름. 늙은 부모를 산채로 내다버리는 악습인데, 여러 가지 설이 있다. 그러나 고려시대에는 불효를 엄격하게 처벌하였다. "조부모나 부모가 살아 있는데 아들이나 손자가 공양을 하지 않을 때는 징역 2년에 처한다."고 하였고, "상(喪)이 끝나기 전에 상복을 벗고 평상복을 입는 자는 징역 3년에 처한다."고 법률로 정하고 있었다. 이렇듯 부모에 효를 강조하는 사회와 상(喪)을 당했을 때의 복(服)제도, 묘제에 대한 근거로 볼 때 고려장(高麗葬)이란 상상하기 어려운 일이다.

고려장(高驪葬) : 高 높을 고, 驪 검은 말 려(여), 葬 장사 지낼 장. ①삼국(三國) 시대(時代)에 후장(厚葬)하던 풍속(風俗), 또는 그 고분(古墳). 곧 관곽(棺槨) 봉토(封土)가 웅대(雄大)하며 재물(財物)과 인력(人力)을 기울여 금은 주옥(金銀珠玉)의 찬란(燦爛)한 수식품(修飾品)을 부장(副葬)하였음 ②고구려(高句麗) 때에 늙고 병든 사람을 광중(壙中)에 버려두었다가 죽은 뒤에 장사(葬事)지냈다고 하는 속전(俗傳). 미개(未開) 사회(社會)의 공통적(共通的)인 사실(事實)로, 생산력(生産力)이 없는 노쇠자(老衰者)가 천대되던 일과, 고구려(高句麗)의 전신인 부여(扶餘)에서 임금이나, 귀족(貴族) 계급(階級)의 장사(葬事)에 있어, 이른바 계생 사상(繼生思想)으로 말미암아 기물(器物)의 부장(副葬)과 함께 많은 노비(奴婢)와 우마(牛馬)가 순장(殉葬)되던 사실(事實)을 전(傳)해 말하는 것으로 보임.

- **고명(顧命)** : 임금의 유언(遺言). 임종 직전 임금은 왕세자와 대신들을 불러 놓고 왕위에 관한 유언과 뒷일을 부탁한다. 보통 고명은 왕권의 전위(傳位)와 관계되기 때문에 매우 중요하게 여겼다.
- **고묘(告廟)** : 무복자(無服者)를 시켜서 사당 밖에서 '○○질불기감고(某疾不起敢告)'라

고 말로 고하게 한다. 사당이나 신주가 없는 가정에서는 이 절차는 생략된다.

- **고복(皐復)** : 고인의 소생을 바라는 마음에서 시신을 떠난 혼(魂)을 불러들이는 것. 상례에서 초종(初終)의 절차에서 행하는 소절차로 망자의 혼을 불러 좌정시키는 의식. 즉 사람이 죽으면 혼(魂)은 하늘로, 백(魄)은 땅으로 간다는 믿음에 의해 북망산(北邙山)으로 가는 망자의 혼을 불러 좌정시키는 의식이다. 출입하는 기운을 혼(魂, 무형)이라고 하고, 이목이 총명한 것은 백(魄, 유형)이라 한다. 죽은 사람은 혼기(魂氣)가 백에서 빠져 달아남으로 혼을 불러서 백에 돌아오게, 즉 회생하게 하려는 것이다. 혼(魂)을 불러 좌정시키는 이유는 혼백(魂帛)을 모신 후 신주를 만들기 위함이다. 고복은 복(復) 혹은 초혼(招魂)이라고도 한다.

  보통 여상(女喪)에는 여자가, 남상에는 남자가 죽은 사람이 평소 입던 옷, 즉 남자면 두루마기나 속적삼을, 여자면 속적삼을 가지고 앞 처마로 해서 지붕 한 가운데(中霤)로 올라가서 왼손으로는 옷깃을 잡고 오른손으로는 옷의 허리를 잡고 북향하여 옷을 휘두르며 크게 긴 장음(長音)의 목소리로 보오옥!… 보오옥!… 보오옥!… 하고 복(復)을 크고 길게 세 번 외친다. 죽은 사람의 벼슬이 있으면 모관모공(某官某公)이라 하며, 여상(女喪)에는 남편의 직품을 쫓아 모부인모관모씨(某婦人某貫某氏)라 하거나 유인모관모씨(孺人某貫某氏)라고 한다. 옷은 지붕 위에 놓아두거나 갖다가 시신 위에 덮고 곡한다. 지붕 위로 올라가는 것은 혼이 위에 있기 때문이며, 죽은 사람의 이름을 부르는 것은 이 혼이 다시 체백(體魄)에 합하도록 하는 것이니, 이렇게 해도 소생하지 않으면 정말 죽은 것이다. 이어 설치철족을 하고 두 손을 배 위에 모아 부드러운 천으로 묶고 코(充鼻)와 귀(充耳)를 탈지면으로 막는다. 그리고 홑이불(수시포)로 시신을 덮고 사방에 틈이 나지 않게 하여 파리를 막아준다. 다음으로 상주(立喪主)를 세우고, 주부(主婦)를 세우고, 호상(護喪)과 사서(司書), 사화(司貨)를 정한다. 이로부터 상주와 주부는 옷을 바꿔 입고 음식을 먹지 않는다(易服不食). 곡(哭) 역시 초혼 이후에도 살아나지 않아야 비로소 죽은 것으로 인정하고 행한다. 즉 초혼이 끝나면 모여 앉았던 자손들이 애곡벽용(哀哭擗踊), 즉 소리를 질러 비통하게 곡을 하고 가슴을 치며 발을 구르는 등 슬픔을 표한다.

  오늘날은 일부 시골에서는 지금도 가정에서 장례를 치르는 경우가 있어 고복을 하는 경우가 있지만, 요즈음은 대부분 병원에서 임종을 맞이하기 때문에 고복의 절차는 대부분 생략된다. 또 대부분 지붕으로 올라갈 수 없는 상황인 경우가 대부분이고, 또 지붕에 올라서서 복을 부를 수 있는 경우도 사람들이 놀랄 것을 염려하여 정침의 남쪽 뜰로 가서 부르거나, 대문 쪽을 향하여 부르기도 한다. 때로는 마당에 상을 차리고 북향을 하거나 지붕을 향하여 같은 방식으로 고복하기도 한다.

- **고부(告訃)** : 사람의 죽음을 알림.

- **고분(古墳)** : 과거 및 현재의 무덤 중에서 역사적 또는 고고학적 자료가 될 수 있는 분묘.
- **고분지통(叩盆之痛)** : 부인의 상(喪)을 위로할 때 쓰는 말. 아내가 죽었을 때 물동이를 두드리며 한탄하였던 『장자(莊子)』의 고사에서 비롯된 말이다. 즉 물동이를 두드리는 아픔이라는 뜻으로, 아내 상(喪)을 당(當)함 또는 상처(喪妻)한 슬픔. 叩 : 두드릴 고
- **고석(藁席), 고침(藁枕)** : 거적(藁 : 짚고). 짚자리. 짚으로 성기게 짠 자리와 짚단을 크게 만들어 가장자리를 새끼로 묶은 것으로 상주가 깔고 베는 것(자리)이다. 이는 부모를 돌아가시게 한 죄인은 고통스런 생활을 해야 한다는 의식에서 나온 것이다.
- **고선영(告先塋)** : 선영에 고함.
- **고수(叩首)** : 머리를 두드림. 머리를 조아리어 존경의 뜻을 나타냄.
- **고수레** : 조선조 숙종 때 북애노인(北崖老人)이 지었다는 『규원사화(揆園史話)』에 다음과 같은 이야기가 나온다. 옛날에 고시(高矢) 씨(氏)가 있었는데, 그는 사람들에게 불을 얻는 방법과 함께 농사짓고 수확하는 법을 가르쳤다고 한다. 그래서 후대에 이르러 들에서 농사짓고 산에서 나물을 캐던 사람들이 고시(高矢) 씨(氏)의 은혜를 잊지 못하여 밥을 먹을 때 '고시네'라고 하였다고 한다. 이로부터 지금의 '고수레(고시네 - 고시네 - 고수레)'라는 말이 비롯되었다고 한다.
- **고인(故人)** : 장례를 진행하는 과정에서 죽은 이에 대하여 예(禮)로서 높여 부르는 말. 즉 돌아가신 분을 일컫는 말. 흔히 망자(亡者), 망인(亡人), 사자(死者)라고 하나 상례의 경건(敬虔)함을 감안하여 존경어로 고인(故人)이라고 하는 것이다.
- **고인돌(支石墓, Dolmen)** : 한국 청동기 시대의 대표적인 무덤 양식. 고인돌은 크게 나누어 지상에 4면을 판석으로 막아 묘실을 설치한 뒤 그 위에 상석을 올린 형식과, 지하에 묘실을 만들고 그 위에 상석을 놓고 돌을 괴는 형식으로 구분된다. 전자는 대체로 한반도 중부 이북지방에 집중되어 있고, 후자는 중부 이남지방에서 다수를 차지하고 있기 때문에, 이들을 각각 북방식 고인돌과 남방식 고인돌이라고도 한다.

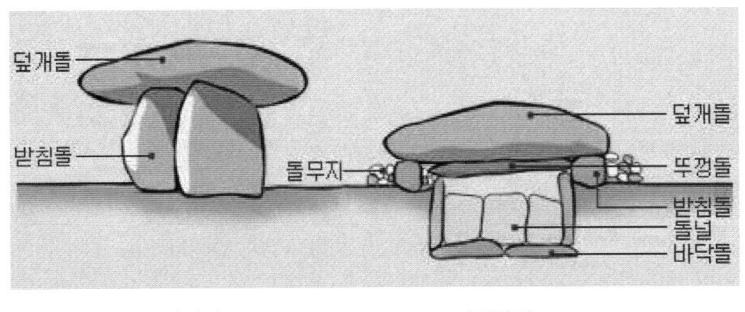

〈탁자식〉 〈기반식〉

이 밖에도 지하에 묘실을 만들었으나 남방식 고인돌과는 달리 돌을 괴지 않고 묘실 위에 직접 상석을 올린 고인돌도 있는데, 이를 개석식(蓋石式) 고인돌 또는 변형 고인돌이라고 한다. 지석묘 참조.

고임돌 세우기

고임돌 사이에 흙 채우기

덮개돌 올리기

흙 제거하기

고인돌의 제작

- **고자(孤子)** : 아버지 사망 시 우제(虞祭)의 축문 등에 상주가 자신을 칭할 때 쓰는 서식 문구이다.
- **고애자(孤哀子)** : 양친 모두 사망 시 우제(虞祭)의 축문 등에 상주가 자신을 칭할 때 쓰는 서식 문구이다.
- **고제심(高齊心)** : 지팡이[喪杖]의 높이는 가슴(心)과 나란히 할 것.
- **고종록(考終錄)** : 상례를 치르면서 그 과정을 기록한 일기. 이 일기는 상례를 치르는 과정에서 일어난 일을 낱낱이 적어 상례에서 치러야 할 일이 누락되지 않도록 하기 위해 호상(護喪)이 기록하는 경우가 많다. '일기(日記)'라는 명칭을 사용하기도 하지만 '신종록(愼終錄)', '종천록(終天錄)'이라고도 한다.

- **고종명(考終命)** : 제 명대로 살다가 평안하게 죽음을 맞는 것.
- **고침(藁枕)** : 짚 베개. 고석(藁) 참조.
- **교의(交椅)** : 신주나 위패를 봉안하는 의자(倚子).
- **곡(哭)** : 상례에서 상제(喪制)들이 소리 내어 우는 일. 즉 돌아가신 분이 후생에 좋은 복을 받아 편안히 계시기를 바라는 기원과 살아계실 때 남기신 가르침을 이제라도 실천하겠다는 마음을 다지는 것이다. 곡(哭)이란 실상 울음이 아니다. 울음은 발상 때 나오는 것이 아니고, 장례가 끝나고 친척들도 다 돌아간 뒤 홀로 남았을 때 나오는 것이다. 『禮記』에 보면 소리 내어 우는 것을 곡(哭)이라 하였고, 소리 없이 우는 것을 읍(泣)이라 하였다. 또한 곡(哭)이 맥락이 정해져 있는 제도적(制度的) 울음이라면, 읍(泣)이란 즉흥적 울음이라고 말할 수도 있다.
  곡(哭)의 표현도 여러 가지가 있다. 초종(初終)단계의 기절내곡(氣絶乃哭)에서부터 곡벽무수(哭擗無數), 습(襲)단계의 위위이곡(爲位而哭), 곡진애(哭盡哀), 곡대무사(哭對無辭), 소렴단계의 빙시곡벽(憑尸哭擗), 대곡불절성(代哭不絶聲), 대렴단계의 곡벽부산(哭擗無算) 등 곡에 대한 표현은 실로 여러 곳에서 산견(散見)된다.
- **곡벽(哭擗)** : 가슴을 치며 곡하는 것으로 애곡벽통(哀哭擗痛)이라고도 한다.
- **곡비(哭婢)** : 장례 때 복인들을 대신하여 곡을 하는 계집종을 일컫는 말. 옛날 상가에서는 곡이 끊어지지 않도록 하기 위해 슬프게 곡하는 상복을 입은 대곡자(代哭者)를 사서 울게 하였다. 그리하여 복인들이 곡을 쉴 때는 곡비가 대신 곡을 하여 곡성(哭聲)이 계속 이어지게 하였다. 여복(女僕) 참조.
- **곡사(哭辭)** : 곡하며 작별함.
- **곡용(哭踊)** : 상을 당해 슬픔이 심할 때, 큰소리로 울며 몸부림치는 일.
- **곡읍(哭泣)** : 소리 내어 우는 것.
- **곡진애(哭盡哀)** : 곡을 하여 슬픔을 다 쏟아냄.
- **곡척(曲尺)** : 기역(ㄱ)자 모양의 자. 금정틀을 재기 위한 것이다.
- **꼭두** : 꼭두는 한국의 전통 상례문화에서 빠질 수 없는 장식품이다. 왜냐하면 꼭두란 망자를 모시는 상여를 장식하는 다양한 모양의 나뭇조각이기 때문이다. 말하자면 상여란 죽은 자의 시신을 장지까지 운반하는 가마 모양의 수레인데, 꼭두는 상여 둘레에 배치되어 죽은 자의 영혼을 지켜주고 위로하면서 저승까지 안내해주는 존재였다. 즉 꼭두에는 세상을 떠나는 이를 위로하고 지켜 주며 가는 길을 안내하는 의미가 담겨져 있다. 하지만 엄격한 형식에 얽매이기보다는 편안하면서도 해학적인 분위기가 물씬하다. 한국적 정서가 오롯이 배여 있는 것이다. 그러나 1980년대 이후 상여를 거의 사용하지 않게 되면서 꼭두도 함께 사라져갔다.

꼭두의 모양은 인물 조각과 용 봉황 조각이 주종을 이룬다. 인물 꼭두를 보면 그 역할에 맞게 꼭두의 모양도 다양하다. 죽은 자를 편안하게 안내하는 시종, 죽은 자를 지켜주는 무사, 죽은 자의 슬픈 영혼을 위로하는 악공(樂工)과 재주꾼… 등. 표정과 자세, 색감이 모두 달라 보는 이를 흥미롭게 한다. 인물 꼭두의 크기는 대부분 20~30cm 정도이다. 용 꼭두는 역동적이고, 봉황 꼭두는 화려한 모습으로 꼭두의 아름다움을 그대로 전해준다. 상여의 네 귀퉁이에 배치하는 봉황 꼭두는 특히 초월과 비상을 상징한다. 요컨대 꼭두는 전통 상례문화에서 비롯된 유산이다. 즉 꼭두란 망자를 묘지까지 운구하기 위해 사용한 상여에 놓인 나무 조각품이다. 이승과 저승, 현실과 꿈 사이를 오고가는 존재로 여겨졌다. 대개 사람이나 동물 모양인 꼭두는 죽은 이와 동행하면서 그를 지켜주고 위로하라는 뜻으로 만들었다. 그런 만큼 밝고 익살스러운 모습을 하고 있다. 꽃을 든 여자아이(童女)가 말동무가 되고, 광대(才人)는 악기를 연주하고, 춤을 추고, 거꾸로 서서 묘기를 부린다. 저승 가는 길조차도 즐겁게 받아들이려고 했던 조상들의 해학과 여유가 느껴진다. 이 같은 꼭두들의 도움으로 죽은 자의 영혼이 무사히 저승에 이르게 된다는 옛사람들의 믿음이 담긴 독특한 문화유산인 것이다.

- **꽃상여** : 꽃상여를 사용하기 시작한 연대는 정확히 알 수 없으나 1960년대 이후부터 1980년대까지 많이 이용된 것으로 보인다. 무거운 나무 대신 가볍고 태워버리기 쉬운 종이꽃으로 장식하여 <꽃상여>라고 부른다. 기본구조는 목상여와 같지만 장강(長杠) 위에 대나무로 짠 틀을 세우고 외관에 각종 종이꽃을 달아 치장하고 그 위에 해를 가리는 천막이라 할 수 있는 앙장(仰帳)을 설치하였다. 조립식(組立式)이 아닌 일체식(一體式)으로 되어 있어 1회용으로 사용되었다. 꽃상여는 종교별, 지역별로 그 형태가 다양한 모습을 보이고 있다.

- **곤제(昆弟)** : 형제(兄弟).

- **곤룡포(袞龍袍) 수의** : 곤룡포는 왕이 신하들과 회의를 할 때나 행사 때 입었던 옷인데, 수의(壽衣)로도 사용되었다.

- **골호(骨壺)** : 뼈 항아리. 통일신라시대에 불교의 영향으로 화장이 유행하면서 뼈를 항아리에 담아 묻는 화장 무덤이 성행하였는데, 이 뼈를 담는 항아리가 바로 골호이다. 골호는 그대로 땅속에 묻기도 하나, 지하에 돌로 석관이나 석곽을 짜고 그 안에 골호를 넣기도 하고, 또 골호가 들어 있는 다듬은 석함(石函)을 지하에 묻는 방법을 쓰기도 하였다. 후대 통일신라시대에는 석실 안에 골호를 안장하기도 하였으며, 석탑이나 부도 아래에 골호를 매장하기도 하였다.

- **곳집** : 상엿집. 즉 전통 상례가 행해지던 시골에서 상여를 모셔 놓던 상엿집을 말한다.
- **공동묘지(共同墓地, Public Cemetery)** : 1912년 일제 때 제정된 법에 의거하여 지방자치단체에서 설치한 묘지로 각 읍면동에서 관리하고 있다.
- **공설묘지** : 1962년 이후 지방자치단체에서 설치한 묘지로 기존의 공동묘지를 공원화하거나 재정비한 묘지. 공설공원묘지라고도 한다.

- **공양(供養)** : 불(佛), 법(法), 승(僧)의 삼보(三寶)나 죽은 이의 영혼에게 음식, 꽃 따위를 바치는 일 또는 그 음식. 혹은 독경과 예불을 함으로써 숭경의 뜻을 나타내는 일. 그렇게 함으로써 사자의 명복을 비는 일.
- **공유(恭惟)** : 공손히 생각건대.
- **공최(功衰)** : 부모의 3년상에서 소상(小祥)을 지낸 뒤 입는 참최의 상복.
- **공포(功布)** : 하관 후 영구 위의 흙이나 먼지를 터는 데 사용하는 베 행주. 이때 사용하는 베는 대공이라 하여 굵은 베를 사용한다. 『가례』에 의하면 계빈하는 날에는 잿물로 빤 베(공포) 3자를 준비하는데, 축관이 영구를 이동할 때 이것을 잡고 일꾼들을 지휘한다고도 한다. 흰 누인 베 약간 고운 것 3자로 만들고 대로 장대를 만들되, 길이는 5~6자이고, 명정의 장대같이 꾸미는데 아래에는 굴대(축)를 만들지 않는다. 행상(行喪) 때는 영여와 만장의 뒤 상여의 앞에 선다. 상여의 앞에 서서 길의 높낮이와 좌우 굽음을 알리고, 관을 묻을 때는 관을 닦는 헝겊으로 사용한다. 발인할 때는 명정과 함께 앞에 세우고 간다. 功 : 공 공.
- **과(顆)** : 사리(舍利)를 세는 단위. 부처님의 사리를 모신 곳은 탑(불탑-원래 탑은 무덤의 의미임)이고, 스님의 사리를 모신 곳은 부도(부도)이다.
- **과대(胯帶)** : 기저귀. 수시 품목. 하대(下帶)라고도 함. 胯 : 사타구니 고, 사타구니 과.

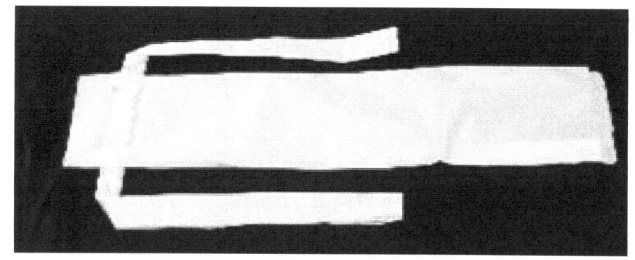

- **과두(裹肚)** : 두(肚)는 배를 의미하는데, 배와 허리를 싸는 비단, 즉 배싸개라고도 한다. 명주나 무명으로 하고 너비는 온폭이고, 길이는 몸을 두를 만큼이고, 네 모서리는 끈이 달려 있다. 裹 : 쌀 과, 肚 : 배 두.

- **과두(裹頭)** : 시신의 머리를 싸는 베 헝겊.

- **과수(過壽)사망** : Post-mature Death이 번역어. 자기 수명보다 더 살다 죽는 것을 말한다. 반대어는 미수(未壽)사망이다.

- **곽(槨, burial vault)** : 일명 외관(外棺), 외곽(外槨)이라고도 하며, 시신을 묻을 때 흙의 무게나 물의 침수를 방지하기 위하여 관의 바깥쪽에 또 하나의 관(곽)을 설치한 것. 고대의 묘제에서는 외곽, 혹은 곽(槨)이라고 하였으며, 회격(灰隔)을 할 때 관의 외부와 곽의 내부에 회를 다져 넣는다. 만드는 법은 내관과 같은데 두께가 2~3치이고, 곽 안의 사방과 높이는 내관보다 각각 반치 남짓 넉넉하게 하되, 판이 좁으면 판을 잇대어 만든다. burial[bériəl] : 매장, vault[[vɔ́ːlt] : 둥근 천장.

- **곽명(槨名)** : 관(棺)에 쓰는 이름.

- **관(棺, Casket)** : 널. 토장(土葬)할 때 유해를 넣는 장구. 무덤의 주체를 이루는 것으로 화장할 때 유골을 담는 항아리와는 구별되며 유해를 2중으로 용기에 넣을 경우 내관을 구(柩) 외관을 곽(槨)이라고 한다. 시신을 담아서 장지까지 운반(구)하는 상자로서 상가의 형편과 용도에 따라 그 종류가 다양하다(퇴관용, 입관·매장용, 화장용, 석관 등). 천판(天板) 하나, 지판(地板) 하나, 사방판(四芳板) 등으로 이루어짐. 구(柩) 참조.

- 관(冠) : 수질의 위에 세우는 것으로 윗옷과 치마에 비해 조금 가는 베를 사용한다. 풀먹인 두꺼운 종이로 배접하는데, 너비가 3치이고 길이는 정수리를 걸치게 하는데, 3개의 주름을 잡는다. 참최(斬衰)는 주름이 오른쪽으로 향하게 하고, 자최(齊衰)는 왼쪽으로 향하게 한다. 관행에서는 상관, 굴건이라고도 한다. 이에 따라 굴건제복이라는 용어가 상복의 관용어처럼 쓰이는 것이다. 관을 쓰는 방법을 보면, 머리에는 효건(孝巾) 위에 관(喪冠)을 쓰고, 그 위에 수질(首絰)을 맨다. 여자의 관(冠)은 족두리이다. 자최 이상은 흰 것을 쓴다.
- 관건(冠巾) : 굴건과 두건.
- 관곽(棺槨) : 관(棺)과 곽(槨). 상례를 다루는 예서(禮書)에 관을 만드는 방법이 들어있다는 것은 조선시대에 들어와 관의 사용이 필수적이게 되었다는 것을 의미한다. 우선 관의 재료로 나무가 선택되고, 또 관곽을 만드는 방법에 어떤 기준이 설정된 것은, 이전시대와는 달라진 모습이다. 사실 그 이전에 목관(木棺)을 사용하지 않았던 것은 아니다. 적어도 우리나라의 청동기 이후부터 고려시대까지도 목관이 사용되었다는 것은 이미 주지의 사실이다. 그런데 조선시대에 들어오면서 목관의 사용이 보편화되고 아예 상례의 기본예법으로 자리를 잡게 되었다는 것이다. 이는 관의 재료를 나무로 한정하는 계기가 되었으며, 현대 장례에서 목관의 사용을 당연하게 여기는 배경이 되었다는 점에서 상당한 의미가 있다.

조선시대부터 미리 관곽을 만들어 놓는 것이 미덕이었으며, 살아생전에 만들어 두는 것이 효자의 도리로 받아들여졌다. 대개 처음 상을 당하게 되면 창졸간의 일이라 재목을 제때에 구하는 것도 어렵고, 또 정해진 장례 기일 안에 좋은 관을 만들어낸다는 보장도 없다. 그 때문에 미리 관을 만들어 대비하는 것이 마땅한 도리라 여긴 것이지, 부조(父祖)의 흉사(凶事)를 예측하여 만든 것은 아니다. 또 하나 전통적인 관은 1년에 한 번씩 칠(漆)을 하기 때문에 미리 관을 만들어 두어야 제대로 칠(漆)을 할 수가 있었. 관의 재료로 쓰이는 나무는 3종류로 나뉘는데, 최상품은 유삼(油杉)이고, 그 다음이 잣나무(柏)이며, 하품이 토삼(土杉)이다. 유삼(油杉)은 소나무를 가리키는 것으로서 황장목(黃腸木)이라고도 한다. 토삼(土杉)은 소나무의 품질이 강건치 못하고 유약한 것을 말한다. 붉고 누런빛을 띠는 소나무를 최고의 관재(棺材)로 여겼다.

관의 크기는 정해진 바가 없는데, 관의 두께가 너무 두꺼우면 무겁고 옮기기가 어려우며, 쓸데없이 높으면 광중(壙中)을 많이 차지하게 된다. 그러므로 미관(美觀)을 고려하면서도 높고 크게 만들지 않고 오직 시신의 안치에 필요한 만큼의 크기로 만들었다. 관의 두께는 대개 3치(약 9cm) 내지 2치 반으로 한다. 필요한 송판은 천판(天板 : 관뚜껑) 1매, 지판(地板 : 바닥판) 1매, 4방판(4옆면) 각 1매씩을 갖춘다. 각 판재를 결합하려면 결구(結構)를 사용하는데, 소나무로 만든 나비모양의 결구(나비장)나 은정(隱釘)을 사용하기도 하였다.

관 안쪽과 결구 사이의 틈을 메우기 위해 칠(漆)을 하는데, 옻(漆)과 밀랍(蠟) 그리고 송진(松脂 : 瀝靑) 등을 함께 사용하기도 하였다. 그리고 관 안에 옻칠을 한 경우에는 밀랍과 송진을 사용하지 않았다. 칠을 하는 것은 나무를 견고하고 갈라지지 않게 하면서도 개미와 같은 벌레들이 침투하는 것을 막기 위한 것이었다.

관 바닥에 들어가는 칠성판은 송판으로 만드는데, 길이와 넓이는 관의 크기에 맞추어 만들었다. 두께는 5푼으로 하고 송판 면에 북두칠성(北斗七星) 모양의 7개 구멍을 뚫는다. 관과 칠성판 사이에는 조나 콩 같은 것을 까는데, 이는 관 내부의 습도를 조절하기 위해서였다.

실제로 조선시대 무덤에서 출토된 관이나 칠성판에 사용된 목재는 소나무가 압도적으로 많지만, 잣나무와 밤나무가 사용된 경우도 있다. 삼국시대에는 관의 결구로 쇠못이나 금은으로 치장한 쇠못을 사용하였고, 고려시대와 조선시대 초기 무덤에서도 쇠못을 사용한 것이 보통이었다. 그런데 조선 중기 이후에는 쇠못이 더 이상 사용되지 않고 대부분 나비장으로 관재를 결구하는 방법을 사용하였으며, 그것은 현재까지도 이어지고 있다.

- **관곽색(棺槨色)** : 고려 왕실의 장례를 담당하던 12색(色 : 정부 관청) 가운데 하나로서, 장례에 필요한 물품을 공급해 주는 일을 담당하던 부서이다. 조선조 시대의 국영장의사인 귀후서(歸厚署)의 원조(元祖)라 할 수 있다.
- **관구(菅屨)** : 솔새풀로 만든 신. 흔히 짚신을 신으며 엄나무를 섞어 만든 짚신을 엄신이라 한다. 참최에는 관구(菅屨), 자최에는 소구(疏屨)를 사용한다.
- **관등(棺凳)** : 관을 받치는 받침. 길이는 관의 넓이에 준하고, 높이는 3~4촌으로 한다. 속칭 괴목(塊木), 즉 관 받침이다.
- **관보(棺褓)** : 영구의 덮개. 관포(棺布), 구의(柩衣), 이금(侇衾) 등으로도 불린다. 시신을 입관하여 결관(結棺)한 후에 그 관을 씌우는 보(덮개)로서 일반(유교의식)적으로는 홍색, 또는 주황색을, 천주교 의식에서는 검은 천에 흰색의 십자가를, 기독교 의식에서는 흰 천에 붉은 십자가를, 불교 의식에서는 불교표지를 한 것을 사용하기도 한다. 관포(棺布) 참조.

- 관분(盥盆) : 손을 씻는 그릇으로 대야이다. 의례를 행할 때 목욕재계의 의미로 손을 씻을 때(盥洗) 사용하는 물을 담아 놓은 대야이다.
- 관상명정(棺上銘旌) : 명정은 관 위에서 쓴다는 의미의 말이다.
- 관세(盥洗) : 손을 물로 씻고 수건으로 닦음.
- 관소(冠梳) : 머리에 장식하는 빗이나 비녀 등을 말한다.
- 관수(盥手) : 세숫대야 물로 손을 씻음.
- 관수세잔(盥手洗盞) : 대야에다 손을 씻고 또 술잔을 깨끗이 씻음.
- 관양(棺樣) : 관에 옻칠한 뒤에 견양(見樣 - 치수를 재는 것)을 낸 것.
- 관장(棺匠) : 관을 짜는 사람.
- 관재(棺材) : 관(棺) 측면에 부착되는 목재 장식물.
- 관즐지구(盥櫛之具) : 세수하고 머리 빗는 도구를 영상(靈牀 - 혼백이 머물러 휴식을 취하는 상)에 놓음.
- 관포(棺布) : 관 이불. 구의(柩衣)를 말한다. 이금(侇衾) 참조.
- 괄발(括髮) : 풀었던 머리를 다시 묶는 것. 삼끈으로 상투를 묶거나, 베로 두수(頭𢄼 - 부인의 머리를 묶는 데 사용하는 끈)를 만드는 것. 즉 복인(服人)들이 초종 때 풀었던 머리를 소렴 후에 다시 묶는 것을 말한다.
- 괄발마(括髮麻) : 남자의 흐트러진 머리를 묶는 삼끈. 여자의 흐트러진 머리를 묶는 삼끈은 좌마(髽麻 - 복머리하는 삼끈)라고 한다.
- 광(壙) : 광중(壙中). 관(靈柩)을 묻기 위해 판 구덩이. 무덤 구덩이 속, 또는 시신을 묻는 구덩이를 가리키며, 보통 무덤 속을 말한다. 관을 들어 수평이 되게 하여 좌향(坐向)을 맞춘 다음 반듯하게 내려놓는다. 광중은 허물어짐을 방지하기 위하여 좁게 파고, 도굴을 방지하기 위하여 깊게 판다. 구덩이를 파고 나서는 석회에 모래를 섞어 발라서 관이 들어갈 정도 크기의 곽(槨)을 만든다. 내외 합장일 때는 서편을 위로 삼아서 남자의 자리로 정한다. 요즈음 풍속으로는 품(品) 모양으로 묘를 쓰는 일이 있는데, 이는 예법에 어긋나는 일이니 삼갈 일이며, 원배(元配)는 합장하고, 계배(繼配)는 다른 곳에 써야 한다. 광중을 팔 때 금정기를 땅 위에 놓고 산역을 시작한다. 壙 : 뫼 구덩이 광, 광중(壙中) : 시체가 놓이는 무덤의 구덩이 부분.
- 광(纊) : 햇솜으로서 운명에 임박한 사람의 코와 입 위에 올려 놓고, 그 상태에 따라 숨이 끊어졌는지의 여부를 확인하기 위해 사용한다. 속광(屬纊), 속광(屬絋)이라고도 한다. 屬 : 무리 속, 이을 촉, 纊 : 솜 광.
- 광부(狂夫) : 방상씨(方相氏)의 역할을 하는 사람. 검은 옷(저고리)과 붉은 치마를 입고

실중(室中)의 역귀(疫鬼)를 물리치는 일을 주관한다. 방상씨의 역할은 신분이 미천한 사람을 시켜서 했으므로 이러한 표현을 쓴 것이다.

- **괴(塊)** : 흙덩이. 고침(藁枕)과 같은 것으로 상주가 베는 베개. 『가례』에서 참최복을 입는 사람은 거적을 깔고 흙덩이를 베고 잔다고 하였다.
- **괴목(塊木)** : 관을 받치는 받침대. 관등 참조.
- **교의(交椅)** : 신주나 위패, 혼백상자, 사진 등을 봉안하는 의자. 제사를 지낼 때 신주를 모시는 의자. 제사상이 높으면 교의도 높아야 하고, 제사상이 낮으면 교의도 낮아야 한다.

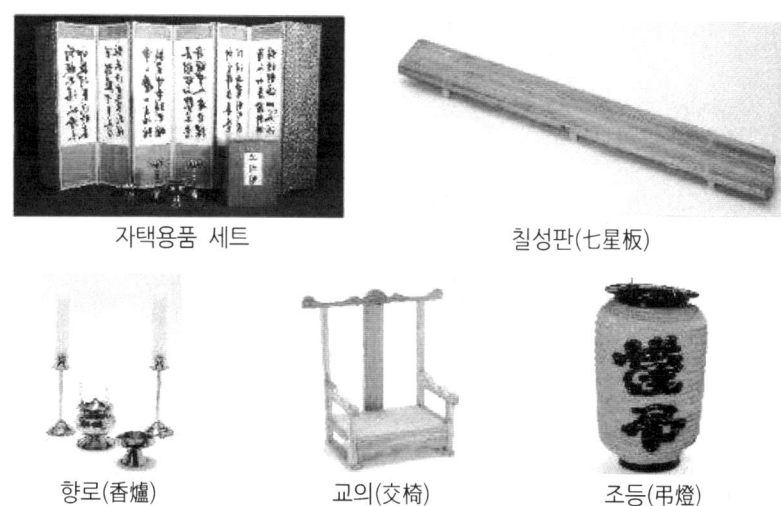

자택용품 세트 　　 칠성판(七星板)

향로(香爐) 　　 교의(交椅) 　　 조등(弔燈)

- **구(柩) - 관(棺)** : 시신을 넣은 관(棺). 비어 있으면 관(棺)이요, 시신이 들어 있으면 구(柩). 『예기(禮記)』「곡례」편에 '시상(尸牀)에 있으면 시(尸)라고 하고, 관(棺)에 있으면 구(柩)라 한다.'고 하였다. 그 주(註)에 '구(柩)는 오랫동안(久)이라는 뜻이다. 죽은 사람에게 흙이 직접 피부에 닿지 않도록 하는 것이기 때문에 관(棺)에 넣어서 오랫동안 보존하려는 것이다.'고 하였다.
- **구(屨)** : 짚신. 흔히 짚신을 신으며 엄나무를 섞어 만든 짚신을 엄신이라 한다. 참최에는 관구(菅屨 - 솔새풀로 만든 신)이다. 자최에는 소구(疏屨 - 거친 신)이고, 지팡이는 짚지 않고 마구(麻屨 - 삼 신)를 쓴다. 자최 3개월과 대공에는 승구(繩屨 - 끈으로 꼬아 만든 신)를 쓴다. 이(履) 참조. 屨 : 신 구.
- **구기(拘忌)** : 꺼리는 것. 음양구기(陰陽拘忌).
- **구의(柩衣), 이금(侇衾)** : 천으로 만든 관 덮개. 관 이불, 즉 관보(관포)이다. 소렴 때 시신을 덮은 것으로도 사용한다. 옛날에는 주로 무명으로 만들었는데 너비는 다섯 폭,

위는 검고 아래는 붉은 빛으로 한다. 네 모서리를 재봉하여 작은 장막처럼 만들어 덮으며, 사방에 여유를 둔다. 본래 관을 덮는 이불이므로 염할 때는 사용하지 않는다. 관을 광중에 넣을 때에는 벗긴다.

- **구지(柩至)** : 장례 행렬이 묘지에 도착하는 절차.
- **구천(九泉) 황천(黃泉)** : 인간의 영혼(靈魂)이 한(恨)이나 원한이 많아서 죽어서도 승천하여 저승에 가지 못하고 떠돌고 있는, 이승도 저승도 아닌 중간 지점에 놓여 있는 공간. 황천(黃泉) 참조.
- **구행(柩行)** : 영구가 떠남. 영구가 장지를 향해 간다는 뜻. 행상(行喪), 운상(運喪), 출상(出喪), 출관(出棺)이라고도 한다. 순서는 방상씨 - 명기 - 명정 - 의탁 - 영여 - 만장 - 공포 - 운아삽 - 상여 - 복인 - 존장 - 무복친 - 빈객 순이다.
  풍속(風俗)에 보통 출관 시 상주들은 관(棺)을 들고 사방을 향해 '중상(重喪)이요.'하고 외치고는 관을 3번씩 들었다 내리는 것으로 인사를 하고, 방 문지방에 닿지 않도록 넘으며 엎어 놓은 바가지를 관 앞쪽으로 눌러서 깨뜨린다. 이것은 죽은 자의 밥그릇을 깬다는 의미로 죽은 자가 다시는 문지방을 넘어 집안으로 되돌아오지 않게 하며, 상례 기간 동안 있을지도 모를 재액(災厄)을 없애기 위한 것이다.
  사실 중상(重喪)의 사전적 의미는 '탈상하기 전에 부모상을 거듭 당하는 것'을 의미하기도 하고 무거운 상을 의미하기도 하여(『사례편람』「상례」「성복」조) 위의 행위와는 전혀 다르다. 그러나 관습적인 행위로서 중상(重喪)은 정상적인 시신의 상태가 아니라 중상이라는 비정상적인 상태를 회복하기 위한 행위라고 할 수 있다. 이러한 비정상적인 상태를 회복하기 위한 행위가 전통을 이어가면서 지역에 따라서는 당연히 행하는 절차의 하나로 정착되어 유교식 상례의 절차에 삽입된 것으로 보인다(김시덕, 「한국 유교식 상례의 연구」, 고려대학교 대학원, 2007, 83쪽).
- **국궁(鞠躬)** : 제의례에서 겸손하게 허리를 굽히고 서서 묵념(默念)을 하는 행위. 국궁(鞠躬) 사배(四拜) 등.
- **국립현충원** : 호국영령의 충의와 위훈을 추앙하기 위하여 국가에서 설치한 묘지. 처음에는 국군묘지로 설치 운영되었으나 1965년에 국립묘지로 승격, 1996년에 국립현충원으로 개칭되었다.
- **국민장(國民葬)** : 국가 또는 사회에 현저한 공적을 남김으로써 국민의 추앙을 받는 사람이 서거한 때에 국민 전체의 이름으로 거행하는 장례의식.
- **국장(國葬), 국상(國喪)** : 대통령을 역임하였거나 국가 또는 사회에 현저한 공훈을 남김으로써 국민의 추앙을 받는 사람이 서거하였을 때, '국장 - 국민장에 관한 법률'과 동 시행령에 따라 국가가 모든 경비를 부담하고 국가의 명의로 거행하는 장례의식. 즉

국가원수의 직(職)에 있었거나 국가 사회에 현저한 공훈을 남김으로써 국민의 추앙을 받는 사람이 서거하였을 경우에 정부가 그 장례를 공식적으로 주관하게 되는데, 바로 이것을 국장 또는 국민장이라고 하는 것이다. '전, 현직 대통령이나 국가와 사회에 크게 공헌해 국민의 추앙을 받은 인사'를 대상으로 하는 것은 같지만, 국장(國葬)의 격(格)이 국민장(國民葬)보다 한 단계 더 높다. 국장(國葬)의 장의기간은 9일 이내이고 장의비용은 모두 국고에서 부담하지만, 국민장(國民葬) 기간은 7일 이내이며 비용 일부만 국고에서 보조된다. 국장(國葬)의 경우 장의기간에 조기를 달고 장례일에 관공서가 문을 닫는다. 반면 국민장(國民葬)은 장례 당일에만 조기를 달고 관공서 휴무는 하지 않는다. 국장과 국민장 모두 주무부처인 행정안전부 장관의 제청과 국무회의 심의 및 대통령 재가를 거쳐 결정된다. 국무회의 심의를 거쳐 대통령이 장의위원장을 위촉하는 것과 장의위원회 구성 절차는 국장과 국민장이 모두 같다.

국민장은 정부 수립 후 2009년 현재 모두 12차례 치러졌다. 최초의 국민장은 1949년 7월 5일 거행된 백범 김구 선생의 장례였다. 그 후 이시영 전부통령(1953년), 김성수 전부통령(1955년), 신익희 전국회의장(1956년), 조병욱 전민주당대통령후보(1960년), 함태영 전부통령(1964년), 장면 전총리(1966년), 장태상 전총리(1969년), 이범석 전총리(1972년), 박정희 전대통령부인 육영수 여사(1974년)의 장례식이 모두 국민장으로 치러졌다. 1983년 10월에는 동남아시아 순방에 나선 전두환 전대통령을 수행하던 중 미얀마 양곤 국립묘지에서 북한의 폭탄테러로 순직한 서석준 전부총리 등 17명의 합동장례식도 국민장으로 치러졌다.

전직대통령의 경우 2006년 10월 서거한 최규하 전대통령의 장례식이 첫 번째의 국민장 사례이고, 이어 노무현 전대통령(2009년 5월)이 그 다음이다. 이승만, 윤보선 전대통령의 장례는 본인과 유족의 뜻에 따라 가족장으로 치러졌다.

국장 또는 국민장의 장례의식은 일반적으로 발인제, 영결식, 운구(장례행진), 안장식 등의 의식으로 나누어 집행된다. 그런데 고인의 유언이나 유족들의 특별한 의사표시가 있을 경우에는 의식의 일부 또는 전부를 생략할 수 있다. 이 밖에 사회적으로 명망이 있거나 국가 사회에 끼친 공훈이 클 때에는 민간단체가 중심이 되어 추진하는 사회장(社會葬)도 있고, 또 특정기관이나 단체에 소속된 사람이 조직을 위해 일하다 순직할 경우에 거행되는 기관장(機關葬), 단체장(團體葬)과 민간 회사장(會社葬) 등도 있다.

- **국장도감(國葬都監)** : 조선시대 국상(國喪)이 나면 빈전도감(殯殿都監 - 왕의 시신을 염습하고는 3~5개월 동안 명당혈처를 택지하여 하관할 때까지 썩지 않도록 얼음 미역 등을 이용하여 잘 보존함), 산릉도감(山陵都監 - 명당혈처 택지와 산역 무덤 조성을 하는데 도성에서 80리[10리 = 5.4키로미터] 이내에 왕릉을 조성하도록 규정하였음)과 함께 설치되던 임시 관청. 국장도감은 시신을 넣는 관(棺)을 준비하며 장삿날을 정하고 발인(發引 - 상여꾼 약 500명과 호위꾼 약 500명 총 약 1,000여명의 인원 동원)을 주관

하는데 호조판서와 예조판서가 그 책임을 맡는다. 국상(國喪)과 동시에 설치되는 국장도감, 빈전도감, 산릉도감의 총 책임(摠護使)은 우의정이 맡는다.

• **국조오례의(國朝五禮儀)** : 오례의(五禮儀)라고도 한다. 조선 초기 오례(五禮)를 규정한 예서(禮書)로서, 8권 6책으로 엮어진 오례(五禮)에 관하여 편찬한 책이다. 즉 길례(吉禮), 흉례(凶禮), 군례(軍禮), 빈례(賓禮), 가례(嘉禮) 등이다. 한편 오례(五禮)란 국가의례를 말하는 것으로서 조선에서 오례(五禮)는 단순한 의례규범이 아니라 국가와 왕실, 왕과 신하와의 관계 등을 규정하는 제도였기 때문에 『국조의례의』는 법전편찬과 동시에 행해졌다. 조선 초기에 『경제육전』을 편찬하면서 세종 때에 『오례의』 편찬을 시도한 결과가 『세종실록오례의』이다. 세조가 강희맹, 성임 등에게 명하여 『경국대전』과 함께 『오례의주(注)』를 편찬하게 하게 했으나 세조가 사망하면서 중단되었다가 성종 초반에 신숙주(1417~1475)를 책임자로 작업을 재개하여 1474년(성종 5년)에 완성하였다. 편찬자는 신숙주, 강희맹, 정척, 이숭소, 윤효손, 박숙진, 정영통, 이경동, 유순, 구달손, 최숙경 등이다. 모두 국장과 왕실의 상제(喪制)와 관련된 내용이다. 백성의 의례는 '大夫士庶人四仲月時享儀', '大夫士庶人喪儀', '大夫士庶人栗主' 등 3조가 포함되어 있다.

• **국흌(國恤)** : 나라의 상(喪), 즉 국상(國喪)을 말한다. 조선조의 경우 초기에는 아직 고려의 제도를 일부 답습하는 정도였지만, 정종과 태종대를 거치는 동안 점차 정비되어 세종대로 넘어오면서 1차 『오례(五禮)』 국흌(國恤)로 정비되었다. 그리고 이를 바탕으로 성종 5년(1474)에는 『국조오례의(國朝五禮儀)』 흉례(凶禮)로 완성되었다. 이는 적어도 국상에서 불교적인 요소가 밀려나고 유교식 상제(喪制)로 전환되었음을 의미한다. 이를 보완하여 영조50년(1774)에는 『속국조오례의』가 편찬되었다.

• **굴감(掘坎)** : 구덩이를 팜. 습을 할 때와 목욕을 할 때 사용한 향탕, 솜, 수건 등을 위생적으로 처리하기 위해 구덩이를 파고 버린 후 매몰하기 위해 굴감을 한다.

• **굴건(屈巾)** : 상주가 쓰는 베로 만든 건. 즉 상주가 효건(孝巾 ; 頭巾) 위에 덧쓰는 건으로 그 폭은 손가락 세 개를 가지런히 했을 때의 넓이만하다. 베를 세 솔기가 되게 하고 뒤에 종이로 배접해서 빳빳하게 만든 후 두 끝을 휘어 끈을 꿰어서 쓴 다음, 그 위에 수질(首絰)을 눌러 쓰게 되어 있다. 굴건을 쓰는 경우는 부모의 상을 당하여 참최복과 자최복을 입는 상제들만이 굴건을 쓴다. 관(棺) 참조. 수질(首絰)은 상복을 입을 때 머리에 두르는 둥근 테의 일종으로 삼과 짚을 꼬아서 테를 만들어 남자는 두건, 굴건과 함께 쓴다. 종류로는 참최(斬衰)의 수질과 자최(齋衰)의 수질이 있는데 <오례의>에 기록된 수질의 제작방법과 착용법은 다음과 같다. 참최의 수질은 씨 있는 삼으로 만드는데 둘레는 9촌으로 삼의 밑둥치를 왼쪽에 있게 하여 이마 앞에서부터 오른쪽을 향하여 두르고 정수리로부터 뒤를 지나서 그 끝은 밑둥치의 위에 가게 하고 노로 끈을 만들어 이를 단단하게 한다. 자최의 수질은 씨 없는 삼으로 만드는데 둘레는 7촌 남짓

하고 삼의 밑둥치는 오른쪽에 있으며 끝은 밑둥치 아래에 있게 하며 베로 끈을 만든다. 수질은 소상(小喪)이 지나면 벗는다.

- **굴건제복(屈巾祭服)** : 전통적인 상복. 상주가 두건 위에 덧쓰는 건과 제사 때 입는 예복. 즉 상주가 머리에 쓰는 굴건(屈巾)과 상복(喪服). 굴건은 거친 삼베를 사용하여 만든 것으로, 상주가 상복을 착용할 때에 두건 위에 덧쓴다. 제복은 제향에 입는 예복으로서 길례와 흉례에 각기 제복을 달리 하였으나 흉례에는 왕과 일반이 모두 삼베로 상의와 상(裳)을 만들어 입고 삼띠를 두르며 관은 굴건(屈巾)을 썼다.

  유교를 정치이념과 도덕규범으로 삼았던 우리 선조들은 예절을 매우 중요하게 여겼다. 특히 개인보다 가문을 중요시 하였던 조선시대에는 고인을 장송하는 일이 한 가정의 차원이 아닌 가문의 대사로서 치루어졌고, 그 의례 규범을 사회제도화 하였다 우리나라의 유교적 상장의례의 절차는 예를 실천하는 주체자인 생자의 심정변화에 따라 초종례(初終禮)로부터 소대상(小大祥)을 거쳐 담제에 이르기까지 적게는 19절목, 많게는 60여 항목으로 나누어 실천하도록 하였다. 비록 의례 절차가 복잡하고 행하기가 까다롭지만, 그 절차 하나하나에는 어버이에 대한 효심과 생명의 존엄성이 깃들어 있음을 알 수 있다. 또한 인간의 삶은 이 세상에서 죽음으로 끝나는 것이 아니고, 저 세상에서 다시 태어난다고 하여 수의나 상례에 큰 정성을 쏟아 매우 중요하게 생각하였으며, 부모를 떠나보낸 상주들은 스스로 죄인임을 자처하며 짚자리와 짚베개를 사용하였고, 시묘살이를 당연한 도리로 여겼다. 조선시대에는 돌아가신 분을 기준으로 하여 상복을 입는데 엄격한 격식이 있었다. 상복에는 참최(斬衰 : 거친 베로 지으며 아랫도리를 접어 꿰매지 않은 상복으로 외간상에 입음), 자최(齋衰 : 조금 굵은 생베로 짓되 그 아래가를 좁게 접어 꿰맨 상복), 대공(大功 : 삶은 굵은 베로 지으며 대공친의 상사에 입음), 소공(小功 : 약간 가는 베로 지으며 소공친의 상사에 입음), 시마(緦麻 : 가는 베로 만든 상복)의 다섯 가지가 있으며, 기한이 참최, 자최는 3년, 장기(杖朞), 부장기(不杖朞)는 1년, 대공은 9개월, 소공은 5개월, 시마는 3개월이다. 이러한 상복제도를 통해 상이 중할수록 수공을 덜 들여 해 입었으며, 입는 기간을 길게 잡았던 것임을 알 수 있다. 상례(喪禮)시 그 격식에 맞추어 다 갖춘 상복을 '굴건제복(屈巾祭服)'이라 하였는데, 그 구성을 살펴보면 다음과 같다. 머리에는 굴건(屈巾), 수질(首絰), 효건(孝巾)을 쓰고, 내복으로는 중의(中衣)를 입었다. 중위 위에 최의를 입고 최상을 두르며, 허리에 요질(腰絰)과 효대(絞帶)를 매었다. 발에는 마혜(麻鞋)를 신고, 행전을 둘렀으며, 대나무, 오동나무, 버드나무 등을 사용하여 만든 지팡이를 들었다. (杖지팡이 장) 시마(緦麻) : 8촌간에 입는 상복으로 종증조, 삼종형제, 종증손, 종현손 등의 상사에 3개월 간 입는 복제. 사위, 장인 장모 간에도 시마복이다.

- **굴장(屈葬)** : 시신을 땅에 묻을 경우, 시신을 바로 펴서(펴묻기) 묻지 않고, 굽혀서 [앉은 상태로] 묻는 장법(葬法). 신전장(伸展葬) 못지 않게 많이 나타나며, 특히 석관(石棺)

묘에서 많이 나타나고 있다. 굴신장(屈身葬)이라고도 한다. 이처럼 굴신장을 하게 된 동기는 묘광을 파는데 노동력이 절약되기도 하고, 또 죽은 자의 영혼을 억누르기 위한 것(靈魂鎭壓)이라는 견해와 함께, 일부에서는 마치 어머니의 뱃속 태아의 모습을 흉내 내어 다음 세상에 다시 태어나기를 기원한다는 설(說)도 있다. 즉 모태(母胎) 안에서의 자세와 같아서 사후에 본래의 세계로 돌아감을 의미하기도 한다.

- 굴장(窟葬) : 주거하던 굴(窟)안에 시신을 매장 또는 유기한 장법이다. 즉 신석기 시대에 주거하던 움집에 시신을 유기하고 불을 질러 집을 없애고 이사하는 경우가 있는데, 이 경우가 화장을 토대로 한 굴장(窟葬)의 형태이다.

- 굿 : 망자(亡者)의 영혼(靈魂)을 저승으로 편안히 가도록 안내하는 의식(儀式).

- 권안(權按), 권빈(權殯) : 불교에서 화장을 한 다음 유골을 수습하여 일정 기간 동안 사찰에 안치하는 것. 절차는 사망 - 불사(佛寺) 부근에서의 화장 - 습골(拾骨) - 권안(權按) - 매장(埋葬)의 순으로 진행된다.

* 권조(權厝) : 권안, 권빈 등과 같은 말. 가안(假安), 차치(借置) 등으로도 쓰였다. 길지를 구할 때까지 시신을 임시 가매장하는 것이라는 의미로도 쓰인다. 즉 영구히 매장할 길지를 구하지 못하였을 때, 잠정적으로 관을 묻었다가 길지의 선정이 끝나면 새로이 묻는 장법이라는 의미로도 쓰인다.

- 궤고(跪告) : 무릎 꿇고 고하다.

- 궤식(饋食) : 제사 때 익은 음식을 제물로 바침. 또는 제물을 갖추어 신(神)에게 제사를 지냄(饋奠). 궤전(饋奠) 참조.

- 궤연(几筵) : 영위(靈位)를 모신 자리. 영궤와 혼백, 신주를 모셔 두는 곳. 상기 중 신위를 모셔두는 곳. 영호(靈戶). 상청(喪廳)이라고도 한다. 신성한 공간으로서 망자를 탈상하기 전까지 모셔두는 의례의 공간이다. 고인의 영혼이 머무를 수 있도록 마련한 영궤(靈几)와 이에 딸린 모든 물건들을 말하기도 한다. 원래 연(筵)이란 영궤 아래 까는 자리로, 고인의 혼백이나 신주를 모셔두는 곳을 말한다. 이를 영좌(靈座)라고도 한다. 이곳에서 삼우제와 졸곡제, 부제, 소상, 대상 등의 제사와 3년 동안 상식(上食)과 삭망전(朔望奠) 등의 의례를 행하는 곳이다. 그런데 1999년 <건전가정의례준칙>에서는 이러한 궤연의 설치를 금(禁)하고 있다.

- 궤전(饋奠) : 빈소에 제수(祭需)를 차려 놓는 것. 제물을 갖추어 신(神)에게 제사를 지내는 것 또는 그 제물.

- 궤좌(跪坐) : 무릎 꿇고 앉다.

- 귀면(鬼面) : 상여의 장식물 가운데 하나로서, 귀면은 벽사(辟邪 - 액을 물리친다는 뜻)의 기능으로 건축물 또는 공예품에 부수(附隨 - 주된 것이나 기본적인 것에 붙어서 따

름)되는 괴수의 얼굴이나 몸의 형상을 나타낸 문양이다. 이 귀면은 상여의 앞, 뒷면을 장식하여 주변의 부정과 잡귀를 쫓아내는 역할을 하였다.

- **귀후서(歸厚署)** : 조선 시대 관곽(棺槨)을 만들어 판매하고 장례에 필요한 물품을 공급해 주는 일을 담당하던 관공서로서 국영 장의사라고 말할 수 있다. 태종 때는 이 관서의 이름을 관곽소(棺槨所)라 하였는데, 주로 관곽(棺槨)을 만들어 왕실과 양반관료들에게 공급하는 일을 하였다. 태종 10년에는 상장과 능묘에 관한 제도를 정비하고는 이름을 시혜소(施惠所)라 하였다가, 다시 귀후소(歸厚所)로 바꾸었다. 세종 25년에는 용산 한강변에 관곽(棺槨)을 만드는 곳을 마련하여, 백성들이 초상을 당했을 때 졸지에 관곽을 준비하기 어려운 점에 대비하도록 하였다. 세조 9년에는 귀후서(歸厚署)로 이름이 바뀌면서 이 관청의 위상이 승격되었다. 한편 귀후서(歸厚署)는 화장을 금지하고 유교식 매장문화를 보급하는 데 적지 않은 역할을 한 것으로 보인다. 그런데도 후일 부정과 민폐 등으로 문제가 되자, 정조 1년 9월에는 그 간판을 내리고 소관 업무를 선공감(繕工監)에로 이관하게 된다.

원래 귀후(歸厚)란 『논어(論語)』<학이편> 증자의 말씀 가운데 나오는 <민덕귀후(民德歸厚)>에서 따온 것이다. 이 말은 예(禮)를 다해 장사를 치르고 돌아가신 분을 진정으로 추모하면 '백성(百姓)의 덕(德)이 후(厚)한 데로 돌아간다.'는 뜻을 가지고 있다. 쉽지 않은 뜻이지만, 장례와 관련한 일을 맡은 관청의 이름으로는 제격이라 할 것이다. 결국 귀후서(歸厚署)는 관곽(棺槨)을 만들어 파는 관서였고, 그 설치 목적은 미리 관곽을 준비해 놓고 사람들이 사다가 장사지낼 수 있도록 하여 사람마다 장사지내는 예의를 알게 하고자 한 데에 있었다.

- **규수(圭首)** : 귀접이 형의 홀(圭)의 머리. 비석의 머리를 귀접이 식으로 함. 원수(圓首) 형은 상원하방(上圓下方)으로 둥글게 함.

- **그리스도교의 장례와 제례** : 그리스도인들에게 오는 죽음은 형벌의 죽음이 아니다. 예수 그리스도의 대속(代贖)의 공로에 의지하여 사죄 받은 그리스도인들에게 죄는 이미 무력하다. 불신자들에게는 죽음이 죄의 형벌 즉 저주로서의 의미를 지니고 있지만, 이와는 별도로 그리스도인들에게는 죽음은 전혀 다른 의미를 가지게 된다. 다시 말해서 예수를 믿는 자들은 정죄 아래에 있지 않기 때문에 죽음은 그들에게 형벌이 될 수 없다. 그럼에도 불구하고 하느님께서 죽음을 두시는 것은 그 백성을 성화(聖化)시키기 위한 방편이다. 다시 말해서 죽음의 관념, 죽음으로 인한 가족과의 떠남, 질병과 고난은 죽음의 선구자라는 감상, 그리고 죽음이 가까웠다는 의식 등 이 모든 것들이 하느님의 백성에게 비상한 유익을 준다는 것이다. 이러한 의식들은 교만한 자를 겸손케 하며, 육욕을 억제케 하고, 속념(俗念)을 저지하게 하며, 영적 성장을 촉진케 하는 것이다. 그렇기 때문에 신자들에게 죽음은 천국으로 들어가는 관문이 된다. 그리스도교 신자에게는

죽음이 인생의 마지막이 아니라 고통과 죄악의 세상에서 싸우다가 죽음을 통하여 하느님과 영원히 영생 복락을 누리는 새로운 삶의 시작이 된다. 그들에게는 부활과 영생의 소망이 있다. 그래서 그들은 죽음을 두려워하지 않고 긍정적으로 받아들인다. 다시 말해서 하느님께서는 택한 백성이 이 세상에 사는 동안에 궁핍, 핍박, 사별을 통하여 그들을 겸손하게 하며, 마음의 아픔을 느끼게 하고, 세상의 비참함과 공허함과 정함이 없음을 알게 하여 세상에 소망을 두지 않도록 하시는 것이다. 그리하여 그리스도인들은 하느님의 나라를 더욱 사모하며, 세상과 천국을 비교하여 보고, 비로소 세상을 박차 버리며, 오게 될 구속의 날을 간절히 사모하게 되는 것이다

* **근조(謹弔), 근도(謹悼)** : 남의 죽음에 대하여 삼가 애도의 뜻을 표함. 근조(謹弔)는 고인의 시신이 빈소에 안치되어 있는 장례기간 동안 애도를 표할 때 사용하는 용어이며, 근도(謹悼)는 장례의식이 끝난 후 1주기 2주기 등을 맞아 고인을 그리워하며 애도할 때 사용하는 용어이다. 즉 바로 이때 거행하는 의식을 추도식(追悼式)이라 하며, 조화를 보낼 때도 그 리본에 근도(謹悼)라고 쓴다.

- **근조기(謹弔旗)** : 고인의 죽음을 애도하는 조문의 의미와 자사의 회원임을 나타내는 깃발.

- **금(紟)** : 홑이불(單衾)의 하나이다. 물에 적셔서 사용하는데, 옻칠을 말리기 위해 병풍 위에 덮어씌우는 것이다. 또는 염(斂)한 시신 아래에 받쳐 넣어, 시신을 들어 올리는 데에 쓰기도 한다.

- **금(衾)** : 갓 죽었을 때 덮는 홑이불. 또는 소렴을 할 때 시신을 덮는 이불을 말한다. 명주로 폭을 잇대어 꿰매 이불을 만든다. 솜을 두고 사람 키에 따라 마름질하여 정하되 길이는 포백척으로 다섯 자 반으로 한다. 소렴금으로서 명주로 만든 속 이불.

- **금정(金井)** : 관을 넣는 구덩이.

- **금정개(金井蓋)** : 속칭 엄광창(掩壙窓 - 광을 덮는 덮개)이니, 자물쇠가 달려 있다. 일을 멈출 때에 광(壙)의 구멍을 막는 데에 쓰는 것이다. 혹은 얇은 널판을 써서 문짝처럼 만들어 금정틀과 뚜껑의 좌우 서로 닿는 곳에 철추(鐵樞 - 쇠돌쩌귀)와 철환(鐵環 - 쇠고리)과 배목(排目 - 모양이 못과 비슷하나 대강이에 구멍이 있어 빗장을 지르거나 자물쇠를 잠그게 되어 있는 쇠)을 달아 여닫도록 하였다.

- **금정기(金井機)** : 광중을 바르게 파기 위해 광중 팔 자리에 놓는 금정틀. 광중의 넓이를 정하기 위해 오리나무로 만든 정자형(井字形) 나무틀. 나무 네 개를 써서 광(壙 - 광곽, 테두리)을 만들고 테두리 바깥에 각각 한자쯤 남겨서 우물정(井)자 모양으로 만든다. 네 모퉁이의 서로 교차하는 곳에 못을 박아 흔들리지 않게 하고, 또 틀의 가로세로 네 개 나무의 한 복판에 먹으로 표시를 하여 방위를 살펴 바르게 한다. 광중의

길이와 넓이를 기준으로 하는 것으로 묘혈(墓穴)을 팔 때에 쓰인다. 결국 금정기란 굵은 나무를 정(井)자 모양으로 만들어 땅바닥에 놓고 그 안으로 천광(穿壙)을 파는 데 쓰는 기구이다. 이를 통해 광중의 크기를 지나치게 넓게 파지 못하게 하고, 또한 반듯하게 틀에 맞게 파도록 하기 위해 사용한다. 다른 이름으로는 '개금정(開金井)', '금정틀'이라고도 한다.

- **금침(衾枕)** : 잠잘 때 몸을 덮어서 보온하는 이불(衾)과 요(褥)를 합하여 이부자리라 하고 이부자리와 베개(枕)를 합쳐서 금침이라고 한다.

- **급묘(及墓)** : 상여가 매장할 장소인 무덤에 도착하는 것을 말한다. 즉 영구가 장지에 도착하여 하는 일로서 장사(葬事)를 지내는 일이다. 하관, 분묘 조성, 신주의 제주 등의 일이 진행된다. 먼저 집사자가 상여가 묘지에 이르기 전에 묘지 앞 서쪽에 교의, 제상, 향상을 놓고, 영좌를 모실 영악(靈幄)을 설치한다. 영구가 산에 도착하면 방상이 먼저 광중에 들어가 사방 네 귀퉁이를 창으로 치고 잡귀를 몰아낸 다음, 이어 혼백과 상여가 도착하면 혼백은 교의에 모시고 관을 영좌의 동쪽에 놓되 머리가 북으로 가게 안치한다. 영좌 앞에 제물을 진설한다. 관의 경우 광중 가까이 지의(地衣)를 펴고, 굄목을 놓은 뒤, 그 위에 올려놓고 공포로 관을 훔치고, 그 위에 명정을 덮는다. 주인 이하는 곡(哭)하면서 묘지에 온 손님들의 조상과 문상을 받는다. 급묘는 매장일 경우, 상여(喪輿)가 묘지(墓地)에 도착하여 하관(下棺)을 하고, 사후토(祀后土)에 제사지내며, 신주(神主)를 모시고 성분(成墳)을 하는 절차이고, 화장(火葬)일 경우 화장장에 도착하는 것이다.

- **기(基)** : 무덤, 비석, 탑 따위를 세는 단위. 일반적으로 시신 또는 화장한 유골을 매장한 분묘와 봉안묘의 단위를 말한다.

- **기독교식 상례** : 기독교식 상례는 운명(殞命)부터 하관에 이르는 전 과정을 목사의 집례 하에 진행한다. 임종 시에는 구원의 확신을 갖고 믿음으로 하나님의 나라에 이르도록 도우며 임종 시부터 고인의 영혼을 찬송과 기도 속에 하나님께 맡기는 예배를 드리고 유가족은 빈소에서 기도회를 가지며 찬송이 그치지 않게 한다. 일반장례식과 달리 곡을 하지 않고 음식을 차리지 않으며 절도하지 않는다. 또한 분향(焚香)을 하지 않고 헌화(獻花)를 한다. 임종예배 - 입관예배 - 조문맞이(헌화준비) - 발인예배 순으로 진행을 한다. 영결식 절차는 다음과 같다 : 개식(開式) - 찬송 - 기도 - 성경 봉독 - 시편 낭독 - 신약 낭독 - 기도 - 약력보고 - 주기도문 - 출관 순이다. 하관예배 순서는 다음과 같다 : 기도 - 성경 봉독 - 선고 - 기도 - 주기도문 - 축도 순이다.

- **기두(魌頭)** : 방상씨(方相氏)의 일종으로서 눈이 2개이다. 죽은 자의 관직이 4품 이상이면 사목(四目)인 방상씨를 쓰고, 4품 이하이면 이목(二目)인 기두(魌頭)를 썼다. 곰 가죽을 둘러쓰고, 창과 방패를 들고, 역귀(疫鬼)를 놀라게 하여 물리치는 일을 한다.

- 기년(朞年) : 1년.
- 기산(氣散) : 죽음을 드러내고 설명하는 완곡한 표현.
- 기세(棄世) : 세상을 떠남. 웃어른이 돌아가심을 이르는 말, 또는 세상을 멀리하여 초탈함.
- 기시(棄市) : 사람들이 많이 많이 모인 곳에서 죄인의 목을 베고 그 시체를 길거리에 버리던 형벌.
- 기용(器用) : 도끼, 낫, 삽, 가래, 괭이 따위의 도구들을 말한다.
- 기일(忌日) : 망자가 돌아가신 날. 꺼리는 날. 기일이 되면 고인을 추모하는 제사를 지내는데 이를 기일제(忌日祭)라고 한다.
- 기절내곡(旣絶乃哭) : 운명이 확인되면 홑이불로 시신을 덮고 슬프게 곡하는 일. 즉 고인의 운명(殞命)을 기다릴 때에 주변을 조용히 하고, 숨이 끊어지면 곡을 어지러이 하는 일들을 말한다.
- 기정(寄情) : 소상(小祥)과 대상(大祥)에서 하루 전 저녁에 올리는 일종의 제사. 즉 친구나 친척 자손들이 제물을 올리고 제문(祭文)을 읽어 고인을 애도하는 일이다. 『사례편람』에 보면, 자손이 따로 제물을 마련하여, 유식(侑食)한 뒤에 음식을 늘어놓는 가공(加供 : 덧붙여 올린다는 뜻)에 대해 비판하고, 만약 정(情)을 펴고자 한다면 물건을 가지고 제물을 마련하는 데에 보태주는 것이 고례(古禮)의 제물 중 좋은 것을 종자(宗子)에게 바치는 헌현(獻賢)의 뜻에 합치되는 것 같다고 하였다.
- 기중(忌中, Period of Mourning) : 상중(喪中)의 뜻으로 초상 때를 일컫는 말. 또는 상중임을 알리기 위하여 상가의 대문이나 상주가 경영하는 점포의 문 앞에 부착하는 안내 표시. 상을 당해 언행, 범절을 삼가는 기간.
- 길복(吉服) : 삼년상을 마치고 입는 평상시의 정복. 상복 이외의 모든 옷을 말한다. 곧 최복(衰服), 연복(練服), 담복(禫服) 이외의 조복(朝服), 제복(祭服), 공복(公服), 상복(常服), 시복(時服), 편복(便服), 유생복(儒生服) 등의 총칭이다. 혹은 삼년상을 마친 뒤에 입는 보통 옷을 말하기도 한다.
- 길제(吉祭) : 상례의 마지막 절차로서 망자의 혼령이 비로소 제사에 참여하는 제사, 신주의 대를 바꾸는 제사, 상기가 끝나 예법에 따라 신주를 사당에 옮기는 의례, 집안의 계승으로서 종손(주손 : 胄孫)이 바뀌었음을 공포하는 절차, 상주가 상복을 벗고 완전히 일상생활로 돌아오는 절차 등이다. 길사(吉祀), 협제(祫祭), 협사(祫祀)라고도 한다. 『가례』에 의하면 담제까지로 상례가 끝나는 것으로 되어 있으나 『상례비요』를 비롯하여 우리나라에서 발간된 모든 예서에서는 길제를 상례의 마지막 절차로 간주하고 있다. 길제의 시기는 담제를 지낸 다음 날에 날을 잡는데(擇日), 다음 달의 정일(丁日) 혹

은 해일(亥日)로 잡는다. 길제는 이틀에 걸쳐 지내는데, 첫 날에는 신주의 분면을 고쳐 쓰는 개제고사(改題告祀)를 지내고, 다음 날이면 길제를 지낸다. 이는 신주의 분면을 바꾸고 새 종손이 지내는 제사로서 상주가 그 집안의 주인이 되었음을 상징한다. 그래서 주인은 일상의 제복인 길복(吉服)으로 성복(盛服)을 하고, 주부는 혼례식 때 입었던 원삼에 족두리를 한다. 사당에 모시고 있었던 친진(親盡)한 신주(5대조)를 체천(遞遷)하거나 매주(埋主)하는 절차인 조매고유(祧埋告由)를 행한다. 이로써 상주는 완전히 일상으로 돌아오는데, 이제는 내실에 들어가도 된다. 그리고 상주는 이제 한 집안의 주손(胄孫)으로서 역할을 수행해 나간다. 보통 사망한 지 28개월째에 지내게 된다. 제사를 마치면 대가 지난 5대 조부모 신주는 묘소 곁에 묻는다. 신주를 묻을 때 묘에 알리는 절차는 없으나 술과 과일 등을 늘어놓고서 분향하고 절을 올린다. 매안(埋安)한 5대조 이상의 선조에 대해서는 매년 한 번씩 자손들이 모여 산소에서 묘제를 올린다(세일사). 묘제는 대개 초목이 뿌리로 돌아가는 계절인 10월에 지낸다. 결국 길제는 ① 망자와 연관된 상례의 최종절차, ② 사당에 모신 신주의 대수를 소목계서하는 절차, ③ 친진한 조상신을 성대히 모셔 보내는 의례, ④ 주손의 지위변화 즉 새 주손의 탄생의례, ⑤ 상중의 기간에서 일상생활로 복귀하는 통과의례의 의미를 가지는 바, 따라서 길제는 상례의 마지막 절차로서의 의미는 물론, 한 집안의 새로운 출발을 의미하는 의례로 자리매김 되는 것이다. 따라서 길제는 한 가문의 지도자를 세우는 의례임과 동시에 지역사회에서 이해관계를 같이 하는 하나의 씨족집단으로서 지위를 인정받기 위한 의례로 규정되기도 하는 것이다. 즉 길제는 조상신을 위한 의례임과 동시에 상주와 그의 공동체를 위한 의례의 범주에도 속하는 것이다. 왜냐하면 길제는 고인이 조상신으로 승화되는 과정을 완성하는 의례임과 동시에 상주가 비정상적인 상중의 기간에서 정상적인 일상의 기간으로 복귀하는 의례로 기능하기 때문이다. 따라서 길제는 공동체의 입장에서 본다면 공동체가 성원의 죽음으로 인한 위기를 극복하는 의례인 상례를 완성하는 절차라고 볼 수 있다.

- **나미즙(糯米汁)** : 찹쌀 즙. 광중 안 사방을 회로 바를 때 회의 농도를 조절하기 위해 사용한다. 회격(灰隔)시 정회(淨灰 - 깨끗한 회)와 섞어서 광중 안 사방을 바르는 데 쓴다.

- **낙랑시대의 장례문화** : 우선 낙랑시대의 묘제는 선사시대의 것보다 우선 곽의 규모가 크고, 복장제(複葬制)로서 가족묘와 같은 점이 선사시대와 다르다고 하겠다. 이것은 선사시대와는 달리 가족 관념이 상당히 발달했음을 나타내 주고 있는 것으로, 선사시대에서는 죽음이 단장(單葬)을 통해서 개인전으로 인식되고 있는 것과는 달리, 복장제의 가족묘에서 나타나듯이 집단적으로 인식되고 있는 것이다. 이것은 농경의 발달에 따른 가족집단의 사회적 의미가 강화된 것으로, 일찍이 가족제도가 정착된 중국의 영향이 그대로 반영된 것이라고 하겠다. 반면에 죽음은 그렇게 두려운 것이 아니라는 관념이

복장을 통해서 나타나고 있다고 하겠다. 그에 따라 묘의 건축에도 나무나 벽돌과 같이 인공재료를 사용하고 있는 것으로 미루어 보아, 저승집, 또는 죽은 사람의 집이라는 개념으로서 무덤을 인식한 것으로 보인다. 목곽분과 같은 경우는 시신처리로 보아 도교사상을 일면을 나타내 주는 것으로 보인다. 그것은 일종의 영생불사를 위한 처리로 보여 지기 때문이다. 즉 명주로 여러 겹을 감았다든가, 옥 제품으로 구멍을 막은 것들도 모두 미라를 위한 조치로서 해석되기 때문이다. 그것은 죽음을 인정하지 않는 관념에서 비롯된 것이라고 하겠다. 이러한 관념은 우리나라에서는 통용되지 않았던 것으로 보인다. 그런 점에서 낙랑의 고분 축조 기술이나 무덤의 양식은 후대에 영향을 주었을 것으로 보이나, 죽음을 인식하는 이러한 도교관념은 받아들여지지 않았던 것 같다.

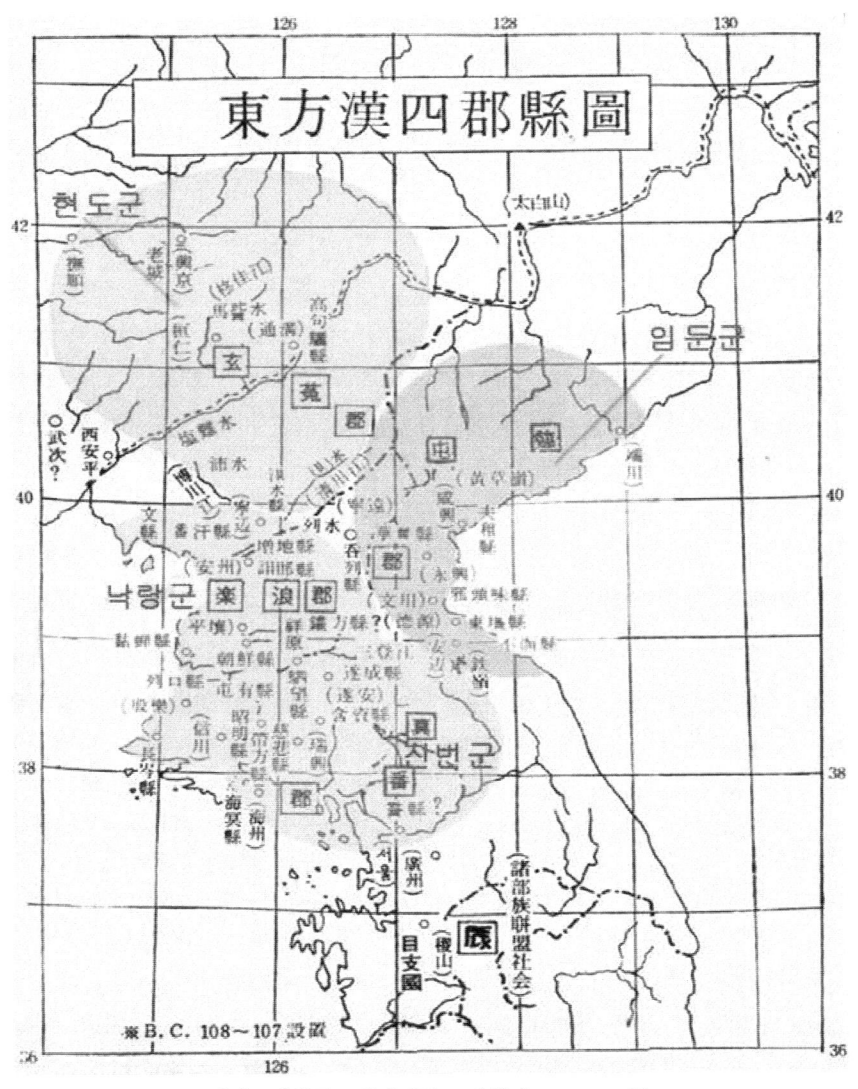

이병도 『한국고대사연구』, 박영사, 2001, 98쪽.

- **난간(欄干)** : 상여(喪輿)의 하단(下段)의 가장자리를 둘러막은 나무로 구름, 용의 문양으로 장식되어 있다.
- **남은들 상여** : 중요 민속자료 제31호로서 흥선대원군(興宣大院君)의 부친 남연군(南延君) 이구(李求)의 시신을 충남 예산 가야산으로 이장 시 운구할 때 사용되었던 상여를 말한다. <남은들>이란 명칭은 마을의 이름을 딴 것이다(중요민속자료 제31호. 국립고궁박물관 소장).
- **남자 상복** : 현대 상복.
- **남좌여우(男左女右)** : 왼쪽은 남자 오른쪽은 여자라는 말. 의례나 의식을 행할 때 남녀의 위치를 정하는 용어로서 화자가 어디에 있느냐에 따라 동서의 방향이 달라진다. 동서라는 방위 명칭으로 구분한 것은 절대적 방위개념을 사용하여 문제가 없으나 좌우라는 절대적 위치개념(상대적 방위개념)을 사용할 경우 방향에 대한 혼돈이 발생한다. 주체의 뒤쪽을 북쪽으로 설정하는 절대적 방위개념은 제상의 뒤쪽을 북쪽으로 설정하였기 때문에 방향의 혼돈이 생기지 않는다. 그러나 절대적 위치개념은 주체를 중심으로 좌우를 설정하기 때문에 주체의 위치에 따라 방향이 반대가 되는 경우가 많다. 뿐만 아니라 화자를 중심으로 하느냐 주체를 중심으로 하느냐에 따라 방향이 바뀐다. 즉 제사의 대상인 신주를 기준으로 할 것인가 제사를 지내는 봉사자를 기준으로 삼을 것인가에 따라 달라진다는 것이다. 따라서 이러한 혼란을 방지하기 위한 가장 좋은 방법은 좌우의 개념에 대한 관념보다는 의례청의 뒤쪽을 북쪽으로 상정하는 절대적 방위개념을 설정할 때 혼돈을 방지할 수 있다.
- **납골(納骨)** : 화장 후 남은 유골을 봉안당이나 봉안묘 등의 봉안시설에 안치하는 일. 일본식 용어이자 혐오스러운 용어라고 하여 2002년 화장장 표준화로 봉안(奉安)으로 순화하였다. 이후 2008년 <장사등에관한법률> 개정 때 납골 대신 봉안이란 용어를 법률용어로 사용하면서 일반화되게 되었다.
- **납관(納棺)** : 입관(入棺)과 동의어.
- **납관부(納棺夫)** : '염사'를 일컫는 일본식 언어. 수의를 입히고 염습을 하여 관에 넣는 일을 하는 사람.
- **내간상(內艱喪)** : 고인이 여자인 상. 모친상, 승중의 할머니 상. 조위록(弔慰錄) 준비.
- **내계석(內階石)** : 무덤과 제전(祭田) 사이를 구별 지은 돌.
- **내광(內壙)** : 관이 직접 들어가는 구덩이로 넓은 외광(外壙)에서 다시 관의 크기만큼 판 구덩이를 말한다. 묏자리를 팔 때 먼저 관의 크기보다 크게 외광을 파고, 다시 외광에서 관이 들어갈 만큼 내광을 판다.
- **내금정기(內金井機)** : 회(灰)를 다진 위에 놓아 그 안에 정토(淨土)를 파내는데 사용하

는 것이다. 모양은 금정기와 같으나 보다 작고, 광중 안쪽 사방은 관의 크기보다 반치 정도 넉넉하게 안쪽의 크기를 정한다. 틀면에 먹으로 표시하여 외금정틀과 대조할 수 있게 한다. 금정기(金井機) 참조.

- **내상(內喪)** : 여자의 상(喪).
- **내폄(乃窆)** : 장지에서 광중이 완성되고, 정해진 하관 시간이 되어 영구를 광중에 내리는 일을 말한다. 이를 보통 하관(下棺)이라고 한다.
- **냉동장(冷凍葬)** : 시신을 급속 냉동한 다음, 이를 관과 함께 분말로 만든 후, 금속성분과 수분을 제거하여 이를 녹말상자에 담아 잔디나 땅에 묻는 장법(葬法).
- **냉동장(冷凍葬)** : 앞의 의미의 냉동장과는 다른 의미의 냉동장 개념이 있다. 이는 미라장이나 엠바밍장과 비슷한 의미를 지니고 있으나, 만드는 방법은 전혀 다르다. 훗날 복제기술이 발달하면 다시 부활, 세상을 활보하겠다는 생전의 유언에 의해 이뤄진 것이다. 최초의 냉동인간은 미국의 심리학자 제임스 베드퍼드 박사로 알려졌다. 장법은 인간의 영생에 대한 욕구를 투명하게 반영하는 거울이라 해도 과언이 아닐 듯싶다.
- **넋 굿** : 사람이 죽었을 때 망자(亡者)의 저승 천도를 비는 굿을 통칭하며 사령(死靈)굿, 진혼(鎭魂) 굿이라고도 한다. 이승에서 고인의 맺힌 한을 풀어 편히 저승으로 보내는 극락왕생의 기원과 굿을 통해 망혼이 조상으로 신격화하여 생자(生者)의 삶에 도움을 주기를 바라는 의미를 담고 있다.
- **널무덤(木棺墓 : 움무덤 : 土壙墓)** : 관을 나무로 만든 묘지. 또 <움무덤>이라고도 하는데, 일정한 크기의 흙구덩이를 파고 그 안에 시신을 안치하고서 부장품(껴묻거리)을 함께 묻은 무덤. 움무덤 참조. 목관묘 참조.
- **노노개호(老老介護)** : 나이 든 사람이 나이 든 사람을 돌보아 줌. 일본식 간호의 일종.
- **노장(路葬)** : 결혼적령기의 미혼자, 특히 처녀가 죽으면 사람이 많이 왕래하는 네거리 길에 몰래 묻는 것으로 노장 확은 평지장(平地葬)이라고도 부른다. 이러한 매장은 미혼자 혹은 죽은 처녀의 원한은 악귀가 되어 산사람에게 재앙을 입힌다는 속설 때문에 그 원한을 위로하기 위해서 사람의 왕래가 많은 도로의 중앙에 매장해 놓으면 매일 그 위나 곁을 많은 사람들이 통행하며 특히 젊은 남자나 여자가 그 위를 밟고 다녀주면 그 원한이 풀어진다고 믿는 속설에서 비롯된 장법이다. 기생(妓生)도 연고자가 없으면 노장(路葬)을 하였다.
- **노제(路祭)** : 발인 후 밖에서 지내는 제사. 고인의 영구를 장지로 모시고 가는 행상을 할 때, 도중에 친척과 빈객이 있으면, 길가에 장막을 치고 전을 올리는 것. 친전(親奠), 혹은 친빈전(親賓奠)에 대한 관행의 용어. 상여가 집을 출발하여 묘지로 가는 도중 거리에서 지내는 전(奠). 사실 아직 하관 전(前)이므로 전(奠)에 해당하고 아직 제(祭)는

아니지만, 노상(路上)에서 지낸다 하여 노제(路祭)라고도 칭한다. 고인과 절친했던 친구나 친척이 주재자가 되어 제물을 준비했다가 올리는데, 운구 도중 적당한 장소에 장막을 치고 제청(祭廳)을 꾸민 뒤 영여(靈輿)를 모시고 주재자가 분향 후 술을 올리고 제문(祭文)을 읽으며 모두 두 번 절한다. 한편 우리나라의 경우는 노제를 지낼 때 혼백(魂帛)을 내어 제(祭)를 올리는 데 반해, 중국 한족(漢族)의 경우는 신주(神主)를 내어 제(祭)를 올린다고 한다. 집을 출발하여 묘지에 이르는 도중 거리에서 지내는 제사. 고인과 절친했던 친구나 친척이 조전자(吊奠者)가 되어 제물을 준비했다가 올리는데, 운구 도중 적당한 장소에 장막을 치고 제청을 꾸민 뒤 영여(靈輿)를 모시고 조전자가 분향 후 술을 올리고 제문을 읽으면 모두 재배한다.

- 녹각교(鹿角膠) : 녹각을 달여서 즙을 만들어 분가루를 섞는 데 사용하는데, 이는 분가루가 명정에 잘 붙게 하기 위함이다. 신주를 분칠하는 데에도 사용된다.

- 녹로(轆轤) : 도르래. 하관할 때 관이 흔들리거나 기울어지지 않고 안전하게 내리도록 하기 위해 사용하는 틀. 녹로기(轆轤器)라고도 한다. 금정기 양쪽에 기둥 2개씩을 세우고 기둥의 위쪽은 반달형으로 파서 횡강(橫杠)을 2개를 걸칠 수 있게 한다. 횡강에 견실하게 만든 밧줄을 걸고 거기에 관을 매단다. 그리고 횡강을 서서히 돌려 관을 내림으로써 흔들리지 않게 한다.

- 뇌주(酹酒) : 술을 따름. 특히 술을 모사기나 토지 위에 따라서 잔을 비움. 짐주(斟酒)는 술을 따르되 잔을 비우지 않고 상대에게 올려 바침.

- 늑백(勒帛) : 행전(行纏), 죽은 사람의 발을 싸는 것. 발싸개. 무릎 아래 바지의 단을 감싸 묶어 활동을 편하게 하기 위한 것. 전투를 위한 군복에서 나왔다고 한다.

- 능(陵), 원(園), 묘(墓) : 조선시대 무덤은 무덤 속 주인공의 신분에 따라 능, 원, 묘로 구분되었다. 능은 왕과 왕비의 무덤이고, 원은 왕세자와 왕세자빈의 무덤이다. 왕을 생산한 후궁의 무덤도 여기에 속한다. 그런데 왕을 낳은 친부모이지만 대원군의 경우는 특이하다. 즉 후일 왕으로 추봉이 되면 능호(陵號)를 사용하고 그렇지 않은 경우는 묘로 사용한다. 그리고 묘는 능과 원에 해당되지 않는 일반 사대부와 서민의 무덤을 말한다. 특히 왕을 생산하지 못한 일반 후궁들의 무덤도 묘에 속한다.

능의 형식은 조성형태에 따라 단릉(單陵)과 쌍릉(雙陵), 삼연릉(三連陵), 동원이강릉(同原異岡陵 : 같은 능역이지만 각각 다른 능선에 능을 둔 것), 합장릉(合葬陵)으로 나뉜다. 능은 좌향(坐向)을 중요시하는데, 좌(坐)란 혈(穴)의 중심이 되는 곳이고 좌의 정면이 되는 방향이 향(向)이다. 왕릉의 좌향을 보면 대부분 북에서 남을 향하고 있다. 능은 산을 등지고(背山) 송림을 배경을 아래쪽에 동서북 3면으로 곡장(曲墻 : 곡담)을 둘렀다. 곡장 안에 봉분을 만들고 봉분의 밑부분에 12각의 병풍석을 둘어 봉분의 토사가 흘러내리는 것을 예방했다. 그리고 봉분 주위를 다시 난간석(欄干石)으로 둘러 보호하였는데, 난간석은 석주(石柱), 죽석(竹石), 동자석주(童子)로 구성되어 있다. 난간석 바깥으로 능을 지키는 수호신으로 석호(石虎) 4기와 사악한 것을 물리친다는 석양(石羊) 4기가 봉분을 호위하는 형상을 하고 있다. 봉분 바로 앞에는 상석(床石)이 설치되어 있는데, 상석 아래에는 귀면(鬼面)을 새긴 고석(鼓石)이 상석을 받치고 있다. 그리고 상석 좌우에는 망주석 1쌍이, 그보다 조금 낮은 곳에는 장명등(長明燈)이, 그 좌우에는 문인석과 무인석이 각각 석마(石馬)를 대동한 채 서 있다.

원(園)과 종실묘의 경우에는 봉분과 곡장, 상석, 정자각, 재실 등 대부분이 능과 같이 갖추고 있으나 그 규모가 작고, 봉분의 병풍석과 난간석은 대부분 생략되었다. 무인석의 경우 왕릉만이 설치할 수 있었는데, 이는 왕(王)만이 군사를 거느릴 수 있었기 때문이다.

묘(墓)의 형태를 보면 조선 초기에는 고려 묘제에서 계승된 호석(虎石)을 두른 직사각형(方形) 무덤이 일부 사용되었다. 일반 서민들의 무덤은 대개 젖가슴 모양(乳形)이나 움 모양(突形)을 이루는데, 어느 경우나 정면에서 보면 반원형을 띠고 있다. 또 많은 경우 봉분과 사성(沙城)을 연결하는 용미(龍尾)가 있는데, 이것은 지맥(地脈)이 무덤으로 이어지기를 기대하는 풍수적인 의미에서 만들어진 것이다. 봉분의 앞이나 우측에 묘비를 세우고, 혼유석(魂遊石)과 지실(誌室 ; 墓誌 등을 넣어두는 石函)을 마련한다. 그리고 그 앞에 상석과 향로석(향안석)을 놓고, 다시 그 앞에 봉분을 중심으로 좌우측에 한 쌍의 망주석을 세운다. 여기까지가 일반적인 경우이며, 일부 경기지방의 조선시대 사대부 묘에는 장명등과 동자석, 문인석, 석수 등을 세운 경우도 있다.

묘역을 꾸미는데 있어 상석의 좌우에 긴 돌(長臺石)을 이용하여 단을 조성하는데, 이 돌을 계체석(階砌石 : 祭砌石이라고도 함)이라 부르며, 이를 중심으로 묘역은 계절(階節)과 배계절(拜階節)로 구분된다. 계절은 무덤 앞의 성역이고, 배계절은 계절보다 낮은 제(祭)를 드리는 곳이다. 이처럼 묘역 안의 계체석은 묘역을 안정감 있게 구분하고 석물의 배치를 용이하게 할 뿐만 아니라 전체적으로 묘역의 역할을 구분하는 기능도 하게 된다.

- **다라니** : 선법(善法)을 갖추어 악법을 막는다는 뜻으로 범문(梵文) 그대로의 간단한 문구로, 여러 부처와 여러 보살의 선정(禪定)으로부터 생겨난 진언(眞言).

- **다라니경** : 불교식 상례에서 신자인 경우 입관 시 관 밑바닥에 깔거나 시신 위에 덮어 줌으로써 극락왕생을 기원하는 의미가 있다.

- **다묘제(多墓制)** : 한 개인의 묘가 여러 개 있는 일본의 묘제 전통을 말한다. 일본에서는 전통적으로 죽음에 대한 부정 신앙에 따라 시신을 매장하는 묘인 우메바카(埋め墓)와 참배를 위한 묘인 마이라하카(參り墓, 詣り墓)가 별도의 장소에 있는 양묘제(兩墓制)가 있었다. 한국과는 달리 기본적으로 한 개인의 묘가 2기가 되는 문화이다. 또한 매장묘와 참배묘 이외에도 분골(分骨)이라고 하여 한 사람의 묘가 여러 개 존재하는 경우

가 많은데, 이를 다묘제라고 한다.

- **다비(茶毘)** : 사신(死身)을 태워서 그 유골을 매장하는 장법(葬法). 불교의 화장법. 다비라는 말은 팔리어 쟈페티의 음사(音寫)로서 연소(燃燒), 분소(焚燒), 소신(燒身), 분시(焚屍) 또는 '태우다'로 번역된다. 불교 성립 이전부터 인도에서 행해오던 장법이다. 이 법에 의해 석가모니도 그 유체를 화장하였는데, 그 이후 다비는 불교도 사이에서 널리 행하여졌으며, 불교가 중국을 거쳐 한국, 일본 등으로 전래됨에 따라 이 장법도 중국, 한국, 일본 등에서 널리 행해지게 되었다. 『장아함경(長阿含經)』 유행경(遊行經)에는 이 다비의 법식이 상세하게 서술되어 있다. 석가모니의 제자인 아난(阿難)은 석가모니가 세상을 떠난 뒤에 그 장의법을 어떻게 해야 할 것인가를 3번이나 거듭하여 물었는데, 석가모니는 그 방법을 상세히 가르쳐 주었다. 우선 향탕(香湯)으로 몸을 깨끗이 씻고, 새 무명천으로 몸을 두루 감되 500겹으로 차례대로 감고, 몸을 금관에 넣은 후 거기에 삼 씨앗에서 짠 기름을 붓는다. 다음에는 금관을 들어 제2의 쇠곽에 넣고 전단향나무 곽에 다시 넣은 뒤 온갖 향을 쌓아 그 위를 두툼하게 덮은 뒤 태운다. 다비를 마치면 사리(舍利)를 수습한다. 이는 네거리에 탑묘를 세우고 탑 표면에 비단을 걸어 나라의 사람들이 법왕(法王)의 탑을 보고 바른 교화를 사모해 이익을 얻게 하기 위한 것이다.

- **다시래기(다시라기)** : '다시래기'는 전남지방에서 쓰이는 말로서 마을에 호상(好喪)으로서 초상이 났을 때 출상 전날 밤에 상가에서 행하는 극과 춤, 노래, 재담 등으로 구성된 상주를 위로하는 상여놀이이다. 보통 다른 지역에서도 출상 전날 빈 상여를 메고 '대돋음', '대떨이', '빈상여놀이', '상여흐르기' 등으로 통칭되는 빈 상여놀이를 행하는데, '다시래기' 역시 이와 맥락을 같이하는 상여놀이인 것이다. 발인 시 상두꾼들이 상여를 메고 가는 노동에 앞서 몸을 풀고 준비한다는 뜻과 함께 상가의 슬픔과 어려움을 놀이라는 것을 통해 위로하고 이기게 도와준다는 뜻도 지니고 있다.

'다시래기'는 한 마디로 말해서 코미디극이라 할 수 있다. 한편, 다른 지역의 상여놀이가 상여를 직접 메는 상두꾼들이 실제적인 행상에 앞서 미리 발을 맞추어 보는 기능적 측면이 강한 비전문적인 놀이라면, '다시래기'는 전문 예인들에 의하여 놀아진 전문 놀이극이라고 해야 마땅하다. 이는 당골무당들의 자치 기구인 신청(神廳)에 속한 악사(樂士 - 굿판에서 악기를 연주하는 사람)들이 사물 악기에 맞추어 전문적으로 행하는 극이기 때문이다.

보통 다시래기는 '사당놀이', '가상제놀이', '거사 사당놀이(봉사놀이)', '상여놀이', '가래소리' 등으로 구성되어 있다. 하지만 다시래기는 상가의 재산 정도, 사회적 명성 등에 따라 놀이의 종목에 증감이 있어 즉흥적인 꾸밈의 형식으로 진행되는 것이 보통이다. 상여가 나가기 전날 저녁이 되면 상가는 직접 빈 상여를 메고 놀 상두꾼들 외에 <다시라기>를 구경거리로 즐기고자 모여든 마을 사람들로 흥청거린다. 앞소리꾼이 상여소리를 메기고, 상두꾼들이 뒷소리를 받으며, 갖은 놀이를 행한다.

- 다장(多葬) : 한 봉분 내에 3구 이상이 매장된 묘.
- 단(袒) : 웃옷의 한 쪽을 벗음. 즉 참최복(斬衰服)을 입는 자가 소렴을 마치고 웃옷의 한쪽 어깨를 드러내는 것을 말함. 소렴을 마치면 초종에서 풀었던 머리를 묶고 웃옷의 한쪽 어깨를 드러내는 행위를 하게 되는데, 왼쪽 소매를 벗으면 좌단(左袒)이라고 하며, 이것은 곧 육체를 드러내는 것이므로 또한 육단(肉袒)이라고도 말한다.
- 단강(短杠) : 상여를 멜 때 앞뒤에 사용하는 짧고 굵은 멜대. 장강(長杠) 양끝을 고정시키는 나무로 횡강(橫杠)이라고도 한다.
- 단고(單袴) : 속옷처럼 바지 안에 입는 홑바지. 명주나 면으로 만든다.
- 단고(單股) : 꼬지 않고 한 가닥으로 튼 동아줄. 수질(首絰)에 사용.
- 단괄발(袒括髮) : 옷소매를 빼고 상투를 풀어 묶음.
- 단령(團領) : 공복(公服, 관복)으로 깃이 둥근 포의 하나이다.
- 단령(團領) 수의 : 단령은 관리들이 궁궐에 들어갈 때 기본적으로 입는 관복이자 의례복으로서, 수의(壽衣)로도 사용되었다.
- 단붐(單墳) : 봉분이 하나만 있는 묘.
- 단상제(短喪制) : 상례의 기간을 단축하여 상례를 치루는 제도. 역월제(易月制) 참조.
- 단의(褖衣) : 단(褖) 혹은 세(裞 - 수의 세)로도 쓴다. 황후의 평상복. 혹은 선비의 아내의 예복으로 붉은 선을 두른 검은 색의 옷. 또한 작세(作裞), 즉 수의를 만드는 것을 의미하기도 한다.
- 단장(單葬) : 한 봉분에 유해 1구만 매장된 묘.
- 단표(短表) : 작은 비석.

• **달곳대** : 달구질(회다지)을 할 때 회다지 삼년상노래를 하며 흙을 다지기 위해 사용하는 긴 장대.

• **담(禫) - 담제(禫祭)** : 유교식 상례의 18번째 절차. 평상의 상태로 돌아가기를 기원하는 제사. 대상(大祥)으로 탈상은 하지만, 차마 곧바로 일상으로 돌아오지 못하기 때문에, 한 시절을 더한다는 의미를 가지고 있다. 유족이 상복을 모두 벗는 제복제(除服祭)이다. 즉 대상(大祥) 시 입었던 소복(素服 : 흰 갓 ; 白笠)을 담복(禫服 : 검정색 계통의 갓 ; 黑笠)으로 갈아입는다. 담(禫)은 담담하여 평안하다는 뜻이다. 따라서 평상의 상태로 돌아가기를 기원하는 제사이다. 대상 후 둘째 달에 삼년상을 무사히 마쳤다는 뜻으로 담제를 지낸다. 날짜를 따지면 27개월째에 해당하는데, 담제 한 달 전쯤에 날을 점친다. 상주를 위시한 복인들이 사당 문 밖에 모여 향을 피우고 점을 쳐서 일자를 정한다. 택일은 다음 달 초순의 정일(丁日) 혹은 해일(亥日)로 한다. 초상이 겹쳐진 때는 지내지 못한다. 하루 전에 목욕재계하고 기물을 진설하고 음식을 준비한다. 신위를 대상 전의 영좌에 설치하는데, 대상과 같이 한다. 담제에서 입는 옷은 참포립(黲布笠), 망건(網巾), 참포삼(黲袍衫), 백포대(白布帶), 조화(早靴), 담황피(淡黃帔), 백대의(白大衣), 그리고 신발 등을 준비한다. 날이 밝으면 담제를 지내는데, 방법은 대상과 같다. 다만 축문의 내용을 '엄급대상(奄及大祥)'을 '엄급담제(奄及禫祭)'로 고치고, '애천상사'를 '애천담사(哀薦禫祀)'로 바꾼다. 삼헌(三獻) 때에는 곡(哭)을 하지 않는다. 그러나 사신(辭神) 때에는 곡(哭)을 극진히 한다. 제사를 지낸 후 신주를 사당으로 모실 때 대상 때와는 달리 담제 때는 곡(哭)을 하지 않는다. 이때부터 음주를 하고 고기를 먹을 수 있다. 『가례』에서는 담제를 상례의 마지막 절차로 기술하고 있어, 이다음에 이어지는 길제(吉祭)는 한국식 의례 절차로 보인다. 길제는 담제를 지낸 다음 달에 거행하는데, 담제와 마찬가지로 역시 정일(丁日) 혹은 해일(亥日)로 복일(卜日)하여 지낸다.

• **담(紞)** : 이불 깃. 이불의 테두리를 장식하는 수술. 혹은 귀를 막는 끈이라고도 한다. 紞 : 귀막이 끈 담.

• **담부(擔夫)** : 영거, 명정, 공포, 삽(翣), 만장(輓章)을 받드는 사람을 일컫는다. 擔 : 멜 담.

• **담황피(淡黃帔)** : 담황색 긴 배자.

• **답호(褡濩), 답포(褡袍)** : 명대의 겉옷의 한가지로서 소매 없는 포(袍)로 길이가 길고 무, 섶이 없으며 뒷솔기를 허리 아래에서부터 튼다. 조선시대 왕과 문무 관리들이 철리(貼裏) 위에 입었던 옷이다. 왕은 철리(貼裏) 위에 답호를 입고 그 위에 곤룡포(袞龍袍)를 입는다. 문관들은 철리 위에 답호를 입고 그 위에 포를 입었는데, 조선 중기 이후에는 전복(戰服)으로 착용되었다. 시대에 따라 착용법을 달리하였고, 그 이름 역시 조금씩 차이를 보인다.

- 당(堂) : 터를 돋우어 짓는 큰 집. 한국에서는 단순한 주거용의 집이 아니라 신성한 공간이나 특별한 의미가 있는 경우 당이라는 이름을 붙이는 경우가 많다. 유교(儒敎) 의례(儀禮)에서는 제사를 지내는 곳을 당(堂)이라고 한다. 또한 종(宗)을 이루는 범위인 8촌까지의 범위를 나타낼 때 사용하는 동당지친(同堂之親)이라는 말도 있다. 이는 고조부의 제사에 함께 참여하는 친척을 의미한다는 것을 볼 때 당(堂)은 제사를 지내는 곳임을 알 수 있다.
- 당내(堂內) : 8촌 이내. 초상(初喪) 시 복인들의 범위(有服之親).
- 당속(糖屬) : 흰색사탕(오화당, 옥춘, 원당, 빙당, 매화당).
- 대(帶) : 원래 문무백관이 관복을 입을 때 허리에 띠는 것으로서 관직의 품계와 장식품의 역할도 하여 '품'대라고도 하였다. 그러나 상복에 띠는 대는 흰 베로 만든 것이다.
- 대곡(代哭), 대곡제(代哭制) : 곡을 대신해준다는 뜻. 효자가 어버이의 상을 당해서 슬퍼하고 초췌해지므로, 죽은 사람 때문에 효자의 몸이 상할까 염려하여 다른 사람이 대신 곡(哭)을 하게 하여 상가에 곡소리가 끊어지지 않게 한다는 것이다. 그래서 곡비(哭婢)라는 종이 있기도 하였다.
- 대곡(大哭) : 큰소리로 슬프게 우는 것.
- 대공(大功) : 오복제도의 하나로 9개월간 입는 복제이다. 대공의 정복(正服)은 종부(從父 - 아버지의 형제)의 자식, 즉 백숙부의 자식으로 4촌들(종형제), 그리고 중손(衆孫)을 위해 입는 상복이다. 의복(義服)은 중자(衆子)의 부인, 형제의 아들의 부인, 남편의 조부모, 백숙부모, 형제, 아들의 부인, 남편의 생부모(生父母)를 위해 입는 옷이다. 대공(大功), 소공(小功)에서의 공(功)은 삼베를 짠다는 공(功)이니 거칠고 가는 것을 뜻한다.
- 대금의(對衿衣) : 깃이 마주 보는 저고리.
- 대기(大期) : 대상(大祥)의 기간.
- 대기(大忌) : 부모의 기일.
- 대님 : 남자의 수의에서 바지의 밑단을 묶는 띠를 말함.
- 대대(大帶) : 큰 띠. 도포의 끈. 수의의 겉옷 허리에 두르는 띠로서 겉과 속은 흰 명주로 만들고, 가장자리는 붉은 색과 초록색의 단을 함.
- 대렴(大斂) : 소렴한 다음 날 시신에게 옷을 거듭 입히고 네모나게 이불(대렴금)로 싸서 베로 묶는 일, 또는 대렴에서 싸서 묶은 시신을 관에 넣는 입관 절차이다. 일반적으로 입관(入棺)이라고도 한다. 시신을 처리하기 위하여 준비하는 절차 중 3번

째 절차. 즉 운명하면 첫째 습(襲)을 하여 시신에게 수의(襚衣)를 입히고, 둘째 2일째가 되면 시신을 염포로 싸서 묶는 소렴(小殮)을 하고, 셋째 3일째가 되면 시신을 네모나게 싸서 묶어서 입관하는 절차. 3일째에 대렴을 하는 것은 혹시 살아나기(蘇生)를 기다리는 효성 때문이라고 한다. 집사는 시상(屍牀) 서쪽에 놓인 관 안에 칠성판을 깔고 지금(地衾)을 간다. 다음 대렴포를 놓고, 그 위에 대렴금(大殮衾)을 펴놓고, 소렴한 시신을 그 위에 모신다. 그리고 먼저 발을 여미고 다음에 머리, 그리고 왼편, 오른편 순으로 여미고서, 조발랑을 관의 상하에 넣고 보공을 한 다음 천금(天衾)을 관 속에 덮고 곡을 극진히 한다. 이어 관 뚜껑을 덮고 은정을 박는다. 한편 『주자가례』나 『사례편람』에 보면 '시자(侍者)는 자손과 부녀와 모두 손을 씻고, 함께 시신을 들어 관에 넣는다.'고 한 뒤에 이불을 거두어 발, 머리, 오른쪽을 덮어 관의 가운데가 평평하고 가득하게 한다고 하였다. 아마도 이러한 예가 세속에서 '관 속에서 대렴을 한다.'는 것을 전달되어 진 듯하다. 대렴이 끝나면 병풍이나 휘장으로 관을 가린 뒤 관 동쪽에 영상을 마련하고 제물을 올린다. 한편 '대렴'이 곧 '입관(入棺)'임에도 불구하고 대렴을 입관을 위한 부속적인 절차로 오해하는 경우가 있는데, 이는 잘못이다. 예를 들어 "대렴은 입관을 위해 주검을 베로 감아서 매듭을 짓는 것으로"(임재해, 『전통상례』, 대원사, 1990, 34~35쪽 참조)라고 하여 대렴이 입관의 부속절차처럼 기술하고 있는 경우가 있는데, 이는 오해이다(김시덕, 『한국의 상례문화』, 114쪽 참조).

- 대렴금(大殮衾): 시신을 싸는 큰 이불. 즉 고인을 싸고 묶고 입관할 때 관에 넣는 이불 종류 중의 하나로서 대렴 때에 쓰이는 이불. 7자 가량의 길이로 너비는 5폭으로 하는데, 남색 바탕에 자주색 깃을 달거나 자주색 바탕에 남색 깃을 달기도 하고 흰색 동정을 6치 가량 두르기도 한다.
- 대뢰(大牢): 나라에서 제사음식으로 쓰려고 잡은 소(牛) 등을 말한다.
- 대명신화(代命神話): 우리의 전통 무속신화를 보면 자기를 잡으러 온 저승사자를 속여서 자기 대신 다른 사람을 대신 죽게 하여 죽음을 모면하는 신화가 등장하는데 이를 일컬어 대명신화라고 한다.
- 대묘(大墓): 왕릉(王陵).
- 대복(代服): 아버지가 병들어 상주노릇을 못하면 아들이 대신 복을 입는 일을 말한다.
- 대삭(大索): 굵은 새끼줄이다. 관을 겹으로 묶는 데 사용하는 것으로 관을 들 때에 쓰인다. 혹은 베를 여러 겹 겹쳐 만들기도 한다. 이·개장 시 천회(天灰)를 뚫고 꺼낼 때 사용하기도 한다.
- 대상(大祥): 돌아가신 지 2년째에 고인을 추모하고 상주가 상복을 벗어 탈상하는 제

사. 죽은 후 두 돌 만에 지내는 재기일(再忌日)의 제사이다. 초상으로부터 대상까지 윤달을 계산하지 않으면 25개월이 된다. 대상을 지내면 젓갈이나 간장, 포를 먹어도 된다.『가례』에 의하면 술을 마시고 고기를 먹어도 된다고 한다. 남편이 아내를 위해서는 13개월 만에 대상(大祥)을 지낸다. 만일 부친(父親)이 생존하는 모친상(母親喪)일 경우에는, 소상을 11개월 만에 지내고, 대상을 13개월 만에 거행한다. 소, 대상의 월수 계산에는 윤달은 계산하지 않는 것이 원칙이다. 대상이 끝나면 신주를 사당 내의 동쪽에 서향하여 봉안하고 문을 닫는다. 이때 복의(復衣)가 있으면, 궤에 넣어 묘내(廟內)에 두고, 영좌(靈座)와 빈소(殯所 : 궤연)와 여막(廬幕)은 철거한다. 상장(喪杖)은 잘라버리고, 질대(絰帶)와 방립(方笠)은 불태워버리며, 상복은 가난한 사람에게 나누어준다. 대상을 지낼 때 상주는 흰색 갓인 백립(白笠)을 쓰고, 소색(素色)으로 옷을 갈아입는 역복(易服)을 한다. 아직 담제와 길제가 남아 있기 때문에 완전히 상을 마치지 않아서 소색으로 역복하는 것이다. 이는 상주의 슬픔이 점점 가벼워지는 것을 의미한다. 즉 대상을 지내면서 상주는 상복을 벗고, 소복으로 갈아입고, 슬픔의 애도 기간을 마무리한다. 일상으로 돌아오는 것이다. 물론 이후에 담제, 길제로 이어지는 여운(餘韻)의 절차가 남아 있지만, 공식적으로는 대상을 기점으로 공적인 추모의례는 마무리하는 셈이다. 이후 차마 바로 일상(日常)으로 돌아올 수 없어서 향후의 담제와 길제를 염두에 둔 것에 불과하다. 대상 전날 역시 상식(上食)을 올리고 기정(奇情)을 드린다.

- **대수장군(大袖長裙)** : 왕비 이하 양반층의 부인들이 상중에 입는 큰 소매의 웃옷과 긴 치마를 말한다. 즉 여자들의 상복이다. 참최(斬衰) 때에는 아주 거친 생포를 쓰고, 졸곡을 지내면 백포로 바꾼다. 그리고 대상 후에는 진하게 물들인 옥색의 대수장군을 착용한다. 만약 이것을 갖추지 못하면 흰색의 치마저고리로 대신하여도 좋다. 조선조 초기에는 대수와 장군이 상하로 떨어져 있었으나, 후기의 예서에서는 붙어서 나타나고 있다. 대수(大袖) :『五禮儀』에서는 우리나라의 장삼(長衫)이라 하였다. 부인의 옷인 단삼과 같으나, 넓고 커서 길이가 무릎까지 온다. 소매의 길이는 2자 2치이다. 장군(長裙):『五禮儀』에서는 치마(裳)라고 하였다. 길이가 땅에 끌릴 정도이며, 베6폭으로 만든다(『주자가례』권4).

- **대여(大轝)** : 큰 상여. 상여라는 말은 우리나라 문헌에서만 나타난다. 중국에서는 편안하게 누워 쉬는 수레라는 뜻의 온량거(輼輬車)가 상여를 의미하였다. 상여의 구조는 크게 채와 몸체, 앙장으로 구성되어 있다. 몸체를 떠 바치는 장강(상여채)을 가로로 질러 끼운 단강에 멜빵을 걸고, 상두꾼들이 이를 어깨에 메고 운반한다. 그리고 앙장으로 상여 전체를 차일처럼 덮는다. 몸체는 관(棺)을 가리는 여동(轝胴), 지붕 격인 여개(轝蓋)로 구성된다. 일반적인 상여의 여개(轝蓋)의 용마루에는 몸을 서로 꼰 청룡 황룡 위에 삼천갑자를 산 동방삭, 망나니, 저승사자, 염라대왕, 호랑이 등이 타는데, 저승길을 인

도한다고 한다. 그리고 앞뒤를 저승길의 액을 물리치는 큰 귀면(鬼面)을 배치한 것이 일반적인 상여의 모습이다.

- **대인(大人)** : 망인(亡人)을 호칭할 때 쓰는 표현으로 보통 부친(父親)을 지칭함.
- **대탁(大卓)** : 큰 탁자. 좌면지(座面紙 - 제사 상 위에 상보 대신 까는 기름종이)가 딸린다. 전(奠)을 드리거나 제사를 올릴 때 음식을 진설하는 데 쓴다.
- **대한(大限)** : 죽음의 또 다른 명칭. 즉 죽음의 상징적 표현.
- **대효(大孝)** : 남의 아버지가 돌아가셨을 때 상주에게 위로하는 글(弔狀)을 올릴 경우, 상주를 가리켜 대효(大孝)라고 표현한다. 남의 어머니가 돌아가시면 지효(至孝)라고 표현한다. 지효(至孝) 참조. 弔狀(조장) : 조상(弔喪)하는 편지(便紙).
- **덜구** : 매장하고 봉분을 만드는 과정에서 흙을 다지는 행위. 덜구질을 하는 이유는 흙을 견고하게 다짐으로써 빗물이 스며드는 것을 막고, 또 봉분의 모양이 흐트러지는 것을 막기 위해서이다. 지역에 따라 달구, 덜구, 달공, 회다지 등 이름이 다양하다. 달구질을 하는 사람들은 주로 상여를 메고 온 상두꾼들로서, 이들은 상두계, 상포계 등의 계원들로 구성된다. 그러나 가끔 노인들이 이 달구질에 참가하는 경우도 있다. <회다지노래>라고 하는 덜(달)구소리는 발로 흙을 다지기에 적당한 리듬을 가지고 있으며, 형식은 선소리(선창)와 후창으로 이루어져 있다. 덜(달)구소리의 내용은 주로 망자의 생시(生時) 행적, 자식들의 현재를 노래하고 있다.
- **덧널무덤(木槨墓)** : 시신 주위를 나무로 궤 모양으로 만든 묘지. 목곽묘 참조.
- **도(韜)** : 신주 덮개. 신주를 싸는데 쓰니, 말하자면 신주를 갈무리하는 집이다. 즉 신주가 밖으로 보이지 않게 하기 위해 덮어씌우는 것으로서 '혼보(魂褓)'라고도 한다. 아버지는 자주색(紫色)이고 어머니는 붉은색(緋色)으로 한다. 작은 휘장과 같이 만든다. 사방과 넓이는 신주의 치수와 비슷하게 한다. 두꺼운 종이로 배접하여 단단하게 하고, 비단으로 싸서 뒤의 한 가운데에서 합쳐서 꿰맨다. 사방 4치쯤이고, 길이는 1자 2치쯤으로, 위로부터 아래로 싸서 신주의 몸체와 같게 맨다. 韜 : 감출 도/활집 도.
- **도독(荼毒)** : 초상(初喪)을 일컫는 말.
- **도두(倒頭)** : 중국의 장례풍속 중 하나로서, 도두(倒頭)란 우리나라의 초종(初終)과 반함(飯含)을 합친 과정과 같다. 임종을 확인하고 망자의 혼을 붙들어 두는 절차이다.
- **도미(稻米)** : 쌀 내지 멥쌀로서, 반함할 때 쓴다.
- **도빈(塗殯)·외빈(外殯)** : 빈궁(殯宮)을 흙으로 덮는 일. 옛날에는 천자는 7개월, 제후는 5개월, 대부는 3개월, 사(士)는 1개월을 넘겨 장사를 지내도록 되어 있었다. 그러나

보통 풍수지리 등의 영향으로 3개월을 넘기는 경우가 많았다(三月而葬). 이 경우 집 안에 망자의 영구를 장기간 모실 수 없기 때문에 집안의 적당한 곳을 찾아 외빈(外殯)을 하는 일이 많았다. 외빈은 도빈(塗殯), 내빈(內殯), 토롱(土壟), 사롱(沙壟), 토감(土坎) 등 지역과 가문에 따라 다양한 이름이 있다. 외빈에 대해 『가례(家禮)』에서는 "장일이 오랠 경우 집안에 영구를 오래 둘 수 없기 때문에 외빈을 한다. 사랑채 밖이나 곁채 밖, 혹은 헛간에 깊이 2자, 폭 3~4자, 길이 7~8자로 파고, 바닥과 네 벽을 벽돌로 깔고 쌓는다. 틈새를 석회로 발라 흙이 들어오지 않게 한다. 그리고 자리와 굄목을 놓고 관을 안치하는데, 이때 전(奠)을 올린다. 관 위에 홑이불을 덮고 기둥을 세워 움막의 지붕처럼 만들어 이엉을 덮은 다음 모래나 흙을 덮는다. 도빈(塗殯)이 끝나면 영좌를 차리고 전을 올린다. 전(奠)의 순서는 분향-헌작-재배의 순서이다. 이곳을 빈소(殯所)라고도 한다."라고 하였다.

- **도사(道士)** : 도교(道敎)를 받드는 사람. 방사(方士).
- **도사(導師)** : 일본의 불교 법회나 장의에서 여러 스님을 거느리고 의식을 주도하는 승려.
- **도선(徒跣)** : 맨발을 일컫는 것으로서 버선을 벗는다는 의미이다.
- **도자기묘(陶棺墓)** : 관을 도자기로 만든 묘지.
- **도포** : 전통 예복으로 입던 남자의 겉옷이다. 도포는 깃이 곧아서 현대의 두루마기 깃과 같으며 동정이 있다. 소매는 넓은 두리소매이고 섶과 무가 있으며 뒷길의 중심선이 진동선부터 틔어 있다. 그리고 뒷길에 한 폭의 전삼(展衫)을 덧붙여 뒷 트임을 덮는데, 전삼(展衫)이 바람에 펄렁이는 모습은 도포의 멋과 특징이 되어 다른 많은 웃옷(袍)들과 구별되는 점이다. 영조 때는 겹도포도 있었지만 말기에는 홑옷으로 변하였다. 사대부와 유생들의 상복(常服)인 한편 통상 예복으로 쓰였으나, 후에 다른 예복들이 모두 폐지되자 남자의 유일한 예장(禮裝)이 되었다. 이 옷은 원래 특권적인 복장이어서 서민들은 입지 못하였으나, 근세에 이 금기가 깨졌다.
- **독(櫝)** : 신주 집. 신주를 모셔 두는 나무로 짠 궤. 즉 신주를 넣어 두는 상자. 주독(主櫝), 신주독(神主櫝), 혼독(魂櫝)이라고도 하는데, 독(櫝)의 종류로는 앞쪽에 여닫이 창문을 달아 두는 형태인 창독(窓櫝)과 위에서 덮어씌우는 독개(櫝蓋)가 있다. 보통 독(櫝)은 검은 옻칠을 한다.
- **독개(櫝蓋)** : 신주를 넣는 독의 뚜껑. 위패함 덮개. 네 방향이 곧장 내려가서 신주집과 독좌가 들어갈 만하되, 다만 후면(後面) 아래쪽은 판을 대지 않고 비워 둔다. 흑칠을 한다.
- **독무덤(甕棺墓)** : 관을 옹기로 만든 묘지. 옹관묘 참조.

 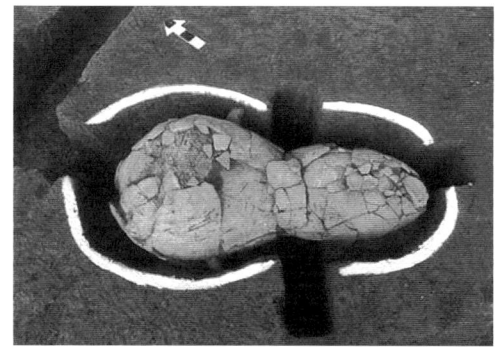

- **독장** : 옹관(甕棺) 참조.

- **독좌(櫝座)** : 신주 독. 판자로 만드는데, 겉은 검은 칠을 하고 안쪽은 붉은 칠을 한다. 안은 사방 4치보다 조금 넉넉하게 하고, 받침대에 살짝 끼운다. 높이는 1자 두 세치로 하여 신주의 몸체보다 조금 높게 한다. 앞쪽과 위쪽을 모두 터서 비우고, 바닥판은 사방이 몸통보다 각기 반치쯤 나오게 해서 뚜껑을 받치도록 한다. 받침의 아래 네 모서리에 발(跋)을 두는데, 높이는 1치쯤이다. 또 앞면 아래에 횡첩판(橫貼板 - 가로 붙인 널판)은 문지방과 같다. 높이는 부(跗 - 받침)에 준한다.

- **돌널무덤(石棺墓)** : 관을 돌로 만든 묘지. 석관묘(石棺墓) 참조.

돌널무덤(선사시대)　　　　　　　　돌널무덤(청동기)

- **돌덧널무덤(石槨墓)** : 시신 주위가 작은 석실로 된 묘지.

- **돌방무덤(石室墓)** : 시신 주위가 커다란 석실로 된 묘지.

- **동굴장(洞窟葬, Cave Burial)** : 시체를 동굴에 넣어 두는 장법.

- **동방삭** : 전통 상여 제작 시 상여 뚜껑 맨 위 용머리판 마룻대 중간에 나무로 깎아 부착하는 저승 동반자로서의 인물상을 말한다.

동방삭 원문 : 한(漢)나라 무제(武帝)가 동쪽을 순유(巡遊)하다가 함곡관(函谷關)에 도착했을 때 한 물체가 길을 막아섰는데, 키는 몇 장(丈)이나 되었고 생김새는 코끼리나 소 비슷했으며 눈은 파란색으로 광채가 번득였다. 또 네 발을 땅 속에 박고 있어 사람들이 아무리 움직이려 해도 꿈쩍도 하지 않았다. 백관들은 모두 놀라 벌벌 떨었으나 동방삭만은 술을 가져오게 해 그 물체 위에 뿌렸다. 그렇게 수십 곡(斛 : 10말)을 뿌리자 그 물체는 이내 사라졌다. 무제가 그 까닭을 물으니 동방삭이 대답했다 : "이것은 우(憂)라고 하는 것으로, 환(患)이 낳은 것입니다. 이곳은 진(秦)나라 때의 감옥 터가 분명합니다. 그렇지 않으면 죄인들이 옮겨와 모여 살았을 것입니다. 대저 술이란 근심[憂]을 잊게 하는 것이라, 그것을 없앨 수 있는 것입니다." 무제가 말했다. "온갖 사물에 두루 정통한 선비라더니 이런 경지에까지 이르렀단 말인가!" 원전 소재 - 수신기(搜神記).

- **동역자(董役者)** : 감독하는 사람. 치장(治葬) 시 지관(地官 - 장사[葬師]) 등을 말한다.
- **동자복(童子服)** : 아이의 상복. 재질이나 만드는 법은 어른의 옷과 동일하나, 관. 건. 수질이 없다.
- **동찬(同爨)** : 같은 부뚜막이라는 뜻으로, 복(服)이 없는 먼 친척이거나 남일지라도 한 집에서 한 솥 밥을 먹으며 지낸 자.
- **두건(頭巾)** : 상복을 입을 때 머리에 쓰는 건. 상복의 머리쓰개. 머리에 씌우는 수건과 같은 것. 남자 상주(제)나 어른 복인이 상중에 쓰는 건을 말하는데, 이를 효건(孝巾), 또는 건(巾)이라 하고 보통 삼베로 만든다. 긴 네모꼴의 자루 모양으로 먼저 긴 네모꼴의 천을 반으로 접어 솔기가 뒤 중심에 오도록 꿰매어 붙인 다음, 양 옆에 주름을 잡아넣고 다시 위를 꿰맨다. 보통 두건 위에 굴건(屈巾)을 쓰고, 수질(首絰)을 둘렀다. 옛날 상복제도에서는 상관(굴건), 수질, 요질, 효대, 상장과 복을 갖추었지만 지금은 상주건과 일반 건으로 나누는데 상주건은 가운데를 접어서 부상(父喪)에는 앞으로, 모상(母喪)에는 뒤로 하여 쓴다. 또한 결혼 전에는 통건을 쓴다.
- **두대족소(頭大足小)** : 관(棺)을 만들 때 머리 쪽은 크게 하고, 다리 쪽은 작게 하는 것을 말한다. 두광족협(頭廣足狹)이라고도 한다.
- **두루마기** : 수의의 겉옷을 말하며, 두루마기 이외에 남자의 경우는 도포를 겉옷으로 입히기도 하며, 여자의 경우는 원삼(圓衫)을 입히기도 한다. 한복에서 외출할 때 가장 위에 입는 옷으로 옷 전체가 돌아가며 막혔다는 데서 붙은 이름이다.

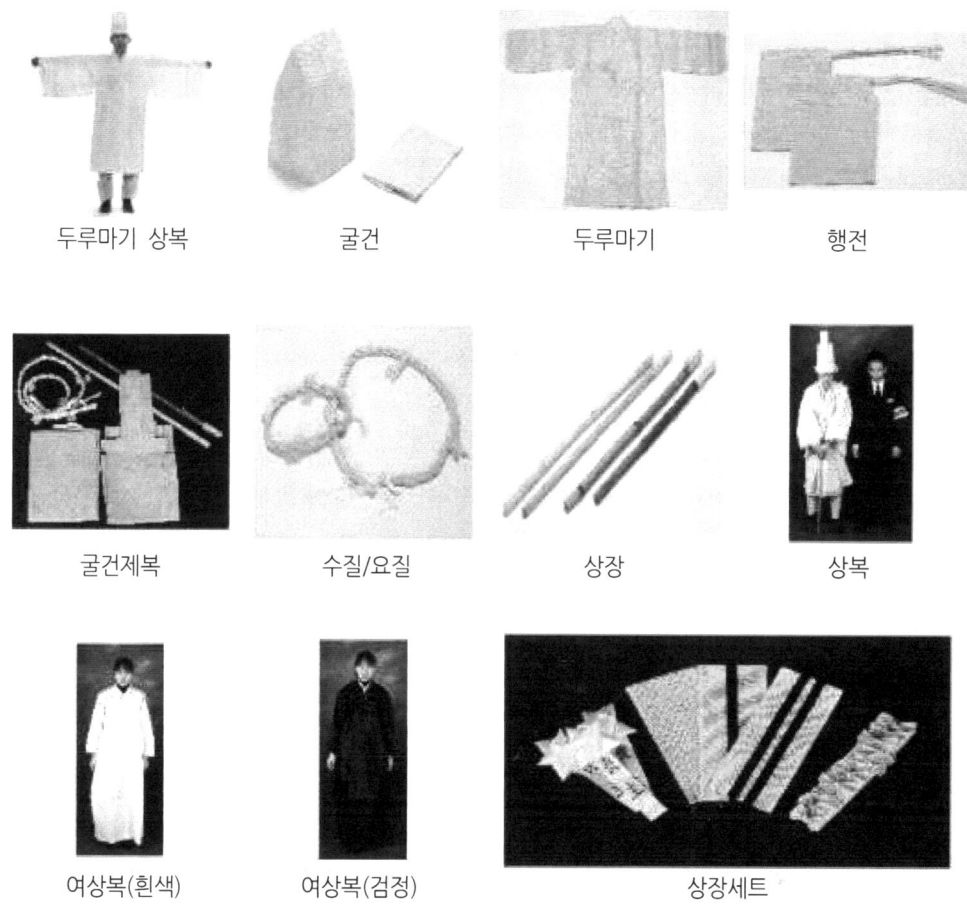

두루마기 상복	굴건	두루마기	행전
굴건제복	수질/요질	상장	상복
여상복(흰색)	여상복(검정)	상장세트	

- **두수(頭鬚)** : 부인의 머리를 묶는 데 사용하는 끈. 괄발(括髮), 문(免), 좌(髽) 등과 더불어 소렴 시 하는 준비 행위들이다.

- **둔석(窀穸)** : 무덤 구덩이. 광중.

- **득지택일(得地擇日)** : 장지를 택하고 장삿날을 정한 후 축관이 조전(朝奠)할 때 영좌에 고한다.

- **등(凳)** : 받침대. 관을 받치거나 할 때 사용하는 받침대이다.

- **량두(掠頭)** : 소렴 시 하는 괄발의 일종. 지금의 망건(網巾)과 같다.

- **력(鬲)** : 솥. 습(襲)의 절차에서 시신을 목욕시킬 때 목욕물을 데우는 데 쓴다.

- **뢰(誄)** : 죽은 이를 애도하는 조사(弔辭)나 만사(輓詞). 즉 죽은 이의 공적을 서술하여 기도하는 글(『논어』「술이(述而)편」 뢰왈도이우상하신기(誄曰禱爾于上下神祇) - 뢰문에 이르기를 '너를 상하 신명(神明[神 - 하늘의 신, 祇 - 땅의 신]에게 기도한다.'고 하였

다). 誄 : 애도할 뢰(뇌) 애도하다(哀悼), (조문을)읽다, 빌다, 뇌사(誄詞 : 죽은 사람의 살았을 때 공덕을 칭송하며 문상하는 말) 조문(弔文) 誄詩(뇌시) 誄詞(뇌사) 哀誄(애뢰) 誄歌(뇌가).

- **료(燎)** : 화톳불. 거(炬 - 횃불)
- **릉(陵)** : 왕(비)의 무덤(예, 영릉[英陵] - 세종대왕 무덤).
- **리(履)** : 신발. 흰 명주로 된 것을 사용하며, 만약 여자의 상(喪)이면 파란 신발을 사용하기도 한다.
- **마(麻)** : 삼. 5복의 수질·요질·효대(絞帶 - 요질 아래에 묶어 두르는 띠)를 만드는 데 쓴다. 참최복에는 저마(苴麻 - 씨가 있는 삼)를 쓰고, 자최복 이하에는 시마(枲麻 - 씨가 없는 삼)를 쓰고, 시마복(緦麻服)에는 누인 삼을 쓴다. 麻 : 삼 마
- **마구(麻屨)** : 삼신. 삼(麻)으로 만든 신(屨).
- **마당극** : 중국 한족(漢族)의 장례풍습에는 장례기간 중 상가의 마당에서 전문극단을 불러 마당극 극판을 벌리면서 음식을 접대하는 문화가 있다고 한다. 이는 조문이나 문상을 온 친인척과 이웃에게 고인에 대한 상주의 효심(孝心)을 평가하게 하는 중요한 요소가 되기도 한다.
- **마목(馬木)** : 가마, 상여 등을 올려놓을 때 쓰는 받침목이다.
- **마승(麻繩)** : 삼끈. 소렴의 과정에서 괄발(括髮 - 머리를 묶는 일)을 할 때 사용한다. 즉 남자와 여자가 머리를 묶고 복머리 하는 데 쓴다.
- **마유(麻油)** : '지마(脂麻)'로서 속명은 '진임(眞荏, 들깨)', 즉 들깨기름이다.
- **막(幕)** : 대렴 후 영상을 설치할 때 먼지를 방지하기 위해 영상 위에 치는 막. 역막.
- **만가(輓歌), 만사(輓詞)** : 구전 민요의 하나. 상여를 메고 장지로 갈 때 상여꾼이 부르는 노래로서 죽은 사람을 애도하고 인생의 허무를 되씹는 구슬픈 노래이다. 각 지방에 따라 그 가사도 다르며, 상여를 메고 장지로 갈 때와 매장한 뒤 흙을 다질 때의 노래가 다르다. 춘향전, 심청전, 흥부전, 배비장천에 각기 한 수씩 도합 4수가 전해 오고 있다.
- **만거(挽車)** : 죽은 이를 태우고 끄는 수레.
- **만사(輓詞), 만시(輓詩 : 挽詩)** : 망자의 죽음을 애도하는 글. 주로 친구, 혹은 관계가 있는 사람이 애도의 글을 보내면, 상가에서 이를 한지, 비단, 천 등에 써서 깃발처럼 만들어(輓章) 행상(行喪) 때 함께 장지로 간다. 장례가 끝나면 태우기도 하지만, 글귀를 모아 망자의 문집을 만들 때 게재하기도 한다(현행 가정의례준칙에서는 만장의 사용을 금지하고 있음). 혹은 하관 때에 관을 보강하는 데 사용하기도 하였다. 일명 만시(輓詩)

라고도 하는데, 그 첫머리에는 근조(謹弔)라 쓰고 그 아래에 애도의 글을 쓴 다음, 끝에는 저자의 성명을 '본관후인성명곡재배(本貫後人姓名哭再拜)'라고 쓴다.

- **만장(輓章)** : 만사(挽詞)의 다른 말. 고인을 애도하는 글로서, 비단이나 종이에 써서 기(旗)를 만들어 상여를 따르게 함. 애도의 글이기 때문에 만사(輓詞)라고도 하며, 이 만사를 옮겨 적은 큰 깃발 또는 공덕(功德)을 쓴 천. 종이 혹은 비단 등으로 되어 있다. 만장의 수는 고인의 생시 덕망(德望)을 상징하기도 한다. 때문에 만장 행렬의 규모는 곧 고인의 사회적 지명도를 알려주는 척도였다. 옛날에는 부조 중에서도 만장 부조를 으뜸으로 쳤으며, 만(輓)이란 영구를 앞에서 끌고 간다는 뜻으로서, 상여가 떠날 때 만장을 앞세워 장지(葬地)로 향한다. 만장의 색깔은 정해진 것이 없으며, 위와 아래에 작은 굴대(축)를 사용하고 대나무로 장대(깃대)를 만드는데, 장대 끝에는 약간의 장식을 단다. 본래는 불(紼 - 수레를 끄는 줄[상여줄])을 잡는 사람이 만가를 불렀으니, 대여 앞에 있어야 한다. 장례의 행렬에서는 반드시 명정(銘旌)의 뒤를 따르게 하고 상례를 마친 뒤에는 상청에 보관하며, 돌아간 이의 문집을 만들 때는 부록에 만장의 원문을 수록하기도 한다. 輓(끌 만/애도할 만).

이별의 모습은 모두 다르겠지만, 그 슬픔 마음은 크게 다르지 않은 것이다. 선조들은 이 어쩔 수 없는 생사의 이별을 붓 끝에 담아 애도하고 명복을 빌었는데, 이것이 바로 만장이다. 이별 앞에 무슨 말이 필요하겠냐마는 마지막 가는 길에 깊은 마음을 표현하는 말 한마디는 전하고자 했던 것이다. 만장은 고인이 좋은 곳으로 갈 수 있도록 상여 앞에서 끌어주는 글이다. 대체로 정든 사람을 떠나보내는 서운한 마음, 고인이 평생을 살면서 행했던 선행(善行)과 업적(業績)들, 그리고 고인의 명복을 기원하는 내용 등을 담고 있다.

- **말(襪), 말의(襪衣)** : 버선. 수의(壽衣)의 품목 중 하나. 서(絮, 솜)를 둔다. 생전에 쓰던 모양대로 하나 치수는 크게 하고, 면이나 명주 또는 모시로 만들고 중간에는 끈을 달

아 맬 수 있게 만든다.

- **말(袜)** : 머리를 싸는 수건. 작은 보자기나, 명주로 만든다. 또는 신주 독(櫝)을 덮는 데에 쓴다(신주 덮개 - 검은 비단으로 만듦).
- **말목(馬木)** : 가마, 상여 등을 올려놓을 때 쓰는 받침목. 마목(馬木) 참조.
- **말유봉위(末由奉慰)** : 받들어 위로할 길이 없음.
- **망건(網巾)** : 조선시대 성인 남자가 상투를 틀 때 머리털을 위로 걷어 올리기 위해 이마에 쓰는 건. 말총을 직사각형으로 엮어 만드는데, 윗부분을 당, 아랫부분을 편자라 한다. 그리고 상투에 달아매는 줄을 당줄이라 한다. 상례에서는 담제의 변복(變服) 때 상주가 상투를 틀 때 사용하는 것으로, 흑색과 백색의 말총을 섞어서 만든다. 혹은 진하지 않은 검은색 천으로 만든다.
- **망곡(望哭)** : 멀리서 바라보며 곡함.
- **망극(罔極)** : 다함이 없음.
- **망기향곡(望其鄕哭)** : 부모님의 상 소식을 듣고[聞喪] 급히 고향을 달려가는데 멀리 고향이 보이면 곧 곡(哭)을 함.
- **망모(亡母)** : 서자(庶子)가 생모(生母) 사망 시에 신주에 쓰는 서식 양식.
- **망실(亡室)** : 죽은 아내.
- **망일(亡日)** : 죽은 날.
- **매골승(埋骨僧)** : 옛날 시신을 매장하고 무덤을 조성하는 천박한 일들을 스님들이 주로 도맡아 담당하면서 생긴 말. "선조 27년(1594년), 굶주린 백성이 대낮에 서로 잡아먹고 역병까지 겹쳐 죽은 자가 이어졌다. 수구문 밖에 그 시체를 쌓으니 성보다 높았다. 승려들을 모집하여 그들을 매장하니 이듬해에 끝났다."(『지봉유설』)

과거에는 전쟁이나 기근으로 길에서 죽는 사람이 적지 않았다. 바라보기조차 힘든 광경 속에서 죽은 백성들을 수습해 주는 역할을 보통은 이처럼 매골승(埋骨僧)들이 맡은 것이다. 고려시대 승려는 종교인이자 의술 천문 풍수 등 다양한 지식과 기술을 보유한 전문인이었다. 그리하여 병자들이 치료를 위해 의술이 뛰어난 승려들을 찾기도 했다. 속세와 떨어진 사찰은 병자의 치료와 요양에 적합한 곳이었다. 죽음을 맞게 되더라도 극락왕생을 빌며 임종할 수 있었다. 매골승은 불교식 장례인 화장을 주관했고, 풍수에 맞게 묏자리도 잡아주었다. 묘를 어떻게 쓰는가에 후손들의 번성이 달려 있다고 믿었던 당시의 사정으로 볼 때, 매우 중요한 일을 담당한 셈이다. 고려 말 요승(妖僧)으로 알려진 신돈도 원래는 매골승이었다.

조선에서 매골승은 활인원(活人院) 소속의 관원이었다. 활인원은 동대문 밖과 서소문 밖 두 곳에 있었는데, 사람을 살린다는 취지로 다양한 복지사업을 펼쳤다. 그중 매골승은 도성과 근방을 돌아다니며 버려진 시체를 수습했다. 매골승은 나라에서 매월 곡식과 소금 등을 받았고, 봄·가을에는 면포 한 필을 받았다. 또 실적에 따라 관직을 제수 받는 기회도 얻었다. 매골승의 업무는 기근과 역병, 전쟁이 일어날 때 급증했다. 이때에는 십중팔구 역병이 창궐했던 것이다. 세종 9년(1427년)에는 기근으로 죽어가는 사람들이 늘자 10명이었던 매골승을 16명으로 늘렸다. 그럼에도 업무가 과중하여 이듬해에는 다시 4명을 추가했다. 수십만 명에서 백만여 명이 희생되었다는 경신대기근(1670~1671년) 때는 더욱 참혹하였다. 가뭄, 냉해, 홍수, 역병이 잇달았다. 백성들은 임진왜란 때보다 더한 참상이 벌여졌다며 탄식했다. 그렇게 쌓여간 수많은 시체들 역시 매골승을 비롯한 승려들을 동원하여 매장했다. '승정원일기'에는 승려 200명이 주인이 없는 시체 6969구를 매장해 주었다는 기록이 있다. 한 사람이 30구 이상을 수습했으니 노고가 어떠했을지 상상하기 어렵다. 병자호란 뒤에 나온 한문소설 '강도몽유록(江都夢遊錄)'은 매골승 청허선사가 주인공이다. 청허선사가 청나라 군대가 죽인 강화도 백성들의 시신을 수습했고, 꿈에서 귀신이 된 여인들이 억울함을 하소연하는 걸 들었다는 내용이다. 조선 후기에는 민간의 장례를 향도계(香徒契)라는 조합이 맡게 된다. 하지만 대량의 사망자가 발생하는 경우라면 어김없이 승려들의 손을 빌릴 수밖에 없었다(동아일보, 2017.7.24.).

- **매안(埋安)** : 신주를 무덤 앞에 파묻음. 고조가 지나 5대조(祖)가 되면 신주를 산소 앞에 묻는 일.

- **매장(埋葬, Burial)** : 시체[임신 4개월 이상의 사태(死胎) 포함] 또는 유골을 땅에 묻어 장사함을 말한다. 보통 토장(土葬)이라고도 한다. 초기의 매장은 시신을 그대로 묻었으나 후에는 석관(石棺, 돌널, 독널) 등에 수장하였고, 도구의 발달과 함께 목관(木棺), 옹관(甕棺) 등을 사용하기도 하였다. 장법은 전통적으로 4가지가 있는데, 그 중 대표적인 것이 매장이다. 그리고 시신을 불에 태워서 처리하는 화장(火葬), 시신을 자연에 버리는 풍장(風葬), 시신을 물속에 빠트려 장사하는 수장(水葬)이 있었고, 지금까지 계속되고 있다.

- **매장 절차** : 매장은 운구- 하관 -성분 -위령제의 절차로 이루어진다. 먼저, 묘지에 도착하여 정해놓은 장지로 이동하는 운구를 하고, 미리 파놓은 광중에 관을 내리는 하관 후에는 구의와 명정을 반듯하게 덮고 광중과 관 사이의 공간을 채워 넣으면서 평지와 같은 높이가 되도록 하는 평토를 한다. 흙을 둥글게 쌓아 올려 봉분을 만드는 성분을 하고, 봉분이 완성되면 묘소 앞에 영좌를 설치하고 제수음식을 진설해 놓은 후, 고인의 명복을 비는 위령제를 지낸다.
- **매지(埋誌)** : 지석을 묻음.
- **매혼(埋魂)** : 탈상(脫喪) 후 혼백을 묘 옆에 묻는 것.
- **망주석(望柱石)** : 봉분 양 쪽에 있는 기둥 돌.
- **메[飯]** : 제사상에 올리는 밥. 요즘 명절인 설 차례에는 메 대신 떡국을, 추석 차례에는 송편을 올린다.
- **멧베** : 상례에 쓰이는 용어로 시신에 수의를 입힌 후 삼베 20자(尺) 한필을 7쪽으로 잘라서 다시 각 한 쪽의 반 정도를 3등분하면 21메끼(마기)가 되어 묶게 되는데(결박), 이것을 메질이라 하고 이 때 쓰이는 베를 멧베라고 한다.
- **멱건(幎巾)** : 얼굴을 덮는 수건. 가로 세로 2자의 베나 명주를 쓴다. 멱목(幎目) 참조. 幎 : 덮을 멱, 巾 : 수건 건, 目 : 눈 목 소렴(小殮)할 때에 시체(屍體)의 얼굴을 싸는 보(褓). 검은 빛에 남색 안을 받쳐서 겹으로 짓고, 네 귀에 끈을 닮.
- **멱목(幎目), 멱모(幎冒)** : 소렴할 때 시신의 얼굴을 싸매는 헝겊. 시신의 얼굴을 덮는 천. 습(襲)의 절차에서 시신의 얼굴을 싸는 헝겊. 면으로 만들고, 사방 1자 2치이다. 사각으로 되어 있으며, 네 귀퉁이에 끈이 달렸으며, 바깥쪽의 색깔은 검은색이고, 안쪽은 붉은 색으로 하고, 그 안에 솜을 채워 넣는다. 관행에서는 남자는 남색 안감, 여자는 다홍색 안감을 쓴다고 한다. 왕의 경우는 푸른 비단에 안감은 붉은 생초(生綃)를 사용하며, 사방이 1척 2촌으로 사각으로 자주색 생초의 띠를 펴서 뒤에서 이를 맺는다. 명목, 멱모(幎冒), 면모(面帽) 라고도 한다.
- **면례(緬禮)** : 무덤을 옮겨 장례를 다시 지내는 것. 개장(改葬)과 같은 의미로서 이장, 개장에 대한 한국식 표현이다.
- **면복(緬服)** : 부모의 면례를 지내는 때에 입는 시마복(緦麻服).
- **면상(免喪)** : 상을 벗음.
- **면유(緬惟)** : 아득히 헤아림. 멀리 생각건대.
- **명기(明器)** : 부장품. 신명(神明)을 뜻하는 말에서 유래. 무덤에 명기를 묻어주는 관습은 고대의 계세사상이 이어진 것으로, 죽은 이가 저세상에서 생활하는 데 불편함이 없

도록 배려한 것이다 즉. 죽은 이의 영혼을 달래기 위해서 장사지낼 때 무덤 속에 시신과 함께 묻는 기물(器物)로서 식기, 악기, 집기, 무기, 시종자 등을 형상한 용(俑 - 인형)을 말한다. 내세의 생활을 위한 것이라는 의미가 있다. 실물보다 작게 만드는 형상물들로서 귀신의 그릇이다. 즉 생전에 사용하던 물건들을 작게 형상한 것들이어서 실제로 사용할 수는 없지만, 사자(死者)에게는 어울리는 신명한 생(生)과 사(死)의 중간존재임을 말한 것이다. 한편 『가례집람』에는 '명기(明器)를 옆에 넣어 두고 장식을 더한다.'고 하였고, 그 주에는 '기(器)는 용기(用器), 역기(役器 - 갑옷 등의 물건을 이름)이고, 현(見)은 관의 장식이다. 현(見)이라고 한 것은 이 장식이 더하면 관구(棺柩)가 보이지 않기 때문이다. 먼저 기물을 넣는다고 하고 장식을 더한다고 한 것은 기물이 장식안에 있기 때문이다.'고 하였다.

- **명기(銘旗)** : 명정(銘旌) 참조..
- **명목(暝目)** : 멱목(幎目) 참조..
- **명부(冥府)** : 불교에서 말하는 저승 곧 지옥을 일컫는 말. 그리하여 보통 명부전에서 극락왕생을 기원하며 49재 또는 천도재를 올리게 된다. 보통은 지장보살이 모셔져 있으며, 지장보살은 육도윤회의 고통에서 중생을 구제하는 보살이다. 불교적 구원신앙의 상징적 존재이다. 염라대왕을 비롯한 10명의 대왕들이 지장보살을 보좌하여 저승세계를 다스린다고 한다. 10명의 대왕(시왕)들은 49일 동안 7번의 판결을 내리고 또 100일, 소상, 대상 등에 3번의 판결을 내려서(도합 10명의 대왕들이 10번의 판결을 내림) 영가의 다음 생을 결정하게 한다. 이러한 과정을 통해 생명은 윤회전생하게 되는 것이다.
- **명정(銘旌)** : 고인의 관직이나 봉호(封號), 본관, 성명 등 인적사항을 적은 붉은 색 깃발. 죽은 사람의 관직, 성명 등을 쓴 붉은 색 깃발. 명기(銘旗)라고도 한다. 아교의 일

종인 녹각교(鹿角膠)를 섞은 은분(銀粉) 가루나 은물 등으로 흰색 또는 금색 글씨를 쓰기도 한다. 은분이 없으면 먹으로 쓰기도 한다. 명정 사용의 이유는 사자(死者)의 형태를 볼 수 없기 때문에 그 이름을 써서 알아보게 하기 위한 것이다. 붉은 색 깃발을 쓰는 이유는 생명의 부활과 사귀를 쫓기 위한 것이다. 상여 앞에서 길을 인도하고, 하관(下官) 후에는 관 위에 씌워 묻는다. 또한 영구를 장지로 옮길 때 제일 앞에 위치하여, 행상이 누구의 운구인지 알려주는 구실을 하기도 한다. 보통 붉은 명주비단에다 예를 들면 "학생안동권공지구(學生安東權公之柩)"라고 쓴다. 위 아래로 축(軸)을 만들고, 명정대에 용이나 봉의 머리를 꽂아 장식하기도 한다. 예기(禮記)에 보면, "**銘 明旌也 以死者爲不可別已 故以其旌 識之**"라는 말이 있다. 명정의 길이는 신분에 따라 천자(天子)는 9자, 제후(諸侯)는 7자, 대부(大夫)는 5자, 선비(士)는 3자였다. 그리고 벼슬을 못한 선비는 검은 베 반폭에 길이가 1자이다. 명정은 대렴이 끝나고 영좌의 동쪽에 세우는데, 망자의 표지 역할을 한다. 그러므로 하관할 때 관 위에 덮는다. 행상을 할 때 방상 - (명기) - 명정 - 영여 - 공포 - 삽 - 상여 - 상주와 복인 - 존장 - 무복친 - 빈객의 순서에서 보듯 앞에 서는 것도 망자의 표지이기 때문이다. 명정은 긴 장대에 매달아 깃발처럼 들고 가는데, 깃봉에 화려한 장식을 하기도 한다. 긴 장대에 달아 출상 전에는 영좌의 오른쪽에 세워두었다가 출상 때에는 영구 앞에서 들고 간다. 세속에서는 장대 끝에 나무를 깎아 용이나 봉황의 머리를 만들어 채색을 칠하고, 입에는 둥근 고리를 물려서 유소(流蘇 - 오채[五彩]로 된 술)를 드리운다. 위아래에 축(굴대)이 있다. 명정은 관 위에서 쓴다. 이를 관상명정(棺上銘旌) 또는 관명정(棺銘旌)이라고 한다.

명정의 남자 관직명은 다음과 같다

1품(一品)은 대광보국숭록(大匡輔國崇祿), 보국숭록, 숭록, 숭정(崇政)이고, 종친(宗親)은 현록(顯祿), 흥록(興祿), 의덕(宜德), 가덕(嘉德)이고, 의빈(儀賓 - 임금의 사위)은 수록(綏祿), 성록(成祿), 정덕(靖德), 명덕(明德)이다.

2품(二品)은 정헌(正憲), 자헌(資憲), 가의(嘉儀), 가선(嘉善)이고, 종친은 숭헌(崇憲), 승헌(承憲), 중의(中義), 소의(昭義)이고, 의빈은 봉헌(奉憲), 통헌(通憲), 자의(資義), 순의(順義)이다.

3품(三品)의 문음(文陰 - 문관과 음관)은 통정(通政)이고, 무반(武班)은 절충(折衝)이고, 종친은 명선(明善)이고, 의빈은 봉순(奉順)이고, 당하관 3품의 문관과 음관은 통훈(通訓), 중직(中直), 중훈(中訓)이고, 무반은 어모(禦侮), 건공(建功), 보공(保功)이고, 종친은 창선(彰善), 보신(保信), 자신(資信)이고, 의빈은 정순(正順), 명신(明信), 돈신(敦信)이다.

4품의 문관과 음관은 봉정(奉正), 봉열(奉列), 조산(朝散), 조봉(朝奉)이고, 무반은 진위(振威), 소위(昭威), 정략(定略), 선략(宣略)이고, 종친은 선휘(宣徽), 광휘(廣徽), 봉성(奉成), 광성(光成)이다.

5품의 문관과 음관은 통덕(通德), 통선(通善), 봉직(奉直), 봉훈(奉訓)이고, 무반은 과의

(果毅), 충의(忠毅), 현신(顯信), 창신(彰信)이고, 종친은 통직(通直), 병직(秉直), 근절(謹節), 신절(愼節)이다.
6품의 문관과 음관은 승의(承議), 승훈(承訓), 선교(宣敎), 선무(宣務)이고, 무반은 돈용(敦勇), 진용(進用), 여절(勵節), 병절(秉節)이고, 종친은 집순(執順), 종순(從順)이다.
7품의 문관과 음관은 무공(務功), 계공(啓功)이고, 무반은 적순(迪順), 분순(奮順)이다.
8품의 문관과 음관은 통사(通仕), 승사(承仕)이고, 무반은 승의(承義), 수의(修義)이다.
9품의 문관과 음관은 종사(從仕), 장사(將仕)이고, 무반은 효력(效力), 전력(展力)이다.
문관과 음관, 종친, 4품 이상은 대부(大夫)이고, 5품 이하는 낭(郎)이고, 무반은 2품 이상은 대부이고, 당상관(堂上官)은 3품 이하는 장군(將軍)이고, 5품 이하는 교위(校尉)이고, 7품 이하는 부위(副尉)이다.
부인의 관직명은 다음과 같다
1품 대군(大君)의 처는 부부인(府夫人)이고, 문관·음관·무관의 처는 정경부인(貞敬夫人)이고, 종친의 처는 군부인(郡夫人)이다.
2품 문관·음관·무관의 처는 정부인(貞夫人)이고, 종친의 처는 현부인(縣夫人)이다.
3품 문관·음관·무관의 처는 숙부인(淑夫人)이고, 종친의 처는 신부인(愼夫人)이고, 당하관 3품 문관·음관·무관의 처는 숙인(淑人)이고, 종친의 처는 신인(愼人)이다.
4품 문관·음관·무관의 처는 영인(令人)이고, 종친의 처는 혜인(惠人)이다.
5품 문관·음관·무관의 처는 공인(恭人)이고, 종친의 처는 온인(溫人)이다.
6품 문관·음관·무관의 처는 의인(宜人)이고, 종친의 처는 순인(順人)이다.
7품 문관·음관·무관의 처는 안인(安人)이다.
8품 문관·음관·무관의 처는 단인(端人)이다.
9품 문관·음관·무관의 처는 유인(孺人)이다. 관직이 없는 선비의 처도 역시 유인(孺人)이라 칭할 수 있다.
대개 부인의 칭호는 모두 남편의 실직(實職)을 따르되, 관직이 낮고 품계가 높은 자나 품계는 낮고 관직이 높은 자는 모두 품계를 따르지 않는다(『사례편람』 참조). 『예기(禮記)』 「잡기(雜記)」편 상에 '모든 부인은 그 남편의 작위를 따른다.'고 하였고, 주(註)에 '부인의 상사를 치를 때는 모두 남편의 작위의 높고 낮음으로 높이고 낮추는 것이고 다른 예는 없다.'고 하였다.
오늘날 명정서식의 예 : ① 남자는 "學生金海金公之柩"라 쓰고, 여자는 "孺人安東權氏之柩"라 쓴다. ② 이때 남자에게 관직명이 있으면 학생이라 하지 않고 직명을 쓰며, 벼슬한 이의 아내일 경우엔 孺人(유인)이라 쓰지 않고 夫人(부인)이라 쓴다. ③ 남자가 학덕(學德)이 있고 호(號)가 있으면 호를 써서 '東齋居士(동재거사)', '春軒處士(춘헌처사)' 등으로 쓰기도 한다. ④ 부인에게 당호(堂號)가 있으면 '銀堂夫人(은당부인)', '芝園夫人(지원부인)' 등으로 쓰기도 한다. 종교에 따른 명정서식 : ① 개신교의 경우 남자는

'聖徒金海金公之柩'라 쓰고, 여자의 경우는 '聖徒安東權氏之柩'라 쓴다. ② 천주교의 경우 남자는 '聖徒金海金公세례명之柩'라 쓰고, 여자의 경우는 '聖徒安東權氏세례명之柩'라 쓰며, 경우에 따라서는 본관은 쓰지 않고 세례명만 쓰기도 한다. 하지만 꼭 이런 것은 아니며, 경우에 따라서 다양한 방법이 시용되기도 한다.

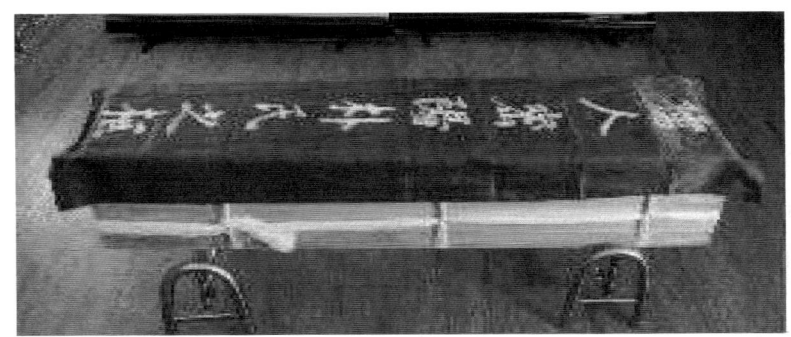

- **명조(冥曹)** : 죽은 사람을 거두는 저승에 있다는 관청.
- **명지(銘誌)** : 묘비에 적는 글.
- **명지(名紙)** : 관직이나 이름을 쓴 종이로서 오늘날의 명함을 말한다. 문상 시 명함을 갖추어서 통성명을 하였다. 자(刺) 참조.
- **메(袂)** : 소매.
- **모(冒)** : 시신을 싸는 데 사용하는 것이다. 명주나 비단을 사용하는데, 검은 비단 7자 남짓으로 가운데를 접어 한 변은 꿰매고 다른 변은 위아래 양쪽을 꿰매지 않고 각각 작은 띠셋을 꿰매 붙인다. 대부의 경우는 5개이다. 이것이 이른바 질(質)이다. 또 붉은 비단 일곱 자를 써서 가운데를 접어 한 쪽을 꿰매되, 다른 쪽은 꿰매지 않고 작은 띠를 꿰매 붙이기를 똑같이 하니, 이것이 이른바 쇄(殺)다. 윗것을 질(質)이라 하고 아랫것을 쇄(殺)라 한다.
- **모반(茅盤)** : 모사(茅沙)를 놓는 그릇.
- **모선망(母先亡)** : 어머니가 먼저 돌아가심.
- **모속(茅束)** : 묶은 띠.
- **목갑(木匣)** : 궤(櫃 - 궤짝. 함)의 한 종류로서, 친진(親盡)을 다한 신주를 넣어 뉘여 본묘(本墓 - 당사자의 무덤) 옆에 묻을 때 사용한다.
- **목건(沐巾)** : 습의 절차에서 시신을 목욕시킬 때 머리를 말리는 데 사용하는 수건이다. 단, 목 아래 몸 부분의 물기를 닦는 데 사용하는 수건은 욕건(浴巾)이다. 욕건(浴巾) 참조.
- **목곽묘[분](木槨墓[墳])** : 시신 주위를 나무로 궤 모양으로 만든 묘지로서, 외형은 봉토분(封土墳)이다. 우선 땅 속 깊숙이 구덩이를 파고 바닥에 나무로 된 각재(角材)를

이중으로 쌓는다. 각재(角材)를 우물정자(井) 모양으로 쌓아 올려서 네 벽을 만든다. 내부 한쪽에 기둥을 세우고 판자로 칸막이를 하여 장방형의 내곽(內槨))을 만든다. 두 겹의 각재로 천장을 덮는다. 목관은 칸막이를 한 내곽 안에 안치한다. 부장품은 내곽 바깥에 들어가게 된다. 목관에는 보통 부부(夫婦)가 들어가나 자녀(子女)들도 함께 들어가는 경우가 있다. 침향(枕向)은 북침이고 남자는 서쪽, 여자는 동쪽을 차지한다. 목관은 15cm 두께의 매우 두꺼운 판자를 못을 사용하지 않고 짜서 만들었다. 관의 형태는 머리 쪽이 넓거나 높이가 약간 컸다. 목관 안의 시신은 명주로 여러 겹 감겨 있다. 시신의 가슴 위에 벽(壁)이라 불리는 옥제 장신구가 놓여 있다. 두 손에는 옥돈(玉豚)이 쥐어져 있다. 시신의 9개의 구멍에는 옥으로 만든 마개가 있다. 입에는 생명의 부활을 상징하는 매미처럼 생긴 구슬로 반함(飯含)을 하였다. 시신에 옥을 사용한 이유는 시신의 부패를 더디게 하는 방부처리 효과인 듯하다. 나무와 은으로 만든 도장을 허리 근처에 놓았는데, 죽은 자의 신분 표시의 징표물인 듯하다. 벽에는 벽화를 그리기도 하였다. 철기제품의 부장품들에 있는 침각명문(針刻銘文)을 통해서 BC85년에서 AD102년에 거쳐 형성된 것임을 알 수 있다.

이러한 묘제 형태는 『삼국지』 위지 동이전 동옥저조에 나오는 상장례의 기록과 상당히 일치하고 있다. 즉 "그들의 장사지내는 것을 보면 큰 나무로 곽을 만드는데 그 길이가 10m나 된다. 이것의 한쪽 모서리에 문을 만들어 놓는다. 사람이 죽으면 모두 가매장을 해 놓는다. 이 시체는 겨우 몸만 가릴 만큼 흙으로 덮었다가 살이 다 썩으면 그 뼈만을 추려서 이 곽 속에 넣는다. 이렇게 하여 온 집안사람의 뼈가 이 한 곽 속에 들어가게 된다. 여기서 나무로 산 사람의 모양을 새겨 꽂아서 이 나무의 수효로 죽은 사람의 수를 알게 된다. 또 기와로 만든 솥을 곽 끝에 달아매고 그 속에 쌀을 넣어 두는 것이 그 나라 풍속이다." 이러한 기록에서 보이는 묘제가 낙랑으로부터의 영향인지는 불명확하나, 우선 상당히 유사한 것으로 나타나고 있다. 그리고 묘제의 형태뿐만 아니라 가족묘라는 점에서도 동일한 것을 알 수 있다.

그러나 시신 처리에서는 정반대의 처리를 하고 있는 것으로 보인다. 즉 복장(複葬)의 형태를 취하고 있는 것이다. 먼저 육탈을 하여, 뼈를 추려 곽 속에 넣고 있는 것이다. 육탈은 이승에서의 형체를 없애는 과정이며, 뼈를 추리는 것은 영혼이 뼛속에 깃들어 있다고 보는 것이다. 또한 식량을 넣는다는 점은 낙랑의 부장품인 칠기와 같은 맥락으로 해석된다. 식량인 쌀은 당시로 보아 상당히 귀한 물건이었을 것으로 보인다. 이러한 자료들은 모두 이승에서 가졌던 형태에 대한 파괴, 저승에서의 귀한 양식으로 해석되어, 사자의례의 모습을 보이고 있다고 하겠다. 이러한 점은 나무로 죽은 사람의 모양을 새겨 두고 있는 데서도 잘 나타나고 있다. 이것은 앞에서도 언급한 바와 같이, 상장례에서 종교·신앙적 영향을 잘 보여 주고 있는 예라고 하겠다. 그 배경 역시 무속이었을 것으로 보인다. 이것은 수렵 채집생활에서 농경사회로 옮아가고 있는 과정에 있어서 무속의 의례형태가 변모하고 있는 모습을 보여 주고 있는 것으로 보인다. 즉 사자의 구체적인 모습을 표현하고 있는 것이다. 이 기록에서는 단순히 숫자를 알기 위한 것으로 되어 있지만, 의례대상물로서, 신상(神像)의 하나가 아니었을까 추측되는데, 특별한 시기에 특정한 의례를 위한 대상물로서 만들어진 것이라고 하겠다. 덧널무덤 참조.

- **목관묘(木棺墓)** : 관을 나무로 만든 묘지. 널무덤 참조. 움무덤 참조.
- **목구의(木柩衣)** : 광목 널 옷.
- **목말(木抹)** : 나무 말뚝. 이·개장시 천회(天灰)를 뚫고 꺼낼 때 사용한다.
- **목욕(沐浴), 습** : 시신을 씻기는 일을 목욕이라 하고(목 - 상체 씻김, 욕 - 하체 씻김), 습이란 시신에게 수의를 입히는 일.
- **목욕구(沐浴具)** : 시신을 씻기는 데 필요한 용구. 향탕(香湯 : 향나무나 쑥을 삶은 물), 분(盆 : 질그릇), 건(巾 : 물기 닦는 수건), 즐구(櫛具 : 머리를 빗기는 도구), 지낭(紙囊 ; 오발랑), 석(席 : 평상에 까는 자리) 등이 있다.
- **목인(木人)** : 상여에서 일자용(一字龍) 위에 주로 동방삭(東方朔)이나 저승사자로 불리는 조각물을 위치시키는데, 이것이 목인(木人)이다. 목인이란 사람이나 동물, 꽃, 새 등의 다양한 모습을 나무로 조각해서 만든 것을 통칭하며, 목우(木偶), 목우인(木偶人), 목상(木像)으로도 불린다. 상여에 장식된 목인들은 죽은 자를 따르는 자들로 이는 삼국시대 순장(殉葬) 풍속의 전통과 그 맥을 같이 한다. 이러한 상여장식용 목조각은 종류뿐만 아니라 그 모양도 아주 다양하다. 불교와 관련된 조각품이나 출토품을 제외한 목인상은 상여의 장식품에서 나온 것이 대부분으로 크기도 20~30cm 안팎이다. 각종 조각품으로 화려하게 장식된 상여에는 유불선과 우리의 민간신앙이 녹아 있어 조상들의 내세관(來世觀)을 엿볼 수 있는 중요한 자료이다. 상여장식용 목인으로 자주 등장하는 형상으로는 인물, 용, 봉황, 새, 호랑이, 꽃, 도깨비 등이 있다.

인물(人物) 형상은 상여장식 중 가장 많이 등장하는 조각상으로 망자의 마지막 가는 저승길을 동행(同行)하는 수행자(隨行者)의 역할을 한다. 인물상은 설화나 신화 속의 인물들을 형상화한 인물과 실제 인물들이 다양하게 섞여 있다. 기호(騎虎), 기마(騎馬) 인물상은 주로 사자나 호랑이 말, 해태 같은 서수(瑞獸 - 상서로운 짐승)나 봉황(鳳凰) 학(鶴) 같은 금조(錦鳥)를 타고 있는 조각상이 많다. 이 인물들은 주로 천계(天界)에 속한 존재로서 천상(天上)과 지상(地上)을 오고가는 신통력을 지닌 것으로 여겼다. 악공(樂工) 및 광대모습 인물상은 임금의 가마행렬을 뒤따르는 악공 및 광대를 형상화한 것으로 슬픔을 극복하기 위한 분위기 전환의 역할을 한다. 악기를 연주하고 춤을 추거나 재주를 넘는 형상이 대표적인 모습이다. 한편 비슷한 옷을 입은 인물상들이 무리를 지어 상여를 꾸미기도 하며, 용수판에 같은 인물상이 표현되기도 한다. 기타 인물상들이 등장하기도 하는데, 해방 이후의 상여에는 입체적인 목조각 보다는 제작공정이 간편해진 판(板) 형태의 다양한 인물상들이 장식용으로 자주 등장하기도 하였다. 상여를 조립할 때 꽂는 위치를 표시하기 위해 하단부에 고유번호가 표시되어 있기도 하다.

용(龍)은 예로부터 왕권(王權)의 상징적 의미와 학문적으로는 등용(登用)의 의미가 있어 출세와 성공의 상징으로 사용되었다. 상여에 있어서 용은 벽사(辟邪)의 의미와 용을 타고 극락세계로 가길 기원하는 마음을 담고 있으며 용의 형상을 한 조각의 형태는 용수판(龍首板), 일자용(一字龍), 정자용(丁字龍) 등 크게 3가지로 구분된다. 상여에는 그 외에 봉황(鳳凰)을 장식하기도 하는데, 봉황은 주로 상여 상부의 네 귀퉁이에 각각 한 개씩 장식한다. 봉(鳳)은 수컷을 황(凰)은 암컷을 뜻하는 합성어이다. 봉황은 상상의 새로 새 중에서 으뜸으로 고귀함을 나타내며, 고인의 영혼을 저승으로 인도하는 매개체 역할을 한다.

상여에는 호랑이 형상을 장식하기도 하는데, 호랑이는 용맹성과 위엄 때문에 잡귀(雜鬼)를 쫓은 영물(靈物)로 생각되었으며, 이에는 벽사(辟邪)적 의미가 내재되어 있다. 호랑이는 시대가 오래될수록 사실적으로 묘사되며 시간이 지날수록 민화(民話) 풍으로 묘사되어 시대를 판명하는 데 도움을 준다.

상여에는 그 밖에 모란과 새가 장식되기도 하는데, 꽃은 주로 새와 어우러져 내세(來世)의 이상향(理想鄕)에 대한 염원을 표현하기도 한다. 또한 상여장식을 위한 꽃문양(文樣)은 주로 목판(木板)에 그려지거나 가장자리 부분을 깎아낸 형태를 나타낸다. 꽃문양은 모란(牧丹)과 연(蓮) 꽃이 주류를 이루며 상여의 화려함을 가장 잘 보여주는 대상이다. 모란(牧丹)은 부귀(富貴)와 화목(和睦)을, 연꽃은 극락정토의 세계를 의미함과 동시에 풍요(豊饒)와 다산(多産)을 기원하는 상징물로 표현된다.

상여에는 물고기 형상도 장식으로 나타나는데, 물고기는 한 번에 수천, 수만 개의 알을 낳기 때문에 예로부터 다산(多産)의 상징물임과 동시에 눈을 감지 않는다 하여 재물을 감시하는 수호(守護)의 역할도 겸한다. 어렵(漁獵)생활과 관련하여 풍어(豊漁)를 기원하는 주술적(呪術的)인 의미도 포함한다고 볼 수 있다.

옛 설화와 민담 속에서 도깨비는 비상한 힘과 신통력을 가진 영물(靈物)로 인간의 무절제와 부주의를 경계(警戒)시키는 일종의 수호신이다. 친숙한 대상이면서 험상궂은 모습을 지녀 악(惡)하면서도 선(善)한 양면성을 지니고 있다. 용수판(龍首板)에서도 이러한 도깨비의 형상을 쉽게 볼 수 있다.

병아리 못은 상여의 윗 난간에 해당되는 운각판(雲閣板)을 상여 몸틀에 고정하기 위한 수단으로 쓰인다. 주로 새, 병아리, 봉황의 모양을 하고 있으며 '개구리'라고 불리기도 한다. 새는 이승과 저승을 오가며 신의 메시지를 전하는 메신저의 역할을 한다.

- **목잠(木簪)** : 주로 상주(제)가 꽂는 나무로 만든 비녀.
- **목적(木賊)** : 속새. 신주 몸체를 문질러 매끄럽게 하기 위한 것이다.

- **목침(木枕)** : 나무토막. 베개 대신으로 쓴다.
- **묘(墓)** : 무덤이 조성된 구역.
- **묘갈(墓碣)** : 무덤 앞에 세우는 둥그스름하고 작은 돌비석. 그런데 옛날에는 3품 이상과 당상관들에게만 비석의 머리 위에 갓 탑을 얹는 것이 허용되었고, 3품관 이하는 묘비 위에 지붕을 얹지 못하였다. 이러한 지붕이 없는 갓 탑 묘비를 '묘갈(墓碣)'이라고 부른다. 나아가 이 묘갈(墓碣)에 새기는 비문을 묘갈문(墓碣文)이라고 한다.
- **묘계(墓界)** : 조선 시대 때 품계에 따라 정한 무덤의 구역. 무덤을 중심으로 하여 사방으로 정·종 1품은 무덤을 중심으로 100보, 2품은 사방 90보, 3품은 80보, 4품은 70보, 5품은 60보, 6품은 50보이었으며, 문무관은 1품이 90보로서 차례로 10보씩이 적어졌으며, 서민은 사방 10보로 정하였는데, 이 구역 내에서는 경목(耕牧)이 금지되었다.
- **묘광(墓壙)** : 무덤구덩이.
- **묘도(墓道)** : 묘소로 올라가는 길. 혼령이 다닌다고 여기는 무덤 앞의 길.
- **묘문(墓門)** : 산소의 경내로 들어가는 문.
- **묘비(墓碑)** : 무덤 앞에 세우는 장방형의 비석. 아래는 반석(盤石), 그 위에 비신(碑身), 맨 위에 지붕 모양의 가첨석(加簷石)이 있다. 비신에 망인의 관직, 성명, 행적, 자손, 장지, 생몰년월일 등을 새긴다.

요컨대 묘비란 분묘의 바로 앞 등에 세우는 비(碑), 즉 묘석(墓石)을 이르는 말로서, 묘표(墓標), 묘갈(墓碣), 또는 신도비(神道碑)라고도 한다. 조선시대 성리학을 신봉하던 사대부들은 조상의 묘를 씀에 있어 유교 도덕윤리의 근간이 되는 효(孝)를 바탕으로 일정한 형식에 맞춰 치장(治葬)을 하려고 하였다. 이 때 묘비를 세우는 것이 조상의 덕을 밝히고 오랫동안 기리는 데 가장 좋다고 생각하였다. 이 점이 고려시대 묘비를 세우지 않고 묘지명(墓誌銘)에 행장(行狀)을 밝히던 것과 확연히 다른 점이었다.

묘비의 유래를 살펴보면, 중국 후한(後漢) 말 헌재10년(205)에 전권을 장악하고 있던 조조는 박장령(薄葬令)과 함께 묘비의 건립을 중지시켰다고 한다. 그 영향 때문인지 확실하지는 않지만, 통일신라시대에는 왕릉의 비와 고승의 탑비 등을 제외하고는 남아있는 묘비가 거의 없다. 또한 고려시대에는 무덤에 묻는 묘지(墓誌)가 많이 이용되고 분묘의 외곽에 세우는 묘비는 거의 없어지다시피 하였는데, 고려 말에 성리학이 들어오면서부터 다시 묘비를 세우기 시작하였다. 조선시대의 비는 비의 머리 부분에 해당되는 비두(碑頭 : 蓋石이라도도 함)와 비문을 새기는 비신(碑身), 그리고 비를 받치는 비부(碑趺 : 碑臺, 碑座, 臺座라도도 함)로 구성되어 있다. 비의 재료를 보면, 조선 초기에는 몇몇 예외를 제외하고 대개 비신과 비두가 서로 연결된 통석(通石)으로 되어 있고, 재질은 주로 대리석이며, 비부는 화강석이 많다. 그리고 조선 숙종 연간부터는 비두와 비신이 분리된 별도의 석재로 이루어졌고, 비신은 오석(烏石)을, 비두와 비부는 회색의 화강암을 주로 사용하였다. 비두 가운데에는 조선 전기에 많이 사용하던 이수(螭首) 형태가 있는데, 이수에는 용이나 이무기가 여의주를 놓고 다투는 모양이 많다. 또한 구름무늬나 연꽃무늬 등을 비신의 머리 부분에 조각하기도 하였다. 그리고 묘표나 묘갈 가운데에는 비신의 윗부분을 둥글게 깎은 원수형(圓首形)과 귀접이를 한 규수형(圭首形) 등이 있다. 후기에 이르면 지붕 모양을 한 개석(蓋石)을 올려놓은 것이 가장 많이 사용되었다.

비두는 기능적인 면으로 볼 때 비신을 보호하는 기능이 강하다. 그런데 용과 같이 상서로운 동물을 조각한 이수형 비두는 기품은 있으나 제작비가 많이 들고 비바람으로부터 비신을 보호하는 기능이 약해 비문이 쉽게 마멸되는 단점이 있다. 그리하여 후대에는 비용이 덜 들면서도 제작이 쉽고 비문 보호에도 더 효과적인 팔작(八作) 지붕구조를 가진 개석형이 차츰 그 자리를 대신하게 되었다.

비신에는 비문을 새기는데, 앞면을 비양(碑陽 : 碑面, 碑表)이라 하고 뒷면을 비음(碑陰)이라 한다. 비문은 앞뒤 양면에 다 새기게 된다. 묘표나 묘갈에서는 단지 비양에 무덤의 주인공이 누구인지를 밝히는 경우가 대부분이다. 조선 초기에서 중기까지의 비신은 대개 대리석을 이용하였는데, 비바람에 취약하여 쉽게 마모되어서 비문을 오래 보존하기가 어려웠다. 그래서 후대로 오면서 비신은 좀 더 강한 성질을 가진 오석으로 교체되어 현재까지 이르고 있다.

비부는 비신을 지면으로부터 들어 올려 보호하고, 비신이 서 있도록 고정시키는 역할을 한다. 전기에는 거북 모양으로 만든 귀부(龜趺)와 연꽃, 당초문 그리고 안상(眼象) 등 장식이 가득한 낮은 비부가 사용되었고, 후대에는 같은 장방형이지만 장식 없이 단순하고 높으며 큰 방부가 주로 사용되었다.

비의 양식과 문양이 지니는 상징을 보면, 이수에 사용되던 용(이무기)이 비두에 등장한 것은 상상 속의 동물인 용이 지닌 좋은 이미지와 함께 큰 괴력을 가지고 비주(碑主)의 영혼을 수호한다는 개념이 강학 작용한 것이라고 할 수 있다. 귀부에 사용된 거북은 수명이 긴 동물 또는 물과 육지를 자유롭게 다니는 동물로서, 신과 인간 사이를 오가며 연결하는 동물로 인식되어 왔다. 따라서 거북의 등에 비석을 올려놓은 것은 영혼이 좋은 곳으로 가서 영생하기를 바라는 상징적 표현이라고 볼 수 있다. 연꽃은 부처와 불교를 상징하므로 극락왕생을 기원하는 것으로 보인다. 조선시대 전기의 묘비에 많이 나타나던 불교적 요소들은 16세기 중반 성리학적 사회질서가 뿌리를 내리기 시작한 다음에는 급격히 그 자취를 감추어간다. 그리고 후기에 주로 유행하던 지붕 모양의 개석(蓋石)은 비문 보호라는 실질적이고 건축적 기능 이외에 다른 상징이나 기능은 찾기 어렵다.

비는 보통 묘표와 묘갈 그리고 신도비로 구분된다. 먼저 묘표는 왕실과 관료층 그리고 일반 사대부를 비롯하여 중인이나 서민들까지도 입석할 수 있었다. 서민의 경우 그 크기가 2자(尺)로 한정되어 있어 만약 이를 어기거나 허위 사실을 기재할 경우 강력한 처벌을 받았다. 반면에 양반 사족의 경우에는 어떤 제한이 있었다는 기록을 찾을 수가 없다. 묘표의 특징은 비부에 있어 귀부를 사용하지 않고 방부를 사용하였다는 것이다. 정조 대 이후의 비좌는 거의 문양을 새기지 않았으며, 모양도 장방형에서 사다리꼴로 변모하였다.

조선시대에는 갈(碣)이라는 말을 묘갈(墓碣)에만 사용하였는데, 묘갈은 사대부 층이 주로 입석하였지만 공주와 후궁 등 왕실에서도 사용하였고, 서민층에서도 세운 기록이 보인다. 묘갈의 규모나 양식은 묘표와 거의 같은 것으로서 보면 된다.

신도비는 죽은 사람의 평생사적(平生事蹟)을 기록하여 묘 앞에 세운 비 가운데 하나로서, 중국에서 한나라 때 처음 세웠다는 설이 있다. 처음에는 비에 새기기를 '모제(某帝)' 또는 '모관신도지비(某官神道之碑)'라고만 하였다. 신도비를 묘의 동남쪽에 세우게 된 것은 풍수지리상 묘의 동남쪽을 귀신이 다니는 길, 즉 신도(神道)라고 하였기 때문이다.

조선시대에는 신도비가 태조의 건원릉신도비와 세종의 영릉신도비 등 초기 왕릉에만 있으며, 이후 국왕의 사적은 실록에 기록된다는 주장에 따라 신도비를 세우지 않았다. 반면 많은 사대부들은 신도비를 세웠는데, 실제 관직이나 사후에 추증된 관직(贈職)으로 정2품 이상인 경우 세울 수 있었다. 비의 크기를 보면 높이가 4척 정도부터 7~8척 되는 큰 비까지 있어 웅장한 자태를 보이고 있다. 조선 후기로 가면 신도비의 비제(碑題)도 길어지고 비문도 장황하게 길어져서, 비양을 가득 채우고도 모자라 측면을 지나 비음까지 이어진 경우도 곧잘 나타난다. 이는 조선 후기 가문의 성세를 돋보이고자 하던 추세에서 나타난 결과이다. 게다가 비문의 내용 가운데에는 과장된 것들이 흔해 역사적인 가치를 제대로 인정받지 못하는 것도 많다.

지금까지 살펴 본 각종 비(碑)를 활발하게 세우던 시기는 숙종(1675~1720)부터 정조(1777~1800)대까지였다. 이 시기는 문화사적인 면으로 볼 때 진경(眞景) 시대라 불리던 조선 후기 문화의 황금기였다. 이 시기에 조선의 문화가 난만(爛漫)한 발전을 이루게 된 것은 그 문화의 근원이 되는 조선 성리학이라는 고유 이념이 이때에 이르러 이제 완벽하게 그 뿌리를 내렸기 때문이다. 조선 성리학이 사회 저변으로 더욱 확대되면서 종래의 불교적인 생사관에 지배되어 오던 일반 백성들이 성리학적 세계관과 인생관으로 바뀌게 되었다. 그리고 진경 시대의 묘비들은 비두를 원수나 개석형으로, 비부는 방부형으로 한 것이 가장 많으며, 화려한 장식을 가하지 않은 단순 질박한 양식을 선호하였다.

• 묘상각(墓上閣) : 장사지낼 때 비나 햇빛을 가리기 위하여 짚풀과 같은 것을 엮어 만든 임시 지붕. 속칭 옹가(甕家 - 무덤 위에 치는 차일)이니, 구덩이 위에 덮어서 비와

해를 가리는 것이다. 관을 매장하기 전에 파놓은 구덩이를 덮는 지붕이다.

- **묘석(墓石, Tomestone, Gravestone)** : 시신이 매장된 묘에 사용되는 석물(石物).
- **묘소(墓所)** : 분묘의 소재지. 보첩(譜牒)에는 '墓'자만을 기록하고, 반드시 좌향(坐向)을 표시하며, 그리고 합장(合葬)의 여부 등도 기록한다.
- **묘우(墓友)** : 최근 일본에서 생성된 용어. 생전에 묘지를 예약한 사람들끼리 자주 만나서 사후에도 친구처럼 가까이에서 잘 지내자고 서로 친구의 의를 맺은 사람들. 일본에는 최근 묘지친구라는 개념이 유행하고 있다. 세상을 떠난 뒤에 혼자라면 외로우니 묘지친구를 만나서 사후 세계에 친하게 지낸다는 개념이다. '묘를 핵심으로 한 친구'라는 개념은 한국에서는 생소하지만 최근 일본 사회에서는 광범위하게 받아들여지고 있다. 묘우는 독특한 형태의 인연이다. 서로 카드를 만들어 선물하고, 봄이나 가을에 여행도 함께 간다. 죽음을 앞두고 미리 친구가 되는 연습을 하는 것이다. 이승에서 친해져야 저승에서도 친하게 지낼 수 있다는 개념이다.
- **묘지(墓地)** : 분묘를 설치하는 구역.
- **묘지(墓誌) 명(銘)** : 죽은 사람의 성명, 관위, 행적, 자손의 성명, 묘지의 지명, 생년월일 등을 새겨서 무덤 옆에 파묻는 돌이나 도판(陶板) 또는 거기에 새긴 글. 지석(誌石)에 실린 독특한 문체의 글. 즉 묘지(墓誌)는 죽은 사람을 추모하기 위해 그의 생애와 업적 등을 돌에 새겨 놓은 글을 말하는데, 이와 비슷한 것으로 무덤 앞에 세우는 묘비(墓碑)를 들 수 있으나, 묘비가 무덤 앞에 세워지는 것이라면 묘지는 무덤 속에 묻힌 것을 가리킨다. 묘지는 당나라 때 크게 유행하였다. 묘지는 묘지명(墓誌銘)의 줄임말로, 여기서 지(誌)는 죽은 사람의 이름과 생애를 기록한 산문이고, 명(銘)은 죽은 사람을 찬양하거나 추도하는 운문이다. 일명 광지(壙誌)라 하며, 관(棺), 호(壺) 등에 직접 새긴 것도 있다. 천재지변이나 오랜 세월이 흐른 뒤를 대비하여 금속판이나 넓적한 돌, 도자기 그릇 등에 죽은 이의 본관, 성명, 생년월일, 행적, 묘의 위치 등을 새기거나 써서 무덤 앞 등에 묻었다. 묘지(墓誌)에 운문이 첨가되면 묘지명(墓誌銘)이 된다. 무덤의 주인공(묘주·墓主)이 누구인지 알려 주기 위해 무덤 내부 또는 그 언저리 땅 속에 남긴 기록인 묘지명은 죽은 이의 이름과 생몰년, 집안내력, 주요 발자취 등 다양한 정보를 담고 있어 한 인물의 개인사뿐만 아니라 주변에서 이뤄진 생활과 문화, 역사 등을 총체적으로 보여주는 유물이다. 보통 무덤 주인공에 대한 기록인 묘지(墓誌)와 그를 추모하는 시구인 명(銘)으로 구성돼 있으며 묘기(墓記), 지문(誌文), 장지(葬誌), 광명(壙銘) 등 다양한 명칭으로 불린다. 대부분 장방형 석재로 된 고려시대 묘지명과 달리 조선시대 묘지명은 전 시기에 걸쳐 광범위하게 제작되었으며 석재뿐만 아니라 분청사기와 청화백자, 백자 등 다양한 재질의 도자기로 만들어진 것이 특징이다. 형태도 원형과 벼루형, 서책형, 그릇형 등 다채롭다. 묘지(墓誌)는 중국 삼국시대 위(魏)에서 비롯되었다.

위(魏)에서는 경제 등의 이유를 들어 석실(石室), 석수(石獸), 비명(碑銘) 등을 일체 금하였다. 이로 인하여 능묘(陵墓) 앞에 세우는 비명(碑銘)대신 개석(蓋石)과 저석(底石)의 두 장의 판석(板石)에 사자(死者)의 생졸(生卒), 가계(家系), 관력(官歷), 업적(業績), 처자녀(妻子女), 명사(銘辭) 등을 새겨서 묘광(墓壙) 앞에 묻게 된 것이다. 우리나라에서 묘지(墓誌)다운 체계를 갖춘 것은 고려시대에서 비롯된다. 승려가 아닌 일반인의 묘지로서 최고(最古)는 고려 정종(靖宗)5년(1039년)에 사망한 유지성(劉志誠)이 6년 만인 정종(靖宗)11년(1045년) 후손들에 의하여 개장되면서 남긴 것이 있다. 이후 묘지는 고려에서 조선까지 상류층에서 매우 유행하였다.

- **묘지(墓地), 화장장, 매장 및 화장취체규칙** : 일제는 1902년부터 1916년까지 10차에 걸쳐서 전국의 임야를 조사하여 식민지 임업정책을 수립, 시행하는데 장애가 되는 우리 고유의 묘제를 정비하기 위하여 1912년 6월 조선총독부령 제123호로 본 취체(단속)규칙을 공포하였다. 이 규칙 제정으로 한국에서도 묘지(墓地)와 공동묘지(共同墓地)라는 새로운 단어가 공식적으로 등장하게 된다. 또한 '일본식 화장(火葬)법'이라는 새롭고도 낯선 모습의 화장이 본격화되는 계기가 된다.

- **묘표(墓表)** : 누구의 묘인지 알기 위해 무덤 앞에 세우는 표시 돌로서 일명 표석(表石)이라고도 하며, 고인의 관직, 성명 등이 새겨져 있다. 중국의 경우는 묘표로서 때로는 나무 인형 등을 사용하기도 하며, 무덤이 있음을 표시하거나 무덤의 주인을 외부의 잡귀나 액(厄)으로부터 보호하는 역할을 하기도 한다. 묘표(墓表)에 운문이 첨가되면 묘비명(墓碑銘)이 된다.

- **무(甒)** : 상례(喪禮)에 사용하는 그릇으로서 술을 담는 그릇.

- **무(武)** : 관 밑의 동그란 테두리.

- **무공주(無孔珠)** : 구멍이 뚫리지 않은 구슬. 반함(飯含) 시 넣는 것인데, 흔히는 이 무공주 대신 엽전 또는 동전을 넣기도 한다. 보통 반함 때 상주는 쌀과 함께 이 무공주를 망자(亡者)의 입 우(右), 좌(左), 중(中)에다 넣는다.

- **무덤** : 무덤은 일차적으로 사체(死體)를 처리하는 과정에서 남겨진 자연적 결과물이다. 또 나아가 무덤은 죽음의 의미를 표현하는 사회적 결과물이기도 하다. 그러므로 무덤에는 죽은 자의 입장 뿐 아니라 살아남은 자의 입장도 반영된다. 그것은 기본적으로 삶과 죽음에 대한 사고방식, 즉 생사관을 통해 형성된다. 그러나 무덤은 사회적 결과물이기도 하기 때문에 생사관 뿐 아니라 당대 죽은 자와 산 자 사이, 삶과 죽음 사이의 정치사회적 관계도 포함하고 있다.

- **무복(無服), 무복친(無服親)** : 복이 없음 혹은 복이 없는 친척. 일가친척이라 하더라도 8촌 이상이면 복(服)이 없다. 즉 촌수가 가깝기는 하지만 상복을 입는 친척이 아닌 친

척을 말한다. 이들은 단문복(袒免服)을 입기 때문에 단문친이라고도 한다. 단문이란 두루마기의 왼쪽 소매를 벗고 사각건을 쓴다는 뜻이다. 범위는 從(종)고조부(고조부의 형제. 5촌이지만 복제가 단문으로 넘어갔으므로 무복친임. 고조부의 자매는 고대고[高大姑]라 쓰는데 고대고모라고도 함), 고대고(高大姑 : 앞의 종고조부 참조), 재종(再從)증조부(증조부의 4촌 형제로 6촌에 해당. 그 아내는 재종증조모이고, 여자일 때는 재종증대고[大姑]가 되며 본인이 재종증조일 때의 상대는 재종증손자녀임), 재종증대고(앞의 재종증대고 참조), 삼종(三從)조부(아버지의 재종숙이며 5대조부가 같은 할아버지. 그 아내는 삼종조모이며 8촌이나, 안으로 8촌이 아니어서 무복친임. 여자는 삼종대고[大姑]인데 삼종대고모라 함), 삼종대고(三從大姑), 삼종숙(三從叔 : 삼종조의 아들이고 그 맏이는 삼종백숙[三從伯叔]이라 하여 구분하기도 함. 아버지의 3종이니 아버지와는 8촌이고 나와는 9촌이되 그 아내는 삼종숙모임. 여자일 때는 삼종姑나 삼종고모라 하고 그 배우자는 삼종고모부요 본인이 삼종숙일 때 상대는 삼종姪이 됨), 삼종고(姑 : 삼종숙의 여자형제를 가리키는데 아버지의 3종이니 아버지와는 8촌이고 나와는 9촌. 그 배우자는 삼종고모부라 함), 4종형제자매(10촌 형제자매)를 말한다. 이들은 모두 부계(父系)의 무복친이다. 또한 무복친은 보통 이성(異姓)무복친을 말하므로, 단문친이 무복친이기는 하지만, 그 역은 성립되지 않는다. 이성무복친은 어머니 쪽의 혈족, 출가한 쪽의 혈족과 인족(姻族), 처(妻)의 친정의 본종친족, 외척인 인족과 인족의 배우자를 포함한다. 구체적으로는 외증조부모, 외재종형제자매, 종이모의 아들, 외종질, 처질, 처자매, 외증손, 고부(姑夫), 자매부(夫)를 말한다. 이렇듯 무복친은 본종친족의 범위를 넘어 모족(母族), 처족(妻族), 출가족(出家族)을 모두 포함하는 특징이 있다.

- **무복지상(無服之殤)** : 8세 이하의 복(服)이 없는 상(殤).

- **무속신앙** : 고대의 생사관과 내세관은 원시종교인 무속신앙을 바탕으로 형성되었다. 무속신앙에서는 존재의 원형질이 'Chaos'의 상태로 있었다고 전제한다. 이 카오스 상태에서 하늘과 땅의 공간이 스스로 열려서 'Cosmos'의 시간과 공간이 되는데, 그 속에서 만물의 유형존재가 생성된다. 무속신앙에서 인간의 유형존재는 육체와 영혼이 결합되어 있는 것으로 본다. 육체는 일시적이지만 영혼은 불멸한다. 그러므로 육체가 소멸되어도 영혼은 윤회하며 환생한다. 이것이 고대사회의 영혼불멸사상이다.

  무속은 3가지 종교적 기능을 갖는다. ① 낙지천도(樂地薦度), ② 양귀법(禳鬼法), ③ 집가심이 그것이다. <낙지천도>란 처녀귀신과 총각귀신에게 제사를 지내주는 것을 말한다. 시집 못 간 처녀가 죽어서 원귀가 되면 왕신(王神)이란 귀신이 되고, 결혼 못한 총각이 죽어서 귀신이 되면 삼태귀신(몽달귀신)이란 원귀가 된다고 믿었다. 무당이 총각귀신과 처녀귀신을 달래기 위해 진오귀굿, 씻김굿 등의 사령제를 지내준다. <양귀법>은 귀신을 멀리 물리치는 것을 말한다. 그 방법으로 귀(鬼)를 공격하거나 위협하고 자상을 내거나 결박하여 적대시하는 것 같은 여러 가지가 있다. 한편 가무를 하고 제물을 바치면서 공손히 접대하는 타협의 방법이 있는가 하면, 주문이나 부적, 약물 등으로 물리치는 방법도 있다. 귀신이 싫어하는 색채, 향취, 미각, 촉각, 빛 등을 사용하여 물리치기도 한다. <집가심>은 부정한 것을 깨끗이 가셔내기 위해 벌이는 무속의식으로, 시체를 매장한 날 밤에 관이 놓였던 자리를 비롯해 집안을 깨끗이 청소하는 것을 말한다. 이렇게 하면 혼령이 원귀가 되지 않고 조상신이 된다고 믿었다(양승이, 『상례』, 30쪽).

- **무시(撫尸)** : 시신을 만지는 것. 즉 구부린 것을 펴거나 하는 것.
- **무시곡(無時哭)** : 정한 때가 없이 슬픔이 복 바치면 아무 때나 곡을 함. 졸곡 이전까지의 곡이 곧 무시곡이다. 따라서 졸곡이란 무시곡을 멈춘다는 의미이다. 그리고 졸곡 이후에는 부모를 잃은 슬픔을 어느 정도 가라앉힐 수 있으므로 조석곡(朝夕哭)으로 곡을 대체한다.
- **무연분묘** : 특정분묘에 있어서 연고자라 함은 그 분묘에 매장된 자 및 당해 분묘와 관련하여 혈통이나 정분 또는 법률관계에 있는 자를 말하며, 연고자가 있다 하더라도 상당한 기간 동안 계속하여 실질적으로 대상 분묘를 관리하고 있지 아니하거나 정당한 사유 없이 법률에 의한 관리행위(신고, 신청, 보고 등)에 응하지 않을 때에는 당해 분묘를 무연분묘로 볼 수 있다.
- **묵묘** : 관리를 하지 않고 묵는 묘소.
- **묵최(墨衰)** : 검은 상복. 아버지가 살아 계신 동안 죽은 어머니의 담제 이후와 생가 부모의 소상 뒤에 입는, 베 직령(直領)에 묵립(墨笠)과 묵대(墨帶)를 갖춘 옷.
- **문(免)** : 관을 벗고 머리를 묶는 일이다. 즉, 흰 천을 일정한 모양으로 머리에 감는 것을 말한다. 문포(免布)의 길이는 목에서부터 이마에서 교차하여 상투를 돌리기에 족할 만큼 하되 베를 찢어서 만들고, 복이 가벼운 사람은 비단을 꿰매서 한다. 특히 상복을 입지 않고 머리만 문(免)하는 것은, 먼 친족이나 타국에서 죽은 친구를 조상할 때 쓰는 예법이다.
- **문상(聞喪)** : 초상났음을 상주가 출타 중에 객지(客地)나 부임지에서 듣고 행하는 행위와 하는 일. 말하자면 소복(素服)으로 역복(易服)을 하고 급히 집으로 돌아오는 과정에서 행하는 일. 성복하는 일시 등을 규정한 절차이나 단지 행해야 하는 일에 대한 설명이 주를 이룬다. 즉 객지(客地)에서 부모상을 듣고 귀가하는 것을 말하는 것으로서, 부음(訃音)을 들은 즉시로 곡(哭)하며, 사자(使者 - 부고를 가지고 온 사람)에게 절하고 의복을 흰 옷으로 갈아입은 다음 즉시 귀가하여 시신 앞으로 나아가 상복으로 갈아입고 곡한다. 부모가 돌아가셨다는 부고를 받으면 바로 곡을 하여 부고를 전달한 이에게 답한다. 그리고 나서 바로 옷을 갈아입는데, 초종의 역복불식 때와 같이 한다. 베를 찢

어 사각건(복두와 같은 것)을 만들고, 흰 베적삼을 입고, 마구(麻屨 : 삼 신)을 신는다. 준비가 되면 상가로 출발하는데, 밤길은 가지 않으며, 몸을 해치는 일은 하지 않고, 번잡한 곳을 피한다. 길을 가는 도중에 슬프면 곡을 하고 하루 100리 길을 간다. 이렇게 집으로 달려가는 것을 분상(奔喪)이라고 한다. 집이 있는 시도의 경계나 집이 보이는 곳에 이르면 곡을 한다. 그리고 나서 4일이 지나서 성복을 한다. 그 외는 성복 및 조(弔)와 내용이 같다. 만일 상사에 갈 수 없는 처지라면 영위(靈位)는 만들 수 있으나, 제물은 올리지 않는다. 상가에 도착했으나 이미 장례를 치렀으면, 먼저 묘소로 가서 곡하고 절한다. 의식은 집에서 하는 것과 같이 한다. 도중에 아직 성복을 하지 못했으면 묘소 앞에서 변복(變服)을 하고, 집에 가서는 영좌 앞에 나아가서 곡하고 절한다. 만약 부고를 듣고 곧바로 상가로 가는 분상을 하였다면 반드시 집에 와서 성복을 한다. 그렇지 않은 경우에는 4일째에 성복을 한다. 자최 이하의 부인이 분상(奔喪)하지 않았을 때는, 3일 동안은 영위를 만들어 곡하고 4일이 되는 날에는 의식대로 성복을 한다. 또 매달 초하루마다 영위를 만들어 놓고 곡을 하고 나서 복을 벗는다는 것은 초상에 가지 못한 자의 경우이고, 만일 상가에서 멀지 않는 곳이라면 마땅히 영좌에 가서 곡하고 나서 복을 벗는다.

- **문상(問喪)** : 고인의 명복을 빌고 유족을 위로하는 일. 즉 초상난 집을 찾아가서 조문을 하고 상주를 위로 하는 일. 빈소를 설치하고, 영정안치 후 분향 및 촛불점화를 한 후 직계 순으로 참배하고 문상을 받는다. 전통장례에서는 입관을 마치고 성복하고 영좌가 마련되어 있는 방에서 문상객을 맞았으며, 문상객이 들어오면 일어나 곡을 하는 것이 일반적이었지만, 현대장례에서는 대부분 3일장의 짧은 장례일정상 빈소설치와 영정설치 후 곧바로 문상을 받고 있다. 단, 상주는 성복전에는 고인이 운명한 것으로 보지 않으므로 성복 후에 고인에게 재배(再拜)를 올린다. 조상(弔喪), 조문(弔問), 문상(問喪) 어느 용어를 써야 할지 헷갈리고 지금도 여러 용어들이 혼용되고 있다. 『예기(禮記)』에 의하면 '산 사람을 아는 자는 弔(위문, 애도를 표함)하고, 죽은 사람을 아는 자는 傷(슬퍼함, 불쌍히 여김)한다. 산사람을 알고 죽은 사람을 알지 못하면 弔하되 傷하지 않고, 죽은 사람을 알고 산 사람을 알지 못하면 傷하되 弔하지 않는다.'고 하였다. 따라서 조상(弔喪)이나 조문(弔問)이라는 용어는 의미상 문제가 있고 문상이라는 용어가 가장 무난하게 사용될 수 있는 용어이다. 2002년 산업자원부와 기술표준원의 장례서비스표준화에서도 문상(問喪,고인의 명복을 빌고 유족을 위로하는 일)으로 정의하였다. 조(弔) 참조.

- **문상객(問喪客)** : 고인의 명복을 빌고 유족을 위로하러 온 사람.

- **문장(門狀)** : 일종의 명함이다. 즉 사대부가 교알(交謁)할 때 사용하던 명함이다. 문장(門狀)을 사용하기 전에는 군자가 남을 알현할 때, 'OO가 손수 알현하고자 OO 관에

게 올립니다.'라는 친서를 올렸다. 옛날에는 대장(大狀)과 소장(小狀)으로 구분하여, 대장은 전지(全紙) 소장은 반지(半紙)를 사용하였는데, 대장은 손바닥 크기보다 조금 작았다. 조문 시에도 명함을 갖추어 통성명을 하였다. 자(刺), 명지(名紙) 참조.

- **문포(免布)** : 남자와 여자가 머리를 묶는 데 쓴다.
- **문화융화(文化融和 ; Accultation)** : 서로 다른 문화를 가진 사회가 어떠한 접촉으로 인해 문화요소가 전파되어 인공물, 관습, 믿음 등이 새로운 양식의 문화로 변화되는 과정과 결과를 말한다. 주로 종속적인 부족사회가 지배적인 서구사회에 적응하는 것을 가리키는 데 사용된다. 문화인류학에서는 지금까지 문화접변이라는 용어를 사용하여 왔다. 그러나 용어의 의미전달이 불분명하기 때문에 '융화'라는 표현을 사용한다.
- **물고(物故)** : 죄를 지은 사람이 죽음. 또는 죄를 지은 사람을 죽임.
- **미라장(葬)** : 고대 이집트나 잉카 제국의 미라에서 볼 수 있듯이 시신에서 뇌나 내장 등 부패되기 쉬운 장기를 부분적으로 꺼낸 후 약제를 이용하여 방부처리하고 베나 도포 등으로 말아 관 속에 넣어 보존하는 장법이다. 이는 죽음에 의해 일시적으로 육체를 떠난 영혼이 다시 돌아와 부활할 것으로 믿고 있음으로써 시신을 보존하려고 하는 장법이다. 미이라장(葬) 참조.
- **미망인(未亡人)** : "따라 죽지 못한 사람"이라는 뜻으로, 남편이 죽고 홀몸이 된 여자를 이르는 말.
- **미수(未壽)사망** : Pre-Mature Death의 번역어. 자신의 수명을 다하지 못하고 죽는 죽음. 출산사망이나 영아사망과 비슷한 의미이다. 반대개념은 과수(過壽)사망이다.
- **미이라장(葬)** : 고대 이집트에서 수 천년동안 행해졌던 장법이다. 영원히 살기를 원하는 바람과 죽은 자가 언젠가는 다시 부활할 것이란 믿음에서 출발한 것으로 보인다. 미라를 만든 방법은 매우 과학적이었다. 먼저 죽은 자의 콧구멍을 통해 골수를 뽑아내고 방부제인 몰약과 향으로 채운다. 그리고 개복한 후 내장 등을 꺼낸 뒤 그 공간에 향 재료를 채운다. 이어서 시신을 천연 탄산소다로 깨끗이 씻고 천으로 닦아 말린 뒤 온몸에 고무 진액을 바른다. 마지막으로 세마포로 싸서 관속에 넣는데 여기까지 최소 40일이 소요된다.

- **미회(米灰)** : 쌀가루.
- **바르도(Bardo)** : 『티베트 사자의 서』에 나오는 개념인데, 이 책은 죽음 이후의 상황에 대하여 상세하게 기록한 일종의 사후세계에 대한 안내서 같은 성격의 책이다. 이 책

에서 보면 바르도(Bardo)란 티베트인의 생사관에서 매우 중요한 개념이다. 우선 '바르도'의 '바르'(Bar)는 '사이(間)'를 뜻하고, '도(Do)'는 '매달린' 혹은 '던져진'이라는 뜻이다. 따라서 '바르도'란 하나의 상황의 완성과 다른 상황의 시작 사이에 걸쳐 있는 '과도기' 혹은 '틈'을 의미한다. 즉 인간은 삶과 죽음 사이에 걸쳐 있는 과정적 존재라는 뜻이다. 티베트인들은 바르도를 4단계로 나누어 설명한다. 첫째가 삶, 둘째 죽어가는 과정, 셋째 죽음 이후, 넷째 환생이라는 4단계의 바르도가 바로 그것이다.

- **바지** : 수의(壽衣)의 아랫도리 옷 중 하나로서 보통 고인이 생전에 입던 바지의 치수보다 허리는 7치 정도 넓게, 길이도 7치 정도 길게 하고, 바지통은 2치~4치 정도 넓게 만든다. 홑바지, 곁바지로 만들거나 솜을 넣기도 한다. 흰색 면이나 저포(紵布 - 모시베)로 만든다.

- **박루지실(朴陋之室)** : 누추한 방.

- **박마(樸馬)** : 치장하지 않은 말. 여윈 말. 꾸미지 않은 말. 베 안장이 갖추어져 있다. 상주가 부득이 하여 출입할 시 타는 말이다. 포안(布鞍 - 베 안장)과 소교(素轎 - 흰 가마)와 포렴(布簾 - 베 발) 등도 필요하다.

- **박장(薄葬)** : 후장(厚葬 - 석실묘)의 반대. 간소한 장례. 무덤 내에 부장품(副葬品)을 적게 넣는 장법(葬法). 고려시대를 거쳐 조선 전기까지 유행하던 석실묘[石室墓 - 석실 내부에 사신도 등의 그림이 있고 명기(明器) 등의 기물도 풍부히 함유]가 세조 광릉 이후 주자가례에 의거한 회격묘(灰隔墓)로 변화되면서부터 후장(厚葬) 풍속에서 박장(薄葬) 풍속으로 바뀌게 된다.

- **박판(薄板)** : 얇은 판. 즉 얇은 널판. 이개장시 헌 관이 너무 썩어서 관에 갑(匣)을 씌울 때 사용하는 도구. 지회(地灰 - 바닥에 까는 석회) 위에 까는 데 쓰는 것이니, 길이와 너비가 관(棺)의 싸이즈보다 조금 여유가 있게 하되 두께는 1치쯤이다.

- **반[번](潘)** : 시신을 목욕시킬 때 사용하는 물이다. 쌀뜨물 즉 쌀 씻은 물이다. 대부(大夫)는 기장뜨물을 쓰고, 사(士)는 조 또는 벼뜨물을 쓰는데, 머리를 감는 데 사용하는 물이다. 군(君)의 상(喪)에는 목욕을 시킬 때 향탕수(香湯水)를 사용하기도 한다. 그러나 요즘에는 모두가 향탕수를 사용한다.

- **반(盤)** : 대야. 얼음(시신의 부패를 방지하기 위하여 옛날 얼음을 사용) 또는 물을 담는데 사용한다. 또는 하관 시 현훈(玄纁)을 드릴 때 현훈을 담는 데에 사용하기도 한다.

- **반곡(反哭)** : 매장을 하거나 화장하여 봉안시설에 안치하고, 평토제 또는 봉안제를 올린 후, 혼백(신주)과 영정 등을 모시고 집으로 돌아오는 절차. 장지에서는 봉분을 조성하는 동안 신주에 글씨를 쓰는 제주(題主)를 한다. 제주가 완성되면 제주전(奠)을 지내고 신주를 영여에 모시고 집으로 돌아온다. 장사를 지내고 돌아와서 정침(正寢)에서 곡

한다. 장례 후 상주 이하가 요여를 모시고 귀가하면서도 곡을 한다. 장지로부터 집에 돌아와 신주와 혼백상자를 영좌나 가묘(家廟)에 모시고 곡하는 일. 신주나 혼백을 모시고 상여가 왔던 길로 되돌아가면서 곡을 하고 집에 돌아와 영좌에 모심. 반곡할 때 영여에 신주를 모시는 방법은 신주를 앞쪽에, 혼백을 뒤쪽에 안치하는데, 서로 붙여서

놓는다. 이는 접촉 주술적 행위로 간주될 수도 있다. 반혼(返魂) 또는 반우(返虞)라고도 한다. 영남지방에서는 반혼(返魂)이라고 하였다. 곧 초우(初虞)를 일컫는 말이다. 그런데 산소에 움막을 짓고 상주가 3년상 동안 여묘(廬墓)살이를 할 경우에는 보통 반곡(反哭)의 절차를 하지 않는다. 이로 인해 예서의 규정에 따라 반혼을 해야 한다는 주장이 대두되어 논쟁이 되기도 하였다. 그래서 반곡을 하고 빈소가 있는 곳에 여막(廬幕)을 상징하는 거적을 치는 것으로 발전한 것으로 보인다. 주자는 반곡(反哭)의 일에 대해 이르기를 '신주를 모시고 돌아오는 것은 상례 가운데 가장 큰 것이기 때문에 삼우(三虞) 이래는 모름지기 집에 이르러 곧 행해야 하는데, 나라의 풍속에 여묘(廬墓)를 하면서 결국 신주를 모시고 돌아오지 않고 여묘(廬墓)에 나아가 제사(祭祀)를 행하며 3년을 마친다. 이는 단지 편의만을 알고 그 예경(禮經)의 취지를 크게 잃는 것을 알지 못하는 것이다.'고 하였다. 반혼(返魂) 참조..

- **반구지가(返柩至家)** : 영구가 집에 돌아옴.

- **반우(返虞)** : 반곡, 반혼 참조.

- **반장(返葬)** : 객지에서 죽은 사람을 그의 고향이나 살던 곳으로 옮겨 장사지냄. "내가 죽은 뒤에 나의 뼈를 하일빈 공원 곁에 묻어두었다가 우리 국권이 회복되거든 고국으로 반장(返葬)해다오. 나는 천국에 가서도 또한 마땅히 우리나라의 회복을 위해 힘쓸 것이다. 너희들은 돌아가서 동포들에게 각각 모두 나라의 책임을 지고 국민 된 의무를 다하며 마음을 같이 하고 힘을 합하여 공로를 세우고 업을 이로도록 일러다오. 대한독립의 소리가 천국에 들려오면 나는 마땅히 춤추며 만세를 부를 것이다."(안중근어록)

- **반조(返照) 현상** : 죽음 직전에 반짝이는 의식 속에서 자신을 총 정리하는 순간을 말한다. 죽음이 가까워오면 말기 환자가 원기를 되찾고 마치 회복한 것처럼 여겨지는 때가 대략 하루 정도 있는데, 그 사이에 환자는 무엇인가를 정리하거나, 유언을 하거나, 평소에 하고 싶었던 일을 하곤 한다. 마치 촛불이 다 타버리기 직전에, 불꽃이 크게 타

오르는 것과 같은 이치이다. 추락하는 비행기도 낮은 선회를 되풀이하다가 한번 급상승하고는 힘이 다 빠진 것처럼 하강한다. 이것이 바로 반조(返照) 현상이다. 회광 반조(回光 返照)라고도 한다.

- **반함(飯含)** : 염습할 때 시신의 입에 씻은 쌀과 엽전 구슬 등을 각저(角箸)로 넣는 일. 즉 시신의 입속에 구멍이 뚫리지 않는 구슬이나 동전(엽전) 깨뜨린 것 또는 쌀을 물려 주는 것을 말한다. 이유는 고인의 입속을 차마 비어 있게 할 수 없어서 맛있고 깨끗한 물건으로 채우려는 효심(孝心)에서 비롯된 절차이지만, 생명의 부활을 바라는 뜻도 담겨 있다고 할 수 있다. 먼저 상주는 왼쪽 소매를 벗어 오른편 허리에 꽂고 곡(哭)을 하면서 무공주 3개를 담은 그릇과 생쌀(깨끗이 씻은 것 반 수저 가량)을 담은 그릇에 버드나무 수저를 꽂은 것을 받들고 들어가 시신 동편 발치로부터 서편으로 올라온 다음, 동쪽을 향해 앉아 시신을 덮은 멱건(幎巾)을 들고 버드나무 수저로 쌀을 조금 떠서 오른편, 왼편, 그리고 가운데 입에 무공주 한 개씩과 함께 넣는다. 그리고 햇솜을 명주에 싸서 턱 아래를 채우고 복건을 씌우고, 충이로 좌우의 귀를 막고, 명목을 덮고, 신을 신기고, 심의를 걸으며 여미되 옷깃을 산 사람과 반대로 오른편으로 여민 뒤(右衽) 대대(大帶)를 동심결로 매고 악수를 맨다. 이것으로 습례(襲禮)가 끝난 것이다. 시신은 다시 이불로 덮어 시상에 모신다. 염습을 마친 뒤에는 모든 기물을 태울 것은 태우고, 땅에 묻을 것은 묻어서 없애 버린다. 『예기(禮記)』 「예운」편에 '생쌀로 한다.'고 한 구절의 주(註)에 '생쌀로 반함을 하는 것은 상고시대에 불로 익히는 법이 없었을 때 생쌀로 반함을 하였다.'고 하였고, 「단궁」편의 주(註)에는 '반(飯)은 입에 넣는다는 것이다. 쌀을 사용하였기 때문에 반함(飯含)이라 이른다.'고 하였다.

- **반함구(飯含具)** : 시신의 입에 쌀과 동전을 넣는 데 필요한 용구. 무공주(無孔珠), 점미(粘米 : 찹쌀), 유시(柳匙 : 머드나무 숟가락) 등이 있다.

- **반혼(返魂)** : 장지에서 혼백(魂帛)을 모시고 다시 집으로 오는 것. 장사 지낸 후에 신주를 집으로 모셔 오는 일. 반혼제(返魂祭)란 곧 반곡제(反哭祭), 반우제(返虞祭), 즉 초우제(初虞祭)를 일컫는 말이라고 할 수도 있다. 즉 묘소에서 위령제 성분제를 지내고 집으로 돌아와 그 날 영혼을 집에 맞아들이는 반우제(초우제)를 지내는 것이다. 반우제는 제물을 생략하고 배례나 묵도로 대신하기도 한다. 반곡(反哭), 반우(返虞) 참조. 반혼재(返魂齋)는 불가(佛家)의 제사인데, 유교의 초우제에 해당되는 제사이다. 불교에서는 사람이 죽으면 7일마다 사후에 어디로 갈 것인가를 심판하여 정한다고 한다. 그 심판을 7회까지 한다고 생각하여 심판을 받는 날 즉 7일마다 재를 올려 고인이 좋은 곳으로 가실 수 있도록 기원하는 의례이다. 그러기 위해서는 혼(魂)을 모셔오는데, 모시고 와서 지내는 제사가 바로 반혼재이다.

- **발상(發喪)** : 상제(喪制)가 머리를 풀고 곡을 하여 초상난 것을 알림. 즉 초상을 알리

고 상례를 시작하는 절차임. 보통 수시가 끝나면 초상이 났음을 선포하게 되는데 이것이 곧 발상이다. 가족은 곧 검소한 옷으로 갈아 입고, 장식품을 모두 떼고, 근신하며 애도하되, 호곡은 삼간다. 흔히 근조(謹弔)라고 쓰인 등을 달아 놓거나 상중(喪中), 또는 기중(忌中)이라 쓰인 네모난 종이를 대문에 붙여 초상을 알린다. 발상(發喪)의 표시로 옛날에는 아들, 딸, 며느리들이 머리를 풀고 곡하며 초상을 알리기도 하였다. 1969년 공포된 <가정의례준칙>에서 처음 등장한 이 절차는 역복불식이라는 초종의의 소절차에 해당하는 것으로 설명할 수는 있지만, 예서에는 이러한 용어가 등장하지 않는다.

- **발인(發引, 發靷)** : 상가 또는 장례식장에서 영구를 운구하여 장지(葬地)로 떠나는 일. 즉 발인이란 영구를 상여에 싣고 장지로 운구하기 위해 상가에서 떠나 장지로 출발하는 절차이다. 상여가 집에서 묘지를 향해서 떠나는 것, 관을 상여나 영구차에 싣고 장지로 향하는 일이다. 발인에 앞서 간단한 제물을 차려 놓고 제사를 올리는데 이는 고인과 마지막 작별을 하는 의식으로 이를 발인제 혹은 영결식(永訣式)이라고도 하며, 주검이 집에서 나갈 때 지내는 마지막 제사이며, 견전례(遣奠禮)라고도 한다. 옛날에는 대여를 썼으나 형세에 따라서 상여를 써도 무방하다. 날이 밝으면 영구를 옮겨 상여에 모시고 견전을 지낸다. 집사가 조전(朝奠)과 상식(上食)올린 것을 치우면 축관이 북쪽을 향해 무릎을 꿇고 고사를 읽는다. 이때 일꾼들이 영구를 옮겨 상여에 싣고 새끼로 단단히 맨다. 영구가 빈소에서 나올 때는 문 밖에 놓은 바가지를 발로 밟아 깨뜨리기도 한다. 상주는 영구를 따라 곡하면서 내려가 싣는 것을 지켜보고, 부인들은 장막 안에서 곡한다. 상여 맨 앞에는 방상을 세우고, 다음에 명정, 영거, 상여의 순으로 선다. 상여 앞에는 만장, 공포가 있고, 곁에는 보삽, 불삽, 화삽을 세운다. 방상이란 초상 때 묘지에서 창을 가지고 사방의 모퉁이를 지키는 사람이다. 발인하는 순서는 방상씨 → 명정 → 영여 → 만장 → 공포 → 운아삽 → 상여 → 상주 → 복인 → 무복지친 → 조객 순이다.

현대식으로 설명해 보면, 발인이란 영구가 상가(장례식장)를 떠나는 절차로서, 먼저 영구차량을 확인하고, 영정 1명(맏사위, 장손), 운구 조 6~8명을 편성한 후, 발인 준비물품(장갑, 차량리본, 횡대 등)을 수령한다. 안치실에서 시신 확인 후 인수하여 발인장까지 모셔 견전(遣奠)을 지낸다. 요즘에는 흔히 발인제라고 한다. 안치실에서 발인장까지 모실 때 불교와 기독교 및 일반적으로는 상(上, 머리쪽)이 먼저 나가고, 천주교는 산사람으로 간주하여 걸어 나가는 것을 의미하기 때문에 하(下, 다리쪽)가 먼저 나간다. 고인의 신분에 따라 가족장, 단체장, 사회장, 종교행사 등으로 영결식을 하는데, 단체장이나 사회장의 경우 장례위원회를 구성하여 진행한다. 영결식은 일반적으로 개식사 → 상주 및 복인의 분향재배 → 고인의 약력소개 → 조사 → 분향 → 헌화 → 호상인사 → 폐식사의 순으로 하고 특정 종교일 경우 그 형식에 따른다. 견전(遣奠)과 발인(發靷)

은 거의 동시에 이루어지는 것으로서 발인제(發靷祭) 또는 영결식(永訣式)이라고도 하며, 종교(宗敎)에 따라서 많은 차이를 보이고 있다. 또 화장(火葬)과 매장(埋葬)에 따라서 이후의 절차는 전혀 다르다. 대부분의 장례식장에서는 발인실(發靷室)이라는 별도의 장소에서 이별을 위한 예식인 영결식 혹은 발인제를 지내게 되는데, 일부에서는 관을 영구차에 실어 놓고 차량 앞에서 지내기도 한다. 전통과 달리 축관과 집사자가 없고 오늘날 장례지도사의 주관 아래 주상이 직접 분향하고 잔을 올리며, 장례지도사가 견전축문을 읽고 발인을 하기도 한다. 그러나 대부분의 유족들이 고인의 마지막 가시는 길에 술 한 잔을 올리기를 원하기 때문에, 직계가족 순서대로 앞에 나와서 술을 올리고 절을 한다. 또 견전을 올린 후 별도의 장소로 이동하여 영결식을 거행하는 경우도 있다. 일반적인 발인제 또는 영결식의 순서는 종교에 따라 제물을 생략하기도 하며, 개식, 각 종교에 따른 의례, 고인의 약력 소개, 추도사, 분향, 헌화, 폐식, 출관의 순으로 진행되며, 종교에 따라 교회, 성당, 사찰로 이동하여 의례를 행하기도 한다.

- **발인제(發引祭, 發靷祭)** : 발인에 앞서 간단한 제물을 차려 놓고 제사를 올린다. 재여(載轝)가 끝나면 혼백상자를 교의(영좌) 위에 봉안하고 음식을 진설한 다음 상주 이하가 엎드려 고축한다. 말하자면 영좌 앞 제상에 제수를 갖추어 진설한 다음, 상주가 분향하고, 곡을 하며, 재배하는 것이다. 상주 이외에 장례에 참석한 친척들도 누구나 잔을 올려 석별의 정을 나눌 수 있다.

- **발임도(拔袵刀)** : 관에 못[隱釘]을 치지 않고 이어 맞춘 이음새(衣任 - 혹 은정[隱釘]이라고도 함)를 여는 칼.
- **방령(方領)** : 명주로 만든 턱받침.
- **방립(方笠)** : 방갓.
- **방명록(芳名錄)** : 고인의 장례에 참석하였거나 찾아온 사람들을 기록하기 위하여 방문자의 이름과 조문 내용을 적어 놓는 기록 또는 책자. 일설(一說)에 의하면 방명록은 길사(吉事)의 행사에서만 사용되는 것으로서, 흉사(凶事)인 상장례에서는 사용해서는 안 되며, 대신 부의록을 사용해야 한다고 주장하기도 한다.
- **방묘(防墓)** : 방산(防山)에 있는 공자(孔子)의 어버이의 무덤. 방산(防山)은 중국 산동성 곡부현(曲阜縣) 동쪽에 있는 산으로 필가산(筆架山)이라고도 한다.

- **방분(蚌粉)** : 조개(蚌) 가루. 조개를 불에 태워 만든 가루. 황랍(黃蠟-밀랍), 청유(淸油)와 함께 역청(瀝靑)에 사용되는 재료.

- **방상(方相), 방상씨(氏)** : 상여의 앞에 가면서 잡귀를 물리치고, 광중의 악귀를 쫓는 탈을 쓴 사람. 두려워하는 모습을 본떴으며, 관(冠)과 옷차림은 도사(道士)와 같고, 창을 잡고, 방패를 들었다. 곰의 가죽을 씌운 큰 탈에 붉은 웃옷과 검은 치마를 입었다. 4품 이상은 눈이 4개인 방상이고, 5품 이하는 눈이 2개인 기두(魌[추할 기]頭]이다. 사실 방상씨는 신분에 따라 차이가 있었다. 후제(後齊)에서는 3품 이상의 고인에게는 눈이 4개인 방상시 탈을 쓰고, 4품 이하와 서민(庶民)에게는 눈이 2개인 기두를 썼다. 수(隨) 나라의 제도는 4품 이상이 방상씨, 5품 이하는 기두를 썼다. 당(唐) 나라 때는 5품 이상 방상씨, 6품 이하는 기두를 썼다고 한다. 기두는 방상시의 원시형인 귀신 얼굴을 한 귀용면(鬼容面)으로 눈이 2개이다. 방상시는 상여 행렬의 맨 앞에 선다. 영구(靈柩)를 인도하여 묘지에 이르면 제일 먼저 광중으로 들어가 사방모퉁이를 창으로 쳐서 잡귀(雜鬼)와 액(厄)을 몰아낸다. 원래 방상시(方相氏)는 음력 섣달그믐날 밤에 민가나 궁중에서 마귀와 사신을 쫓기 위하여 베푸는 나례(儺禮)를 행할 때 잡귀를 물리치는 역할을 하는 벽사가면(辟邪假面)으로 사용하였던 것인데, 그랬던 방상시가 잡귀를 쫓아 고인의 저승길을 안전하게 인도하고 광중의 방랑(放浪)이라는 잡귀를 몰아내는 기능을 할 수 있었기 때문에 상례에서 사용된 것으로 보인다. 『조선왕조실록』등에 의하면 왕의 경우에는 방상시가 수레를 타는 것으로 되어 있기도 하다. 국상일 때는 방상시를 태운 수레가 4대인데, 보통 수레와 같은 모양이나 조금 작다. 수레 위에는 조그만 걸상을 놓고 그 위에 사람이 앉아서 방상시 탈을 쓴다.

- **방상(方牀)** : 네모난 상(牀). 공중에 떠서 돌리는 물건. 대여(大輿·大轝)를 만들 때, 영구를 올려놓기 위해 따로 작은 방상(方牀)을 만들어 상여에 부착한다.

- **방손(傍孫)** : 지차손. 방계의 혈족 자손.

- **방형분(方形墳)** : 봉분 모양이 네모난 모양으로, 주로 장방형(직사각형)이다. 선사시대의 봉분 모양에 따른 묘지형태 중의 하나이기도 하다(圓形墳, 方形墳, 前方後圓墳 등). 또한 봉분의 기단이 4각형으로 된 묘로서, 고려 시대에 많이 보이며 일부 조선 초기까지 내려온다.

- **방회(傍灰)** : 회격(灰隔 - 회다지기) 시 천회(天灰 - 관의 위에 덮은 회)와 달리 관의 측면의 회(灰)를 말한다.

- **배교(环珓)** : 조개껍질이나 조개껍질 모양의 대나무 조각 또는 나무 조각. 대나무 뿌리로 만드는 점치는 조각. 즉 그것을 던져서 그 엎어지고 젖혀짐을 보고 길흉을 점치는데, 하나는 엎어지고 하나는 젖혀지는 것이 길(吉)하다고 여겨졌다.

- 배목(排目) : 모양이 못과 비슷하나 이를 둥글게 구부려 빗장을 지르거나 자물쇠를 잠그게 되어 있는 걸쇠.
- 배석(拜席) : 절하는 자리.
- 백(魄) : 넋. 시신과 함께 지하로 내려가며, 뇌주를 통해 제사 시 맞아들인다(영신).
- 백대의(白大衣) : 흰 큰 옷. 흰 원삼. 즉 여자들이 입는 원삼(圓衫) 종류의 옷을 말한다.
- 백장군(白長裙) : 흰 치마.
- 백립(白笠) : 흰 갓. 하얀 베로 싸개를 하여 상인(喪人)이 쓰던 갓. 관리들이 국상(國喪)을 당하였을 때 쓴다.
- 백막(白幕) : 흰 장막. 혹은 차일(遮日)을 말한다.
- 백포건(白布巾) : 흰 베 두건.
- 백포삼(白布衫) : 흰 베로 된 긴 옷으로 지금의 도포나 직령 따위와 같다.
- 버선 : 무명, 광목 등으로 만들어 발에 꿰어 신는 것으로 한국 특유의 양말이라고 할 수 있다. 남녀 모두 신었는데, 문헌상으로는 말(襪), 족의(足衣), 족건(足巾) 등으로 기록되었고, 중종 때 최세진(崔世珍)의 『훈몽자회(訓蒙字會)』에 '보션말'이라고 쓰여 있다. 처음에는 발을 보호하는 수단으로 보자기 같은 것을 이용하여 감싸던 것이 발달하여 오늘날과 같은 모양에 이르렀다. 끝(버선코)이 뾰족하여 위로 치켜졌고, 들어가는 버선목에 비해 회목이 좁게 되어 있고, 버선목의 바느질로 좌우를 구별한다.
- 법인묘지(法人墓地) : 법인이 불특정 다수인의 분묘를 동일한 구역 안에 설치하는 묘지.
- 번(潘) : 쌀뜨물 번(반). 시신 목욕 시 사용하는 목욕수이다. 선비(士)의 시신을 목욕할 때는 조 또는 쌀 씻은 물(潘)로 하고, 대부(大夫)의 시신을 목욕할 때에는 기장 씻은 물로 하고, 임금의 시신을 목욕할 때에는 향탕수로 한다.
- 번자(燔瓷) : 구운 자기. 돌(石) 지석(誌石)을 대신하여 쓰는 것이다. 세속 제도에서는 석회 조각으로 글자를 새기기도 한다.
- 벌상(伐喪) : 남의 묘지에 몰래 매장하는 사람을 두들겨 몰아내는 일.
- 벌초(伐草) : 산소 주변의 웃자란 잔디나 풀을 깎아서 산소를 성묘하기 좋게 정리정돈하는 일. 대개 추석 전에 벌초를 한다.
- 범염(氾染) : 초상집에 드나들어서 부정한 것.
- 범장(犯葬) : 남의 산소의 지경(地境)을 침범하여 장사지냄.
- 베개 : 요 위에 머리를 안정시키는 데 쓰는 것이다. 색깔 있는 명주로 하고, 그 길이는 요의 너비에 맞춘다.

- 벽(擗) : 가슴을 침. 擗 : 가슴 칠 벽
- 벽(椑) : 백양나무 관. 옛날에 임금은 즉위하면 자신이 죽을 때 들어갈 관을 만들고, 해마다 한 번씩 옷칠을 해 두었다(『예기』「단궁」).
- 벽령(辟領) : 상복(참최복, 자최복)에서 슬픔을 나타내기 위하여 좌우 어깨받이에 매다는 베 조각. 즉 양 쪽 어깨 위에 접은 자리에서 4치 아래에 전후 양 옆을 포개어 좌우 폭을 각각 4치쯤 잘라 들어간 뒤에 자른 것을 나누어 밖으로 접어 각각 양 쪽 어깨 위에 더해서 좌우 적(適 - 주름진 옷깃)을 만드는데, 이것이 곧 벽령(辟領)이다. 대공(大功) 이하에는 벽령이 없다.
- 벽사(辟邪) : 사귀(邪鬼)를 물리침.
- 벽사문(辟邪文) : 사귀(邪鬼)를 물리치기 위해 쓴 글.
- 벽용(擗踊) : 어버이의 상(喪)을 당하여 슬피 울며 발을 구르며 가슴을 침.
- 변(笲) : 폐백 상자. 진주를 담는 것이다.
- 변복(變服) : 소복에서 제복으로 갈아입음.
- 변제(變除) : 변복제복(變服除服)의 줄임말. 소상을 마친 뒤에 상복을 빨고 수경(首絰)을 벗음. 대상을 지나 복을 벗음. 심상(心喪)의 복상을 벗음. 즉 상복을 벗는 것.
- 변형고인돌 : 북방식, 남방식이 아닌 개석(蓋石)식 고인돌을 말함. 고인돌은 한국 청동기시대의 대표적인 무덤 양식이다. 고인돌 연구에서는 지하의 묘실 구조에 따라 북방식, 남방식으로 크게 구분된다. 북방식은 지상에 4면을 판석으로 막아 묘실을 설치한 뒤 그 위에 상석을 올린 형식을 말하며, 남방식은 지하에 묘실을 만들어 그 위에 상석을 놓고 돌을 괴는 형식으로 구분된다. 이 밖에도 지하에 묘실을 만들었으나 남방식과는 달리 돌을 괴지 않고 묘실 위에 바로 상석을 올린 고인돌도 있는데, 이를 개석식 혹은 변형고인돌이라고 한다.
- 별세(別世) : 이 세상을 떠남. 즉 죽음 내지 사망.
- 병(屛) : 병풍. 영좌를 설치하는 곳에 세워 놓으나 병풍의 앞면(문자 표시)과 뒷면(그림)을 혼동되지 않게 하여야 한다.
- 병시의(病時衣) : 병이 들어 위중할 때 입던 옷.
- 병아리 못 : 상여에서 운각판을 몸틀에 고정시키기 위한 못으로 머리 모양이 새 또는 병아리 모양을 하고 있다.
- 병처결지(屛處潔地) : 병풍으로 가려져 보이지 않으면서 깨끗하고 정결한 장소. 여기에다 구덩이를 판 다음(掘坎), 목욕(수시) 후에 남는 폐수 등을 버린다.
- 병풍(屛風) : 영좌를 설치하는 곳에 세워 영좌를 장엄하며 특별한 공간으로 만들기 위

한 가림막의 한 형태이다. 본래는 바람을 막는 것이었으나, 그림이나 자수 글씨 등을 감상하기 위하여 사용하는 경향이 더 짙어졌다. 접거나 펼 수 있게 만들어 방 안에 치면 실용성과 예술성을 겸할 수 있다.

• 보공(補空) : 시신이 움직이지 않도록 관의 빈 곳을 고인의 옷이나 휴지 등으로 채우는 일. 즉 시신이 관 속에서 움직이지 않도록 빈 곳을 채움질 하는 것. 빈 곳을 메꾸어 채움. 보공할 때 사용하는 옷을 보통 산의(散衣)라고 한다.

• 보본반시(報本反始) : 근본(根本)에 보답(報答)하고 처음으로 돌아간다는 뜻으로, 천지(天地)와 선조(先祖)의 은혜(恩惠)에 보답(報答)한다는 뜻이다.

• 보삽(黼翣) : 삽(翣)의 일종으로서, 반흑반백(半黑半白)의 색에 자루가 없는 도끼 모양의 무늬를 수놓은 것이다. 발인과 행상 때에 운아삽과 함께 상여를 호위하며 하관시에는 명정과 함께 묻는다. 翣(불삽 삽 부채) 亞翣(아삽) 雲亞翣(운아삽) 雲黻翣(운불삽) 雲翣(운삽).

• 보상(報喪) : 중국의 장례풍속 중 하나로서, 보상(報喪)이란 우리나라의 부고에 해당하는 절차, 즉 친인척이나 주변의 이웃들에게 알리는 절차이다.

• 복(復) : 저승으로 떠나가는 죽은 사람의 혼(魂)을 부를 때 외치는 소리. 출입하는 기운을 혼(魂)이라 하고 이목이 총명한 것을 백(魄)이라 하는데, 죽은 사람은 혼기(魂氣)가 백(魄)에서 떨어져나가므로 혼을 불러서 다시 백에로 돌아오게 하려는 것이다. 초혼(招魂)이라고도 한다. 죽은 사람의 흐트러진 혼을 다시 불러들인다는 뜻으로 남자 사망 시(時) 상주 아닌 남자가, 여자 사망 시 상주 아닌 여자가 죽은 이의 상의(上衣)를 들고 앞 처마로 지붕 위에 올라가 용마루 위에서 북쪽을 향해 왼손으로는 윗옷의 위쪽(領)을 잡고 오른손으로 허리쪽(要; 腰)을 잡아 흔들면서 죽은 이의 평소 이름을 3번 외친다. 예를 들어 남자인 경우는 안동(安東) 권공(權公) 복(復), 복(復), 복(復)하고 외치고, 여자이면 전주(全州) 이씨(李氏) 복(復), 복(復), 복(復)하고 외친다. 길고 크게 부른다고 하여 고복(皐[길게 부를 고]復)이라고도 한다. 복을 하는 이유는 고인의 영혼을 불러 조상신으로 승화시키기 위함이다. 복(復)이 끝난 후 고인의 상의(上衣)를 일정 기

간 지붕에 던져 놓는 경우도 있는데, 이는 상가(喪家)를 표시하는 표지(標識)일 수도 있고, 또 이 집안에 시신이 있음을 나타내는 표지일 수도 있다. 참고로 우리나라에서는 상가를 표시하는 특별한 표지가 없었고, 단지 친지 친구들이 보내온 만장(輓章)이 있을 경우 이를 걸어 놓음으로써 표지 역할을 하였다. 조등(弔燈)은 어떠한 규정도 없고, 최근에 나타난 것으로 보인다. 초혼(招魂) 참조.

- **복(服)** : 유복자(有服者)가 모두 화려한 옷을 벗고, 죽은 사람의 처, 자녀, 자부는 모두 머리를 풀고, 아들들은 맨발로 백색의 홑두루마기를 입되, 소매를 걷어 왼쪽 어깨를 드러낸다.

- **복건(幅巾, 幞巾)** : 시신의 머리에 씌우는 건. 수의의 구성품 중 하나로서 검은 명주베로 만든 것으로 머리를 싸서 덮는 것, 혹은 머리를 뒤로 싸서 덮는 비단 두건. 즉 흑색의 포(布)를 사용하여 만든 건(巾)의 일종이다. 둥글고 앞이 뾰족하며, 뒤에는 폭이 넓은 천을 수직으로 내렸다. 귀 위의 끈은 뒤로 돌려 매게 되어 있다. 원래는 조선시대 유학자들이 사용한 두건(頭巾)의 일종으로 심의(深衣) 학창의와 함께 착용하였다. 본래 중국 고대부터 관(冠)을 대신한 간편한 쓰개였는데, 주희가 가례로 사용한 이후로 널리 사용되었다. 우리나라에서는 주로 미혼자의 통상적인 의복으로서 전복과 함께 착용되었다. 주로 검은 색의 얇은 비단인 증(繒)이나 사(紗)로 전폭의 천을 만들어 폭건(幅巾)이라고도 한다.

- **복구(復具)** : 고인의 영혼을 부르는 데 필요한 용구. 상의(上衣 : 망자가 입었던 윗옷), 광(筐 : 광주리) 등이 있다.

- **복두(幞頭)** : 제사 등 중요한 의례에 참석할 때 머리에 쓰던 관(冠)의 일종이다. 두건(頭巾)의 한 가지. 후주(後周)의 무제(武帝)가 처음 만들었다고 한다. 문상을 갈 경우에도 복두를 쓴다. 횡오(橫烏) 참조.

- **복상(服上)** : 저고리를 입힘.

- **복원술(復元術, Restorative Art)** : 사고 등에 의하여 발생된 시신을 복원하거나 안색을 복원하는 기술.

- **복위(復位)** : 있던 곳에 가져다 놓음.

- **복의(復衣)** : 죽은 이의 넋을 부르는 복(復 - 招魂)을 할 때 쓰던 옷.

- **복인(服人)** : 고인과의 친인척 관계에 따라 상복(喪服)을 입어야 하는 사람들. 친가 쪽 복인의 범위는 고인의 8촌 이내 친족이며, 외가는 외4촌 이내, 처가는 부모에 한함. 복인은 공히 검은색 천이나 삼베로 만든 완장이나 상장을 착용하는데 상복이 흰색이면 검은색, 상복이 검은색이면 흰색이 좋다. 상장 대신 흰 꽃을 왼쪽 가슴에 달아도 된다. 전통적으로는 성복을 하고 조전(朝奠)과 아침상식을 올린다. 요즘에는 3일장으로 인해

성복하는 시간이 아침으로 정해지지 않아 성복을 한 후 성복제를 지낸다. 성복제는 종교 의식으로 진행할 수 있으며, 상복을 입는 기간은 장일까지 하되 상주의 상장은 탈상까지 한다.

- **복일(卜日)** : 날을 점침.
- **복유(伏惟)** : 엎드려 생각하고 바람.
- **복유감찰(伏惟鑑察)** : 엎드려 바라건대 잘 살피소서.
- **복상제(服喪制)** : 죽음을 맞이한 사회 안에서 그에 대처하는 사람들이 따라야 할 태도에 관한 여러 규정들 가운데 특히 복식과 관련한 제도이다. 서열의 등급화로서 지배체제를 강고히 하던 중국에서는 빈장(殯葬)이나 복상제(服喪制)를 중시하여 이에 대한 복잡한 규정을 마련하고 제도화하였다. 그리하여 빈장과 복상제는 중국 상장례의 중요한 요소로 자리 잡았고, 중국문화가 주변 사회에 영향을 끼치면서 고구려도 중국 상장례의 일부분을 받아들인다. 고구려 상장례가 중국의 영향을 받으면서 구체화한 시기는 율령반포가 이루어졌던 소수림왕 대와 광개토왕, 장수왕 대 사이의 어느 시기로, 그때 중국의 상장령을 참고한 상장례에 관한 새로운 규정이 정해졌을 가능성이 높다(나희라, 『고대 한국인의 생사관』, 126쪽).
- **복장제(復葬制)** : 초분(草墳)으로 장례하여 육탈(肉脫)한 다음 유골만 다시 장사하는 것. 고대 한국에서 복장(復葬)은 빈번히 행해졌으며 현재 전라도 일대의 초분(草墳)에까지 이어지고 있다. 복장(復葬)은 기본적으로 죽은 이와 살아 있는 사람 사이의 긴밀한 관계를 유지하려는 태도에서 비롯된 것으로 해석된다. 죽은 뒤 뼈와 치아를 빻아서 상(像)을 만들고 그것을 동악(東岳)에 모셔 동악신(東岳神)으로 숭앙하였다는 탈해의 경우에서 잘 드러나듯이, 복장(復葬)은 골숭배(骨崇拜)와 밀접한 관련이 있다. 복장과 유골 보존의 태도는 서로 결합되어 있는 경우가 많은데, 그것은 살아 있는 사람의 죽은 이에 대한 애정으로서 죽은 이와 살아있는 사람이 긴밀한 관계를 유지하려는 태도에 바탕을 두고 있다. 즉 사체를 보존하지 않고 빨리 해체하려는 태도는 기본적으로 사체와 죽은 이의 영혼에 대한 공포를 해소하려는 것이지만, 육체가 해체된 뒤 남은 것, 특히 뼈를 소중히 여기고 숭배했다는 것은 결국 육체의 해체 이후 진정한 본질로 남겨진 뼈를 통해 사자와의 관계를 유지하고 사자의 힘을 숭배한다는 의미인 것이다. 결국 사체를 보존하거나 사체를 해체하고 남은 뼈를 보존하는 시체 저리 방법은 죽은 이와 살이 있는 사람 사이의 애정을 표현하는 한 방법이었다.
- **복제(服制)** : 상복을 입는 기간을 말하는 것으로 참최 3년, 자최 3년, 대공 9월, 소공 5월, 시마 3월 등이다.
- **복중(服中)** : 기년복(朞年服) 이하의 복(服)을 입는 동안.

- **복차기(服次記)** : 상주와 친척들이 입을 상복의 종류와 기간을 적은 명단.
- **복차장(複次葬)** : 화장의 경우와 같이, 매장과 달리 타고 남은 화장유골을 처리하기 위해 최소한 또 한 차례의 처리절차를 필요로 하는 것을 복차장이라고 한다. 즉 2회 이상에 걸쳐서 장사를 지내는 것을 말한다. 화장의 경우는 화장 후 유골을 봉안 혹은 장골(葬骨)하는 방법과 분골(粉骨)하여 자연에 뿌리는 산골(散骨)이라는 2가지 방법이 있다. 시신을 임시로 가매장하였다가 육탈이 된 후에 뼈를 거두어 다시 매장하는 초분, 고대사회의 임시로 빈(殯)을 하였다가 다시 본장을 하는 빈장(殯葬) 등이 복차장에 속한다. 지금까지 일본식에 따라 2차장이라는 용어가 사용되었으나 장사를 지내는 차수와 관련되기 때문에 복차장이라는 용어가 더 합당하다고 할 수 있다.
- **복(服)치마** : 거상(居喪)하는 여자가 복(服)으로 입는 치마.
- **복침(復寢)** : 안방으로 돌아감.
- **복토(伏兎)** : 상여 굴대 위의 덮개. 상여(大輿, 大轝)를 만들 때, 긴 장대 위에 토끼 모양의 복토(伏兎)를 더한다.
- **본생(本生)** : 생가.
- **본재하(本在下)** : 지팡이[喪杖]의 밑둥은 아래로 가게 할 것.
- **봉(賵)** : 죽은 사람에게 거마(車馬)와 속백(비단) 등을 보내는 것.
- **봉견(縫絹)** : 꿰맨 비단.
- **봉묘(封墓)** : 무덤 위에 흙을 떠 쌓음.
- **봉분(封墳)** : 흙을 쌓아 올려서 무덤을 만드는 것.
- **봉분제(封墳祭)** : 장자지낼 때 무덤을 만든 뒤 지내는 제사. 평토제(平土祭).
- **봉사자(奉祀者)** : 제사를 받들어 모시는 자. 보통은 장자(長子) 또는 장손(長孫). 보통 신주의 앞면(粉面)에 현고(顯考)와 봉사자(奉祀者)의 이름을 대(代)가 바뀔 때마다 고쳐 쓴다. 길제(吉祭)의 중요한 의식절차이기도 하다.
- **봉신대(奉神臺)** : 죽은 사람의 혼백이 돌아가 의지하는 곳.
- **봉심(奉心)** : 마음을 받들어 모심.
- **봉안(奉安)** : 조상의 신주 또는 화상을 받들어 모심. 유골을 개폐 가능한 봉안시설에 안치함. 납골의 대채어. "봉안"이란 유골을 봉안시설에 안치하는 것을 말한다. "봉안시설"이란 봉안묘(분묘의 형태로 된 봉안시설). 봉안당(「건축법」에 따른 건축물인 봉안시설). 봉안탑(탑의 형태로 된 봉안시설)등 유골을 안치하는 시설을 말한다. 일상적인 의미로는 받들어 모신다는 뜻이다. 화장 후에 분골을 산골(散骨)하지 않고 받들어 모시는 것이다.

- **봉안담** : 담장의 형태로 된 봉안시설.
- **봉안당(奉安堂)** : 건축법 제2조 제1조 제2호의 규정에 의한 건축물인 봉안시설을 말함. 시체를 화장하여 그 유골을 모셔두는 장소. 보통 뼈만을 추려서 모시거나 뼛가루를 그릇에 담아 안치함.
- **봉안묘(奉安墓)** : 분묘의 형태로 된 봉안시설.

- **봉안시설** : 봉안묘, 봉안당, 봉안탑, 봉안담, 봉안벽 등 유골을 안치(매장 제외)하기 위한 시설. 한편 봉안당 등 추모시설의 발달배경에는 한국인이 조상숭배의 전통이 저변에 깔려 있다. 즉 화장을 하더라도 조상의 뼈를 버리지 않고, 추모시설을 기념비처럼 세워 향후 제사(祭祀)를 봉행(奉行)할 수 있도록 하는 것이다. 이는 오랜 기간 형성된 조상숭배의 문화적 전통을 지속하기 위해 장법(葬法)의 외형은 화장(火葬)으로 바뀌었다 하더라도 추모시설을 만드는 전통이 지속되는 것으로 해석된다. 즉 일본식 납골방식을 따른다 하더라도 봉안관습은 자연스럽게 수용되었던 것으로 해석된다.
- **봉안절차** : 봉안은 봉송-의례 및 헌화-안치-종교의례의 절차로 이루어진다. 먼저, 영구차가 도착하면 안치할 봉안시설로 봉송한 후 유골 용기를 올려놓고 간단한 의례 및 헌화를 한다. 의례가 끝나면 유골 용기를 봉안시설에 안치한 후 유족의 종교에 따른 종교의례를 행한다.
- **봉안탑** : 탑의 형태로 된 봉안시설.
- **봉주(奉主)** : 신주를 받드는 것.
- **봉토분(封土墳 : 흙무덤)** : 흙으로 봉분을 만들고 그 안에 돌방(石室)을 축조한 고구려식 봉분이다. 중국식 상장례의 영향에 의해 이루어진 고구려의 묘제인데, 그 대표적인 것이 황해도 안악의 동수묘(冬壽墓)라고 하겠다. 이것은 현무암과 석회암의 판석으로 전후의 석실을 남북방향으로 만들고 있으며, 전실에는 좌우로 조그만 측실을 만들었다. 그리고 천장은 말각조정으로 처리하였다. 측실에는 주인공의 초상화를 비롯하여 살림집을 벽화로 그렸으며, 전실에는 무사와 백관들의 행렬도를 벽화로 그리고 있다. 모든 봉토분이 모두 벽화를 갖고 있지 않은 것으로 보아 벽화가 있는 묘는 왕이나 유력한

귀족들의 무덤이라고 하겠다. 벽화의 내용으로 보아 당시에는 이미 불교가 들어왔었을 것으로 보이나, 그 사상보다는 도교적인 사상이 주류를 이루고 있는 것으로 보인다. 왜냐하면 벽화의 내용이 주인공의 생전의 모습을 그대로 표현하고 있는 것으로 보아 영생불사를 목표로 하고 있는 도교사상의 반영으로 보이는 것이다. 특히 이러한 점은 벽화에 주인공의 이름을 밝히고 있는 것으로 보아서도 그 가능성이 높다고 하겠다. 이러한 묘제의 기본사상은 현생의 사회적 지위와 생활을 저승에서도 그대로 유지하고 있다고 인식하는 것으로, 조상숭배로 발전하기까지의 저승관을 나타내 주고 있다고 하겠다. 흔히 계세사상으로 표현되고 있는 관념으로서, 사자의례의 저승 관념과는 본질적으로 다른 성격을 보이고 있다고 하겠다. 이러한 사상은 아직까지는 명확히 밝혀지고 있지 않지만, 고려시대의 벽화고분으로 알려지고 있는 거창 둔마리의 고분이나, 안동 사삼동의 고분에 그 영향을 미치고 있는 것으로 추측된다. 그뿐만이 아니라 조선시대 왕릉의 석실벽에 그리는 사신도에도 그 영향을 미치고 있는 것으로 보이나, 현재로서는 명확히 연구되어 있지 않다.

- **부(趺)** : 받침. 신주 받침. 비석 받침(높이 1자 정도이고 그 위에 비석을 세움. 세속에서는 농대[籠臺]라고도 함).
- **부(跗)** : 받침. 명정을 세우는데 쓰니, 틀을 만들어 두 기둥을 세우고, 기둥 사이에 두 층의 시렁을 만들어 가운데에 구멍을 뚫어 정간을 세우는 것이다.
- **부(賻)** : 부의(賻儀).
- **부(斧)** : 도끼. 산역(山役)에 사용하는 도구.
- **부(釜)** : 가마 솥. 제사나 산역(山役)에 사용하는 도구.
- **부(祔)** : 졸곡 다음 날 지내는 제사. 부제(祔祭).
- **부고(訃告)** : 고인이 죽음을 알리는 것. 부음(訃音), 고부(告訃), 부문(訃聞), 통부(通訃),

흉보(凶報)라고도 한다. 즉 고인이나 상주들의 가까운 친척과 친지에게 죽음을 알리는 일이다. 보내는 시기는 초종의(初終儀)이며, 운명(殞命)을 확인하고 초혼(招魂)을 행하고, 입(立)상주를 한 후에 보낸다. 흔히 정해진 서식에 따라 편지를 작성하여 보내는데, 호상(護喪)이 상주와 의논하여 보내는 곳을 결정한다. <부고 달아매기>는 한국 전래 풍습의 하나인데, 친척이나 친지에게 사람이 죽었다는 소식을 서면으로 알리는 부고장이 올 때, 불길한 통지라 하여 대문 안으로 들이지 않고, 대문에 들어서면서 우측에다 새끼줄에 꿰어 달아매어 두던 풍습을 말한다. 이것은 부고에 죽은 사람의 혼이 붙어 있어서 산사람에게 해를 끼친다고 믿기 때문이다. 현재도 시골에서는 이러한 풍습이 계속되고 있다. 부고장은 백지에 붓글씨로 쓰는 수도 있지만 매수가 많이 필요할 때는 인쇄나 프린트를 하고 봉투만을 붓글씨로 써도 된다. 부고를 전달하는 방법으로 다음과 같은 방법들이 있다. ① 전인(專人)부고 - 인편으로 직접 보내는 것, ② 우편부고 - 우편으로 보내는 것, ③ 신문부고 - 신문광고란을 통해서 알리는 것(개별통보는 생략). 요즈음은 전화나 문자멧세지로 대신하기도 한다. 요컨대 부고란 고인과 유족의 친지나 친척, 지인, 단체, 회사 등에 알리는 절차로서 부고에는 성명(고인명, 상주명), 빈소 및 연락처, 장례기간(안치 및 발인일시)과 장지를 포함하도록 한다. 전통적으로는 호상(護喪)명으로 부고를 하지만, 현대장례에는 호상(護喪)이나 사서가 없을 경우, 상주명(喪主名)으로도 한다. 상주명으로 보낼 경우는 친척에게는 보내지만, 친구들에게는 보내지 않는다. 대부분의 장례식장에서 신문부고를 원할 경우 일간지에 무료로 부고신청을 대행해 주며, 부고장 원고를 작성해 준다. 신문 하단의 광고부고는 신문사와 직접 상의해야 한다. 부고 서식은 다음과 같다 :

<부고서식1>
　某親某人以某月某日得疾不幸於某月某日棄世傳人訃告
　年號　　月　　　日　護喪姓名 上
　某位 座前
<봉투>
　訃告
　某位 座前
<부고서식2>
　吉東大人金海金公今月二十六日巳時以宿患別世玆以告訃
　發靷日時 : 三月七日辰時(오전 10시)
　發靷場所 : ○道○郡○面○里自宅
　主喪 吉星
　主婦 朴春子

```
    子 奎成
    婦 徐美淑
    女 吉順
    壻 崔昌浩
    孫 大根
    護喪 000
<한글 부고서식>
  ○○○공께서 ○○○○년 ○월 ○○일 ○○시 노환으로 별세하셨기에 삼가 알려
  드립니다.
    미망인 ○○○
    아들 ○○
    딸 ○○
    손자 ○○
    발인일시 : ○○○○년 ○월 ○○일 ○○시
    발인장소 : ○○○○
    장지 ○○○○
    ○○○○년 ○월 ○○일
    호상 ○○○
```

- **부당(夫黨)** : 시집(댁) 가족.

- **부도전(浮屠殿)** : 고승(高僧)의 사리나 유골(遺骨)을 넣은 탑(塔)들이 있는 곳.

- **부묘(祔廟)** : 새로운 신주를 조상이 계신 사당에 합사(合祀)하는 일. 부제(祔祭) 참조.

- **부복(俯伏)** : 고개를 숙이고 엎드리다.

- **부복곡(俯伏哭)** : 엎드려 곡(哭)하는 것.

- **부상(父喪)** : 아버지의 상사(喪事).

- **부상(赴喪)** : 초상에 감.

- **부소고(夫昭告)** : 지아비가 밝혀 고함.

- **부우(報虞)** : 우제(虞祭)를 급히 지내는 것.

- **부우(祔右)** : 합장(合葬)할 때 아내를 남편의 오른쪽에 묻은 일.

- **부음(訃音, 賻音)** : 부고(訃告)의 일본식 표현이다. 그런데 2003년 1월 「장례식장서비스 표준규격」이 제정되면서 일제식 용어 사용을 청산하고, 표준용어로 '부음(訃音)' 대신 '부고(訃告)'를 제시하였다. 부고(訃告) 참조.

- **부의(賻儀)** : 초상난 집에 부조로 보내는 돈이나 물건. 조상들로부터 내려온 아름다운

상부상조의 정신이다. 즉 부조(扶助)이다. 돈의 경우는 백지에 싸서 흰 봉투에 넣어 호상소에 내거나 분향하기 전에 영전 앞에 내놓는다. 『의례(儀禮)』「기석례」편의 주(註)에는 '부(賻)는 보태어 주고 도와주는 것이다.'고 하였다. 『주자가례』, 『사례편람』 등에는 '부용전백(賻用錢帛)'이라 하여 부의(賻儀)에는 돈과 비단을 사용한다고 하였다.

- **부의록(賻儀錄)** : 문상객의 이름과 부의금(賻儀金)을 기록하는 명부. 상가(喪家)에 들어오는 부의(賻儀)를 적는 기록장.
- **부인차(婦人次)** : 여자 대기소로 서서(西序)의 서쪽에 마련한다.
- **부장(祔葬)** : 덧붙여 묻음(장사지냄). 즉 남편과 아내를 합장함.
- **부장(賻狀)** : 초상에 문상을 할 때 부의를 올리면서 함께 올리는 서장(書狀) 문서.
- **부장(副葬)** : 장례를 행할 때에 죽은 사람이 생전에 사용하던 여러 가지 물품을 묻는 풍습. 사람이 죽기 전에 쓰던 여러 가지 패물과 그릇 따위를 무덤에 같이 묻는 것.
- **부장기(不杖朞)** : 5복 중에서도 자최복 중의 하나로서 지팡이를 짚지 않는 1년 상(喪). 조부모, 백숙부모, 형제, 중자(衆子)를 위한 복. 형제의 아들과 고모, 누이가 시집가지 않은 경우에도 마찬가지이다. 시집을 갔어도 남편이나 자식이 없으면 역시 부장기를 입는다. 다음으로 여자로서 남편의 형제의 아들을 위해서나 첩이 큰 부인을 위해서, 남편의 중자(衆子)를 위해서, 시부모가 적부(嫡婦)를 위해서도 마찬가지이다. 5개월 복은 증조부를 위한 것이며, 3개월 복은 고조부를 위한 것이다.
- **부장품(副葬品)** : 예전에 장사지낼 때 시신과 함께 묻던 죽은 이가 생전에 쓰던 소지품. <껴묻거리>라고도 한다.
- **부제(祔祭)** : 졸곡제를 지낸 다음날 새벽에 지내며, 망자의 신주를 그 조상의 신주 곁에 모실 때 지내는 제사. 새로운 신주를 사당에 함께 모시어 부묘(祔廟)하게 되었다는 것을 사당에 모신 윗대 조상에게 고하는 협사(祫祀)의 절차. 즉 망자의 신주를 이미 사당에 모신 그의 조상(祖上) 곁에 부(祔 - 合祀)하는 절차의 제사(소목지서[昭穆之序]에 의거)로서 조상의 거주 영역인 사당에 영입됨을 알리고 허락받는 절차의 제사이다. 주인 이하는 목욕하고 증조고비위(망자에게는 조고비위)의 위패를 대청 북쪽에 남향하여 놓고, 사자(死者)의 위패는 동쪽에 서향하여 놓은 다음 음식을 진설하고 제사를 지낸다. 요컨대 부제를 지낼 때의 고하는 대상은 고인(故人)의 조고비위이다. 보통 부제사(祔祭祀)는 졸곡 다음날 지내는데, 사자를 이미 가묘에 모신 그의 조(祖)에게 부(祔)하는 절차이다. 즉 부(祔)라는 말은 합장한다는 뜻이다. 마침내 죽은 이의 넋이 조상의 사당에서 조령(祖靈)으로 합쳐져서 제사지내는 의례이다. 아버지는 증조할아버지에게, 어머니는 증조할머니에게 고한다. 만약 상주가 종자(宗子)가 아닌 경우에는 고인의 할아버지를 계승하는 종자(宗子)가 제사를 주관하는 주인이 된다. 즉 고인의 맏아들이 종

자가 아닐 경우 제사를 주관하지 못하고, 종자인 종형제 이상의 친척이 제사를 주관하게 되는 것이다. 졸곡례를 한 다음부터는 드디어 넋은 신으로 제사지내기 때문에, 사당(祠堂)에 새 신주(神主)를 모시는 제사를 지내는 것이다. 그렇기 때문에 졸곡의 제사를 물린 뒤에 곧바로 그릇을 늘어놓고 제물을 마련한다. 기물은 졸곡 때와 같으나 다만 사당에 진설한다는 점이 다르다. 그런데 신주를 모시지 않는 집안에서는 부제의 절차가 의미가 없다. 따라서 신주가 없는 집안에서는 부제, 담제, 길제의 절차가 보통 생략되기도 한다.

- **부조기(扶助記)** : 답지한 부의와 물품 등을 기록하는 대장. 부의록.
- **부좌(祔左)** : 부부(夫婦)를 합장(合葬)하는데, 아내를 남편의 왼편에 묻는 것.
- **부판(負版)** : 상복(喪服)의 등 위에 붙이는 베 조각. 등에 짐을 진 것처럼 그 슬픔을 지고 있다는 뜻에서 붙이는 것이다. 사방 1자 8치 되는 베를 써서 깃 아래에 꿰매 붙여 등허리에 대어 드리우는데, 대공(大功) 이하는 쓰지 않는다.
- **북망산(北邙山)** : 중국 낙양의 북쪽에 있는 망산으로 낙양사람들이 공동묘지로 사용하던 곳이다. 이 산에는 고구려와 백제가 멸망한 뒤에 끌려갔던 보장왕 의자왕, 그리고 연개소문의 아들과 흑지상지도 묻혀있다고 한다. 이런 낙양사람들의 관념을 받아서 사람이 죽으면 북쪽에 묻힌다는 생각을 갖게 되었다.
- **북망산천(北邙山川)** : 무덤이 많은 곳. 사람이 죽어서 가는 곳.
- **분(粉)** : 분가루. 명정을 쓸 때 사용한다. 또는 신주 표면을 바르는 데에 사용하기도 한다.
- **분(墳)** : 무덤. 흙을 쌓아 만든 봉분.
- **분곡(奔哭)** : 달려가 곡함. 객지에서 문상(聞喪)을 듣고, 분상(奔喪)하여 달려가 곡하는 것을 말한다. 분상 시 쓸 관(冠)은 남자의 경우는 사각건을 쓰고, 양자가 된 사람은 다만 백(白) 감투 따위를 써야 한다.
- **분골(分骨)** : 뼈를 나눈다는 뜻이며, 일본의 전통 상례에서 쓰이는 말이다. 한 사람의 시신을 화장하고 형제자매들, 관련 있는 사람들이 고인의 뼈를 나누어 가지고 가서 별도의 묘를 만들어 모시고 공양하는 것을 말한다. 우리나라에서는 그러한 예가 없다.
- **분면(粉面)** : 신주(神主)의 분바른 표면. 분(粉)을 바른 앞쪽.
- **분묘(墳墓)** : 시신을 묻는 곳. 시체를 매장하거나 유골을 매장하는 시설. 봉분의 형태로 있는 개개의 묘. 시체나 유골을 매장하는 시설, 묘지는 분묘를 설치하는 구역.
- **분묘기지권** : 타인의 토지에 분묘를 설치한 자는 그 분묘를 소유하기 위하여 분묘의 기지부분의 타인 소유 토지를 사용할 수 있는 지상권과 유사한 성질을 갖는 일종의 물

권(物權). 타인소유의 토지에 그의 승낙 없이 분묘를 설치한 후 20년간 평온, 공공연하게 그 분묘의 기지를 점유한 경우, 그 분묘기지권을 취득하게 된다.

- **분상(奔喪)** : 먼 곳에서 부모상의 소식을 듣고(聞喪) 집으로 급히 돌아오는 것. 객지에 나가 있는 자손들이 부모 사망소식을 접하고 곡을 하고 급히 환가(還家)하는 것.

- **분상(墳上)** : 무덤의 봉긋한 부분.

- **분축(焚祝)** : 축(祝)을 불사르는 일. 제사를 마친 후 축문과 지방을 불태운다.

- **분향(焚香)** : 향을 태우는 일. 제사, 의례 등에서 하늘에 계신 신 혹은 영혼을 불러오기 위해 향을 피우는 일을 말한다.

- **불(綍)** : 본래는 상여 끈(줄)이니, 조상하는 사람들이 상여를 끄는 줄이다. 관(棺)을 광중에 내려놓을 때에도 계속 사용한다. 그러나 일반적으로는 바퀴(軸)가 있는 상여를 일컫는다.

- **불교 장례절차** : 불교의 장례절차는 『석문의범(釋門儀範)』에 그 기본절차가 기술되어 있다. 다비식이라고도 하는데, 그 절차는 다음과 같다. ① 개식(호상이 함), ② 삼귀의례(주례스님이 불법승삼보(佛法僧三寶)에 돌아가 의지한다는 불교의식을 행함), ③ 약력 보고(고인의 친지나 친구가 함), ④ 착어(着語, 주례스님이 고인을 위해 부처님의 가르침을 인용해 고인의 영혼을 안정시키는 말씀), ⑤ 창혼(唱魂, 극락세계에 들어가 고이 잠들라는 것으로서 요령을 치며 스님이 의식을 거행), ⑥ 헌화(獻花, 친지와 친척들이 영전에 꽃을 바침), ⑦ 독경(讀經, 고인의 영혼을 안정시키고 생시의 모든 인연을 끊고 극락세계에 고이 잠들도록 주례스님과 참례자 모두 하는 염불), ⑧ 추도사(追悼辭, 일반 장례에서 하는 조사와 동일), ⑨ 소향(燒香, 일동이 함께 향을 피우며 고인을 추모하고 애도), ⑩ 사홍서원(四弘誓願, 중생무변서원도[重生無邊誓願度] - 번뇌무진서원단[煩惱無盡誓願斷] - 법문무량서원학[法門無量誓願學] - 불도무상서원성[佛道無上誓願成]), ⑪ 폐식 등이다.

- **불록(不祿)** : 선비(士)의 죽음.

- **불비근소(不備謹疏)** : '갖추지 못한 채로 삼가 글을 올립니다.'라는 의미로서 조문(弔問)하는 글의 마침 서식 중 하나이다.

- **불비근장(不備謹狀)** : '격식을 갖추지 못하고 삼가 글을 올립니다.'라는 의미로서 조문(弔問)하는 글의 마침 서식 중 하나이다.

- **불삽(黻翣)** : 대부(大夫)가 쓰는 것이니, 나무로 틀을 만드는데 사방 2자이다. 양쪽 모서리는 높되 모서리 넓이가 2치, 높이는 4치이니, 합한 높이가 2자 4치이다. 흰 베나 혹은 두꺼운 종이를 입히고, 자색(紫色)으로 아(亞)자 모양을 그린 후, 그 가장자리에 구름무늬를 그린다. 발인할 때 상여의 옆에서 들고 가는 도구로서 긴 자루가 달려 있

다. 일명 아삽(亞翼)이라고도 한다. 죽은 사람의 넋이 귀인의 보호 아래 무사하게 명부(冥府)세계에 인도되기를 염원한다는 뜻이 들어 있다. 상여 옆을 따라 가서 하관할 때 명정과 함께 땅에 묻는다.

- **불승경달(不勝驚怛)** : '놀라고 슬픔 마음이 이를 데 없다.'는 의미이다.
- **불식(不食)** : 역복불식(易服不食) 참조.
- **불천지위(不遷之位)** : 큰 공훈이 있어 4대 봉사 이후에도 계속 사당에 모셔두는 것을 나라에서 허락한 신위. 즉 집안에 큰 공훈이 있는 사람으로서 신주를 묻지 않고 사당에 영구히 두면서 제사를 지내는 것으로 이 신위를 불천위, 불천지위라 하며 나라로부터 허락을 받는다.
- **붕(崩)[御]** : 천자(天子)나 임금의 죽음.
- **붕성지통(崩城之痛)** : 남편을 잃은 슬픔을 표현하는 말. 고분지통(叩盆之痛)과 같은 말이다. 춘추시대에 제장공이 거(莒) 땅을 공격할 때 기량식이 전사하였다. 이 때 기량식의 처(妻)가 성 아래 시체를 바라보면서 통곡하자 곧 성이 무너졌다고 한다. 여기서 남편을 잃은 슬픔을 붕성지통(崩城之痛)이라고 하는 고사가 생기게 되었다.
- **비(匕)** : 반함을 할 때, 시신의 입에 쌀을 떠 넣는 숟가락이다. 일반적으로 버드나무를 깎아 만든다.
- **비(椑)** : 임금이 사용하는 관(棺). 관은 공조에서 만들고, 관 안에는 사방을 붉은 비단으로 붙이고 녹색 비단을 사용하여 사각에 붙이며, 임금이 즉위한 해에 소나무의 황장판을 사용하여 만든 다음 매년 한 번 씩 옻칠을 해 둔다.
- **비계증심(悲係增深)** : 슬픔이 더욱 깊어짐.
- **비도침통(悲悼沈痛)** : 슬퍼 애도하고 침통함. 아내가 사망한 상주를 위로할 때 사용하는 조장(弔狀) 서식 문구.
- **비문(碑文, epitaph)** : 고인을 추모하는 비석에 새겨진 글.
- **비석(碑石)** : 비석의 경우 죽은 사람의 관직명과 본관 이름을 앞면에, 뒷면에는 생전의 사적(事蹟)과 비석을 세운 시기 및 비석을 건립한 자손들의 이름을 새겨서 무덤 앞에 세우는 것을 '묘표(墓標)', '묘비(墓碑)', '비명(碑銘)', '표석(表石)' 등으로 부른다. 상석(床石)을 놓을 때는 주로 묘 앞에 섰을 때 오른쪽을 당겨 세운다. 묘비에는 죽은 사람의 관직호명을 전면에 새기고 후면에는 사적을 기술하여 새기는데, 이 후면에 새긴 글을 음기라 하며, 표석에는 운문을 쓰지 않는다.
- **비위(妣位)** : 돌아가신 어머니로부터 그 이상의 각 대 할머니의 위를 비위(妣位)라 한다.

- **비자(卑者)** : 항렬이나 나이가 낮은 사람.

- **비접(匕楪)** : 시접(匙楪) 참조.

- **비통침통(悲痛沈痛)** : 슬퍼 애도함이 비통하고 침통함. 조카나 손자 등이 사망한 상주를 위로할 때 사용하는 조장(弔狀) 서식 문구.

- **빈례(殯禮)** : 빈(殯)은 매장까지 유체(遺體)를 소옥(小屋) 안에 안치하거나 가매장하고 그 기간 동안에 유족과 근친자가 그곳에 가서 여러 의례를 올리는 상장례의 한 과정이다. 빈례가 길어지면 그 장제(葬制)는 이차장(二次葬)의 성격을 띤다.

- **빈 상여놀이** : 상여가 나가는 전날 상두꾼(상여꾼)들이 노동집단으로서의 예비모임을 갖는 동시에 놀이집단으로서의 예비 모임을 갖고서 빈 상여를 메고 놀이판을 벌이는 것을 말하며 지방마다 이름이 다르다. 경북지역은 "대돋음", 전남지역은 "다시래기", 충북지역은 "대드름", "댓도리"라고 부른다. 다시래기 참조.

- **빈(殯)** : 시신을 입관한 후에는 바로 빈(殯)을 설치하는데, 이처럼 시신을 장기 보관하기 위하여 집안의 일정한 장소에 모셔두는 것이 빈(殯)이다. 즉 장사를 치를 때까지 영구를 임시로 모시는 일을 말한다. 외빈(外殯), 도빈(塗殯), 내빈(內殯), 토롱(土壟), 사롱(紗壟), 토감(土坎) 등 지역과 가문에 따라 이름을 달리한다. 이러한 절차를 성빈(成殯)이라고도 하며, 이를 설치한 곳을 빈소(殯所)라고 한다. 외빈을 하는 이유는 장기(葬期)가 긴 경우 방안에 영구를 오래 둘 수 없기 때문이다. 사랑채 밖이나 곁채 밖, 혹은 헛간에 깊이 2자, 폭 3~4자, 길이 7~8자로 구덩이를 판 후 바닥과 네 벽을 벽돌로 깔고 쌓는다. 틈새는 석회로 발라 흙이 들어오지 않게 한다. 그리고 자리와 굄목을 놓고 영구를 안치하는데, 이때 영구에 구의를 씌우고, 홑이불을 덮는다. 기둥을 세워 긴 장대를 걸고, 가로로 짧은 막대기를 걸어 움막의 지붕처럼 만들어 이엉을 얹고 모래나 흙으로 덮는다. 빈소를 마련할 때에는 적어도 시신을 3달 정도 보관할 것을 감안하여야 한다. 따라서 관 속에 안치된 시신은 철저히 관 밖과 차단될 필요가 있다. 『가례』나 그 밖의 예서에 따르면 예전에는 흙벽돌을 겹으로 하여 발라두기도 하였고, 또는 구덩이를 파서 관을 넣어두기도 하였다. 조선조의 사대부들은 주로 관에 송진을 바르거나 옻칠을 하여 보전하는 방법을 이용하기도 하였다.

- **빈소(殯所)** : 문상객의 문상을 받기 위하여 고인의 영정이나 혼백을 모셔 놓은 장소. 전통적 의미로는 죽은 사람을 매장할 때까지 유체를 안치시켜 놓는 장소, 즉 상중에 영위를 모셔 두는 곳. 말하자면 발인하기 전까지 고인의 시신을 임시로 매장한 빈(殯)이 있는 곳이다. 그래서 발인 날 아침이 되면 파빈(破殯)이라고 하여 빈을 여는 의례를 행하기도 한다. 안동 지역에서는 고인의 혼백을 모신 영좌를 빈소라고 한다.

- **빈소(殯所) 차림** : 유족과 문상객의 수를 예상하여 적당한 크기의 빈소와 접객실을 정하고 자리를 마련한다. 빈소가 결정되면 장례방법에 맞도록 빈소를 차리고, 음식과 제수(상식, 성복제, 발인제 등)를 주문한 후, 유족 및 문상객에게 연락한다. 입관 전에 상복을 입지 않는 전통을 지키기를 원하는 유족은 입관의례가 끝날 때까지 별도의 의복을 착용하지 않고, 수수한 복장을 착용하면 되지만, 근래에는 대부분 입관의 유무와 관계없이 성복을 하게 되는데, 남자 상주들의 상복으로는 주로 검은 양복을 착용한다.

- **빈장(殯葬)** : 임시로 묻는 가매장. 장사지내기 전에 시신을 관에 넣어 일정한 곳에 임시 안치하는 일. 만약 도빈(塗殯)하는 경우에는 익랑(翼廊 - 대문 곁의 행랑) 혹은 사랑(舍廊 - 남자 주인이 거처하는 곳)에 편리한대로 만든다. 땅을 팔 때 깊이는 두자 쯤, 너비는 서너 자, 길이는 일곱 자 내지 여덟 자, 안은 구운 벽돌로 깔고, 사방도 역시 벽돌을 쌓아 흙으로 메꾸고, 석회로 그 틈을 바르고, 짚자리를 깔고 두 개의 받침을 놓는다. 관을 내리려 할 때 전(奠)을 드리고 내린 뒤에는 구의(柩衣 - 관 덮개)를 덮고, 또 구덩이 밖 아래 위에 동자목(童子木 - 짧은 나무)을 세운다. 긴 장대를 대들보같이 놓고, 작은 나무를 그 위에 많이 놓아 마치 서까래 같이 하고, 새끼로 짚자리를 얽어 두껍게 덮고, 그 위에 흙을 바르거나(塗殯) 혹은 모래를 모아 둔다(沙殯). 빈소 앞에 흰 장막을 치고 장막 안에 병풍을 친다. "사람이 죽으면 집안에 빈(殯)을 하였다가 3년이 지나면 길일을 가려서 장사지낸다."는 기록을 보면, 『예기』 등에서 규정하는 3년 상의 개념과 삼국시대의 3년 동안 빈(殯)을 하였다가 매장하는 장법과는 다른 것이다. "천자는 7일이 지나 빈을 하고 7개월이 지나 장사를 하고, 제후는 5일이 지나 빈하고 5개월이 지나 장사를 하며, 대부사서인은 3일이 지나서 빈을 하고 3개월이 지나서 장사를 지낸다."는 『예기』의 규정에서 보듯 빈(殯)은 가매장이라고 할 수 있다. 즉 빈(殯)이란 "사람이 죽어서 장자지내기까지 시신을 입관하여 임시로 안치해 두는 것"을 말한다. 따라서 빈장(殯葬)이란 용어는 "사람이 죽으면 빈을 하여 두었다가 일정시간이 지난 다음에 본장인 매장을 하는 장법"이라는 조작적 용어(Operational Term)이다. 즉 빈장은

탈육(脫肉) 보다는 시신을 온전하게 보존하면서 일정 시간의 추모기간을 두어 임시로 매장하거나 안치하였다가 본장(本葬)을 하는 장법을 말한다. 따라서 빈장은 탈육을 하고 뼈만을 수습(拾骨)하여 다시 매장 및 장골을 하는 복차장은 아니다. 따라서 빈장을 오늘날 서남해안 지방에서 지속되고 있는 초분(草墳)의 원형으로 보는 것은 문제의 소지가 많다(김시덕, 『한국의 상례문화』, 35쪽 참조). 이처럼 빈(殯)을 하는 이유로는 우선 무덤을 만들 시간이 필요하지 않았을까 하는 생각이 든다. 따라서 빈장은 탈육을 하려는 목적보다는 일정 기간의 추모기간 동안 시신을 온전하게 보전하기 위하여 임시로 매장하거나 안치하였다가 본장을 하는 장법이라고 할 수 있다. 일본에서는 이를 모가리조(殯葬)라고 한다. 기록에 의하면 우리나라 최초의 빈장형태는 동옥저에서 나타난다. 즉, 장사를 지낼 때에는 큰 나무 곽을 만드는데, 길이가 10여 장이나 되며 한 쪽 머리를 열어 문으로 삼는다. 사람이 죽으면 모두 가매장을 하는데, 겨우 모습을 덮을 만큼만 묻었다가 피륙이 모두 썩으면 뼈를 추려서 하나의 곽 안에 모두 안치한다. 생시의 생김새대로 나무를 깎아 고인의 숫자대로 세워둔다. 또 질솥에 쌀을 넣고 곽의 문 근처에 매달아 두어 고인의 식량으로 삼는다는 것이다. 고구려에서도 고인을 옥내에 보관하였다가 3년이 지나면 좋은 날을 잡아서 장사지냈다고 하여 빈장이 있었음을 알게 된다.

- **빈장도감(殯葬都監)** : 조선시대 국상(國喪)이 나면 국장도감(國葬都監), 산릉도감(山陵都監)과 함께 임시로 설치되던 임시관청. 빈전도감은 염습을 비롯한 혼전(魂殿)에 소용되는 물품을 준비하는 일을 맡는다. 관직으로는 예조판서와 6명의 당상관이 동원된다.
- **빈전(殯殿)** : 임금의 시신을 모신 곳.
- **빈차(殯次)** : 빈소(殯所). 상기(喪期) 동안 영위를 모셔두는 곳. 시신의 안치와는 별도로 영좌를 마련하는데, 이를 빈소(殯所)라고도 하며, 탈상을 할 때까지 존속시킨다. 상주는 언제든지 조문객을 이 빈차 앞에서 맞이한다. 빈소(殯所) 참조.
- **빙시곡벽(憑尸哭擗)** : 시신에 기대어 가슴을 치며 곡을 함.
- **빙장(氷葬)** : 스웨덴의 생물학자 수잔 위 메삭에 의해 발명된 친환경 장법(葬法) 중의 하나이다. 크게 보면 '급속 냉동(영하 196℃) - 분해 - 건조 - 매장'의 4절차로 이루어진다. 우선 시신을 톱밥으로 만든 관에 넣어서 영하 18℃ 상태에서 보관한다. 이후 시신과 관을 영하 196℃의 질소탱크에 담근다. 진공상태에서 관과 사체에 기계 진동을 가하면 60초 이내에 뼈와 관을 포함한 모든 것이 밀리미터 단위로 부서진다. 이후 '동결건조방식'이란 방법을 사용해 금속성분과 수분(전체의 70% 남짓)을 걸러낸다. 그렇게 건조된 가루를 녹말상자에 담아 땅에 묻는다. 빙장엔 여러 가지 특징이 있지만, 무엇보다도 환경오염이 없고 매장지의 순환이 빠른 것이 장점이다. 땅에 묻은 시신은 12개월 정도면 자연에서 완전 분해된다.

- **사(纚)** : 머리싸개. 머리를 싸는데 쓰는 것이다.
- **사(紗)** : 비치는 여름 비단.
- **사(堮)** : 광중(壙中). 구덩이.
- **사(死)** : 서인(庶人)의 죽음. 육신이 썩어 죽는 것. [종(終) - 군자의 죽음. 사람 노릇이 끝나는 것을 의미. 붕(崩) - 천자의 죽음. 훙(薨) - 제후의 죽음. 졸(卒) - 대부의 죽음. 불록(不祿) - 선비의 죽음. 서거(逝去) - 남의 죽음을 높여 이르는 말. 상(喪) - 종(終)과 사(死)의 중간의미로서 없어진다는 뜻. 소천(所天) - 기독교의 죽음을 이르는 말. 선종(善終) - 가톨릭의 죽음을 이르는 말. 열반(涅槃) - 불교의 죽음을 이르는 말]
- **사(笥)** : 신주독(櫝)을 담아 두는 데 쓰는 상자.
- **사(舍)** : 머무는 곳. 군대가 하루를 걷는 거리(약 30리)에 임시 머무는 숙소를 설치하였는데, 그 숙소가 바로 사(舍)이다.
- **사각건(四脚巾)** : 일명 복두(幞頭). 위를 막지 않고 네모지게 베로 만든 건. 사방 한 폭의 베를 써서 앞의 두 귀에는 각각 큰 띠를 하나씩 달고, 뒤의 두 귀에는 작은 띠 하나씩을 단다. 정수리를 덮어 사방으로 드리워 앞 변으로 이마를 스치게 하고, 큰 띠를 뒷골에 매고, 다시 뒤의 귀를 거두어 작은 띠를 상투 앞에 맨다. 어버이의 상사를 당한 사람이 소렴 때부터 성복 때까지 썼는데 지금은 두건으로 대신하기도 한다. 복두(幞頭) 참조.
- **사납(死蠟)** : 시체가 땅속이나 물속에서 공기와 차단된 상태가 되면 부패가 이루어지는 상태에서 지방이 번성하여 백색 또는 황갈색으로 된다. 이것을 사납(死蠟)이라 한다.
- **사냉(死冷)** : 사망하면 체온은 주위에 열을 방산하며, 따라서 체온이 저하되는 것을 느낀다. 기온이 15~20℃의 경우 1시간 당 0.5~1℃ 저하하며, 24시간 정도 되면 주위의 온도와 같아진다.
- **사령(死靈)** : 죽은 사람의 영혼. 사령(死靈)은 다시 조상신령(祖上神靈)과 원귀(冤鬼)로 나뉜다. 인간의 영혼은 순조롭게 살다가 죽어 저승으로 돌아가 조상신령이 되는데, 그렇지 못하고 생전의 원한이 남아 저승으로 돌아가지 못한 채 이승에 남아 인간을 괴롭히는 악령이 될 수도 있다. 이것이 바로 원귀(冤鬼)인 것이다. 몽달귀신, 객혼 등이 이에 속한다.
- **사례편람(四禮便覽)** : 조선 후기 숙종 때의 문신(文臣)인 도암(陶庵) 이재(李縡, 1680~1746)가 편찬한 관혼상제에 관한 제도와 절차를 모아 엮은 예서(禮書)이다. 경서 및 선유(先儒)의 책을 바탕으로 하였으며, 총 8권 4책으로 구성되어 있던 목판본을, 헌종 10년(1844)에 증손(曾孫) 이광정(李光正)이 간행하였고, 광무 4년(1900)에 증보하여 중간

(重刊)하였다. 당시 조선의 현실에 알맞은 가장 대표적인 실용적 가례서이다. 범례와 조인영(趙寅永)의 발문에 따르면, 당시의 예서(禮書)들은 그 상세함과 소략함이 고르지 못해서 사대부(士大夫)들이 이용하기에 불편한 점이 많아, 이러한 단점을 바로잡기 위해 편찬한 것이다. 저자는 범례에서, 당시 사대부들이 신봉하고 있던 『주자가례(朱子家禮)』나 김장생(金長生)이 편술한 『상례비요(喪禮備要)』의 경우도 절목(節目) 등이 완전하지 못하여 이용할 때 불편한 점이 있다고 지적하고는, 그리하여 주자(朱子)의 본문을 위주로 삼아 고례(古禮)를 참고하고, 그 밖의 여러 선유(先儒)들의 학설로써 소략한 부분을 메우려 했다는 것이다. 그리고 상례(喪禮)뿐 아니라 관례(冠禮)와 혼례(婚禮), 제례(祭禮)도 첨가하여 참고하기에 편리하도록 만들었다고 한다. 권1은 관례(冠禮), 권2는 혼례(婚禮), 권3~7은 상례(喪禮), 권8은 제례(祭禮)로서 전체적으로 상례(喪禮)에 주된 비중을 둔 것이 특징인데, 이것은 당시 상례(喪禮)가 그 절차와 형식에 있어 가장 비중이 컸던 형편이었음을 보여준다. 이 책은 예론(禮論)이 정치적으로 중요한 의미를 지녔던 조선 후기에 집권 노론(老論) 계통의 산림으로 추앙받았던 인물이 직접 편찬한 예서(禮書)라는 점에서 매우 중요한 의미를 갖는다. 그리하여 이 책이 간행되어 보급된 이후 우리의 일상(日常)의 모든 의례(儀禮)가 이 책에 따라 행하여지게 되었다고 한다. 규장각·장서각 등에 소장되어 있다. 『사례편람』과 『상례비요』에는 상례(喪禮)의 대절차가 19개이지만 『주자가례』에는 이보다 많은 21개 절차로 구성되어 있는데, 이는 『주자가례』가 의미단위의 항목별 구분을 할 때 소절차를 대절차로 묶은 결과이고, 『사례편람』과 『상례비요』는 의미단위별 항목을 우리나라의 상황에 맞게 재구성하면서 대절차로 다룬 부분이 많기 때문이라고 한다(김시덕, "한국 유교식 상례의 연구." 고려대학교대학원 박사논문, 2007, 53~54쪽).

- **사리(舍利)** : 참된 불도 수행의 결과로 생긴다는 구슬 모양의 유골. 본래는 신체를 뜻하였으나 후에 불타(佛陀), 고승(高僧) 등의 시신을 뜻하게 되었다. 다비(茶毘, 火葬)하기 전의 전신사리(全身舍利)와 다비 후의 쇄신사리(碎身舍利)로 분류하는데, 보통은 후자를 가리키며 다투(datu)라고도 한다. 또 이것을 생신(生身)사리라 하며, 이에 대해 석가의 가르침, 경전을 가리켜 법신(法身)사리라고 하는 경우도 있다. 사리 공양에 의한 공덕의 유무 문제는 초기불교에서도 논란이 되어왔으나, 일반적으로 사리 공양은 천계(天界)에 태어나는 과보(果報)를 얻는 것으로 기술되어 있다. 이러한 점은 불상이 출현하기 이전에, 금강좌(金剛座 - 석가가 성도할 때 앉아서 참선하던 자리), 보리수(금강좌 옆에 서 있던 나무), 법륜(法輪) 등과 함께, 불타의 사리를 봉안한 탑이 중요한 예배 대상이 되었던 점에서도 잘 나타나 있다.

- **사리공(舍利孔)** : 사리(舍利)를 모시는 공간.

- **사리장엄구(舍利莊嚴具)** : 사리와 이를 봉안하는 용기 및 기구.

- **사망(死亡)** : 법률상 사망과 동시에 사람의 권리능력은 소멸된다. 죽은 사람의 재산적 권리 의무에 대해서 상속이 개시되지만 일신의 존속권은 상속되지 않으며 소멸된다(임신 4개월 이후의 사산아 포함).
- **사망광고(死亡廣告, death notice)** : 신문 등의 사망 란에 게재된 사망 고지(告知)로서 사인이나 장례 일정을 알리는 것.
- **사망기사(死亡記事, Obituary)** : 신문 등에 게재된 고인의 경력이나 사인을 쓴 기사.
- **사망률곡선(死亡率曲線)** : 사망률을 종축으로 하고 연령을 횡축으로 하여 그린 곡선. 유아기에서 높고 그 후 급속히 하강하고 3~12세에서 서서히 상승한다. 50세를 지나면서부터 급속히 높아진다. 대부분 전 연령에서 남자가 여자의 수치를 상회한다.
- **사망시각(死亡時刻, Hour of Death)** : 죽음이 확정된 시간. 심장사에서는 사망시각의 판정은 비교적 용이하지만 뇌사의 경우에는 문제가 있다.
- **사망시기(死亡時期)** : 행방불명이나 사망이 확실한 경우라도 시체가 발견되지 않는 경우는 실종선언을 하고 관공서의 증명으로 사망이 인정된다.
- **사망진단서(死亡診斷書, Certificate of Death)** : 의사가 사람의 사망을 의학적으로 증명할 때에 작성하는 문서. 즉 의사 또는 치과의사가 진료 중의 환자가 사망했을 때 사인(死因)을 기록하는 문서.
- **사부(姒婦)** : 큰 며느리. 장부(長婦). 큰 동서. 윗 동서. 며느리들 간에 부르는 호칭으로 작은 며느리가 큰 며느리를 부를 때 사부(姒婦)라고 말한다. 제부(娣婦)의 반대말이다.
- **사불비(謝不備)** : 격식을 갖추지 못함을 사과함. 문상오신 손님들에게 답장을 보낼 시 상주가 사용하는 문구 끝 서식.
- **사빈(沙殯)** : 빈소(殯所) 혹은 빈궁(殯宮)을 모래로 덮는 일. 도빈(塗殯) 참조.
- **사산(死産, Still Birth)** : 임신 만 12주 이후의 죽은 아이를 출산하는 것.
- **사상(死相)** : 죽은 사람의 얼굴.
- **사서(司書)** : 상가의 모든 문서를 작성하고 관리하는 사람. 즉 상례의 전 과정에서 소요되는 문서를 작성하고 필사하는 소임을 맡은 사람이다. 입상주 등 상례를 순조롭게 진행하기 위한 역할분담을 할 때 정한다. 형제나 친척, 친구, 하인 중 문서에 밝은 사람이 이 일을 한다. 현대에서는 호상(護喪)은 세우되 사서(司書), 사화(司貨)는 별도로 세우지 않는 경우가 많으며, 호상은 상주의 가까운 일가 어른 가운데 상례에 밝고 덕망 있는 사람을 뽑는데, 상주를 도와 상례 일체를 관장한다.
- **사세(辭世)** : 죽어 세상을 떠남.
- **사소(死所)** : 죽을 자리.

- **사손(祀孫)** : 봉사손(奉祀孫).
- **사시(死時)** : 죽을 때.
- **사신(辭神)** : 신을 작별하여 보냄.
- **사십구재(四十九齋)** : 사람이 운명한지 49일째에 좋은 곳에서 태어나길 기원하며 올리는 불공의례를 말한다. 운명 후 매 7일마다 올리는 재를 7차례 반복한 후 마무리되기 때문에 칠칠재(七七齋)라고도 한다. 『구사론(俱舍論)』에 의하면 인간의 존재양상은 사유(四有)로 구분되는데 생명이 결성되는 찰나를 생유(生有), 이로부터 임종직전까지를 본유(本有), 임종하는 찰나를 사유(死有), 이로부터 다시 생명이 결성되는 생유 이전까지를 중유(中有)라고 한다. 따라서 인간은 운명하면 중음(中陰)이라고도 불리는 중유의 상태가 얼마간 지속된다. 『구사론(俱舍論)』과 『유가사지론(瑜伽師地論)』 등은 중유를 설명하면서, 만일 출생의 조건을 만나지 못하면 다시 수차례 죽고 태어나는 식으로 7일을 여러 번 경과하는데, 그 최대기간은 49일이라고 한다. 즉, 사람은 죽어서 7일마다 생사를 반복하다가 마지막 49일째는 반드시 출생의 조건을 얻어 다음에 올 삶의 형태가 결정된다는 것이다. 불교에서 49재가 사자(死者)의 명복을 비는 의식으로 정착되고 중시된 것은 이런 관념에서 연유한다. 결국 49재는 사자의 중유 상태, 즉 중음신(中陰身)이 좋은 세계로 재생하도록 최종적으로 결정되길 기원하는 불공이며, 이 날에 이르기까지는 좋은 결정이 이루어지도록 7일마다 경을 읽고 재를 올린다. 49재는 상주권공재(常住勸公齋)와 각배재(各拜齋), 영산재(靈山齋) 등으로 나뉘는데, 이 중 상주권공재가 가장 기본적인 의례이며, 여기에 명부시왕에 대한 의례를 더한 것이 각배재이고, 변화신앙을 가미한 것이 영산재이다. 요즘은 종교를 막론하고 49일을 탈상의 기준으로 삼기도 한다.
- **사우(祠宇)** : 사당집.
- **사위(嗣位)** : 왕세자가 국상 중에 왕위를 이어 받는 것. 왕세자는 국왕의 서거 후 6일째에 잠시 상복을 벗고 면복(冕服)으로 갈아입은 후 왕위를 계승하여 즉위 사실을 만천하에 알리는 즉위 교서를 반포한다. 이 즉위 교서 반포를 반교서(頒敎書)라 한다.
- **사인(死因)** : 심장박동, 맥박, 호흡, 뇌의 기능이 정지되었을 때 이 원인으로 되는 병명, 증후군명을 사인(死因)이라 한다. 사인에는 크게 나누어 병사(病死)와 외인사(外因死)가 있다. 외인사에는 다시 불의의 사고, 재해사, 자살, 타살 등으로 분류된다.
- **사자(嗣子)** : 대를 이을 아들. 맏아들
- **사자(使者)밥[상]** : 소반(채반, 작은 상)이나 키에 밥 세 그릇, 술 석잔, 백지 한 권, 명태 세 마리, 짚신 세 켤레, 동전 세 닢, 소금이나 간장 된장 등을 담아, 촛불을 켜서 뜰 아래나 대문 밖(분향소 입구 등)에 차려 놓는다. 동전 대신 화폐를, 짚신 대신 평소 망

자가 신었던 구두를 놓기도 한다. 결국 사자상이란 고인의 혼을 저승으로 데려가는 저 승사자를 대접하는 음식상이다. 지방에 따라 약간씩 다르며, 종교에 따라서, 또 병원 등에서는 형편에 따라 차리지 않는 경우도 많다. 후에 사자밥은 먹지 않고 버리며, 신은 태우고, 돈은 상비로 사용하기도 한다. 임종한 사람을 데리러 온다고 믿어진 저승의 사자(使者)를 잘 대접함으로써 영혼을 편하게 모셔가 달라는 뜻에서, 또는 영혼을 데려가지 않을 수도 있다는 기대 속에서 이 상(床)을 차린다. 사실 예서(禮書)에는 사잣밥에 대한 규정이 없다. 초혼하면 차리고 발인을 하면 치운다. 사자밥은 단정할 수는 없지만 불교적, 도교적, 무속적인 요소가 서로 결합되어 우리의 고유한 문화적 현상으로 융합된 것으로 보인다. 따라서 『가례』나 『사례편람』 등 예서에서는 사자밥에 대해 규정하고 있지 않으나, 관행에서는 매우 중요한 절차로 여기게 된 것이다. 보통 신주(神主)를 모실 경우에는 사자밥을 차리지 않지만, 신주를 모시지 않을 경우에는 사자밥을 반드시 차리기도 한다(김시덕, 『한국의 상례문화』, 169쪽 참조). 지방에 따라서는 늙은 호박을 사자상(使者床)에 놓는 곳도 있다고 한다. 또 지역에 따라서는 입관을 마치면 사자상을 엎어 놓기도 하여 문상객이 이를 보고 염(殮)을 했는지 안 했는지를 알 수 있기도 하였고, 또 성복을 하면 사잣밥을 엎어 놓는데 이것은 저승사자가 영혼을 거두어 갔다는 의미이기도 하다. 사자상은 저승사자가 3명이라는 생각에서 밥 3그릇, 반찬, 돈, 짚신 3켤레 등을 멍석이나 채반 위에 올려놓기도 하고, 상위에 올려놓기도 한다. 이 때 상주들은 재배(再拜)하고 곡을 한다. 이처럼 사자상은 『예기(禮記)』에 없는 우리의 전통으로서 하지 않는 집도 있었으나 하는 집이 더 많았다. 사실 고복이 끝나고 나면 죽은 이의 회생을 기대하기가 어렵다. 따라서 사자상을 차리는 것은 죽음을 인정하고서 하는 의례이다. 저승사자들을 잘 대접하면 죽은 이의 저승길이 편할 수도 있고, 또 뜻밖에 영혼을 데려가지 않을 수도 있다는 생각에서 저승사자를 위한 상을 차리는 것이다. 이때 차리는 상을 '사자상'이라 하는 것이다. 신은 대문 쪽으로 향하게 놓는다. 밥과 반찬은 요기로, 짚신은 먼 길에 갈아 신으라고 준비한 것이다. 돈은 망자의 영혼을 부탁하는 일종의 뇌물이다. 일부 지방에서는 반찬으로 간장이나 된장만 차리는 경우도 있었다. 이것은 저승사자들이 간장을 먹으면 저승으로 되돌아갈 때 물을 켜게 되어 자주 쉬거나 물을 마시러 되돌아올 것을 기대한 것이다. 요즈음은, 대부분 생략되었지만, 일부 장례식장에서는 분향소 입구에 사자상을 차리는 경우도 있다. 이때 채반 대신 상 위에 밥 세 그릇과 간장 세 그릇, 약간의 노잣돈, 그리고 상 아래에는 짚신 세 켤레를 놓기도 한다. 사잣밥을 차리는 것에 대해서는 크게 두 종류의 의견으로 분리된다. 하나는 고인의 혼을 저승으로 데려가는 저승사자를 잘 대접함으로써 저승사자가 고인의 혼을 편안히 모시고 갈 것이라는 바람에서 하는 것이다. 다른 하나는 사잣밥을 차리지 않는 경우로서, 사람이 죽은 것도 억울한데 왜 저승사자를 대접하느냐는 인식이다. 전자는 주로 서민층에서 많이 나타나는 현상인 반면, 후자는 지체가 있고 또 유교적 전통이 이어져 오는 집안에서 나타나는 현상으로 예서에 충실하게 의례를 수행하려는 의도로 보인다.

- **사전연명의료의향(지시)서** : 환자가 스스로 치료에 대한 의사 표현을 하지 못할 때를 대비해 미리 의료진에게 자기 의사를 표시해 둔 문서. 주로 만성질환의 말기 상황일 때 불필요한 연명치료를 중단한다는 내용이다. 심폐소생술 거부, 의료적 권한대행의 지정, 생존 시 유언 내용이 포함된다. 미국, 독일 등은 법으로 사전의료지시서 작성을 의무화하고 있다.
- **사준(司遵)** : 술을 따르는 직책.
- **사즉동혈(死則同穴)** : 죽어서 남편과 아내가 같은 무덤에 묻히는 것.
- **사지오등(死之五等)** : 사람의 신분에 따른 죽음의 다섯 등급. 천자는 붕(崩), 제후는 훙(薨), 대부는 졸(卒), 선비는 불록(不祿), 서인은 사(死)라 함.
- **사진(寫眞)** : 예전에는 신주 위패 지방 대신 영정을 사용하기도 했으나 요즘은 사진을 사용하는 경우가 늘고 있다. 사진만 모실 수도 있고, 신주나 위패를 함께 모실 수도 있다. 함께 모실 때에는 남자 조상의 사진은 위패의 왼쪽에 모시고 여자 조상의 사진은 위패의 오른쪽에 모신다. 이는 사진과 위패를 함께 모실 때 위패가 주(主)가 되고 사진이 보조역할을 하는 것으로 보기 때문에 위패를 중앙에 모시기 위해서이다.
- **사체검안서(死體檢案書)** : 의사가 자신이 치료하지 않은 사체에 대해서 그 사망을 증명하는 것. 사망진단서와 같은 의미를 갖는다.
- **사체경직(死體硬直)** : 사후 전신의 근육이 이완되거나 긴장을 잃지만 시간의 경과와 함께 근육이 단단하여진다. 사후경직은 사후 3~4시간에서 시작되며 사후 30시간 정도까지 계속된다.

- **사체유기죄(死體遺棄罪)** : 사체를 유기하는 죄. 사체의 장소적 이전 외, 법령, 습관 등에 의한 매장의무자 방치도 포함된다.
- **사체응혈(死體凝血)** : 심장의 정지에 의해서 혈류가 정지하며 심장이나 커다란 혈관에서 사후 응혈이 일어나는 것. 작은 혈관이나 모세혈관에서는 유동혈(流動血) 그대로 응혈이 일어난다.
- **사체해부(死體解剖, Autopsy)** : 사인을 해명하기 위하여 행하는 시체 해부.
- **사체현상(死體現象)** : 죽음 직후부터 일어나는 신진대사의 정지와, 외계의 영향에 의해서 신체에 나타나는 현상을 말한다. 조기 사체현상에는 피부의 창백화, 혈액의 아래로 쏠림과 사반(死斑)의 발현, 체온 저하, 체표면의 건조, 근육의 이완과 경직, 각막의 혼탁 등이 있다. 후기 사체현상에는 조직의 융해, 부패, 백골화, 미라, 사납(死蠟) 등이 있다.
- **사초(莎草)** : 떼(잔디). 무덤에 떼를 입히고 손질하여 잘 가다듬는 일. 보통 한식 전후에 사초(莎草)를 하는 것이 관례이다.
- **사토장(莎土匠)** : 무덤 조성 시 무덤 조성이나 떼(잔디) 등을 잘 입히는 전문 일꾼.
- **사토제(祀土祭)** : 집터를 잡거나 묘자리를 팔 때 그 토지의 수호신에게 지내는 제사. 묘지가 정해지면 땅을 파기에 앞서 토지신에게 사토제를 지낸다.

"토지신에게 고하는 축문 풀이"

○년 ○월 ○일 ○○벼슬하는 ○○○는 감히 고하나이다. 토지신이시어, ○○벼슬하던 ○○○의 유택을 마련하오니 신께서 보살펴 주시어 후환이 없도록 하여 주옵소서. 이에 삼가 맑은 술과 포와 젓갈을 올리오니 받아 주시옵소서.

- **사판(祠版)** : 신주(神主)의 일종으로 위판(位版)이라고도 하는데, 신주 형태의 넓적한 목판에 죽은 이의 관직(官職)이나 호(號) 등을 쓴 것으로 성균관, 향교, 서원 등에서 주로 사용하고 있다.
- **사모건(斜[邪]布巾)** : 민간에서 초상(初喪)에 성복하지 않았을 때 쓰는 것으로서, 이미 성복을 하였으면 벗는다.『가례집해(家禮集解)』에서는 <사(斜)>대신 <사(邪)>라고 쓴다.
- **사화(司貨)** : 상가의 모든 금전과 물품의 출납 등, 제반 경리의 출납을 담당하는 직책. 형제나 친척, 친구, 하인 중에서 경리 출납 업무에 밝은 이가 이 일을 담당한다. 상사의 물건을 미리 마련하고 필요한 사람을 구해서 필요한 경우에 부족함이 없도록 하는 역할을 한다. 현대에는 호상(護喪)은 세우되 사서(司書), 사화(司貨)는 별도로 세우지 않는 경우가 많다.
- **사회장(社會葬)** : 사회적으로 지도자적 역할을 하였고, 또 사회에 공적이 큰 사람이 죽었을 때 지내는 장례.

- **사후토(祀后土)** : 토지신인 후토신에게 고하는 일. 즉 땅의 귀신에게 제사 지냄.
- **삭망(朔望), 삭망전(朔望奠)** : 장례 후 상청(喪廳)에서 탈상 때까지 초하루와 보름에 전을 올리는 것. 즉 성복 후 초하루와 보름이 되면 음식을 차리고 별도의 전을 올리는 절차이다. 초하루 전을 올릴 때는 음식을 성대하게 차려 올리는데 이를 은전(殷奠)이라고도 한다. 보름에는 초하루보다 간단하게 올린다. 절차는 조석전과 같다. 삭망전을 올릴 때는 보통 강신(降神)과 참신(參神)을 하지 않는데, 이는 산 사람을 섬기듯이 생전에 평소 모시던 의리를 나타낸 것이기 때문이라고 한다.
- **삭일(朔日)** : 음력의 매달 초하룻날.
- **삭장(削杖)** : 모상(母喪)에 쓰는 오동나무 지팡이.
- **삭전(朔奠)** : 상가에서 음력 초하룻날 조상에게 지내는 제사.
- **삭제(朔祭)** : 왕실(王室)에서 음력 초하루마다 조상에게 지내는 제사.
- **산골(散骨)** : 화장한 골분을 강이나 바다 등에 뿌리는 장법인데, 이는 화장한 유골을 자연에 뿌려 추모의 표지를 만들지 않는 화장 후 골분처리법의 하나이다. 이는 화장이라는 장법이 한 번으로 끝나는 것이 아니라 화장한 골분을 수습하여 2단계로 처리해야 하는 복차장법(復次葬法)이기 때문에 나타난 현상이다. 요즘에는 산골한 장소를 표시하는 것이 관례로 되어 있다. 산골이라는 용어가 일본풍이라 하여 최근에 개정된 장사법(2008.5.26)에서는 봉안(奉安)이라는 용어로 대체하여 사용하고 있다. 일본에서는 산골을 산고쓰(撒骨)라고 한다. 살장(撒葬) 참조.
- **산골함** : 목제로 제작되어 산골을 위해 유골을 운반하는 상자.
- **삼년상(三年喪)** : 유교식 상례에서 3년에 걸쳐 고인의 상례를 치르는 것을 말한다. 유교식 상례의 의례체계가 27~28개월에 걸쳐 19개의 대절차(의미상의 구분을 뜻함)를 치르는데, 마지막으로 길제를 지내면서 상례를 마무리하기 때문에 삼년상이라는 말이 생기게 되었다.
- **산담** : 돌이 많은 제주도에는 무덤 주위에는 돌담으로 네모나게 쌓아 두르는 전통이 있는데, 이를 <산담>이라고 한다. 산담은 밭이나 과수원, 오름 등에 위치하는 경우가 많은데 이는 산 자와 죽은 자가 함께 공존하는 제주 특유의 삶 자체를 철학으로 보여주는 것으로 한 쪽은 50cm 정도의 문을 터놓는 게 일반적이다. 이 문을 신문(神門)이라 하는데, 남자산소는 왼쪽, 여자산소는 오른쪽으로 하여 신이 자유롭게 드나드는 출입문이다. 무덤 앞에는 동자석(童子石), 인석(人石), 망주석(望柱石) 등을 세우기도 한다. 하나의 산담 안에 두 개의 묘지가 있을 경우 쌍묘(雙墓)라고 하는데, 부부(夫婦), 부자(父子), 모자(母子) 사이에만 가능하며, 합묘(合墓)라고 해서 묘를 합치는 경우는 부부 사이만 가능하다. 합묘는 이미 조성된 묘에 하는 것이 아니라 다른 곳으로 이장해서

같이 합한다. 단 합묘 후에는 분묘하지 않는다. 제주도는 예로부터 중 산간 지대에 공동 목장인 경우가 많았는데 소와 말을 방목하기 때문에 양질의 초지가 필요했고, 더불어 잡목을 없애기 위해서 불을 놓곤 하던 관행이 있었다. 그래서 산담은 조상의 묘가 불에 태워지거나 소와 말로부터 훼손되는 것을 막기 위한 울타리라고 할 수 있다. 하지만 제주도민은 산담이 울타리 기능만 하는 것이 아니라 죽은 영원이 사는 곳이라 믿고 있다. 산담은 삶과 죽음이 따로 존재하는 것이 아니라 함께 공존하는 의미를 담고 있다. 또 하나 특징은 장례식 때 친족들이 부조를 하지 않을 경우는 지탄의 대상이 된다. 부조 음식은 '고적(顧助의 와음)'이라고 부르는 떡과 쌀로 구분되는데, 떡인 경우 메밀가루로 둥글넓적하게 만든 '돌래떡'을 만들었다. 친족의 부고를 들으면 부인들은 서둘러 '고적'을 마련한다. 그 이유는 장지까지 오는 조객과 친지들의 식사대용이었기 때문이다. 산담은 제주사람들의 조상에 대한 숭배와 효심의 표시이다. 액을 막고 조상의 은덕을 기원하는 풍습이며 비록 땅속에 묻혀있지만 영혼은 살아서 집을 드나들며 자손들을 지키며 보살핀다고 믿었던 제주도민의 독특한 무덤문화를 만들어낸 것이다.

- **산륜(散輪)** : 통나무 밑에 깔아 물건을 옮길 때 사용하는 것. 이·개장 시 천회(天灰 - 관의 위에 덮은 회) 밑에 깔아서 천회를 옮길 때 사용한다.

- **산릉(山陵)** : 국장(國葬)을 하기 전에 아직 이름을 짓지 않은 새로운 능.

- **산릉도감(山陵都監)** : 조선시대 국상(國喪)이 나면 빈전도감(殯殿都監), 국장도감(國葬都監)과 함께 임시로 설치되던 임시관청. 산릉도감은 무덤조성에 관한 일을 맡는다. 즉 관(棺)을 묻는 광중을 의미하는 현궁(玄宮)을 비롯한 정자각(丁字閣), 재실(齋室) 등의 영조(營造)를 맡아본다. 관직으로는 공조판서와 선공감을 임명하고 당하관을 여러 명 둔다.

- **산수(散垂)** : 요질(腰絰) 양쪽에 술을 풀어 늘어뜨리는 끈.

- **산신목(山神木)** : 무덤을 보호하기 위해 무덤 근처에 심는 나무(음[陰]의 나무인 향나무, 꽃나무 등은 심지 않는다).

- **산신제(山神祭)** : 산신(토지신)에게 지내는 제사.

- **산역(山役)** : 무덤을 파는 일. 무덤을 파는 사람들을 "산역꾼"이라 한다.

- **산의(散衣)** : 포오(袍襖), 바지 등 평상시에 입던 잡다한 옷(허드레 옷)들을 말한다. 가로로 놓거나 거꾸로 놓아서 깔고, 덮고, 싸는 등 보공(補空, 관의 빈 곳을 메꿈)으로 쓴다. 소렴의를 진설할 때 갖춘다.

- **살장(撒葬)** : 죽은 자의 뼛가루를 녹지에 뿌리는 방식으로 미국에서는 1965년 합법화되었다. 샌프란시스코에서만 한 해 평균 15,000여 건의 살장이 있다고 한다. 스웨덴에서는 화장한 유해를 '추억의 숲'이라고 하는 녹지에 뿌린다. 산골 참조.

- 삼(衫) : 적삼, 윗도리, 내의, 옷, 의복의 총칭이다.
- 삼년상(三年喪) : 중국의 고례에서 유래된 것으로 부모의 상을 당했을 때 3년간을 거상(居喪)하는 것을 말한다. 자식이 태어난 지 3년(만 2년)이 된 뒤에라야 부모의 품을 떠나기 때문에, 적어도 젖을 먹이며 키워 주셨던 3년 동안만이라도 돌아가신 부모를 위해 효(孝)를 다해야 한다는 뜻이 내포되어 있다. 우리나라에서는 삼국시대에는 3년상이 있었으나, 고려 때에는 부모의 복을 100일로 정하였다. 조선시대에 들어와 중종 11년(1516년)에 귀천을 막론하고 모두 3년 상을 행하라는 영을 내려, 이때부터 일반화되기 시작하였다. 사실 3년 상이란 부모가 돌아가신 지 3년째 되는 날까지 상을 치르는 것으로, 만으로 따지면 2년이다. 그런데 3년이 되었다고 하여 곧바로 탈상하는 것이 아니고 일정 기간의 유예를 두었으니, 대상 2달 후에 담제(禫祭), 즉 상복을 벗는 의식을 치르고 탈상하도록 되어 있다. 따라서 부모가 돌아가신 지 공식적인 추모기간은 만 26개월이 되는 셈이다.
- 삼도천(三途川) : 죽어서 저승으로 가는 길에 있다고 하는 개천.
- 삼물(三物) : 석회, 가는 모래, 황토 등 회격의 재료를 말함.
- 삼부팔모(三父八母) : 복제에서 친부모 이외를 말하며, 삼부(三父)는 한 집에서 함께 사는 계부(繼父)와 함께 살지 않는 계부, 친모가 후살이 간 집에 따라가서 섬기는 계부를 말한다. 팔모(八母)는 적모(嫡母 - 서자가 아버지의 본처를 말함), 계모(繼母 - 아버지의 후처), 양모(養母 - 양자로 갔을 때 양가의 어머니), 자모(慈母 - 서자가 어머니를 여읜 후 자기를 길러준 다른 첩), 서모(庶母 - 아버지의 첩), 유모(乳母 - 어머니 대신 젖을 먹여준 어머니)를 말한다.
- 삼상(三殤) : 미성년자가 죽었을 때의 3가지 구분을 말한다. 즉 미성년자의 죽음을 상(殤)이라 하는데, 16~19세를 장상(長殤)이라 하고, 12~15세를 중상(中殤)이라 하며, 8~11세를 하상(下殤)이라 한다. 이 세 가지를 합해서 삼상(三殤)이라 한다.
- 삼상체감(三殤遞減) : 장상(長殤), 중상(中殤), 하상(下殤)에 따라 복을 차례로 줄여나감.
- 삼상향(三上香) : 분향(焚香)할 때 향을 세 번 집어 불에 사르는 일.
- 삼신신앙(三神信仰) : 아기를 점지한다는 삼 신령. 즉 삼신할머니에 대한 믿음.
- 삼우(三虞) : 장사지낸 뒤 세 번째 지내는 제사(祭祀). 재우를 지낸 다음의 첫 강일(剛日)에 삼우(三虞)를 지낸다. 강일(剛日)이란 일진(日辰)에 갑(甲), 병(丙), 무(戊), 경(庚), 임(壬)이 들어 있는 날을 말한다.
- 삼우제(三虞祭) : 재우 다음날(剛日)에 지내는 제사. 재우(再虞)를 지낸 뒤 강일(剛日)을 당하면 삼우를 지낸다. 그런데 요즈음은 장례를 치룬 3일째 되는 날 무조건 삼우제를 지내기도 한다. 장례 후 3일째 되는 날 성묘를 하고 봉분이 잘 되어 있는지 살피고 간

단한 제사를 올린다. 이를 삼우제라 한다. 요즈음은 보통 초우와 재우를 생략하고 삼우제만 지낸다. 삼우제를 지내고 묘지 또는 봉안시설에 가서 첫 성묘를 할 때 여자복인들은 처음으로 봉분을 보게 되기도 한다.

출상 당일부터 3~5일 째 되는 날까지 세 차례 제사를 지내는데 이를 우제(虞祭)라 한다. '우제'는 주검을 묘지에 묻어 두었기 때문에 주검을 떠난 영혼이 방황할 것을 우려하여 편안하게 빈소에 안착하도록 하는 제사이다. 초우제는 반혼하는 즉시 올리는데, 반혼이 늦어져 저녁상식을 겸하여 올리기도 하며, 반혼제라고도 한다. 이때부터 제물을 제대로 갖추고 술도 세 잔씩 올리며 제사의 형식을 갖추어 지낸다. 재우제나 삼우제는 그 방식이 같으나 당일 아침에 올린다. 일반적으로 초우제를 지내고 그 다음날 재우제를 지내며, 다음날 삼우제를 지내고 있다. 묘소가 가까우면 아침에 재우제를 지낸 후 곡을 하며 묘소를 돌아보고 재배한다. 묘소가 멀 경우 3일째 되는 날 아침 일찍 삼우제를 지낸 뒤 혼백을 모시고 상주들이 곡을 하며 묘소로 간다. 제물을 진설한 뒤 곡 재배하고 축문을 읽고 혼백을 묻고 탈상 의례를 하게 된다. 이때는 장지에 동행하지 않았던 부녀자들도 동행하여 묘지의 위치를 확인하고, 상주들은 묘지의 상태를 점검하기도 한다. 이후의 절차는 현대 장례에 있어서는 거의 찾아볼 수 없다.

- **삼월복(三月服)** : 3개월 복(시마복). 고조부, 고조모를 위해서 입는데, 시집간 여자도 등급을 낮추지 않는다.
- **삼일곡(三日哭)** : 상제가 3일 동안 그치지 않고 곡하는 일.
- **삼일장(三日葬)** : 죽은 지 3일 만에 지내는 장사.
- **삼제반(三除飯)** : 밥을 3번 떠서 숙냉하는 것.
- **삼혼(三魂)** : 사람의 몸속에 있다고 하는 태광(台光), 상령(爽靈), 유정(幽精)의 3가지 정혼(精魂).
- **삼혼칠백(三魂七魄)** : '사람의 혼백'을 통칭하는 말. 한편 삼혼(三魂)이란 사람의 몸속에 있다고 여겨지는 태광(台光), 상령(爽靈), 유정(幽精)의 3가지 정혼(精魂)을 말하며, 칠백(七魄)이란 죽은 사람의 몸에 남아 있는 7가지 정령(精靈 - 귀2, 눈2, 콧구멍2, 입1)을 말하는 말이다.
- **삼희흠(三噫欽)** : 기침을 3번 함.
- **삽(翣), 삽선(翣扇)** : 발인할 때 상여를 옆에서 호위해 가는 부채모양(翣扇)의 치장 도구로서 죽은 사람의 영혼을 좋은 곳으로 인도해 달라는 염원을 담고 있다. 하관할 때 명정과 함께 묻는다. 묻는 위치는 영구(관)와 곽 사이 혹은 광중 사이이다. 삽(翣)은 기본적으로 3종류가 있다. 불삽은 몸 기(己)자 2개를 등을 대고 서로 붙여 만든 모양이

버금아(亞)자처럼 보인다고 하여 아삽(亞翣)이라고도 한다. 운삽(雲翣)은 구름 문양을 그린 삽이다. 보삽은 도끼모양을 그린 것이다. 그런데 『가례원류(家禮源流)』에 의하면 운삽을 2종류로 분류하여 총 4종류로 구분하기도 한다. 한편 주로 사용되는 삽이 운삽과 불삽이기 때문에 운불삽, 혹은 운아삽으로 통칭되기도 한다. 군(君)은 보삽(黼翣)과 불삽(黻翣, 亞翣)과 운삽(雲翣, 畵翣)을 모두 쓰고, 대부(大夫)는 불삽(黻翣, 亞翣)과 운삽(雲翣, 畵翣)을 쓰고, 사(士)는 운삽(雲翣, 畵翣)을 쓴다. 서민은 삽(翣)이 없다. 운삽(雲翣, 畵翣)은 구름 모양을 그렸는데, 구름은 하늘을 뜻한다. 곧 사람이 죽으면 영혼은 하늘로 올라가고 넋은 땅으로 떨어진다는 이야기에서 비롯한 것이다. 삽을 넣을 때는 불삽을 위쪽에 넣고, 운삽을 아래쪽에 넣는데, 운삽만 쓰는 경우에는 가운데에 놓는다.

- **삽(鍤, 揷)** : 가래. 삽. 무덤 조성 시 사용하는 도구이다.
- **삽시정저(揷匙正箸)** : 숟가락을 꽂고 젓가락을 바르게 놓음.
- **상(箱)** : 상자. 두꺼운 종이로 만든다. 신주를 담는 데 쓰는 도구.
- **상(裳)** : 아랫도리. 치마. 베 7폭을 쓰는데 길이는 적당히 하고 앞은 세 자락, 뒤는 네 자락을 꿰매 붙인다. 폭마다 주름을 3개 잡는다.
- **상(牀, 床)** : 침상. 밥상. 염상(斂牀) 등.
- **상(喪)** : 부모, 승중의 조부모, 증조부모, 고조부모와 맏아들에 대한 의례.
- **상(殤)** : 성인이 되기 전에 일찍 죽은 사람의 상(殤). 3가기 경우가 있는데, 장상(長殤)은 19~16세에 죽은 경우이고, 중상(中殤)은 15~12세에 죽은 경우이고, 하상(下殤)은 11~8세에 죽은 경우이다. 8세 미만은 무복지상(無服之殤)이라 하여 복(服)을 입지 않으며, 곡(哭)하는 날(日)수로 월(月)수를 대신한다. 예컨대 일찍 죽은 사람의 1년복 입을 친속(親屬)은 13일로 대신하고, 시마복 입을 친속은 3일로 대신한다. 태어난 지 3개월 미만에 사망하면 곡(哭)을 하지 않는다. 남자가 이미 장가갔거나 여자가 이미 약혼한 경우는 모두 상(殤)으로 치지 않는다. 나아가 남자의 경우는 관례를 행했으면 상(殤)을 치지 않고, 여자 역시 계례를 행하였으면 상(殤)으로 치지 않는 경우도 있다. 또 남자의 경우 벼슬을 하여도 상(殤)으로 치지 않는다. 즉 상(殤) 가운데 기혼(旣婚) 혹은 관직이 있는 남자와 혼인한 여자는 성인(成人)의 예로 대우하는 것이다.
- **상(祥)** : 소상(小祥)과 대상(大祥)의 총칭.
- **상가(喪家)** : 상(喪)을 당한 가정이나 장례식장에 마련된 개별 빈소. 즉 초상난 집.
- **상관(喪冠)** : 상주의 관.
- **상구(喪具)** : 장사지낼 때 쓰는 제구.

- **상기(喪期)** : 상복을 입는 기간. 상례를 치르는 기간. 유교식 상례의 경우 보통 3년이라고 하는데, 27~28개월이 소요된다. 즉, 운명 후 탈상을 할 때까지의 기간을 상기라고 말하는 것이다. 이러한 상기는 집안의 사정에 따라, 신주의 유무에 따라 다양하였으나, 얼마 전까지도 백일탈상이 많았다. 요즘에는 불교의 영향을 받아 49일 탈상을 하는 경우도 많고, 또한 「건전가정의례준칙」에 따라 3일을 기본으로 하기도 한다.
- **상도가(喪都家)** : 상여를 두는 집.
- **상두꾼** : 상여꾼.
- **상두받잇집** : 지나가는 상여(喪輿)가 그 집 대문과 마주쳤다가 돌아 나가게 된 집. 풍속으로 꺼리는 집.
- **상두복색** : 상여를 꾸밀 때 치는 오색비단의 휘장.
- **상례(相禮)** : 제사, 상례, 혼례 등의 의례를 행할 때 의례의 전반적인 예법을 자문하는 사람이다. 의례를 행하는 집안과 친분이 있는 사람이 하기도 하고, 주변에서 예(禮)에 밝은 사람을 초청하기도 한다. 의례를 진행하는 방법, 일상적이지 않은 상황이 발생했을 때 예에 어긋나지 않게 처리할 수 있도록 자문하는 역할을 한다.
- **상례(喪禮)** : 인간의 일생에 있어 마지막으로 거치는 의례로서 시신을 처리하고, 상중의 제사 등을 포함하는 전체의 의례를 말한다. 전통 예서에서는 모두 상례라고 표현하고 있다. 요즈음 일반적으로 사용되는 '장례' 혹은 '상장례'라는 용어는 상례와 중복될 뿐만 아니라 의미도 애매하다. 장례는 영문의 Funeral을 번역한 용어이고, 상례의 전 과정 중에서 시신을 처리하는 일인 장사(葬事)를 의례(儀禮) 혹은 례(禮)라는 의미로 표현하였기 때문에 용어로서의 독립성이 결여되어 있다. 상장례라는 용어는 상례와 장례를 합친 용어처럼 보이지만 시신을 처리하는 일인 장사(葬事)는 상례에 포함되기 때문에 이를 분리하여 복합시키는 것은 논리상 문제가 있다. 결국 상례란 상중(喪中)에 행하는 모든 예절로서 사람의 운명 순간부터 시체를 매장하거나 화장하고 근친들이 그 죽음을 애도하고 근신하면서 복을 입는 방법과 일정기간이 지난 후 평상생활로 돌아갈 때까지의 각종제례의 의식 절차를 정한 예(禮)를 말한다. 상례는 다음의 3가지 의미로 설명될 수가 있겠다. : ① 옛 예서(禮書)에 소인(小人)의 죽음은 육신이 죽는 것이기 때문에 사(死)라 했고 군자(君子)의 죽음은 사람 노릇을 행함이 끝나는 것이기 때문에 종(終)이라 했는데 사와 종의 중간을 택하여 없어진다는 뜻인 상(喪)을 써서 상례(喪禮)라고 한다고 나와 있다. 즉, 상례란 사람의 죽음을 맞고 주검을 갈무리해 땅에 묻거나 태워서 근친들이 슬픔으로 근신하는 기간의 의식절차를 정한 예절이다. ② 임종 후 시신을 매장하거나 화장하는 과정까지를 '장례'라고 한다면, 초종에서부터 장례를 치른 후, 소상, 대상, 담제, 길제를 치르고 난 후까지의 과정을 '상례'라고 말할 수 있다. ③ 모든 상기(喪期)가 따 끝날 때까지의 과정 즉 근친들이 그 죽음을 애도하고 근신하면서 복(服)을

입는 것과, 약 3년이라는 일정기간이 지난 후 평상 생활로 돌아갈 때까지의 각종 의식 절차가 상례이다.

- **상례(常禮), 변례(變禮)** : 정상적인 상황에서 행해지는 의례가 상례(常禮)라면, 비정상적인 상황에서 행해지는 의례는 변례(變禮)이다. 사실 의례가 실제 이루어지는 현실은 항상 정상적인 상태에서만 행해지는 것은 아니다. 때로는 특수한 상황에서 비정상적인 상황에서 의례가 이루어지는 경우도 허다하다. 류장원(柳長源 ; 1724~1796)이 『주자가례』의 체제에 따라 상례(常禮)와 변례(變禮)에 관한 제설을 참조하여 편찬한 『상변통고(常變通攷)』는 이를 대변하는 대표적인 저서이다. 이 책은 1830년(순조 30년) 유장원의 종중손 류치명(柳致明 ; 1777~1861) 등 문인과 후손들이 편집하여 간행하였다. 인묵재(忍默齋) 권필적(權必迪)이 지은 『상변집략(常變輯略)』도 『주자가례』의 체제를 유지하면서 통상적인 예에 대해 비정상적으로 행해지는 의례를 설명한 책이다. 그러나 제례(祭禮)에 대한 변례(變禮)는 없다. 『상변찬요(常變纂要)』는 박종교(朴宗喬 ; 1789~1856)가 유장원의 『상변통고(常變通攷)』를 요약, 편집한 책으로 1893년(고종 31년) 그의 아들 류희수(柳禧壽)가 김휘철(金煇轍) 등과 함께 편찬하였다. 이처럼 '보편적인 것(常)'에 대해 '특별한 것(變)'을 처리하기 위한 책을 출간했다는 것은 다양한 실제 상황에 응용해야 할 만큼 유교식 상례(喪禮)가 보편화되어 있었다는 것을 의미한다. 이는 예학의 발달은 물론 『주자가례』를 당시 실정에 맞게 수정하여 능동적으로 수용하고 있었음을 말한다(『한국의 상례문화』, 김시덕, 105쪽 참조).

- **상례비요(喪禮秘要)** : 조선 선조 16년(1583) 우리나라 예학의 종장(宗長)이라 추앙되는 사계(沙溪) 김장생(金長生)이 그의 친구 신의경(申義慶)이 쓴 초본(草本)을 교정, 증보해서 완성한 것을, 김집(金集)이 다시 교정하여 1648년에 간행하였다. 『주자가례』를 위주로 참고하고, 그 밖의 고금(古今) 제가(諸家)의 예설(禮說)을 참고로 하여 초상(初喪)에서부터 상중 제사(祭祀)에 이르기까지의 모든 절차와 의식을 요령 있게 그림과 함께 기술하였다. 당시 조선사회에 적지 않은 영향을 미쳤다.

- **상립(喪笠)** : 방갓.

- **상망(喪亡)** : 잃어버림.

- **상명지통(喪明之痛)** : 아들이 상사(喪事)를 당했을 때 쓰는 말.

- **상문(相問)** : 일찍이 서로 안부를 묻던 사이로서 상사(喪事)에 서로 참석함을 말한다.

- **상배(喪配)** : 홀아비가 됨. 상처(喪妻).

- **상복(喪服)** : 상주의 옷. 상중에 입는 옷. 즉 상주들이 상중의 기간 중에 입는 옷을 말한다. 성긴 베로 지으며 바느질을 곱게 하지 않는다. 남자의 것과 여자의 것이 구별된다. 남자 상복은 최의(衰衣), 최상(衰裳), 중의(中衣), 상관(喪冠), 수질(首絰), 요질(腰絰),

효대(絞帶), 상장(喪杖), 구(屨), 행전(行纏)으로 구성된다. 여자 상복은 대수장군(大袖長裙), 개두(蓋頭), 포총(布總), 계(笄), 수질(首絰), 요질(腰絰), 효대(絞帶), 상장(喪杖), 구(屨)로 구성된다. 전통 상복에는 상복 윗옷의 앞에는 최(衰)가 있고, 뒤에는 부판(負板)이 있으며, 좌우에는 벽령(辟領)이 있는데, 효자의 슬픈 마음이 없는 곳이 없다는 뜻이라고 한다. 속설에 의하면 최는 눈물받이로 심장의 슬픔을 나타내고, 벽령은 슬픔을 어깨에 메고 다닌다는 의미이고, 부판은 슬픔을 등에 지고 다닌다는 뜻이 있다고 한다. 요즘에는 상복을 개량 한복과 양복으로 입거나 삼베로 만든 상장을 달도록 하는 정도이다. 색깔 역시 남자들의 양복은 검은색 계통, 여성은 양장일 경우 검은색이지만 한복의 경우는 검은색과 흰색을 혼용하고 있다. ♣남자상복의 착용 : - 한복 : 흰색바지저고리에 흰색 또는 검정색 두루마기를 입고 건을 쓰고 행전을 친다. - 양복 : 무늬 없는 흰 와이셔츠에 검정색 양복을 입고 검은 넥타이를 맨다. 검정색 양말과 구두를 신으며, 완장을 착용한다. 두건을 쓰기도 하지만 복식의 형식에 한식과 양식을 혼용하여 쓰는 것은 예에 맞지 않는다. - 평상복 : 부득이한 경우 평상복을 입는데 이때는 검정색 계통의 진한 감색이나 밤색의 점잖은 색으로 입고, 왼쪽 가슴에 상장이나 흰 꽃을 달고 완장을 착용한다. ♣여자상복의 착용 : - 흰색 치마저고리를 입고 흰색 버선(양말)과 흰색 고무신을 신는다. 종교나 기호에 따라 검정색 한복을 착용하기도 한다. - 양장을 할 경우에는 검은색을 입으며 양말이나 구두도 검은색으로 통일하는 것이 좋다. 더운 여름이라도 긴 소매를 입고 속이 비치지 않는 단순한 디자인의 옷을 선택하고, 악세사리를 달거나 치장을 하지 않도록 한다.

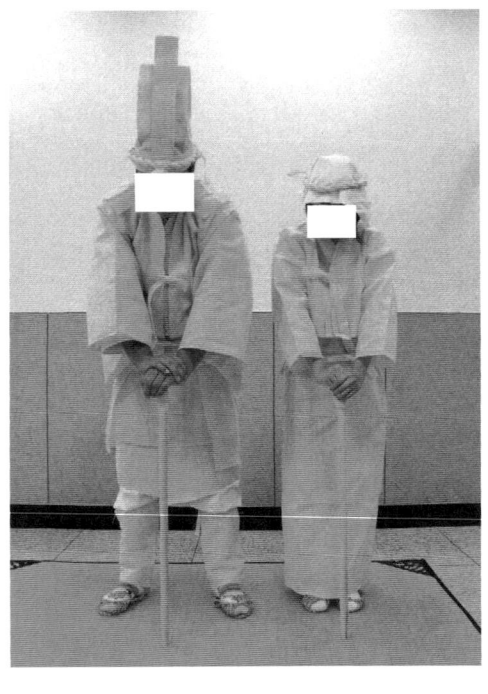

- **상복(喪服)급상장(喪章)** : <의례준칙>에서 처음 등장하는 성복에 해당하는 절차이다. 그러나 오복제도 등에 따른 전통의 굴건제복의 상복을 생략하고 두루막과 통두건만으로 상복을 규정하고 있다. 여기에 덧붙여 '리본'을 제시하고 있으며, 양복에 대해 '완장'을 차도록 하고 있다.
- **상복(上服)** : 죽은 사람이 입는 겉옷으로서 초혼을 할 때 사용하는 윗옷이다. 벼슬이 있는 경우 공복(公服, 官服) 혹은 심의, 벼슬이 없는 사람은 심의, 없으면 도포나 직령으로 대신한다. 부인은 단의(褖衣)나 대의장군(大衣長裙 - 원삼과 치마)을 입는다.
- **상복(殤服)** : 일찍 죽은 사람(8~19세)을 위한 복(服).
- **상복(祥服)** : 대상(大祥)에 입던 상복.
- **상부(喪夫)** : 남편의 상고(喪故)를 당함.
- **상비(喪費)** : 초상에 드는 모든 비용.
- **상사(殤死)** : 어려서(20세 미만) 죽음.
- **상사(喪事)** : 초상이 난 일.
- **상생지의(象生之義)** : 망자가 살아 있는 것 같이 본뜸. 즉 죽은 사람 섬기기를 산 사람을 섬기듯 한다는 도리이다. 사사여사생(事死如事生) 참조.
- **상석(床石, 牀石)** : 봉분 앞에 제물을 올리는 돌상.
- **상수(喪需)** : 초상 치르는 데 드는 물건.
- **상식(上食)** : 고인이 생시(生時)에 식사하듯 빈소에 올리는 음식. 즉 상가(喪家)에서 아침·저녁으로 궤연 앞에 올리는 음식. 입관 전에는 전(奠)을 올리지만, 입관 뒤에는 아침·저녁 끼니때마다 밥상을 올리는데 이를 상식이라고 한다. 국, 적, 반찬 등 밥상차림으로 한다. 상식상을 영좌 앞에 놓고, 상제는 곡을 하며 재배한다. 만일 망인이 평소에 술을 즐기셨다면, 상식상에 술을 올리는 것도 좋다.
- **상여(喪輿)** : 시신을 묘지까지 나르는 중요한 장례도구. 즉 고인의 시신을 장지까지 운반할 때 사용하는 일종의 가마. 행상(行喪)이라고도 한다. 예서에 의하면 대여(大輿)를 상여로 보고 있다. 그런데 사실 상여란 단순히 주검을 나르는 운반구가 아니라 이승과 저승을 이어주는 세계관적 구조물이며, 한국인이 이상적으로 생각하는 또 하나의 집이다. 죽어서 저승을 간다는 것은 이승의 집에서 저승의 집으로 바꾸어 들어가는 것을 뜻한다. 상여는 양택(陽宅)인 이승의 집에서 음택(陰宅)인 묘지로 가는 동안에 임시로 거처하는 음양의 중간적인 집으로 인식하였다. 그 때문에 그 모습이 가옥(家屋)의 형태를 하고 있고, 장식을 매우 화려하게 하였으며, 이러한 장식물들은 고인(故人)을 아무 탈 없이 저승까지 인도할 수 있도록 보호하는 역할을 한다고 여겼다. 생(生)의 마지막

순간이나마 호화로운 집에서 모시고자 하는 유족들의 마음이 담겨져 있다. <상여>라는 말은 도암 이재의 『사례편람』에서 '상여도(喪輿圖)'라는 도판을 설명하면서 처음 나온다. 이 그림을 보면 방상 위에 덮개를 의미하는 죽격(竹格)을 덮은 형태를 하고 있어 시신을 운반하는 가마를 상여라고 하였음을 알 수 있다. 그리고 그 아래에 '속제소여도(俗制小轝圖)'라고 하여 유물로 많이 남아있는 형태의 상여를 그리고 있다. 『사례편람』에 따르면 대여(大輿)는 가난한 사람들이 구하기가 힘들므로 상여를 사용해도 무방하다고 했으며, <세종실록> <순종국장록>에 따르면 대여는 국장에 사용되는 기구로 쓰였다고 밝히고 있다. 『국조오례의』와 『세종실록』「오례의」에 기록된 대여는 『가례』나 『사례편람』의 대여와는 전혀 다르고 오히려 유거(柳車)와 그 모양이 유사하다. 『국조오례의』에서는 대여의 구조는 물론 장강과 단강의 길이, 놓는 방법 등을 상세히 기록하고 있다. 그리고 도성의 문(門) 등 좁은 곳을 지날 때는 접었다가 나가서는 다시 펼 수 있는 단강을 만드는 방법 등 제작기법이 치밀하게 기록되어 있다. 그리고 대여의 각 구조물 색깔 및 용두를 부착하는 법과 유소를 드리우는 방법 등도 설명하고 있다. 상여의 종류로는 큰 상여(大轝, 大輿)와 작은 상여(小轝, 小輿, 柳車)를 들 수 있다. 큰 상여(大轝, 大輿)가 좋지만 집이 가난하여 여의치 않으면 세속의 제도에 따라서 작은 상여(小轝, 小輿, 柳車)를 사용해도 무방하다. 중국에서는 '온량', '온량거'라고도 하였다. 상여는 가운데에 있는 긴 멜대인 장강(長杠)과 관을 얹는 소방상(小方牀), 관을 덮어 꾸미는 죽격(竹格) 등으로 나눌 수 있다. 우리나라 상여의 특징은 채색이 화려하고 반드시 용(龍)을 사용한다는 것이다. 용은 고인의 저승길을 호위하는 역할을 하기 때문으로 보인다. 상여의 형태는 가마와 비슷하나, 몸체의 좌우에는 멜채가 있어서 상여에 따라 12인 또는 24인까지 멜 수 있으며 국장의 경우 왕의 대여는 190여 명이 메기도 한다. 보통 전통 목상여는 사용 후 보관할 수 있도록 분해(分解)와 조립(組立)이 가능하도록 되어 있다. 일본의 상여는 사람이 죽게 되면 앉은 자세로 안치하는 좌식 상여와 우리나라처럼 잠자는 자세로 길게 눕히는 침식 상여로 크게 나뉜다. 과거에 일본은 좌식 상여를 주로 사용하였으나, 명치유신 이후 토장(土葬)에서 화장(火葬)으로 장례 방식이 바뀌면서 화장로에 투입하는 문제와 주검을 처리하는 방식의 변화로 길게 눕히는 침식 상여를 주로 사용하게 되었다.

- **상여막(喪輿幕)** : 상여를 보관하는 장소. 행상(行喪)집, 곳(庫)집, 상여집이라고 불리기도 한다. 상여막은 죽음을 연상시키므로 마을에서 잘 보이지 않는 곳에 위치하고, 마을 사람들이 장례를 치르기 위해 조직한 계(契)모임에서 주로 관리한다.

- **상여의 유래** : 원래 상여는 어깨에 메고 가는 방식이 아닌 소나 말이 끌고 가는 수레였다. 중국에서는 상여라는 용어 대신 대여(大輿)라는 명칭을 썼으며, 온량(輼輬) 온거(輼車)라고도 불렸고, 예기(禮記)에서는 유거(柳車), 이거(輀車)라는 명칭으로 쓰였다. 우리나라에서는 고려시대부터 왕실에서 대여(大輿)를 사용한 기록이 있으며, 일반 서민들

은 대여보다 규모가 작은 소여(小輿)를 사용해 온 것으로 추정되며, 이것이 지금의 상여라고 볼 수 있다.

- **상여소리** : 행상(行喪) 때 상여꾼들이 부르는 구슬픈 소리. 만가(輓歌), 향도가(香徒歌), 향두가, 행상소리, 회심곡, 옥설개 설소리, 상부(喪夫)소리라고도 불리운다. 복을 기원하는 내용으로 발을 맞추고 힘을 덜려는 장단으로 구성된다. 소리꾼이 요령을 흔들면서 선창하면 상두꾼들(상여를 메는 사람)이 이어받아 부른다. 지역에 따라 다양한 명칭으로 불리워진다. 발인제가 끝나고 상여행렬이 장지까지 가는 과정에서 부르는 소리이다.

- **상여장(喪輿匠)** : 상여를 만드는 장인.
- **상여 행렬** : 발인(견전) 이후 장지를 향하는 나가는 상여의 행렬.

- **상원하방(上圓下方)** : 모친상 때 상주가 짚는 지팡이의 모양이 위를 둥글게 하고, 아래를 네모나게 깎아서 만든다. 재료는 오동나무나 버드나무를 사용한다. 상원은 하늘을 하방은 땅을 상징하며, 이러한 상징에 맞도록 지팡이를 짚어야 망자의 영혼이 이승인 땅의 세계에서 저승인 하늘의 세계로 온전히 여행할 수 있다고 믿는 것이다. 천원지방(天圓地方) 참조.

- **상의(上衣)** : 병을 간호하는 남자가 갈아입는 겉옷이다. 고례에 귀인은 조복(朝服), 천인은 심의(深衣)를 입는다. 도포 혹은 직령(直領)으로 대신하기도 한다. 그러나 요즘에는 이러한 개념이 없다. 또한 소렴의 절차에서 등장하는 옷의 일종으로 포나 단령 등 겉옷으로 입는 옷을 통칭하는 말이다. 내상(內喪 - 여자 상)에는 단의(褖衣 - 검정 천의 안을 댄 옷), 원삼(圓衫) 등을 사용한다.

- **상읍(相揖)** : 서로 읍(揖 - 상대에게 공경을 나타내는 예의 한 가지)을 하고 지내는 사이로서 상사(喪事)에 참석함을 말한다.

- **상장(喪章, Mourning Badge)** : 양복 형태의 상복을 입을 때 가슴에 부착하는 리본. 검은 헝겊이나 삼베조각으로 거상(居喪)이나 조상(弔喪)의 뜻을 나타내기 위하여 옷깃이나 소매, 모자 따위에 다는 표시물. 보통 삼베로 하되, 상복이 검은색이면 흰색 상장을, 상복이 흰색이면 검은색 상장을 단다. 상장의 크기는 가로 7cm 세로 3cm 정도로 한다. 원래 이 상장(喪章)은 전통상복의 상징인 최(衰: 눈물받이)가 변형되어진 것이다.
장례를 마친 후 상을 당했다는 표시를 하는 것으로 남자는 삼베로 만든 리본을 왼쪽 가슴에 부착하고 여자는 무명천으로 만든 리본(머리핀)을, 남자의 상일 경우 좌측머리, 여자의 상일 경우 우측머리 부분에 꽂는다. 상장은 장례를 마친 후 탈상 때까지 직계가족만 착용한다.

- **상장(喪杖) 막대기 (작지)** : 상주와 복인이 짚는 지팡이. 상제(주)가 짚는 지팡이. 부상(父喪)에는 대나무(苴杖), 모상(母喪, 削杖)에는 오동나무나 버드나무를 쓰되, 뿌리 쪽이 아래로 향하도록 사용한다. 아버지는 자식을 기르느라 속이 비어 버렸기 때문에 대나무를, 어머니는 자식들이 애를 태워 속이 찼기 때문에 오동나무를 지팡이로 쓴다고 하며, 오동나무나 버드나무는 위를 둥글게 아래를 네모나게 깎아서 상원하방(上圓下方)의 모양을 이루도록 한다. 지팡이를 쓰는 것은 병자를 부축한다는 의미로서, 지팡이로 상중의 상주가 상례를 치르는 것이 병자와 같이 깊은 슬픔을 얻었다는 상징적 의미이다.
상제가 상례나 제사 때 짚는 지팡이를 말한다. 상을 당한 슬픔이 지극하여 몸을 지탱할 수 없으므로 지팡이에 의지해야 하기 때문에 착용한다. 일반인 지팡이 보다 짧게 제작되어 허리를 구부리고 지팡이에 의지하도록 하였다. 전통상복을 입을 경우에 상주의 지팡이는 부상죽처상오동(父喪竹妻喪梧桐)이라 하여 남자 고인일 경우에는 대나무를, 여자 고인일 경우 오동나무 또는 버드나무로 한다. 그 길이는 상주의 배꼽까지로 하며 지팡이에 물을 들이거나 지팡이 윗부분에 짚이나 베로 매지 않으며 거꾸로 짚지 않는다. 상주가 짚는 지팡이 역시 별도의 상징성을 지니고 있다. 이는 상주와 죽은 이의 관계를 쉽게 알리는 구실을 하며, 조문객들에게 누구의 상인지 쉽게 알리는 구실을 한다. 누구의 상인가를 분명하게 알아야 의례에 맞는 조문을 할 수 있다. 대나무는 뿌리부분인 죽본(竹本)이 밑으로 가도록 짚으며 오동나무나 버드나무는 위를 둥글게, 아래를 네모나게 깎아서 상원하방(上圓下方)의 모양을 이루도록 한다. 죽본은 땅을, 죽순은 하늘을 상징하듯이 오동나무 역시 상원은 하늘을, 하방은 땅을 상징한다. 이러한 상징에 맞도록 지팡이를 짚어야 망자의 혼이 이승인 땅의 세계에서 저승인 하늘의 세계로 온전하게 여행을 할 수 있다고 믿는 것이다. 한편 『예기』에 이르기를 지팡이를 짚는 이유는 "효자가 부모를 잃으니 상(喪)하고 눈물 흘리는 일이 수 없고, 근심과 괴로움으로 3년을 복(服)하니 몸은 병들고 메마른다. 그래서 지팡이로 병든 몸을 부축하는 것이다."라고 하였다.

- **상장(喪葬)** : 장사지내는 일과 상중에 하는 모든 예식.
- **상장지절(喪葬之節)** : 장사 또는 삼년상의 모든 절차.
- **상제(喪制)** : 상주(喪主)의 기호지역 사투리 표현. 혹은 부모나 아버지가 세상을 떠난 뒤에 조부모의 거상(居喪) 중에 있는 사람(승중)으로서 망자의 배우자와 직계 비속을 말한다. 즉 보통 상을 당한 자손들을 일컫는 말이다. 자손이 없는 경우에는 가장 가까운 친척들 즉 상을 주관하는 사람들을 일컫는 말이다. 『사례편람』에서는 입상주(立喪主)라 하여 비속의 형제를 모두 포함하고 있다. 그러나 1969년의 <가정의례준칙>에서는 『사례편람』에서 사용한 상주라는 용어를 사용하지 않고 '상제'라 표현하고 특히 장자를 '주상(主喪)'으로 표현하고 있어 장자의 중요성을 부각시키고 있다. 이때부터 장자와 중자(衆子)의 관계를 분명히 한 것으로 보이고 있지만 실상은 혼란만 가중시키고 있다. 사실 상제라는 말은 어떤 예서(禮書)에서도 언급되지 않은 용어이다. 말하자면 상제는 서울경기(기호)지역의 사투리로 생각되는데, 최초로 등장한 시기는 아마도 1961년도에 발간된 박창규(朴昌奎) 편(編) 『婚喪祭禮要覽』(大造社, 1961) 48쪽에서 처음으로 사용된 것으로 보인다. 그 이후에 『가정의례준칙』(대통령고시 제15호 1969.3.15)에서 사용됨으로써 법령으로 보편화된 것으로 보인다. 여기서는 맏아들을 '주상(主喪)'으로 표현하고 그 외의 복인들을 '상제'라고 하여 구분하여 사용하고 있으나 의미상 구분이 불필요하고, 전통적으로 맏상주, 둘째상주 등으로 불렀다.
- **상제(喪祭)** : 장사 뒤에 지내는 제사.
- **상주(喪主, Chief Mourning)** : 고인(故人)의 직계비속자손으로서 장례를 주관하는 사람. 즉 상사(喪事)의 중심이 되는 상인(喪人). 상례의 주인. 맏상주. 항간에는 맏아들인 맏

상주를 주상(主喪)이라 하고 나머지를 상제라고 하였으나, 근거가 희박하거나 일본식 표현일 가능성이 높다. 대개 상주는 장자를 말하는데, 장자가 없으면 승중(承重)한 장손이 상주가 되어 궤(饋), 전(奠)을 받든다. 아내의 상에는 남편이 되고, 장자나 승중(承重)할 장손이 없으면 차자(次子)나 차손(次孫)이 상주가 되기도 한다.

• **상주(喪主) 리본** : 현대 장례에서 완장 대신 상주를 구분하기 위해 가슴에 달기 위한 리본.

• **상중(喪中, Mourning)** : 초상(初喪) 동안을 말하며, 기중(忌中)이라고도 함.

• **상차(喪次)** : 거상하는 자리. 상례를 치르는 자리. 상주들이 머물고 기거하는 상제 노릇하는 자리. 사랑채의 허름한 방을 정해 놓고 상주가 탈상할 때까지 기거하는 장소이다. 한편 상차(喪次)란 참최복을 입는 여막(廬幕)과 자최복을 입는 악실(惡室)로 구별되기도 하는데, 벽에 진흙만 바른 방을 이르는 것이다. 참최복을 입는 사람은 거적을 깔고 자고 흙덩이를 벤다. 수질(首絰)과 요질(腰絰)은 벗지 않으며 사람들과도 더불어 앉지 않는다. '거적을 깔고 자고 흙덩이를 벤다.'에 대하여 『주자가례』의 치장(治葬) 조(條)의 주(註)에서는 '공자가 말하기를 가기(家記)에 아직 장사지내지 않았다면 옷을 갈아입지 말며, 죽을 먹고, 움막에 살면서 짚자리에서 자고, 흙덩이를 벤다.'고 하였다. '대개 어버이가 아직 돌아갈 곳이 없음을 민망하게 여기기 때문에 자고 먹는 것을 편하게 하지 않는 것이다.'고 하였다.

• **상채(喪債)** : 상례를 치루기 위해 진 빚.

• **상처(喪妻)** : 홀아비가 됨.

• **상청(喪廳)** : 망자의 영위를 두는 궤연(几筵) 또는 지청 또는 영실(靈室). 삼년상을 마칠 때까지 신주(神主)나 혼백(魂帛)을 상청(喪廳)에 봉안하고 조석(朝夕)으로, 또는 삭망(朔望)으로 상주의 예(禮)를 갖춘다. 요컨대 상청이란 고인의 혼백을 모시고 3년상을 치르는 동안 조석(朝夕)으로 상식(上食)과 전(奠)을 올리는 공간으로서 휘장을 쳐서 가리고, 앞쪽은 의례를 행할 때 여닫을 수 있도록 한다. 상청에는 매장을 하기 전까지는 혼백(魂帛)을 모시고, 매장 후에는 신주(神主)를 모신다. 그리고 그 앞에는 제상(祭床)을 마련하고 항상 주과포(酒果脯)를 차려둔다. 혼백이나 신주는 혼보(魂褓)로 덮어두고, 문상객이 오거나 전을 올릴 때, 제사를 지낼 때는 이를 벗긴다. 제상의 아래에는 향탁을 두고, 그 옆으로 고인의 신발과 빗 등 생시 사용하던 물건을 둔다. 이곳에서 삼우제, 졸곡제, 부제, 소상, 대상 등의 제사와 함께 3년 동안 상식과 삭망전 등의 의례를 행한다.

• **상추(相趨)** : 죽은 자와 아는 사이로 상가(喪家)와 서로 성명 정도 들어본 사이, 또는 일면식 정도의 사이를 이르는 말이다.

- **상측(喪側)** : 시신이 있는 곁.
- **상포(喪布)** : 초상(初喪) 때 쓰는 포목.
- **상행(喪行)** : 장사지내려고 묘지로 가는 행렬.
- **상향곡(相向哭)** : 서로 마주보고 곡하는 일.
- **쌍분(雙墳)** : 한 묘역 내에 2개로 된 묘.
- **색양(色養)** : 부모님의 안색과 기색을 살펴 봉양함. 부모의 안색과 마음을 살펴 받들어 모심. 혹은 항상 화사한 안색으로 부모를 봉양함. 즉 상주와 망자가 모두 벼슬이 없을 경우, 망자의 죽음을 나타내는 말로서, 엄기색양(奄棄色養)이라는 말을 사용하는 것이다.
- **생견(生絹)** : 생사(生絲)로 짠 명주이다. 문상 시 입는 흰 소복(素服)의 재료이다.
- **생기지제(生忌之祭)** : 죽은 사람의 생일 제사. 사실 '죽은 사람의 생일제사는 실로 예가 아닌 예이다.'라고 하여 선유(先儒)들이 이미 배척한 바가 있으나, 3년 안에는 상생지의(象生之義), 즉 죽은 사람 섬기기를 산사람 섬기듯 하는 도리가 있으니, 아침 상식 뒤에 따로 몇 가지 음식을 차려 조석전과 같이 하는 것도 무방할 듯하다.
- **생령(生靈)** : 살아 있는 사람의 몸 안에 깃든 영혼(靈魂). 즉 영혼이 살아 있는 사람의 몸에 깃들어 이승에서 살고 있음.
- **생장(生葬)** : 시신을 화장하기 위해 파묘를 한 경우, 매장한 지 얼마 되지 않아서 부패하지 않고 그대로인 시신을 말한다.
- **생졸(生卒)** : 생(生)은 출생을 말하는 것이요, 졸(卒)은 사망을 말하는 것이다. 약관(弱冠 - 20세) 이전에 사망하게 되면 요절(夭折) 또는 조사(早死)라 하여 '조요(早夭)'로 표시하고, 70세 미만에 사망하게 되면 '향년(享年) ○○'이라 기록하며, 70세 이상에 사망하게 되면 '수(壽) ○○'이라고 기록한다.
- **생지(生誌)** : 자신의 무덤에 묻을 묘지명(墓誌銘)을 살아 있을 때 작성한 것.
- **생포(生布)** : 생베. 누이지 않은 베. 참최와 자체복에 사용되는 거친 누이지(익히지) 않은 베. 즉 참최에는 극히 거친 생포를 쓰고, 자최에는 그 다음으로 거친 생포를 쓰고, 일년복에는 그 다음 생포를 쓰고, 대공에는 조금 누인 베를 쓰고, 소공에는 조금 고운 누인 베를 쓰고, 시마복에는 아주 고운 누인 베를 쓴다. 5복의 관과 효건과 효대, 갓끈, 무(武 - 관 밑의 동그란 테두리)에 쓰는 베는 각 그 복에 따라 그 복보다 조금 고운 것을 쓴다. 여자들의 머리쓰개와 상복의 베는 남자의 관과 옷에 쓰는 베를 기준으로 한다.
- **서립(序立)** : 차례대로 섬. 순서대로 늘어서는 것.

- **서세(逝世)** : 별세(別世)의 높인 말.
- **서손부(庶孫婦)** : 서출의 손자며느리.
- **서자(庶子)** : 지차자(支次子). 적자(適子)가 아닌 사람.
- **석(席)** : 상례, 제례 등 의례를 행할 때 까는 자리로서 미리 마련한다.
- **석곽(石槨)** : 매장을 할 때 널을 넣기 위해 따로 짜 맞춘 매장시설의 하나로서 이를 덧널이라고도 하는데, 나무로 만들면 나무덧널 혹은 목곽, 돌로 만들면 석곽 혹은 돌덧널이라고 한다. 고대의 매장시설은 시신을 직접 넣는 관인 널, 이를 안치할 수 있는 보호시설로서의 곽인 덧널, 곽의 외부시설로서의 묘실(墓室)이 있다. 관은 시신을 직접 넣는 상자로서 이동이 가능한 데 비해, 덧널은 고정식 시설이다. 덧널의 형상은 민족, 시대, 지역에 따라 다르다. 중국에는 목곽, 석곽, 전곽(塼槨) 외에 패곽(貝槨)이 있고, 일본에는 점토(粘土)곽, 요곽(窯槨), 역곽(礫槨) 등이 있다. 한반도에서 덧널이 매장주체시설의 일부로서 나타나는 것은 청동기시대의 무덤에서부터 비롯되는데, 재료에 의해 목곽, 석곽, 전곽, 역곽 등으로 구분할 수 있다.
- **석관(石棺)** : 고려시대 화장을 한 후 뼈를 묻기 위하여 사용하던 것으로 6개의 판석을 조립하여 하나의 석관을 만든다. 석관 자체나 뚜껑에는 사신도나 성운도, 연화문, 북두칠성 등을 조각하거나 그려 넣기도 하였다. 석관을 이용할 때 유의할 점은, 돌은 수분을 신속하게 흡수하고 배수하지 못하므로, 돌(석관)의 벽면을 따라 우수가 흘러 내려, 결국 광중으로 물이 들어가고 주변은 항상 진흙상태가 되므로 아래판(地板)은 깔지 않는 게 좋고 가능한 목관을 안쪽에 넣고 외곽을 두르는 형태로 석관을 쓰는 게 다음을 위해서 바람직한 사용방법이다.

- **석곽묘(石槨墓)** : 시신 주위가 작은 석실로 된 묘지. 돌널무덤 참조.
- **석관묘(石棺墓)** : 관을 돌로 만든 묘지. 주로 구릉의 정상부에서 많이 발견되고 있으며, 판석(板石)이나 할석(割石)을 사용하여 매장시설을 지하에 마련하고 판석(板石)을 덮은 것이다. 즉 석관묘는 괴석(塊石)이나 판석(板石)으로 외관(外棺)을 만든 형태로서 판석형과 할석형으로 대별되며, 규모면에서 160cm 이상의 성인이 신전장(伸展葬)을 할 수 있

도록 큰 경우도 있지만, 1m 정도의 석관묘도 많다. 이러한 경우는 굴장(屈葬)을 생각할 수 있다. 또한 70cm 정도의 석관묘는 굴장(屈葬)이라기보다는 이차장(二次葬)이나 소아(小兒)용으로 생각할 수 있다. 대전 괴정동에서 발견된 것은 청동제 일괄유물과 함께 토기, 옥제품, 마제석촉 등이 함께 출토되고 있다. 길이는 2m 이상이며, 남북을 장축으로 하고 있으며, 머리는 남쪽으로 두었을 것으로 보인다. 시대는 기원전 4~5세기경으로 보이며, 당시의 지배계급이나 특수한 직능을 가졌던 사람들의 무덤으로 보인다. 이러한 무덤들은 남한에서는 삼한시대, 삼국초기를 거쳐 기본적인 고대묘제로 발달한 것으로 보인다. 돌널무덤 참조.

- **석곡(夕哭)** : 저녁 곡. 상제가 소상(1년 동안)까지 저녁때마다 영전에 하는 곡.
- **석등(石燈)** : 분묘 주변에 있는 돌로 만든 등(燈).
- **석림(石林)** : 일본의 묘지를 나타내는 말인데, 일본의 석탑형 묘는 대부분 납골을 전제로 한다. 물론 국소수의 도서지역에서 매장을 하기도 하지만, 일반적으로 일본의 묘라고 하면 석탑(石塔) 혹은 석비(石碑)라고 불리는 돌로 만든 탑 형태의 묘석(墓石) 기단(基壇)에 유골(遺骨)을 안치할 수 있는 납골함이 설치되어 있는 납골묘이다. 이를 일컬어 일명 석림(石林)이라고 표현하기도 한다.
- **석마(石馬)** : 분묘 주변에 있는 돌로 만든 말(馬).
- **석문의범(釋門儀範)** : 불가의 예의범절에 있어서 모범이 될 만한 것들을 모아 편집한 예규(例規). 불교의 장례의식 및 다비의식에 대한 자세한 절차가 기술되어 있다. 임종에서 입관에 이르는 절차는 일반 유가식 장례의식과 비슷하다. 그러나 임종자의 극락왕생을 기원한다는 점에서 차이가 있다. 조문의 경우 분향하고 가급적 술 대신 청수를 올리며, 함께 기도하고 독경한다. 재가불자 들에 대한 일반적인 장례순서는 다음과 같다 : ① 개식(開式) ② 삼귀의례(三歸依禮) : 불(佛), 법(法), 승(僧)의 세 가지 삼보에 돌아가 의지한다는 불교의식 ③ 약력보고 : 고인의 친지가 고인을 추모하는 뜻에서 한다. ④ 착어(着語) : 주례스님이 부처의 가르침을 인용해 고인의 영혼을 안정시킨다. ⑤ 창혼(唱魂) : 극락에 가서 고이 잠들라는 뜻으로 주례스님이 요령을 흔들며 의식을 거행한다. ⑥ 헌화(獻花) : 친지나 친척이 영가에 꽃을 바친다. ⑦ 독경(讀經) : 주례승과 모든 참례자가 고인의 혼을 안정시키고 생존 시의 모든 인연을 잊고 극락세계에 고이 잠들라는 경문(經文)을 소리 내어 읽는다. ⑧ 추도사(追悼辭) : 초상에는 조사(弔辭)라고 하며 일반에서 행하는 의식과 같다. ⑨ 소향(燒香) : 일동이 함께 향을 피우며 고인을 추도하고 애도한다. ⑩ 사홍서원(四弘誓願) : 모든 부처와 보살에게 공통된 네 가지의 서원을 일컫는다. ⑪ 폐식 : 영결식 절차가 끝났음을 선언한다.

영결식이 끝나면 장지로 향한다. 화장터로 떠날 때에는 주례승이 화장터까지 따라가며 염불을 행한다. 다비란 말뜻 그대로 불교에서는 화장을 원칙으로 하여 시신을 분구(焚

口)에 넣고 다 탈 때까지 염불(念佛)한다. 다 타면 주례스님이 흰 창호지에 유골을 받아서 상주에게 주며, 쇄골(碎骨)한 후에 주례승이 있는 절에 봉안(奉安)하고 제사를 지낸다. 장례 후, 유골을 봉안한 절에서는 사십구재(四十九齋), 백일재, 3년 상을 지내며 이것이 끝나면 고인의 사진을 떼어간다.

- **석상분(石箱墳)** : 석관묘와 같은 뜻이다. 청동기시대에 생겼을 것으로 보인다. 구조는 4벽이 한 장씩의 판석으로 된 것과 여러 판석으로 된 것으로 나누어지는데, 전자는 주로 한강 이북에, 후자는 한강 이남에 분포되어 있다. 강계의 풍용동에서 발견된 석상묘는 길이가 2m 이상 되는 것도 있는 것으로 보아, 신전장(伸展葬)이었을 가능이 높으며, 머리는 서쪽으로 두고 있어 토장이나 적석총과 차이를 보이고 있다. 그리고 역시 항아리, 관옥, 석촉 등과 함께 청동제품 소수가 발견되고 있다. 그러나 다른 지역에서는 길이가 짧은 것으로 보아 굴장을 하였을 것으로 추측된다.
- **석실분(石室墳)** : 판상석(版狀石)이나 할석(割石)을 사용하여 널을 안치하는 방을 만든 무덤으로 돌방무덤이라고도 한다.

- **석양(石羊)** : 분묘 주변에 있는 돌로 만든 양(羊).
- **석인(石人)** : 분묘 주변에 있는 돌로 만든 사람(문인석, 무인석).
- **석전(夕奠)** : 저녁 전(奠). 생시와 똑같이 섬긴다는 의미에서 고인을 위해서 해가 지면 상에 술과 과일, 포 등을 올리는 것.
- **석천(席薦)** : 등메. 멍석. 헝겊으로 가를 두르고 뒤에 부들자리를 대서 만든 돗자리. 초상 시 설전(設奠) 후 주인 이하가 제 자리를 정하고 곡을 할 때, 존항(尊行)이 앉는 곳에 미리 까는 자리이다.
- **석총(石塚)** : 돌로 된 묘지.

- **석함(石函)** : 골호(骨壺)를 담는 돌로 만들은 함(函). 통형, 상자형, 집모양 등으로 모두 반으로 잘라서 안쪽을 파내어 골호(骨壺)가 들어갈 공간을 만들었다.

녹유골호와 석제외함

- **석호(石虎)** : 봉분을 지키는 돌 호랑이.
- **석회(石灰)** : 회격(灰隔) 시 사용하는 돌가루. 양은 적당히 하되 사방 회(灰)의 넓이는 각각 6~7치 정도이고, 천회(天灰 - 광중에 관을 내려놓고 관 위에 다지는 회)는 두께가 2~3자 정도이다.
- **선고(先考), 선친(先親), 현고(顯考)** : 돌아가신 아버지를 일컫는 말.
- **선대인(先大人), 대인(大人), 선고장(先考丈)** : 돌아가신 남의 아버지를 일컫는 말.
- **선롱(先壠)** : 선대의 무덤.
- **선부군(先府君)** : 돌아가신 아버지.
- **선비(先妣), 현비(顯妣)** : 돌아가신 어머니를 일컫는 말.
- **선서(仙逝)** : 죽음을 나타내고 설명하는 보다 완곡한 표현.
- **선서자(善書者)** : 글씨를 잘 쓰는 사람. 이 사람에게 신주(神主)의 함중(陷中)과 분면(粉面)을 쓰게 한다.
- **선영(先塋)** : 조상의 무덤. 또는 무덤이 있는 곳. 선묘(先墓). 선산(先山).
- **선인(先人)** : 아버지.
- **선장(邅葬)** : 빨리 장사를 지내는 것.
- **선장(先葬)** : 선영(先塋 - 조상의 무덤), 즉 먼저의 무덤. 먼저 묻은 조상의 무덤을 말한다.

- **선장위(先葬位)** : 먼저 장사한 위(位).
- **선화(仙化)** : 별세(別世)의 의미로서 증산(甑山)도식 용어.
- **설단(設壇)** : 시신이 없는 묘소를 만드는 일.
- **설료(設燎)** : 전통 상장례 절차 중 초종의(初終儀)의 소절차로서, 밤샘을 위해 화톳불을 놓는 것을 말한다. 『가례』에는 규정되어 있지 않고 『사례편람』 등에 규정되어 있다.
- **설면자(雪綿子)** : 흰 솜. 세속에서 유해(遺骸) 위에 펴는 데 쓴다.
- **설빙(設氷)** : 습(襲)을 할 때 시신의 부패 방지를 위해 시상(屍牀) 아래에 얼음을 놓아 두는 일을 말한다. 먼저 얼음을 그릇에 담아 놓고 그 위에 침상을 놓는다. 침상의 자리를 치우고 대나무 발을 한 겹으로 깔고 시신을 옮겨 놓아 얼음의 차가운 기운을 통하게 한다. 『가례』에는 규정이 없으나 『상례비요』 『사례편람』에서 나타난다. 원래는 시신을 씻긴 후에 하는 것으로 되어 있지만, 얼음을 구하는 즉시 사용하도록 하고 있다. 얼음을 사용하는 것은 부패를 방지하여 시신의 온전한 보존을 위한 것이다.
- **설빙구(設氷具)** : 여름에 시신의 부패를 막기 위해 얼음을 사용하는 데 필요한 용구. 상(牀 : 평상), 분(盆 : 동이) 등이 있다. 동이로 얼음을 담아서 평상 밑이나 적당한 자리에 놓는다.
- **설위(設位)** : 신위 자리를 마련함.
- **설의(褻衣)** : 평상복. 세속의 중치막(中赤莫)·동의(冬衣 - 남자가 입는 저고리)이다.
- **설전(設奠)** : 상례의 각 절차에서 의례를 행할 때 전(奠)을 차리는 일을 말한다. 고인의 영혼은 음식에 의지하기 때문에 초혼을 한 후부터 바로 전을 설치하는데, 이를 시사전이라고 한다. 예컨대 상을 당하고 처음 지내는 전(奠)은 시사전(始死奠), 습(襲) 후 지내는 전은 습전, 소렴 후 지내는 전은 소렴전, 대렴 후 지내는 전은 대렴전 등이다. 이후 영좌 앞에는 항상 전을 차려 놓는데, 영혼이 의지할 수 있도록 하기 위한 것이다. 부모의 죽음을 인정하지 못하여 살아 계실 때와 같이 먹던 음식을 올린다는 의미이다. 특히 설전(設奠)하면 보통은 시사전(始死奠)만을 의미하기도 하는데 이때의 전(奠)은 주(酒), 포(脯), 해(醢)로서, 왼쪽에 포 오른쪽에 해로 차린 상을 시신 동편에 놓고, 애통해 하는 상주를 대신하여 집사와 축관이 손을 씻고 잔에 술을 부어 시신의 동쪽(시신의 오른쪽)에 드린다. 즉 수시를 마친 후 집사자가 망자의 혼이 의지할 수 있도록 탁자에 포와 해(식혜)를 올리면, 축관이 손을 씻고 술을 따라 올린다. 술은 잔에 가득 차게 부어 시신의 오른쪽(동쪽) 어깨 부근에 놓아 망자의 혼을 달래는 것이다. 이 때 절은 하지 않는다. 시사전(始死奠) 참조.
- **설촉(設燭)** : 날이 어두워지면 빈소 밖에 촛불을 켜고 마당에 홰를 지핀다. 빈소 안쪽에 장등(長燈)하는 것은 예(禮)가 아니며 화재의 염려도 있어 행하지 않는다.

- **설치(楔齒)** : 염습(斂襲)하기 전에 입에 낟알을 물리려고 시신의 이를 벌리는 일.
- **설치철족(楔齒綴足)** : 절명(絶命)한 후 시신의 입이 다물어지는 것을 방지하기 위해 치아 사이에 각사를 끼우고, 사지가 뒤틀어지는 것을 방지하기 위해 손발을 묶어 놓는 일을 일컫는다. 설치(楔齒)에는 각사(角柶)를 사용하고, 철족(綴足)에는 조(組)라고 하는 끈을 사용한다. 치아에 쐐기를 끼우고 발을 묶는다는 뜻이다. 먼저 시신을 임시로 안치하는 시상(屍牀)을 마련한 후 자리와 베개를 놓고 시신을 그 위로 옮기는데, 머리를 남쪽으로 한다. 입에 쐐기를 물리는 것은 운명 후 입이 다물어지면 습(襲)을 하고 난 후에 행하는 반함(飯含)을 할 수 없기 때문이다. 다리와 팔을 가지런히 하여 묶어 놓는 것은 사지(四肢)가 흐트러지지 않게 하여 가지런히 하고, 입관(入棺)에 지장이 없게 하기 위함이다. 통상은 솜으로 코를 막고, 시신의 엄지손가락과 엄지발가락을 묶고 이를 다시 연결해 놓는 정도로 한다. 이때에는 한지를 말아서 꼰 끈을 사용한다. 사실 설치철족은 『주가가례』에는 없으나 『사례편람』에서 『상례비요』에 의거하여 보입(補入)한 절차로서 당시 조선 사회의 상황에 맞게 수정하여 적용하기 위한 것으로 보인다. 이 설치절족은 시신을 처리하는 최초 단계로서 일반적으로는 수시(收屍)라고 한다. 설치철족을 하는 이유는 머리, 얼굴, 등, 사지로부터 눈썹, 수염, 머리카락까지 반드시 곧바르게 하고, 손 발 팔꿈치 무릎은 또 따뜻한 손으로 주물러 펴지게 해야 한다. 혹 여러 가지 도구를 마련하지 못해서 염을 제 때에 하지 못하고 이때에 혹 소홀히 하면 손발이 뒤틀려서 이루 말할 수 없는 근심이 있게 되니 반드시 제 때에 들어가 살펴야 한다는 것이다. 공자가 말하기를 "공경이 최상이고, 슬픔은 다음이다."라고 하였고, 자사(子思)가 말하기를 "몸에 붙어 있는 것은 반드시 정성으로 하고 반드시 확실히 해서 후회가 없게 해야 한다."라고 하니 몸에 붙어 있는 것도 그러한데 하물며 신체에 있어서이겠는가? 효자(孝子)는 시신을 바르게 하는 예절에 있어 더욱 진심과 성의를 다해야 할 것이다(김시덕, 『한국의 상례문화』, 142쪽 참조).
- **성교예규(聖敎例規)** : 가톨릭의 관례로 되어 있는 규칙. 이전에는 이를 근거로 하여 천주교의 장례절차가 이루어졌다. 지금은 <상장예식>에 근거한다.
- **성복(成服)** : 입관 후 상주와 복인이 상복을 입는 일이나 절차. 초상이 났을 때 상주들이 처음으로 상복으로 옷을 갈아 입는 일이나 절차. 즉 고인과의 친인척 관계의 멀고 가까움에 따라 오복제도에 맞추어 상주들이 상복을 입는 것을 말한다. 보통은 염습이 모두 끝난 4일째에 한다. 이처럼 4일째에 성복하는 것은 사람의 자식으로서 차마 바로 돌아가셨다고 하지 못하기 때문에 3일을 기다렸다가 하는 것이라고 한다. 즉, 3일이 지나면 소생의 희망이 없기 때문에 성복하여 상중으로 들어간다는 것이다. 입관이 끝나면 상제와 복인들은 성복을 한다. 복인의 범위는 8촌 이내 친족으로 한다. 성복이란 정식으로 상복을 입는다는 뜻이다. 요즈음은 전통상복인 굴건제복을 하지 않고, 남자는

간단히 베나 광목으로 된 두루마기를 입거나 검은 양복에 무늬 없는 흰 와이셔츠를 입고 검은 넥타이를 매며, 여자는 흰색이나 검은색 치마저고리를 입고 흰색 버선과 고무신을 신는다. 집안의 생활양식에 따라 검은색 양장을 하기도 하며 물론 양말이나 구두도 검정색으로 통일하는 것이 좋다. 복인은 삼베로 만든 완장이나 두건을 쓴다. 성복을 한 후에는 외인의 문상을 받는다. 한편 전통적으로는 복(服)은 망인과의 친소에 따라 기간을 달리하는데 참최(부, 장자 등)는 3년, 자최(모, 조모 등) 3년, 자최장기(남편 등) 13개월, 자최부장기(형제 등) 13개월, 대공(종형제 등) 9개월, 소공(종조부모, 외조부모 등) 5개월, 시마(종증조부모, 재종조부모 등) 3개월 등으로 되어 있어 이것을 5복(服)이라고 하며 상복도 재료가 다르다. 포(布)에서는 참최가 매우 성근생포(生布), 자최는 약간 성근 생포(生布), 대공은 약간 성근 숙포(熟布), 소공은 약간 가는 숙포(熟布), 시마는 매우 가는 숙포(熟布)를 쓰고, 마(麻)는 참최가 저마(苧麻, 암삼), 자최 이하는 시마(緦麻, 수삼), 시마는 숙마(熟麻)를 사용한다. 상복은 남자의 경우 관(冠, 속칭 굴건), 효건(孝巾, 속칭 두건), 의(衣, 제복), 상(裳), 중의(中衣, 中單衣), 행전, 수질, 요질, 효대(絞帶), 장(杖), 이(履, 짚신) 등으로 되어 있으며, 여자는 관(冠, 흰 천으로 싼 족두리), 의(衣), 상(裳)을 입고 수질, 요질, 효대, 장 등은 남자와 같으나 다만 요질에 산수(散垂)가 없다. 이(履)는 미투리를 신는다. 동자복(童子服)은 어른과 같되 관, 건, 수질이 없다. 성복이 끝나면 조석으로 상식(上食)하며 상제들은 비로소 죽을 먹고 슬퍼지면 수시로 곡한다. 성복 전에는 손님이 와도 빈소 밖에서 입곡하고 상제와의 정식 조문은 하고 있지 않다가 성복 후에 비로소 조례(弔禮)가 이루어진다. 성복이란 정식으로 상복을 입는다는 뜻으로 상주(喪主)와 복인(服人, 고인의 8촌 이내의 친족)이 성복을 한다. 전통적인 상복은 굴건제복(屈巾祭服)이 원칙이었으나 현대에 와서는 검정색 양복이나 한복을 입는 경우가 많다. 염습과 입관이 끝나고 나면 고인과의 관계에 따라 상복(喪服)을 입게 된다. 입관 전에는 상복을 정식으로 입지 못하고 좌단, 우단(左袒右袒)이라 하여 남자상에는 왼쪽 어깨를 꿰지 않고, 여자상에는 오른쪽 어깨를 꿰지 않고 입으며, 이는 상을 당해 옷을 제대로 입을 수도 없는 경황임을 나타내기도 한다. 또한 보는 사람이 누구의 상인지 구별할 수 있도록 하기도 하는 것이다. 요즈음은 양복 위에 흰 두루마기를 좌단, 우단(左袒右袒)하여 입고 있다. 이러한 표시는 고인이 아직 입관 전이라는 것을 알리는 의미이며, 일반적으로 입관 전에는 문상(問喪)을 받지 않는 것이 보통이지만, 현대 장례식장인 경우 대부분 3일장으로 인해 조문의 시간이 짧고, 바쁜 현대생활의 특성상 조문(弔問) 오시는 손님들의 사정을 고려하여 문상을 받기도 한다. 유족들은 입관하기 전까지는 고인에게 절을 해서는 안 되며, 입관이 끝난 후 상복을 올바르게 갖춰 입고, 전(奠)을 지낸 후 비로소 고인(故人)께 술 한 잔을 올리며 절을 한다. 현대의 상복은 전통적인 굴건제복(屈巾祭服)과 대수장군(大袖長裙)의 형태를 띤 상복을 입기도 하나, 옛날처럼 베의 짜임새나 모양을 달리하는 구분이 아니고, 일반적인 고운 베로 만들어진 상복을 착용하고 있으며, 검은색 양복이나 양장을 착용하고 있다. 최근의 상복에는 일정한 기준이 없이 여러 가지의 형태로 뒤섞여 착용하는 경우도 나타난다. 또한 옛날과 달리 대가족제도가 아니고 핵가족화 되면서 복잡하고 다양한 상복과 복제도가 없으며, 상복의 형태와 종류에도 많은 변화를 가져왔다. 성복하기 전에 상주들과 복인들은 몸을 정결히 하는 뜻에서 목욕재계해야 하지만, 현대에는 머리에 물을 약간 적시고 얼굴을 닦고, 손을 씻는 정도로 간소화되어 있으며, 성복하고 남자는 왼쪽에 여자는 오른쪽에 서로 위치하여 분향재배하고 서로 서서 슬픔으로 조상(弔喪)한다. 남자 상주는 가정의례 준칙에 따라 굴건제복의 착복은 금지되어 있으나, 지역과 가문에 따라서는 착복하는 경우도 있으며, 현대 장례에서는 주로 흰색 와이셔츠에 검정색 넥타이와 양말, 검정색 구두, 검정색 양복을 입고 왼쪽 가슴에는 삼베로 만든 상장이나 팔에 완장을 두른다. 여자 상주도 대부분 전통상복을 착복하지 않으나, 지역과 가문에 따라서는 착복하는 경우도 있으며, 현대 장례에서는 주로 흰색 치마저고리에 흰 버선과 고무신을 신는다. 검정색의 경우에도 마찬가지이다. 또 현대 상복인 경우 남자는 검은 양복을 입고 왼쪽 팔에 검은 띠를 두른 완장을 차서 상주(喪主)임을 구분하고 여자의 경우는 머리와 가슴에 상장을 달아 구분한다. 이러한 상복과 복제도는 전통예법과는 많은 차이점을 보이고 있으며, 주상(主喪)과 주부(主婦), 딸과 며느리의 구분이 되지 않는 상복은 전통상례에 비교한다면 많은 부분이 간소화 되었다고 볼 수 있다. 상복을 갖추어 성복한 후에 애통하고 경건한 마음으로 예(禮)를 올린다. 상가에 모든 일은 호상에게 맡기고 시신의 옆이나 빈소를 지켜야 한다. 옛날처럼 역복불식(易服不食)은 않더라도 다른 사람들 앞에서 음식을 마구 먹는 모습을 보이거나 속이 상한다고 해서 술을 마시는 것을 보이는 것은 예(禮)가 아니라고 생각된다. 가족끼리 간단히 식사를 하는 것은 바람직하리라 생각되며, 친지들이 권할 경우 같이 하는 것은 괜찮다고 본다.

- **성복례(成服禮)** : 상주나 주부 이하 모든 복인들이 비로소 정신을 가다듬고 각기 정한 상복을 입은 후에 서로 복인(服人)이 된 것을 인사하는 예(禮)로서 이 성복례 이후 비로소 외부 문상객의 인사를 받을 수 있다. 그리고 이때부터 상주는 비로소 죽을 먹는다.

- **성복제(成服祭)** : 상복차림이 끝나고 제수를 갖추어 전을 올리는 일을 말한다. 흔히 성복제라고 하지만, 원래는 성복의 절차에서 올리는 전(奠)이므로 성복전(成服奠), 성복례(禮)라고 해야 한다. 성복은 상복을 입는 절차로서 날이 밝으면 5복의 복인들은 자기에게 해당되는 복을 입고 조곡(朝哭)을 하고 의식에 따라 조상을 한다. 상복차림이 끝나면 제수(祭羞)를 갖추어 성복제를 모신다. 제수로는 메, 국, 떡, 고기, 생선, 김치, 간장, 나물, 과일 등이다. 제상에 진설이 끝나면 향을 피우고 곡을 하며 재배한 후 술잔을 올리고 나서 메에 수저를, 고기나 생선 위에 젓가락을 올려놓고 재배한다.

성복은 대렴을 한 이튿날, 즉 죽은 지 4일째 되는 날이 된다. 남의 자식 된 사람은 차마 부모가 죽은 것으로 여길 수가 없어서 급작스럽게 성복을 하지 않는다고 한다. 이것으로 미루어 생각하면 대렴과 성복을 같은 날 하는 것은 잘못일 것이다. 그럼에도 사람들은 염습의 제구(諸具)가 마련되지 못한 것을 이유로 3일이 지난 뒤에 대렴을 하고 당일로 계속해서 성복을 하니, 이는 본래의 뜻을 잃은 것이다. 성복은 머리에 효건(孝巾)을 쓴 다음 상관(喪冠)을 쓰고, 그 위에 수질을 매고, 치마를 입고, 요질을 하고, 조곡한 뒤에는 절이 없었다. 그런데 요즈음 풍습에는 아침에 제물을 올리고 나서 성복을 하기 때문에 절을 하게 된다. 하지만 이것은 예의가 아니다. 상복제도에 있어 참최는 갓을 꿰메지 않고 자최는 갓을 꿰맨다. 모든 상복은 베로 만들고 수질과 요질은 삼끈을 꼬아서 만든다. 상장(喪杖) 참최에는 대나무, 자최에는 상주가 어린이일 경우에는 건과 수질만 쓰지 않는다. 고례(古禮)에는 어린이는 상장을 짚지 않는다고 했으나 역시 『가례』에 의하여 3년상을 입는 자는 지팡이를 짚는 것이 옳다. 시자(侍者)의 복은 중단(中單)에 건만 쓰고, 첩이나 비녀(婢女)는 배자(背子)에 대나무 비녀를 꽂는다. 상복으로 갈아입으면 영좌 앞에 제상을 갖추어 제물을 차려 놓고 혼백을 교의에 모시고 분향하고 잔을 올리는데 아들, 사위, 아우, 조카의 차례로 잔을 올린 다음 곡하고 재배한다. 남자는 영구의 동편에서, 여자는 서편에서 서로 마주서서 곡한다.

- **성분(成墳)** : 하관 후 봉분을 만드는 일. 높이는 대개 4자 정도로 하고 묘 앞에는 묘표를 세우며 석물로는 혼유석(魂遊石), 상석(床石), 향로석을 차례로 배치하고 망주석 2개를 좌우에 세운다. 상주의 취토가 끝나면 석회와 흙을 섞어서 관을 완전히 덮는다. 이때 빨리 굳도록 물을 조금씩 끼얹고 발로 밟아 다진다. 평토를 한 다음 흙을 둥글게 쌓아 올려 봉분을 만들고 잔디를 입힌다. 지석(誌石)은 평토가 끝난 뒤 무덤의 오른쪽 아래에 묻는다. 나중에 봉분이 허물어지더라도 누구의 묘인지를 알 수 있도록 하기 위해서이다. 봉분이 완성되면 묘 앞에서 제물을 진설하여 성분제를 지낸다.

- 성빈(成殯) : 빈소를 차림.

- 성운(星殞) : 죽음을 나타내고 설명하는 보다 완곡한 표현.

- 성사(成事) : 졸곡 제사 시의 축문의 문구 내용.

- 성화(聖和) : 죽음(사망 : 별세)을 일컫는 통일교(統一敎 : 세계평화통일가정연합)의 의식 용어. 문선명 총재의 죽음을 계기로 언론을 통해 활발히 회자되고 있다.

- 세골장(洗骨葬) : 유해를 일정기간 묻지 않고 보존한 후 쉽게 부패하는 부분인 육체와 장기 등이 부패한 후에 남은 뼈만 깨끗이 씻어서 새로운 관이나 옹기에 담아 다시 장사지내는 장법을 말한다. 즉 사람이 죽으면 1차로 가매장하여 육탈을 시킨 후, 육탈된 뼈만을 수습하여 물로 깨끗이 씻긴 후에 다시 매장(二次葬)하는 장법이다.
이는 유골의 보존을 목적으로 하는 장제(葬制)로서 농경문화와 깊은 관계를 가진다. 육체를 땅 위에 두고 그 위를 풀이나 짚과 같은 것으로 덮어 두어 살이 완전히 썩도록 만든다. 2, 3년 후에 좋은 날을 맞아 초분을 해체한 다음, 육탈된 유골만을 취합하여 뼈를 깨끗이 씻어 장례를 치른다. 아니면 얕은 땅에 시신을 묻고, 살이 모두 썩으면 뼈를 추려 곽(덧널) 속에 안치한다. 이처럼 매장을 2번 하므로 두벌묻기(二次葬)라고도 한다.
유골 처치의 방식은 제1차 제2차 단계 모두 토장(土葬)인 경우, 제1차 단계는 토장 제2차 단계는 주장(舟葬)인 경우, 제1차 단계는 대상장(臺上葬) 또는 화장(火葬) 제2차 단계는 토장(土葬)인 경우 등 여러 가지가 있다. 기간도 수 주일에서 10년 이상이나 경과되는 것 등이 있다. 유골의 처치도 제2차의 처치로 끝나지 않고 제3차의 처치를 하는 경우도 있다. 제1차의 장지(葬地)가 해변가의 패분(貝粉)이 많은 모래땅인 경우에는 부육(腐肉)이 자연히 씻겨 다시 닦을 필요가 없는 경우도 있다. 그러나 제1차 유해의 처치로서 석실(石室) 동혈(洞穴) 등에 보존했거나 매장했을 경우에는 제2차로 유골을 처치할 때 붙어 있는 부육(腐肉)을 닦아내야 하는 것이 보통이다. 뼈를 깨끗이 닦기 위해서 바닷물, 알코올이 강한 술, 향냄새가 강한 쑥과 같은 풀을 넣어 끓인 물을 사용하기도 한다. 세골에 의해 다시 처치할 경우에는 먼저 머리 부분이 그 다음으로 장관골(長管骨)이 중시되었다.
고대 동옥저에서는 사람이 죽으면 보통 세골장으로 시신을 처리하였다. 즉 얕은 땅에 시체를 묻어 살이 모두 썩으면 뼈를 간추려 곽(덧널) 속에 안치한다[양승이, 『상례』, 12쪽]. 또한 한국의 남부지방에서도 세골장이 유행하였다. 현재도 서해안과 남부 섬 지역에 일부 남아 전해지고 있다.

- 세건(帨巾) : 상례의 각 절차에서 의례를 행하기 전에 관분(盥盆)에 손을 씻은 후 닦는 수건이다.

- 세사(細沙) : 회격(灰隔) 시 사용하는 가는 모래. 석회의 ⅔를 쓰는데, 혹은 2배를 쓰기도 한다.

- **세승(細繩)** : 가는 새끼줄. 세속(世俗)에서 무덤의 넓이를 재는 데 쓰는 것이다.
- **세호(細虎)** : 꼬리가 긴 상상의 동물. 무덤의 망주석(望柱石) 기둥에 새겨진 다람쥐 모양의 상징적 동물이다. 남녀 여부(무덤 주인공)에 따라 각각 아래 위 방향으로 알밤을 쫓는 모양새를 갖췄다. 즉 남좌여우의 논리에 따라 남자는 좌쪽 망주석에 위로 향하는 세호를, 우쪽 망주석에 아래로 향하는 세호를 새겼다. 여자는 그 반대이다.
- **소(疏)** : 조상하는 글.
- **소(筲)** : 1두 2승을 담을 수 있는 대나무 그릇(삼태기). 5개를 사용하여 오곡(五穀)을 담는다. 하관 시 명기(明器), 포(苞), 앵(罌) 등과 함께 부장품으로 묻는다.
- **소골(燒骨)** : 시체 또는 유골을 예를 갖추어 불에 태운 화장의 결과물인 유골을 말한다.
- **소공(小功)** : 오복의 하나. 가는 베로 지어 소공친(小功親)의 상사에 5개월간 입는 복제. 소공은 종조부(從祖父)와 종조고(從祖姑), 형제의 손자, 종형제의 아들, 재종형제의 경우에 입는 복이다. 외조부와 외숙, 생질의 경우에도 마찬가지이다. 의복(義服)으로는 종조모와 남편의 형제의 손자, 남편의 종형제의 아들을 위해서 입는다. 형제의 아내와 남편의 형제에게도 마찬가지이다. 제부(娣婦)와 사부(姒婦)끼리도 역시 소공복을 입는다. 장부(長婦)가 차부(次婦)를 보고 제부(娣婦)라 하고 제부(娣婦)가 장부를 보고 사부(姒婦)라 한다.
- **소교(素轎)** : 흰 가마. 복(服)을 입은 여자가 출입할 시 타는 흰 가마를 말한다. 포렴(布簾 - 베 발)을 드리운다.
- **소구(疏屨)** : 거친 신.
- **소기(素器)** : 질박한 그릇. 즉 칠하거나 조각하지 않은 검소한 그릇을 말한다. 영좌에서 사용하는 그릇은 모두 소기(素器)를 쓴다. 왜냐하면 주인이 애통하고 질박한 마음이 있기 때문이다.
- **소낭(小囊) - 5낭(五囊) - 조발랑(爪髮囊)** : 작은 주머니. 5개를 색깔 있는 명주로 만든다. 종이 다섯 쪽으로 머리카락과 손톱을 싸는데, 종이 위에 머리카락, 왼쪽 손톱, 오른쪽 손톱, 왼쪽 발톱, 오른쪽 발톱이라 쓰고, 또 주머니 겉에 각각 써서 표시하고, 또 더 만들어서 떨어진 수염, 빠진 이를 싸는 데 쓴다.
- **소대(小帶)** : 대(帶) 참조.
- **소렴(小斂)** : 운명한 이튿날 아침에 하는 일로서 시신을 베로 싸서 묶어 관에 넣을 수 있도록 준비하는 절차. 먼저 소렴 준비를 하는데, 소렴에 사용되는 옷과 이불, 효(絞) 등을 늘어놓는 것으로 이를 진소렴의금(陳小斂衣衾)이라고 한다. 집사자가 소렴에 필요한 기구와 이불을 준비하여 당(堂)의 동쪽 벽 아래 탁자 위에 늘어놓는다. 옷은 깃을

남쪽으로 하여 서쪽을 상(上)으로 하여 접는다. 소렴에 필요한 물품은 고인이 입던 옷과 시신을 묶는 베인 효(絞), 시신을 덮는 이불인 금(衾)이다. 옷이 많으면 모두 사용할 필요는 없다. 효(絞)는 시신을 싸서 묶는 염포(斂布)이다. 염포는 가로(가로매)가 셋이고 세로(세로매)가 하나인데, 양끝을 3가닥으로 갈라서 묶기 좋게 한다. 가로는 몸을 돌릴 만큼, 세로는 머리와 발을 감싸 중간에 묶을 만큼의 길이로 준비한다. 이불은 홑이불이 아니라 겹이불을 쓴다. 준비가 되면 집사자는 손을 씻고 시신을 들어 소렴상 위에 놓는다. 먼저 베개를 치우고 비단 겹옷을 말아 머리를 괸다. 이후 양끝을 말아 올려 두 어깨의 빈 곳을 채운다. 채운 다음 또 옷을 말아서 두 다리의 빈 곳을 채우고 남은 옷으로 시신을 덮는다. 옷섶은 좌임(左袵 : 왼쪽으로 여밈)으로 하여 가지런히 한 후 이불로 싼다. 이때 발, 머리, 왼쪽, 오른 쪽 순서로 싼다. 염포로 싸서 묶을 때는 먼저 세로매를 묶고 다음에 가로매를 묶는데, 매듭을 짓지 않고 말아 돌려서 끼워둔다. 염을 마치고 홑이불을 덮어 놓는다.

작은 이불로 싸는 일. 죽은 다음 날, 아침 날이 밝으면 집사자는 소렴에 쓸 옷과 이불을 준비하여 시신에 새로 지은 옷을 입히고 이불로 싼다. 먼저 깨끗한 자리를 깔고 지금(地衾)을 펴 놓은 다음 속포(束布) 20마를 7구비로 서려 놓고 장포(長布) 7자를 길게 깔고 그 위에 시신을 모신 후, 위아래 옷을 각각 겹쳐서 아래부터 위로 올라가면서 입힌 다음 베개를 치우고 옷을 접어서 시신의 머리를 반듯하게 고여 몸을 바르게 하고 새 솜을 사용하여 어깨 사이에 빈 곳을 채운 후 좌우를 걷어맨다. 양쪽 다리는 옷으로 빈 곳을 채운 뒤 발끝까지 똑바르게 하고, 옷깃(섶)을 왼편으로부터 여미되([左袵] : 『주자가례』 『사례편람』 모두 좌임[左袵]이라는 구절이 등장한다. 그런데 소렴보다 앞부분에 등장하는 습[襲]의 설명에서는 우임[右袵]이라는 구절이 『주자가례』에서는 없고 『사례편람』 『상례비요』에서만 보이고 있다.) 고름은 매지 않으며 손은 악수(握手)로, 눈은 명목으로 싸매고, 복건과 두건을 씌우고 이불로 고르게 싼 다음 장포 두 끝을 찢어서 각각 매고, 속포로 묶은 다음 끊어서 속포 한쪽 끝을 세 갈래로 찢어 위로부터 차례로 묶어 내려가는 것이다. 즉 베 폭은 일곱 폭으로 묶고 매수는 21매가 되는 셈이다. 여자 망인의 수의는 여자가 입힌다. 이렇게 소렴례(小殮禮)를 마친 후 시신을 시상에 모시고 애곡한 다음 상제들은 머리 푼 것을 걷어 올리고, 남자는 포두건(布頭巾)에 베 중단을 입고 자리에 나아가 애곡하고 집사가 전(奠)을 올리면 상제는 애통망극할 뿐이다. 한편 『주자가례』의 보주(補註)에 보면, '습전(襲奠)은 시신의 옆에서 드리는 것이고, 소렴전(小殮奠)은 영좌(靈座) 앞에서 드리는 것이다.'라고 지적하고 있다.

- 소렴금(小殮衾) : 소렴할 때 시신을 싸는 작은 이불.
- 소렴포(小殮布) : 소렴할 때 시신을 싸는 베.

- **소뢰(小牢)** : 나라에서 제사음식으로 쓰려고 잡은 양(羊) 등의 음식. 소는 대뢰(大牢)이다. 처음에는 나라의 제사음식으로 소, 양, 돼지를 바쳤으나 후에는 소만 바쳤다.
- **소목(昭穆)** : 사당에 신주를 모시는 위치와 차례를 말하는 것으로 왼쪽(東) 줄의 소(昭), 오른쪽(西) 줄의 목(穆)을 통틀어 일컫는 말이다. 천자(天子)는 태조(太祖)를 중앙에 모시고, 2 4 6세(世)는 소(昭)라 하여 왼편(동)에, 3 5 7세(世)는 목(穆)이라 하여 오른편(서) 모셔 3소3목의 7묘(廟)가 되고, 제후(諸候)는 2소2목의 5묘(廟)가 되며, 대부(大夫)는 1소1목의 3묘(廟)가 된다. 그러나 우리나라에서는 서쪽을 상위(上位)로 하여 동쪽으로 대수대로 4대의 신주를 늘어 세워 모시는 열향(列享)을 한다.
- **소목촉대(素木燭臺)** : 장식 없는 나무 촛대.
- **소복(素服)** : 흰 옷.
- **소삭(小索)** : 가는 새끼줄로 대삭(大索)과 함께 관을 묶는 데 사용한다.
- **소삼(小衫)** : 속적삼. 살에 바로 닿는 것이다.
- **소상(小祥)** : 기년(忌年)을 맞아 고인을 추모하는 제사. 초상으로부터 일주년 되는 날 지내는 초기일(初忌日)의 제사. 삼우제, 졸곡제 다음의 부제(祔祭)에 의하여 죽은 이의 넋은 드디어 영험 있는 조상의 영혼 위치에 들어선다. '상'이라는 말은 '다행', '행복'이라는 뜻이다. 그러므로 '상'은 길(吉)이라고 풀이한다. 흉례가 아닌 길례가 되는 것이다. 고로 상(喪) 대신 길(吉)의 의미가 담긴 상(祥)자를 써서 소상(小喪)이 아니라 소상(小祥)이라고 쓰는 것이다. 소상은 윤달과 관계없이 13개월 만에 지낸다. 연제(練祭)라고도 하며 주인, 주부가 각각 연복(練服)으로 역복(易服)한다. 슬픔을 덜어내는 의례이기도 하다. 남자들은 수질을 떼어내고[최의(衰衣)에 부착된 최와, 벽령, 부판도 제거], 여자들은 요질을 떼어낸다. 이는 남자는 머리가 중요하고, 여자는 허리가 중요하기 때문이라고 한다. 하루 전에 상제 이하는 목욕을 하고, 음식을 장만하고, 연복을 준비한다. 날이 밝으면 일어나 제찬을 진설하고 곡을 시작한다. 옛날에는 날을 받아서 지냈지만 지금은 기일에 지낸다[소상 후 조석곡을 그치고, 삭망곡으로 함. 상식 때도 곡을 함. 소상 후 비로소 과일과 채소를 먹음]. 아버지가 살아 계실 경우에는 어머니는 초상 11개월 만에 연사(練祀)를 지낸다. 이러한 절차는 실상 삼년의 형제를 갖추는 것이다. 그러므로 11월 만에 연사를 지내는 것도 사실은 기년(朞年)으로 치는 셈이 된다[이 경우 13개월째는 대상을, 15개월째는 담제를 지내도록 규정되어 있음]. 이 제사는 졸곡의 절차와 같다. 그리고 기복만 입은 사람은 길복으로 갈아입어야 한다. 그러나 소상을 지내는 달이 다 가기 전에는 비단이나 색깔이 호화로운 옷을 입지 않는다. 상제들은 강신하기 전에 연복으로 갈아입고 곡한다.
- **소석비(小石碑)** : 작은 돌비석.

- **소세(梳洗)** : 머리를 빗고 얼굴을 씻다.
- **소식(疏食)** : 거친 밥.
- **소여(小轝)** : 작은 상여. 말목(馬木 - 꿰어 놓는 받침나무)이 딸린다. 만드는 법은 대여와 비슷하지만, 다만 작은 방상(方牀)을 쓰지 않고, 휘장 덮개만 쓰고, 위에는 앙장(仰帳)을 치고, 앞뒤에 4개의 사롱(紗籠)을 달아 촛불을 밝히는 데 쓴다.
- **소의(素椅)** : 장식이 없는 의자. 영좌를 설치할 때 사용하는 도구.
- **소찬(素饌)** : 고기나 생선을 하지 않고 나물만으로 반찬을 한 것.
- **소창(결관바)** : 입관의 절차 이후 영구를 운반하기 위하여 구(柩)를 묶는 끈.
- **소첩(梳貼)** : 빗접.
- **소탁(素卓)** : 장식이 없는 탁자. 영좌를 설치할 때 필요한 도구.
- **소향한(素香案)** : 영좌를 설치할 때 설치하는 흰 향탁.
- **소후모(所後母)** : 양어머니.
- **속광(屬纊), 속굉(屬紘)** : 죽음을 앞둔 환자의 코와 입 사이, 즉 인중(人中)에 새 솜을 놓아서 그 움직임 여부를 통해 죽음을 확인하는 행위를 말한다. 오늘날 죽음판정 기준 중 심폐사(心肺死)에 해당된다. 운명(殞命)이 확인되고 나면 남녀 모구 곡(哭)한다.
- **속백(束帛)** : 혼백(비단 묶음).
- **속포(束布)** : 염습 때 시신을 가로로 묶는 데 쓰이는 한지 나 삼베로 된 띠.
- **솔발(率鈸)** : 놋쇠로 만든 흔들어서 치는 종으로 <요령>이라고도 하며 상행(喪行) 때 사용한다.
- **송종(送終)** : 마지막을 보내는 것.
- **송종지의(送終之衣)** : 수의를 일컫는 말.
- **송지(松脂)** : 송진을 일컫는 말로 관의 안쪽을 밀봉할 때 사용한다. 만약 관에 칠을 할 경우에는 사용하지 않는다.
- **송탄말(松炭末)** : 소나무 숯가루. 옻칠에 섞어서 관의 이음새를 막는 데에 사용된다.
- **쇄(殺)** : 붉은색 모(冒 - 시신을 싸는 것)로서, 모(冒)의 아랫부분을 말한다.
- **수기(壽器)** : 생전에 만들어 미리 놓는 관(棺), 수의(壽衣) 등을 말한다.
- **수단유수(修短有數)** : '명(命)의 길고 짧음은 운수에 있다.'는 의미이다.
- **수도(隧道)** : 터널. 관을 매장할 때 평지에서 경사지게 묘혈을 뚫어 놓은 길(『周禮』).
- **수례(襚禮)** : 염습에 쓸 의복을 부의하는 것을 말한다. 부의의 명칭은 보내는 종류에

따라 다르다. 재화는 부(賻), 수레(車)와 말(馬)은 봉(賵), 의복은 수(襚), 가지고 노는 물건은 증(贈), 패옥(貝玉)은 함(唅)이라고 한다. 부(賻)와 봉(賵)은 살아 있는 이를 돕는데 쓰는 것이요, 증(贈)과 수(襚)는 망자를 송별하는 데 쓰는 것이다. 망자를 보내는 데에는 영구와 시신에 미칠 만한 것이 없고, 살아 있는 이를 조상하는 데에는 슬픔에 미칠 만한 것이 없다.

- **수륙대회(水陸大會)** : 불교의 제사 가운데 하나로서 수륙(水陸)의 유정(有情)에게 공양하는 법회를 말한다.
- **수릉(壽陵)** : 임금의 무덤인 릉(陵)은 대개 임금이 죽은 다음에 하는데, 살아생전에 릉(陵)을 선정하기도 하는 바, 이를 수릉(壽陵)이라고 한다.
- **수목장(樹木葬)** : 화장한 골분을 나무의 뿌리 주변에 묻어 장사하는 매우 자연친화적인 장법(葬法)이다. 인구증가에 따라 나타나는 묘지 부족 문제를 해결하고 국토를 효율적으로 활용하기 위하여 등장하였다. 「장사등에관한법률」 제2조 용어정의에서 수목장을 포함한 다양한 장법을 자연장이라 칭하고, '화장한 유골의 골분(骨粉)을 수목, 화초, 잔디 등의 밑이나 주변에 묻어 장사하는 것'이라고 정의하고 있다. 즉 자연장은 2008년 6월 법으로 인정된 장법 중의 하나이다.

- **수분해장(水分解葬)** : 시신을 150~179℃ 되는 뜨거운 물에 수산화칼륨과 함께 3시간 정도 끓여 육탈시킨 후 유골을 골분으로 만들어 장사지내는 장법(葬法). 인산칼슘 성분만 남고 완전 분해되는 환경친화적인 최신 장법이다.
- **수상장(樹上葬), 풍장(風葬), 임장(林葬), 괘장(卦葬), 현공장(懸空葬)** : '죽은 자를 나무 위에 안장한다.'는 의미로서 옛 장법의 하나이다. 시신을 가마니에 싸거나, 관 또는 항아리에 넣어서 나무나 기둥에 붙잡아 매거나, 가지에 달아매어 방치해 두었다가 살이 삭아서 뼈만 남으면 이것을 땅 속에 매장하는 방법이다. 시신을 묻을 땅이 없는 빈민이나 돌림병 따위로 죽었을 때, 역신(疫神)을 흩뜨려 버린다는 의미에서 행해졌다. 수장(樹葬) 참조.

• **수세거두기** : 운명을 하면 바로 햇솜으로 입과 코, 귀 등을 막고 손발을 펴게 하는데, 이를 수세거두기라고 한다.

• **수세포** : 수시포 참조.

• **수시(收屍), 천시(遷屍)** : 1969년에 공포된 <가정의례준칙>에서 처음 등장한 용어. 임종 후 시신이 굳어지기 전에 팔다리를 잘 주물러 바르게 펴서 묶어주는 절차. 시신이 굳어지기 전에 팔과 다리 등을 가지런히 하는 행위. 즉 염습을 편하게 하기 위해 절명 후 고복(皐復)이 끝난 뒤 시신이 굳기 전에 곧바로 시신의 사지를 바르게 하여 대충 간단히 묶어 놓는 일로서 정제수시(整齊收屍)라고도 한다. 숨이 끊어지면 눈을 감기고 준비한 햇솜으로 입과 코와 귀를 막고 머리를 높게 흐트러지지 않게 괴고 남녀가 곡(哭)하고 수시를 하는데, 말하자면 시신이 굳기 전에 손발을 고루 주물러서 펴고 백지로 시신의 얼굴을 덮고 백지나 베 헝겊으로 좌우 어깨를 단단히 동이고, 두 팔과 두 손을 곱게 펴서 배 위에 올려놓되, 남자는 왼손을 위로 하고 여자는 오른손을 위로 하여 놓고 두 다리를 곧게 펴놓고 두 발을 똑바로 모아가지고 백지나 베로 동이며 어그러지지 않게 하여 덮어 놓고 다시 곡한다. 이 모든 일을 소홀히 하면 손발이 흐트러져서 뜻하지 않게 말할 수 없는 걱정이 생기므로 실로 정성껏 주의해서 행하여야 한다 [천시(遷屍) 참조].

예서에서는 설치철족(楔齒綴足)으로 기록되어 있다. 낙명(落命)할 때 혼과 백이 분리되면서 마지막 힘에 의해 몸이 흐트러진 몸을 바른 자세로 저승에 가도록 하기 위해 실시하는 것이라고 한다. 머리는 옷을 접어서 괴고 죽은 자의 몸이 차가워지기 전에 팔다리를 주물러 경직(硬直)되는 것을 막는다. 남좌여우로 팔을 배 위에 올려놓은 후 한지나 헝겊 끈으로 허리 밑으로 돌려 묶는다. 어깨와 팔, 허벅지, 무릎, 발목 등을 차례로 묶는다. 수시가 끝나면 병풍이나 장막 등으로 가려 밖에서 시신이 보이지 않게 한다. 시신을 모신 방은 시신이 부패하지 않도록 차게 해야 한다. 이 절차가 끝나면 곡(哭)을 하는 경우도 있으나, 고복(顧復)이 끝난 뒤에 곡을 하는 것이 옳다[설치철족 참조].

현대의 수시에 필요한 품목은 ① 칠성판, ② 수시복, ③ 수시포, ④ 알코올, ⑤ 탈지면, ⑥ 위생장갑, ⑦ 한지, ⑧ 베개, ⑨ 받침대 3개, ⑩ 칼 또는 가위, ⑪ 긴 대나무 자 등이다. 가정에서 운명하여 수시를 하는 경우도 있지만 대부분 장례식장 안치실에서 수시(收屍)한다. 탈지면으로 코, 귀 등 신공(身空)을 막고, 눈을 감기고, 입에는 설치(楔齒)를 하여 턱을 받쳐 다물게 한 뒤 머리를 높이 괸다. 시신이 굳어지기 전에 손발을 고루 주물러서 펴고, 수시복으로 갈아입힌 뒤 자세를 바르게 하여 각 관절 부위를 5매듭을 한 다음, 수시포로 덮어 안치실에 안치한다.

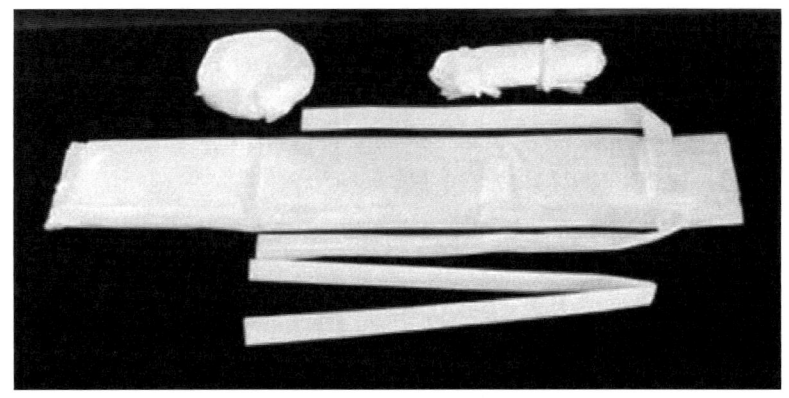
수시용품 : 지매, 베개. 턱받이, 기저귀 등

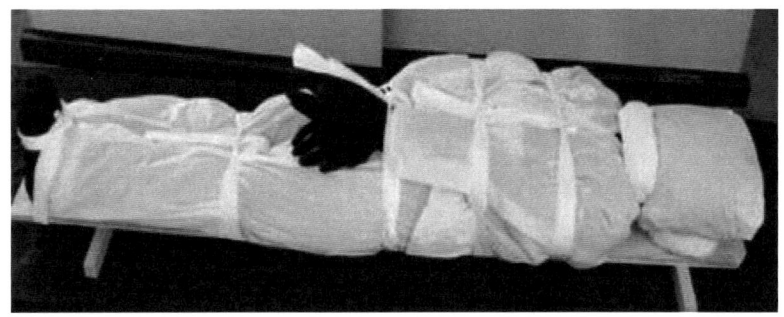
• **수시포(收屍布)** : 돌아가신 직후 시신을 덮는 홑이불. 수시 이후에 시신을 덮는 혼이불.

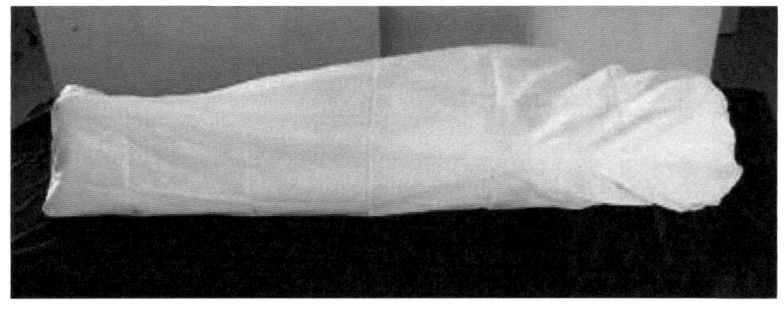

• **수의(襚衣 : 壽衣)** : 시신에게 입히는 옷. 염습 시 죽은 사람에게 입히는 옷. 본래는 습의(襲衣)로서 염습할 때 시신에게 입히는 옷인데, 이를 통상 수의라고 한다. 주로 윤달에 수의를 마련하였는데, 하루에 완성하여야 하고 완성된 것은 좀이 쏠지 않게 담뱃잎이나 박하잎을 옷 사이에 두어 보관하며, 칠월 칠석에 거풍하였다. 재료는 반가에서는 비단으로 하였으나 일반은 명주로 만들었다. 『사례편람(四禮便覽)』 상례조(喪禮條)에 그 품목에 대해 남자는 복건(幅巾)·망건(網巾)·심의(深衣) 또는 단령(團領)·답(褡 : 소매 없는 褙衣) 또는 직령(直領)·대(帶 : 絛帶)·과두(裹頭 : 배와 허리를 싸는 것), 포오(袍襖 : 中赤莫)와 같은 설의[褻衣], 한삼(汗衫 : 몸에 다는 小衫, 속칭적삼)·고(

袴)·단고(單袴 : 속바지)·소대(小帶 : 허리띠)·늑백(勒帛 : 속칭 행전)·말(襪)·구(屨)·엄(掩 : 裹首)·충이(充耳)·멱목(幎目 : 覆面)·악수(握手 : 裹手)를, 여자의 경우는, 사(纚)·심의 또는 단의(褖衣) 또는 원삼(圓衫)·장오자(長襖子 : 속칭 長衣)·대·삼자(衫子 : 속칭 唐衣)·포오(속칭 저고리)·소삼(小衫 : 적삼)·과두(裹肚 : 속칭 요대)·상(裳)·고·단고·말·채혜(彩鞋)·엄·충이·명목·악수 등이 있다고 하였다. 이를 현대식 용어로 요약하면 다음과 같다 :

- 남자 수의 : 속저고리, 겉저고리, 바지, 속바지, 두루마기(도포), 버선, 대님, 요대(허리띠), 대대(大帶), 행전, 습신.
- 여자 수의 : 속적삼, 속저고리, 겉저고리, 속곳, 단속곳, 바지, 청치마, 홍치마, 원삼(圓衫), 버선, 대대(大帶), 습신.
- 이불류 : 소렴금, 대렴금, 천금(天衾 시신 덮는 홑이불), 지금(地衾 밑에 까는 겹이불), 베개.
- 기타 : 복건(幅巾), 두건(頭巾), 망건(網巾), 멱목(幎目), 충이, 악수, 속포(束布), 턱받침(함령).

수의를 미리 만들어 놓으면 장수한다는 속설로 인하여 윤달이 되면 수의를 미리 준비하는 풍습이 있다. 나아가 수의를 미리 만들어 놓는 것은 부모님이 오래 사시라는 축원과 수의가 부모님께 해드릴 수 있는 마지막 옷이라는 점에서 수의를 점차 효(孝)와 연관시켜 생각하게도 되었다. 사실 전통 사회에서는 기성품이 없던 시절이므로 상을 당한 후 만들려면 시간적으로 부족하고 또 정성이 미치지 못할까봐 미리 만들어 놓은 것을 미풍으로 여기기도 하였다.

종류는 다음과 같다. ① 폭건(幅巾) - 검은 명주 베로 만든 것으로서 머리를 싸서 덮는 것. ② 두건(頭巾) - 머리에 씌우는 수건과 같은 것. ③ 망건(網巾) - 머리카락을 싸는 것으로 검은 비단으로 만든다. ④ 명목(瞑目) - 얼굴을 싸매는 것으로서 사방의 길이는 한자 2치이며 네 귀에 끈을 달고 밖은 검은색, 안은 붉은 색의 명주로 한다. ⑤ 악수(握手) - 손을 싸매는 것으로서 길이는 한자 2치로 하고 폭은 5치로 한다. ⑥ 충이(充耳) - 귀를 막는 것으로서 새 솜으로 대추씨 같이 만든다. ⑦ 속옷(裡衣) - 속적삼, 속바지. ⑧ 겉옷 - 바지, 저고리, 버선, 대님, 요대(허리띠), 행전, 두루마기, 조대(條帶), 대대, 토수(吐手), 신(명주 베에 종이를 붙여서 만든 신) 등.

집안에 연로하신 어른이 계시면 미리 수의를 마련해 두는데, 대개 윤년이나 윤달을 택해 준비해 둔다. 수의를 준비하는 것은 송사(送死)의 도(道)로서 어버이를 위하는 물건이기 때문이다. 수의를 지을 때는 실의 매듭을 짓지 않으며, 빈손으로 간다는 뜻에서 수의에는 주머니가 없다. 크기는 산 사람의 옷보다 크게 만들어 입히기 편하게 한다.

『주자가례』의 주에는 '습에는 옷 1벌을 쓰고, 대렴과 소렴에는 죽은 사람이 가지고 있던 옷과 친구들이 보내준 옷(及親友所襚之衣)에 의거해서 마땅한 바에 따라 사용한다.

만약 옷이 많으면 다 쓸 필요는 없다.'고 하였다. 여기에서 언급된 '수지의'(襚之衣)에서 변하여 수의(襚衣)가 되었고, 이것이 현대에는 수의(壽衣)로 쓰인 것이 아닌가(?) 추측됨직도 하다.

조선시대에 수의는 주로 어떤 것으로 만들었을까? 그 물음에 대한 대답은 생전에 입던 옷 가운데에서 좋은 것을 골라 입혀 보내는 것이 일반적이었다고 할 수 있다. 조선시대 대표적 예서인 『주자가례』와 『사례편람』 그리고 『상례비요』 어느 것을 보아도 새 옷이어야 한다고 말하는 것은 없다. 전통적인 계세사상(繼世思想)을 면면히 이어받은 우리 조상들은 죽음을 끝으로 여기지 않았다. 즉 조상들은 죽음을 새로운 출발로 여겨 죽은 다음에 입은 의복, 즉 수의를 생전에 입던 옷 가운데에서 가장 좋은 것을 그대로 사용하는 것이 보통이었다. 또 양반관리들 중에는 생전의 예복인 관복을 입기도 했고, 서민들 가운데에는 인생에서 가장 화려한 때에 입은 혼례복을 그대로 사용하기도 하였다. 실제로 조선 전기나 중기의 무덤에서 출토된 복식 가운데에는 고인이 생전에 입은 흔적이 있는 단령(團領 : 관복의 일종)과 원삼(圓衫 : 여자 혼례복) 등이 출토되어 이를 뒷받침하고 있다.

조선 후기부터 심의(深衣)와 같은 『주자가례』에 충실한 것들을 사용하였다. 그리고 특별히 수의용으로 좋은 비단을 써서 새로 만든 옷들도 적지 않게 발굴되었다. 이것은 조선 전기 『국조오례의』나 『상례비요』가 조선사회의 현실을 좀 더 많이 수용한 것에 비해, 후기의 『사례편람』에서는 중국의 옛 제도로 돌아가려는 복고적인 경향까지 보였다. 이는 중국의 명, 청 교체 후 조선사회의 성리학 발전과 함께 다시 사회에 팽배하던 소중화(小中華) 의식과 관련이 있어 보인다.

조선시대에는 수의보다 습의(襲衣)라는 말이 더 많이 사용되었다. 이와 관련하여 『주자가례』에서는 습의(襲衣)와 염의(殮衣)로 구분하면서, 습의는 시신에게 입히는 옷이고 염의는 시신을 싸는 것이라고 하였다. 과거에는 시신에 옷을 입힌 다음 여러 벌의 옷으로 감쌌기 때문에 이런 구분이 필요하였다. 염의로는 고인이 생전에 입던 옷과 함께 가족이나 친구, 임금이 하사한 옷 등을 사용하였다. 시신을 관에 입관한 다음 빈 공간에는 여별 옷으로 채우기도(보공) 하였다. 또 『국조오례의』에서는 『주자가례』의 옛 제도를 따라 습의로 왕은 9칭, 대부는 5칭, 5품 이하와 서민은 3칭을 사용하도록 차등을 두었는데, 칭이란 옷을 세는 단위로 예를 들어 저고리와 치마 한 벌이 1칭이 된다.

수의에 사용된 옷감은 전기에는 저(紵 : 모시)와 마(麻 : 삼베), 목면(木棉), 명주(明紬), 단(緞) 등 다양한 소재가 사용되었으나, 후기로 갈수록 저급한 소재는 예서에서만 발견될 뿐 실제로는 고급 견직물이 사용되었다. 또한 말기로 갈수록 고급인 공단류 등이 많이 사용되었는데, 물론 이런 경향은 양반 사족층의 경우였고, 서민들은 이보다 훨씬 저급한 옷감을 사용했을 것이다.

지금과 같이 삼베를 많이 사용하는 경향이 나타난 것은 적어도 1910년대 이후로 보고 있다. 대체로 이 시기는 일제의 경제수탈로 어려움을 겪던 때여서 여러 여건상 전통 복식을 제대로 갖추기는 어려웠을 것이다. 이러한 추세 속에 좀 더 손쉽게 구할 수 있는 삼베가 등장한 것으로 보인다.

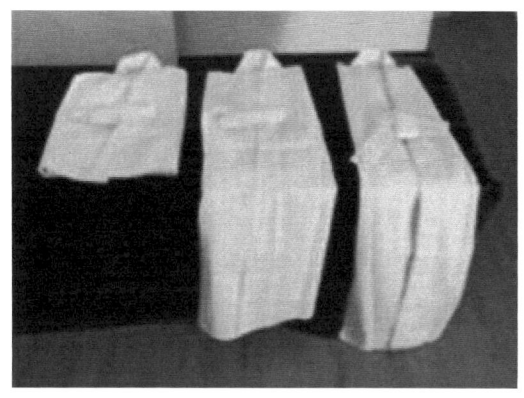
수의 상의

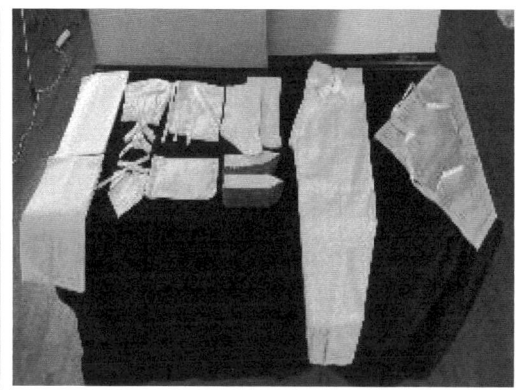
수의 하의와 기타 부속품

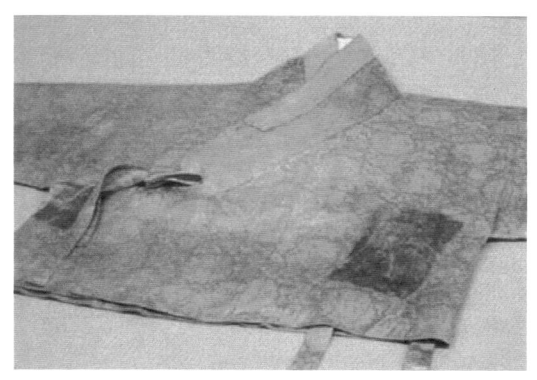

- **수인(遂人)** : 일꾼들을 부리는 사람.
- **수장(水葬)** : 시체나 화장한 유골을, 강이나 바다 등 물 속에 넣어 장사지내거나, 뿌려 장사지내는 장법.
- **수장(樹葬)** : 죽은 사람을 매장할 때 봉분을 만들지 않는 대신, 시신을 화장해서 나온 뼛가루를 나무에 뿌리는 장례방식을 말한다. 매장한 시신이나 뼛가루에서 나온 양분 덕분에 나무가 잘 자란다고 한다. 사실 인골은 식물에 자주 좋은 비료이다. 19세기 러시아는 크리미아 전쟁에서 전사한 38,000여 명의 자국 전사자 인골을 농작물 비료로 팔아 전쟁 손실을 메웠다고 한다. 수장으로서 시신을 처리하면 무엇보다도 자연재해를 예방할 수 있다. 무덤을 만들기 위해 자연을 훼손하지 않으니 홍수와 산사태를 미연에 막는 효과가 있다(양승이, 『상례』, 44쪽).
- **수장(壽葬)** : 생전에 미리 자신이 들어갈 무덤을 만들어 놓은 바의 무덤. 옛사람들은 죽음이 가져올 내 존재의 무화(無化)를 극복하는 한 가지 방법으로 살아 있으면서 자

기의 묘표(墓標)와 묘지(墓誌)를 적고 자기를 애도하는 만시(輓詩 : 挽詩)를 지었다. 본래 후한(後漢) 때부터 생전에 자신이 들어갈 무덤을 만드는 풍습이 있었다(심경호,『내면기행』, 5쪽). 송나라 때 정향(程珦)은 스스로 묘지명(墓誌銘)을 지었고, 대학자로 칭송받는 주자도 수장(壽葬)을 만들었다. 우리나라에서 이러한 풍습은 적어도 고려 때부터 있었다.

- 수조(垂條) : 드리워진 실띠.
- 수장(水葬) : 방글라데시 등 동남아 지역에 부분적으로 남아 있는 장법으로서 장기간에 걸친 항해 도중에 사림이 죽었을 때 행해졌다고 한다. 항해 중 사람이 죽으면 선상(船上)에서 의식을 치른 후 시신을 바다에 던져 자연으로 돌려보내는 장법이다. 우리나라의 경우 삼국시대 때 삼국을 통일한 문무대왕이 유언에 따라 화장을 한 후 유해를 동해 인근 대왕암에 수장(水葬)했다는 내용이 전해지고 있다.
- 수진(數盡) : 죽음을 나타내고 설명하는 보다 완곡한 표현.
- 수질(首絰) : 상제(주)가 상복을 입을 때 머리에 두르는 관 위에 덧쓰는, 짚에 삼 껍질을 감은 둥근 테. 즉 상복을 입을 때에 머리에 두르는 둥근 테로 짚이나 삼 껍질로 만들어 머리에 감았는데, 굴건의 바깥에 썼다. 요질과 함께 수질을 두르는 이유는 상제의 효심이 꽉 차 있음을 드러내는 것이다. 참최일 경우에는 씨 있는 삼으로 만들고 자최 밑으로는 씨 없는 삼으로 만든다. 베 두 가닥을 서로 꼬는데, 그 끈의 굵기가 참최는 9치, 자최는 7치 2푼이고, 대공은 5치 7푼, 소공은 4치 6푼, 시마는 3치 5푼이다. 참최는 역시 베로 만든 갓끈을 써야 한다. 칡으로 만들기도 한다. 소상(小祥)이 끝나면 남자 상제는 수질을 벗는다.
- 숙세포(熟細布) : 가는 삶은 삼베.
- 순(輴) : 바퀴가 있는 상여. 불(紼 - 동아줄 불)이라고도 한다.
- 순사(殉死) : 임금이나 주인 또는 남편을 따라서 자발적으로 죽는 것. 즉 어떤 죽음을 뒤따라 다른 사람이 스스로 목숨을 끊거나, 강제로 죽여서 주된 시신과 함께 묻은 장례이다. 다른 말로 순장(殉葬)이라고도 한다. 통치자 등 신분이 높은 사람이나, 남편이 죽었을 때 신하나 아내가 뒤를 따라 함께 죽는 습속은 세계적으로 분포한다. 순사(殉死)는 신분 계층이 있는 사회, 뚜렷하게 가부장제적인 사회, 특히 초기 고대문명과 그 영향권에 있는 사회에서 성행하였다.
- 순장(殉葬) : 죽은 사람의 매장 시 산 사람을 함께 매장하던 풍습이다. 즉 하나의 죽음에 뒤따라 다른 사람이 스스로 목숨을 끊거나, 아니면 강제로 죽여서 주된 시신과 함께 묻는 장례 풍속이다. 옛날에는 왕이나 귀족, 또는 신분이 높은 사람이나 남편이 죽으면 신하나 처와 종자를 함께 매장하였다. 말하자면 이것은 죽은 후에도 생시(生時)가

재현된다는 계세적(繼世的) 관념에서 나온 풍습으로서, 신하나 처와 노비를 살아 있는 채로 묻거나 죽여서 매장하였던 것이다.

현재까지 발견된 순장의 유적은 이집트 제1왕조의 나르메르왕의 묘, 메소포타미아의 우르왕의 묘가 유명하다. 우르왕의 묘에는 6명의 신하와 68명의 시녀가 매장되었다. 이 점은 중국 은(殷)나라 왕의 묘와 일치한다. 다만 은나라의 경우는 참수(斬首)의 순장이 있어 단지 재세 때의 봉사자로만 볼 수 없다는 점이다. 중국에 있어서의 순장의 기원은 확실하지 않으나 은나라의 양식 및 그 연장이라 생각되는 서주(西周)의 유적에 의하여 동주(東周)에서 수당(隨唐), 다시 명청(明淸)에 이르기까지 왕후 등 귀족계급에는 간혹 종사(從死) 혹은 순사(殉死)가 있었다고 한다. 은 시대의 묘의 대표적인 것은 은허의 대묘가 있다. 그곳에서 발견된 것은 관 주위 동쪽에서 17명, 서쪽에서 24명의 순장인골이 확인되었고, 서쪽의 것은 복식품으로 보아 여성으로 추측되는 것도 많이 모였다. 어느 것이나 계급차별이 있는 듯하며, 관 속에 들어 있는 것과 들어 있지 않는 것이 있다. 옥(玉) 등의 장신구 외에 청동제의 용기, 악기 등도 발견되었다.

중국의 사료인 위지동이전의 기록에 보면 부여 때 귀인에 대한 순(殉)의 풍습이 있었는데, 많을 때는 그 수가 100어명에 달했다고 한다. 삼국사기에서 보면 신라 지증왕 때(A.D 502년)에 인격 중시 내지 노동력 확보 등의 일환으로 순장 풍습을 금한 것으로 미루어 보아, 우리나라 고대사회에서도 순장의 풍습이 있었음을 알 수가 있다.

- **순장(旬葬)** : 죽은 지 열흘 만에 지내는 장사.
- **습(襲)** : 시신의 목욕을 시키고, 수의를 입히고, 반함을 하는 절차 전체를 말한다. 즉 시신을 정화하는 절차이다. 먼저 향나무 삶은 물이나 쑥 삶은 물로 시신을 정결하게 씻기고 나서 수건으로 닦고 머리를 빗질하고, 손톱과 발톱을 깎아 주머니에 넣는다. 이것은 후에 대렴할 때 관 속에 넣는다. 이것을 끝나면 시신을 침상 위에 눕히고 수의를 입히는데, 옷은 모두 오른쪽으로 여민다. 남자의 습은 남자가, 여자의 습은 여자가 한다. 사자(死者)를 목욕시키는 것은 소생을 바라는 산 자의 심정과 시신에 혹시라도 붙어 있을지 모를 사악한 정령을 제거하려는 벽사(辟邪)의 의미도 있다. 습을 하면 반함을 한다. 그리고 혼백을 접고 영좌를 설치한다.
- **습골(拾骨)** : 화장을 한 후 남은 유골을 모으는 일을 말한다.
- **습구(襲具)** : 시신을 염습할 때 필요한 용구. 대대(大帶 : 넓은 띠), 심의(深衣 : 윗옷), 중치막(中致莫 : 벼슬하지 않는 선비가 소창옷 위에 덧입던 윗옷. 관복의 밑받침 옷으로 주로 사용), 포오(袍襖 : 소매긴 저고리와 짧은 저고리), 단삼(單衫 : 위에 입히는 홑옷), 고(袴 : 바지), 말(襪 : 버선), 단임(端袵 : 나비장), 늑백(勒帛 : 행전[行纏]), 망건(網巾 : 상투 튼 머리카락을 흘러내리지 않게 하는 건), 폭건(幅巾 : 도복[道服]을 입을 때 갖추어야 하는 건), 이(履 : 신발), 조대(條帶 : 대대[大帶]보다 가는 실띠로 수의를 입힌

다음 허리에 매는 띠), 과두(裹肚), 원삼(圓衫), 적고리삼칭(赤古里三稱 : 천에 솜을 두고 안감을 댄 것), 유면단삼(有綿單衫 : 솜을 둔 적삼), 광고(廣袴 : 너른 바지), 홍상(紅裳 : 다홍치마), 청상(靑裳 : 남빛 치마), 여모(女帽 : 머리를 싸는 베), 채혜(彩鞋 : 무늬 있는 가죽신), 무반과두(無鑿裹肚 : 무명이나 베로 된 헝겊), 충이(充耳), 명목(瞑目 ; 幎目 ; 幎冒 ; 얼굴 싸는 수건), 악수(握手 : 손 싸개), 멱건(幎巾 : 얼굴 가리개), 설면자(雪綿子) 등이 있다.

- **습상(襲牀)** : 습을 한 상.
- **습신** : 시신에게 신기는 신발. 염습에서 고인에게 신기는 신발. 시신의 신발(꽃신)이며 면이나 종이로 만든다.
- **습의(襲衣)** : 습의 절차에서 목욕시킨 시신에게 수의(壽衣)를 입히는데, 이 때 입히는 옷을 습의라 한다. 『주자가례』의 주(註)에는 '고씨가 말하기를 습의(襲衣)는 시신에 옷을 입히는 것이고 염의(殮衣)는 시신을 싸는 것이다. 이것이 습(襲)과 염(殮)의 차이이다.'고 하였다. 수의(壽衣) 참조.
- **습장(濕葬)** : 젖은 시신을 그냥 땅에 묻는 매장 방법으로 중국의 유교 전통에서 찾아볼 수 있으며 토장(土葬)이 대표적이다. 오늘날의 매장의 시초라고 말할 수 있다.
- **습전(襲奠)** : 습(襲)할 때 습(襲)이 끝나고 나서 올리는 전(奠). 수의(壽衣 ; 襚衣)를 입혀 드리고 올리는 제물.
- **승교(繩絞)** : 삼끈으로 꼰 것.
- **승구(繩屨)** : 새끼 끈으로 꼬아 단단히 만든 짚신.
- **승대(繩帶)** : 새끼줄 띠.
- **승아자배지(勝我者拜之)** : 문상 시 나를 이기는 사람에게만 절을 한다는 의미이다. 같은 의미로 적아자배지(敵我者拜之 - 나와 대등하게 대적하는 사람[친구]에게만 절한다)라는 말도 있다.
- **승안(承顏)** : 돌아가신 집안 어른 중 생시의 얼굴을 뵈었던 조상.
- **승영(繩纓)** : 수질(首絰) 둘레에 늘어뜨리는 끈.
- **승적(承嫡)** : 적통을 이음.
- **승중(承重)** : 아버지가 먼저 돌아가신 뒤 조부모의 상사를 당했을 때, 아버지를 대신해서 장손이 상주 노릇을 하는 것. 승중일지라도 3년 상을 하지 못하는 경우가 있으니, 첫째 적자가 몹쓸 병이 있어서 가묘의 일을 감당하지 못할 경우이고, 둘째 적자가 전중(傳重)을 하지 않아 장손 이외의 일반 손자들이 후사가 되는 경우이고, 셋째 장자가 아닌 일반아들로서 후사를 삼는 경우이고, 넷째 적자 다음대로 내려가 적손을 후사로

삼는 경우이다.
- **승중상(承重喪)** : 아버지를 여읜 맏아들로서 조부모의 상사(喪事)를 당한 초상을 말함.
- **승화원** : 화장장을 일컫는 말이다.
- **시(尸)** : 시신이 상(牀)에 놓여 있을 경우의 시신을 일컫는 말.
- **시도(時到)** : 때가 옴.
- **시도소(時到所)** : 상가에서 문상객을 처음 맞이하여 접수를 받는 곳으로서 보통 빈소 앞에 마련한다.
- **시동(尸童)** : 제사를 지낼 때 신위(神位) 대신 앉히던 어린아이.
- **시동당견(尸東當肩)** : 시신의 동쪽 어깨 부분에다 습(襲)이 끝난 후 습전(襲奠)을 차린다.
- **시마(緦麻)** : 8촌간에 입는 상복으로 종증조, 삼종형제, 종증손, 종현손 등의 상사에 3개월 간 입는 복제. 사위, 장인 장모 간에도 시마복이다.
- **시묘(侍墓)살이** : 여묘(廬墓), 여막(廬幕), 여차(廬次), 여소(廬所). 하관 성분 후 반곡하여 집으로 돌아오지 않고 묘 옆에 남아서 고인을 돌보는 행위로서 따라서 시묘살이를 하게 되면 반곡(反哭)은 할 수 없게 된다. 부제(祔祭) 역시 자식이 시묘살이를 하게 되면 지내기 어렵다. 신주가 집으로 돌아오지 않았는데, 이를 사당에 모실 수는 없기 때문이다. 조선조 시묘살이는 부모에 대한 절대적인 효(孝) 사상에서 비롯된 관습이다. 시묘살이의 연유를 살펴보자면, 공자가 돌아가신 후 그의 제자들은 3년간 심상(心喪)을 지내고 돌아갔는데, 특히 자공(子貢) 같은 이는 6년 동안이나 공자의 묘 곁에서 여막을 짓고 그를 추모하면서 심상을 지내고 돌아갔다. 우리나라에서도 정몽주가 그의 어버이 상을 당하여 3년 간 여막살이를 하였는데, 아마 이러한 전례가 조선조 사대부들에게 커다란 영향을 미친 듯하다.
시묘살이는 『주자가례』에는 없는 관습이었을 뿐만 아니라, 조선조 성리학자들이 만든 예서에도 기록되지 않았다. 다만 이재선생의 『사례편람』에서 반곡(反哭) 조(條)의 세주(細註)에 퇴계선생의 말을 인용하면서 당시 시묘살이가 상당히 유행했음을 소개하는 정도였다. 이처럼 시묘살이가 당시 실로 많이 행해지고 또 국가에서 권장하였음에도 불구하고 예서(禮書)에서 공식적으로 인정되지 못했음은 아이러니 아니할 수가 없다.
퇴계와 이이는 원칙적으로는 반혼(返魂)을 하는 것이 맞는데, 만일 반혼을 하고서 제대로 예법을 지키는데 부담이 된다면, 반혼을 하지 말고 그냥 무덤 곁에서 시묘살이를 하라는 입장이다.
- **시사전(始死奠)** : 돌아가신 후 처음 드리는 전(奠). 설전(設奠)이라고도 하는데, 『주자가례』에는 보이지 않는 것으로 보아 우리나라에서 수정 적용한 것이다. 고인의 영혼이

의지할 수 있도록 전(奠)을 차려 제사를 올리고 혼(魂)을 위해 간단한 음식을 차려 놓는 절차이다. 현대의 장례에서는 수시(收屍)를 한 이후 안치실에 시신을 안치하고 곧바로 분향소를 차린다. 이때 고인의 영좌설치를 한다. 전통상례에서는 습이 끝나고 수의를 입힌 후 영좌설치를 하지만, 요즘은 장례기간의 단축으로 조문객들의 편리를 위해 절차가 간소화되었다고 볼 수 있다. 교의에 사진이나 혼백을 모셔놓고 앞에 제상을 놓는다. 그 위에 향상(香床), 향로, 향합, 모사기(茅沙器), 촛대 한 쌍, 띠, 수건 등 고인이 생전에 사용하던 유품을 놓아둔다. 명정(銘旌)과 공포를 걸어 놓는 앞에 교의(交椅)를 놓아 그 위에 혼백을 모셔 놓고, 그 앞에 탁자를 놓아 삼색 과일을 놓고 술잔을 잔대에 받쳐 놓는다. 삼색 과일이란 붉은색 대추, 흰색 밤, 검은색 곶감 세 종류를 말한다. 탁자 앞의 향합(香盒)은 동쪽에 놓는다. 날이 어두워지면 탁자에 촛불을 켜고, 아침저녁으로 빗, 수건, 세수할 물을 받들어 영좌 앞에 놓는다. 고인이 살아 계실 때와 같이 세수를 하고 머리를 빗으라는 뜻이다

- **시상(尸牀, 屍床)** : 시신을 대렴을 하기 전까지 올려놓는 상. 시신을 누이는 자리. 시신이 상 위에 있을 때는 시(尸), 관 속에 있을 때는 구(柩).
- **시상판(屍床板)** : 입관 전에 시신을 올려놓는 나무판.
- **시신(屍身)** : 죽은 사람의 몸체를 높여 부르는 말.
- **시자(侍者)** : 시종(侍從)을 말한다. 즉 상례의 각 절차에서 시중을 드는 사람이다. 주로 하인이 이 역할을 하는데, 직접 일을 처리하는 사람을 일컫는다. 행자(行者 - 따라가는 사람)라고도 한다.
- **시자복(侍者服)** : 누이지 않은 베옷이니, 만드는 법은 직령과 같이 하고, 중단·효건·환질·효대를 한다.
- **시장(始葬)** : 처음 장례. 이개장에 즈음하여, 처음 초상 때의 장례를 일컫는 말.
- **시접(匙楪)** : 제사 진설 시 숟가락을 놓는 접시.
- **시체검안서(屍體檢案書)** : 의사의 치료를 받지 아니하고 사망한 사체(시신)를 살펴서, 의사가 사인(死因)을 의학적으로 검안하여 사망을 확인하는 증명서
- **시취(尸臭, 屍臭)** : 시체 썩는 냄새.
- **시호(諡號)** : 죽은 뒤에 망자의 공덕을 칭송하여 추증(追贈)하는 칭호.
- **식건(拭巾)** : 습의 절차에서 시신을 목욕시킨 후 몸을 말려 닦는 수건이다. 상체, 하체를 구분하여 사용하기 때문에 2개가 필요하다. 명주나 베로 만드는데, 1자쯤 되는 것을 쓴다. 요즘은 흰색 수건을 사용한다. 식건은 이때뿐만 아니라 여러 절차에서 기물을 닦는 행주, 혹은 걸레를 통칭하는 말이다.

- **식관(拭棺)** : 관을 닦음.
- **식물(食物)** : 음식. 즉 반찬을 말한다.
- **신결석(新潔席)** : 깨끗한 새 자리. 전제(奠祭)를 지낼 때 준비한다.
- **신공(身空)** : 시신의 몸 속에 있는 구멍. 예를 들어 콧구멍 2, 귓구멍 2, 항문 1 등이다. 수시를 거둘 때에는 이들 구멍을 솜으로 모두 막아서 체액이 흘러나오지 않도록 하여야 한다.
- **신교(神橋)** : 왕릉의 공간 구성 배치와 관련 정자각에서 무덤으로 올라가는 길.
- **신로도(神路圖)** : 중국의 소수민족인 나시족(納西族)에서 사용되던 용품으로서 신이 사는 세상인 저승의 모습을 그린 것이다. 고인은 신로도를 따라 이승에서 저승으로 이동하는 것이다.
- **신면(新綿)** : 햇솜. 관의 빈 곳을 메꾸는 보공(補空)에 사용된다. 또는 속광(屬纊)에 사용되기도 한다.
- **신도비(神道碑)** : 묘주(墓主)의 행적을 밝히고 찬양하는 묘 동남쪽에 세운 비석. 즉 임금이나 고관의 무덤 앞이나 묘지로 통하는 길목에 죽은 사람의 업적을 기리기 위해 세우는 비석이다. 주로 무덤의 동남쪽에 위치하며 남쪽을 향하도록 세우는데 '신도(神道)'란 죽은 사람의 묘로(墓路), 즉 '신령(神靈)의 길'이라는 의미이다. 중국 한나라 때는 종2품 이상의 관리들에게 한하였다. 우리나라에서는 고려시대에 3품 이상에, 조선시대에 들어와서는 2품 이상의 관리들에게만 한정되었다. 단, 공신은 품계가 낮아도 가능하였다.
- **신물(新物)** : 새 음식. 제례용어 '천신(薦新)' 조항 참조.
- **신여(神輿)** : 왕과 왕비의 신주를 나르는 가마. 영여(靈輿) 참조. 영거(靈車) 참조.
- **신위(神位)** : 고인의 영혼의 자리를 말하는 것으로, 위패(位牌) 혹은 신주(神主)나 지방(紙榜) 같은 것이 신위(神位)에 해당된다.
- **신의(新衣)** : 초종의 절차에서 병이 위급해지면 망자에게 갈아입히는 새 옷이다.
- **신장(新葬)** : 개장(改葬)의 반대말로서, 즉 처음으로 시신을 묻는 경우를 말한다.
- **신전장(伸展葬 : 仰臥伸展葬)** : 펴묻기. 즉 시신을 땅에 묻을 경우, 굴장(屈葬)의 형태가 아니라, 시신의 팔다리를 바로 펴 넣은 후, 그 위에 잔돌과 큰 돌 흙 등을 차례로 덮어 시신을 묻는 장법. 즉 시신을 위를 보도록 반듯하게 펴서 뻗쳐 넣어 묻은 모습의 장법이다. 인류의 가장 오랜 매장법이다. 앙와신전장(仰臥伸展葬)이라고도 한다.
- **신종록(愼終錄)** : 상례의 절차에 따라 맡은 사람의 이름, 거행일시와 함께 그 절차에 따라 미리 마련한 물품과 사용될 재화의 목적과 수량 등을 적은 것을 말한다. 고종록(考終錄) 참조.

- **신주(新主)** : 새 신주.
- **신주(神主)** : 죽은 사람의 위패. 목주(木主). 조상의 신령(神靈)을 나타내는 신체(神體). 고인의 신위(神位)를 상징하는 나무패. 『오경이의(五更異義)』에 의하면 신주는 신상(神像)을 뜻한다고 하였고, "상주가 장사를 모시고 나서 그 마음을 의탁할 곳이 없어 우제(虞祭) 때에 신주를 모신다. 오로지 천자와 제후만이 신주를 모시고 경대부는 모시지 않는다."고 하였다. 신주와 함께 신체를 나타내는 용어로는 사판(祠版), 위패(位牌), 패자(牌子), 목주(木主), 우주(虞主), 연주(練主), 지방(紙榜), 지표(紙標) 등이 있다. 그 중에서 신주라고 할 때는 보통 종묘(宗廟)나 사당(祠堂)에 모시는 나무로 만든 것으로, 돌아가신 조상신의 신체를 나타내는 유일한 것을 의미한다. 그러므로 사당이나 종묘에 모시는 조상의 신체를 지칭할 때는 '신주'라고 해야 그 올바른 의미를 전달할 수 있다. 나무로 만든 패가 신주로 기능하기 위해서는 제주(題主)라는 절차를 거친다. 제주란 나무로 만든 신주의 함중(陷中)과 분면(粉面)에 신주의 이름을 쓰는 것을 말한다. 이때 함중이란 신주의 몸체 중간을 파낸 곳으로 고인의 이름을 쓰는 곳이다. 분면은 몇 대조의 선조인지를 쓰고, 제사를 지내는 봉사자가 누구인지를 쓰는 곳으로, 대수가 바뀔 때마다 고쳐 쓸 수 있도록 면 전체를 흰색 분으로 칠한 부분이다. 신주의 함중에는 『가례』에 따라 고위(考位)의 경우 "송고(故)모관모공휘모자모제기신주"라 하고, 비위(妣位)의 경우 "송고(故)모봉모씨휘모자모제기신주"라고 쓴다. 여깃 송(宋)이라고 쓴 것은 함중의 제일 위쪽에 나라 이름을 쓰도록 되어 규정하고 있는데, 『가례』 집필 당시의 나라가 송(宋)나라였기 때문이다. 그러므로 현 시점에서는 송 대신 대한민국이라고 쓰면 된다. 신주의 재료로는 밤나무를 쓰고 독(櫝)은 검은 옻칠을 한다. 나무 대신 종이로 만드는 신주를 지방(紙榜)이라고 한다. 신주는 조상의 혼이 깃들어 있는 신체로 여기어 사당이나 벽감에 모시고 살아계실 때와 같이 아침, 저녁으로 인사를 드리고, 집안에 중요한 일이 있을 때마다 아뢰기도 하였다. 아는 곧 조상으로 인식하여 살아 있는 사람과 함께 집안에서 생활하는 것으로 여겼다. 신주는 제주(題主) 후에 비로소 죽은 자를 대신하는 신체가 되고, 3년상이 지난 후에 사당(祠堂)이나 벽감(壁龕) 등에서 보통 4대, 약 120년 동안 모셔진다. 그래서 신주는 사람과 같이 평생을 같이 하는 것으로 여겼다. 신주를 만드는 법은 시일월진(時日月辰)을 본떠서 만드는 것으로서, 받침대는 사방 4치로 하는데 1년 4계절을 형상화한 것이며, 바닥에 구멍을 뚫어서 신주의 몸을 끼운다. 몸은 높이가 1자2치(12치)로 1년 12개월을 의미하고, 너비가 3치(30푼)인 것은 1달의 날수를 형상하며, 두께가 1치2푼(12푼)인 것은 하루의 시간을 형상화한 것이며, 위 5푼을 깎아 내어 머리를 둥글게 한다. 신주의 형태도 천원지방에 따라 상원하방의 형태로 하였는데, 위가 둥근 것을 하늘을 상징하고, 아래가 모진 것은 땅을 상징한다.
- **신주독(神主櫝)** : 신주를 모셔두는 궤.

- **신혼곡(晨昏哭)** : 초상 시 빈(殯)을 한 후, 매일 조석(朝夕)으로 토롱(土壟)이 있는 곳으로 가서 곡을 하는 것. 살아생전의 혼정신성(昏定晨省)의 어른에 대한 예절을 이어가는 것이다.
- **실당(室堂)** : 집의 대청.
- **실토(實土)** : 하관한 후 광중을 흙으로 채움. 하토(下土). 취토(取土).
- **실회(實灰)** : 하관한 후 회를 채움.
- **심상삼년(心喪三年)** : 상복은 입지 않았어도 마음가짐을 상복을 입은 것과 같이 한다는 뜻이다. 이 기간에는 화려한 복식을 하지 않고, 연회 등에 참석하지 않으며, 혼인 등의 길사(吉事)를 삼간다. 심상삼년에 해당하는 자는 출계(出系)한 사람(다른 집의 양자로 간 사람)이 친부모의 상을 당했을 때, 친부모가 생존해 있을 경우 양부모를 위해서, 개가하거나 쫓겨난 친모를 위해서, 아버지가 살아 계실 때 어머니를 위해서, 스승을 위해서, 심상삼년을 행한다. 『가례』에서는 중시하지 않았으나 『사례편람』에서는 심상3년과 조복가마(弔服加麻)를 보입(補入)하고 있다. 『예기』 「단궁(檀弓)」 「소(疏)」에 따른 것이다.
- **심의(深衣)** : 남성용 수의의 겉옷을 일컫기도 하는데, 원래는 선비들이 집안에 있을 때 입는 일상복이다. 고려 말 성리학이 들어오면서 유학자들이 가장 많이 입었다. 심의는 홑겹으로 된 포(布)로서 주로 백색으로 만든다. 모양은 깃이 직령(直領)이고, 깃과 단, 도련에 검은 색의 선(襈)을 두른 것이 특징이다. 즉 흰 베로 두루마기 모양을 만들며, 소매를 넓게 하고 검은 비단으로 가장자리를 두른 옷이다. 이러한 심의에는 철학적 의미가 내포되어 있는데, 의부(衣部)와 상부(裳部)가 나누어진 것은 건(乾)과 곤(坤)을 나타내는 것이다. 그리고 12폭은 1년 4계절, 12월을 의미하며, 선을 두른 것은 부모에 대한 효도와 공경의 뜻을 가지고 있다고 한다.
- **심자관억(深自寬抑)** : 깊이 스스로를 너그럽게 달램. 조장(弔狀)에 쓰이는 서식 문구.
- **심장법(深葬法)** : 왕릉을 조성할 경우 광중의 깊이를 매우 깊게 하여 시신을 안치하는 장법. 보통 일반무덤의 경우 광중의 깊이는 1.2미터 정도인데, 왕릉의 깊이는 10척(尺) 즉 3.1미터 정도를 판다. 이유는 임금 왕(王)자가 십(十)자의 아래위를 막은 모양으로 왕기(王氣)는 십(十)자 속에서 난다는 속설 때문이다. 또한 시신을 깊이 묻으면 빗물이나 습기의 침투를 막고, 한기를 차단하여 한겨울에도 시신이 어는 것을 방지하며, 벌레 뱀 개구리 나무뿌리 등의 침범을 막아 시신을 온전하게 보존하고, 도굴을 방지할 수 있기 때문이다.
- **심장사(心臟死)** : 심장의 병이나 일차적인 심장의 기능 저하가 원인이 되어 사망하는 것. 급성에서는 심근 경색, 만성에서는 울혈성 심부전이 있다.

- **심제인(心制人)** : 마음으로 상제(喪制)가 된 사람.
- **십이지신상(十二支神像)** : 12지(支)를 상징하는 수면인신상(獸面人神像)을 말한다. 즉, 12지(支) 동물의 얼굴을 하고 몸체는 사람의 형상을 하고 있는 12가지 동물의 형상을 말한다. 12지는 중국의 은대(殷代)에서 비롯되었으나, 이를 방위나 시간에 대응시킨 것은 대체로 한 대(漢代) 중기의 일로 추정된다. 다시 이것을 12동물과 대응시킨 것은 훨씬 후대의 일로, 불교사상에 형향을 받은 것으로 보인다. 한국에서는 무덤을 보호하는 호석(護石)에 12지신상을 조각한 경주(慶州) 괘릉(掛陵)이나 김유신묘가 최초로 보인다. 고려시대가 되면 입상(立像)과 좌상(坐像)이 동시에 나타난다. 신라의 예처럼 면석(面石)에만 조각한 것과 반대로 안에 끼운 널판돌에 새기기도 했으며, 음각(陰刻)한 것도 간혹 나타난다.
- **십자고상(十字苦像)** : 십자가에 못 박힌 그리스도의 수난을 묘사한 상(像).
- **아삽(亞翣)** : 불삽(敝翣) 참조.
- **아트관(棺)** : 아프리카 가나에서는 고인이 직업이나 소유하고 싶었던 물건 또는 내세에서 다시 태어나고 싶은 동물의 모양으로 관(棺)을 만들어 매장하는 풍습이 있다. 예를 들면 어부의 경우 배 모양이나, 물고기 모형의 관을, 농부이면 평소 기르던 작물의 모형으로 관을 만든다. 예를 들어 독수리 모형관, 물고기 모형관, 양파 모형관, 게 모형관 등이 있다.
- **아프리카의 가면(假面)** : 아프리카 부족들의 가면(假面)은 조상 혹은 자신들의 수호신(토템)을 형상화한 것이다. 장례의식 과정에서 착용하여 망자(亡者)의 혼(魂)을 위로하고, 내세(來世)로 가는 길을 인도하였다. 예를 들어, 코트디부와르 구로족의 잠블레(Zamble) 가면(假面), 코트디부와르 세누포족의 왐베레(Wambele) 가면(假面), 콩고 선사족의 키훼베(Kifwebe) 가면(假面) 등이 있다.
- **아프리카의 장례풍속** : 아프리카인들은 자신들의 조상이 영적인 존재로서 자신들의 삶에 영향을 미친다고 생각하였다. 그리하여 죽음이라는 것은 현재의 세계에서 과거의 세계로 돌아가는 과정이며, 장례식은 이 두 세계를 연결하는 역할을 한다고 믿었다. 아프리카의 장례절차는 일반적으로 임종(臨終), 안치(安置), 조문(弔問), 접객(接客), 매장(埋葬)의 순으로 진행된다. 하지만 절차와 풍습은 나라, 민족별로 다양하게 진행된다. 케냐의 루아족 장례식을 한 예로 살펴보면, 먼저 죽음을 앞둔 사람의 집에 모든 친척들이 모인다. 사람들이 모이면 염소를 잡아 나누어 먹는데, 이것은 죽음을 앞둔 사람이 산 사람에게 주는 마지막 선물이라고 여긴다. 마침내 망인이 숨을 거두면, 조문객들은 슬퍼하며 시신을 동물의 가죽에 싸 집 밖에서 하루 또는 이틀 동안 안치한다. 친인척과 이웃들은 술과 음식을 가져와 먹으며 밤새워 악기를 연주하고, 춤을 추며 죽은 이의 영혼을 즐겁게 하고 유족들을 위로한다. 매장은 보통 이른 오후에 진행

되지만 특별한 사람의 경우에는 해질녘에 행해지기도 한다. 매장할 때 시신은 서쪽을 향하게 하고, 아무 것도 입히지 않은 나체로 묻는다. 이것은 죽은 사람이 내세에서 재탄생한다는 의미이다. 아프리카에서는 입관을 할 때에 가족 모두가 참여한다. 정착민들의 경우 관 속에 망자가 주로 사용하였던 기구나 장신구 등을 부장품으로 같이 넣어 준다. 유목 부족들의 경우 목관 대신 동물의 가죽을 주로 사용하는데, 신분이 높은 사람일 경우 표범의 가죽을 사용하기도 한다. 또 아프리카에서의 매관(埋棺)은 우리나라처럼 복잡한 절차가 없이 가족과 친척들이 조문객과 함께 매장을 한다. 유목민들의 경우 무덤을 만들지 않고 시신을 방치하는 야장(野葬)이나 나무에 매달아 놓는 수장(樹葬)을 주로 한다. 이는 무덤을 만들어도 야생동물에 의해 훼손될 가능성이 높기 때문이다.

- **아프리카 조상상(祖上像)** : 아프리카의 조상상(祖上像)은 나무, 돌, 흙 등을 사용하여 사람의 형상으로 만든 인형으로, 평소에는 부족을 지켜주는 수호신으로, 제사나 장례 때에는 망자의 혼을 위로하고 저승으로 안내하는 역할을 하였다.

- **악(幄)** : 휘장. 세속에서 쓰는 차일과 휘장(揮帳) 따위이다.

- **악거(惡車)** : 변변치 않은 수레. 치장하지 않은 검소한 수레. 즉 상주가 병이 있어 걷지 못할 때 타고 가는 수레.

- **악상(惡喪)** : 젊어서 요절했거나 사고로 사망하는 등, 가정형편이 좋지 않고 자연수명을 다하지 못하고 망자가 사망한 경우를 일컫는다. 부모보다 자식이 먼저 죽는 것도 이에 해당된다.

- **악수(握手)** : 시신의 손을 싸는 손 싸개. 비단을 쓰는데, 길이는 1자 2치, 넓이는 5치이다. 본래는 소렴 때 시신의 손을 싸는 헝겊이었으나, 현대에는 주머니의 형태로 손을 쥐어주고 감아주는 장갑의 형태로 바뀌었다.

- **악실(堊室)** : 꾸미지 않은 방. 상제(喪制) 처소. 상주와 여러 남자들의 거처하는 곳.

- **악차(幄次)** : 천막. 장지(葬地)의 광중 부근에 휘장을 쳐 놓은 임시로 머무는 곳.

- **안장(安葬)** : 편안하게 장사지낸다.

- **안치(安置)** : 시신의 부패와 세균 번식 등을 막기 위하여 냉장 시설에 시신을 모시는 것. 사망이 확인된 시신을 이송하고(운구) 안치하는 절차로 시신의 상태를 확인하고 수시(收屍)여부를 결정한다. 전통사회에서 치러졌던 상례는 주로 집에서 운명하였고, 죽음에 대한 정의를 내리기가 어렵기 때문에 수시를 통해 살아나시기를 기원하였던 의례적 측면이 포함되어 있다. 아울러 습의 단계에서 진행되는 반함의 절차에서 입안에 쌀을 물리기에 편하도록 하기 위해 실시하였다. 그러나 현대의례에서는 대부분 실시하지 않고 있으며, 교통사고, 화상, 추락사 등 사고사의 경우처럼 시신의 형체에 큰 변화가 있는 경우

에 실시하고 있다. 장례지도사의 업무가 시작되는 시점이라고 할 수 있는데, 장례식장에서 시신을 안치실에 안치하는 과정에서 장례지도사는 반드시 유족과 함께 안치실의 호실과 기재내역을 확인하여 입관과 발인 시 착오가 생기지 않도록 하여야 한다.

- **안치실(安置室)** : 시신의 부패와 세균 번식 등을 막기 위하여 시신 보관용 냉장시설을 갖춘 장소.

- **암장(暗葬)** : 남의 땅에 몰래 장사를 지내거나, 남의 묘를 파내고 자기 조상의 시신을 몰래 묻는 경우를 말한다. 투장(偸葬), 압장(壓葬), 공장(空葬), 늑장(勒葬) 참조.
- **압사(壓死)** : 위험한 곳에서 억눌리어 죽음.
- **압존(壓尊)** : 나에게 높은 분이라도 그 분보다 더 높은 분 앞에서는 낮춰야 하는 것을 압존법(壓尊法)이라고 하는데, 예를 들어 모상(母喪)의 경우 3년 자최복을 입어야 하나, 아버지가 아직 살아계시면 상을 낮추어서 1년으로 기간을 단축하여(장기 - 杖朞) 입는 것을 일컬어 압존이라고 한다.
- **앙와신전장(仰臥伸展葬)** : 하늘을 향하해 뉘어서 펼쳐 매장하는 장법으로서, 토광묘(土壙墓)가 묘제(墓制)에 있어서 가장 기본을 이루듯이, 매장방법에 있어서 가장 많이 사용되는 장법이다.
- **앙장(仰帳)** : 천장이나 상여 위에 치는 휘장.
- **양묘제(兩墓制)** : 일본의 전통적인 묘제의 하나이다. 즉 시신을 매장하는 우메바카(埋め墓)와 고인의 공양을 위해 세운 마이리하카(參り墓)가 별도로 있다는 것으로, 고인 1인에 대하여 2개의 묘가 있기 때문에 붙여진 이름이다. 양묘제(兩墓制)의 등장은 '죽음[死]의 부정(不淨[死穢 : 더러울 예])' 관념과 밀접한 관련을 가진다. 즉 고대 중세로부터 죽음은 공포의 대상으로서 죽음은 전염된다고 믿어 시신과 접촉하면 유족이 감염되기 때문에 시신을 깨끗이 정화해야 한다고 여겼다. 이러한 관념에 따라 매장을 하는 장소는 기피의 장소가 되기에 이르렀다. 그러나 숭배의 대상이 되는 조상의 영혼을 참배하고 제사를 지내기 위해 집안의 불단(佛壇)과 함께 청정한 장소라고 생각되는 곳에

(예를 들면 사찰의 경내묘지 등) 고인의 영혼을 위해 별도로 묘를 설치하게 되었다. 이처럼 양묘제(兩墓制)는 영육(靈肉) 이중구조(二重構造)의 관념이 복합되어 나타난 것으로 일본 고유신앙에 그 뿌리를 두고 있다고 한다. 또한 양묘제는 매장의 전통에서 시작되었는데, 아직까지도 일부 지역에 그 전통이 남아 있다고 한다. 한편, 일본에서는 '이에(家)'의 계승이 묘(墓)의 계승과 결합될 즈음 분묘와 조상제사가 하나로 합쳐지게 되었다. 이러한 관념은 무가(武家)계층에서는 가마쿠라(鎌倉)시대 말기에 형성되었는지 모르지만 서민계층에서는 근대에 와서야 '이에(家)'와 묘(墓)의 결합이 보이는데, 이는 17세기 후반의 일이다. 그리고 메이지 정부는 집안이 확대된 것을 국가로 상정하고는, '이에(家)'가 안정화되면 국가 역시 안정화된다는 의식을 심어 나갔다. 이에 따라 '이에(家)'를 계승하기 위해 조상을 모시는 곳으로서 불단(佛壇)과 조상숭배의 실천을 위한 참배묘를 중요시하게 되었다. 따라서 화장 후 뼈단지를 납골하는 형태로 화장문화가 발달되었고, '○○집의 묘'라는 공양묘(供養墓)가 전형화되기에 이르렀다. 이러한 조상숭배를 '이데올로기의 조상숭배'라고 하는데, 이 시기에 분묘 혹은 묘지는 제사를 위한 재산으로 계승되었기에 메이지 민법에서는 이를 '가독상속(家督相續)의 특권(特權)'으로 인정하였다. 즉 일본의 묘지가 일반화된 것은 17C 이후의 일이고, 화장 후 납골하는 묘제는 신도(神道)의 국교화(國敎化)를 의도했던 메이지시대의 일이라는 것이다. 분묘는 '이에(家)'가 가지는 조상숭배의 상징으로 교화되어 있다. 이러한 관념은 핵가족화된 현재에도 불식되었다고는 하지 못한다. 그러나 현재는 위생문제 등으로 인해 공영묘지는 도시 근교 바깥으로 밀려나고 있다. 화장이 일반화되면서 시신에 대한 금기 역시 약해졌으나 '2개의 묘 전통'은 여전히 유지되고 있다. 예를 들면 기존의 매장을 하였던 묘지에 석탑형의 묘를 만들어 참배하고, 사찰 경내묘지의 참배묘도 그대로 유지하는 형태로 변화되고 있다. 이러한 관습으로 인해 관서(關西) 지역에서는 현재도 사찰 납골용 뼈단지와 가족묘 납골용 뼈단지 2개를 만든다. 이는 매장에서 금기시되었던 죽음의 부정(不淨)이 사라졌음에도 불구하고 양묘제(兩墓制) 전통이 그대로 지속되는 것으로 볼 수 있다. 따라서 개인의 묘가 2개가 된다는 것은 매우 자연스러운 일이다. 뿐만 아니라 가족이나 친척이 고인의 뼈를 나누어 가지는 분골(分骨) 관습으로 인해 개인이 묘는 2개 이상이 되는 경우도 많아 과히 다묘제(多墓制)라고 해도 과언이 아니다. 또한 형제간에 위패(位牌)를 나누어 모시는 이하이와케(位牌分け)도 가능한 일본의 조상숭배관을 볼 때 우리나라의 조상숭배와 묘지에 관한 관습과는 전혀 다른 특징을 가지고 있음을 알 수 있다. '죽음의 부정(不淨) 관념'에 근거를 둔 양묘제(兩墓制)는 한국과는 전혀 다른 조상숭배관이다. 이러한 양묘제는 매장에서 화장으로 장법이 바뀌었음에도 불구하고 여전히 지속됨으로써 화장 후 납골이라는 화장 문화를 발전시켰던 것으로 보인다. 뿐만 아니라 분골, 위패나누기 역시 화장 후 납골이라는 형태의 화장문화 발전에 일조를 하였던 것으로 보인다. 이러한 일본의 화장과 납골 관습은

19C 말 일본인거류민단을 통해 소개 및 전래되었고 이것이 한국 고유의 조상숭배와 결합되어 근, 현대 한국의 화장 관습에 커다란 영향을 미치게 된다(김시덕, 『한국의 상례문화』, 222~225쪽 참조).

- **양밥** : 발인을 위해 안방에서 출관 시 영구가 문지방에 닿지 않도록 넘으면서 엎어 놓은 바가지를 관 앞으로 눌러서 깨뜨린다. 이것은 죽은 자의 밥그릇을 깬다는 의미로 죽은 자가 다시는 문지방을 넘어 집안으로 되돌아오지 않게 하며, 상의(喪儀)기간 동안 있을지도 모를 재액(災厄)을 없애기 위한 것이다. 중상(重喪)의 사전적인 정의는 "탈상하기 전에 부모상을 거듭 당하는 것"을 의미하기도 하고, 무거운 상을 의미하기도 하여 (『四禮便覽』「喪禮」, 「成服」조) 위의 행위와는 전혀 다르다. 그러나 관습적인 행위로서 중상은 정상적인 시신의 상태가 아니라 중상이라는 비정상적인 상태를 회복하기 위한 행위로서 일종의 '중상을 해소하기 위한 양밥'이라고 할 수 있다. 이러한 비정상적인 상태를 회복하기 위한 행위가 전통을 이어가면서 지역에 따라서는 당연히 행하는 절차의 하나로 정착되어 유교식 상례의 절차에 삽입된 것으로 보인다. 출관 참조.

양밥

- **애곡벽용(哀哭擗踊)** : 가슴을 치며 통곡하는 일을 말하며, 원뜻은 애통하게 곡을 하고 가슴을 치며 발을 구른다는 뜻이다.
- **애도(哀悼, Deep Regret Condolence)** : 사람의 죽음을 슬퍼함.
- **애이불상(哀而不傷)** : 슬퍼하되 정도를 넘어서 몸이 상하지 말게 할 것. 사실 곡(哭)이란 고인이 좋은 복을 받아 편안하기를 바라는 기원(祈願)과, 살아계실 때 남기신 가르침을 실천하겠다는 추모의 마음을 다지는 행위이다.
- **애자(哀子)** : 애달픈 아들이란 뜻으로 어머니가 돌아가셨으면 애자(哀子)라 지칭한다.

- **애차(哀次)** : 영구가 바깥문을 나갈 때 정해진 위치에서 애도하는 장소.
- **애통최열(哀慟摧裂)** : 애통하고 가슴이 찢어짐. 직계존속이 돌아가셨을 때 상주를 위로하여 사용하는 서식 문구.
- **애통침통(哀慟沈痛)** : 애통하고 침통함. 백숙부모, 고모, 형제자매가 죽었을 때 상주를 위호하여 사용하는 서식 문구.
- **액막이** : 상례에서 악한 기운이 시신에게 해를 끼치는 것을 막기 위해 행하는 주술적인 행위로 방상씨가 광중을 찌르는 시늉을 하며 사귀(邪鬼)를 쫓는 것과 같은 것이 이에 해당한다.
- **액자(사진)리본** : 사진틀에 부착하여 영정(影幀)임을 나타내는 표시로, 일반적으로 입관이 완료된 표시로 영정사진에 부착한다.

초동용품 세트

방명록, 부의록(賻儀錄), 축문집(祝文集)

근조기(謹弔旗)

액자(사진)리본

향(香)

빈소용 초

수시포

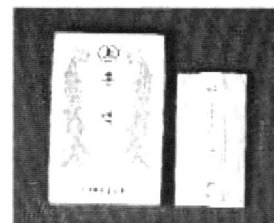
혼백(魂帛)

위패(位牌)

- 앵(罌) : 술 단지. 술이나 육장 등을 담는 그릇의 통칭. 자기(瓷器) 3개로, 술과 포와 육장을 담는다. 하관 시 명기(明器), 포(苞), 소(筲) 등과 함께 부장품으로 묻는다.
- 양귀법(攘鬼法) : 원귀(冤鬼)나 원령(怨靈) 등 인간에게 해를 끼치는 귀신을 물리치는 귀신 퇴치법을 말한다.
- 양례(襄禮) : 상례(喪禮), 상장(喪葬), 장례(葬禮), 장송(葬送), 장의(葬儀), 장사(葬事) 등과 같은 의미이다.
- 양밥 : 본래 액운을 쫓거나 남을 저주할 때 무속적으로 취하는 간단한 조치를 뜻하는 말로, 상례에서도 각종 속설과 믿음에 따라 액땜하는 풍습이 있다. 예컨대 발인하는 날 상제들은 관을 들고 방의 네 구석을 향해 관을 세 번씩 올렸다 내렸다 하면서 인사를 한 뒤에 문을 나선다. 이 때 관을 방에서 상여가 있는 밖으로 옮길 때, 도끼나 톱으로 문지방을 살짝 찍거나 자른 뒤에 관을 들고 문지방을 넘는 풍속이 있다. 또한 문 밖의 댓돌 앞에 바가지를 깨는 것은 죽은 이가 나쁜 귀신이 되어 다시는 문지방을 넘어 집안으로 되돌아오지 않는다는 믿음에서 비롯된 양밥 곧 액땜인 것이다.
- 양의(襄儀) : 장의(葬儀)와 같은 의미이다. 즉 시신을 처리하는 방법 내지 장례절차에 관한 예절을 말한다.
- 양장(兩葬) : 겹초상 내지 쌍초상.
- 양창독(兩窓櫝) : 양쪽에 창이 있는 독. 『가례』 도(圖)에 위는 평평하고 사방은 곧게 내려가되 앞에 창 둘을 만들고 아래는 평평한 받침을 만든다.
- 어자(御者) : 시중을 드는 사람이다. 한편 남자가 병이 있을 때 여자에게 맡기지 않는다. 즉 남자는 여자에게 운명을 맡기지 않고, 여자는 남자에게 운명을 맡기지 않음을 의미한다.
- 어장(御葬) : 국장(國葬) 중 황제의 장례(葬禮)를 어장(御葬)이라 칭하기도 한다. 국장(國葬) 및 예장(禮葬) 참조.
- 엄(掩) : 머리싸개. 즉 머리를 싸는 것이다. 지금의 복두와 같다. 여자 상(喪)에는 엄(掩)을 쓰는데, 엄은 온폭으로 두개골을 싸고, 뒤의 두 가닥으로 앞을 향해 턱밑에서 묶고, 또 앞의 두 가닥으로 뒤를 향해 돌려서 목덜미 한가운데서 묶는다.
- 엄광(掩壙), 엄광창(掩壙窓) : 광중을 덮어 가림. 광중을 덮는 덮개.
- 엄기색양(奄棄色養) : 상주와 망자가 모두 벼슬이 없을 경우, 망자의 죽음을 나타내는 말로서 엄기색양(奄棄色養)이라는 말을 사용한다.
- 엄기영양(奄棄榮養) : 상주의 벼슬이 높을 경우는 죽음을 나타내는 말로서 경배(傾背) 대신 이 용어를 쓴다. 갑자기 영화로운 봉양을 버리셨다는 의미이다.

- **엄연관사(奄捐館舍)** : 망자의 관직이 약간 높을 경우, 망자의 죽음을 나타내는 말이다. '갑자기 집을 버리셨다.'는 의미이다.
- **엄홀기배(奄忽棄背)** : 직계존속(망자)의 죽음을 다른 사람에게 표현하는 말이다. '갑자기 세상을 버리셨다.'는 의미이다. 형제 이하의 죽음에는 '상서(喪逝 - 죽었다)'라고 하고, 아들, 조카, 손자의 죽음에는 '거이요절(遽爾夭折 - 갑자기 요절했다)'이라고 한다.
- **엄광창(掩壙窓)** : 광중을 덮는 덮개.
- **엑소시스트** : 귀신(악마) 쫓는 무당(부적).
- **엠바밍(Embalming)** : 사체를 일정기간 보존하기 위하여 위생보전처리를 행하는 것. 사체로부터 혈액을 빼고 액상의 방부제를 주입한다. 즉 시신을 장례 기간 혹은 일정 시간 부패하지 않도록 보호하기 위하여 화학약품을 이용하여 인공적으로 시신의 내외부를 위생적으로 소독하고 일시적으로 보존하는 것이다. 방부처리 혹은 위생처리, 시신보존위생 등으로 번역하여 사용되고 있다. 영어 'Embalming'은 원래 '향유를 바르다'라는 뜻에서 유래되었는데, 이는 부패를 최소화하기 위해서 향료와 향내 나는 연고를 쓰는 방법이 매우 보편적이었기 때문에 나타난 현상이다. 엠바밍은 매장을 주로 하는 미국에서 발달하였으며, 현재 미국에서는 엠바밍이 보편화되어 있고, 장례관련학과의 주요 교과목이다. Thomas Homes는 엠바밍의 아버지라고 부른다. 그는 남북전쟁 때 시체를 1구 당 100$로 방부처리를 청구하였으며, 4년간 4028구를 방부처리 하였다. 오늘날 장례서비스에서 엠바밍을 하는 이유는 시신으로부터 발생될 수 있는 보건위생상의 위해(危害)를 방지하기 위함이다. 이것이 범위가 확대되어 시신의 위생적 소독은 물론 각종 사고로 생긴 훼손을 복원하고, 미용적으로 화장(化粧)을 하는 것 역시 엠바밍의 영역에 포함시키고 있다. 이를 뷰잉(Viewing)이라고 한다. 현재 우리나라에서는 외국인의 죽음, 또는 특수한 경우에 엠바밍을 하고 있다.
- **여군(女君)** : 첩(妾)이 정실(正室)부인을 일컫는 존칭.
- **여단(厲壇)** : 서낭당(성황당). 전장에 나갔다가 시신을 수습하지 못했거나 염병 등으로 객사한 사람의 방황하는 혼백을 불러들여 제사지내는 상설 제단.
- **여막(廬幕)** : 무덤 가까이에 지은 상제가 거처하는 초가. 즉 상주가 부모의 상을 당해 시묘살이를 하기 위하여 지은 움막을 의미한다. 원래 여막은 묘의 옆에 짓는 것이 원칙인데, 조선조에 들어와 노수신(盧守愼, 1515~1590)이 반곡 때문에 여묘(廬墓)가 없어져 상례의 기강이 야박해진다고 비난을 하자 김우옹(金宇顒, 1540~1603)이 여묘를 위해 반혼을 하지 않는 것이 오히려 예(禮)가 아니므로 민간에서 여묘하지 않는 것을 금하지 못한다고 반론을 펴기도 하였다. 이에 유성룡(柳成龍, 1542~1607)은 두 사람의 말이 다 옳다고 하여 결말을 맺기도 하였다. 이후 반곡을 중시하면서도 시묘의 뜻을

살리기 위해 주거 내 상청 혹은 빈소에 여막을 설치하게 되었다. 여차(廬次), 의려(依廬)라고도 한다.

- **여모(女帽)** : 여자의 시신을 염습할 때 머리에 싸는 베.
- **여묘(廬墓)** : 무덤 옆에 시묘살이 하는 움막살이. 상제가 무덤 가까이에 여막(廬幕)을 짓고 무덤을 지키는 일. 여막(廬幕) 참조.
- **여복(女僕, 여자 종)** : 속칭 곡비(哭婢)를 말한다. 2사람 또는 4사람이며, 베너울을 쓴다.
- **여부(轝夫)** : 상여꾼. 상여를 짊어지는 사람인데, 그 수(數)는 형편에 따라 적당히 한다.
- **여상(舁牀)** : 마주 드는 상.
- **역(曆)** : 문상객을 기록하는 장부.
- **역막(帟幕)** : 위를 가리는 작은 장막.
- **역복구(易服具)** : 고인의 옷을 새로 갈아입히는 데 필요한 용구. 심의(深衣 : 선비들의 예복. 혹은 수의 제일 겉옷), 대대(大帶 : 남자의 심의나 여자의 원삼, 또는 활옷에 두르는 넓은 띠) 등이 있다.
- **역복불식(易服不食)** : 망자가 운명하면 곧바로 옷을 갈아입고, 음식을 먹지 않는다는 의미로서 모든 복인이 관과 겉옷을 벗고 머리를 풀고 신발을 벗는 절차이다. 즉 초상이 나면 상주들이 검소하게 옷을 바꿔 입고 음식을 먹지 않는다는 뜻이다. 이는 부모가 돌아가셨기 때문에 고인의 아내나 아들, 며느리들이 관(冠)과 겉옷을 벗고 머리를 푸는 절차이다. 화려한 옷과 장식을 풀고, 검소한 차림을 하게 되는 절차이다. 처와 자부, 첩은 모두 관과 윗옷을 벗고, 머리를 푼다. 남자는 심의를 입고, 상의의 소매를 뺀다. 이때부터 삼년복을 입는 모든 아들(상주)은 3일 동안, 기년상과 9월상의 복인은 3끼를, 5월과 3월상의 복인은 2끼를 먹지 않는다. 만약 친구의 렴(殮)에 참석하였다면 1끼를 먹지 않는다. 친척이나 이웃에서 죽을 쑤어 와서 먹기를 권하면 조금 먹어도 무방하다. 성복을 한 후부터 죽을 시작으로 비로소 음식을 먹는다. 이처럼 거상 중과 탈상 때에 옷을 갈아입고 밥을 굶는 것이 역복불식인 것이다. 우선 상을 당하면 평소에 입던 화사한 색의 옷을 벗고 검소한 옷으로 바꾸어 입으며, 입관이 끝나면 상복으로 갈아입는다. 그 후 상복을 계속 입다가 소상에는 생베 옷을 반베 옷으로, 대상에는 흰 갓과 직영(直領 - 무관의 웃옷의 하나로 깃이 곧게 되었음)으로, 담제에는 칠한 갓과 흰 도포로, 길제에는 평상의 옷을 갈아입었다.
- **역부(役夫)** : 일꾼. 산역(山役)이나 무덤 조성 시 일하는 일꾼 등을 말한다. 영구를 상여에 싣는 일을 하기도 한다.
- **역월제(易月制)** : 고려 시대에 행하여졌던, 하루를 한 달로 계산하여 장례의 기간을 단축하여 치루었던 단상제(短喪制)의 장제를 일컫는 말이다. 역월제(易月制)란 이일역월

지제(以日易月之制)의 준말이다. 이 역월제는 실은 한(漢)나라 문제(文帝)의 유조(遺詔)에서 비롯된 것이다.

- **역청(瀝靑)** : 기름을 섞어 갠 송진. 부패 방지를 위해 관의 겉과 속에 바름.
- **연(練)** : 삶아 빪. 누임. 연복(練服) 참조.
- **연고자(緣故者)** : 시체 또는 유골과 다음 각자의 관계에 있는 자를 말하며, 연고자의 권리와 의무는 다음 각자의 순으로 행사하되, 동순위의 자녀 또는 직계비속이 2인 이상인 때에는 최근친의 연장자를 우선순위로 한다. 배우자 - 자녀 - 부모 - 자녀를 제외한 직계비속 - 부모를 제외한 직계존속 - 형제자매 - 시체 또는 유골을 사실상 관리하는 자.
- **연관(捐館)** : 살던 집을 버린다는 뜻으로 사망에 대한 경칭(敬稱). 즉 거처를 버린다는 뜻으로서 죽었다는 것에 대한 높임말(돌아가심, 서거)이다. 망자의 벼슬이 높을 경우, 죽음의 의미로 경배(傾背) 대신 이 연관(捐館)이라는 말을 사용하는 것이다. 엄연관사(奄捐館舍 - 갑자기 집을 버리셨다)의 준말.
- **연관(練冠)** : 삶아 빤 베로 만든 관(冠).
- **연궤(燕几, 燕櫃)** : 다리가 굽은 옛날 책상의 일종. 즉 초종의 절차에서 설치철족(楔齒綴足)을 할 때 각사, 조를 놓아두는 서안(書案)과 같은 것이다.
- **연도(煉禱)** : 육신의 사망 후 연옥에 빠져 있는 불쌍한 영혼을 천국에로 인도하도록 이승에 남아 있는 교우들이 상가에 가서 하는 기도. 한국 천주교회의 독특한 장례문화이다. 가톨릭에서 연옥(煉獄)에 있는 영혼을 위한 기도(祈禱)라는 뜻으로 사용된다. 연도는 고인과 남아 있는 사람들을 연결시켜 주고 성인의 통공으로 같은 생명을 누리고 있다는 신앙고백이다. 또한 한국에서는 천주교 의식을 따르면서도 조상에 대한 효(孝)와 환난상휼(患難相恤)을 표현할 수 있는 가장 적절한 방법이었기 때문에 발달되었다. 예로부터 초상이 난 것을 '연도났다'라고 하였고, 초상집에 문상을 가자고 할 때도 연도가자고 하였다. 그래서 '한국의 상제례문화는 연도의 문화이다'라고 할 정도였다. 연도는 고인과의 친소(親疎)에 따라 달랐는데, 교황을 위해서는 1년, 같은 지방의 주교를 위해서는 9개월, 같은 지방의 신부를 위해서는 6개월, 타 지방 신부를 위해서는 3개월, 회장을 위해서는 1개월, 다른 교우를 위해서는 7일이고, 돌아가신 부모를 위해서는 날마다 기도하도록 규정하고 있다. 무엇보다 '연도'는 한국의 가톨릭 장례식에서만 존재하는 독창적인 의식이라는 것이다. 즉, 천주교가 우리나라에 토착화된 대표적 사례 가운데 하나라는 것이다. 요약하면, 연도는 성당의 전례분과위원회에 속한 신자들이 '지상의 삶을 마친 영혼이 하느님 품에서 복을 누리게 해달라고 바치는 위령기도(慰靈祈禱)'이다.

- **연(煉)미사** : 연도미사. 세상에서 지은 죄로 천국에 바로 들지 못할 때, 불에 의해서 그 죄를 정화(淨化)하는 곳에 있는 사람을 위한 미사. 즉 고인을 위해 바치는 기도로, 세상에서 보속을 다 못하고 죽은 사람은 천국에 들어갈 때까지 연옥에서 정화되는 과정을 거쳐야 하는데, 이때 고통 중의 연옥 영혼을 위해 하는 기도가 연(煉)미사이다. 세상에서 죄의 벌을 못다 하고 죽은 사람이 천국으로 들어가지 전에, 정화(淨化)하는 연옥(煉獄 : Purgatory)에서의 고통은, 모든 사람에게 동일한 것이 아니라, 각자의 죄벌에 따라서 차이가 있다. 한국 천주교회 초기 때부터 사용해 온 '연도'라는 말은, 바로 이러한 연옥에 있는 이를 위해 드리는 기도를 지칭한다. 본디 천주교회에서는 연옥에 있는 사람들을 '불쌍한 영혼(Poor Souls)'이락 호칭하는데, 그 까닭은 이들이 자기의 힘으로는 연옥에서 탈출할 수도, 또 괴로움을 완화시킬 수도 없으나, 지상 여정에 있는 신자의 기도와 선업(善業)에 의지하여서는 가능하기 때문이다. 이리하여 이 경우의 이 지상의 신자의 기도를 '연도'라고 하는 것이다. 이 옛말은 오늘날의 바뀐 말로는 '위령(慰靈)의 기도'라고 한다. 간혹 '鍊禱'라는 한자어를 쓰나 이는 잘못된 표기이며, 또 죽은 이를 위해 기도하는 방법은 『성교예규(聖敎禮規)』라는 기도서에 따라 하는 것이다. 이 기도 책에는 임종 때 어떻게 기도해 줄 것 인가에서부터 장례 때 어떻게 기도할 것인가까지 다 수록되어 있다.
- **연복(練服)** : 소상 때 입는 옷. 누인 베로 새로 만들거나 입던 옷을 빨아서 다듬어 입음. 소상 시 제사를 지내기 시작하면 강신(降神)하기 전에 모든 복인은 먼저 연복으로 갈아입는다. 소상(小祥) 참조.
- **연상(練祥)** : 소상.
- **연숙출(煉熟秫)** : 불에 익힌 차조(찰수수, 찹쌀).
- **연옥(煉獄)** : 세상에서 지은 작은 죄로 인해 천국에 바로 들어가지 못할 때, 불에 의해서 그 죄를 정화(淨化)하는 상태 또는 그 장소. 천국과 지옥의 사이에 있다고 한다.
- **연포(練布)** : 누인 베. 연복(練服) 참조.
- **열포(裂布)** : 찢은 베.
- **염발(斂髮)** : 머리를 묶음.
- **염사(念死)** : 인생은 무상하여 언제 죽음이 찾아올 지 헤아릴 수 없음을 생각함. 그리고 이를 통해 죽음의 공포를 극복함.
- **염상(斂牀[床])** : 염(殮)을 할 때 사용하는 받침대. 염(殮)하는 상.
- **염습(殮襲)** : 염자는 문헌상에서 殮자와 斂가 혼용되어 사용된다. 殮자의 염은 '염할 염'의 의미이고, 斂자의 염은 '거둘 렴'의 의미이다. 그렇기 때문에 殮襲과 斂襲을 혼용하여 사용하는 것은, '시신을 염한다'는 뜻이 '시신을 거둔다'는 뜻을 내포하고 있기

때문이다. 殮의 歹~(歺~, 앙상한 뼈 알)은 '앙상한 뼈', '부서진 뼈'의 의미이고, 斂자의 攵(등 글월문, 칠 복攴)은 '치다.', '채찍질하다.'라는 의미이다. 먼저 염습이란 시신을 목욕시켜 수의를 입히고 거두는 일이다. 시신을 처리하기 위하여 시신을 다루는 절차로서 습, 소렴, 대렴을 통칭하는 최근의 용어이다. 즉 시신을 목욕시키고, 수의를 입히며, 염포로 싸서 단단히 동여매는 절차이다. 전통적으로 예서의 규정을 따를 경우 통상 3일에 걸쳐 이 일들이 진행되는 것으로 되어 있다. 요즘에는 의사의 사망진단이 확인된 후 24시간이 경과하면 장례지도사가 유족이 지켜보는 가운에 염습을 행한다. 먼저 운명한지 하루가 지나면 시신을 깨끗이 닦고 수의를 입힌다. 여러 개의 수의를 한 번에 입힐 수 있도록 준비해 두며, 시신을 깨끗이 닦은 후 겹쳐진 옷을 아래옷부터 웃옷의 차례로 입힌다. 옷고름은 매지 않으며 옷깃은 산사람과 반대로 오른쪽으로 여미고, 옷을 다 입히고 손발을 가지런히 놓고 이불로 싼 뒤 멧베를 잘라 죄어 맨다. 염습의 준비물로는 ① 수의(남, 녀), ② 염베, ③ 한지, ④ 탈지면, ⑤ 알코올, ⑥ 칼이나 가위, ⑦ 대나무 자 등이다.

염습(斂襲)이란 시신을 정결하게 씻기어 수의를 입히고 염하는 절차를 합하여 쓰는 말이다. 전통의례에서는 습 이후에 염을 하는 것으로 습렴이 올바른 용어이지만 현재에는 염습으로 사용되고 있다. 습(襲)은 시신을 목욕시켜 수의를 입히는 것을 말하는데, 목욕의 경우 전통적으로는 향나무나 쑥을 삶은 물을 사용하였으나, 요즘에는 소독된 알콜 솜이나 거즈를 이용하는 경우가 많다. 고인에게 수의를 입힐 때는 미리 수의의 아래 위를 구분하여 단번에 입힐 수 있도록 옷을 겹쳐서 아래 윗옷을 연결하여 준비하여 놓는다. 수의는 원래 좌임이라는 잘못된 상식을 가지고 있으나 우임이 맞다. 전통사회에서는 평상시 입던 옷 중에서 가장 좋은 것을 입었으므로 우임(오른쪽으로 여밈)을 하여야 하며 옷고름은 매지 않는다. 염(斂)은 습을 한 시신을 가지런하게 싸서 묶는 절차인데, 소렴(小斂)과 대렴(大斂)으로 나뉜다. 소렴은 수의를 입힌 시신에 옷가지를 더하여 작은 이불(소렴포)로 싸고 염포(殮布)로 묶는 절차를 말하고, 대렴은 소렴에 신분에 따라 옷가지를 더하여 싸고 대렴금과 대렴포로 싸고 묶고 입관(入棺)하는 절차이다. 이 두 가지 일을 동시에 할 경우, 흔히 말하는 '염습'이 된다. 매질은 가로매 7장과 세로매 1장으로 싸서 묶는데, 세로매를 먼저 묶고 가로매를 묶는다. 가로매는 위에서부터 아래쪽으로 묶어 내려가는데, 끝을 세 갈래로 갈라서 사용하므로 21매듭으로 묶여지게 된다. 현재는 매장 탈관의 경우에 사용한다. 이렇게 대렴으로 감싼 시신을 관에 넣는 입관(入棺)의 절차가 이어지는데, 시신을 관에 모실 때는 시신과 관 사이에 깨끗한 백지를 깔고 마포로 된 대렴포를 깔고 덮는다. 입관 후 빈곳이 있으면 흔들릴 염려가 있어 고인이 입던 옷 중에서 천연섬유로 된 옷들이나 기성품으로 된 보공(補空)을 빈 곳에 채운다. 평소 고인의 유품 중에서 염주나 십자가, 성경 등을 넣기도 하나 화장을 할 경우는 환경오염과 화장장의 규제로 인해 관에 부장품을 넣을 수 없다. 대렴/입관을 마치면 관보를 덮고 명정을 발치 쪽에 세운다. 전통적으로는 돌아가신 날에 습을 하고, 2일째에 소렴을 하고, 3일째에 대렴을 하였으나 요즘에는 습과 염, 입관의 절차를 연이어서 한꺼번에 행함으로써 의례의 구분이 없다. 또한 전통적으로 가정에서 염습을 하는 경우 남자의 염은 남자가, 여자의 염은 여자가 하였으나, 요즘에는 정규교육과 자격증을 소지한 장례지도사가 이를 담당한다. 염습은 현대 장례절차 중 고인과 작별하는 가장 중요한 의례적 절차의 역할이 강하기 때문에 가능한 많은 유족들이 참관할 수 있는 시간을 결정하도록 하며, 종교의식을 원할 경우를 대비하여 초기 상담과정에서 입관시간을 여유 있게 정하는 것이 좋다.

오늘날은 옛날과 달리 장례기일이 짧기 때문에 전통 상장의례와는 달리 습, 소렴, 대렴이 한꺼번에 이루어진다. 이때 습(襲)이란 시신(屍身)을 깨끗이 목욕시키고 수의를 입히는 절차이며, 소렴(小殮)이란 작은 이불(소렴포)로 주검을 싸고 염포(殮布)로 묶는 절차이다. 한편 대렴(大殮)은 소렴(小殮)이 끝난 뒤 시신을 대렴포로 싸고 묶어서 입관(入棺)하는 절차를 말한다. 오늘날 염습 및 입관의 절차는 반드시 사망 진단서 또는 시체검안서가 있어야 가능하므로 이를 반드시 확인하여야 한다. 다만 자연사나 노환에 의한 사망이 확실시 되는 경우에는 동사무소에 비치된 서류에 2인의 보증인으로 인우증명서를 작성하여야 하며, 이것은 사망진단서와 동일한 효력을 가진다. 장례식장에서의 준비물은 소독용 알코올, 탈지면, 한지 등과 수의, 관 등을 비롯한 장례물품이다. 장례지도사는 염습실에 물품을 진설하고 수의는 입히기 쉽게 속옷부터 차례로 끼워서 둔다. 신공(身空)을 막을 수 있는 솜을 준비해 두고 멧베 등 염습에 필요한 물품과 매질할 때 쓸 수 있는 끈을 미리 준비해 둔다. 관 내부는 깨끗이 청소하며, 틈새가 있나 확인하고 한지를 깔아 입관준비까지 마친 후 다음 절차에 임한다. 오늘날은, 그 장례절차에 있어, 습이 끝난 다음 곧바로 소렴(小殮)으로 이어지며, 소렴의 절차는 전통과 달리 그 절차와 방법에 있어서 많은 차이를 보이고 있고, 소렴과 대렴의 구분도 명확하지 않다.

- **염습실(殮襲室)** : 시신을 목욕시켜 수의를 입히고 입관하는 장소.
- **염의(殮衣)** : 저승 갈 때 입는 옷. 시신을 싸는 옷. 습의 참조. 수의(壽衣) 참조.
- **염포(殮布)** : 소렴이나 대렴을 할 때 시신을 싸는 베이다. 이를 효(絞)라고도 한다. 소렴의 염포는 세로로 묶는 것이 1이고, 가로로 묶는 것이 3이다. 대렴의 효는 세로로 묶는 것이 3이고 가로로 묶는 것이 5이다. 효는 고운 베를 누여 빤 것으로 만드는데, 양쪽 끝을 3가닥으로 쪼개 중간의 2/3쯤은 남겨둔다. 효의 치수는 시신의 키와 품에 맞추어 마름질 한다. 가로는 몸을 돌릴 만큼만 하여 묶고 세로는 발을 덮을 만큼 해서 가운데에서 묶는다. 요즘에는 21매 등 염포의 매듭 숫자를 가지고 전통적임을 강조하는 경우가 많다.

- **영가(靈駕)** : 영혼(靈魂)에 대한 불교(佛敎)식 표현. 그런데 아직 중음신(中陰神) 상태로 있을 때의 영혼이다. 즉 이 생(生)에서 명(命)을 마치고 떠난 영혼이 다음 생(生)의 생명을 받기 이전까지의 상태이다. 이 기간에 영혼은 새 몸을 받기 위해 여기저기 돌아다닌다. 대개 죽은 사람의 명복을 빌어 영혼이 좋은 세계로 갈 수 있도록 재를 올리게 되는데, 이것이 곧 49재이다.

- **영거(靈車)** : 혼백(魂帛) 또는 신주를 모시거나 옮기는 가마 또는 수레. 혼거(魂車), 영여(靈轝), 요여(腰轝, 腰輿), 향정자(香亭子)라고도 한다. 신여(神輿)라고도 한다. 혼백상자, 향로, 향합, 영정 따위를 싣는다.

- **영건택조(營建宅兆)** : 무덤을 만듦.

- **영결(永訣)** : 영원히 이별한다는 의미로, 견전을 지낼 때 축문에 '영결종천(永訣終天)'이라고 하여 '영결'이라는 용어가 등장하지만, 의례로서의 절차는 없다. 즉 유교식 상례에서는 어디에서도 볼 수 없는 새로운 절차이다. 이는 「가정의례준칙」 등의 영향과 장례식장에서 발인을 하기 전에 공식적 의례 행사로 영결식을 하는데, 견전과도 차이가 있다. '특수한 사정이 없는 한 상가에서 행하여야 한다'는 조건이 있어 견전과는 별도로 영결식을 하는 경우가 많다. 경우에 따라서는 영결식만 하고 견전을 생략하기도 하지만, 영결식을 하고 견전을 지내는 경우도 있다. 영결은 서양 종교의 영향일 가능성도 있지만, 「가정의례준칙」의 영향이 클 것으로 보인다.

- **영결미사** : 가톨릭의 영결식에서 고인을 추도하여 드리는 미사.

- **영결식(永訣式)** : 전통 장례에는 없는, 현대의 장례절차에 추가된 의식이다. 고별식이라고도 한다. 전통장례로서 보면 발인(견전)의 순서에 해당된다고 볼 수 있다. <의례준칙>에서 <영결>이 처음 등장한다.

- **영구(靈柩)** : 시신이 들어 있는 관. 즉 대렴을 하여 시신을 입관한 관(棺)을 일컫는 말이다. 시신을 입관하지 않은 빈 상태는 관(棺)이라고 한다.

- **영구차(靈柩車, Casket Coach, Funeral Coach)** : 관을 운송하기 위하여 만들어진 차.
- **영상(靈牀[床])** : 대렴(大斂)한 뒤에 시신을 두는 곳. 입관을 마치고 병풍으로 관을 가린 뒤에 마련하는 것으로 고인이 사용하던 침구, 의복 및 지팡이 신발, 수건, 붓, 벼루 등 고인의 소지품을 올려놓는다. 관(棺)의 동쪽에 영상(靈牀)을 마련한다.
- **영성체(領聖體)** : 가톨릭에서 성체(聖體)를 영(領)하는 일. 성체를 받아 마심.
- **영신(迎神)** : 조상의 혼을 맞아들임. 먼저 대문을 열어 놓고 대문 밖에 나가 혼백을 모시고 들어온다. 제상의 뒤쪽에 병풍을 치고 제상 위에 제수를 진설한다. 지방을 써 붙이고 제사의 준비를 마친다.
- **영신(靈辰)** : 좋은 날. 길일. 좋은 세월. 조전(祖奠)의 축문 고사식(告辭式)에 나오는 문구이다(『家禮』 - "永遷之禮, 靈辰不留, 今奉柩車, 式遵祖道.").
- **영악(靈幄), 악(幄)** : 하관하기 전에 영구를 임시로 안치할 장막 내지 휘장. 즉 묘지에서 임시로 시신을 모셔 놓는 영좌를 설치하는 천막을 말한다. 이곳에서 상주들이 묘지(산소)로 찾아 온 문상객을 맞이하고, 제주(題主)를 하며, 제주전(題主奠)을 지내는 곳이다. 즉 광중 곁에 두어 칸 정도의 가건물(집)을 지어 영구를 멈추고 전(奠)을 드리거나 문상객을 받는 데 사용하기도 한다.
- **영여(靈輿)** : 혼백 가마. 영혼을 모시는 가마라는 뜻이며 영거 또는 요여라고도 한다. 원래 불교의 재(齋)에 쓰였으나 상례에서 영여는 신주나 혼백을 모시고 장지로 갔다가 돌아올 때 사용하는 것으로 그 크기가 매우 작다. 장지로 갈 때는 고인의 영을 상징하는 혼백을 싣고 상여의 앞에서 가고 돌아올 때는 혼백과 신주를 싣고 온다. 영여를 요여(腰輿)라고도 하는데, 이는 '허리 정도 높이로 멘다.'고 하여 붙인 이름이지만, 이 말은 영여의 음의 와전을 합리화한 것으로 보인다. 그래서 『국조오례의(國朝五禮儀)』에서는 처음부터 요여(腰輿)라는 용어를 사용하고 있다. 영여는 앞뒤로 2인이 영여를 드는 체인 대체에 끈을 달아 어깨에 메고 운반한다. 특히 왕과 왕비의 신주를 나르는 가마를 일컬을 때는 신여(神輿)라고도 한다. 영거(靈車) 참조.
- **영역(塋域)** : 무덤 구역.
- **영연(靈筵)** : 시신을 모셔 놓은 자리. 영좌(靈座) 참조.
- **영원(靈園, Memorial Park)** : 공원 같은 아늑한 분위기의 부지로 매장 장소나 추도 장소가 설치되어 있는 곳. 예) 일본의 다마영원.
- **영이(靈輀)** : 영구를 실은 상여(수레).
- **영정(影幀)** : 고인을 상징하는 초상화. 사람의 모습을 그림으로 나타낸 것으로 여기에는 사진도 포함된다. 즉 생사를 가리지 않고 그 사람의 얼굴이나 전신을 그린 그림을 말한다. 상례에서는 고인의 얼굴을 그리거나 사진으로 찍어서 액자에 넣어 신주 대신

사용하는 것을 말한다. 전통적으로 영정이 신주를 가름하는 신체(身體)로 기능하였기에 제사 때 영정을 모시기도 한다. 경기도 광주의 광주이씨 문중에서는 지방을 모시지만, 뒤쪽에 영정을 모신다. 또한 우암 송시열 종가에서는 지금도 제사를 지낼 때 신주도 모시지만, 영정도 모신다. 보통 상가에서는 사진을 틀에 끼우고 검정색 리본을 달아 만든다. 영정은 시신을 가린 병풍 앞에 모셨다가 운구할 때 앞에 모시고 간다.

- **영정대** : 영정사진을 운반하기 위한 용구로 제례를 위한 받침으로 운용이 가능하다.
- **영종(令終)** : 고종명(考終命)이라고도 하며, 아름다운 임종(臨終), 편안한 죽음을 말한다. 군자는 종시(終始)를 삼가서 마지막까지 흔들리지 않기 때문에 영종(令終)이라고 한다. 자기완성을 위해 부단히 노력하다가 마침내 임종, 즉 영종(令終)을 맞는 것이다.
- **영좌(靈座)** : 고인의 영혼(혼백)을 임시로 모셔 두는 장소. 혹은 장례가 끝나고 3년상을 치르는 동안 혼백이나 신위(신주)를 모셔 놓는 자리. 영위(靈位)를 모시는 자리. 죽은 자를 위해 전(奠)을 설치한 자리. 즉 망자의 혼(魂)이 의지할 수 있도록 전물(奠物)을 차리고, 혼백(魂帛)을 모시는 곳이다. 빈소, 궤연, 상청(喪廳), 영궤(靈几)라고도 한다. 이곳에서 삼우제, 졸곡제, 부제, 소상, 대상 등의 제사와 함께 3년 동안 상식과 삭망전 등의 의례를 행한다. 먼저 교의를 놓고 그 앞에 자리를 깐 다음 제상을 놓는다. 제상 앞에는 향탁을 놓는다. 그 위에는 향합과 향로를 올려놓고, 향탁 앞에는 모사그릇을 놓는다. 그리고 혼백(魂帛)을 만들어 교의 위에 얹으면 영좌(靈座)가 마련된다. 현대에 와서는 혼백(魂帛) 대신 영정(影幀 : 사진)으로 대신하기도 한다.

현대식 영좌 설치에 필요한 품목으로는 ① 병풍, ② 제상, ③ 교의, ④ 영정, ⑤ 혼백, ⑥ 위패, ⑦ 촛대와 초, ⑧ 향탁, ⑨ 향로와 향합, ⑩ 돗자리, ⑪ 술잔, 주전자 ⑫ 헌화용 꽃 등이다. 영위(靈位)를 모시는 자리를 뜻하는 것으로 교의에 혼백을 놓고 사자(死者)를 대신할 대상과 자리를 설치하는 것을 말한다. 예전에는 습이 끝나면 영좌를 설치하였으나, 요즘은 발상과 동시에 영좌를 설치하며, 혼백을 만들지 않고 영정사진으로 사용하는 경우가 많다. 장례식장의 경우에는 빈소에 설치된 제단이 영좌의 역할을 대신하고 있다.

- **영좌구(靈座具)** : 영좌를 설치하는 데 필요한 용구. 소병(素屛), 소의(素椅), 소탁(素卓), 소향안(素香案).

- **영현(英顯)** : 죽은 사람의 영혼을 높여 부르는 말.

- **영혼(靈魂)** : 넋. 혼. 영혼은 다시 사령(死靈)과 생령(生靈)으로 구분할 수 있다. 보통 쓰이는 뜻으로는 인간의 비물질적인 측면이나 본질을 말한다. 즉, 인간의 육체에 대해 정신적인 측면을 가리킨다. 영혼은 인간에게 개성과 인간성을 부여하며, 때로는 정신이나 자아(自我)를 지칭하기도 한다. 신학에서는 신성(神性)을 지니고 있는 개체로 정의하여 육체가 죽은 뒤에도 살아 있는 것으로 간주한다. 대부분의 민족에서는 인간 생명이나 존재의 비물질적인 원칙을 영혼으로 생각했고, 여러 문화에서는 모든 생물들이 영혼을 갖는다고 보아왔다. 선사시대 사람들은 육체에 깃들어 있으면서도 육체와 구별되는 어떤 측면을 믿었다는 증거가 있다. 그러나 여러 종교와 철학은 영혼의 존재를 시인하면서도 그 본질, 육체와의 관계, 기원 등에 대해서 다양한 이론들을 발전시켜왔다. 구체적으로 살펴보면, 죽음과 관련하여서는 인간은 운명하면 영혼과 육체가 분리되는 것으로 생각하여 영육이중구조라는 원리를 만들어 냈다. 동양에서는 사람이 죽으면 혼(魂)과 백(魄)으로 나뉜다고 생각하여 이 둘을 혼백(魂魄)이라고 하였다. 그래서 사람이 죽으면 체백(體魄)인 백(魄)은 매장을 하고, 영혼인 혼(魂)을 모시고 3년상을 지낸다. 이 혼은 처음에는 혼백(魂帛)이라는 형태로 상징화되고, 묘지에서 제주(題主)를 하여 신주(神主)를 만들면 신주로 상징화되어 3년상은 물론 4대봉사를 위한 신체로 기능하게 된다. 따라서 혼백은 매장을 할 때까지 고인의 영혼을 상징하고, 매장을 하면 신주가 고인의 영혼을 상징하게 되는 것이다.

- **예(枘 - 장부, 촉꽂이)** : 나무 끝을 구멍에 맞추어 박기 위해 가늘게 깎아 만든 부분. 상여를 만들 때 구멍에 기둥을 세우기 위해 만드는 부분이다. 상여 제작 시 쓰이는 용어이다.

- **예단(禮緞)** : 청실(남)과 홍실(여)로 만들어 이승을 결별하고 저승과의 결연을 의미하는 비단제품으로서, 횡대 위에 올려놓고 예(禮)를 표하고 화장 시에는 관 속에 넣어서 화장을 한다.

- **예송(禮訟)** : 조선조에 일어난 예론(禮論)에 대한 논쟁(論爭). 기해예송(己亥禮訟 ; 1659)과 갑인예송(甲寅禮訟 ; 1674)이 대표적이다. 이들 예송은 사실 유교식 가례의 실천방범에 대한 논쟁으로서, 효종(孝宗)의 계모인 자의대비(慈懿大妃 ; 趙大妃)가 효종과 효종 비의 상례에 입을 복제(服制)를 두고 일어났던 분쟁이다. 먼저 기해예송은 효종이 승하했을 때 조대비가 입을 복제에 대한 시비로, 그 발단은 인조(仁祖)의 맏아들인 소현세자(昭顯世子)가 왕통을 잇지 못하고 일찍 죽자 둘째 아들인 효종(孝宗)이 세자로 책봉되고 왕위를 이은 데에 있었다. 왕통으로 보면 인조의 계(繼)를 이었으나, 가통으로 보면 효종이 장자(長子)가 아니라 차자(次子)라는 것에 시빗거리가 있었던 것이다. 송시열, 송준길(宋浚吉 ; 1606~1672) 등 서인(西人) 학자들은 효종을 인조의 장자가 아닌 차자로 간주하여 『국조오례의』에 따라 기년복(朞年服)을 입어야 한다고 주장하였다. 이에 반해 허목(許穆 ; 1595~1682), 윤휴(尹鑴 ; 1617~1680) 등 남인(南人) 학자들은 효종이 제왕의 왕통을 이어받았기 때문에 종통(宗統)의 특수성을 강조하여 가통(家統)으로 효종을 장자 간주할 수 있다고 하여 참최복(3년복)을 주장하였다. 그러나 당시 서인이 실세였기 때문에 조대비의 복은 송시열 측의 주장대로 기년복으로 시행되었다. 갑인예송은 인선왕후(仁宣王后) 장씨가 죽었을 때 조대비가 장씨를 위하여 입을 복제에 대한 시비로 고례에 근거를 둔 서인들의 주장에 따라 대공(大功) 9월복을 정하였다. 이에 영남 유생 도신징(都愼徵 ; 1604~1678)이 이소를 올려 기년복(朞年服)을 입어야 한다고 주장하였다. 이를 본 현종(顯宗)은 조정에 그 연유를 묻자, 송시열은 고례(古禮)를 근거로 하여 체이부정(體而不正)이기 때문에 조대비의 복을 9개월로 정했다고 하였다. 이에 현종은 선왕을 체이부정으로 규정한 것은 지극히 박한 처사라며 장씨의 복을 국제에 따라 기년복으로 하도록 명함으로써 시비는 종결되었다. 두 차례에 걸친 예송은 학문적 경향 차이로 일어난 분쟁이었지만 정치와 결합함으로써 붕당정치를 만들어 냈고, 조선시대 예학의 큰 흐름인 기호학파와 영남학파라는 양대학파의 연원이 되기도 하였다. 이러한 예송 예학의 발달은 물론 예제(禮制)의 구축과 그 실천이 함께 진행되었을 때 가능하다. 이러한 과정을 거치면서 조선의 상례는 실천영역이 확장되고 일상생활 깊숙이 뿌리내려 보편화되어 정착될 수 있었다(『한국의 상례문화』, 김시덕, 106쪽 참조).

- **예송함** : 산골함 또는 유골함을 운반하기 위해 제작된 발인용품.

| 영정대 | 위패함 | 예송함 |

- **예연정이(禮緣情耳)** : 예(禮)도 정(情)에 인연(因緣)할 따름이다.
- **예월(禮月)** : 초상 뒤에 장사지내는 달을 말하며, 천자는 7 달, 제후는 5 달, 대부는 3 달, 선비는 1 달 만에 장사지냈다.
- **예장(禮葬)** : 성대하게 예식을 갖추어 국가에서 치루는 장례(葬禮)를 말한다. 또는 국장(國葬) 중 세자와 세자빈의 장례를 예장(禮葬)이라 칭하기도 한다. 아니면 국장 다음가는 국가에서 주도하는 장례로서 훈친(勳親)이나 공적이 뛰어난 종1품 이상 문무관 및 공신에게 베풀어 주는 장례를 말한다. 축어적(逐語的)으로는 '예를 갖추어' 장사를 치름을 의미한다. 우리나라에서는 이미 삼국시대부터 죽은 이에 대하여 애도하는 예(禮)로서 상례를 치르는 예장(禮葬)의 기록들이 보인다(김시덕, 『한국의 상례문화』, 32쪽 참조). 고대사회에서도 예장의 형식은 있었지만 왕의 례와 같다고는 하였으나 정확하지 않다. 1405년 처음 예장증시(禮葬贈諡)에 관한 법을 제정했는데, 종1품 이상은 예장증시하고 정2품은 증시치부(贈諡致賻), 종2품은 치부만 하고 공신의 장시(葬諡)는 종래대로 하도록 하였다. 그 후 범위가 확대되어 왕비의 부모, 빈, 귀인, 대군, 왕자군, 왕자군의 부인, 공주, 옹주, 의빈, 종2품 이상의 종친도 예장하게 되었다. 대신에 예장에는 당초 조묘(造墓)와 예장이라는 2개의 도감(都監)을 임시로 설치하였으나, 1424년 이후 두 기관이 합쳐 예장도감(禮葬都監)이라는 상설기관을 두어 예장을 전담하였다.
- **오구굿** : 생전에 죽은 자가 이루지 못한 소망과 원한을 풀어 주고, 죄업을 씻어 극락으로 인도하는 무속의식.
- **예주(醴酒)** : 단술.
- **오(襖)** : 겉에 입는 솜이 들어 있는 짧은 웃옷.
- **오낭(五囊)** : 시신의 머리털과 양 손톱, 양 발톱을 깎아 담는 주머니. 5개가 있으므로 5낭이라고도 한다.

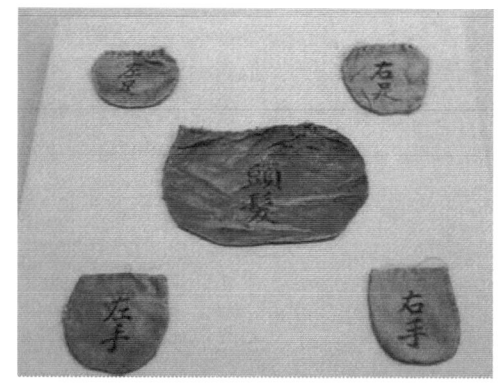

- 오례의(五禮儀) : 국조오례의(國朝五禮儀) 참조.
- 오복제도(五服制度) : 죽은 사람과의 친소관계에 따라 상복의 종류(참최복, 자최복, 대공복, 소공복, 시마복)와 기간(삼년, 기년[1년], 대공9월, 소공5월, 시마3월)을 달리하는 유교식 장례제도이다. 그런데 이 오복제도가 처음 성문화되어 반포된 것은 실은 고려 성종(4년, 918년) 때이며, 이것이 조선시대에 들어와 억불숭유정책 속에서 우리의 전통 상장례의 특징으로 자리매김하게 된 것이다. 즉 오복제도란 5가지 상복제도를 말하는 것으로서, 여기에 관계를 맺게 된 내용과 근거에 따라 각각 그 경중이 다른 4종류의 복이 있게 되는데, 정복(正服), 가복(加服), 의복(義服), 강복(降服)이 그것이다. 또한 자체 중에서는 지팡이의 유무에 따라 장기(杖朞)와 부장기(不杖朞)로도 구분된다.
- 오시(娛屍) : 망자를 춤과 노래로 즐겁게 하는 축제형 장례의식.
- 오월복(五月服) : 5개월 복. 증조부, 증조모를 위해서 입는데, 시집간 여자도 등급을 낮추지 않는다.
- 옹가(甕家) : 무덤 위에 치는 차일(遮日). 묘상각(墓上閣) 참조.
- 옹관(甕棺) : 크고 작은 두 개 또는 세 개의 항아리를 맞붙여 사용하는 것으로 세계에 널리 퍼져 있는 관의 형태이다. 신석기 시대 이후 중국을 거쳐 우리나라로 도입된 것으로 알려져 있으며, 김해, 영산강 하류의 남해안에서 성행하였고 사회적으로 하급신분이 사용한 것으로 보이는데 최근까지 전남 도서지방에서는 어린아이들을 독에 넣어 장사지내는 풍습이 있었다. 이렇게 옹관으로 지내는 장법을 독장이라고 한다.
- 옹관묘(甕棺墓) : 관을 옹기로 만든 묘지. 큰 독을 널로 사용한 선사 및 고대의 무덤으로 독이나 항아리 등 토기를 널로 사용하는 무덤이다. 독무덤이라고도 한다. 옹관묘는 2~3개의 항아리를 붙여서 관 대신 쓴 것으로서, 남북과 동서를 장축으로 한 것이 지방마다 뒤섞여 있으며, 길이나 직경으로 보아 어른의 신전장이나 굴장은 불가능하기 때문에, 어른의 세골장이 아니면, 어린아이들의 관으로 생각되고 있다. 또한 부장품이 빈약한 것으로 보아 이 가능성은 높은 것으로 보인다. 그 시기는 대체로 신석기시대

즉 기원전 1~3세기경일 것으로 추측되며, 특수한 이주집단의 묘제일 것으로 보고 있다. 옹관묘는 전세계적으로 사용되고 있으며, 지역과 시기에 따라 다양하게 나타나고 있다. 옹관은 시신을 넣거나 혹은 뼈를 넣어 묻는 토기를 말한다. 주로 소아(小兒)용이나 이차장(二次葬)의 용도로 사용된 것으로 판단된다. 독무덤 참조.

- **옹장(甕葬)** : 항아리를 사용하여 시신을 매장하는 것.
- **요여(腰輿)** : 영거, 영여 참조.
- **용선(龍船)** : 사령제(死靈祭)인 오구굿에서 죽은 자의 영혼을 태우고 가는 배가 용선(龍船)이다. 전라도 씻김굿에서는 저승으로 상정된 물항아리에 넋이 담긴 주발을 띄워 돌리면서 망자가 탄 배가 저승으로 가는 중이라고 설명하기도 한다. 이렇듯 무속의 굿에서 망인의 영혼이 극락으로 들어갈 때 타고 가는 배가 용선(龍船)이다.
- **와반(瓦盤)** : 습(襲)의 과정에서 시신을 목욕시킬 때 물을 담는 대야이다. 질그릇으로 만들었기 때문에 와반이라고 한다. 하나는 머리를 감는 쌀뜨물을 담고, 두 개는 몸을 씻을 물을 담으니, 상체, 하체에 각각 그릇을 따로 사용하기 때문에 3개가 필요하다.
- **완(盌)** : 반함을 할 때 쌀을 담는 그릇.
- **완장** : 현대 장례에서 복제의 구분을 위해 상주들이 팔에 착용하는 삼베로 된 띠를 말한다. 망자와의 친등관계를 구분하기 위해 완장에 검은 색 줄을 넣어 구분한다. 보통 남자만이 착용하며, 완장이 사용되기 시작한 시기는 정확하지는 않으나, 일제 시 <의례준칙>이 나오면서 굴건제복 대신 상주임을 표시하기 위한 방법으로 사용되어진 것으로 보인다. 완장은 삼베로 만들어 졌으며 검은 색의 줄이 그어져 있으며, 직계와 비속을 구분하는 방법으로 쓰인다. 일반적으로 두

옹관묘

옹장

줄과 한 줄 그리고 줄이 없는 완장을 사용하며, 착용하는 위치에 따라 남자상에는 좌측에 여자상에는 우측에 완장을 착용한다. ① 두줄 : 아들과 사위, 아들이 없을 시에는 장손이 착용한다. ② 한줄 : 기혼인 복인(반드시 상복을 입지 않고 완장만 착용을 해도 복인이 된다) ③ 무줄 : 미혼인 복인(주로 손자들이 착용하게 된다).

- **왕부(王父)** : 할아버지.
- **외간(外艱)** : 고인이 남자인 아버지의 상사(喪事). 아버지가 없을 때는 할아버지의 상사. 조객록(弔客錄) 준비.
- **외빈(外殯)** : 빈(殯) 참조.
- **외결관(外結棺)** : 관의 밖을 묶는 것.
- **요(褥)** : 칠성판 위에 까는 요이다. 색깔 있는 명주를 쓰고, 홑으로 하지 않고 겹으로 하되, 길이와 너비는 칠성판 크기대로 마른다.
- **요대(腰帶)** : 허리띠.
- **요령(搖鈴)** : 행상 때 앞에서 흔드는 방울. 소리꾼이 상여소리를 하면서 흔드는 종. 여러 사람이 일제히 행동하게 하는데 쓰는 것이다.
- **요여(腰轝 : 腰輿 : 要轝) - 영거 - 혼거 - 영여 - 소여** : 신주나 혹은 혼백을 모시는 작은 가마. 고인의 혼백, 옷, 신발, 지팡이 등을 넣어서 집으로 가지고 오는 들 것으로 활용된다. 가마채가 허리까지 오기 때문에 요여(腰輿)라고도 부르며 지역에 따라 영여(靈輿)라고도 부른다. 요여는 발인 시 상여보다 앞에 서고 명정 뒤를 따른다. 이는 죽음과 동시에 분리된 영(靈)이 육신(肉身)보다 앞서 움직이고 있음을 의미한다. 시신을 산에 매장하면 육체는 산에 묻이지만, 그 혼(魂)은 요여를 타고 집으로 돌아온다. 영거 참조.
- **요질(腰絰)** : 상복을 입을 때 굵은 동아줄처럼 만들어 허리에 두르는 띠로 짚에 삼을 섞어서 만들었다. 수질과 마찬가지로 요질을 두르는 까닭도 상제의 효심이 꽉 차 있음을 드러내는 것이다. 효(교)대 위에 거듭 묶는데 쓰는 것이니, 삼 두 가닥을 서로 꼬아서 수질의 오분의 일을 제거하여 요질을 만든다. 여성 상제는 소상이 지나면 요질을 없앤다.
- **욕(褥)** : 요. 자리.
- **욕건(浴巾)** : 습의 절차에서 시신을 목욕시킬 때 사용하는 수건이다. 상체와 하체를 구별하여 사용하기 때문에 2개가 필요하다. 목건 참조.
- **용두(龍頭)** : 용두는 상여의 앞, 뒷면을 장식하는 상여 장식물로서 용의 형상을 본떠서 만들었다. 출상하는 과정에 잡귀와 부정으로부터 망자의 혼을 보호하고, 저승으로 인도

하는 역할을 한다.

- **용수판(龍首板)** : 전통 목상여장식품의 하나. 즉 서민들의 정서가 가장 잘 반영된 조선 후기의 목공예품 가운데 하나로 상여의 앞, 뒤에 부착하는 반달형태의 용머리 장식판이다. 용면판(龍面板), 귀면(鬼面)으로도 불리우며 대부분 용이나 도깨비의 모습을 하고 있다. 상서로운 동물인 용(龍)이 망자(亡者)를 좋은 곳으로 안내하고 잡귀를 쫓는 벽사(辟邪) 역할을 한다는 것으로 알려져 있다. 전통 가옥 지붕에 용마루를 달 듯 저승으로 가는 마지막 집인 상여에 용수판을 부착한다는 설도 있다. 일반적으로 황룡(黃龍) 조각이 앞에 놓이면 망인(亡人)이 남자이고, 청룡(靑龍) 조각이 앞에 놓이면 여자가 상여의 주인임을 말해준다. 용수판의 변천사를 살펴보면, 초기 용수판은 반달 모양의 용머리 그림 형식을 엄격히 지켰다. 하지만 후대로 갈수록 용수판을 제작한 장인들의 개성이 묻어났다. 용의 용맹함을 부각하려고 물고기를 입에 물게 한 경우도 있고, 도깨비가 호랑이를 입에 물기도 하였다. 일제 강점기에 제작된 용수판에는 일본 순사도 들어 있다. 따라서 이러한 용수판을 통해서 우리는 당시의 시대정신과 조상들의 죽음에 대한 생각과 개성 강한 공예 기술을 살펴 볼 수도 있다. 용수판의 뒷면에는 상여의 제작 연월일, 제작지, 만든 이의 이름을 적는 경우도 있다.

- **우구(雨具)** : 유단(油單 - 기름 먹인 두꺼운 종이). 유지(油紙)로 만드는데 대여, 영거, 명정, 공포, 삽, 만장 등에 모두 갖춘다.

- **우임(右衽)** : 습(襲) 부분에서 저고리(수의)를 입힐 때 모두 우임(右衽 - 오른쪽 옷자락이 위로 가게 여밈 - 산 사람과 반대)으로 한다는 내용이다. 그런데 사실 『주자가례』에서는 습(襲)에서 우임(右衽)이라는 구절(句節)이 없는데, 『상례비요』, 『가례집람』, 『사례편람』 등에는 우임(右衽)이라는 구절이 등장한다.
한편 소렴(小殮) 장에서는 『주자가례』나 『상례비요』, 『가례집람』, 『사례편람』 등 모두에게서 우임(右衽)이 아닌 좌임(左衽)이라는 구절(句節)이 등장하고 있다.

- **우애가륭(友愛加隆)** : 우애가 더욱 더함. 형제자매가 사망한 상주를 위로할 때 사용하는 서식 문구.

- **우제(虞祭)** : 장례식 날 지내는 제사. 체백(體魄) 없는 영혼을 위로함. 상례기간 중 처음으로 지내는 제사. 우(虞)는 '편안하다.' '위안하다.'는 뜻이다. 즉 사자의 혼령을 평안하게 하는 동시에 생자의 마음을 위로해 주는 안위의 제사이다. 말하자면 부모의 장사를 지내고 정령을 맞이하여 돌아와 일중(日中)에 빈소에서 제사지내 편안하게 하는 것이다(갓 돌아가신 영혼을 위로하는 제사). 형체는 이미 땅 밑으로 돌아가고 없으니, 영혼은 안정을 못하고 불안에 싸여 방황하고 있는 상태에 처해 있다. 이에 우제(虞祭)를 지내어 혼령을 하여금 신주나 혼백에, 또는 영정에 안심하고 의지하도록 하기 위한 제사이다. 매장을 마치기 전까지는 조상신이 아니라 고인으로 간주하였기 때문에 전(奠)

으로 모든 의례를 행했으나 우제부터는 고인을 조상신으로 간주하여 제사로 모시게 된다. 우제에는 초우, 재우, 삼우가 있다. 우제에는 모두 목욕재계하고 제사에 임한다. 이는 우제가 정식 제사이기 때문이다. 초우제(初虞祭)는 반드시 장일(葬日) 주간(晝間)에 거행해야 하며, 길이 멀 경우에는 반혼(返魂) 도중에 지내기도 한다. 하여 반혼제라고도 한다. 재우는 초우제 뒤의 첫 유일(柔日, 乙-丁-己-辛-癸日)에 행하고, 삼우는 재우를 거행한 후 첫 강일(剛日, 甲-丙-戊-庚-壬日)에 행한다. 그러나 신주를 조성하지 않은 가정에서는, 장일(葬日)에 지방(紙榜)으로 안신전(安身奠)을 거행하여 초우제를 대신하고, 재우와 삼우는 폐지하기도 한다. 한편 『주자가례』에는 '정씨가 말하기를 뼈와 살은 흙을 돌아갔으나 혼령의 기운은 가지 못하는 곳이 없으니 효자(孝子)는 그 방황하는 것을 편안하게 하기 위해 3번을 지낸다.'고 하였다. 우제는 전통상례의 절차에서 조상신의 의례를 시작하는 단계이다. 『사례편람』 등에서 우제를 3회로 정한 것은 시신을 매장한 후 혼백에 깃들어 있던 망자의 혼이 신주로 전이하는 과정이 최소한 3일 정도 소요되는 것으로 인식하였기 때문에 3~5일에 걸쳐 삼우제를 지내게 한 것으로 보인다. 그리고 삼우제를 지낸 후에 성묘를 하면서 혼백을 산소에 매장하는 것으로 되어 있다. 삼우제를 지낸 후에 성묘를 하는 것은 제주(題主) 후 완전한 성분(成墳)이 이루어지는 것을 보지 않고 반곡을 하였기 때문에 산역꾼들이 제대로 성분을 하였는가를 살피기 위함이고, 또 하나는 조상신의 상징인 신주를 정식으로 모시기 위해 시신에 대한 의례를 중단하는 의미도 포함되어 있다. 그러나 <의례준칙>에서의 <우제>의 내용은 초상의 분위기를 일소하는 절차로 간주하였을 뿐만 아니라 3회는 중복이므로 1회로 하는 것이 좋은 것으로 설명하고 있어 조상신의 신주 개념을 인정하지 않으려고 하고 있다. 나아가 우제의 경우 제사의 순서는 일반 제사와 거의 동일하나 세부적인 절차에서 약간의 차이가 있다. 즉 영좌에서 지내기 때문에 신주를 사당에서 모셔오는 출주(出主)의 절차가 없다. 그리고 상중의 제사이기 때문에 참신(參神)을 하지 않고, 입곡(入哭)을 한다. 독축 시 축관이 주인의 오른쪽에서 서향하여 읽는다. 그리고 초우제를 지낸 이후로는 조석(朝夕)으로 올리던 조석전을 올리지 않는다. 그러나 조석곡은 처음과 같이 하고, 슬픔이 복받치면 처음과 같이 곡을 한다.

- 우족조(右足爪) : 오른쪽발의 발톱.
- 우주장(宇宙葬) : 화장한 골분을 우주에 쏘아 올려 장사지내는 장법(葬法). 현재 미국, 일본, 스위스 등에서 사망자의 유골을 로켓에 실어 우주로 보내는 이른바 '우주장'을 실시하고 있다. 우주장은 고인의 유골을 금속재 전용 캡슐에 보관하여 가장 가까운 시기(통상 1~2년에 1회)에 쏴 올려지는 위성 로켓에 탑재시킨다. 1회에 태우는 유골의 양(量)은 약 7g 정도라고 한다.
- 운각(雲閣) : 상여의 조립에 있어서 2개의 판(板)으로 구성된 장방형의 윗 난간.

- **운구(運柩)** : 발인제가 끝난 뒤 영구를 장지나 화장장까지 장의차나 상여로 운반하는 절차(일)이다. 운상(運喪)이라고도 하며, 행상(行喪)나간다고도 한다. 운구를 담당하는 일꾼을 '상두꾼'이라고 하며, 상여노래의 앞소리를 하는 사람을 '선소리꾼'이라고 한다. 장의차를 이용할 때 상제는 영구가 차에 실리는 것을 지켜본다. 요즈음은 명정을 관위에 덮은 다음 운구하기도 한다. 승차 때는 영정, 상제, 조객 순으로 오른다. 상여를 이용할 때는 방상, 명정, 영여, 만장, 공포, 상여, 상주, 조객 순으로 행렬을 이어간다. 한편 영구를 묘소로 모시고 가는 상제는 도보로 배행하는 것이 원칙이나, 원거리에 묘지가 있는 경우, 또는 발병(發病)으로 도보 배행이 어려울 때는 화려하지 않은 수레를 타고 가다가 묘소 앞 삼백 보(步) 쯤에서 내린다. 수레 대신 여윈 말을 타기도 하였다. 상여로 운구할 때 묘지에 이르는 도중에 이른바 거리제라고 하여 노제(路祭)를 지내기도 하는데, 이는 고인과 친한 친구나 친척 중에서 뜻있는 사람이 스스로 조전자(弔奠者)가 되어 제물을 준비하였다가 지내는 것이다. 운구 도중 적당한 장소에 장막, 혹은 병풍을 쳐서 제청(祭廳)을 마련하여 영여(靈輿)를 모셔 그 앞에 제물을 진설하고 상주 이하 복인들이 늘어서면 조전자(弔奠者)가 분향(焚香)한 후 술잔을 올리고 꿇어앉아서 제문(祭文)을 읽으면 모두 재배한다.

- **운명(殞命)** : 마지막 숨을 거두는 것. 죽음. 명이 끊어짐. 사람이 죽는 것을 높여서 하는 말로 절명(絶命) 종신(終身) 등을 사용하기도 한다. 임종이 다가오면 가족이나 평소에 친분이 있는 가까운 사람을 모이게 하여, 남기고 싶은 말이나 유언을 기록 또는 녹음하기도 하며, 종교가 있는 경우라면 각 종교별로 임종예식을 진행하게 된다. 죽음이 임박한 사람에게는 육체적 고통과 정신적 두려움 및 외로움이 따르게 되므로, 이를 이겨내고 편안하게 임종을 맞이할 수 있도록 가족들의 역할이 크다고 할 수 있다. 전통사회에서 종신을 자식의 가장 기본적인 도리로 여긴 것도 이러한 맥락이 숨어 있기 때문이다. 임종(臨終) 참조.

- **운아(雲亞)** : 운아삽의 약칭. 현대 장례에서 입관 후 운삽과 아삽의 위치는 흔히 시신을 기준으로 하여 좌운(左雲), 우아(右亞)의 위치로 놓는다.

- **운아[불](雲亞[黻])삽** : 삽은 액을 막고 악귀를 퇴치하는 기능과 상여의 행렬을 장엄하는 역할이 있다. 발인 때 상여의 옆에 세우고 간다.

- **운삽(雲翣)** : 발인 때 상여의 옆에서 호위해 가는 구름 형상을 그린 부채 모양의 도구로서 일명 화삽(畵翣)이라고도 한다. 운삽은 고인의 혼(魂)을 하늘로 인도해 줄 것을 비는 의미이다. 반면 아삽(亞翣 : 불삽)은 고인의 넋(魄)이 귀인의 보호 아래 명부(冥府) 세계에 무사히 이를 것을 비는 의미이다. 고례(古禮)에서는 운아(雲亞)를 상여의 양옆에 세우고 호위하여 따라갔다가 장사를 마치면 무덤의 양옆에 세워 두었는데, 오늘날은 무덤에 세우지 않고 매장할 때 고인과 함께 광중의 양옆에 묻어버리는 경우가 일반

화되었다. 상여를 기준으로 고인의 머리(上)를 북쪽으로 보았을 때 운삽(雲翣)은 서편을 따르고 아삽(亞翣)은 동편을 따르는 것이 올바른 예법이나, 오늘날은 그 반대로 하는 경우가 매우 많다. 운아(雲亞)를 고인과 함께 매장하는 것은 예서(禮書)의 가르침이 아니기 때문에 올바른 예법을 논하는 것 자체가 무리일 수는 있다. 현재 많은 경우 운삽을 하관된 광중의 북동쪽에 위치시키며, 아삽(불삽)을 광중의 서남쪽에 위치시키는데, 오히려 운삽(화삽)을 서쪽에 위치시키고 아삽(불삽)을 동쪽에 위치시키는 것이 더 바람직하지 않을까 생각된다.

- **움무덤(널무덤 : 土壙墓)** : 일정한 크기의 흙구덩이를 파고 그 안에 시신을 안치하는 무덤.
- **원(園)** : 세자(빈)의 무덤.
- **원분(圓墳)** : 봉분 형태가 둥근형의 선사시대의 묘.
- **원삼(圓衫)** : 곧 대의(大衣)이다. 빛깔 있는 비단 혹은 명주로 만든다. 본래 원삼은 여자의 대례복(大禮服)으로 신분에 따라 색깔과 문양을 달리 하여 입었다. 한국 고유의 여성 예복이다.
- **원형분(圓形墳)** : 선사시대의 봉분 형태로서 둥근형의 묘. 원분(圓墳) 참조.
- **원찰(願刹)** : 원당(願堂)이라고도 한다. 죽은 사람의 명복을 빌거나 자신의 소원을 빌기 위해 건립한 사찰이며 신라, 고려, 조선을 거치면서 왕족들이 건립하였다. 대표적인 원찰로 신라시대 문무왕을 위해 건립한 감은사가 있다. 조선시대에는 죽은 왕의 무덤 가까이에 사찰을 건립하였다.
- **월반(月半)** : 보름날을 말한다. 「사상례」에 보면 월반(보름날)에는 은전(殷奠 - 성대한 전[奠])을 올리지 않는다고 한다. 『사례편람』에도 "선비(士)가 월반(보름날)에 전(奠)을 올리는 것은 예경(禮經)에 보이지 않는다."고 말하고 있다.
- **위(位)** : 신주, 위패로 모신 신위를 세는 단위. 화장한 유골함의 단위를 말하기도 한다.
- **위(幃), 위장(幃帳), 유(帷)** : 휘장 혹은 병풍. 홑 휘장. 홑겹으로 된 휘장. 대청 가운데 마련하여 안팎을 가름. 대청이나 당(堂)에 쳐서 영구(柩)를 가리는데 씀. 유(帷) 참조.
- **위령제(慰靈祭)** : 일반적으로 고인의 영혼을 달래어 저승으로 천도하고 살아 있는 사람들의 안녕을 빌기 위해 지내는 제사의 하나. 신주가 없는 경우 성분이 끝난 후 행하는 평토제 혹은 성분제, 반혼제라고 하는 절차. 즉 성분제(成墳祭)라고도 하며, 성분이 끝나면 주변을 살펴 쓰레기를 깨끗이 치우고 정리한 다음, 묘소 앞으로 영좌를 옮기고 간소하게 제수를 차린 뒤, 고인의 명복을 비는 제사를 지낸다. 화장을 했을 때는 영좌를 유골함으로 대신하기도 한다. 사실 전통적으로는 위령제가 없었는데, 이 용어는 <가정의례준칙>에서 처음 등장한다. 즉 <가정의례준칙> 제36조에 "1)성분이 끝나면 영

좌를 분묘 앞에 옮겨 간소한 제수(祭需)를 신설하고 분향 헌작 독축 및 배례한다."고 하여 위령제를 성분제와 동일한 것처럼 설명한다. <가정의례준칙>에서는 별도의 축문까지 제시하면서 위령제를 중요시하고 있다. 또한 <가정의례준칙>에서는 반곡의 절차를 생략하고, 우제는 지내지 않는 것으로 하였다. 이후 1973년의 <가정의례준칙>에서도 이와 유사한 위령제를 제시하고 있다. 단지 "2)화장의 경우에 있어서의 위령제는 화장이 끝난 후 혼령 자리를 유골함으로 대신하고 제1항에 준하는 절차로서 행한다."고 하여 화장했을 경우의 위령제의 시기에 대해서 언급하고 있다. 이러한 규정을 검토해 볼 때 위령제란 성분이 끝난 후 행하는 평토제 혹은 성분제, 반혼제의 절차를 통합한 것임을 알 수 있다. 그러나 반곡의 절차를 생략하고, 우제를 지내지 못하도록 간소화시키는 결과를 초래하였다. 이는 결국 조상신으로 승화되는 과정을 금지함으로써 시신의 매장을 통해 죽은 자와 산 자와의 관계를 의도적으로 단절하려는 의도, 즉 전통사회에서처럼 신주를 모시지 못하게 하려는 목적으로 보인다.

- **위안제** : <의례준칙>에 처음 등장하는 용어. 1934년의 「의례준칙」 <상례> 14조에 '위안제'라는 명칭을 두고 '성분 후 묘전에서 이를 행함'이라고 하여 평토제 혹은 성분제를 대신한 것임을 알 수 있다. 즉 신주를 모시지 않는 집안의 경우 반곡을 하기 위해 지내는 성분제의 다른 말이다. 성분 후에 묘 앞에서 행한다는 것 정도로 기술하고 있는데, 신주를 모시는 집안의 경우 신주를 완성하고 제주전을 지내는 절차 등에 대해서는 전혀 언급을 하지 않고 있다. 따라서 전통사회의 신주를 모시는 문화적 전통을 인정하지 않으려는 의도가 엿보인다.

- **위소(慰疏)** : 조문 편지.

- **위위(爲位)** : 습(襲)을 하고서 복인들이 자리를 정하는 것.

- **위차(位次)** : 대기소. 즉 상주들이 머무르는 대기소(喪次).

- **위패(位牌, Mortuary Tablet)** : 죽은 사람의 위(位)를 대신하여 모시는 나무 패. 그 형태가 신주와 비슷하지만 제작법은 간단하다. 한 토막의 직육면체 나무를 다듬어서 그 위에 죽은 이의 친속과 관작 등을 쓴 것으로 약식 신주라고 할 수 있다. 이는 주로 불교 사찰에서 많이 사용되고 있다. 일반적으로 죽은 사람의 계명(戒名), 기진(忌辰)을 써서 단(壇), 묘(廟), 원(院), 절 등에 모셔 두는 이름을 적은 나무패로서 일명 목주(木主), 영위(令位), 위판(位版), 신주(神主)라고도 한다. 재료와 형식은 여러 가지가 있으나 흰 나무 또는 검은 옻칠을 한 나무를 사용한다. 주로 불교 사찰에서 사용되고 있다. 유교의 신좌(神座) 또는 신위(神位)에서 전래된 것으로, 중국에서는 오랜 옛날부터 행해졌다. 대부분의 집에서는 이 위패를 대신해 임시 신주의 이름을 백지에 적어서 쓰는 경우가 많다. 이것을 지방(紙榜)이라고 부른다. 옛날에는 우제의 신주는 뽕나무로 만들고, 연제를 지내고 난 뒤에 밤나무로 만들었는데 점차 밤나무 하나로만 만들게 되었다

고 한다. 밤나무의 경우 닭소리나 개소리가 들리지 않는 깊은 산 속의 밤나무로, 옹이가 없고 결이 좋은 것으로 만든다고 한다. 밤나무가 없으면 견고한 재질의 나무를 쓴다. 전통에 따라 장례 기간에 만들어 두었다가 매장을 마치고 난 뒤에 제주(題主)를 하여 상청에 모시고 나서 탈상 후에 비로소 사당에 모신다. 우리나라의 위폐는 크기와 모양이 정해져 있는데 반해 중국의 위패는 모양과 크기가 다양하다. 한편 오늘날 대부분의 장례식장에서 장례기간 중 혼백을 사용하지 않고 위패를 사용하는데, 사실 장례기간 중에 위패를 사용함은 예법 상 맞지가 않다. 원래 위패(신주)는 장지에서 하관 후 평토제 때 만드는 것이며, 따라서 그 전까지는 혼백을 사용함이 보다 경전에 충실한 예법이다. 이후 혼백과 위패(신주)를 함께 집으로 가져와 탈상할 때까지 함께 모셨다가, 탈상 때 혼백을 무덤의 좌측(보는 사람 기준) 50센티 정도 떨어진 곳에 30센티 정도의 깊이로 묻는다. 현대라고 해서 장례기간 중에 혼백을 모시는 일이 어려운 일은 아니므로 장례기간 중에는 가급적 위패가 아닌 혼백을 모시도록 하고, 위패는 별도로 지급해서 평토제 이후 제사부터 사용하도록 지도하는 것이 바람직하다고 할 수 있다. 신주(神主) 참조.

- **위패함** : 위패를 담아 운반하기 위한 발인용품.

- **위호(衛護)** : 부모나 조부모의 혼(魂), 즉 조상신을 무당집에 위탁하여 제사를 올리어 음덕을 받으려는 것인데, 사대부들이 집 안에 가묘(家廟 - 사당)를 두고 봉사하는 것과 같은 것으로서, 민간 신앙의 측면에서 본 일종의 가묘이며, 무속과 유교 제의(祭儀)가 습합된 조상 숭배의 한 형태이다.

- **유(油)** : 회격(灰隔) 시 사용하는 들기름. 속칭 법유(法油 - 들기름)이니, 정회(淨灰)와 섞어서 얇은 널판(薄板)의 틈을 메우는 데 쓴다.

- **유(帷), 위(幃)** : 휘장. 대청 가운데 마련하여 안팎을 가름. 대청이나 당(堂)에 쳐서 영구(柩)를 가리는데 씀. 위(幃) 참조.

- **유거(柳車)** : 상여. 장례식에 사용하는 수레(상여). 유거(柳車)의 이름은 천거(輤 - 상여차 덮개 천), 유거(柳車), 신거(蜃 - 무명조개 신), 진거(輇 - 수레 진)의 4가지가 있다. 유(柳)는 '모이다(聚)'의 뜻이니 곧 '모든 장식이 모여 있는 것'을 말한다(『주례[周禮]』주[注]).

- **유골(遺骨)** : 시신의 육탈 후 남은 뼈. 요즘에는 화장이 성행하면서 화장 후 남을 뼈를 유골이라고 한다.

- **유골분쇄기(遺骨粉碎機, Cremate Remains Processor)** : 화장(Cremation)된 유골을 가루로 분쇄하는 기구.

- **유골함** : 납골용 용기로 유골을 담는 단지.

- **유과류** : 약과, 산자(흰색), 강정(검은 깨) 등을 말한다.
- **유구(遺構)** : 관(棺)을 일컫는 말이다.
- **유기장(遺棄葬)** : 장법의 하나로서 매장하거나 화장하지 않고 시신을 자연이나 들에다 그냥 내다 버리고 내버려 방치하는 서민들이 사용한 원시적 장법을 말한다. 사실 유기장은 장법의 기원이 되기도 하지만, 시신을 처리하지 않고 방치하는 것이기도 하다. 한국에서는 전통적으로 풍장(風葬)이라는 유기장이 있었다. 풍장은 일반 서민층과 하층민 사이에, 또는 유행병에 의해 사망하였을 때 이용된 장법으로 야산의 나뭇가지에 시신을 걸어 놓아 금수가 먹게 하는 장법이었다. 풍장 참조.
- **유단(油單)** : 전(氈). 기름먹인 종이. 담요 위에 덮(싸)는 것으로 관을 덮(싸)는 데에 쓰는 것이다. 크기는 관(영구)을 포장할 만큼이면 된다.
- **유돌분(乳突墳)** : 봉토의 뒤편으로 꼬리를 두고 봉분을 중심으로 양쪽에 사성(砂城)을 둔 형태로 꼬리묘라고도 한다.
- **유럽 실내(室內) 안치장** : 유럽에서 총독, 귀족, 성직자 등의 신분이 높은 사람들이 많이 해왔던 장례법이다. 시신을 약재(藥材) 또는 다른 것으로 방부 처리한 다음 석관이나 금속관에 넣고 그것을 교회나 궁전의 실내복도 또는 지하실에 안치한다. 대표적인 유적지로는 웨스트민스트 사원과 성 베드로 성당이 있다. 최근에는 노벨 평화상을 받은 테레사 수녀의 장례를 이 방법으로 치루었다.
- **유사고(有事告)** : 집안에 일이 있을 때 즉시 사당에 고하는 일을 말한다. 술과 차를 올리고 재배한다. 재배하고 주부가 먼저 내려오고, 주인은 향탁 앞에 북향하여 꿇어앉고, 축관이 주인의 왼쪽에서 북향하여 독축을 한다. 독축을 마치면 재배하고 내려와, 자리로 돌아온다.
- **유산(遺産, Inheritance)** : 죽은 사람이 남겨 놓은 재산.
- **유삼(油衫)** : 동백기름에 절여서 둔 삼나무를 말하며, 관재(棺材)로서는 최고급품으로 친다.
- **유소(流蘇)** : 깃발이나 장막 등에 다는 오채(五彩)로 된 장식 술. 상여(大輿, 大轝) 등의 네 귀퉁이에 나부낄 수 있도록 드리운다. 즉 끈으로 매듭을 맺어 그 끝에 색실로 술을 드리운 것으로, 매듭에 종(鐘)을 매달아 조심스럽게 운구(運柩)해야 함을 알려주기도 한다.
- **유아사망(幼兒死亡)** : 생후 1년 미만의 사망을 말한다. 유아의 생존은 모자의 건강상태나 양육조건의 영향을 강하게 받으므로, 유아사망률은 그 지역의 위생 상태나 생활수준을 표시하는 지표가 된다.
- **유언(遺言, Will)** : 병세가 위급하여 임종이 가까워지면 가족들은 주위를 조용하게 물

리치고 병자에게 물어볼 말이 있으면 대답하기 쉽도록 간추려서 묻고, 그 대답을 기록해야 한다. 또한 병자 자신이 마지막으로 남기고 싶은 말이 있을 것이니 이것이 유언이다. 유언 가운데에는 교훈(教訓)을 비롯해서 재산분배에 관한 것 등이 있다. 유언은 자필로 쓰는 것을 원칙으로 하나 시간적인 여유나 기력이 없는 관계로 여럿이 지켜보는 가운데 다른 사람이 대리로 써도 된다. 녹음기가 있으면 녹음을 하는 것도 생존 시의 육성을 들을 수 있어 한층 의의가 있을 것이다.

- **유영(遺影, Picture of deceased)** : 죽은 사람의 초상이나 사진.
- **유월장(踰月葬)** : 달을 건너 뛰어 장례를 모심. 장사를 치를 때 고인이 운명한 후 한 달을 넘겨 장사지내는 것을 일컫는 말. 예를 들어 3월에 돌아가시면 4월을 건너 뛰어 5월에 장사를 지냄. 익월장(翌月葬)과는 다름. 익월장 참조.
- **유의(遺衣)** : 고인이 남긴 옷. 이·개장 시 교의 위에 놓거나(유의[遺衣]가 없으면 허위[虛位]를 씀), 또는 신주를 싸서 묻는데 쓰는 것인데, 복의(復衣)가 있으면 함께 쓴다.
- **유일(柔日)** : 육갑(六甲)의 십간(十干) 중에서 을(乙), 정(丁), 기(己), 신(辛), 계(癸)의 날. 부드러운 날의 뜻으로 음수의 날이다.
- **유족참관실(遺族參觀室)** : 염습할 때 유족이 참관하는 장소.
- **육문전(六文錢)** : 일본의 불교식 장례에서 저승으로 가는 노잣돈 삼아 관에 넣어 주는 종이돈.
- **윤(閏) 달** : 윤년에 드는 달. 태양력에서는 2월이 평년보다 하루 더 많게 29일로 하고, 태음력에서는 평년보다 한 달을 더하여 윤달을 만들었다. 태음력에는 19년에 7번의 윤달을 두었다.
- **유족(遺族, Bereaved Family)** : 고인과 친인척 관계에 있는 사람. 즉 사망자의 친인척을 말한다. 유족생활의 보증을 위하여 민법상 친족과 별도로 유족의 범위가 결정되어 있다. 대부분은 배우자(내연), 자녀, 부모, 조부보, 손, 또는 형제자매를 포함하는 경우, 친족은 아니더라도 사망 당시 그의 수입으로 생계를 유지한 자를 포함하는 경우도 있다.
- **유족연금(遺族年金)** : 가정의 생계를 담당하는 노령연금, 장애연금의 수급자가 사망하게 되어 유족생활 보장을 목적으로 한 연금 보험의 급부(給付).
- **유체안치소(遺體安置所, Morgue)** : 신원 불명인의 시신 등을 안치하여 인수자가 신원을 확인 후 시신을 인도한다.
- **유체(遺體, Remains)** : 시신을 달리 하는 말이다.
- **유회(遺灰, Cremains)** : 화장된 인간의 뼈 가루.

- 유회(油灰) : 기름에 횟가루를 섞은 것. 하관 시 회다지기(灰隔)를 할 때 관의 틈을 메우기 위해 사용한다.
- 육단(肉袒) : 왼쪽 소매를 벗는 것을 좌단(左袒)이라고 하는데, 이것은 곧 육체를 드러내는 것이므로 육단(肉袒)이라고도 한다.
- 육도(六道) : 불교에서 깨달음을 얻지 못한 무지한 중생이 윤회전생(輪廻轉生)하게 되는 6가지 세계 또는 경계. 망자가 죽어서 가게 되는 곳 중에 가장 좋지 못한 곳인 삼악도(三惡道)는 지옥도(地獄道), 아귀도(餓鬼道), 축생도(畜生道)이며, 삼선도(三善道)는 아수라도(阿修羅道) 또는 수라도, 인간도(人間道), 천상도(天上道)의 여섯 갈래로 갈라져 있다. 이것을 육도라고 하며 여기에 삼계인 욕계, 색계, 무색계가 더하여 삼계육도라고 부른다. 6도를 6취(趣)라고도 하는데, 마지막의 천상도·인간도는 선취(善趣)이고, 앞의 세 가지 도는 악취(惡趣)가 된다. 또 보통 불경에서는 수라도를 제외한 5도로 나누기도 한다. 불교에서는 중생은 집착과 선업, 악업으로 해탈하지 못하고 육도를 윤회하게 된다고 말한다. 과거에 인간이었던 자가 동물이나 벌레로 다시 태어나기도 하고, 벌레였던 것이 다시 인간으로 태어나기도 한다. 중생은 번뇌와 업보에 따라 윤회전생(輪廻轉生)하게 된다고 한다.
- 육탈(肉脫) : 시신을 땅에 묻으면 피와 살은 곧 썩어 흙으로 돌아가는 것을 말한다.
- 은전(殷奠) : 성대하게 차린 전(奠 - 제물)을 말한다. 제물을 넉넉하게 차려서 올리는 전(奠).
- 은정(隱釘) : 못을 박은 흔적이 보이지 않게 박는 나무못. 관의 천판(天板)과 지판(地板)의 좌우를 봉합할 때, 그리고 상하의 머리판을 봉합할 때 사용하는 나무못으로서 소나무를 사용한다. 흔히 은혈못이라고도 하며, 허리가 잘록한 실패모양으로 쐐기의 일종이다. 봉합할 널의 바깥쪽을 삼각형으로 파고 은정을 끼워 넣으면 서로 물려 벌어지지 않는다. 한자의 원래 이름은 임(袵)이다.
- 의(椅) : 교의(交椅). 방석을 딸린다. 혼백함을 안치하는 데 쓴다.
- 의(倚) 교의(交椅) : 의자(倚子). 혼백상을 안치하는 데 쓴다.
- 의(衣) : 저고리. 길이가 4자 6치가 되는 베 2폭의 가운데를 접어서 아래로 드리우니 앞뒤의 길이가 각각 2자 3치이다.
- 의계(衣繫) : 옷고름. 4개의 조그마한 띠다. 둘은 각기 안과 겉의 깃 가에 대고, 하나는 옷 밖의 오른쪽 겨드랑 밑에 대고, 하나는 옷 안의 왼쪽 겨드랑 밑에 대서 서로 여며 묶게 한다.
- 의기(義起) : 경전 등에 명확히 제시되지 않은 것에 대해 의리(義理)로서 따져 시행토록 하는 일.

- **의려(倚廬)** : 중문 밖 담장 아래에 나무를 기대어 만든 상차.
- **의례준칙(儀禮準則)** : 1934년 11월 10일 조선총독부가 조선의 생활예절을 개선한다는 취지로 만든 의례규정을 말한다. 그러나 조선의 의례문화를 말살하기 위해 제정 공포한 최초의 의례 규제이다. 당시 우가키가즈시게(宇垣一成)의 유고(諭告)에 의하면 총독부의 통치로 다양한 발전이 있어왔으나, "생활양식 중 각종 의례와 같은 것은 구태가 의연하고 오히려 개선할 여지가 작지 않다. 그 중에서 혼례와 장례 3가지의 형식관례와 같은 것은 지나치게 번문욕례(繁文縟禮)하여 …엄숙하여야 할 의례도 종종 형식의 말절(末節)에 구니(拘泥)되어 그 정신을 몰각하지 아니할까를 우려할 정도에 이르렀다. 지금에 와서 이를 혁정개역(革正改易)하지 않으면 민중의 소실(所失)을 예측할 수 없을 뿐만 아니라 지방의 진흥과 국력의 신장을 저해하는 일이 실로 작지 않을 것이다."라고 하여 조국의 근대화를 표명하고 있다. 그러나 이는 허울이다. 구체적으로 상례의 경우 전통적인 상례 절차를 무시하고, 상주, 상복, 습렴, 상기 등 복잡하고 문제의 소지가 있는 부분만 발췌하여 새로이 20항목의 상례 절차를 제시하였다. 상례의 제한 내용은 성복의 절차를 생략하고 염습이 끝나면 바로 상복을 입도록 하고 있다. 상복은 굴건제복이 아니라 두루마기에 통두건을 착용하거나 상장을 달도록 제한하고, 양복을 입을 경우에는 완장을 차도로 하고 있다. 시신을 처리하는 기간인 복기(服期)는 2개월~2년으로 제한하였다. 그리고 혼백이 아니라 지방을 사용하게 하고, 상례의 절차에서 신주를 만드는 제주(題主)에 대한 내용이 없어졌다. 또한 우제 역시 삼우제를 1회의 우제로 단축시켰다. 이러한 단축과 임의적인 절차 간소화는 상례가 가지는 의미와 상징성을 무시함으로써 의례가 갖는 기능을 상실하게 만들었다.
- **의복(義服)** : 혈연관계가 없는 사람이 의리로서 입는 복.
- **의빈(儀賓)** : 임금의 사위.
- **이(履)** : 신. 망자가 신는 신발. 구(屨) 참조.
- **이(扅)** : 횃대. 곧 옷걸이이다. 교의의 뒤 시신을 가리는 데 쓴다. 큰 보자기(帕)로 덮는다. 없으면 병풍으로 대신한다. 또 휘장을 써서 시신을 가리기도 한다.
- **이금(侇衾)** : 관을 덮는 이불, 즉 관보(관포)이다. 시신을 덮은 것으로도 사용한다. 무명으로 만드는데 너비는 다섯 폭, 위는 검고 아래는 붉은 빛으로 한다. 구의(柩衣 - 관덮개)라고도 한다. 본래 관을 덮는 이불이므로 염할 때는 사용하지 않는다. 관을 광중에 넣을 때에는 벗긴다. 구의(柩衣) 참조.
- **이사기절(以俟氣絶)** : 숨이 끊어지기를 기다림.
- **이상(夷牀)** : 영구(柩)가 조상의 사당의 양 기둥 사이에 이르러 시신의 머리를 북쪽으로 할 때 사용하는 침상(寢牀)을 말한다. 이(夷)는 시신을 가리킨다(『의례(儀禮)』: 侇本

作夷, 倭之言尸也).

- **이장(移葬)** : 개장(改葬)의 다른 말이다. 묘를 다른 자리로 옮겨 다시 장사지내는 것으로 개장이라고도 한다. 개장을 하려면 우선 새 묘 자리를 고르고 처음 장사 지낼 때와 같이 한다. 옛 묘소에서 토신제(土神祭)를 지낸 뒤 조심스럽게 파묘(破墓)하고 시신을 새 묘지로 옮긴 뒤 다시 토신제를 지낸다. 이장을 할 때에는 옛 묘소의 토지신에게 제수를 진설한 다음 헌주(獻酒) 재배하고 축문을 읽는다. 토신제를 지내고 나면 묘소 앞에 제상을 차리고 초상 때와 마찬가지로 다시 제사를 드린다.

- **이제(禰祭)** : 녜제 참조.

- **이차장(二次葬) 이중장(二重葬)** : 죽은 자를 가매장 등을 통하여 육탈시킨 다음 뼈만 추려서 다시 매장하는 방법. 즉 사람이 죽으면 먼저 임시로 매장하여 시신을 육탈(肉脫)시킨 다음, 뼈만 간추려서 곽(槨) 속에 안치하는 장법이다. 즉 1차장이라고 생각되는 빈(殯)과정을 거쳐서 탈육(脫肉)이 다 되면 뼈만 취하여 2차장에서는 커다란 목곽 속에 일가의 뼈를 넣는 2중 장법이다. 폭이 30cm 이내의 좁은 석실, 또는 소형 석실이 무덤으로 사용될 수 있다. 우리의 경우 동옥저(東沃沮)의 장례가 이러한 2중장의 형태이었으며, 이와 유사한 장법이 일본 오키나와 지방에서도 볼 수가 있다. 단 오키나와에서는 세골(洗骨)의 풍습도 있었다.

- **익사(溺死)** : 물에 빠져 죽음.

- **익월장(翌月葬)** : 돌아가신 다음 달에 장사를 지냄. 예를 들어 3월에 돌아가시면 다음 달인 4월에 장사를 지냄. 유월장(踰月葬) 참조.

- **인산(因山)** : 임금의 발인.

- **일곡(一哭)** : 한 차례 곡함.

- **일본의 장례풍속** : 일본의 장례는 장식(葬式)불교라 할 정도로 불교의 영향을 강하게 받았다. 불교는 11세기에 이미 지배계급에 깊숙이 관여하였고, 에도막부 때에는 기독교를 막고자 절과 민가를 함께 묶어 조직한 후 민간에까지 정착하게 되었다. 그래서 일본의 장례문화에서 승려의 역할은 매우 중시되고 있다. 일본의 장례절차는 임종(臨終), 유족의 협의, 유체(遺體) 안치, 장의업자와 협의, 납관, 사망통지, 장의식, 고별식, 화장(火葬), 환골(換骨)의 순으로 이루어진다. 임종은 고인의 죽음을 확인하는 단계이며, 우리나라의 초종에 해당된다. 유족의 협의는 친인척들이 모여 고인의 장례기간과 안치할 장소, 제사를 위해 필요한 일들을 서로 논의하는 절차이다. 유체 안치는 유족의 협의를 통해 정해진 곳에 고인을 안치하는 것이다. 장의업자와 협의는 장례에 사용될 물품의 구입이나 사망통지와 같은 행정적인 사안들을 장의업자와 논의하여 해결하는 것이다. 납관은 고인을 관에 안치하는 것으로 우리나라의 염습 입관에 해당된다. 다만 일본의

납관 과정은 늦게 도착한 유족들이 관안에 안치된 고인을 볼 수 있도록 얼굴 부분에 여닫이로 작은 문을 설치한다. 사망통지는 행정기관에 고인의 사망신고서를 제출하는 것이다. 장의식은 망자를 이승에서 저승으로 보내는 의식이며, 고별식은 생자(生者)가 망자(亡者)에게 이별을 고하는 의식이다. 장의식과 고별식은 본래 각각의 의식이었으나 현재는 함께 진행되고 있다. 환골은 화장을 해서 남은 고인의 뼈를 신사나 절에 봉안하는 것을 말한다. 장례기간은 보통 2~3일이며, 가족들 간에 협의를 통해 기간을 늘리거나 줄이기도 한다. 현재 일본의 장례는 큰 변화 없이 위와 같은 순서로 장례가 진행되고 있다. 단지 장례를 치루는 장소가 집에서 장례식장으로, 환골을 하는 곳이 신사나 절에서 납골당으로 변화하였다.

- **일생의례(一生儀禮)** : 인간이 일생을 거치면서 거쳐야 하는 의례 전체를 말한다. 어떤 사회에 속한 개인이든 일생을 살아가면서 자신의 사회적 지위를 바꾸게 된다. 태어나서 신체가 성장함에 따라 성인이 되고 혼인하여 가족을 이루며, 늙으면 노인으로서 부양을 받다가 죽음에 이르게 된다. 우리나라에서는 전통적으로 한 개인의 사회적 지위 변화들을 관혼상제라는 하나의 통합된 가정 의례적 질서 속에 수용하여 그 변화가 갖는 의미를 강조하고, 또 그것이 가져다 주는 혼란을 최소화하였다. 반면, 서구적 학문체계에 따른 일생의례는 출생을 중요시하고 제례는 거의 없다. 이는 일생의례가 민족에 따라 다르기 때문에 나타난 현상이다. 동양에서는 출생의 경우 의례로 규정하지 않더라도 천륜(天倫)에 따라 당연히 행해야 하는 것으로 여겼기 때문에 관혼상제에 포함시키지 않았다. 반면 서구에서는 종교의 영향으로 조상을 신으로 추모하지 않기 때문에 제사보다는 출생의례를 중요시한다. 인류학에서는 프랑스의 인류학자 반 제넵(Van Gennep)이 명명한 '통과의례(Rites of passage)'라는 용어를 사용하지만, 이는 한 개인의 일생의례 뿐만 아니라 영역의 통과나 세시풍속과 같은 연중 시간의 통과 등의 의례를 모두 포함시키는 개념이기 때문에, 개인의 일생의례를 표현하는 용어로는 부적절하다. 관혼상제 참조.

- **일자용(一字龍)** : 상여의 맨 윗부분을 장식하는 청룡과 황룡이 서로 교차하는 일자(一字) 모양의 목조각이다. 용수판(龍首板)과 함께 상여의 상부를 구성하는 장식물로, 양 끝에 위치한 청룡과 황룡이 서로 교차하면서 아래쪽에 위치한 망자(亡者)의 시신과 평행을 이루며 일자(一字)의 모습을 취한다. 그 중심에 상여를 인도하는 목인(木人)이 위치한다.

- **일중(日中)** : 하루 중 정오 또는 해지기 전까지를 말한다. 초우(初虞)는 장사를 지낸 그날 중(日中)으로 지내야 한다. 즉 초우(初虞)는 장사지낸 그날을 넘기지 않는 것이 법도이다.

- **일헌(一獻)** : 한 잔만 올림. 단헌(單獻).

- **임(衽)** : 나비은장 이음. 나비 모양의 살대. 소나무로 만들어 덮개와 바닥을 붙이고 좌우의 틈을 맞추는데 쓰는 것이다. 혹은 위아래 머리가 합쳐지는 곳에 쓰는 것이니, 속칭 은정(隱釘, 은혈못 - 나무로 만든 못)이라 한다.
- **임(衽)** : 옷섶, 옷섶을 바로 잡다.
- **임사(臨死)** : 죽을 고비에 이르다.
- **임종(臨終)** : 운명하는 순간을 지켜보는 것. 숨을 거두는 순간 가족이나 가까운 혈족이 운명할 때 곁에서 지켜보는 것. 고인의 운명의 순간을 가족이 지키는 것. 상황에 따라서는 운명에 임박한 상황을 말함. 즉 마지막 숨이 넘어가는 것을 말하며 운명(殞命)이라고도 한다. 병이 위중해지면 주인은 정침(正寢)으로, 그 밖의 사람들은 각기 자기 방으로 옮겨 눕힌다. 이때 집 안팎을 말끔히 치우고 병자의 머리를 동쪽으로 하여 북쪽 문 옆에 눕힌다. 다음은 헌 옷을 벗기고 새 옷을 갈아입힌 뒤 네 사람이 모시고 앉아 병자의 사지를 주무르고 가족들도 모두 옷을 갈아입고 운명을 기다린다. 이때 햇솜을 준비해 두었다가 숨이 끊어지면 입과 코와 귀를 막아준다. 그러나 남자는 여자가, 여자는 남자가 지켜보고 있는 데서 숨이 끊어지게 해서는 안 된다. 여기서 말하는 정침이란 시신을 모실 안온한 방을 말하는 것이다. 또한 임종은 또한 종신(終身), 절명(絶命), 운명(殞命)을 맞이한다는 뜻으로서 운명(殞命)하는 것을 옆에서 지켜보는 것을 의미하기도 한다. 그러므로 "아버님의 임종을 보지 못한 불효자식입니다."가 아니라 "아버님의 임종도 못한 불효자식입니다."라고 하는 것이 바른 표현이다. 본래의 의미는 "죽음을 맞이하다"는 의미로 용어의 사용에 있어서 "임종을 하였습니까?"의 1인칭 시점의 용어인데, 현재에는 변하여 3인칭시점인 "임종을 보았습니까?"하는 의미로 많이 쓰이고 있다. 아울러 자식이 운명하는 부모의 곁에서 모시는 것을 의미하기도 한다. 한편 일제시대의 <의례준칙>에서는 『주자가례』와 『사례편람』의 <초종의>에서 행하는 모든 절차를 일절 생략하고 단지 죽음을 맞이한다는 임종(臨終) 하나로 설명하고 있다. 그 결과 <초종의>에서 이루어지는 역복불식, 곡, 복, 설치철족(수시) 등의 소절차를 <합리성> <편리성>이라는 미명 하에 모두 생략하고 있다. 근래에 와서는 임종을 병원에서 하는 것이 대부분이겠으나, 때로는 병원에서 집으로 모신 후 마지막 임종을 맞이하는 경우도 있다. 이때에는 우선 임종을 맞이하는 사람이 평소 보고 싶어하는 사람에게 미리 연락하여 마지막을 함께 하도록 조언하고, 유언이 있을 경우를 대비하여 필기구나 녹음기 등을 준비하도록 일러준다. 또 이 순간만큼은 운명(運命)하는 이의 마음을 평온하게 해 주어야 하므로, 슬픔이 복받치더라도 울음소리를 내거나 떠들어서는 안 된다. 조용히 지켜보면서 엄숙한 분위기 속에서 안심하고 운명할 수 있도록 하여야 하며, 종교를 가지고 있다면 환자에게 두려움의 공포를 벗어날 수 있도록 영혼을 위하여 기도하고 평온한 마음으로 죽음에 임하도록 한다.

- **임종(臨終)염불** : 불교식 상례를 말하며, 주로 『석문의범(釋門儀範)』에 의존하고 있다. 불교에서는 임종 당시의 마음가짐에 의해 사후세계가 결정된다고 보고 있다. 3일장을 기준으로 제1일에는 임종 - 수시 - 시다림 행법이, 제2일에는 염습 - 입감[入龕] - 성복 의식이, 제3일에는 발인 - 장의(화장, 매장) - 반혼제 의식을 행한다. 그리고 입관 전까지는 헌향할 뿐 절을 올리지 않는데, 이는 임종 후 24시간 안에는 고인이 다시 살아나는 경우도 있어 이때까지는 정식으로 죽음으로 인정하지 않기 때문이다. 그래서 24시간이 지나야 본격적인 상례의 의례들이 진행된다. 보통 상례 진행은 임종염불 - 장례절차(목욕, 세족, 착군, 착의, 착관, 정와, 임관) - 발인제 - 화장장 염불 - 쇄골 - 산골 혹은 봉안 - 49재 - 탈상의 순서로 진행된다. 한편 『통일법요집』에 의하면 또 다른 형태의 불교식 상례를 제시하고 있는데, 그 절차를 보면 수계 - 염습 - 성복제 - 발인 - 영결 - 매장 - 평토제의 순서로 진행된다. 만약 매장을 하지 않고 화장을 할 경우에는 거불(擧佛) - 거화(擧火) - 하화(下火) - 봉송(奉送) - 십념(十念) - 표백(表白)[스님의 다비에만 행함] - 창의(唱衣) - 기골(起骨) - 습골(拾骨) - 쇄골(碎骨) - 산골(散骨) - 산좌송 - 반야심경의 소절차가 진행된다. 한편 장례식장에서는 그 환경에 맞는 절차가 제시되고 있다. 서울 삼성병원에서는 분향 - 삼귀의 - 반야심경, 수계, 설법, 염불, 왕생발원, 사홍서원으로 진행된다. 화장할 때는 개식(開式)[호상 주관] - 삼귀의례 - 약력보고 - 착어(着語) - 창혼(唱魂) - 헌화(獻花) - 독경(讀經) - 추도사 - 소향(燒香) - 사홍서원(四弘誓願) - 폐식(閉式) 순으로 진행된다.

- **임종(臨終)예배** : 개신교식 상례로서 죽음의 순간부터 찬송과 기도로 영혼을 하나님께 맡기는 의식이며, 환자에게 성경이나 성가를 들려주어 평온한 마음을 갖도록 하여 임종을 편안히 맞이하도록 하는 것이 목적이다. 임종한 시신의 정제수시에서부터 하관에 이르기까지 모든 의식 절차를 목사의 집례로 행하며 초종 중에도 날마다 목사의 집례로 기도회를 갖고 유가족은 빈소에서 기도회를 가지고 찬송을 그치지 않게 한다. 대략적인 의례과정은 묵도 - 찬송 - 성경봉독 - 설교 - 기도 - 찬송 - 묵도의 순서로 행해진다. 개신교 상례의 특징은 곡(哭)을 하지 않고 음식도 차리지 않으며 절도 하지 않는다. 조석으로 전(奠)과 상식(上食)을 올리지 않고 염습할 때 묶지도 않는다. 영결식은 교회나 빈소에서 행하는 경우가 많으며, 분향 대신 영전에 꽃을 1송이씩 바친다. 일반 문상객을 위해 향(香)을 준비하기도 하지만 일반적이지는 않다.

- **입곡(入哭)** : 우제, 졸곡, 소상, 대상 등 제사 전에 먼저 슬프게 곡하는 것.

- **입관(入棺)** : 대렴의 한 절차로서 시신을 네모나게 싸서 관에 넣어 모시는 절차 또는 일. 즉 예를 갖추어 시신을 관 속에 넣는 절차. 염습이 끝나면 곧바로 입관한다. 이때 시신과 관 벽 사이의 공간을 깨끗한 벽지나 마포(麻布) 등으로 꼭꼭 채워(보공), 시신이 관 안에서 흔들리지 않도록 한다. 입던 옷을 둘둘 말아서 빈곳을 채우기도 한다, 이

경우 옷의 재질은 삼베, 무명, 인조견으로 된 것이라야 한다. 시신을 고정시키고, 홑이불로 덮고, 관 뚜껑을 덮은 다음, 은정(隱釘)을 박고, 끈으로 묶는다. 입관이 끝나면 관 밑에 받침을 바치고 안치한 다음 관보를 덮어 둔다. 관은 병풍으로 가린다. 입관의 준비물로는 ① 관, ② 관 받침대, ③ 관보, ④ 보공, ⑤ 한지, ⑥ 소창(결관바), ⑦ 공포, ⑧ 현훈(예단), ⑨ 명정, ⑩ 운아삽 등이다. 이처럼 염습한 시신은 입관을 하게 되는데, 관의 종류는 매장용, 화장용으로 분류되며, 재질은 다양하다. 시신의 크기와 용도에 알맞은 관으로 선택하여 관 내부를 깨끗이 청소한 다음 틈새가 있는지 확인하고 관 내부에 한지를 깐다. 칠성판(七星板)을 한지로 싸서 넣고 지금(地衾)을 깔고 베개(錦枕)를 놓는다. 상주들과 함께 관의 위쪽으로 시신의 머리를 맞추어 조심스럽게 안치하고, 천금(天衾)으로 덮은 후 시신이 움직이지 않도록 보공(補空)용품으로 관 내부를 채워 넣는다. 한지로 덮고, 매장의 경우는 하관 시 광중에 넣을 수 있도록 공포와 명정 등을 따로 준비해 주며, 종교에 따라 별도의 의식을 치를 수 있도록 배려한다. 관의 뚜껑인 천개(天蓋)를 덮고 나무못이나 격자(格子), 은정 등으로 고정시킨다. 관을 단단히 조여 결관(結棺)하고 구의(柩衣)를 씌워 상·하를 표시한 다음, 안치실에 안치하거나 굄목을 받혀 자리에 안치하고 병풍으로 가리며, 치워 두었던 영좌(靈座)를 제자리에 설치한다. 「장사등에관한법률」(2012.2.1. 일부개정), 제6조(매장 및 화장의 시기)에 "사망 또는 사산한 때부터 24시간이 지난 후가 아니면 매장 또는 화장을 하지 못한다."고 하여 24시간이 지나지 않으면 시신을 처리하지 못하게 하였다. 이는 소생의 희망과 인간의 존엄성을 존중하는 것이기 때문에, 24시간 이내에 입관할 수 없도록 한 것이다.

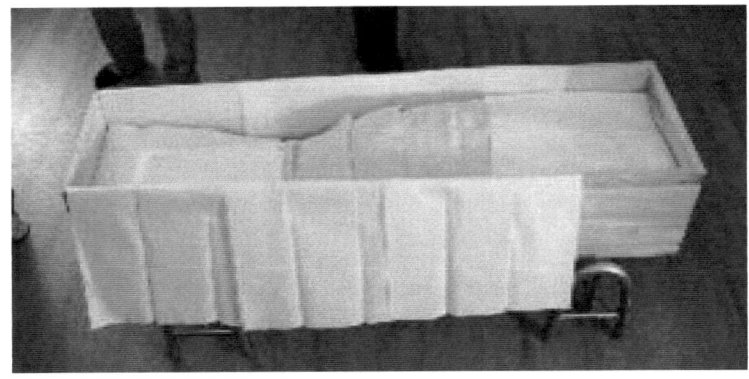

• **입상주(立喪主)** : 부모상에는 장자가 주상(主喪)이 되고, 장자가 없으면 장손이 된다. 아들이 죽었을 때는 부친이, 아내가 죽으면 남편이 주상이 된다. 입주부(立主婦)란 그 상(喪)의 안주인을 말한다. 말 그대로 상주를 세운다는 뜻이지만, 상례를 치르는 데 필요한 업무를 분장하는 절차이다. 입상주는 초종의(初終儀)의 소절차로 고인의 상례를 좀 더 체계적으로 치르기 위해 상주(喪主), 상례(相禮), 호상(護喪), 사서(司書), 사화(司貨), 독축(讀祝) 등의 역할을 분장하는 일을 말한다. 이렇게 업무를 분장하면 이것을 써

서 잘 보이는 곳에 게시하는데, 이를 분정기(分定記) 혹은 파록(爬錄)이라고 한다.

- **입후(入後)** : 양자 들어감.
- **입후자(入後者)** : 자식이 없는 사람이 후대를 잇기 위하여 동종(同宗)의 지자(支子)를 세워 후사(後嗣)함에 따라 다른 집안의 후사(後嗣)를 잇기 위하여 양자로 들어가는 사람을 말한다.
- **자(藉)** : 신주 방석(깔개). 독(櫝) 안에 까는데 쓰는 것이니, 아버지의 것인 자색(紫色)과 어머니의 것인 비색(緋色)을 도(韜)와 같이 하고, 사방과 넓이(闊)는 독 안에 맞게 하고, 베를 겹쳐 두껍게 하고 비단으로 싼다.
- **자(刺)** : 오늘날의 명함. 문자(門刺). 명자(名刺). 옛날에는 종이가 없어서 대(竹)나 나무를 깎아서 성명을 썼기 때문에 '자(刺)'라고 하였으며, 후대에는 종이에 썼기 때문에 '명지(名紙)'라고 하였다.
- **자만(自挽)** : 스스로 죽음을 애도하는 만사(만장) 및 만시(輓詩) 등을 짓는 것. 도연명의 자만(自挽) 시 : '세상에 살아 있을 때 무엇이 한스러운가. 술 마신 것이 흡족하지 못했음이라네.(但恨在世時, 飮酒不得足)'
- **자모(慈母)** : 어머니를 여읜 서자(庶子)가 아버지의 명으로 새로 어머니로 모시게 된 분. 살아서는 생모(生母)와 같이 봉양하고, 돌아가시면 3년상을 입는다.
- **자애융심(慈愛隆深)** : 자애로운 마음이 높고 깊음. 아들, 조카, 손자가 사망한 상주를 위로할 때 사용하는 서식 문구.
- **자연사(自然死)** : 자연사란 전신의 장기가 노화되어서 죽음에 이르는 것으로 생각되지만, 실제로 해부해 보면 어떠한 질병이 발견된다. 사망진단서에는 "병사 및 자연사"라는 부분이 있다.
- **자연장(自然葬)** : 화장한 유골의 골분을 화단, 잔디, 수목 등의 밑이나 주변에 묻어 장사하는 것. 자연스럽게 자연으로 돌아가도록 하는 장법(葬法)을 말한다. 즉 화장이라는 장법의 시행 후에 골분을 처리하는 방법이다. 국토의 효율적 이용 등의 영향으로 묘지를 최소화하기 위해 나타난 장법의 하나이다. 초기 단계의 유기장(遺棄葬)과도 관련이 있다.
- **자최(齊衰)** : 오복의 하나. 조금 굵은 생베로 지어, 아래 가를 좁게 접어서 꿰맨다. 아들이 어머니의 상에 입는 상복.
- **작(勺)** : 국자. 자루 달린 바가지.

자연장

- **작주(作主)** : 조주(造主)라고도 하는데, 사람이 죽어서 신주(神主)를 만드는 작업을 작주라고 한다.
- **잠(簪)** : 비녀. 여자의 머리를 고정시키는 데 쓴다. 즉 앞머리를 묶을 때 쓰는 것이다. 비녀의 길이는 1자이다. 참최용(用)으로 쓸 때는 대나무로 만드는데, 비녀 머리가 없다. 자최의 경우는 막대기처럼 만드는데, 비녀머리가 있으며, 일반적으로 백리목(白理木)으로 만든다.
- **장(杖)** : 지팡이.
- **장(漿)** : 수정과. 미음. 마실 것. 전통 상례에서 졸곡 후에 상제들이 먹는 음식(疏食水飮, 不食菜果)들이다.
- **장** : 무덤을 세는 단위.
- **장강(長杠)** : 상여 좌우에 있는 긴 멜대.
- **장갑** : 운구용 장갑.
- **장골(藏骨)** : 신라시대에 불교식으로 시신을 화장하여 뼈만 간추려서 골호에 담아 무덤을 만들거나 보관하던 장법을 말한다. 예컨대 감포 앞바다에 있는 문무대왕의 대왕암을 장골의 예로 들 수 있다.
- **장구(葬具)** : 장례에 쓰이는 온갖 기구.
- **장군(長裙)** : 여자들이 입는 긴 치마.
- **장군석(將軍石)** : 무덤 앞에 세우는 돌사람.
- **장군총(將軍塚)** : 장수태왕릉으로 알려져 있는 장군총은 고구려식 피라미드라 할 수 있다. 장군총의 무덤양식은 돌무지무덤양식인데 돌무지무덤 양식은 강가 모래바닥에 냇돌을 네모지게 깔고 널[棺]을 놓은 뒤 다시 냇돌을 덮는 정도의 간단한 구조였으나, 점차 냇돌 대신에 모난 깬돌[割石]을 써서 벽이 무너지지 않게 계단식(階段式)으로 쌓았으며, 돌무지의 외형은 대체로 방대형(方臺形)을 이룬다. 3세기 초부터 427년까지 고구려가 도읍한 지안현 퉁거우평야[通溝平野]에는 광개토태왕비(廣開土太王碑)와 고구려 최대형 무덤인 태왕릉(太王陵)·사신총(四神塚) 등 석릉과 토분(土墳) 1만 기(基)가 있으나 외형이 거의 완존(完存)한 석릉은 이것 뿐이다. 화강암 표면을 정성들여 가공한 절석(切石)을 7단의 스텝 피라미드형으로 쌓았는데, 기단(基壇)의 한 변 길이 33m, 높이 약 13m 이다. 기단의 둘레에는 너비 4m로 돌을 깔았으며, 그 바깥둘레에 너비 30m의 역석(礫石)을 깔아 능역(陵域)을 표시하였다. 널방은 화강암의 절석을 쌓아 지었는데, 천장석(天障石)이 있는 굴식이며, 2개의 널받침이 있다.

- **장기(杖朞)** : 지팡이를 짚는 1년상(喪). 상을 당한 사람이 상장(喪杖)을 짚고 자최를 1년 동안 입는 복제(服制). 적손이 그 아버지가 죽고 조부가 계실 때 그 조모를 위한 복. 승중의 경우는 증조모, 고조모의 경우도 마찬가지이다. 계모, 적모에게도 의복(義服)으로 이와 같이 입는다. 며느리도 시아버지가 계실 때 시어머니를 위해서 마찬가지이다. 3년은 윤달을, 기년(朞年)은 1년을 상징한 것이며, 9개월은 물건이 3시(時 - 계절)

에 이루어진 것을 상징하였고, 5개월은 5행(五行)을, 3개월은 1년 사시(四時)중 1시(時)를 상징한 것이다.

- **장기(葬期)** : 장례 기간, 즉 임종(운명)한 날부터 묘지에 장사를 지낼 때까지의 기간.『예기(禮記)』에 의하면 천자는 7월, 제후는 5월, 대부와 선비는 3월로 규정되어 있다. 그러나 사마온공(司馬溫公)에 의하면 천자는 7월, 제후는 5월, 대부는 3월, 선비는 1개월로 제시하여 다소 짧게 제시하였다. 이 기간 내에 장사지낼 땅을 잡아야 한다. 이러한 규정에도 불구하고 장기(葬期)는 집안의 사정에 따라 다양하였다. 요즈음에는 「가정의례준칙」의 영향으로 3일장이 기본으로 되고 있지만, 역시 집안의 사정에 따라 장기를 달리하고 있다.

- **장례(葬禮)** : 죽음을 처리하는 과정에서 행해지는 일련의 의례(儀禮). 즉 예를 갖추어 장사를 지내는 일 내지 장사지내는 예절. 사실 고인의 시신을 처리하는 장사(葬事)를 높여 부르는 용어라고 잠정적으로 정의될 수 있다. 그러나『가례(家禮)』나『사례편람(四禮便覽)』등 모든 예서(禮書)에서는 장례라는 용어를 사용하지 않고, '상례(喪禮)'라는 용어가 공식적으로 사용된다. '장례(葬禮)'는 영어의 'Funeral'을 번역한 용어이고, 상례는 전 과정 속에서 시신을 처리하는 일[장사(將事)]을 의례(儀禮) 혹은 예(禮)라는 의미로 사용하였기 때문에 용어로서의 독립성이 결여되어 있다. '상장례(喪葬禮)'는 상례(喪禮)와 장례(葬禮)를 합친 용어처럼 보이지만, 시신을 처리하는 일인 장사는 상례에 포함되기 때문에 이를 인위적으로 분리시켰다가 다시 결합시키는 것은 논리상 문제가 있다. 그러나 최근『연흥부원군부부인광산노씨장례일기(1636)』에 '장례(葬禮)'라는 용어가 사용되는 것으로 조사되어 이에 대한 깊이 있는 연구가 요구된다.

- **장례(葬禮)상담 시 주의사항** : ① 복장을 단정히 하고, 상담에 필요한 준비물을 빠짐없이 준비한다. ② 지나치게 말을 많이 하지 않는다. ③ 고객의 상담 반응을 살펴보면서 대처하도록 한다. ④ 상담내용 전부를 처음부터 장황하게 설명하지 않는다. ⑤ 고객의 질문과 이야기를 반박하지 말라. 무조건 "예, 알겠습니다."로 시작한다. ⑥ 용어의 선택에서 전문용어를 피하고, 가르치는 듯한 어조로 말하지 말라. ⑦ 고객의 연령, 성격, 교육정도, 반응, 현재의 심리상태 등에 따라 화법을 바꾸어야 한다. ⑧ 경쟁상품이나 경쟁사(장례식장, 타상조)를 험담하지 않는다. ⑨ 만날 때마다 같은 내용을 말하지 않도록 한다.

- **장례(葬禮) 상담** : 일반적으로 고객은 장례식장의 담당자와 장례일정, 장례방법, 빈소의 위치와 크기 등 장례에 관한 전반적인 것을 상담하여 결정한다. 상조회사에 가입된 회원의 경우 의전진행 담당자와 가입상품에 대한 설명을 통해 의전진행 여부를 결정하게 된다. 의전진행이 결정되면, 의전진행 담당자는 회원과 협의하여 빈소를 결정하고 빈소용품을 설치한 후 양복을 대여하는 등 의전진행에 필요한 조치를 취하고

회원에게 안내한다. 장례식장과 사전협의를 통해 상품 중 지원 여부에 대해 결정하여야 한다.

【확인사항】

① 장례식장 임대차 계약을 체결(빈소를 결정)
② 장례용품(관, 수의, 상복 등)을 선정
③ 영정사진 신청
④ 상복(검정양복 대여 및 구입, Y셔츠, 넥타이, 한복) 신청
⑤ 제단화환 결정
⑥ 장의 차량 예약
⑦ 부고 신청
⑧ 장례도우미 신청
⑨ 장례방법(가족장, 단체장, 사회장, 종교예식 여부 등) 확정
⑩ 장례일정(염습시간, 발인시간, 매/화장 여부, 장지) 확정
⑪ 화장 시 화장장 예약

- **장례식(葬禮式)** : 장례를 진행하는 일정한 의식과 절차.
- **장례예식장(葬禮禮式場, Funeral Home)** : 전문적으로 장례의식을 행하고 서비스를 제공할 수 있는 시설을 갖춘 장소. 일련의 장례의식을 진행하는 일정한 장소. 즉 장례를 치르는 데 필요한 시설과 장례용품 등 각종 장례서비스를 제공하는 시설이다. 장례식장은 도시화라는 현대사회의 구조적 특성의 하나로 죽음을 대면한 사람들이 인간으로서의 존엄성을 유지하며 사회적으로 의미 있는 장례의식과 장례방법을 요구함으로써 나타난 현상이라고 할 수 있다. 장례식장의 등장 예고는 일제 강점기부터 있었다. 1934년의 「의례준칙」에 의하면 공회당이 의례의 장소로 등장한다. 「의례준칙」으로 인해 생사관 및 생활공간 관념의 변화와 함께 도시형 혼례와 상례가 본격적으로 등장하게 되는 계기를 마련하게 되어 예식장과 장의사(葬儀社)가 나타나기 시작하였다고 한다. 이러한 장의사가 곧바로 병원장례식장으로 흡수된 것처럼 이야기하기도 하지만 의문의 여지가 있다. 즉, 병원의 영안실이 장례식장으로 사용되다가 장례식장으로 공식화되었다는 것이다. 장의사의 탄생은 1950년대로 알려져 있고, 하는 일은 상례에 필요한 장례용품을 판매하고 간단하게 시신처리를 해주는 정도의 소규모 영세사업자가 대부분이었다. 장례예식장의 종류로는 ① 일반 전문장례예식장이나 ② 병원 등의 영안실(시체안치실)이 업그레이드되어 탄생된 병원장례식장 등이 있다.
- **장례용품전시실** : 유족이 직접 장례용품을 확인하고 구입할 수 있도록 전시, 판매하는 장소.
- **장례일기(葬禮日記)** : 장례일기란 조선시대에 상례를 치르면서 그 과정을 기록한 일기

를 말한다. 이는 일기라는 명칭을 사용하기도 하지만, '신종록(愼終錄)' 혹은 '종천록(終天錄)' '고종록(考終錄)'이란 명칭을 사용하기도 한다. 신종록이란 상례를 치르는 과정에서 일어난 일을 낱낱이 적어 상례에서 치러야 할 일이 누락되지 않도록 하기 위해 호상(護喪)이 기록하는 것이다. '신종(愼終)'이란 자전에 의하면 '어버이의 상사를 당하여 상례를 정중히 한다.'는 뜻을 가지고 있다. 따라서 신종록이란 '초상을 당하여 상례를 치르는 과정에서 일어난 일을 빠짐없이 기록하여 의례 진행에 누락됨이 없이 하고 후세에 기록을 남기는 일기'라고 할 수 있겠다(김시덕, 『한국의 상례문화』, 122쪽 참조). 고종록(考終錄) 참조.

- **장례준비(葬禮準備, Funeral Arangement)** : 사전에 장례에 필요한 준비를 하는 것.
- **장례지도사(葬禮指導師, Funeral Director)** : 시신 운반이나 메이크업, 엠바밍 등 장례 전반에 대한 기능을 습득하여 양질의 장례서비스를 할 수 있는 능력을 소지한 자로서 객관적 검정이 가능한 전문자격증을 소지한 자. 즉 장례식을 주관하고 장례절차 및 각종 용품을 준비하는 등 장례관련 일을 하는 전문인을 말한다. 「장사등에관한법률」 제29조의 2에 의하면, "장례지도사란 시체의 위생적 관리와 장사업무에 관한 전문지식과 기술을 가진 사람을 말한다."고 하였다. 이들은 죽음을 처리하는 과정에서 행해지는 일련의 의례인 장례(葬禮)를 총괄적으로 운영하는 전문인이다. 전통사회에서는 염사, 염쟁이라고 하여 꺼리던 직업이었다. 최근까지는 장의사, 상례사 등으로 불렸다. 장례지도사는 예(禮)로서 의례(儀禮)를 처리하고 철저한 위생처리, 법률상담, 유족의 상례상담 등 기능적인 측면뿐만 아니라 심리적 계몽적인 역할까지를 해야 하는 비중 있는 직업군으로 등장하고 있다. 장례지도사가 하는 일은 크게 장례상담, 시신관리, 의례지도 및 빈소(영좌)설치, 각종 장례 행정관리 등으로 나누어 볼 수 있다.
- **장매** : 천금과 지금으로 싼 뒤 다시 싸주는 역할을 한다.
- **장묘(葬墓)** : 장례와 묘지의 합성어로서 사전에는 없는 신조어이다. 그러나 현대사회에서는 일반인들에게 매우 일상적으로 사용되고 있는 말이기도 하다. 각설하고 본 용어는 장례 부분 중에서 보통 매장부분인 묘지에 대한 비중이 매우 크기 때문에 자연스럽게 인위적으로 만들어진 용어라 말할 수 있다(구법 - 매장 및 묘지 등에 관한 법률).
- **장법(葬法)** : 죽은 사람을 땅에 묻거나 화장하여 장사를 지내는 예법. 즉 시신을 처리하는 방법을 말한다. 전통적으로 장법은 화장(火葬), 수장(水葬), 풍장(風葬), 매장(埋葬)의 4가지가 있어왔다. 한국에서는 매장이 주를 이룬 가운데 삼국과 고려시대에는 불교식 화장이 유행하였다. 특별한 경우로 풍장과 수장도 있었다. 오늘날 장법의 종류로는 매장, 화장, 조장[鳥葬], 천장[天葬], 수장(水葬), 수장[樹葬], 풍장[風葬], 초빈장[草殯葬], 수목장, 수림장, 자연장, 산골장, 해양장, 우주장, 냉동장, 수분해장[水分解葬] 등을 열거할 수 있다.

- **장부[枘 : 예]** : 나무 끝을 구멍에 맞추어 박기 위해 가늘게 깎아 만든 부분. 상여 제작 시 쓰이는 용어이다.

- **장부차(丈夫次)** : 남자 대기소로 동서(東序)의 동쪽에 마련한다.

- **장사(葬事)** : 시신을 화장하거나 매장하는 등의 시신을 처리하는 일련의 행위. 즉 예를 갖추어 시신을 매장하거나 화장(火葬)하는 일. 흔히 이를 장례(葬禮)라고 하는데, 조선시대에는 유교식 상례의 영향으로 매장하는 일을 장사지내는 것으로 인식하였고, 그것이 장사의 문화적 전통으로 이어졌다.

- **장사 등에 관한 법률** : 매장, 화장, 자연장 및 개장에 관한 사항과 묘지, 화장장, 봉안시설 및 장례식장의 설치, 관리 등에 관한 사항을 규정함으로써 보건위생상의 위해를 방지하고 국토의 효율적인 이용 및 공공복리증진에 이바지함을 목적으로 규정된 법이다. 2007년 5월 25일 전면 개정 공포되고, 2008년 5월 26일 시행령, 시행규칙과 함께 전면 시행되고 있다. 2011.6.29일에는 <장례지도사 국가자격증>제도가 국회 본회의를 통과하기도 하였다.

- **장상(長殤)** : 나이가 20살 되기 전 16~19세 사이에 죽음. 중상(中殤) - 12~15세 사이의 죽음. 하상(下殤) - 8~11세 사이의 죽음.

- **장송행진곡(葬送行進曲)** : 장례식에서 연주되는 음악으로 비애의 감정을 표시하는 곡이다. 대표적인 것은 쇼팽의 피아노 소나타, 베토벤의 교향곡 3번 영웅의 제2악장, 헨델의 오라토리오(soul), 베토벤의 피아노 소나타, 멘델스존의 무곡 29번, 그리그의 장속곡 등이 있다. 우리의 전통장송곡으로는 상여놀이 시의 만가 등이 있다.

- **장오자(長襖子)** : 소매가 좁고 길이가 긴 옷으로 속칭 장의(長衣), 혹은 장옷이다.

- **장의(葬儀)** : 장의란 장송의례(葬送儀禮)의 약칭이다. 임종으로부터 사후에 이르기까지 죽은 사람을 장사지내고 애도하기 위한 일련의 의례를 나타내는 말이다.

- **장의사(葬儀社)** : 장례에 필요한 물품을 판매하거나 대여하는 전문상점. 장의 업무를 청부(請負)하는 업자. 장제(葬祭) 기구를 빌려 주고, 상가(喪家)의 모든 설비, 습렴(襲殮 - 시신에 옷을 입히고 입관하는 일), 영구차에 의한 영구, 산역(山役 - 광중을 파서 시신을 묻고 봉분하는 일) 등을 대신 맡아서 한다. 수의, 널(棺), 상복도 맡아서 만들고, 승려의 독경(讀經) 같은 것도 알선하며, 상가에서 자체(自體)로 할 수 없는 일들을 대행한다. 요즈음에는 사망신고, 매장신고 등의 일도 포함된다. 사실 장의사는 일본에서 들어온 것이다. 일본에서는 상례를 소기(葬儀)라 하고, 장례에 필요한 용품 등을 리스하거나 판매하는 곳을 소기사(葬儀社)라고 한다. 1950년대부터 본격적으로 등장하여 1990년대 장례식장이 일반화되면서 쇠퇴하게 된다.

- **장의차량(葬儀車輛)** : 영구를 운반하는 자동차(장의자동차, 영구차). 현대에도 지역에

따라 상여가 사용되지만 1990년대 이후 자동차의 대중화로 인해 꽃상여가 사라지고 장의차(승용차, 버스)가 등장하였으며, 상여의 모습을 활용하여 개조해서 만든 차량이 이용되는 경우도 종종 있다. 장거리도 비교적 빨리 이동할 수 있는 장점

이 있지만, 운반 수단에 치우쳐 고인을 정성스럽게 모시는 전통 장례과정이 생략됨에 따라, 그 의미는 퇴색되는 경향이 있다.

- **장의행렬(葬儀行列)** : 장사지내러 가는 상여 뒤에 길게 늘어서 따라가는 회장(會葬)자들의 행렬.

- **장일(葬日)** : 장사를 지내는 날. 『사례편람』의 '치장조(治葬條)'에서는 천자는 7월, 제후는 5월, 대부는 3월, 사(선비)는 1월을 넘겨 장사지낸다고 말하고 있는데, 이러한 장사 기간의 규정에 해당되는 <의례준칙>에서 등장하는 절차이다. 사실 『사례편람』을 비롯한 각종 예의 공통되는 내용은 사후 몇 일째에 매장하라는 장사 기간의 명시가 없다는 것이다. 단지 성복을 하는 날은 사후 4일이라는 점은 공통으로 나타나고 있다. 그런데 <의례준칙>에서 장사일의 제한을 둔 것은 지나치게 장사 기일의 낭비를 막자는 의도로 보인다. 이에 따라 현행 상례에 3일장, 5일장이라는 용어가 등장한 것으로 보인다.

- **장죽(長竹)** : 긴 대나무. 양(兩) 전판(剪板) 안을 헤아려 길이와 높이와 너비를 재는 데 사용한다. 소렴 때 사용된다.

- **장지(葬地)** : 시신을 매장하거나 화장하여 봉안 또는 자연장을 하는 장소. 장사하여 시신을 묻는 땅. 장사할 땅. 매장한 땅. 묘지. 발인을 하면 영구차를 이용하여 장지 또는 화장장으로 운구(運柩)하게 되는데, 이 때 영구차에는 영정, 영구, 상주 및 유족, 문상객의 순으로 탑승하게 된다. 장지로 가는 도중에 평소 고인에게 의미가 있는 곳이나 살았던 곳에 들러 노제(路祭)를 지내기도 한다.

- **장편의(長片衣)** : 명주 10여자로 그 반을 접어서 요로 하고, 햇솜을 두텁게 두어서 옷 아래 이불 위에 세로로 깔아서 상하 양 끝에 충분히 머리를 싸고 발을 쌀 만큼 취한다.

- **장폐(杖斃)** : 장형(杖刑)을 당하여 죽음.

- **장포(長布)** : 시신을 세로로 묶는 포.

- **장회(墻灰)** : 관[棺]의 사방으로 담장처럼 둘러 있는 회격(회다지기).

- **재(齋)** : 불교에서 공양(供養)을 올릴 때 행하는 종교의례. 재(齋)의 어원은 범어 우파

바사타(upavasatha)로 이를 번역한 것이 재(齋)이다. 어원상 재(齋)의 뜻은 승려의 식사를 뜻하나, 나중에 전용되어 승려에게 식사를 공양하는 의식과 그러한 의식을 중심으로 한 법회를 의미하게 되었다. 상례와 관련하여서는 의식법회를 칭하는 용어로 전용되었다. 불교에서 행하는 다양한 재(齋) 중에서 죽음과 관련된 재(齋)는 천도재(遷度齋)로서 49재가 대표적이고, 100일재, 소상재, 대상재 등이 있다. 49재란 사람이 죽으면 7일마다 명부시왕의 심판을 받는다는 신앙근거에 따라 7일마다 재불공을 올리고, 7×7일, 즉 49일이 되는 날 재공을 올려야만 다음 생을 받을 연(緣)이 정하여진다고 하여 행하는 재이다. 49재 참조.

- **재궁(梓宮) 재실(梓室)** : 천자(天子)의 관(棺) 또는 임금의 서거 시 사용하는 관(棺)을 말한다. 재궁은 공조에서 소나무로 만드는데, 안을 벽돌처럼 단단하게 옻칠을 하고 사방에 붉은 비단을 붙이고 사각모서리 부분에는 녹색 비단을 붙여 정성껏 만든다. 왕이 즉위하면 그 해에 관을 만들어 해마다 옻칠을 하였다.

- **재기(再期)** : 2주년.

- **재변복(再變服)** : 거듭 옷을 바꿔 입음.

- **재(齋)와 제(祭)** : '제(祭)'는 일반적인 제사를 뜻한다. 반면에 '재(齋)'는 명복을 비는 불공이다. '제(祭)'는 '나를 위해서도' 지내지만, '재(齋)'는 '오로지 남을 위해서' 지낸다. 용왕제와 천도재를 보자. 용왕제는 음력 정월 14일에 배의 주인을 제주(祭主)로 해서 뱃사공들이 지내는 제사이다. 목적은 당연히 자신과 배의 안전, 그리고 풍어(豊漁)이다. 그러나 천도재는 구천을 떠도는 원혼을 달래 극락으로 가도록 기원하는 불사(佛事)이다. 즉, 자신의 복을 비는 것이 아니어서 '천도제'라고 쓰면 틀린다. 맡을 일에는 정성을 들이지 않으면서 잇속에만 마음을 두는 경우를 뭐라고 하나. 염불보다 잿밥인가, 염불보다 젯밥인가. 불공을 드리며 부처 앞에 올리는 밥이니 잿밥이 맞다. 하지만 제사음식을 비벼 먹는 안동의 전통음식은 제사와 관련이 있으므로 '헛잿밥'이 아니라 '헛젯밥'으로 쓰는 게 옳다.

- **재우(再虞)** : 초우를 지낸 다음 첫 유일(柔日)에 지내는 제사이다. 유일(柔日)이란 일진(日辰)에 을(乙), 정(丁), 기(己), 신(辛), 계(癸)가 들어 있는 날을 말한다.

- **재우제(再虞祭)** : 장례식 하관 후 초우를 지낸 다음 첫 유일(柔日)에 지내는 제사. 현대에는 장례일 다음날 동이 트면 제사상을 진설하고, 날이 밝으려고 할 때 지내는 것으로 변하였다. 형식은 초우제와 같이 지내고, 재우제를 마치고 난 후 집안정리를 한다. 대부분은 재우제를 생략하고 있다.

- **저(苴)** : 풀(草)을 그릇에 깔고 물건을 저장하는 것.

- **저고리** : 수의 품목 중의 하나로 심의 안에 입히는 웃옷. 망자가 생전에 입던 옷보다 5

치 정도 넓게 하고, 다른 부분도 같은 비율로 넓게 만든다. 속에는 속적삼을 입힌다.
- **저장(苴杖)** : 상중에 사용하는 대나무 지팡이.
- **적(適)** : 주름진 옷깃.
- **적(滴)** : 앞 어깨 쪽에 붙이는 베.
- **적모(嫡母)** : 서자의 본실 어머니. 본부인.
- **적삼** : 수의의 품목 중의 하나로 저고리 안에 입히는 웃옷. 고름을 달지 않으며 '한삼(汗衫)' 또는 '속적삼'이라고도 한다.
- **적상(吊喪)** : 중국의 장례 풍속 가운데 하나로서, 적상(吊喪)이란 초상 소식을 접한 친인척들이 지전(紙錢 - 동전 모양을 본 따서 만든 종이 돈), 향(香), 화환(花環) 등의 예물을 보내어 조문하는 행위이다.
- **적석목관묘(積石木棺墓)** : 목관을 안치한 후 그 위에 돌을 덮거나 목관의 주위를 돌로 두르는 무덤을 말한다. 전남 화순 대곡리에서 관 주위에 할석(割石)을 돌리는 예에서 새롭게 밝혀졌다.
- **적석총(積石塚)** : 돌로 쌓아 올려 봉분을 만든 묘지. 선사시대부터 역사시대의 고구려, 백제 초기에 나타나는 묘제의 하나로 구덩이를 파거나 구덩이 없이 시체를 놓고 그 위에 흙 대신 돌을 덮는 가장 원시적인 묘제이다. 돌무지무덤이라고도 한다. 또 작은 석관이나 석곽 안에 시신을 놓거나, 구덩이 없이 시신을 놓고, 돌로 쌓기도 한다. 부천군 시도나 춘천의 천전리에서 발견된 것들은 크기가 1~1.5m 정도에서, 몸을 편 채로 매장했다기보다도 다리를 구부려서 묻었을 가능성이 높은 것으로 보인다. 아니면 시신의 살을 썩혔다가 뼈만을 추려서 매장한 후장(後葬)이었을 가능성도 높은 것으로 보인다. 이러한 적석총들은 모두 동서 방향을 장축(長軸)으로 하고 있는 것으로 보아, 머리를 동쪽으로 두었을 것으로 보이며, 부장품으로는 숯, 마제석촉, 토기 등이 나오고 있다. 이것도 토장과 같이 저승에서의 생활을 생각하고 부장한 것으로 보인다.

- 적손(嫡孫) : 서출이 아닌 적출의 손자.
- 적아자배지(敵我者拜之) : 문상 시 나와 대등하게 대적하는 사람[친구]에게만 절한다는 의미이다. 승아자배지(勝我者拜之 - 문상 시 나를 이기는 사람에게만 절을 한다는 의미)라는 말도 있다. 승아자배지(勝我者拜之) 참조.
- 적자부(嫡子婦) : 큰며느리.
- 전(奠) : 영상(靈床)에 조석(朝夕)으로 주과포(酒果脯)를 올리는 것(발상한 뒤부터 발인 전까지 전을 올림). 즉 상례에서 우제를 지내기 전까지 올리는 모든 제사를 지칭하는 용어.

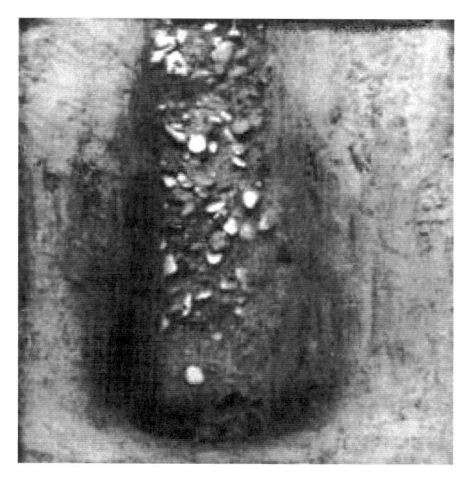

운명 후 초종의에서 고복(皐復)을 한 후 조상의 영혼이 의지할 수 있도록 차리는 제사 형식의 음식상으로 시사전에서 출발하여 제주(題主)를 하고 이를 고하는 제주전(題主奠)까지를 말한다. 이외에도 조석으로 올리는 조석전, 초하루 보름에 올리는 삭망전 등이 있다. 천구의 절차에서는 길의 신에게 올리는 조전(祖奠), 영구를 장지로 보냄을 고하는 견전(遣奠) 등도 있다. 산 자에게 행하는 것과 같은 예(禮)이다. 상중(喪中)에 고인을 생시와 똑같이 섬긴다는 의미에서 제물(酒果脯醯 등)을 올리는 것으로서, 이 음식에 혼(魂)이 의지하라는 뜻을 지니고 있다. 죽은 사람을 생시와 같이 섬기기 위한 뜻으로 제물(祭物)을 올리는데, 제물이란 영좌 앞에 간단히 주과(酒果)를 올려놓는 것이다. 전(奠)을 올리는 집사는 포와 과일을 탁자 위에 놓고, 축관은 손을 씻고, 술잔을 씻은 후에 술을 따라서 시신 동쪽의 어깨에 닿을 만큼 올린다. 전(奠)은 주과포혜(酒果脯醯)로 염습이 끝날 때까지 날마다 한 차례씩 올린다. 슬픔에 가득 찬 상주가 친히 올리지 못하는 전을 집사가 올리는데 절은 하지 않는다. 사실 전(奠)의 내용은 정해진 것은 없고, 간단한 다과상이나 주안상처럼 차리면 된다. 아침에 올리는 전(奠)은 조전(朝奠)이고, 저녁에 올리는 전(奠)은 석전(夕奠)이다. 그런데 이 전(奠)은 제사와 형식은 같으나, 장자(長子)가 주인이 되지 않고 축관(祝官)이 전(奠)의 주인이 되는 점이 다르다. 우제를 지내기 전까지는 죄인(罪人)이 제사의 주인이 될 수가 없기 때문이다. 즉 시신을 땅에 묻기 전에 음식을 바치는 경우는 전(奠)이고, 시신을 땅에 묻고 난 뒤(初虞)부터는 제(祭)라는 용어를 쓴다. 그러므로 전(奠)은 시사전(始死奠)부터 견전(遣奠)까지를 말하고, 제(祭)는 초우제(初虞祭)부터 붙이는 명칭이다. 이처럼 전(奠)은 신(神)에게 제물(祭物)을 올려 기원(祈願)하는 제사(祭祀)와는 구별되는 것으로서, 성균관이나 향교·서원에서 올리는 제사를 석전(釋奠)이라 했듯이, 신(神)이 아닌 성인(聖人) 등의 덕(德)을 따르기 위해 올리는 제물(祭物)을 의미한다. 성균관이나 향교에서 모신 신현(先賢)은 조상신(祖上神)이나 제신(諸神)이 아니므로 제사(祭祀)라 하지 않고 전(奠)이라 한 것이다. 공자나 그의 제자는 신으로 인정하지 않았기 때문에 전(奠)을 올렸고, 전(奠)을 올리는 이유는 성현의 학문을 본받고 기리기 위한 의도였던 것이다. 전(奠)은 신을 대상으로 제사를 올리는 것이 아니라 받들고 베푼다는 의미가 강하고, 복(福)을 바라거나 기원(祈願)에 대한 반대급부를 기대하지 않는다. 즉 전(奠)이라는 형태는 음식을 차려 두는 일련의 의례로 보인다. 전(奠)의 사전적인 의미는 '물건을 바쳐 제사하다.' '상장 때에 물건을 바쳐 제사하는 일' 등으로 풀이된다. 제(祭)는 '신을 제사한다.' '선조를 제사한다.' '사람과 신이 서로 접한다.' 등의 의미로 풀이된다. 제사는 신령에게 음식을 바쳐 정성을 표하는 예절이라는 의미로 풀이될 뿐만 아니라 신령과 사귀거나 접하는 행위 일체를 의미하고 있다. 즉 제사는 신령에게 무엇인가를 부탁하기 위하여 올리는 정성이라고 할 수 있다. 민속종교의 숭배대상이었던 다양한 신들은 초월적 존재로 인식되어 음식을 올려 제사를 올림으로써 그 반대급부로 공동체의 안위를 보장받았던 것이다. 한편 전(奠)을 올릴 때에는 축관(祝官)이 분향을 하고 잔을 올리는 등의 역할을 수행한다. 전(奠)의 절차 역시도 제사(祭祀)와는 다르다. 제사는 원래 초헌, 아헌, 종헌으로 삼헌을 올리고, 축문을 읽도록 규정되어 있으나, 전(奠)은 축문은 있으나 단헌(單獻)으로 되어 있다.

- **전(氈)** : 담요. 종이 위를 싸는 데에 쓰는 것이다. 크기는 적당히 하고, 없으면 두꺼운 솜이불로 대신하는 데, 여름에는 약간 얇아도 된다.
- **전(甎, 磚)** : 벽돌(甓). 도빈(塗殯) 할 때 바닥에 깔고 사방을 쌓는 벽돌. 또는 지석(誌石)을 에워싸는 데 사용하기도 한다.
- **전구(奠具)** : 조석으로 음식을 올리는 데 필요한 용구. 탁(卓 : 탁자), 포해주(脯醢酒), 건(巾 : 걸레) 등이 있다.
- **전뇌병사(奠酹並賜)** : [조문을 오셔서] 전(奠)하시고, 뇌(酹 - 강신)하시고, 아울러 위로하심을 내려주심.
- **전방후원분(前方後圓墳)** : 선사시대의 묘지 모양에 따른 형태 중(원형분, 방형분, 전방후원분)의 하나로서 봉분 모양이 전방은 방형, 후방은 원형이 묘지이다.

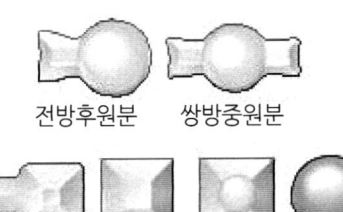

전방후원분　쌍방중원분

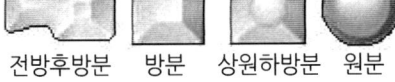

전방후방분　방분　상원하방분　원분

- **전부(奠賻)** : 부의금을 올림.
- **전인부고(專人訃告)** : 부고를 사람이 직접 전하는 것.
- **전작례(奠酌禮)** : 왕 또는 왕비가 되지 못하고 죽은 조상이나 왕자 왕녀를 위하여 임금이 친히 지내는 제사.
- **전장(奠狀)** : 전(奠)을 올릴 때 함께 올리는 서장(書狀) 문서.
- **전죽(饘粥)** : 된 죽과 묽은 죽.
- **전중(傳重)** : 선조의 제사를 후손에게 전하여 받들어 잇게 함. 승중(承重) 참조.
- **전축분(塼築墳 : 벽돌무덤)** : 벽돌을 쌓아 봉분을 만든 묘지. 낙랑시대, 즉 3C末~4C末의 시기에 많이 세워졌다. 현실(玄室)은 지하에 두고, 벽의 절반 이상을 지표 위에 올려, 봉토로 덮고 있다. 널방은 사각형이고 벽면의 위가 안쪽으로 기울어진 반원형의 궁륭(穹窿)천장을 만들었다. 남쪽에 문이 마련되어 이 문을 통해 매장이 이루어졌다. 황해도 신천군 간성리에서는 벽돌 대신에 활석을 쓰고, 또 회칠까지 한 것과 함께 벽화도 있어, 고구려 석축분과의 연관성을 제시해 주고 있으며, 백제 초기의 석축분과의 연관성도 있을 것으로 보여진다. 벽돌로 묘실(墓室)을 축조하여 만든 무덤으로 벽돌무덤이라고도 한다.

백제의 고분-무령왕릉

- **전판(剪板)** : 도련판. 시신의 옆과 상하에 세워 길이와 높이와 너비를 겨냥하는 것이다. 소렴의 절차에서, 또는 이개장 시 영구를 꺼낼 때에 사용된다. 즉 만일 이개장 시 관(棺)이 심하게 썩었으면, 편죽을 칠성판 아래 출회(秫灰) 위에 가로로 꽂는데, 대자리같이 촘촘하게 한다. 전판(剪板) 2개로 칠성판 밖의 편죽 양 끝에 놓고, 가는 새끼줄로 단단하게 엮어 묶고, 전판(剪板)의 네 머리를 동시에 들어서 영구를 꺼낸다.
- **절관(節棺)** : 관을 묶는 끈을 말하며, 백지로 꼬아 만든 노끈이나 백지로 감은 새끼 한

가닥으로, 끊지 않고 관을 세로로 길게 한 번 묶고 가로로 일곱 번, 옆으로 한 번을 묶는다.

- **절명(絶命)** : 숨이 끊어지는 것을 의미한다. 다른 말로 운명(殞命)이라고도 한다. 운명(殞命), 종신(終身) 참조.
- **점(苫)** : 거적자리. 즉 짚으로 엮은 것.
- **점석(苫席)** : 거적자리로서 상주들이 머무는 곳.
- **접객실(接客室)** : 문상객을 대접하기 위한 장소.
- **정간(竿)** : 명정의 장대.
- **정당(正堂)** : 정침(正寢). 대청. 정침 참조.
- **정령(精靈)** : 육체를 떠난 사람의 혼백.
- **정복(正服)** : 정규 상복.
- **정상(停喪)** : 『삼국지(三國志)』, 「위지동이전(魏志東夷傳)」과 『후한서(後漢書)』 등에 나타나 있는, 순장(殉葬)과 후장(厚葬) 등과 함께 등장하는, 우리나라의 전통 장례 풍속 가운데 하나이다. 즉 될 수 있는 한 장례 기간을 길게 하는 것을 예(禮)로 생각하여, 예를 들어 부여에서는 보통 5개월 장(葬)을 행하였다.
- **정성지의(定省之義)** : 혼정신성(昏定晨省)의 의미.
- **정우(丁憂)** : 부모의 상사를 당함.
- **정의(正衣)** : 소렴 시 맨 겉에 입히는 정복.
- **정자각(丁字閣)** : 임금의 무덤(왕릉)에서 제관(祭官)이 제(祭)를 올리는 장소인 정자(丁字) 모양의 누각. 신령과 인간이 만나는 신성한 곳으로서 안에는 혼(魂)이 깃들 수 있도록 의자를 놓았는데, 궁궐 정전의 용상과 같다. 보통 무덤에서는 봉분 앞에 설치한 상석에다 제물을 차려 제사를 지내지만, 왕릉은 상석이 아닌 정자각에서 제사를 지낸다. 그리고 정자각에서는 동입서출(東入西出)이라 하여 동쪽으로 올라가 서쪽으로 내려온다. 제향(祭享)의 건물인 정자각은 정(丁) 자 모양을 하고 있으며, 정자각 뒤에는 제향 후에 축문을 태워 묻는 사각형의 석함(石函 : 예감)이 있다. 정자각 동편에는 능비(陵碑)를 세워 보호하는 비각(碑閣)이 있고, 바깥 아래쪽은 수복방(守僕房 : 제물을 준비하는 곳)이 있다. 정자각 정면에는 참도(參道)가 깔려 있고, 참도가 시작되는 곳에 홍살문이 세워져 있으며, 홍살문 오른쪽에 왕이 능에 제사를 지내러 올 때 홍살문 앞에서 내려 절을 하고 들어갔다는 배위(拜位)가 있다. 홍살문 밖 능역에 있는 재실(齋室)에 능참봉이 상주하였다. 조선 초기 능의 동남향에 신도비를 세웠으나 문종 이후에는 폐지하였다.

- 정자룡(丁字龍) : 상여의 앞과 뒤에 위치하며 정(丁)자 모양의 용(龍) 조각이다. 즉 정자룡(丁字龍)은 용수판(龍首板)처럼 상여의 앞과 뒤에 위치해 있다. 청룡과 황룡이 서로 얽혀 수직으로 올라가 윗부분에서 양쪽으로 갈라지는 모습을 하고 있다.
- 정저(正箸) : 젓가락을 바르게 고르는 일.
- 정종지의(正終之義) : 바른 끝맺음. 즉 정침(正寢-안방)에서 바르게 죽음을 맞이한다는 뜻으로 다시 말하면 고종명(考終命)의 뜻이다. 즉 정침(안방)에서 자손들이 다 모여 보는 앞에서 숨이 끊어지는 것을 말한다. 고종명(考終命)은 『서경(書經)』, 「홍범(洪範)」편의 5복(五福 - 壽, 富, 康寧, 攸好德, 考終命) 중의 하나이다.
- 정침(正寢) : 정전(正殿). 항시 거처하는 방. 제사나 일을 잡아 하는 몸체의 방으로 집 안채의 큰 방(제사를 지내는 몸체의 방). 즉 주인의 방 혹은 시신을 모시거나 제사를 모시는 안온한 방을 가리킨다. 상례에서는 '질병천거정침'이라 했듯이 죽음을 맞이하는 곳을 말한다. 왕실에서도 정침에서 죽음을 맞이하도록 하였는데, 이는 임금의 경우 고명(顧命)을 받기 위해서였다.
- 정토(淨土) : 회격(灰隔)을 만들 때 정회(淨灰 - 깨끗한 회) 위에 채우는 것이니, 속칭 모토(母土)라 한다.
- 제각(祭閣) : 무덤 근처에 제청(祭廳)의 소용으로 지은 집.
- 제명정(題銘旌) : 명정을 준비하여 글씨를 씀.
- 제목주(題木主) : 신주를 준비하여 글씨를 씀.
- 제복(制服) : 복(服)을 제작함. 중단은 상주가 입는 겉옷이고, 상(裳)은 베로 만든 치마이고, 행전(行纏)은 다리에 두르는 것이다.
- 제복(除服) : 복(服)을 벗음. 상복(喪服)을 벗음.
- 제부(諸父) : 백부, 숙부, 당숙부 등.
- 제부(娣婦) : 작은 며느리. 작은 동서. 아랫동서. 큰 며느리가 작은 며느리를 호칭할 때 제부(娣婦)라고 말한다. 사부(姒婦)의 반대말.
- 제사(祭祀) : 신명을 받들어 복을 빌고자 하는 의례. 유교식 상례에 의하면 고인이 운명한 후 매장을 하면서 신주를 만들어 조상신(祖上神)으로 승화시키고, 이러한 조상신에 대한 의례를 제사로 간주한다. 그리고 제사의 수행과 관련된 의례를 통칭하여 제례(祭禮)라고 한다. 제례의 발생에 대해서는 인간은 죽음을 통하여 완전히 사라지는 것이 아니며, 비록 생물학적 신체는 없어지더라도 혼(魂)이 다른 세계에 있으면서 산 자와의 관계를 계속한다는 믿음에 바탕을 두고 있다. 다시 말하면 죽은 조상과 산 자손은 지속적으로 상호작용을 하며 때로는 조상이 자손에게 덕(德)과 해(害)를 줄 수 있다는 믿

음에서 비롯된다. 고려말에 성리학과 함께 유입된 『가례(家禮)』는 우리나라 조상숭배 관념을 보편화시키는 역할을 하였다. 조선시대에 들어와 성리학을 통치이념으로 채택함에 따라 가례를 제사의 기본으로 삼게 되었다. 이에 의하면 제사는 상중에 지내는 우제, 졸곡, 부제, 소상, 대상, 담제, 길제가 있다. 길례로서 제사는 기제, 녜제, 묘제, 속절제사, 차례 등 여러 종류가 있다. 제사의 기본은 사시제였으나 우리나라에서는 거의 행해지지 않았다.

- **제상(除喪)** : 상기를 마치거나 또는 복상을 도중에서 그만두어 상을 벗음.
- **제위(祭位)** : 제사를 받드는 신위.
- **제주(祭主)** : 제사를 주관하는 상주(제).
- **제주(題主)** : 신주에 누구의 신주인가 글자를 씀. 즉 신주에 고인의 이름을 써넣어 신주로서 기능하게 하는 일. 글씨를 쓰는 일이라 하여 이를 제주라 함. 제주를 하는 시기는 하관을 한 후 성분을 하는 기간. 사찰에서 부처를 만들고 점안(點眼)을 하여 나무 조각품을 부처님이 되도록 하는 점안불사(點眼佛事)처럼 고인의 영혼을 조상신으로 승화시키는 매우 중요한 의례. 신주에 함중(陷中)과 분면(粉面)을 써서 교의에 봉안하고, 혼백과 복의(復衣)는 신주 뒤에 둔다. 그러나 신주를 모시지 않는 가정에서는 지방(紙榜)으로 대신한다. 한편 『사례편람』의 주(註)에는 '신주 쓰기를 흙을 채운 뒤에 하는 것은 글의 흐름이 그러할 뿐이지, 반드시 흙 채우기를 기다린 뒤에 쓰는 것만을 말한 것은 아니다. 몸이 광중(壙中)으로 돌아가면 정신을 갑자기 떠돌아 의지할 곳이 없으니, 진실로 속히 신주를 써서 의지할 곳이 있게 해야 한다.'고 하였다. 신주를 만들 나무를 구하여 다듬는 일은 이미 치장, 치관 등 초종의 절차에서 행해진다. 장지에서는 신주의 함중과 분면에 신주의 주인을 표시하는 집필이 중요한데, 이는 불상의 점안식과 같은 매우 중요한 행사이다.
- **제주전(題主奠)** : 제주(題主)를 마치고 올리는 전(奠)을 말한다. 즉 제주를 마치고 제주를 공식화하고 고인의 영혼이 신주에 깃들도록 기원하는 전이다. 제주전은 상중에 지내는 전(奠)의 형태로 지내기 때문에 축관이 전을 주관하고 단잔을 올리고 축문을 읽는 형태이다. 『가례』에서는 축문(祝文)이 없는 것으로 되어 있으나 『사례편람』에서는 축문을 제시하고 있어 차이가 있다. 제주전을 지낼 때는 새로 만든 신주를 앞쪽에 모시고, 뒤에는 혼백을 모신다. 이는 이제부터 신주에 고인의 영혼이 깃든다고 여기기 때문이다. 제주전은 축관의 주관으로 신행한다. 진설을 하면 강신하고 헌작을 한다. 이때 계반삽시하고 "고애자 00는 현고 처사부군에게 감히 밝혀 고합니다. 육신은 광중으로 돌아가고 신을 집으로 돌아오시는데, 신주가 이미 이루어졌으니 엎드려 바라옵건대 높으신 신령께서는, 옛 것을 버리시고 새 것을 따라 이에 의지하고 또 의지하시기 바랍니다(形歸窀穸 神返室堂 神主旣成 伏惟尊靈 舍舊從新 是憑是依)."라고 독축을 한다. 독

축을 마치면 모두 사신(辭神) 재배를 한다. 제주전을 마치면 철상하고 바로 반곡한다.

- **조(組)** : 손발이 뒤틀어지는 것을 막기 위해 손과 발을 바로 잡아 간단하게 묶는 절차인 설치철족(楔齒綴綴足)에서 손발을 묶는 끈이다. 흔히 종이를 꼬아 사용하지만, 천을 사용하기도 한다. 요즘은 가제를 많이 사용한다.

- **조(弔)** : 조문(弔問). 상가에 문상을 하는 일. 고인 혹은 상주와 관계있는 사람들이 고인의 죽음과 상주를 위로하는 일. 이 절차는 문상하는 방법을 기술한 것으로 절차로서의 의미가 없으나, 성복을 한 후에야 문상을 할 수 있기 때문에 성복 다음에 하나의 절차로 위치시킨 것으로 보인다. 따라서 이는 영전(靈前)에 음식을 올리는 전(奠)과 상가에서 필요한 물품을 제공하는 부의(賻儀), 그리고 문상방법에 대한 설명이 주를 이룬다. '조'에 대해 '조문'이라는 말이 있는데, 이는 '이른바 죽은 자를 애도하고 살아 있는 사람을 위문한다.' 뜻의 '조사문생(弔死問生)'이라는 말에서 연유된 것이다. 또한 영남지역에서는 '문상(問喪)'이라는 말이 보편화되어 있으며, 이와 함께 조를 지칭하는 말로 '조상(弔喪)'이라는 용어도 문집과 실록 등에는 보인다. 조객이 영전에 드리는 것으로는 차(茶), 향(香), 초(燭), 주과(酒果) 등을 사용한다. 만약 애도의 뜻을 적은 서장(書狀)이나 음식이 들어오면 별도로 제문을 올리는데, 서장(書狀)은 친구와 교분이 두터운 사람만이 한다. 부의(賻儀)는 돈과 비단으로 한다고 하였으나 요즘에는 현금으로 대신한다. 이때 봉투에 부의(賻儀)의 내용물을 적은 단자를 넣어야 하나 거의 하지 않는다.

- **조(旐)** : 거북과 뱀을 그린 검은 깃발로 운구 때 앞에 세움.

- **조객(弔客)** : 조(弔 : 問喪)을 하러 온 손님. 조객이 문상을 할 때는 흰옷을 입도록 하였는데, 이는 애도의 뜻을 나타내기 위한 것이다.

- **조객록(弔客錄)** : 부상(父喪) 때 조문객의 출입을 기록하는 노트. 즉 조문 온 빈객들의 이름을 적은 대장.

- **조건(罩巾)** : 전(奠)을 덮는 데 쓰이니, 대나무를 쪼개어 배롱을 만들고, 종이나 베로 덮는다.

- **조견전(祖遣奠)** : 발인(發靷)하는 때 할아버지 사당에 고하여 전(奠)하고 보내는 절차.

- **조곡(朝哭)** : 아침 곡. 상제가 소상 때까지 날마다 아침에 하는 곡. 아침 곡에는 절이 없다.

- **조기(弔旗, Flag of Mourning)** : 반기(半旗) 또는 조의를 표현하는 뜻으로 검은 헝겊을 단 깃발을 말한다.

- **조녜(朝禰)** : 아버지 사당에 고하는 일. 조조(朝祖) 참조.

- **조대(條帶)** : 두루마기 끈.

- **조도(祖道)** : 송별 제사. 즉 망자를 송별하기 위해 먼저 길(道路)의 신(神)에게 지내는 제사. 『한서(漢書)』, 「임강왕전(臨江王傳)」에 의하면, 황제의 아들 류조(臩祖)가 멀리 놀러 가기를 좋아했는데 도로에서 죽었다. 후에 그를 기려서 도로의 신(神)에게 지내는 송별의 제사를 행하게 되었다[『가례증해(家禮增解)』].
- **조등(弔燈)** : 상가임을 표시하기 위하여 거는 등(燈). 즉 상가(喪家)임을 표시하기 위하여 집 앞의 대문이나 벽에 게시하는 등(燈)을 말한다.
- **조례(弔禮)** : 조상(弔喪)의 뜻을 표하는 인사.
- **조물(助物)** : 지차 집에서 제물(祭物)을 돕는 것.
- **조문(弔文 : 弔狀)** : 조문하는 글. 고인의 생전의 업적을 기리고 그의 명복을 비는 글.
- **조문(弔問)** : 죽음을 슬퍼한다는 말로서 죽은 이에게 그 죽음을 슬퍼하여 인사하는 것으로서 다시 말하면 빈소에 절하고 상주에게 위로하는 것이다. 즉 호상소로 가서 조문록에 서명하고 영좌 앞에 분향하고 두 번 절한다. 이어 상주가 절을 하면 조문객은 답배한 후 유족들을 위로한다. 조문객에게는 음식이나 간단한 다과를 대접한다. 상가에 도착하면 먼저 호상에게 성명을 밝히고 빈소에 들어간다. 이때 호상은 어느 곳의 누가 왔음을 상주에게 귀띔해 준다. 먼저 상주에게 목례를 한 다음 최근에는 곡을 하지 않으므로 영정이나 혼백을 향해 읍을 잠시 하고 나아가 꿇어 앉아 분향을 하는데, 향은 촛불이나 성냥 등으로 붙이고, 불꽃은 입으로 불어 끄지 말고 왼손으로 가볍게 흔들어 끄거나 손가락으로 가만히 잡아서 끄며, 향로에 하나씩 꽂는다. 향은 홀수로 분향하며, 나무향은 오른손을 왼손으로 받히고 오른손의 엄지와 검지로 향을 조금 집어 향로에 넣는다. 헌화를 할 경우에는 꽃의 봉오리가 영정 앞쪽으로 가게 놓기도 하고 또 꽃의 줄기 끝이 영정 앞쪽으로 가게 놓기도 하는데, 이 경우 꽃은 오른 손으로 받고 꽃송이가 오른쪽으로 향하게 하며, 영정 앞에 나아가 목례를 하고 시계 방향으로 돌려서 놓는다. 그 후 상주에게 평절로 맞절을 하고 반배를 한 다음 위로의 말씀을 전한다. 「단궁」에 보면, 남에게 조문가거든 그날은 음악을 연주하지 않고 술이나 고기도 먹지 않는다고 하였다. 또한 "죽었을 때 조문가지 않는 경우가 3가지 있으니, 외(畏 - 법을 어겨 감옥에서 죽은 사람), 압(壓 - 바위 따위에 깔려 죽은 사람), 익(溺 - 물에 빠져 죽은 사람)이다."라고 하였다(『사례편람』 조조[弔條] 참조).
- **조문(弔問) 예절** : ① 개신교식 : 빈소에 들어가서 상주와 가벼운 목례를 하고 준비된 국화꽃을 들고 고인의 영정 앞에 헌화(獻花)한 후 뒤로 한걸음 물러서서 15도 각도로 고개 숙여 잠시 동안 묵념을 드린 후 상주와 맞절을 하고 상중(喪中) 위로의 말씀을 드린다. ② 천주교식 : 빈소에 들어서서 상주와 가벼운 목례를 하고 준비된 성수를 뿌리거나 헌화한 후 분향한다. 분향시 향에 붙은 불을 입으로 불어서 끄지 않도록 주의한다. 향을 좌우로 흔들거나 엄지와 검지 손가락으로 잡아서 끈다. 한쪽 무릎을 꿇고

향로에 향을 정중히 꽂고 일어나 한 걸음 뒤로 물러서 절을 올린다. 절을 올린 후에 상주와 맞절을 하고 상중 위로의 말씀을 드린다. 만일 여러 사람이 함께 문상을 갔다면 대표로 한 사람만 나가서 예를 표한다. ※ 가루향일 때는 오른손을 왼손으로 받치고 오른손의 엄지와 검지로 향을 집어서 향로(향불)에 공손하게 넣는다. ③ 유교식(불교식 포함) : 빈소에 들어서서 상주와 가벼운 목례를 한 다음 영정 앞에 무릎을 꿇고 앉아 준비된 향을 집어서 불을 붙인 다음 향을 좌우로 흔들어 불꽃을 끄고(입으로 불어서 끄지 않는다), 향로에 향을 정중하게 꽂고 일어나 한걸음 뒤로 물러나 절을 올린다. 절을 올린 후에 상주와 맞절을 하고 상중 위로의 말씀을 드린다. ※ 만약 개신교나 천주교인 상가라면 그 상가의 상황에 맞는 조문예절을 하면 된다.

- **조발랑(爪髮囊)** : 시신을 목욕(염습)시킬 때 빠진 머리카락, 손톱, 발톱 등을 넣는 작은 주머니. 머리카락, 손톱, 발톱을 깎아서 담는 주머니. '녹랑(鹿囊)', '오발낭', '오낭'이라고도 함. 오낭(五囊) 참조.

- **조복(弔服)** : 흰 옷으로서 조상하는 옷. 부인으로서 강복하여 복이 없는 사람, 친구, 선비와 종 등이 조복을 입는다.

- **조복가마(弔服加麻)** : 조문 복장에 삼을 더한 것. 『가례』에서는 중시하지 않았으나 『사례편람』에서는 성복(成服)조에서 심상3년과 함께 조복가마를 보입(補入)하고 있다. 조복가마는 『의례경전통해(儀禮經傳通解)』에 근거하여 도입하였는데, 소복(素服 ; 흰옷)을 입고 베로 수질(首経)과 요질(腰経)을 더하는 것을 말한다. 또는 흰옷을 입고 누인 삼 한 가닥을 머리에 두르거나 허리에 흰 띠를 3개월 동안 두르는 상복의 종류이다. 강복하여 복이 없는 사람과 친구와 선비, 종 등이 조복가마를 한다고 한다. 가마(加麻) 참조.

- **조빈(造殯)** : 염(殮) 등 시신에 관한 처리를 담당하는 일.

- **조사(弔詞)** : 고인의 죽음을 애도하여 쓴 문장으로 옛날의 만장에 해당된다. 본인이 직접 장례식에 참석하여 낭독하기도 하고, 신문·잡지 등에 게재하기도 한다. 거리가 먼 경우에는 우편으로 보내기도 한다.

- **조상(弔喪)** : 조상이란 고인의 명복을 빌고, 유가족을 찾아가 위로의 인사를 하는 것이다. 조상은 원칙적으로 성복 후에 하도록 되어 있다. 성복 전(前)에는 가까운 일가친척들이나 또는 친한 친구가 가서 상주에게 인사만 하고 영구(靈柩)에 대해서는 절하지 않는다. 성복 후라도 망인과 생사에 면대가 없거나 여자의 경우에는 빈소(殯所)에 절하지 않고 상주에게만 인사한다. 조상하는 순서는 조객이 먼저 호상에게 성명을 통하고 들어가면 상주는 일어나 곡을 한다. 조객은 영구 모신 쪽을 향하여 곡을 하고 두 번 절한 다음 상주에게 절을 하고 인사를 한다. 조객이 손위 어른이면 상주가 먼저 절을 한다. 조상할 때는 모두 소복(素服)을 하고, 양복일 경우에는 검정색을 입는다. 가지고

가서 올리는 물건은 차(茶), 양초, 술, 향(香), 과일 등으로 한다. 부의(賻儀)는 돈이나 비단으로 하고, 글을 써서 이름을 알린다.

- **조서(弔書)** : 조문(弔問)의 뜻을 적은 편지나 글.
- **조석곡(朝夕哭)** : 소상 전에 조석(朝夕)에 궤연 앞에서 하는 곡(哭). 대렴(大斂) 후 성복(成服)을 마치면 조석(朝夕)으로 빈소(殯所)에서 곡을 행하는 것을 말한다. 한편 『주자가례』의 주(註)에 보면 '사마온공이 말하기를 시신을 움직이고 관을 들 때는 곡을 하고 가슴을 두드리기를 수없이 하지만 염습하고 빈(殯)을 할 때는 마땅히 곡을 그치고 가서 지켜보기를 침착하고 안정되게 하도록 힘써야지 곡(哭)만 해서는 안 된다.'고 하였다.
- **조석전(朝夕奠), 상식** : 장사 전에 날마다 조석(朝夕)으로 시신 옆에 주과(酒果)를 놓는 일. 조석전을 올리는 것은 고인의 영혼을 위무하고, 영좌에 머무르도록 하기 위함이다. 조석전은 성복을 한 후부터 올리기 시작한다. 우제를 지낸 후부터는 조석전을 올리지 않는다. 아침이면 조전(朝奠)을 올리고, 식사시간에는 상식(上食)을 올린다. 저녁에는 석전(夕奠)을 올리고 석곡(夕哭)을 한다. 곡은 수시로 하고, 매달 초하룻날 아침에 제물을 올릴 때는 모든 반찬을 올리고, 또한 새로운 음식이 있으면 천신(薦新)한다. 조전은 해가 뜨면 올리고, 석전은 해가 진 뒤에 올린다. 조전이나 석전이 끝나면 음식은 치우고 술과 과실만 남겨 놓는다. 혹은 조전 때 쓴 음식은 석전에 가서야 치우고 석전 때 쓴 음식은 이튿날 조전 때에 가서야 치운다는 설도 있으나, 여름철에는 상할 염려가 있으니 그때 치우는 것이 옳다. 상식(上食)은 조전의 의식과 같다. 조전을 올린 뒤 술잔만 치우고 다른 음식은 치우지 않고 두었다가, 다시 상식 음식을 올린다. 술을 잔에 따르고 밥그릇 뚜껑을 열며 수저를 바르게 한다. 조금 있다가 국 대신 숭늉을 올리고 잠시 후에 상을 치운다. 석전은 조전과 같다. 석곡(夕哭)을 할 때는 혼백(魂帛)을 받들어 영좌에 모시고, 상주 이하가 슬프게 곡을 한다. 새 음식을 천신하는 새 음식의 천신(薦新)은 오곡이나 백곡 중 새로 익었으면 반드시 해야 할 것이다. 오곡은 밥을 지어서 상식으로 올리고 그 밖의 것도 상식 때 함께 올리는 것이 좋다. 한편 『의례(儀禮)』, 「기석례」편에는 '조전은 해 뜰 때 올리고, 석전은 해가 아직 지기 전에 올리는 것으로 부모님의 신령이 양(陽)을 따라서 오시기를 바라기 때문이다.'고 하였다.
- **조신(祖神)** : 조상이 되는 신.
- **조위(弔慰)** : 고인을 애도하고 유족을 위로하는 조(弔)를 의미한다. 『사례편람』에서의 조(弔)의 개념이 1934년 <의례준칙>에서는 이를 조위(弔慰)라는 항목으로 설명하고 있다. 그런데 이것이 1969년 <가정의례준칙>에서는 <조문(弔問)>이라는 용어로 사용되고 있다. <의례준칙>에 의하면 부의는 음식접대, 조화 등 현물을 금하고, 현금으로 하도록 하고 있다. 또 문상 시 곡을 금지시키고, 영전에 참배도 못하게 하여, 망자에 대한 의

례를 금지하고 상주와의 인사만 강조하고 있다.

- **조위록(弔慰錄)** : 모상(母喪) 때 조문객의 출입을 기록하는 노트. 즉 조문 온 빈객들의 이름을 적은 대장.
- **조자(罩子)** : 조전(朝奠)과 석전(夕奠)에 올린 음식을 덮어 놓는 데 사용하는 그릇. 대나무를 엮어서 만든다. 고기를 잡는 데 사용하는 통발과 비슷하게 생겼다.
- **조장(弔狀)** : 간찰(簡札)의 일종으로 부고를 받은 사람이 사정이 있어 직접 조문하지 못할 경우 보내는 조문(조상)하는 글이나 편지이다.
- **조장(鳥葬), 천장(天葬)** : 시신을 토막 내어 독수리의 먹이로 줌으로써 시신을 처리하는 장법. 즉 시신을 장례 장소인 산 위 일정한 장소로 옮긴 다음 승려가 경전을 읽으면서 시체를 해체하여 내장을 꺼내고 사지(四肢)도 절단하여 이를 독수리에게 먹이는 장법. 이들에게는 죽은 자의 혼을 새를 통해 하늘로 보낸다는 의식이 뿌리박혀 있다. 티베트, 파키스탄, 중앙아시아 지역의 장례풍습이 이에 해당한다.
- **조전(祖奠)** : 발인 전날, 길을 떠남에 즈음하여 길(道)의 귀신[조도(祖道)]에게 제사를 지내는 일. 신시(申時)[오후 3~5시]에 거행한다. 음식은 조석전(朝夕奠)과 같이 차리는데 관행에서는 일포제(日晡祭)라고도 한다.『의례(儀禮)』「기석례」편에 '길을 떠나려 할 때 제사(祭祀)지내고 술을 마시는 것을 조(祖)라고 하니, 조(祖)는 시작하는 것이다.'라고 하였고, '모두 길을 떠나려 할 때 제사지내고 술을 마시는 것을 조(祖)라고 하는 것은 길 떠나기를 시작하는 것이기 때문에 조(祖)라고 말하는 것이다.'고 하였다. 저녁 상식(上食)과 겸해서 조전(祖奠)을 지내기도 한다. 이튿날 날이 밝으면 영구를 상여로 옮긴다.
- **조전(朝奠)** : 아침 전. 고인을 위해서 해가 뜨면 올리는 음식.
- **조전(弔電, Telegram kf Condolence)** : 조상(弔喪)의 뜻으로 보내는 전보.
- **조조(朝祖)** : 조상 사당에 뵙는 일. 즉 영구를 청사로 옮기기 전에, 사당의 조상들에게 하직 인사를 것. 초상 때 할아버지 사당에 고하는 일. 조녜(朝禰) 참조.
- **조주(造主)** : 신주를 만드는 일이며, 재료는 밤나무를 사용하는데, 높이는 약 24cm, 너비는 9cm 정도로 하고 밑에 바치는 부(趺)는 12cm, 두께는 3.5cm 가량으로 만든다. 요즈음은 신주를 만들지 않고 그때그때 지방(紙榜)을 써서 거행하는 사람이 많다.
- **족분(族墳)** : 가족묘지. 한 묘역 내에 친족, 문중 등 여러 개가 집단으로 있는 묘.
- **존장(尊長)** : 부모나 친척을 제외한 나이가 많고 존경을 받는 어른을 높여 부르는 말.
- **존항(尊行)** : 항렬이 높음.
- **졸(卒)** : 마침. 사망. 대부(大夫)의 죽음.

- **졸곡(卒哭)** : 삼우제 후 이틀 뒤에 지내는 제사(대략 사망 후 백일 정도). 이때부터는 아침저녁으로만 곡(哭)을 하고[朝夕哭] 이외에는 곡을 하지 않는다. 고로 졸곡(卒哭)은 무시애곡(無時哀哭)을 마친다는 뜻이며, 삼우를 지낸 후 첫 강일(剛日)에 거행한다. 이제 졸곡부터는 생자(生者)의 예가 아니라, 귀신(鬼神)을 섬기는 예(禮)가 되는 것이다. 졸곡제를 지내는 시기에 대해서는 다양한 의견이 있다. 유월(踰月)장을 하지 않고, 그 전에 장사를 지냈더라도 이미 매장을 했기 때문에 영혼이 편안히 안정을 취할 수 있도록 우제(虞祭)는 장삿날 지내야 한다. 그러나 졸곡은 반드시 3개월을 기다려야 한다고 한다. 이는 충격의 완화 기간을 염두에 둔 것이다. 따라서 요즈음은 보통 3일, 5일, 7일 등으로 장일을 단축하기 때문에 우제는 여기에 맞추어 지내지만, 졸곡만은 3개월 뒤에 강일(剛日)을 택일하여 지내는 것이 바람직하다. 유월(踰月)장을 하였을 경우에는 이미 그 기간 동안 충격 완화의 기간이 있었기 때문에 우제 다음 날 졸곡을 지내도록 하고 있다. 졸곡은 흉제(凶祭)를 길제(吉祭)로 바꾸어 가는 상중의 제사이기 때문에 이때부터는 우제까지 사용하지 않았던 현주(玄酒 : 깨끗한 물)를 사용한다. 그러나 현주가 실제로 제사에 사용되지는 않는다. 반면, 성복 때 요질의 삼 밑둥치에 있는 뿌리 가닥을 풀어서 드리우는 산수(散垂)를 하였으면 졸곡 때 이를 다시 묶는다. 졸곡을 지낸 후부터는 조석으로 조석곡만 하고 그 사이에는 슬픔이 복받쳐도 곡을 하지 않는다. 즉, 무시곡을 그친다. 주인과 형제는 거친 밥에 물을 마시고, 필요 시 소금으로 간을 한 음식을 먹을 수 있다. 그러나 채소와 과일은 먹지 못하며 거적자리를 깔고 나무를 베고 잔다. 졸곡 때 민간에서는 자리걷이, 혹은 씻김굿, 오구굿 등을 행한다. 또 이즈음에서 문상 온 손님들에게 편지로 답을 한다(答弔狀). 제사를 지내는 절차는 우제의 형식과 같다. 그러나 축관이 주인의 왼쪽에서 동향하여 독축하는 것이 다르다. 이는 졸곡이 완전히 제사로 전이되었음을 의미한다.
- **졸습(卒襲)** : 염습의 절차가 끝남.
- **종, 사(終, 死)** : 군자(君子)의 죽음을 종(終)이라 하고, 소인배의 죽음을 사(死)라 한다. 종(終)은 시(始)에 대응하여 말한 것이요, 사(死)는 점점 다해 남음이 없다는 말이다. 군자는 행성덕립(行成德立)에 처음이 있고 끝이 있기 때문에 종(終)이라 하고, 소인배(小人輩)는 여러 사물들과 더불어 같이 썩고 부패하기 때문에 사(死)라 한다(『예기(禮記)』). 또한 종(終)은 도(道)로서 말한 것이요, 사(死)란 형체로서 말한 것이다(『가례집해(家禮集解)』: '종이도언 사이형언(終以道言 死以形言)').
- **종계(宗系)** : 종가의 혈통.
- **종문(宗門)** : 종가의 문중(門中).
- **종복(宗服)** : 종가의 맏아들인 종자(宗子 : 宗孫)를 위하여 그 자손들이 입는 상복이다. 우리나라에서는 관습적으로 종자는 백세가 지나도 옮기지 않는 백세불천(百世不遷)의

대종인 종가의 종손을 말한다. 종손을 위해 입는 상복은 자최(齊衰) 3월복을 입는데, 이는 할아버지를 높이는 것으로 곧 종(宗)을 공경하는 일이기 때문이다.

- **종부성사(終傅聖事)** : 가톨릭의 7성사(聖事)의 하나. 중병을 앓거나 고령으로 인하여 죽음 위험에 처해 있는 신자가 받는다. 환자가 회생할 가망이 없으면 신부님을 청하여 종부성사를 받는다.
- **종신(終身)** : 사람이 장차 죽을 때를 이름. 운명(殞命), 절명(絶命) 참조.
- **종중(宗中), 문중(門中) 묘지** : 종중 또는 문중 구성원의 분묘를 동일한 구역 안에 설치하는 묘를 말한다. 종중(宗中)에 대한 명확한 법률적 정의는 없지만, 판례에 의하면 종중이란 공동선조의 분묘 수호, 제사, 종원(宗員) 상호간 친목을 목적으로 하는 공동선조의 후손들 중 성년 이상의 남자를 종원으로 하여 구성되는 종족의 자연적 집단이라고 정의하고 있다. 이러한 종중은 보통 문중이라고 일컫기도 하지만, 문중은 종중과 동의어는 아니며, 즉 문중(門中)이란 고조(4대조)를 공동시조로 하는 유복지친(有服之親)의 친족단체를 가리키는 것이 통례이다.
- **종중산(宗中山)** : 한 문중의 조상을 모신 산.
- **좌(髽)** : 괄발의 일종으로 부인이 풀었던 머리를 묶는 것을 말한다.
- **좌관(坐棺)** : 시신을 앉은 자세로 넣는 관.
- **좌곡(坐哭)** : 약간 엎드린 자세로 꿇어앉아 곡함.
- **좌단(左袒)** : 초상 시 상주의 왼쪽 소매를 빼서 어깨를 드러내는 일이다. 부상(父喪)의 경우에 해당한다.
- **좌단우단(左袒右袒)** : 성복(成服) 때 남자 상주는 두루마기를 입되 아버지 상을 당했을 때는 왼쪽 소매를, 어머니 상을 당했을 때에는 오른쪽 소매를 꿰지 않고 입는다. 이러한 차림은 죄인이란 의미 말고도 부모가 돌아가신 급한 상황이 상주로 하여금 옷도 제대로 갖춰 입을 수 없을 정도로 정신을 잃게 했다는 의미를 지니기도 한다.
- **좌면지(座面紙)** : 제상 위의 상보 대신 까는 유지(油紙)를 말한다.
- **좌수조(左手爪)** : 왼손의 손톱.
- **좌식(坐式) 상여** : 일본의 상여 중 메이지 유신 이전에 매장을 주로 하였을 때 사용되었던 상여로서 시신을 앉은 자세로 안치하여 묘지까지 이동하였다. 또한 침식(寢式) 상여가 있었는데, 이것은 메이지 유신 이후 토장(土葬)이 화장으로 장례방식이 바뀌면서 사용되었던 시신을 길게 눕혀서 이동하는 상여이다.
- **좌운우아(左雲右亞)** : 하관 후 영구의 좌우 관(棺)과 곽(槨) 사이에 운삽(雲翣)과 아삽(亞翣)을 넣을 때의 위치를 말하는데, 좌(左)에 운삽을 넣고 우(右)에 아삽을 넣으라는

말이다.
- 주가(酒架) : 술병걸이.
- 주가석(酒架石) : 봉분 앞에 술 주전자를 올려놓는 돌.
- 주감(主龕) : 신주가 있는 감실.
- 주검 : 죽은 몸뚱이. 송장. 시체. 사체(死體). 사해(死骸).
- 주구움무덤[묘](周溝土壙墓) : 봉분 주변에 'ㄷ'자형이나, 원형 반원형의 도랑(溝)을 파는데, 주구묘(周溝墓)는 보통 방형(方形)으로서 주검을 안치하는 매장 주체부 전체를 감싸는 형상으로 주구(도랑)가 둘러져 있는 무덤을 말한다. 매장 주체부를 활모양 같이 돌린 형태와 사방(四方)을 주구(周溝)로 돌려 보호하는 형태로 구별된다. 주구(周溝)의 크기는 다양하다.
- 주독(主櫝) : 신주를 모시어 두는 나무 궤.
- 주배(酒杯) : 술잔. 잔대(잔 받침)가 반드시 있어야 한다.
- 주병(酒瓶) : 술병.
- 주복(周服) : 1년 복.
- 주부(主婦) : 상(喪)의 안주인. 한 집안의 주인의 아내. 즉 초종의 절차에서 입상주의 경우 상주와 함께 주부를 정하는데, 이 때 주부의 역할을 담당하는 사람이다. 망자의 아내가 주부가 되나, 그렇지 않을 경우 상주의 아내가 한다. 통상은 맏상주의 아내가 주부가 된다. 주부의 역할은 제사를 지낼 때는 국 등의 제수를 진찬하고, 아헌(亞獻)관의 역할을 하며, 삽시정저를 하는 역할을 한다.
- 주빈(主賓) : 빈객을 접대하는 예(禮)를 맡는 것으로 친척 중 명망 있는 사람으로 정한다.
- 주상(主箱) : 신주 상자.
- 주상(主喪) : 상(喪)의 주인. 망자 직계의 최고 어른. 상주(喪主) 참조.
- 주손(冑孫) : 대(代)를 잇는 직계 장손.
- 주인(主人) : 제사를 지낼 때 제사를 주관한 주손(冑孫)을 말한다. 제사에서 강신하고, 초헌관의 역할을 한다. 모든 가정의례의 주재자(主宰者) 역할을 한다.
- 주자(注子) : 손잡이와 출구가 따로 달린 술병.
- 주장(舟葬) : 수장(水葬)의 일종으로 배 또는 상자에 시신을 실어서 강(江)이나 바다로 띄워 보내는 장법이다. 인간세계 저 너머에 존재하는 타계관(他界觀)으로서의 해양(海洋)타계관은 일종의 수평적(水平的) 타계관이다. 천상(天上) 타계관을 포함한 수직적(垂

直的) 타계관은 북방 계통의 문화와, 해양(海洋) 타계관을 포함한 수평적(水平的) 타계관은 남방 계통의 문화와 관련이 있다고 한다(나희라, 『고대 한국의 생사관』, 66쪽). 신라시대의 대왕암도 결국 해양 타계관의 하나로 해석할 수 있다. 원래 고대의 해양 타계는 풍요한 신들의 세계인 이상세계이며 또 사후세계라는 타계관의 원초적인 다중적 의미를 지녔음이 충분히 짐작된다. 그러다 점차 천상(天上) 타계나 지하(地下) 타계 등이 사후세계로 더 구체화되면서 해양(海洋) 타계는 사후세계로서의 의미를 잃고 이상(理想)세계로 남게 되었던 것 같다.

- 주주(酒注) : 술 주전자.
- 주제(主祭) : 제사를 주관하여 행하는 사람. 제주(祭主).
- 주탁(注卓) : 술병 등을 놓는 탁자.
- 주합(酒盒) : 술을 담는 쇠붙이로 만든 그릇.
- 주항(酒缸) : 술을 담는 항아리.
- 죽강(竹杠) : 명정을 거는 대나무 장대. 길이는 명정보다 조금 길다.
- 죽격(竹格) : 상여를 치장할 때 대나무 등을 사용하여 상여의 위를 촬초정(撮蕉亭)처럼 비단 끈 등으로 묶어 품위 있게 장식하는 것.
- 죽도(竹刀) : 대나무 칼. 신주(神主)의 분면(粉面)을 깎아서 긁어내어 다시 쓸 때에 사용하는 것이다.
- 죽목잠(竹木簪) : 대나무 비녀. 잠이라 하면 남자용을 의미하며, 계라 하면 여자용도 있고, 남자용도 있다(한한대사전).
- 죽음(Death) : 생명활동이 정지되어 다시는 원래상태로 되돌아가지 못하는 불가역적인 생물의 상태.
- 죽음 교육(death Education) : 현대는 병원에서 죽음을 맞이하는 경우가 증가하여, 가정에서 죽음을 간호하는 일이 거의 없어졌다. 그러다 보니 죽음에 대하여 자연스럽게 교육받을 수 있는 공간과 시간이 매우 부족하게 되었다. 그러다 갑자기 본인이나 또는 주변의 가까운 분들이 죽음을 맞게 되면, 사람들은 매우 당황하게 되고 때로는 공황상태에 빠지게 된다. 이러한 점을 극복하기 위해 이성적으로 충분히 사유를 할 수 있을 때, 자신과 가족의 죽음에 대하여 충분히 사색하고 미리 준비할 수 있도록 하려는 교육 프로그램이 최근에 많이 등장하고 있는데, 이것을 널리 죽음(준비)교육이라고 한다.
- 죽음의 충동(Thanatos) : Thanatos는 희랍어로서 죽음을 뜻한다. 프로이드는 그의 『쾌락원칙의 피안』(1920)이라는 책에서, 인간에게는 생명을 유지하는 '생의 충동(Eros)'과 긴장을 제로상태로 하는 '죽음의 충동(Thanatos)'이 있다고 말하였다.

- **죽장(竹杖)** : 부상(父喪) 시 사용하는 대나무 지팡이. 저장(苴杖) 참조.
- **죽차(竹釵)** : 대나무로 만든 비녀.
- **중(重)** : 나무로 간단하게 만들어 영혼을 의지하게 하는 일종의 임시 신주(神主)이다. 은나라는 신주를 만들면 중(重)을 달아 두고, 주나라에서는 신주를 만들면 중(重)을 없앤다고 한다(『예기』, 「단궁」).
- **중공(中空)** : 이승과 저승의 중간지대. 죽음을 통해 육신에서 분리된 혼백(魂魄)은 우선 중공을 헤매게 되는데, 육신이 가족들에 의해 묻히고 제사를 받으면 영혼은 고이 잠들 수 있으나, 버려진 채 찾지 않으면 영혼은 영원히 중공을 울어 헤매고, 그 원한이 불행을 몰아오는 것으로 여겼다.
- **중국의 장례풍속** : 중국 전통 장례풍속 중 한족(漢族)의 상례 예법은 주나라 때 이미 형성되었다. 이후 공자, 주자 등 각 시대를 대표하는 유학자에 의하여 정리되었고, 불교 도교 및 각종 민간 신앙과 결합하여 현재의 형식으로 변화되었다. 따라서 중국의 전통 장례풍속은 송나라 때 예서(禮書)인 『주자가례』를 기본으로 하고, 중국과 지속적으로 관계를 맺어온 우리나라 장례풍속과 절차나 형식이 매우 유사하다. 중국의 장례 순서는 도두(倒頭), 소렴(小殮), 보상(報喪), 적상(吊喪), 송장(送葬)으로 이루어진다. 도두는 우리나라의 초종과 반함(시신의 입에 구슬, 쌀을 넣는 의식)하는 과정으로 임종을 확인하고 망자의 혼을 붙들어 두는 절차이다. 보상은 우리나라의 부고에 해당하여 친인척들과 주변의 이웃들에게 초상을 알리는 절차이다. 적상은 초상 소식을 접한 친인척들이 지전(紙錢 - 동전 모양을 본 따 만든 종이 돈), 향(香), 화환(花環) 등의 예물을 보내어 조문하는 행위이다. 대렴은 입관을 하는 절차로서 우리나라의 대렴에 해당하지만, 우리나라의 경우 관(棺)에 빈 곳이 없도록 옷을 이용 보공(補空)이라고 하여 꽉 채우는 데 반해 중국에서는 손수건, 수저 등을 넣는 것으로 대렴을 마친다. 송장은 우리나라의 발인의 단계로 망자의 가족과 친지, 조문객들이 모여 묘지에 관을 안장하는 과정이다. 중국의 장례 기간은 3일에서 49일로 정해져 있지만, 주로 3~7일 장(葬)으로 이루어진다. 중국의 장례문화는 1956년 모택동 주석의 '모든 사람의 신체는 모두 화장하여 뼈가루만 남기고 묘를 쓰지 말라.'는 지시에 따라 삼불오대체(三不五代替 : 삼불[三不 - ① 사람이 죽은 후 스님이나 도사가 단을 만들어 놓고 독경하여 망령를 천도하지 않는다. ② 장례나 제사 때에 태우는 지전, 종이인형, 모형집 등의 미신품을 사용치 않는다. ③ 마<麻> 상복을 걸치지 않으며, 향을 피워 신불에 공양하지 않는다.] 오대체[五代替 - ① 추도회의 방식으로 영구를 묘지에 보내는 것을 대신한다. ② 화환을 바치는 것으로써 제를 지내는 것을 대신한다. ③ 검은 상장을 가슴이나 어깨에 다는 것으로 봉건적인 상복을 입는 것을 대신한다. ④ 허리를 굽히는 예로써 머리를 땅에 대고 절하는 것을 대신한다. ⑤ 과학적인 사고로 봉건미신을 대신한다.])라는 '빈장혁

명'으로 큰 변화를 맞이하게 되었고, 이후 중국의 장묘문화는 화장으로 바뀌게 되었다. 현재 중국의 도시지역은 90% 이상 화장시설이 갖추어져 있으며, 장례식은 간단한 추도식을 하는 등 간소화되었다.

- **중단(中禪)** : 단의(禪衣)라고도 하며, 조복, 제복 등의 안에는 홑으로 된 중의(中衣)를 입었는데, 이를 중단이라고 하였다. 형태는 오늘날의 두루마기와 비슷하고 소매가 넓다
- **중복(重服)** : 무거운 상복(喪服). 5복(服) 중 참최복과 자최복 등처럼 무거운 상복을 일컫는 말이다.
- **중상(重喪)** : 무거운 상. 보통 대공(大功) 9월 이상의 상(喪)을 말한다. 또는 탈상(脫喪)하기 전에 부모의 상 등을 거듭 당함을 의미하기도 한다. 즉 거듭해서 상을 당한다는 뜻으로 상례에서 날짜가 좋지 않아 거듭해서 상액(喪厄)이 든다는 말이다. 예를 들면 나를 도와주고, 또한 귀하게 하는 길기(吉氣)인 정록(正祿)의 길함을 장사(葬事)라는 흉한 일로 피해 받지 않도록 하기 위하여 피하는 것으로 갑록(甲祿)은 인(寅)에 있기 때문에 인월(寅月)인 정월에는 갑일(甲日)이 중상일(重喪日)에 해당된다. 이러한 '중상을 해소하기 위한 양밥(중상의 양밥)'으로 발인을 위해 영구를 방 밖으로 모실 때 문지방에서 바가지를 엎어 놓고 깨뜨리고 나오는 경우도 있다. 즉 비정상적인 상태를 회복하기 위한 행위로서 바가지 깨는 행위가 전통으로 이어져 오기도 한다. 특히 이 날이 중상일(重喪日)이면 방 네 모서리에 "중상(重喪)이요"하고 3번식 맞추고 영구가 문지방에 닿지 않도록 하며 문지방에 바가지를 깬다.
- **중상(中殤)** : 12세~15세 사이의 죽음.
- **중손(衆孫)** : 장손이 아닌 여러 손자들.
- **중유(中有) 중음(中陰)** : 불교에서 말하는 이승과 저승 사이에 있다고 하는 중간 단계. 보통 생(生)을 마친 뒤 다음의 생(生)을 받기까지를 중유(中有)라고 하여 그 기간을 47일로 치고 있다. 이 49재 후 6도윤회(六道輪廻 - 天上, 人間, 修羅, 畜生, 餓鬼, 地獄)에 따라 다음 생(生)으로 환생하게 되는 것이다. 생유(生有), 본유(本有), 사유(死有)와 함께 사유(四有)의 하나이다.
- **중월(中月)** : 한 달 걸러 뜀.
- **중의(中衣)** : 고의(袴衣)와 적삼. 남자의 홑바지. 최복(衰服) 밑에 입는 것이다. 누이거나 누이지 않은 베를 쓰는 것은 최복과 같고, 베의 새(升 - 올 수)는 최복보다 약간 곱고, 만드는 법은 심의와 같고, 참최도 또한 베로 갓 선을 두른다. 일명 한삼(汗衫)이다. 중단의(中單衣)라고도 한다.
- **즐(櫛)** : 망자의 머리를 빗기는 데 사용하는 빗이다. : 대나무 그릇(簞, 단)에 담아 놓는다. 즐(櫛)은 영좌를 설치한 다음 평소에 사용하는 물건을 놓아 둘 때도 사용되는 일반

적인 빗을 총칭한다.
- **즙변(緝邊)** : 가를 꿰멤.
- **증시(贈諡)** : 왕(王)이 공(功)이 많은 죽은 신하에게 시호(諡號)를 내려주는 것.
- **증직(贈職)** : 사후에 추증한 벼슬.
- **증(贈) 현훈(玄纁)** : 죽은 이에게 관속으로 물건을 보내는 것을 말한다. 검은 비단(玄) 여섯과 붉은 비단(纁) 넷을 쓴다.
- **지(紙)** : 종이. 구덩이 안 사방에 회다지기를 하지 않은 곳에 바르니, 흙먼지를 막는 것이다.
- **지개문(誌蓋文)** : 묘지(墓誌) 덮개 글.
- **지곡(止哭)** : 곡을 그침.
- **지구의(紙柩衣)** : 종이로 된 널 옷으로서 널을 싸는 홑이불.
- **지금(地衾)** : 요. 시신 밑에 까는 겹이불. 시신을 관에 넣을 때 바닥에 까는 이불(요). 지욕(地褥)이라고도 하며 관의 밑에 펴는 요. 상례에 쓰이는 요는 땅을 상징하여 지금(地衾)이라 한다.
- **지남철(指南鐵)** : 방위를 살피는 데 사용하는 도구이다. 패철.
- **지목(支木)** : 관을 받쳐 놓는 나무.
- **지방(紙榜)** : 신주 대용의 종이로 만든 패. 중국 송나라 때 신주 대신 1회용으로 사용되기 시작한 것으로 우리나라에서는 조선 초기 때부터 사용되었다. 신주를 모시는 사당의 건설과 관리가 쉬운 일이 아니기 때문에 양반이 아닌 경우는 신주를 모시지 못하고 그 대신 지방을 사용하는 경우가 많았다. 지방은 제사·직전에 만들었다가 제사를 마치면 소각하는 것이기 때문에 제작이나 관리가 매우 간편하여 지금도 많이 쓰인다. 예서에서도 지방에 대한 언급은 있어 왔는데, 신주를 대신하는 임시 대체물을 의미하고 있다. 지방의 사용례는 첫째 지손(支孫)의 집에서 부제(祔祭)를 지낼 때, 둘째 종가(宗家)가 멀리 있을 때 지방을 사용하여 부제를 지낸다. 셋째 종손(宗孫)이 어려서 대리인을 세워 부제를 지낼 때 지방을 사용한다고 한다. 신주를 모시지 않는 요즈음에는 대부분이 지방으로 제사를 지낸다. 또한 고인의 영정을 모시고 제사를 지내는 경우도 있다.『사례편람』에 보면 다음과 같은 구절이 보인다. : "「喪禮」<祔>조 "若喪主 非宗子而與繼祖之宗異居 則宗子爲告于祖而 設虛位(備要, 用紙榜)以祭." 지방은 보통 백지 또는 두꺼운 종이로 만드는데, 크기는 폭 2치, 길이 7치 정도에 해서체(楷書體) 중심으로 가늘게 써서 제사지낼 때 교의 위에 세운다. 신주의 대용이다. 나무 대신에 종이로 만드는 임시 신주. 깨끗한 백지에 먹으로 쓰며 길이 22cm, 폭 6cm 정도로 한다. 요즈

음 지방을 만들 때 상단 모서리를 약간 오려내는 경우가 있는데, 이는 조상의 안면 상부(上部)를 난도질하는 것과 같은 것으로서 절대 금물이다. 신주(神主) 참조.

- **지석(誌石)** : 광지(壙誌). 돌 두 개를 준비하여 장례 지내는 날 묘지 근처에 묻어 누구의 묘인가를 알게 함. 고인의 약력을 적은 돌. 즉 죽은 사람의 이름, 나고 죽은 날, 살아서 한 일, 무덤이 있는 곳과 좌향(坐向) 따위를 적어 무덤 앞에 묻는 돌(板石)이나 도판(陶板)을 말함. 돌 두 쪽, 즉 지개석(誌蓋石)과 지저석(誌底石)의 글씨를 쓰거나 옹기나 도자기에 글씨를 써서 구워 광중 앞 가까운 곳에 묻는다. 발굴조사에 의하면 흙덩어리에 한 글자씩 새겨서 영구 위에 넓게 펼쳐 놓은 것도 있고, 사각형 판을 만들어 구워 만든 도기판, 항아리나 그릇형태로 구운 도자기, 돌판 등 다양한 형태가 발견된다. 우리나라에서는 도자기를 구워 사용하는 경우가 많다. 지석은 보통 묘지(墓誌)라고도 하는데, 이는 지석에 실린 독특한 문제의 글을 가리키기 때문에 지석과는 엄격히 구분된다. 지석에 실리는 글은 크게 묘지(墓誌)와 묘명(墓銘)으로 구분된다. 묘지(墓誌)는 전기(傳記)와 같은 사실만을 적은 산문이고, 묘명(墓銘)이란 적혀진 사실에 대해 논의를 덧붙여 시로 읊은 운문이다. 따라서 지석(誌石)에 이 두 가지의 내용이 함께 있을 때에는 묘지명(墓誌銘)이라고 하고, 그 앞에 서문이 있을 때에는 묘지명병서(墓誌銘竝書)라고 한다. 대개 지석은 영구를 묻기 전에 광중의 남쪽에 묻는 것으로 되어 있다. 지석의 유래는 중국 삼국시대의 위(魏)나라에서 역대 황제릉을 세울 때 지나친 노동력과 물자의 낭비를 초래하였기 때문에, 석실(石室) 비석(碑石) 석수(石獸) 등의 석물(石物)을 금하면서부터 대신 지석을 묻은 데서 비롯된 것으로 알려져 있다. 한대(漢代)에서도 피장자의 이름을 적는 정도의 지석(誌石)은 있었으나, 본격적인 체제를 갖추어 광중에 넣기 시작한 것은 진대(晉代)를 거쳐 삼국시대일 것으로 보고 있다. 그런 송대(宋代)의 원가연간(元嘉年間 : 424~453) 시작설도 있다. 지석(誌石)의 재료와 종류는 다양하지만 고려시대까지는 대부분이 돌이고, 조선시대에는 도자기류가 많다. 그 밖에 흙, 석회, 종이로 만든 지석(誌石)도 발견되고 있다. 형태는 판형(板形)과 그릇형(器形)이 있다. 지석의 내용은 묘지(墓誌)와 묘명(墓銘)이 구별될 뿐더러, 단순히 피장자의 벼슬과 이름만을 쓴 것도 있다.

대체로 고려시대에는 묘지명이 압도적인 반면 조선시대에는 주로 묘지가 대부분이며, 조선 후기에 들어서는 단순히 피장자의 벼슬과 이름만 쓴 것도 많다.

- **지석묘(支石墓 : 고인돌)** : 지석묘는 무문토기시대에서 청동기시대까지에 이르는 기간의 대표적 분묘형태로서, 북방식·남방식·개석식으로 구분하고 있다. 대체로 한강 이북에서는 북방식과 개석식이 분포되어 있고, 이남에서는 남방식이 분포되어 있다. 개석식은 북방식의 퇴화된 형태로서 북방식의 아래 구조, 즉 석실이 없는 형태라 하겠다. 반면에 밑의 받침돌이 없이 지하에 매장시설을 갖고 있는 점에서 남방식과 공통점을 보이고 있다. 북방식 지석묘에서는 사람의 뼈가 발견된 예는 거의 없이 돌도끼와 돌화살촉 따위만이 남아 있기 때문에, 상장례를 엿볼 수는 없으나, 대체로 토장의 것과 같았을 것으로 보인다. 남방식에서는 마제석검, 마제석촉, 홍도 등과 동검·동촉 등 청동기가 발견되기도 한다. 이러한 것들과 함께, 개석들의 크기가 6m 이상이 되는 거대한 것들이 있는 것으로 보아 부족집단이나 큰 취락집단의 실력자들의 무덤이었을 것으로 추측된다. 왜냐하면 이러한 거석들을 다룰 수 있을 정도의 인력을 동원할 수 있었던 힘의 소유자가 아니면 불가능한 묘제이기 때문이다. 더 나아가 정치적으로 부족국가시대의 권력자의 무덤으로 보기도 한다. 이러한 지석묘들은 ·지하구조만이 계승되어 삼국 초기, 삼한시대의 이래의 석곽묘로 발전했을 것으로 믿어진다. 고인돌 참조.

- **지실(誌室)** : 묘지(墓誌) 등을 넣어두는 석함(石函).
- **지옥(地獄)** : 땅 속에 있는 감옥.
- **지욕(地褥)** 지요 : 시신을 관에 넣을 때 밑에 까는 겹이불. 입관할 때 아래에 까는 요.
- **지의(地衣)** : 돗자리.
- **지자(支子)** : 장자가 아닌 아들.
- **지장(遲葬)** : 장례를 서둘러 치루지 않는 풍습. 즉 고대사회에서의 장례 풍습의 일종으로서 장례를 서둘러 치루지 않는 것을 말한다. 이는 상주가 주위 사람들의 강청에 못 이겨 장례를 치르는 것이 도리라고 생각했기 때문이다. 이런 이유로 고대 부여에서는 초상을 5개월 동안 정성스럽게 치르기도 하였다.
- **지지(地支)** : 60갑자의 아래 단위를 이루는 요소들로서, 자(子), 축(丑), 인(寅), 묘(卯),

진(辰), 사(巳), 오(午), 미(未), 신(申), 유(酉), 술(戌), 해(亥) 등이다. 땅의 기운으로서 음(陰)이고, 달이고, 여자여서 양(陽)의 기운을 받아 만물을 낳고 기르는 역할을 담당한다.

- **지평척(地平尺)** : 세속에서 나무 두 가닥을 써서 고무래 정(丁)자 모양을 만들어서 한 복판 기둥면에 먹줄을 대고 기둥머리에 실을 드리우고 실 끝에 추를 달아 구덩이 바닥에 놓아 실이 그 먹줄에 닿는 것을 보아 그 땅이 평평한 지를 살피는 것이다. 즉 묏자리를 팔 때 구덩이 속이 평평한 지를 알아보기 위한 도구이다.
- **지환(紙環)** : 종이 고리. 관의 상하 네 모서리의 새끼줄이 닿는 곳에 붙여서 관을 묶어 움직일 때 모서리가 상하는 것을 방지하기 위하여 붙인다.
- **지회(地灰)** : 회격(灰隔) 시 사용하는 재료로서 석회(石灰)의 일종이다. 바닥에 까는 석회(石灰).
- **지효(至孝)** : 남의 어머니가 돌아가셨을 때 상주에게 위로하는 글(弔狀)을 올릴 경우, 상주를 가리켜 지효(至孝)라고 표현한다. 남의 아버지가 돌아가시면 대효(大孝)라고 표현한다. 대효(大孝) 참조.
- **직장(直葬)** : 일본에서 최근에 등장하고 있는 장례방법인데, 장례절차를 대부분 생략하고 납관과 다비식만 간단히 가족 중심으로 하고는 고별식 없이 곧바로 화장장으로 직행하여 1일장 등으로 장례를 마무리하는 장법이다. 비용부담에 따른 장례 기피 현상이 심화된 양상의 하나이다.
- **진기(陳器)** : 제사 등에 필요한 기물들을 진설하여 펼쳐 늘어놓음.
- **진혼(鎭魂)의례** : 죽음은 부정이라는 관념에서 고인의 영혼이 이승으로 와서 산 사람을 해코지 하지 못하도록 혼(魂)을 누른다는 의례를 말한다. 이러한 의식은 주로 무속(巫俗)에서 많이 나타나는데, 저승천도의례인 오구굿, 씻김굿, 시왕굿 등이 진혼의례와 관련이 있다. 그러나 유교식 상례에서는 진혼을 위한 의례나 의미가 나타나지 않는다. 왜냐하면 영혼분리(靈魂分離) 사상(思想)에 따라 혼(魂)은 육체로부터 분리되어 신주(神主)에 의지하고, 후손은 신주를 모시고 제사를 지내기 때문이다. 진혼의례를 주장하는 입장에서는 고대 무덤에서 발견되는 붉은 색의 산화철 등을 진혼의례로 보고 있다. 그러나 이는 동지 팥죽, 붉은 색 명정, 팥 시루떡 등의 용례(用例)를 보면 진혼보다는 재액(災厄)의례 혹은 축귀(逐鬼)의례로 보아야 할 것이다.
- **짐주전지(斟酒奠之)** : 술을 따라서 올림. 즉 술을 따르되 잔을 비우지 않고 상대에게 올려 바침. 반면 뇌주(酹酒)는 특히 술을 모사기나 토지 위에 따라서 잔을 비우는 것임.
- **질(質)** : 흑색 모(冒 - 시신을 싸는 것)로서, 모(冒)의 윗부분을 말한다.

- 질대(絰帶) : 요경(腰絰)과 수경(首絰)의 띠로서, 요경(腰絰)은 상복에 띠는 허리띠이다. 짚에 삼을 섞어서 굵은 동아줄 같이 만든다. 또 수경(首絰)은 상복을 입을 때 짚에 삼 겹질을 감아서 머리에 두르는 둥근테이다. 이를 칡으로 만들어 허리와 머리에 두르는 것을 갈경(葛絰)이라고 한다.
- 질명(質明) : 날이 밝음. 해 뜰 무렵.
- 질병천거정침(疾病薦居正寢) : 병세가 위독하면 임종을 맞이하기 위해 방을 정침으로 옮긴다.
- 집사(執事) [자] : 집안일을 맡아 보는 사람. 주인 대신 어떤 일을 맡아서 처리하는 사람을 말한다. 의례에서는 잔을 올리는 등의 일을 주인과 축관 옆에서 돕는 사람을 집사자라고 한다.
- 집사분정기(執事分定記) : 상장례의 일을 담당할 사람들의 임무를 분장하는 명단.
- 집상(執喪) : 부모의 거상(居喪) 중에 지키는 예절.
- 집장(集葬 : 공동묘지) : 한 무덤에 씨족이 차례로 함께 묻히는 공동묘지를 말한다.
- 차 리본 : 장지로 이동할 때 선두차에 부착하는 리본.
- 차일(遮日) : 장례나 묘역 공사 시 햇볕이나 비를 가리기 위해 치는 장막. 백막(白幕 - 흰 장막) 참조.
- 착어(着語) : 불교식 장례절차에서 주례스님이 부처님의 가르침(教法)을 인용해 고인의 영혼을 안정시키는 말씀이다. 참고로 불교의 영결식 순서는 다음과 같다 : 개식(開式) - 삼귀의례 - 약력 보고 - 착어(着語) - 창혼(唱魂) - 헌화(獻花) - 독경 - 추도사 - 소향(燒香) - 사홍서원 - 폐식.
- 찬(饌) : 음식. 제물.
- 찬궁(攢宮) : 임금의 시신을 모신 곳. 빈전(殯殿) 참조.
- 찬수개화(鑽燧改火) : 1년상(喪)의 의미를 내포하는 것으로서 찬(鑽)은 끌을 말하고 수(燧)는 부싯돌을 말하는 것으로 계절마다 나무를 바꾸어 불을 얻음으로써 1년을 이룬다. 봄에는 느릅나무와 버드나무, 여름에는 대추나무와 살구나무와 뽕나무, 가을에는 갈참나무와 섭나무, 겨울에는 느티나무와 박달나무에서 불씨를 취한다.
- 찬시(饌侍 : 饌緦) : 친척이 아니면서 한 솥 밥을 먹은 자가 시마 3월복을 입는 것.
- 참도(參道) : 왕릉의 공간 구성 배치와 관련, 홍살문에서 정자각에 이르는 수십 미터의 돌길.
- 참척(慘慽) : '비참한 슬픔'이라는 의미의 자손의 상을 의미하는 말.

- **참최(斬衰)** : 아버지의 상을 당하였을 때에 입는 상복. 거친 베로 짓되 아랫도리를 접어서 꿰매지 않음.
- **참포립(黲布笠)** : 검은 베 갓으로, 검은 갓 끈을 갖추었다. 검푸르죽죽한 베 갓. 상중에 외출할 시 상주들이 쓰는 갓이다.
- **참포삼(黲袍衫)** : 삼은 직령이나 심의를 입어도 된다. 심의를 입을 경우에는 검푸죽죽한 베로 선을 두른다.
- **창혼(唱魂)** : 불교의 장례식 절차 중 하나로 고인의 영혼이 극락세계에 가서 고이 잠들라는 뜻으로 주례스님이 요령을 흔들며 의식을 행하는 일.
- **창홀(唱笏)** : 홀기(笏記)를 외치는 사람.
- **채혜(彩鞋)** : 채색신.
- **책(簀)** : 대오리로 엮은 자리.
- **천(薦)** : 등메를 말하는 것으로, 이삭을 잘라낸 볏짚으로 만든 자리. 침상을 치우고 병자를 땅에 뉘일 때 쓰는 자리.
- **천거정침(薦居正寢)** : 초종의 절차에서 환자의 병이 심해져 회복이 불가능하다고 판단되면, 평소 거처하던 방이나 안방에 모셔 임종할 준비를 하는 일이다. 즉 운명이 가까워지면 환자를 정침으로 옮겨 운명하도록 하는 일을 말한다. 『예서(禮書)』에서는 남자는 사랑방에, 여자는 안방에 옮겨 임종하도록 하였다. 또한 남자부절어부인지수(男子不絶於婦人之手, 부인부절어남자지수(婦人不絶於男子之手)라 하여, 임종의 순간에도 남녀유별(男女有別)의 정신을 본받았다. 나아가 여기에서 여자 장례지도사의 존재 근거를 찾을 수도 있다. 유교식 상례에서는 운명하면 고인의 영혼을 모셔 조상신으로 승화시키고 4대가 지날 때까지 제사를 지내도록 고복(皐復)을 하기 때문에 천거정침을 매우 중요시한다. 따라서 객사(客死)를 하면 고복을 할 수 없고, 이에 따라 고인의 영혼을 모시지 못해 조상신으로 승화시켜 사당에 모실 수 없기 때문에, 반드시 천거정침을 하도록 규정하고 있다.
- **천개(天蓋)** : 관 뚜껑.
- **천광(穿壙)** : 시신을 묻기 위하여 구덩이를 파는 일. 땅을 파서 광중을 만드는 일. 무덤을 파는 일. 개혈(開穴)이라고도 한다. 출상하기 전에 미리 파둔다. 먼저 광상(壙上)에 묘상각(墓上閣)을 짓거나 차일(遮日)을 쳐서 비나 해를 가린 다음 천광한다. 사토제가 끝나면 땅을 파기 시작하여 광중(壙中)을 깊이 1.5미터 정도로 파고, 석회에 모래를 섞어 관이 들어갈 만큼 외곽을 만든다. 그리고 광중을 팔 때에는 금정기를 사용한다.
- **천구(遷柩)** : 발인하기 하루 전날 먼저 가묘(家廟)에 가서 조상들에게 내일 장지로 가게 되었다는 것을 고하고, 인사를 올리기 위해 영구(관)를 옮기는 일. 또는 영구를 상

여로 옮기는 일. 조상에게 인사하고 상여를 꾸미고 이제 영원히 떠나게 되었다는 것을 알리는 견전(遣奠)을 지내는 등의 모든 절차. 다른 절차와 달리 2일에 걸쳐 진행된다. 유교식 상례에서의 9번째 절차이다. 먼저 가묘에 가서 조전(朝奠)에 천구할 것을 고한다. "금이길진천구감고(今以吉辰遷柩敢告)"라고 고축(告祝)을 한다. 영구를 받들고 사당에 가서 뵙고, 대청(大廳)으로 옮기고 나서 대곡(代哭)을 시킨다. 오복을 입을 친척들은 저마다의 상복을 입고 모두 모여서 곡을 한다. 조전을 올릴 때는 축관이 술을 올리고 북쪽을 향하여 무릎을 꿇고 고사를 읽고 일어나면 상주 이하 모두 슬피 울고 두 번 절한다.

- 천금(天衾, 天錦) : 입관할 때 시신을 덮는 이불. 시신을 덮는 홑이불. 대렴할 때 시신을 덮은 이불이다. 색깔 있는 명주 또는 삼베로 만드는데 너비는 한 폭이다. 폭이 좁으면 혹 폭을 잇대어 만들며 길이는 다섯 자이다. 상례에 쓰이는 이부자리는 하늘을 상징하여 천금(天衾)이라고 하는 것이다.

- 천묘(遷廟) : 신주를 사당으로 옮김.

- 천붕지통(天崩之痛) : 부모나 임금, 남편의 상(喪)을 의미하는 말. '하늘이 무너지는 슬픔'이라는 의미.

- 천시(遷尸, 遷屍) : 시신을 옮김. 수시(收屍)라고도 함. 시신을 상판(牀板)에 옮기고 굄목 2개를 백지로 싸서 괴고 머리를 남쪽으로 두게 한다. 시신이 차가워지기 전에 지체(肢體)를 주물러서 곧고 바르게 한다. 그 후에 얇은 옷을 접어 머리를 괴고 백지로 양 어깨와 양 정강이, 양 무릎의 윗부분을 묶되 남자는 긴 수건으로 두 어깨를 단단히 묶고, 여자는 두 다리를 단단히 묶은 다음 사방침(四方枕)을 두 발바닥에 대어 어그러지지 않게 하고 병풍으로 가린다.

- 천시구(遷尸具) : 시신을 옮기는 데 필요한 용구. 위(幃 : 홑겹으로 된 휘장 내지 병풍), 상석(牀席 : 평상), 각사(角木四 : 뿔 달린 숟가락), 연궤(燕几 : 몸을 기대는 안석), 백지(白紙), 금(衾 : 시신을 덮는 이불), 장책(張冊 : 서책), 휘장(揮帳 : 피륙을 어려 폭으로 이어서 빙 둘러치는 장막) 등이 있다.

- 천신(薦新) : 상중에 새로운 물건이 들어오면 영좌에 먼저 올리는 일을 말한다. 즉, 새로운 것을 올린다는 뜻이다. 그리고 시속 명절이 되면 상식을 올릴 때 시절의 음식을 함께 올린다. 이러한 의례는 모두 상식과 같은 방법으로 올린다.

- 천장(遷葬) : 무덤을 옮김. 특히 임금의 무덤을 옮기는 것을 이개장이라 하지 않고 특별히 천장이라고 하였다.

- 천장(天葬) : 시신을 독수리의 먹이로 처리하는 장법(葬法)으로서 조장(鳥葬) 또는 신장(神葬)이라고도 한다. 즉 시신을 토막 내어 독수리의 먹이로 줌으로써 시신을 처리하는

장법이다. 중국의 티벳 지역과 운남성, 사천성 등에 살고 있는 장족(壯族)들의 장례법이다. 이곳에서는 독수리를 '샤르거'(죽은 사람을 데리고 승천하는 신령한 새)라 칭하여, 죽은 이의 육신을 먹고 하늘로 날아감으로써 망자의 영혼을 하늘에 오르게 한다고 믿었다. "… 바닥에는 피가 홍건했고, 피비린내가 진동했다. 처음 접하는 인육 냄새에 오감과 내장이 모두 뒤집어지는 것 같았다. 돕덴이라고 불리는 천장사(天葬師)가 한 손에는 날카로운 긴 갈고리를, 다른 손에는 장도(長刀)를 들고 서 있다. … 먼저 긴 칼로 시체의 왼쪽 발뒤꿈치를 턱 하고 쳤다. 그러고는 발목, 정강이, 허벅다리, 팔, 어깨, 목, 머리의 순서로 사정없이 쳐댔다. … 천장사가 인육을 먹어도 된다는 신호를 보냈다. 독수리들이 기다렸다는 듯이 달려들었다."(『천장』, 책세상, 심혁주)

- **천주교의 장례** : ① 가톨릭교회는 장례식을 통하여 그리스도의 파스카 신비를 드러내며 영원한 생명에 대한 희망을 강조한다. 세례를 통하여 돌아가시고 부활하신 그리스도와 하나가 된 신자들은 죽음을 거쳐 그분과 함께 영원한 생명으로 옮아간다. 그러므로 교회는 죽은 이들을 위하여 그리스도의 파스카 제사인 미사를 봉헌하며, 기도와 전구로써 서로 통공하는 그리스도의 지체들이 영적으로 도와주고 위로하게 된다. ② 가톨릭교회는 신자들의 장례식을 거행함에 있어서 죽은 이들에 대한 그 시대와 그 지역 사람들의 정신과 풍습을 무시해서는 안 된다고 못 박고 있다. 즉 복음정신에 지나치게 위배되는 것이 아니라면, 가문의 전통이나, 지역적 풍습 등을 좋은 점이 있다면 다 받아드리도록 권고하고 있다. ③ 죽은 이에 대한 장례식이나 모든 단계의 예식에서 하느님의 말씀을 봉독하는 일은 매우 중요하다. ④ 육신부활에 관한 그리스도교 교리를 의도적으로 부정하는 것이 아니라면 교회는 화장을 허용하고 교회의 관습대로 장례식을 거행한다. ⑤ 장례예식은 단계에 따라 임종과 운명, 위령기도, 염습과 입관, 장례, 우제, 면례 순서대로 치른다. ⑥ 장례는 고인의 집을 떠나는 출관예식과 성당에서 거행하는 장례미사와 고별식 그리고 운구예식, 하관예식으로 되어 있다. 장례미사 끝에는 고별식이 있다. 이 고별식은 시신을 발인하기 전이나 매장하기 전에 신자공동체가 떠나가는 형제에게 마지막으로 인사하는 예식이다. 고별식은 사제의 권고로 시작하고 사제의 기도가 이어진다. 이어서 성수를 뿌리고 향을 피워 드린다. 고별식은 시신 없이는 거행하지 못한다. ⑦ 우제 예식은 우제를 거행하고자 하는 가정을 위하여 특별히 마련한다. ⑧ 면례는 무덤에 안장했던 시신의 유골을 추려 봉안당이나 다른 곳으로 이장할 때 한다.

- **천주교 장례절차** : 생전에 세례를 받은 사람은 『상장예식』에 의하여 장례를 치른다. 순서는 다음과 같다. ① 임종과 운명, ② 위령 기도(연도), ③ 염습과 입관, ④ 장례(출관예식, 고별식, 운구예식, 하관예식[무덤축복, 매장], 화장예식 등), ⑤ 우제, ⑥ 면례 등이다.

- **천침구(遷寢具)** : 위중한 환자를 정침으로 옮기는 데 필요한 용구. 신의(新衣 : 환자에게 입히는 새 옷), 속광(屬纊 : 환자의 인중에 놓는 햇솜) 등이 있다.
- **천회(天灰)** : 관의 위에 덮은 회(灰). 즉 석회(石灰)를 관 위에 덮는 것.
- **철말(鐵抹)** : 쇠말뚝. 이·개장 시 천회(天灰)에 구멍을 뚫고 꺼낼 때 사용한다.
- **철속(鐵束)** : 묶는 쇠. 지석(誌石)을 묶는 데 쓴다. 돌 두 개를 서로 마주 보게 해서 겹쳐 묶는다.
- **철전(撤奠)** : 전(奠)을 물림.
- **철족(綴足)** : 발을 묶음. 연궤(燕櫃 - 다리가 굽은 옛날 책상의 일종)를 쓴다. 발이 뒤틀리지 않게 하기 위해서 묶는다.
- **철주(撤酒) 철주기(撤酒器)** : 술을 물린다는 의미이며, 퇴주잔에 술을 따른다는 뜻이다. 퇴주걸이.
- **첩비복(妾婢服)** : 첩이나 여자 종의 옷.
- **청사(廳事)** : 『가례집람』에 의하면 '연고정침(燕古正寢)'으로 되어 있고, 그 구조가 텅 빈 공간으로 우리나라의 제청(祭廳)이다. 이는 집을 지을 때는 정침과 청사, 사당을 갖추도록 한 『가례』에 따른 것이다. 즉, 청사란 제사 등의 의례를 행하는 대청과 같은 곳으로 경북 봉화 유곡 안동 권씨 충재(冲齋 : 1478~1548) 선생 종택의 갱장각(羹牆閣)이 이에 해당된다.
- **청정(聽政)** : 국상(國喪)을 당하여 임금이 정사(政事)를 돌보지 않는 것. 즉 일반 사대부들이 부모상을 당하면 3년 상을 마칠 때까지 관직에서 물러나 거상(居喪)을 하듯이, 임금도 약 27일 정도 정사를 보지 않았는데, 이를 청정(聽政)이라고 한다. 임금은 사서인(士庶人)과 달리 상중이라도 군국(軍國)의 중요한 일을 폐할 수 없으므로, 역월단상제(易月短喪制)에 의거 그 기간이 단축된 것이다.
- **체백(體魄)** : 땅 속에 묻은 송장.
- **체사자(逮事者)** : 증조, 고조 등 살아 계실 때 뵌 일이 있는 조상 어른. 이 분들을 위해서는 모두 자최 3개월의 복(服)을 입는다.
- **체일(逮日)** : 성복 후 석전(夕奠)을 드리는 시간. 즉 해가 아직 떨어지기 전을 말한다. 보통 조전(朝奠)은 해가 뜨면 지내고, 석전(夕奠)은 체일(逮日 - 해지기 전)에 지낸다.
- **체천(遞遷)** : 바꾸어 옮긴다는 뜻으로, 신주가 옮겨짐을 말함. 4가지 경우가 있는데, ① 새 신주를 처음으로 사당에 옮겨 모시는 일(遷主), ② 새 신주가 들어옴으로 인해 이미 있던 신주가 한 자리씩 위로 옮겨 가는 일(迭遷 - 질천), ③ 효현손(孝玄孫)에게서 친속이 다한(親盡) 신주를 최장방(最長房)에게 옮겨 오시는 일(祧遷 - 조천), ④ 친속이 다

한 신주를 사당에서 내어 모셔 태묘(太廟)에 보관하거나 무덤에 묻는 일(毀廟 - 훼묘, 遷墓 - 천묘, 埋安 - 매안) 등을 들 수 있다. 유구한 역사를 자랑하는 종가 등에서는 체천한 신주를 모시기 위한 사당인 별묘(別廟)를 갖춘 집안도 많다.

- 초교(草轎) : 삿갓가마. 초상 중 상제가 타는 가마. 가마 가장자리에 흰 휘장을 두르고 위에 큰 삿갓을 덮음.
- 초망자굿 : 망자를 불러 한을 풀어 주고, 유가족의 슬픔을 달래는 오구굿의 하나.
- 초변복(初變服) : 머리를 풀고 맨발 벗는 것.
- 초분(草墳) : 가매장의 한 형태로서 풀 등으로 임시 매장하는 것. 즉 장사지내기 전에 시신을 관에 넣어 일정한 장소에 풀로 덮어 안치하는 일. 혹은 시신을 바로 땅에 묻지 않고 돌이나 통나무 위에 영구를 얹어 놓아 탈육(脫肉)될 때까지 이엉으로 덮어 놓은 임시무덤. 지금도 일부 서남해 도서 지방에서 시행되고 있는 장법의 하나이다. 그런데 초분은 적어도 3년 정도 지나 육탈이 된 다음 길일(吉日)에 뼈만 간추려서 이차장으로 주검을 다시 치르지 않으면 안 된다. 즉 초분을 한 다음 2~3년이 지나면 해체하여 뼈를 씻는 세골(洗骨)을 한 다음에 다시 매장을 하는 본장(本葬)을 한다. 초분을 하는 이유는 뼈를 깨끗하게 하여 묻어 다음 세상에서 재생하기를 기원하는 뜻이 있기 때문이다. 초분은 아직 살아 있는 존재로 여기기 때문에 초분 곁에서는 잠을 자도 산소 곁에서는 자지 않는다는 말이 있기도 하다. 사실 초분이란 일종의 풀무덤으로 시신이나 관을 땅에 바로 묻지 않고 땅 위에 울려놓은 뒤 짚이나 풀 등으로 엮은 이엉 등으로 덮어 두었다가 살이 썩으면 1~3년 후 뼈를 간추려서 땅에 묻은 풍습으로 초빈(草殯), 고빈(藁殯), 출빈(出殯), 외빈(外殯)이라고도 한다. 그 절차는 임종에서부터 입관과 출상까지 유교식으로 하되, 바로 땅에 매장하지 않고 관을 땅이나 돌 축대, 또는 평상 위에 놓고 이엉으로 덮어 두었다가 1~3년 뒤 뼈를 다시 땅 속에 묻는 까닭으로 복장제(複葬制), 이중장제(二重葬制)라고도 한다. 일반적인 유교식 장례가 단 한 번의 매장으로 끝나는 단장제(單葬制)임에 비하여서, 두 번의 매장절차를 거치는 복장제(複葬制)는 유교 이전의 우리 고유의 전통장례 풍습의 하나였다. 복장제는 뼈에 영혼이 깃들어 있어 뼈를 매장하면 영혼까지 지하에 모시는 것으로 생각한 데에서 유래되었다. 땅의 조건이 나빠서 뼈가 검게 퇴색되거나 물이 잠겨 육탈이 되지 않으면 영혼이 춥게 지내거나 불편해서 저승으로 가지 못하고 구천을 떠돈다고 믿었던 것이다. 그래서 집이 잘살면 '뼈대 있는 가문'이라고 말하고, 잘못되면 '뼈도 못 추릴 놈'이라며 개인의 행복과 불행을 부모 묘의 좋고 나쁨에서 원인을 찾기도 하였다. 뼈를 존중하는 사상 때문에 나무뿌리가 무덤 속을 침범하는 것을 매우 꺼렸다. 영혼이 깃든 유골을 나무뿌리가 감고 있으면 영혼도 고통을 받으며, 그 고통은 후손에게 그대로 전해져 불행해진다는 풍수사상 때문이다. 복장제(複葬制)의 특징은 뼈를 깨끗이 씻거나 찢어서 살을 모두 떼어낸

다음에 매장을 하는 것으로, 세골장(洗骨葬) 또는 증골장(烝骨葬)이라고도 부른다. 이러한 점으로 미루어 보아, 초분(草墳)은 유골을 처리하기에 앞서 먼저 육신을 처리하는 방법임을 알 수 있다. 이러한 특징은 『삼국지』 위서 동이전에서부터 『수서』 고구려전, 그리고 『삼국유사』 등에 이르기까지 고대의 장례에 대한 기록에서도 발견된다. 뿐만 아니라 고고학적 자료에 의하면, 지석묘나 백제 초기의 옹관묘 등도 그 구조로 보아 뼈만을 묻은 복장제(複葬制)였을 가능성이 높은 것으로 알려지고 있다. 그리고 조선 말기까지는 육지지방에서도 이러한 초분이 거의 전국적으로 분포되어 있었던 것으로 확인되고 있으나, 요즈음에는 주로 서남해안의 도서지방에서 흔히 발견되고 있다. 전라도 지방에서는 특히 이 초분이 씻김굿 즉, 무속의 사령제(死靈祭)와 복합되어 나타나고 있다. 이러한 세골장(洗骨葬)은 태평양을 둘러싼 지역에 집중적으로 분포되어 있다. 1900년대 초까지만 하더라도 도서지방은 물론 육지에서도 많이 행해졌는데, 일제강점기에 위생법이 제정되고 화장이 권장되면서부터 남해와 서해의 일부도서에서만 초분 풍습이 행해졌다. 1970년대 새마을운동이 시작된 뒤에는 법적으로 금지되기도 하였다. 가장(假葬) 참조.

- **초빈(草殯)** : 초장(草葬)의 일종으로 초분(草墳 - 풀무덤)을 말하는데, 짚을 깔고 그 위에 관을 두며 관의 상부를 풀이나 나뭇가지로 덮는 장법으로, 내륙에서는 거의 소멸되어 그 자취를 찾아 볼 수가 없으나 일부 남, 서해 도서지역에서는 아직도 행해지고 있는 장법이다(예, 남해 청산도). 시신을 바로 땅에 묻지 않은 채 돌이나 통나무 위에 관을 얹어 놓고 육탈(肉脫)이 될 때까지 멍석이나 이엉, 용마름으로 덮은 초가(草家) 형태의 임시 무덤이다. 고빈(藁殯), 출빈(出殯), 외빈(外殯)이라고도 하며, 일단 땅 위에 올려놓았다가 2~3년 뒤 뼈를 씻어 다시 땅 속에 묻는 까닭에 복장제(復葬制), 이중장제(二重葬制)라고도 한다. 이장(移葬)은 특히 '공달', '손 없는 달'이라고 하여 윤달에 많이 한다. 현재까지 초분 풍속이 행해지고 있는 지역으로는 전남 완도군 청산도, 여수시 금오도, 안도, 개도 고흥군 나로도, 신안군 증도, 도초도, 비금도, 영광군 송이도, 군산시 무녀도, 부안군 계화도 등이 있다. 세골장 참조.

- **초상(初喪)** : 사람이 죽어서 장사 지낼 때까지를 말함.

- **초석(草席)** : 풀로 만든 자리. 기름종이 겉에 덧싸는 데에 쓰는 것이다. 또는 충해(蟲害)가 없는 야생초를 건조시켜 여러 묶음(束)으로 만들어 시신과 관벽 사이의 공간을 채우는 것(보공)을 초석이라고 하기도 한다. 그런데 보공의 경우는, 초석 대신 고인이 생전에 입었던 의류 등(매장 시에는 화학 섬유질은 피할 것)으로 보공을 하여도 된다. 보공(補空) 참조.

- **초숙포(稍熟布)** : 조금 성글게 익힌 삼베.

- **초우제(初虞祭)** : 반혼한 혼백을 집에 모시고 처음으로 지내는 제사. 초우는 장례를 지

낸 날 중으로 지내는 제사이다. 혹시 묘소가 멀더라도 이날을 넘기지 말아야 하며, 만일 집이 멀어서 당일 귀가치 못하고 중도에서 유숙하게 되는 경우는 유숙하는 집에서라도 지낼 일이다. 전통의례에서 우제는 신분에 따라 그 횟수를 달리하여 지내는 것으로 되어 있으나, 우리나라에서는 사대부의 예(禮)를 기록한 예서(禮書)에 의해 삼우가 일반화되었다. 우제(虞祭) 때부터 상중제의의 절차로 진행되기 때문에 명칭에서도 제사가 되고 상주가 헌관이 되어 제사절차에 따라 진행하게 된다. 이날 상주 이하는 모두 목욕을 하지만 빗질은 하지 않는다. 만일 부득이하여 목욕할 겨를이 없으면 간단하게나마 몸을 씻는 것이 좋다. 초우부터는 정식 제사(祭祀)로 지낸다. 서쪽 계단의 서쪽에 세수 대야와 수건을 놓되 남쪽이 위이다. 대야는 탁자 위에 놓고 수건은 줄을 매고 걸어 놓는다. 술병은 영좌 동남쪽에 탁자를 마련하고 그 동쪽에 놓아둔다. 술잔과 잔 받침 그리고 퇴주(退酒) 그릇도 그 위에 놓아둔다. 화로를 영좌 서남쪽에 놓고 그 서쪽에 탁자를 준비하여 그 위에 축판(祝板)을 놓고 향로에 불을 담아서 역시 그 위에 놓는다. 또 이 향안(香案) 앞에 모래를 담아 놓고 그 위에 띠를 조금 묶어 놓는다(茅沙器). 날이 어두워지면 촛불을 켜고 제물을 조전(朝奠)과 같이 한다.

- **초장(草葬)** : 초분(草墳)을 말한다. 외분, 고름장, 세골장, 소골장, 토롱 등 지역에 따라 다양한 명칭으로 불리고 있다. 초장(草葬), 초분(草墳)이란 임시로 장례를 치루는 의미인 가장(假葬)이라 생각되는 1차장을 하였다가 어느 정도 시간이 경과되어 시신이 완전히 육탈(肉脫)된 후에 유골만을 취합하여 본장(本葬)이라 생각되는 2차장으로 처리하는 장제이다. 이를 복장(復葬) 또는 2중장이라고도 하는데, 초분을 하는 이유는 돌아가신 부모에게 효도하기 위한 것이다. 즉 육신이 산송장으로는 선산에 갈 수 없으며, 따라서 살이 썩어 물이 빠진 메마른 뼈만으로 땅 속에 묻히는 것이 좋다는 뼈를 중시하는 장법인 것이다. 다른 이유로는 좋은 묘 자리를 구하기 위하여 임시로 초분을 한다. 청산도 진도 등 일부 남해 도서지역에서는 아직도 이 장법이 행해지고 있다.

- **초종(初終) 초종의(初終儀)** : 초종장사(初終葬事)의 준말. '돌아가시다'라는 의미로 죽음을 맞이하는 절차. 갓 돌아갔을 때를 말한다. 고인이 운명하면서부터 행하는 상례의 준비절차 즉 상례의 시작으로 운명하는 순간, 별세하는 순간을 의미하며, 임종(臨終), 종신(終身)등과 같은 뜻으로 죽음을 맞이하고 처리하기 위한 준비를 하는 상례의 최초 절차라 할 수 있다. 혹은 초상이 난 뒤부터 졸곡(卒哭) 때까지의 과정을 일컬을 수도 있다. 그러나 실제로는 초종이란 상례의 시작과 장례 준비과정을 이르는 말로서 임종(臨終), 혼을 부르는 초혼(招魂), 상주와 호상을 세우고, 부고(訃告)를 통해 임종을 알리는 것 등으로 장례를 준비하는 과정이다. 초종에서 하는 일은 다음과 같은 소절차들로 진행된다. ① 병이 위중해지면 환자를 평소 거처하던 방으로 옮기는 천거정침, ② 환자가 숨을 거두는 운명 때에 하는 일, ③ 고인의 혼을 불러 돌아오도록 하는 고복, ④ 고인의 치아에 쐐기를 끼우고 발을 묶는 설치철족, ⑤ 상례를 치르는 동안 책임을 지고

수행해야 할 역할을 분담하는 절차인 입상주, ⑥ 검소하게 옷을 바꾸어 입고 음식을 먹지 않는 역복불식, ⑦ 설치철족 후 시신의 동쪽 어깨 있는 곳에 차리는 시사전, ⑧ 시신을 갈무리할 관을 준비하는 절차인 치관, ⑨ 집안에 초상이 났음을 통지하는 절차인 부고라는 절차가 진행된다. 그리고 유교식 상례에는 규정되어 있지 않지만 관행적으로 고복 바로 다음에 사잣밥을 차리기도 한다.

- **초천(草薦)** : 줄자리. 줄로 만든 자리.
- **초혼(招魂)** : 죽은 사람의 흐트러진 혼을 부르는 것. 고복(皐復) 참조.
- **초혼장(招魂葬)** : 전쟁이나 홍수 등으로 인하여 죽음에 이르러 시신이 없이 죽으면, 한복 등을 지어 혼을 불러들인 다음에 장례를 치루는 경우가 있는데, 이를 초혼장(招魂葬)이라고 한다.
- **촉대(燭臺)** : 촛대. 즉 의례를 치를 때에 사용되는 촛불을 켜놓는 받침대를 말하며 한 쌍이다.
- **총수(冢隧)** : 무덤의 지칭하는 말
- **찰초정(撮蕉亭)** : 상여(大輿, 大轝)를 만들 때 파초(芭蕉)를 한데 모은 모양의 정자 지붕처럼 상여의 지붕 위에 장막을 씌우는데, 이를 찰초정(撮蕉亭)이라고 한다.
- **최(衰)** : 앞가슴에 붙이는 베. 눈물받이. 너비 4치 되는 베를 써서 저고리의 겉깃의 앞에 가슴이 닿는 곳에 꿰매 붙이는데, 대공 이하는 쓰지 않는다. 최(衰)는 꺾다의 뜻으로, 효자에게 애절한 뜻이 있는 것이다. 이런 마음이 있는 자는 최(衰)라 이름하고 상복 또한 최(衰)라 부르니, 그 애절함이 몸에 두루 미쳐 마음에 그치지 않음을 취한 것이다. 이러한 전통 상복의 최(衰)가 가정의례준칙에서는 상장(喪章)으로 변형되어 오늘날 사용되어지고 있다.
- **최상(衰裳)** : 남자가 상복으로 입는 치마.
- **최장방(最長房)** : 고조 이하의 생존자 중에 항렬과 나이가 높은 자. 주손 외에 4대조 관계가 이어지고 있는 지손(支孫)을 말한다. 4대봉사의 원칙에 따라 지금까지의 봉사하던 봉사자의 4대조가 맏상주의 5대조가 되어 더 이상 사당에 모시고 제사를 지낼 수 없게 된다. 만약 아직 4대관계가 연결되어 있는 지손이 있으면 이 자손에게 신주를 옮겨 제사하게 하는데, 이 지손을 최장방이라 한다. 즉 체천할 신주가 있으면 효현손(孝玄孫 - 고조의 장손)에게서 최장방에게로 옮기는 것이다.
- **추도식(追悼式, Memorial Service)** : 죽은 사람을 애도하기 위한 기념(종교)행사.
- **추모(追慕)** : 죽은 사람을 사모함.
- **추복(追服) 추상(追喪)** : 상(喪)을 당하였을 때 사정이 있어 상복을 입지 못하다가 나

중에 상복을 입는 것. 더 입는 복.
- **추선(追善)** : 죽은 사람의 명복을 빌기 위해 착한 일을 하는 것.
- **추송(追送)** : 죽은 뒤에 그 공적, 선행을 칭송하는 것.
- **추조(追造)** : 뒤늦게 만듦.
- **추천재(追薦齋)** : 천도재(遷度齋). 망자를 극락으로 인도하는 불교의 재(齋).
- **축관(祝官)** : 제의례 시 축문을 읽은 사람. 축관을 축문을 읽기도 하지만, 상중의 제사나 녜제(禰祭) 등에서는 고이성(告利成)을 외치는 역할 등을 한다. 목청이 좋은 사람을 축관으로 정한다.
- **축문집(祝文集)** : 제사 때 신에게 고하는 글로 백지(白紙)에 붓으로 써서, 제사를 마치고 나면 불사르거나 정히 보관하였다가 다음 제사에 다시 쓰기도 하였다. 상례와 관련된 각종 축문서식을 종합하여 제공한다.
- **축철(祝綴)** : 상장례를 치르는 사이에 읽어야 하는 모든 축문을 써서 책으로 맨 것.
- **출계(出系, 出繼)** : 남의 집에 양자로 들어감.
- **출관(出棺)** : 출상하기 위하여 관을 집 밖으로 내감. 상여가 묘지를 향해 나가는 날 아침에 관을 들어내는 것을 말한다. 예서에는 없으나 관행으로 실시되는 것이다. 상주들은 관을 들고 문지방을 넘기 전에 방의 네 구석을 향해 "重喪이요" 하고 관을 세 번씩 들었다 내리는 것으로 인사를 한다. 重喪의 사전적인 정의는 "탈상하기 전에 부모상을 거듭 당하는 것"을 의미하기도 하고, 무거운 상을 의미하기도 하여(『四禮便覽』「喪禮」, 「成服」조) 위의 행위와는 전혀 다르다. 그러나 관습적인 행위로서 중상은 정상적인 시신의 상태가 아니라 중상이라는 비정상적인 상태를 회복하기 위한 행위로서 일종의 '중상을 해소하기 위한 양밥'이라고 할 수 있다. 이러한 비정상적인 상태를 회복하기 위한 행위가 전통을 이어가면서 지역에 따라서는 당연히 행하는 절차의 하나로 정착되어 유교식 상례의 절차에 삽입된 것으로 보인다. 양밥 참조.
- **출구(出柩)** : 개장(改葬) 때 무덤에서 관을 꺼냄.
- **출상(出喪)** : 발인이 끝나고 상여가 장지를 향하여 출발함. 한편 중국의 경우는 출상하여 장지를 향할 때 상여가 상주들의 등 위

양밥

를 밝고 지나간다고도 하는데, 이는 상주들이 고인에게 편안하게 저승으로 갈 수 있도록 기원하면서 마지막 인사를 한다는 의미가 담겨 있다고 한다.

- **출입고(出入告)** : 출필고 반필면(出必告 反必面)의 정신. 주인과 주부가 출타를 할 때 사당에 고하는 일을 말한다. 가까운 곳을 출타하면 대문에 들어가서 쳐다보고 서서 몸을 굽혀 공경을 표하는 간략한 인사인 첨례(瞻禮)를 하는데, 돌아와서도 동일하게 한다. 하룻밤을 자고 오면 분향하고 재배한다. 주인이 출타하여 몇 날을 박에서 묶게 되면 출발 전 대문 안에서 2번 절하고 귀가 후에도 그렇게 한다. 열흘 이상 출타하면 재배하고 분향하며 고축을 한다. "모가 장차 모처로 떠나기에 감히 고합니다."라는 내용이다. 돌아왔을 때는 "모가 오늘 모처로부터 돌아와 뵙습니다."라고 고한다. 만약 몇 달을 묶게 되면, 중문을 열고 계단 아래에 서서 재배하고, 조계(阼階)로 올라가 분향하고 고하고 재배한다. 귀가 후에도 또한 이와 같이 한다.

- **출주(出主)** : 제사 때 사당에서 신주를 모셔내는 것. 납주(納主)의 반대.

- **출회(秫灰)** : 차조의 짚을 태운 재. 찹쌀재로 관 안에 깐다. 두께는 4~5센티 정도면 된다. 차조 4~5말을 넣고, 그릇에다 까맣게 볶거나, 혹은 숯을 피워서 불살라 가루로 만들어 고운 체로 친다. 껍질을 벗기지 않은 것을 사용할 수도 있고, 없으면 숯가루로 대신한다.

- **충관(充棺)** : 관을 채우는 것.

- **충비(充鼻)** : 시신의 코를 막는 솜으로 만든 코막이.

- **충이(充耳)** : 시신의 귀를 막는 솜뭉치로 된 귀마개. 《가례》에는 백광(白纊 - 흰 솜)을 쓰며, 크기는 대추씨 정도라고 하였다. 세속에서는 설면(雪綿 - 흰 솜)을 쓴다.

- **취목(就木)** : 죽음을 나타내고 설명하는 보다 완곡한 표현.

- **취토(取土)** : 장사지낼 때 광중의 네 귀에 놓은 길방(吉方)에서 떠온 흙. 이 흙을 먼저 맏상주가 상복 자락이나 삽으로 세 번 받아서 구(柩)의 상(上)에 한 번, 가운데 한 번, 아래쪽에 한 번씩 차례로 놓는다. 다음의 상주 순으로 취토를 이어서 행한다. 취토가 끝나면 지석과 명기를 묻고 광중을 메운다.
사실 취토는 장사의 현장에서는 모든 사례에서 나타나지만, 예서(禮書)에는 취토(取土)라는 용어는 없다. 또 취토의 의례(儀禮)도 예서에는 없다. 실토(實土), 하토(下土)라는 표현만 있을 뿐이다. 허토(虛土), 헌토(獻土)라는 용어도 일상에서는 쓰이고 있다. 따라서 취토는 민간의 관습이 유교식과 융화된 것으로 보아야 할 것이다. 이는 조선에서 유교식 상례를 기존의 관습과 융화시키면서 능동적으로 수용하였음을 보여주는 예가 될 것이다.

- **측와장(側臥葬)** : 시신을 옆으로 뉘어서 묻는 장법으로 신전장(伸展葬), 굴신장(屈身葬)

등과는 구별되는 장법이다.

- **치관(治棺)** : 관(棺)을 만드는 일. 관을 마련함. 시신을 갈무리할 관을 준비하는 절차. 호상의 지휘 하에 목수 일을 하는 사람에게 시켜 관을 준비하게 한다. 옻칠을 하기 때문에 시간 여유를 두고 준비해야 한다. 관을 짜는 일은 넓은 잎 삼나무인 유삼(油杉 - 이깔나무 : 우리나라에서는 비생산)이 제일 좋고, 잣나무가 그 다음이다. 그래서 통상적으로는 황장판(黃腸板)이라고 하여 소나무의 단단한 심으로 만든 널을 사용한다. 통상 1치 정도의 옹이 없는 송판을 만든다. 천판(天板)이나 지판(地板) 하나에 사방판(四方板)이 각각 하나씩 필요하며 높이나 길이는 시신에 따라 약간 여유 있게 한다. 칠성판도 송판으로 만들되 5푼이면 적당하고 판면에 구멍을 뚫어 북두칠성 모양으로 한다. 요즘은 장례용품 판매점이나 장례식장에서 구입하여 사용하는데, 가격에 따라 수종의 차이가 있지만 일반적으로는 오동나무 관을 많이 사용한다. 소백산맥으로 동서를 양분하여 보면, 일부 겹치는 부분도 있지만, 동쪽 지역에서는 입관한 채로 매장하는 전통이 있고, 서쪽 지역에서는 탈관하는 전통이 있다. 따라서 양 지역의 관에 대한 인식은 상당히 다름을 알 수 있다. 동쪽 지역의 경우 "관은 유택이기 때문에 맏사위가 준비하는 것"이라는 이야기도 흔하게 나타날 정도로 관을 중요시하지만, 서쪽 지역은 그렇지 않다.

- **치관구(治棺具)** : 널을 만드는 데 필요한 용구. 송판(松板), 관곽장(棺槨匠 : 속널과 겉널을 만드는 장인), 송지(松脂), 황랍(黃蠟 : 밀랍, 즉 꿀 찌꺼기), 칠(漆), 칠성판(七星板 : 관 속 바닥에 까는 얇은 널조각. 북두칠성은 저승을 관장하는 신. 영혼이 저승[북두칠성이 있는 곳]으로 갈 수 있도록 하기 위한 도교의 풍습. 같은 뜻으로 불가에서는 관 속에 수계첩[受戒帖]을 깔음), 횡강(橫杠), 목적(木賊 : 분면[粉面]을 갈아 닦는 속새 [양치식물 속새과의 상록 여러해살이풀]), 거촉(巨燭 : 횃불) 등이 있다. 호상(護喪)은 목수에게 관을 만들도록 지시한다. 관을 만드는 재료로는 소나무 잣나무 은행나무 오동나무 향나무 등을 사용했다. 금강송은 황장목이라 하여 최고급 관으로 여겼다. 현대에는 관은 보통 장례용품 제조공장에서 대량생산하여 공급하고 있다. 따라서 관을 따로 만드는 경우는 거의 없다. 대개 장례지도사와 상담하여 구매하게 된다. 관은 대개 매장용 관과 화장용 관으로 구분되는데, 고급스런 향나무 관에서부터 오동나무나 소나무로 만든 것이 있고, 화장용으로는 최근에 개발된 종이관을 사용하기도 하며, 외국으로 운구되는 시신의 경우 알루미늄 관을 쓰기도 한다.

- **치금(緇衾)** : 검은 이불. 붉은 안감을 쓰며 이불깃은 없다.
- **치마 수의** : 조선시대 분묘에서 출토되었으며, 수의로 사용된 치마이다.
- **치마, 저고리** : 여(女) 상주들이 착용하는 상복
- **치병(輜軿)** : 덮개가 있고 사면이 가려진 부인용 수레로서, 외출 시 사용한다.

- **치위(致慰)** : 상중에 있는 사람을 위로함.
- **치장(治葬)** : 장지를 선정하여 묘역을 만들고, 신주의 형상을 만들고, 상여와 관련된 장식을 만드는 등 장사에 관련된 준비를 하는 일. 장사할 시간과 장소를 정하고 장사에 필요한 도구를 제작하는 일. 즉 치장은 묘자리를 정하는 택지(擇地)에서 매장하여 봉분을 만드는 성분(成墳)까지의 절차를 말한다. 묘지를 정하는 일과 땅을 파고 광을 만드는 일, 천광(穿壙), 지석(誌石)을 준비하는 일 등이 이에 포함된다. 옛날에는 석달 만에 장사를 지냈는데, 이에 앞서 장사를 지낼만한 땅을 고른다. 즉 최후의 영결을 하기 전에 장사지낼 묘자리를 먼저 잡은 다음, 장사지낼 날을 정하고, 이를 미리 친척 또는 친지들에게 알리는 동시에, 조전(朝奠) 때 영연(靈筵)에 고한다. 정해진 날짜에 영역(營域)에 대한 산역을 시작하는데, 먼저 토지신에게 사토제를 지낸다. 이날 상주는 조곡(朝哭)을 마치면 집사를 데리고 묘지로 정해진 곳으로 가서 네 모퉁이를 판 다음에 표목(標木)을 세운다. 먼 친척이나 손님 중에 한 사람을 가려서 후토(后土), 즉 토지신(土地神)에게 고하도록 한다. 이 때 축관은 집사를 데리고 표목 중간에 신위(神位)를 남향으로 마련하고 술잔에 술을 따르고 포과(脯果)를 진설한다. 상주는 여기에 참례(參禮)하지 않는다. 치장(治葬)은 장례(葬禮)를 치르기 위한 일련의 준비과정으로 매장(埋葬)이든 화장(火葬)이든 망자(亡者)에 대한 갈무리하는 절차이다. 전통에서의 치장은 매장을 위한 것이었으며, 유월장(踰月葬)이나 3월장을 치르면서 준비할 시간적 여유가 많았으나, 현대는 대부분 3일장으로 죽은 2일 후에 장례를 치르는 것이 일반화되어 있기 때문에, 이 기간 내에 장례를 치를 수 있도록 호상(護喪)과 상의해 만전을 기하여야 한다. 화장(火葬)을 하기 위해서는 화장에 필요한 절차와 서류를 확인하고 봉안(납골, 納骨) 또는 산골(散骨) 등 장례방법에 따라 준비하여야 한다. 화장장의 선정과 화장시간 확인, 운구차량과 행렬, 화장장까지의 도착시간, 유골함 또는 봉안함(납골함), 그리고 봉안(납골)지역 및 봉안당(납골당) 선정, 각종 전제(奠祭)에 대한 제물(祭物), 장례식에 참여한 사람들의 식사 등 세심하게 준비하여야 한다. 매장(埋葬)의 경우에도 선영(先塋)이나 공원묘지(公園墓地)혹은 개인묘지에 안장할 수 있으나, 장지(葬地)와 하관시(下棺時)를 지관(地官)으로부터 받고, 운구 방법과 행렬, 장지까지의 도착시간, 장사 등에 관한 법률에 따른 매장 가능여부, 각종 전제(奠祭)에 대한 제물(祭物), 운구에서 매장까지 필요한 노동력, 장례식에 참여한 사람들의 식사 등 세심하게 준비하여야 한다. 전통과 달리 현대에는 광중에 회격(灰隔)을 하지 않고, 신주(神主)도 만들지 않으며, 부장품(副葬品) 역시 없고, 상여(喪輿)나 삽(翣) 등도 장례용품에 판매되고 있으므로, 별도로 장례용품에 대한 준비는 하지 않아도 된다.
- **친(櫬)** : 비어 있는 관.
- **친빈(親賓)** : 친척과 손님.

- **친상(親喪)** : 부모의 상.
- **친애가륭(親愛加隆)** : 친하고 사랑함이 더욱 더함. 백숙부모와 고모가 돌아가신 상주를 위로할 때 쓰는 조문 서식.
- **친진(親盡)** : 4대봉사의 원칙에 따라 제사를 지낼 수 있는 대수가 지났다는 말이다. 즉, 봉사자와 4대조의 관계가 지났다는 말이다. 이때는 4대 관계가 지속되는 지손(支孫)에게 제사를 물려주거나 매주(埋主)를 한다. 최장방 참조.
- **칠관(漆棺)** : 관에 옻칠을 함. 즉 관에 옻칠을 하는 것을 말하는데, 일반적으로는 옻칠한 관을 가리킨다.
- **칠등(漆凳)** : 관에 옻칠을 할 때 관을 받치는 받침대. 높이가 2자쯤 된다.
- **칠백(七魄)** : 죽은 사람의 몸에 남아 있는 7가지의 정령.
- **칠성판(七星板)** : 시신을 받치기 위해 관 바닥에 놓은 널빤지. 관 안 바닥에 까는 널조각. 시신을 바르게 하기 위하여 시신을 올려 받쳐 놓는 판. 수시나 소렴한 시체 밑에 까는 얇은 널조각. 한 장으로 된 송판을 쓰되, 길이와 넓이는 관의 안(內) 치수에 맞게 한다. 두께는 5푼으로 하고 널판에 구멍 7개를 북두칠성처럼 뚫는다. 칠성판은 죽음을 관장하는 신이 북쪽 어딘가에 있다고 생각하여 북두칠성을 표시하여 죽은 자의 영혼이 북망산천인 북두에 곧바로 갈 수 있도록 배려한 생각에서 비롯되었다고 한다. 이처럼 칠성판은 저승으로 가는 길잡이의 역할과 나쁜 잡귀의 근절을 방비한다고 생각해 왔던 것이다. 현대적인 의미로는 고인의 손발을 곧고 바르게 유지하기 위하여 사용되는 지지대의 역할을 한다. 또한 칠성판을 버리지 않고 입관 시에 관 속에 넣어 차조를 태운 재(灰)를 밑에 깔아 물이 스미지 않게 하여 부패를 방지하도록 하였다. 예로 자리 터가 나쁜 곳에 숯을 깔아 넣는 것과 같은 이치이다. 칠성판은 전한 때 왕망(王莽)이 북두칠성의 위엄을 빌려 군대를 압박하고 굴복시키기 위해 5가마나 되는 구리로 두 자 반 정도의 북두(北斗) 모양을 만들어 '위두(威斗)'라 하고, 자신이 출입할 때마다 사람을 시켜 이를 따르게 한 데서 비롯되었다고 한다. 칠성판을 묘지에 묻는 것은 지하의 나쁜 귀신을 누르기 위한 것이요(『성호사설』 권 13, 경사문, 칠성판조), 또 칠성판에 구멍을 뚫는 것은 죽음을 관장하는 북두신에게 빌어 죽음을 구제받기 위한 것이다. 고려시대에는 이러한 칠성판을 쓰지 않다가, 조선 초기부터 사용하여 오늘에 이르고 있다(『상장례, 삶과 죽음의 방정식』 86쪽). 칠성판에 일곱 개의 별을 새기는 까닭은 북두칠성이 시간을 관장하는 신이라고 생각한데서 유래한 것으로, 하늘에서 내려와 지구에서 살다가 죽으면 다시 하늘로 돌아간다는 사상(思想)에서 기인한 것이라고 한다. 이처럼 칠성판은 칠성신앙에서 비롯되어 환생 또는 재생의 의미를 가진다. 칠성판은 염습하는 과정에 주검 밑에 깔았다가 입관할 때에 주검과 함께 관 속에 넣는다. 옛날에는 칠성판 대신 시상(尸床 : 시신을 올려놓는 상)을 따로 마련하여 그 위에서 염습을 하였다.

- **칠승포(七升布)** : 7새 베. 대공복을 만든다. 여기서 승은 직물에 실올이 들어간 밀도를 나타내는 단위이다. 1승은 80올이다.

- **침(枕)** : 베개. 대렴을 할 때 요 위에 시신의 머리를 안정시킬 때 사용한다. 색깔 있는 명주로 하고, 그 길이는 요의 너비에 맞춘다. 또한 수시에서도 베개는 필요하여, 탈지면과 염지(한지) 등으로 베개 모양을 만든다.

- **침식(寢式) 상여** : 일본에서 명치유신 이후 화장이 법제화되면서 좌식 상여 대신 본격적으로 사용하게 된 상여이다. 1960년대 이후 영구차의 사용이 일반화되면서 거의 쓰이지 않게 되었다. 좌식 상여 참조.

- **타계(他界, The Other World)** : 죽음을 의미하는 다른 표현.

- **탁(卓)** : 상(牀, 床). 늘 쓰던 밥상이다. 탁자(卓子).

- **탁(鐸)** : 방울. 요령(搖鈴) 참조.

- **탈복(脫服)** : 복을 벗다. 상복 입는 기한이 다 지나서 복을 벗는 일.

- **탈상(脫喪)** : 상을 벗는다는 뜻. 상기(喪期)가 끝나 복(服)을 벗는 절차이다. 유교식 상례에 따르면 고인이 운명한 후 만 2년째가 되는 날 대상을 지내면서 상복을 벗고, 여막을 철거하면서 상을 벗는다. 그러나 그 이후에도 담제와 길제가 이어지기 때문에 완전한 탈상이라고 보기는 어렵고, 길제를 지내면서 사당에 모신 신주의 분면에 새 주손(冑孫)의 이름으로 방제식(旁題式)을 바꾸고, 대수를 새 주손으로 바꾸어야 완전한 탈상을 한다. 탈상은 옛날에는 3년 탈상, 기년(1년) 탈상 등이 있었지만, 요즈음에는 100일 탈상, 49일 탈상, 3일 탈상, 발인 탈상 등이 있다. 이 때 지내는 제사가 탈상제이다. 지내는 방법은 기제사와 동일하다. 탈상의 의미를 보면 상복을 입는 것이 부모의 은공을 기리고 은혜에 감사하는 마음을 갖는 것으로 사회가 변하고 예에 대한 개념이 달라졌다 하더라도 부모의 은공을 생각해 보면 조기 탈상은 자식된 도리가 아닌 면도 있다고 볼 수 있다.

- **탕관(湯灌)** : 일본어로 '유칸'이라고 하는 것인데, 수의를 입히기 전 따뜻한 물로 몸을 씻기는 일. 목욕시키는 일.

- **택일(擇日)** : 날을 잡다.

- **택조(宅兆)** : 무덤.

- **택지(擇地)** : 묘자리를 잡아서 장사지낼 만한 땅을 선택하는 일.

- **토감(土坎)** : 빈(殯) 참조.

- **토광묘(土壙墓)** : 선사시대부터 쓰이던 분묘의 일종으로 지하에 구덩이(土壙)를 파고 직접 유해를 안치하는 장법(葬法)으로 널무덤이라고 한다. 시신을 묻을 수 있을 정도의

구덩이를 파서 매장하는 가장 단순한 무덤이다.

- **토광목곽묘(土壙木槨墓)** : 토광목곽묘는 청동기시대 후기부터 초기 철기시대에 걸친 묘제로서, 장방형의 토광을 파고, 내부에 상자형의 목곽을 짜서 봉토를 올린 것이다. 위만조선과 낙랑군 시대의 권력자들의 무덤으로 보인다. 토광의 크기는 대체로 길이 3m 정도로서, 모두 남북을 장축으로 하고 있다. 그리고 대부분의 부장품은 대부분 청동기가 아니면 청동기와 철제품으로서 그 시기는 기원전 후부터 2세기경에 걸친 것으로 보인다.

- **토롱(土壟)** : 임시로 흙을 모아 간단히 만든 임시 무덤. 즉 빈(殯)을 말한다. 오늘날도 경상도 안동지방의 경우 양반가에서는 초종(初終) 시 빈(殯)을 하는 경우가 있는데, 만드는 방법은 바닥에 받침대를 놓고 그 위에 자리를 깐다. 그 위에 영구를 모시고 전체를 솜이불로 싼 다음 천막을 덮고, 그 앞을 병풍으로 가린다. 이렇게 해서 현재도 빈(殯)을 만드는 장례 풍속을 이어가고 있다.

- **토삼(土杉)** : 미리 벌채해서 기름에 절인 것(油衫)이 아니라 현지에서 바로 자른 삼나무.

- **토수(吐手)** : 토시의 잘못된 말로 원래는 한복에서 여름이나 겨울에 팔에 끼워 더위나 추위를 막는 복식인데, 수의(壽衣)에서도 토시를 사용한다.

- **토용(土俑), 토우(土偶)** : 흙으로 인간이나 동물 등의 형상을 본 뜬 허수아비(俑)를 만들어, 무덤에 순장 대신 대용품으로 넣었던 물건. 우리나라의 경우 순장풍습을 금한 신라 지증왕 이후 통일신라시대의 무덤에서 많이 출토되고 있다.

- **토장(土葬)** : 매장(埋葬)의 다른 이름으로서 시신을 땅을 파서 흙 속에 매장하는 방법이다. 매장의 일본식 표기법. 장법 중 가장 보편적이고 자연스러운 매장 방법 중의 하나라고 말할 수 있다. 선사시대의 묘지 형태이기도 한데, 두만강 어귀의 웅기 용수동에서 패총·주거지와 함께 발견되었다. 머리를 동쪽으로 두고, 몸은 수평으로 발을 뻗고

누워 있는 자세로 발견되었으며, 머리 쪽에서는 항아리가, 다리 사이에는 석촉(石鏃)을 부장하고 있다. 머리를 동쪽으로 둔 것은 해가 떠오르는 곳과 일치시킨 것으로서, 뚜렷한 영혼관이 있었을 것으로 보이며, 항아리나 석촉은 아마도 살았을 때에 쓰던 물건이나 저승에서 삶을 계속 영위하라는 생각에서 함께 묻었을 것으로 추측된다. 이러한 토장과도 연관되는 것으로 춘천 학동에서는 굴장(堀葬)이 발견되었는데, 3구의 시체가 발을 동굴의 중앙에 모으고 머리는 각각 벽 쪽으로 향하여 누워 있으며, 그 옆에는 토기, 석촉, 관옥 등이 놓여 있었다. 그리고 중앙에서는 불을 피우던 노지(爐址)가 있었던 것으로 보아, 살아 있을 때 주거용으로 사용하던 것으로 추측된다. 이렇게 살던 곳을 무덤으로 사용한 것은 위서(魏書) 동이전(東夷傳)의 예조(濊條)에 나오는 기록 즉, "병이 생기거나 사람이 죽으면 살던 집을 버리고 새 집을 짓는다."고 한 내용으로 미루어, 이 동굴도 또한 죽은 사람의 무덤으로 만들고, 거처를 버린 것으로 보인다.

- **토장묘(土葬墓)** : 봉분을 흙으로 덮은 묘지.
- **토총(土塚)** : 흙으로 된 묘지.
- **통고최열(痛苦摧裂)** : 직계존속의 죽음에 대해 조장(弔狀)을 보낸 다른 사람들에게 답장을 보낼 때 표현하는 편지 서식 문구로서, '슬픈 고통이 쓰라리고 무너져 찢어진다.'는 의미이다. 백숙부모, 고모, 형제, 자매의 경우에는 '최통산고(摧痛酸苦 - 고통이 시고 쓰립니다)'라고 표현하고, 아내의 경우에는 '비도산고(悲悼酸苦 - 슬픔이 시고 쓰라립니다)'라고 표현하고, 아들이나 조카나 손자의 경우에는 '비념산고(悲念酸苦 - 슬픈 생각이 시고 쓰립니다)'라고 표현한다.
- **통야(お通夜)** : 일본말로 '오츠야'라고 하는데, 발인 전날 밤을 새우며 죽은 사람을 기리는 일. 즉 장례식 전날 밤 가까운 친척이나 친지들이 모여 고인과 함께 하룻밤을 지내는 의식이다. 최근에는 사망 당일 밤에 하는 경우도 많다.
- **통혈(通穴)** : 광중을 서로 터놓음.
- **퇴관(退棺)** : 장지에서 시신만 매장하고 관을 버리는 것. 탈관(脫棺)이라고도 한다.
- **특수묘지** : 왕릉, 국립묘지, 4.19묘지, 5.18망월동묘지 등이 있다.
- **파(帕)** : 보자기. 횃대에 걸쳐서 병풍 대신으로 가리개 역할을 하게 한다.
- **판염불** : 망자의 극락왕생을 기원하는 오구굿의 하나.
- **패(貝)** : 3개. 금이나 옥이나 돈이나 조개 모두 된다. 세속에서는 구멍 없는 구슬을 쓴다.
- **편고(編藁)** : 엮은 짚거적.
- **편죽(片竹)** : 수의를 입힐 때 시신 밑으로 지메를 집어넣을 때 사용하는 도구. 또는 이개장 시 시신을 들어 올릴 때 사용하는 도구. 보통 세속에서는 큰 대나무를 깎아서 각

각 넓이 한 치쯤 되게 조각내어 매끄럽게 다듬어 관의 너비보다 길게 한다. 수효는 적당하게 한다.

- **편회(片灰)** : 석회 조각. 돌 지석(石誌)을 대신하여 쓰는 것이다. 나무로 테를 만들고, 석회, 모래, 흙 3가지를 고루 섞어 반죽하여 그 속에 다져 넣은 다음, 나무틀을 제거하고 벽돌 모양으로 여러 조각을 만들어 지개석(誌蓋石)과 지저석(誌底石)의 양식을 따라 조각마다 큰 글자 하나씩을 써서 깊이 새긴다. 숯가루와 잿가루를 법유(法油: 들기름)에 개어서 그 획(畵)을 가득하게 메워서 판판하게 하고, 작은 글씨는 조각마다 서너자씩 써서 역시 조각마다 그 차례를 위와 같이 쓴다.

- **폄(窆)** : 하관(下棺). 하관하는 것. 즉 관(棺)을 광중(壙中)에 내려 묻음.

- **폄장(窆葬)** : 땅에 묻는 장례.

- **평생(平生)의례** : 일생의례 참조.

- **평토제(平土祭)** : 하관할 때 상주들이 차례로 흙을 뿌리고 나면, 산역꾼들이 본격적으로 흙을 퍼부어 관을 묻는다. 흙으로 메우기 시작하여 평지와 같은 높이가 되면, 평토제를 올린다. 평토제는 산에서 올리는 마지막 제사라 하여 제물을 특히 많이 차리는데 맏사위가 담당하도록 관례화되고 있다, 이때 쓴 제물은 산역꾼과 상두꾼 및 조문객들이 현장에서 고루 나누어 음복한다. 사실 평토제는 예서(禮書)에서는 보이지 않는 절차이다. 일반적으로는 성분제(成墳祭), 제주제(祭主祭)라고도 말할 수 있다.

- **폐백(幣帛)** : 장사지낼 때 관과 함께 넣는 검은 색과 붉은 색의 헝겊으로 현훈(玄纁)이라고도 한다. 의미는 분명치 않지만 내세관에 의해 이승을 결별하고 저승과의 결연을 의미하며 예물의 성격을 가진다. 토지지신에게 예물로 바치는 비단이다. 하관 시 관 위에 명정을 덮고 상주에게서 현훈(玄纁)의 폐백을 받아 시신의 가슴에 청색 폐백을 얹고, 다리 쪽에 붉은 비단을 얹는다. 현(玄)은 청색(검은) 비단을 말하며, 훈(纁)은 붉은 비단을 말한다. 폐백을 드리고 나서 횡대로 내광을 덮은 다음 맞상주가 취토(取土)를 한다.

- **포(布)** : 베. 오복의 상복을 만드는 데 쓰인다.

- **포(袍)** : 겉에 입는 옷으로 솜이 있는 긴 것을 말함. 포오(袍襖) 참조.

- **포(苞)** : 어육 등을 싸거나 담는 그릇. 포저(苞苴). 갈대나 띠 풀, 대나무 가지 등으로 만든 꾸러미. 견전(발인)례를 하고 남은 포(脯)를 담기도 한다. 저(苴) 참조.

- **포건(布巾)** : 베 두건. 문, 괄발 등 머리를 묶거나 감싼 베를 받치는 데 쓰는 것으로 흰 베로 만든다. 또는 봉분 조성 시 베 버선(포말, 布襪)과 함께 일꾼들이 쓰기도 한다.

- **포과각대(布裹角帶)** : 베로 싼 뿔 띠.

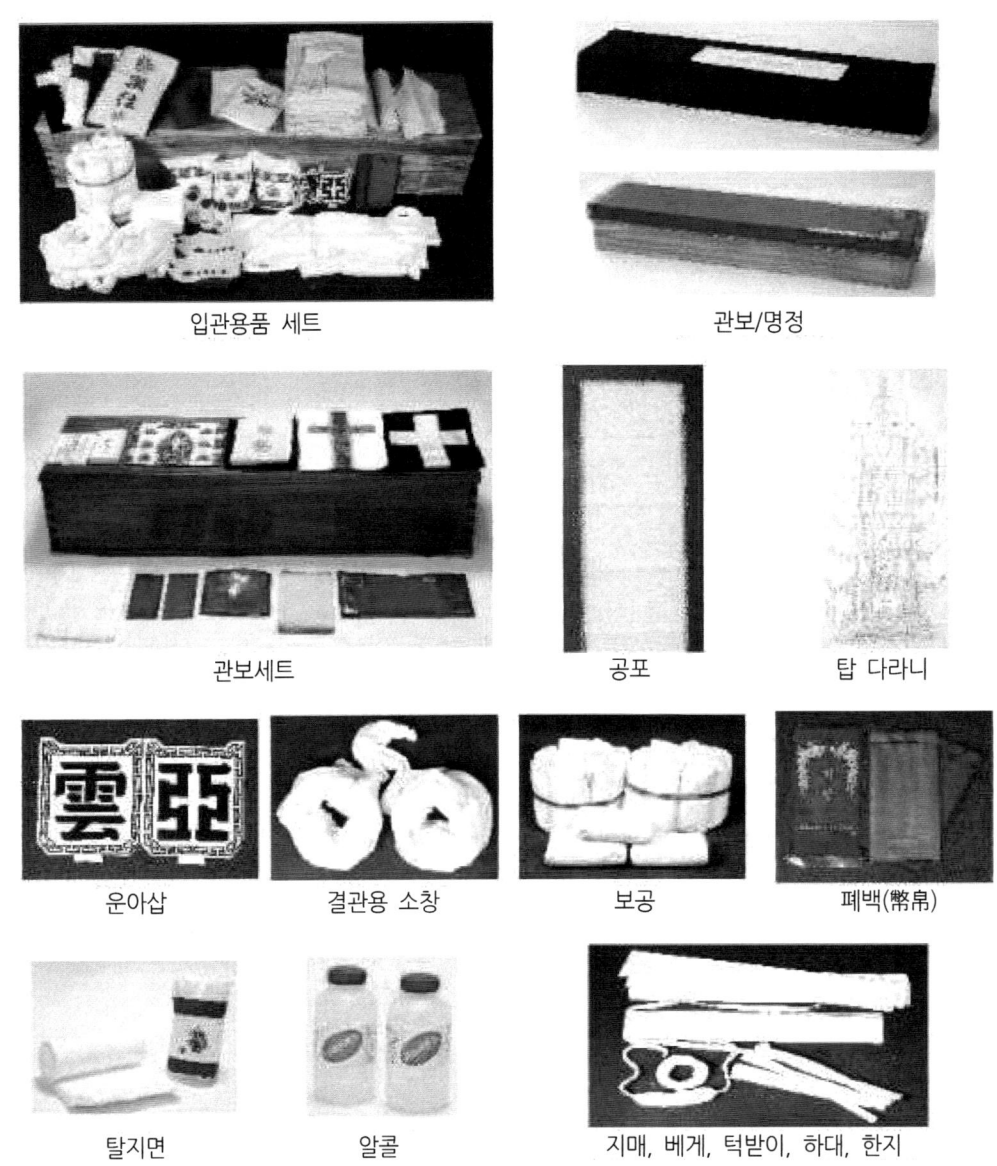

입관용품 세트 관보/명정 관보세트 공포 탑 다라니 운아삽 결관용 소창 보공 폐백(幣帛) 탈지면 알콜 지매, 베게, 턱받이, 하대, 한지

- **포렴(布簾)** : 베로 만든 발.
- **포막(布幕)** : 베 장막. 묘역에 부인의 악(幄 - 장막)을 마련할 때 베 장막을 준비한다.
- **포말(布襪)** : 베 버선. 봉분 조성 시 진흙과 회를 밟아 채우는 일(회격 다지기)을 하는 일꾼들이 착용하는 것이다.
- **포상(布裳)** : 베 앞치마. 포건(布巾), 포말(布襪), 포상(布裳) 등은 모두 세속에서 떼(잔

다) 입히는 사람들이 착용하는 것으로, 회 다지기(灰隔)에 이르러서도 다 그대로 쓴다.

- **포석(蒲席)** : 부들자리.
- **포안(布鞍)** : 베 안장.
- **포영(布纓)** : 베로 꼰 갓끈.
- **포오(袍襖)** : 겉에 입는 옷으로 솜이 있으면서 긴 것을 포(袍), 솜이 있으면서 짧은 것을 오(襖)라 한다. 남자의 경우는 중치막, 여자의 경우는 저고리에 해당한다. 속칭 저고리라고도 한다.
- **포시(晡時)** : 신시(申時), 곧 오후 3시에서 5시 사이를 말한다. 김장생(金長生)은 "일포(日晡)는 신시(申時)이니, 저녁상식 후에 전제(奠祭)를 올리되 저녁 전제(奠祭)와 겸행하는 것이 옳다."고 하였다(『사례편람』).
- **폭건(幅巾)** : 흑색의 포(布)를 사용하여 만든 건의 일종이다. 머리를 싸서 덮는 것. 모부는 둥글고 앞이 뾰족하며, 뒤에는 폭이 넓은 천을 수직으로 내렸다. 귀 위의 끈은 뒤로 돌려 매게 되어 있다. 즉 검은 명주 베로 만든 것으로 머리를 싸서 덮는 것. 머리를 뒤로 싸서 덮는 비단 두건.
- **폭시(暴屍)** : 시신을 드러내 놓다.
- **폭장(曝葬)** : 풍장(風葬)의 일종으로 공장(空葬)이라고도 한다. 관에 나뭇가지나 풀을 덮어 숲 속에 방치하거나, 관을 풀이나 널빤지로 장집[葬屋]을 만들어 덮는 경우도 있다. 시신을 놓는 방식에 따라 수장(樹葬), 대장(臺葬), 애장(崖葬), 동혈장(洞穴葬) 등으로 나뉜다.
- **표목(標木)** : 치장(治葬) 시 산역(山役)을 함에 있어 네 귀퉁이와 중앙 그리고 앞쪽(남쪽) 양 옆에 세워서 표시를 하는 총 7개의 푯말.
- **풍비(豊碑)** : 관을 하관하는 데에 이용하기 위해 광중 주변 4방에 세워 둔 나무 기둥. 옛날 사람들의 무덤(冢)과 사당(廟)에는 비석(碑)이 있었는데, 사당 내에 있는 것에는 희생[犧牲]을 매어 놓았다. 또한 무덤 위 4방에 나무 기둥 4개를 세우고 이것에 새끼를 묶어 하관에 이용하였다. 이미 관을 하관하였으면 이것을 4방에 묻었는데, 소위 풍비라는 것은 바로 이것이다(『家禮源流』).
- **풍장(風葬)** : 풍장(風葬)은 시신을 매장하지 않고 아이나 전염병으로 사망한 시신을 가마니나 짚자리 등을 묶어 나무에 묶어서 매달거나 혹은 그대로 땅위에 두고 인적이 없는 산야에 방치해 두는 자연풍화작용을 기대하는 장법이다. 풍장은 주로 장티푸스나 천연두 등 전염병에 걸린 사람들을 다루는 장법이다. 시신을 바로 매장하면 역신(疫神)의 노여움을 사서 한층 더 나쁜 병을 유행시키기 때문에 시체를 역신에게 바침으로써 그의 용서를 구하고 더 이상 희생자가 나오지 않기를 바라는 뜻에서 행해졌다고 한다.

야장(野葬) 폭장(曝葬) 공장(空葬)이라고도 하며, 나뭇가지나 풀을 덮어 숲 속에 방치하거나 관에 넣어 관을 풀이나 널빤지로 장옥(葬屋)을 만들어 덮는 경우도 있다. 사체를 놓는 방식에 따라서 수장(樹葬), 대장(臺葬), 애장(崖葬), 동혈장(洞穴葬) 등으로도 나뉜다.

풍장의 풍습은 북아시아의 고(古) 아시아 족, 고지(高地) 아시아의 여러 종족, 인도차이나·인도네시아·멜라네시아 등 동남아시아의 섬 주민, 오스트레일리아의 섬 주민, 아메리카 인디언들에게서 볼 수 있다. 풍장의 경우 풍화하는 대로 두는 경우도 있으나 유체가 해체되기를 기다렸다가 뼈를 거두어 두는 예도 있다. 일본 오키나와의 섬에서도 풍장을 하였다. 대개 물가의 숲 속 그늘, 동굴 속, 장대한 거북이의 등 모양의 무덤 속에 넣어 두는데, 시체가 썩으면 유골만 골라 잘 씻어서 항아리에 담아 안치소에 모셔 놓고 제사를 지낸다. 우리나라 전라도의 해안 지역에서도 풍장(초빈)을 하였다.

- **피(被)** : 이불.

- **피발(被髮)** : 머리를 풀음.

- **필(筆)** : 붓. 명정을 쓸 때 사용한다.

- **하관** : 관을 무덤의 구덩이에 내리는 것. 장지에 도착하면 장의차나 상여에서 관을 내려 광중에 넣는다. 하관 때는 상주와 복인이 참여하되 곡은 하지 않는다. 광중이란 관을 묻기 위하여 파놓은 구덩이이다. 주검의 머리가 북쪽으로, 발이 남쪽으로 가도록 하고 좌향(坐向)에 맞도록 상하좌우가 반듯하게 안치되면 관 또는 주검과 광중 사이를 흙으로 메운다. 이어서 명정을 관 위에 덮고 운(雲)자와 아(亞)자를 쓴 삽(翣)도 관 양쪽에 끼워 둔다. 관을 해체하고 주검을 하관하는 경우에는 동천개(횡대)라고 하는 나무를 광중에 가로로 걸쳐 덮는다. 동개천은 참나무, 버드나무, 대나무를 일정하게 자르고 편편하게 깎아서 홀수가 되게 준비해 두었다가 아래서부터 위로 덮는다. 하관할 때 상제들은 곡을 그치고 하관하는 것을 자세히 지켜본다. 다른 물건이 떨어지거나 관이 비뚤게 놓이지 않나 하는 것들을 잘 살펴본다. 하관을 하는 데는 먼저 가느다란 나무 둘을 회벽(灰壁) 위에 놓고 기다란 나무 두 개를 광구(壙口)에 놓은 다음 영구 위에 있는 명정과 구의(柩衣)를 벗기고서 나무 위에 올려놓는다. 여기에서 다시 무명 두 가닥으로 관 밑바닥을 떠서 양쪽 머리에서 관을 들고 장목을 치운 다음 서서히 광중으로 내려 보낸다. 회벽 위 나무에 관이 놓이면, 거기에서 다시 비뚤어지지 않았는지 살펴본 뒤에 나무토막을 치우고 광중으로 내려 보낸다. 이것이 끝나면 현훈(玄纁)을 가져다가 상주에게 주면, 상주는 이것을 받아서 축관에게 준다. 축관은 이것을 받들고 들어가 관의 동쪽 즉 죽은 사람의 왼편에 바친다. 또는 현(玄)은 동편 위에, 훈(纁)은 서편 아래에 올리기도 한다. 상주가 두 번 절하고 이마를 조아리고 나면, 모든 사람들이 슬피 곡을

한다. 현훈이란 폐백으로 쓰는 것으로서 파란 빛과 붉은 빛의 비단인데, 이것을 색실로 동심결로 묶은 것이다. 석회(石灰)를 처음 넣을 때는 관 위에 횡판(橫板)을 대서 회(灰)가 관에 직접 닿지 않게 한다. 백회로 관 위를 채운 다음 지석(誌石) 위에 글씨를 쓰는 수도 있다. 그리고 상주는 두루마기나 옷자락에 깨끗한 흙을 담아 관의 상하좌우로 '취토(取土)', '취토', '취토'라고 3번 외치면서 먼저 흙을 던진다. 흙을 채울 때는 한 자 정도 채우고서 다진다. 다음에 지석을 묻고 성분을 한다. 내폄(乃窆) 참조.

- **하대(下帶)** : 기저귀. 과대(胯帶) 참조.
- **하상(下殤)** : 8세~11세 사이의 죽음.
- **하실(下室)** : 내실(內室), 안방을 말한다.
- **하장(下帳)** : 하관 시 명기(明器) 등과 함께 부장품으로 묻는 것. 상(牀), 장막(帳幕), 깔개(裀席), 의자, 탁자 등 사람 몸의 아래에 해당하는 것들이다.
- **하토(下土)** : 헌토(獻土) 참조.. 취토(取土) 참조.
- **한국의 장례풍속** : 우리나라의 전통적인 장례절차는 초종(初終), 습(襲), 소렴(小殮), 대렴(大殮), 성복(成服), 조상(弔喪), 문상(聞喪), 치장(治葬), 천구(遷柩), 발인(發靷), 급묘(及墓), 반곡(反哭), 우제(虞祭), 졸곡(卒哭), 부제(祔祭), 소상(小祥), 대상(大祥), 담제(禫祭), 길제(吉祭)의 19개의 절차로 진행된다. 초종은 고인(故人)의 죽음을 확인하는 것이며, 습은 고인의 몸을 깨끗하게 씻겨 옷을 갈아입히는 등 본격적인 상례에 돌입하기 위한 준비단계에 해당한다. 소렴과 대렴은 고인에게 수의를 입히는 절차인데, 수의로는 조선 중기까지는 평상시에 고인이 즐겨 입었던 의복이나 새로이 장만한 것을 주로 사용하였고 조선 후기로 내려오면서 염습의 용도로만 수의를 따로 만들었다. 성복은 상주를 포함하여 친인척들이 상복으로 옷을 갈아입는 것을 말한다. 상복을 입는 자는 망인과의 관계에 따라 옷의 종류와 상복을 착용하는 기간이 달랐으며, 이것은 오복제도(五服制度)라는 기준에 따랐다. 조상은 죽은 이의 영좌(靈座) 앞에서 죽음을 슬퍼하며 예(禮)를 올리는 것이고, 문상은 상주가 멀리서 부모상의 소식을 듣고 장사를 지내려 집으로 달려가는 의례절차이다. 치장은 발인할 때 사용될 기구와 무덤을 미리 준비하는 것이고, 천구는 구(柩)를 사당에 고한 다음 상여에 싣고 장지로 운반하는 절차이다. 급묘는 장지에 도착하여 관을 매관하는 절차이고, 반곡은 장지에서 혼백(魂帛)을 모시고 집으로 돌아오는 절차이다. 그런데 이 반곡의 절차를 진행하지 않고 상주가 부모의 무덤 옆에 여막(廬幕)을 쳐 놓고 기거하는 여막살이를 하기도 하였다. 우제는 부모의 장사를 지내고 부모의 혼을 맞이하여 편안하게 모시기 위해 지내는 제사로 보통 3번을 지낸다. 졸곡은 곡을 그친다는 뜻인데, 이후부터는 수시로 하던 곡을 그치고 조석(朝夕)으로만 곡을 한다. 부제는 망자의 신주를 사당에 미리 신고하는 절차이다. 소상은 기년(朞年 ; 1년)을 맞아 지내는 제사인데, 이후부터 상주는 채소와 과일을 먹을 수 있

다. 대상을 죽은 후 2주기에 지내는 제사이며, 이후부터 상주는 술과 고기를 먹을 수 있으나 잔치에는 참여하지 못한다. 담제는 대상 후 지내는 제사로 27개월째에 지낸다. 길제는 신주의 대(代)를 바꾸는 제사로 집의 종손(宗孫)이 바뀌었음을 공포하는 의미를 가진다. 각 절차들은 순차적으로 진행되기보다는 동시에 진행되는 경우가 많이 있었다. 이 경우 상례를 치루는 환경(계절, 재산, 지역 등)과 예서(禮書)에 명시된 장례절차가 현실적인 상황에 맞지 않을 경우 절차를 생략하거나 통합하여 진행하기도 하였다. 장례기간은 왕(王)은 5개월, 대부(大夫)는 3개월, 사(士)는 1달을 넘겨 장사를 지내기도 하였다. 현재 장례기간은 1960년대 제정된 <가정의례준칙>에 따라 3일장으로 하는 것이 일반적이고, 장례절차도 초종(임종), 염습, 발인, 매화장(급묘) 순으로 매우 간소화되었다.

- **한삼(汗衫)** : 적삼을 말하는 것으로 속옷으로 입는 저고리(속저고리, 속적삼)를 말한다. 비단 명주로 하거나 혹은 무명으로 한다.
- **한식성묘(寒食省墓)** : 24절기 중 청명 다음날로, 동지로부터 105일째 되는 날. 이 날은 조상에게 제사를 드리고 성묘를 간다. 한식이라는 명칭은 비바람이 심하여 불을 때지 못하고, 찬밥을 먹었다는 풍속에서 비롯되었다고 한다. 묘역을 살피고 사초(莎草)를 할 경우에는 택일을 하여 제수를 차리고 의식에 따라 제사를 올리는데 사초 전에는 두 가지 고사를 하여야 한다. 즉 개초할 때 묘지에 고한 다음, 토지신에게도 고한다.
- **한지(韓紙)** : 일명 염습지라고도 하며 시신의 결박이나 또는 입관 전후 관 내부에 미리 깔기도 한다.
- **할반지통(割半之痛)** : '몸의 절반을 베어내는 아픔'이라는 의미로 형제자매의 상(喪)을 의미하는 말.
- **함영(頷盈)** : 턱받이. 수시에 사용되는 품목.

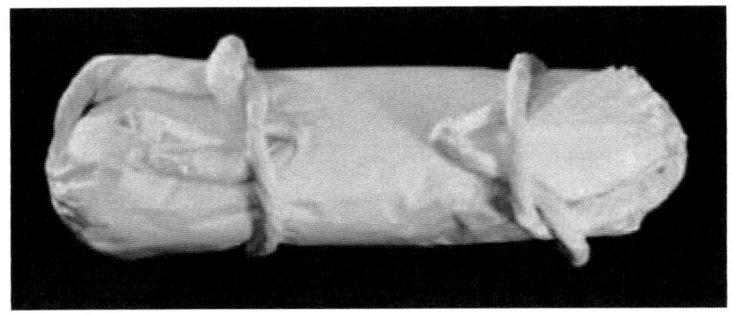

- **함중(陷中)** : 신주 속을 움푹 파서 글씨를 쓰는 곳. 즉 죽은 사람의 이름, 관직, 별호 등을 적기 위하여 신주 속(신주의 뒷부분)에 4각형으로 우묵하게 파낸 홈으로서, 함중의 길이는 6치, 너비는 1치, 깊이는 4푼 정도이다. 함중에 쓰는 글씨는 한 번 쓰면 다

시 바꿔 쓰지 않는다. 반면 분칠이 되어 있는 신주 앞면(粉面)은 현고(顯考)와 봉사자(奉仕者)의 이름을 대(代)가 바뀔 때마다 고쳐 쓴다.

- **합독(合櫝)** : 부부의 신주를 한 독(櫝) 안에 넣는 일. 또는 그 신주.
- **합문(闔門)** : 제사 지낼 때에, 유식하는 차례에서 문을 닫거나 병풍으로 가리어 막는 일. 참사자 모두 밖으로 나가 문을 닫고 3~4분가량 기다린다. 단칸방의 경우는 제자리에 엎드리거나, 남자는 동편에서 서향하고 여자는 서쪽에서 동편향하여 엎드려 몇 분이 지난 뒤 일어나기도 한다. 영위(靈位)가 조용히 식사하시기를 기다리는 의식으로서 보통 9식경(밥 9술 먹는 시간)정도 기다린다. 제상 앞에 병풍을 가리기도 한다.
- **합장(合葬)** : 여러 사람의 주검을 한 무덤 속에 묻는 장법. 부부의 시신을 한 무덤 속에 묻는다. 부(祔), 합폄(合窆)이라고도 한다. 단독장(單獨葬) 또는 각장(各葬)에 대비되는 의미이다. 합장을 할 때는 남자는 서쪽에, 여자는 동쪽에 매장한다. 또 예서에 의하면 부인이 서열에 따라 달라 원배(元配)일 때는 남편의 왼쪽에 합장하지만, 계배(繼配)일 때는 합장을 하지 못하게 한다. 한국에서는 부인이 둘일 경우 품자(品字)식이라고 하여 남편을 중앙에 매장하고 양 옆에 원배와 계배를 합장하거나, 남자의 왼쪽에 나란히 합장하기도 했다. 합장과 유사한 것으로 쌍분(雙墳)이 있다. 이는 하나의 광중이 아니라 하나의 묘소에 광중을 따로 파서 매장하기 때문에 합장과는 구별된다.
- **합폄(合窆)** : 함께 묻음. 합장.
- **항려의중(伉儷義重)** : 부부의 의리가 소중함. 배우자가 사망한 상주를 위로할 때 사용하는 서식 문구.
- **해서(楷書)** : 한자 글씨체의 하나로 정자(正字)로 쓴 글씨. 명정은 해서체로 쓰는 것이 원칙이다.
- **해양장(海洋葬)** : 화장한 골분을 바다에 뿌려 장자지내는 장법(葬法).
- **해포(解布)** : 미라가 된 시신의 경우, 시신을 염(殮)한 부장품 등을 벗기는 작업을 말한다.
- **행면타고(幸免佗苦)** : 다행이 다른 고민을 면함. 문상 오신 손님들에게 답장을 보낼 시 상주가 사용하는 문구 서식.
- **행전(行纏)** : 다리를 싸매는 베. 늑백(勒帛), 박고(縛袴)라고도 한다. 바지, 고의를 입을 때 정강이에 감아 무릎 아래에 매는 물건.
- **향(香)** : 향은 부정(不淨)을 제거하고 정신을 맑게 함으로써 신명(神明)과 통한다고 하여 중국이나 한국에서는 모든 제사 의식에 맨 먼저 향불을 피운 것을 분향(焚香)이라고 한다. 과거에는 향목(香木)을 그대로 잘게 깎아서 사용했으나, 오늘날에는 사용하기 쉬운 가는 선(線) 모양의 선향(線香)을 많이 사용한다.

- **향궤(香櫃)** : 향을 담는 궤.
- **향도(香徒)** : 상여를 메는 상두꾼.
- **향로(香爐)** : 향을 피우는 작은 화로. 즉 제사나 의식을 치를 때 향을 피우는 그릇이다. 중국에서는 제사의 종류와 형식에 따라 다양한 형태의 향로를 사용하였다. 우리나라의 경우도 국가대제의 경우에는 다양한 형태의 향로를 사용하였다.
- **향상(香床)** : 향로나 향합을 올려놓는 상. 향안 참조.
- **향안(香案)** : 향상(香床)이라고도 하며, 향로나 향합(香盒) 따위를 올려놓는 작은 상을 말함. 향을 놓은 탁자. 향로와 향합, 숟가락, 젓가락을 딸려 놓는다.
- **향안석(香案石)** : 무덤 앞에 향로와 향합을 놓는 돌.
- **향정자(香亭子)** : 영거(靈車) 참조.
- **향촉(香燭)** : 제사에 쓰이는 향과 촉.
- **향축(香祝)** : 제사에 쓰이는 향과 축.
- **향취(香臭)** : 향냄새.
- **향탁(香卓)** : 향로와 향합을 올려놓는 상으로 제상 앞에 놓는다.
- **향탕수(香湯水)** : 염습할 때 시신을 씻기 위해 향을 넣어 달인 물. 향나무 삶은 물. 군주가 승하했을 때 목욕 시 목욕물로 향탕수를 쓴다. 『상례비요』에서는 향탕수 대신 쌀뜨물을 사용하도록 설명하기도 한다.
- **향함(香函)** : 향을 담는데 쓰는 함. 향합(香盒) 참조.
- **향합(香盒)** : 제사 때 피우는 향을 담는 합(盒).
- **행전(行纏)** : 한복에서 바지 아래를 정리하기 위하여 발목에서 장딴지까지를 둘러치는 것으로, 번듯한 헝겊으로 소맷부리처럼 만들고 위쪽에 끈을 달아 돌려 맨 것을 말한다. 각반 대용이라고 할 수 있다. 늑백(勒帛) 참조.
- **허위(虛位)** : 신주가 없는 빈 교의.
- **허장(虛葬) 영장(靈葬)** : 거짓 장사(葬事). 즉 남의 땅에 몰래 묘를 쓰기 위하여 먼저 허장(虛葬)을 하여 땅 임자의 눈치를 떠보거나 병자가 낫는다는 미신에서 허장을 지내는 습속이 있었다. 또 오랫동안 생사를 모르거나 시체를 찾지 못하는 경우에 그의 유물로써 장사(葬事)를 하기도 하는데 이를 허장(虛葬) 또는 영장(靈葬)이라고 한다.
- **허첨고족(虛簷高足)** : 허첨이란 관의 가장자리에 처마가 있는 것이고, 고족이란 관의 밑바닥에 다리를 설치한 것.
- **헌토(獻土)** : 보통 취토(取土)라고 하는 의식이다. 상주(상제)들이 하관 후 봉분하기에

앞서 고운 흙을 한 줌씩, 또는 한 삽씩 관 위에 뿌리는 의식이다. 하토(下土), 실토(實土), 허토(虛土), 취토(取土)라고도 한다. 취토(取土) 참조.

- **헌화(獻花, Flower Offering)** : 신전이나 죽은 사람의 영전에 꽃을 바침 또는 그 꽃.
- **헌화(獻花) 예절** : 헌화 예절은 꽃대가 고인 쪽을 향하게(꽃봉우리가 조문객 쪽으로) 드려야 한다는 의견도 있고, 고인께 바치는 꽃이므로 고인이 보시기에 좋은 모습이어야 한다는 의미로 꽃봉우리가 고인 쪽을 향하게 한다는 의견도 있다. 무엇이 정답이라 할 수는 없으나 고인께 바치는 것이므로 후자가 나을 듯하다. 일본의 경우는 전자의 방법이다.
- **현관장(懸棺葬)** : 중국의 사천성, 절강성, 운남성, 귀주 등에 거주하는 소수민족의 장례법으로서, 약 3천 년 전부터 내려오는 장례 풍습이다. 강가나 냇가의 가파른 절벽에 단단한 나뭇가지를 꽂을 수 있는 구멍을 판 후, 나뭇가지를 고정하여 그 위에 관을 얹어 놓았다. 애장(崖葬), 선관장(船棺葬)이라고도 불린다. 현관장(懸棺葬)에 쓰이는 재료는 대략 나무나 옹기 등이 쓰인다.
- **현궁(玄宮)** : 땅 속의 내광(內壙 : 壙中). 즉 땅 속에 있는 재궁(梓宮 - 임금의 관[棺])을 모시는 곳이다.
- **현실(玄室), 현궁(玄宮)** : 무덤 내부 시신을 모셔 놓은 자리. 무덤실. 때로는 영구(靈柩)를 의미하기도 한다. 광중(壙中) 참조.
- **현훈(玄纁)** : 장사지낼 때 산신(山神)에게 드리는 검은 빛과 붉은 빛의 두 조각 헝겊의 예물(폐백). 매장을 할 때 고인에게 올리는 폐백. 일명 예단이라고도 한다. 검은 색이나 청색 천과 붉은 색 천에 오색실을 동심결로 묶어 하관 시에 상현하훈(上玄下纁), 혹은 현우훈좌(玄右纁左 : 관 오른쪽[東]에 청색이나 검정색, 왼쪽[西]에 붉은색을 넣음) 순으로 광중 속에 매장하는데, 옛날에는 크게 만들었으나 지금은 치수가 작고 형식에 그치며 쓰지 않는 곳도 있다. 사실 현훈(폐백)이란 유택이 마련된 곳의 토지신(土地神)에게 드리는 선물이다. 『주자가례』에서는 그 길이를 1장8척(약 5.5미터)으로 하며, 검정색 비단 6개와 진주홍색채색비단 4개를 쓰되, 가난한 자라면 각 1개씩을 써도 무방하다고 되어 있다. 그러나 요즈음에는 청실(현을 대신)과 홍실(훈을 대신)로 쓰는 경우가 더 많은 것 같다. 언제부터인지 모르게 그렇게 사용하고 있는데, 사실 청실홍실은 장례가 아니라 전통혼례에서 납폐절차에 쓰이는 폐백이다. 한편 폐백은 고인과 함께 매장하는데, 그 위치에 대한 유가(儒家)의 설명이 통일되어 있지 않다. 우암 송시열 선생은 '현우훈좌(玄右纁左)'라고 가르쳤으며, 사계 김장생 선생은 '상현하훈'으로 가르쳤다. 우암선생이 가르친 '현우훈좌'의 원칙은 고인(故人) 기준이므로 보는 사람 기준으로는 '훈우현좌'가 되는데, 붉은 색을 우(右)에 놓고 검정 색을 좌(左)에 놓는다는 의미이다. 우리가 흔히 알고 있는 세 번째 횡대를 열고 좌에 청실을 우에 홍실을 놓은 '좌청우

홍'의 원칙이 여기에 근거한 것이다. 현재 현을 (운삽과 함께) 광중의 북동쪽에, 훈을 (불삽과 함께) 남서쪽에 위치시키는 경우가 많은데, 전거를 찾을 수 없는 예법이다. 만약 우암 선생과 사계 선생의 가르침을 혼합한다면, 현은 광중의 북서쪽에, 훈은 광중의 남동쪽에 위치시킴이 오히려 더 적절하다고 할 수 있겠다. 현훈을 드릴 때는 관과 곽 사이에 놓는다고도 하나, 통상은 고인이 가슴 부위인 영구 가운데에 놓는데, 현을 위쪽의 동쪽에 훈을 아래쪽의 서쪽에 놓는다(상현하훈). 현훈을 드리고 주인이 부복하며 곡을 하면 주변의 사람들도 곡을 한다. 상현하훈으로 폐백을 드리는 이유는 현(玄)은 양(陽)인 하늘을 상징하기 때문에 위쪽에 놓고, 훈(纁)은 음인 땅을 상징하기 때문에 아래쪽에 놓는다.

- **협제(祫祭)** : 조상의 모든 신주를 함께 제사함.
- **형륙(刑戮)** : 죄지은 사람을 형법에 따라 죽임.
- **혜(彩鞋)** : 수의의 품목 중 하나인 신발(습신).
- **호곡(號哭)** : 소리 내어 곡하는 일.
- **호상(好喪)** : 망자의 가정 형편이 좋고, 망자의 나이가 수를 누리고(長壽), 상주 나이가 50 정도를 넘은 유복한 집안에서 초상이 난 경우를 일컫는다.

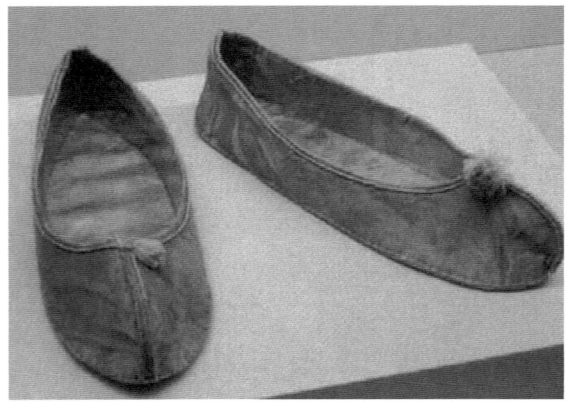

습신

- **호상(護喪)** : 장례에 관한 모든 일을 맡아서 진행하는 사람. 상례 전반을 총괄하는 사람. 배상(陪喪)이라고도 하는데, 장례 사무의 주관자이다. 친지나 자제 중에 예(禮)를 알고 일을 주관할 수 있는 사람을 시킨다고 했으나 실제적으로는 가문 내의 덕망이 있고 예에 밝은 사람으로 한다. 호상이란 호상차지(護喪次知)의 준말로서 초상에 관한 모든 일을 도맡아 보살피는 사람을 말하며, 발상과 아울러 장례 일체를 주관하고 지휘할 만한 친척이나 친구를 택하여 정한다. 상주를 대신하여 상례 전반을 주관한다. 장례에 관한 절차, 진행, 금전관리, 조문객의 접객, 사망신고, 매장(화장)신고, 허가신청 등의 모든 일을 주관한다. 상례에서 처리하는 일은 모두 호상에게 문의하여 처리한다. 이와 함께 예를 잘 아는 사람을 상례(相禮)로 삼아 상사(喪事)를 처리하고 호상을 돕게 한다.
- **호상소(護喪所), 비장책** : 호상소는 상가의 사무소이고, 비장책은 상사에 필요한 조객록(망자가 남자일 경우), 조위록(망자가 여자일 경우), 금전출납부, 물품수불부, 월력, 축철(축문철), 잡지장 등을 말한다.

- 호식장(虎食葬) : 호식장은 호랑이가 사람을 잡아먹고 남긴 유해를 거두어 그 자리에서 화장을 한 다음, 돌무덤을 만들고 그 위에 사루를 엎어 놓고 시루 가운데 구멍에 칼이나 뾰족한 물레가락 등을 꽂아 놓는 장법이다. 시루를 엎어 놓고 칼을 꽂아 놓는 것은 시루가 사악(邪惡)한 것을 모두 삶아 쪄서 죽이기 때문에 그것을 엎어 놓으면 귀신도 그 속에서 꼼짝 못하게 된다는 믿음 때문이었다. 이러한 장법은 호환이 많은 강원 산간지방에서 많이 행해진 장제로서 지역에 따라 호식총(塚), 홍살이터, 범다물, 호식터 등으로도 불렸다.

- 호창(呼唱) : 선소리, 상여소리. <의례준칙>에서는 상여로 운구할 때는 호창(呼唱), 즉 선소리를 못하게 하고 정숙하게 하여야 한다고 규정하고 있다. 그러나 전통 사회에서는 성원의 죽음에 대한 슬픔을 역으로 표현하였기 때문에 상가의 밤샘, 대도듬(빈상여놀이), 선소리, 달구질소리 등의 상례와 관련된 다양한 놀이가 행해져 왔다. 특히 진도 다시래기나 추자도의 산다위에서 보듯 죽음에 대한 역설적 표현은 결국 남겨져 있는 공동체 성원이 위기를 극복하기 위한 상주의 의례를 행하는 것처럼 공동체의 회복을 위한 의도적 유희나 시끌벅적한 분위기 창출들이 있어 왔다. 따라서 엄숙하게 하라는 것은 한국의 문화적 전통을 무시한 것으로 보인다. 또한 주목되는 것은 자동차를 사용해도 무방하다는 것으로서 이미 이 당시에 자동차가 일반화되었음을 시사하고 있다.

- 혼백(魂魄) : 넋. 주지하다시피 정통 유학의 사생관(死生觀)에 의하면 우주의 모든 삼라만상은 기(氣)의 이합집산(離合集散)에 의하여 생성하고 소멸한다. 인간 역시 마찬가지이다. 기(氣)의 이합집산(離合集散)에 의하여 인간 역시 탄생되고 소멸되는 것이다. 혼히 인간은 정신(마음)과 물질(육체)로 구성된다고 한다. 즉 정신(마음)의 기(氣)와 물질(몸)의 기(氣)의 결합체가 바로 인간이다. 이 경우 정신(마음)의 기(氣)가 다름 아닌 혼(魂)이요, 물질(몸)의 기(氣)가 다름 아닌 백(魄)이다. 따라서 혼(魂)과 백(魄)의 공존이 삶(生)이라고 한다면, 양자 간의 분리는 곧 죽음(死)이 되는 것이다. 그런 의미에서 인간의 한 몸은 <혼백(魂魄)의 집>이라고 말할 수 있다. 이렇게 중요한 혼백(魂魄)의 결합체로서의 인간이 죽음을 통해 혼백이 서로 분리가 되면, 혼(魂)은 인간이 경험하는 천상(자연)에 부유하게 되고, 백(魄) 역시 인간이 사는 땅에 묻히게 된다. 이 경우 인간의 혼(魂)은 흩어질 수 있고, 백(魄)도 소멸할 수 있다. 따라서 조상의 혼(魂)은 물론 그의 육체(魄)마저도 정성스럽게 잘 보존해야만 한다. 이러한 유한한 시공간적 감각의 산물이 바로 선조공양과 묘지이다. 그 때문에 유학에서는 무덤의 중요성을 매우 강조하고, 매장을 선호하게 되는 것이다. 유학이 조상의 시신, 즉 주검의 문제에 깊이 관심을 갖는 이유는 바로 여기에 있다.

- 혼백(魂帛) : 상례(喪禮)에서 신주(神主)를 만들기 전에 망자의 혼이 임시로 거처하시도록 만들어 영좌(靈座)에 봉안하는 신위(神位). 즉 신주를 만들기 전까지 고인의 영혼이

빙의(憑依)하는 신체로서 기능한다. 고인의 영혼을 고복을 통해 불러와 좌정시킨 후 고인의 영혼이 깃들어 있음을 상징하기 위하여 빈소에 모시는 삼베나 명주로 접어서 만든 임시 패(牌). 즉 흰 명주로 사람의 형상을 만들어, 왼쪽에 죽은 사람의 생(生) 년월일시를, 오른쪽에 졸(卒) 년월일시를 써 놓은 물건. 혹은 신주(神主)를 만들기 이전에 신주를 대신하기 위해 임시로 만든 임시 신주. 흰 비단, 명주나 삼베 혹은 모시 서너 자로 만든다. 비단 한 필을 양쪽에서 말아서 가운데에서 끈으로 묶는 속백(束帛)의 형태와 동심결을 만드는 형태, 비단을 사통팔달로 접는 형태가 있다. 요즘은 삼베로 속제 형태로 혼백을 만들고, 그 안에 지방서식을 넣어서 판매하고 있지만 혼백에 지방을 넣는 것을 불가하다. 신주를 만들기에 앞서 만들어 빈소에 모셨다가 대상이 끝나는 날 묘소에 묻는다. 이 혼백은 상자(魂帛函)에 넣어 교의 위에 모신다. 평소에는 혼백상자 뚜껑(덮개)을 덮고, 혼백을 뵈올 때만 연다. 요즈음은 사진으로 대신하기도 한다. 오늘날 장례의식의 경우 대부분 혼백상자의 덮개를 열고 제단 중앙 뒤쪽 벽면(또는 영정액자틀)에 기대어 세워 놓는데, 이는 잘못된 예법이라 할 수 있다. 덮개를 닫고 혼백상자 앞면에 인쇄된 상(上)자가 서(왼)쪽을 향하도록 해서 높여 놓는 것이 맞는 예법이다. 이후 덮개는 닫힌 상태를 유지하며, 제사지낼 때만 열어 놓는다. 또한 거의 대부분의 경우 혼백 안에 지방(紙榜 : 고인의 신위 표시)을 담고 있는데, 이것 역시 잘못된 예법이다. 혼백에는 지방을 담지 않는 것이 올바른 예법이다. 너비 한 폭에 길이 1자 3치(약 40cm)인 흰색 비단, 마포 또는 백지를 접은 뒤 오색실로 만든 동심결을 끼워 만든다. 장례 후 2년 동안 빈소에 모셨다가 대상(大祥)을 치른 뒤 묘소에 묻는다. 옛날에는 초우를 지낸 뒤 묘소 앞에 묻고 탈상 때까지는 신주를 사용하였다. 혼백에 대한 서식도 여러 가지로 혼용되고 있다. 장례용품으로 나오는 혼백상자에는 "學生본관 성 公神位" 또는 "孺人본관 성 氏神位"로 기재되어 있으나, 아직 조상신으로 승화되지 않았으므로, 혼백에 대한 서식은 남자의 경우 "學生본관 성 公之靈"으로 쓰고, 여자의 경우는 "孺人본관 성 氏之靈"으로 쓴다. "神位"를 사용하는 때는 평토제를 지내고 삼우제를 지낸 후 영혼이 신주나 위패로 전이된 다음에 사용되는 것이다. 영정에도 검은색 리본은 입관을 마친 후 두르는 것이 원칙이다. 하지만 예법이란 정성이 가장 우선이기 때문에 이런 문제에 지나치게 연연하는 것도 문제가 될 수 있다. 절차상 혼백을 만들어 설치하는 시기는 습(襲)이다. 시신을 가린 병풍 앞에 교의(交椅)를 놓고 고복을 할 때 사용했던 복의(復衣)를 상자에 넣어서 놓고, 그 위에 혼백을 모신다. 혼백을 모신 영좌 앞에 제사상을 놓고, 술잔 포 과일을 준비하여 전상(奠床)을 차린다. 제상 앞에는 향로, 향합을 놓은 향탁, 제상에 올렸던 술을 퇴주하는 퇴주그릇, 술병이나 술주전자를 놓는다. 고인이 평상시에 아침 아침저녁으로 빗질하고, 세수할 때 사용했던 도구를 진설한다. 영좌는 혼백을 안치하는 장소로서 그 앞에 전을 차리는 것은 영혼이 의지할 수 있는 장치를 마련하는 것이다. 이는 영혼은 혼백에 의지한다고 믿기 때문이다.

- 혼백함(魂帛函) : 혼백을 담아두는 함.
- 혼비백산(魂飛魄散) : 혼백을 사람이 죽으면 혼(魂)은 하늘로 올라가고, 넋(魄)은 흩어진다는 말. 우리 조상들은 사람이 죽으면 혼(魂)은 주검에 머물지 않고 고인의 관등성명(官等姓名)을 적은 신주(神主)에 머문다고 생각했다. 그래서 제사를 지낼 때면 신주를 모시거나 지방을 써 붙임으로써 영혼을 맞이했다.
- 혼유석(魂遊石) : 봉분 앞 상석 뒤의 혼령이 노니는 장방형의 돌.
- 혼정성신(昏定省晨), 혼정신성(昏定晨省) : 아침저녁으로 부모에게 문안함. 즉 부모에게 효도하는 정신의 일환으로서 저녁이 되면 자리를 봐 드리고 아침이 되면 기침하셨는지 살펴드리는 효성의 정신. 이러한 정신을 가지고 조석(朝夕)으로 곡(哭)을 하고 전(奠)을 올려야 된다.
- 혼천백지(魂天魄地) : 혼(魂)은 승천하고 백(魄)은 땅속을 스며든다.
- 효대(絞帶) : 상복에 띠는 삼 띠.
- 화삽(畵翣) : 대부(大夫)와 사(士)가 쓰는 것이니, 만드는 법은 불삽(黻翣)과 같되, 다만 구름무늬를 그리고 가장자리 역시 같이 한다. 불삽과 화삽은 모두 대나무로 장대를 만들되 길이는 5장이다. 구름은 하늘을 뜻한다. 사람이 죽으면 혼은 하늘로 올라가고 넋은 땅으로 떨어진다는 데에서 유래한 것으로 죽은 사람의 혼을 하늘로 인도해 줄 것을 염원하기 위한 것이다. 일명 운삽(雲翣)이라고도 한다. 상여의 옆에서 보삽, 불삽, 화삽의 순서로 상여를 호위하여 인도한다.
- 화옥(火屋) : 고려 시대의 절에는 장례를 치르는 장소와 함께 화장하는 자리도 따로 있었다. 문제는 화장을 할 때 혹여 비바람이라도 치면 어떻게 했을까 하는 점인데, 이것은 화장하는 곳에 비바람을 가릴 수 있는 시설(가옥)을 마련하면 간단히 해결될 수 있다. 비슷한 시기 일본의 절터에서는 '화옥(火屋)'이라고 불리는 화장장 유적이 발견됨으로써 그 가능성을 뒷받침해주고 있다. 그러나 아직까지 우리나라 고찰(古刹)에서는 그러한 유적을 찾지 못하였다.
- 화장(火葬, Cremation) : 불교용어로는 다비. 소장(燒葬), 분장(焚葬), 분신(焚身), 분관(焚棺), 분경(焚痙), 화장(火藏), 도비(闍毗), 도유(闍維), 소골(燒骨), 화소장(火燒葬), 소구(燒柩), 부도(浮屠), 부도법(浮屠法), 분(焚), 예장(禮葬), 장빈(葬殯), 장분(葬焚), 출장(出葬), 화구(火柩), 화소장(火燒葬), 화츤(火櫬), 호장(蒿葬), 호소(蒿燒) 등의 용어로도 쓰였다. 시체 또는 유골을 불에 태워 장사지내는 것을 말한다. 유럽에서는 신석기시대부터 이루어졌다. 일본에서는 불교와 함께 보급되었다. 명치시대에는 콜레라가 유행하여 화장이용률이 매우 상승하였고, 현재도 일본에서는 대부분 화장을 하고 있다. 우리의 경우도 삼국시대 불교의 유입과 함께 일반에 많이 보급되었다. 화장은 육체를 빨리 파괴

하려는 장법으로 사체 처리에 많은 시간과 비용을 들이지 못한 수렵유목 종족들이 사체를 버리거나 수상장(樹上葬), 조장(鳥葬)을 포함한 수장(獸葬)을 많이 행했던 것과 같은 맥락이라고 생각된다. 나아가 처음에는 사체 처리의 편의라든가 사령(死靈)에 대한 공포 때문에 육체를 빨리 파괴하기 위하여 채택되었을지 모르나, 후에는 육체를 빨리 파괴해야 영혼이 자유로워진다는 뜻을 지니게 되었다. 고대인들은 화장 때 피어오르는 연기에서 육체의 껍질을 벗는 영혼의 마지막 모습을 보았으며, 그것이 하늘로 오르는 모습에서 영혼이 하늘에 오르는 것을 상상했다. 화장은 세계적으로 보편적인 4개의 장법 중 2번째로 많은 장법이다. 매장과 마찬가지로 화장을 할 때는 반드시 화장시설 등의 관련 사항을 법으로 규정하고 있다. 한국사에서 대세를 이루었던 장법은 매장 다음으로 화장이었다. 삼국시대 고려시대까지만 해도 화장이 성행했지만 조선시대에는 유교식 상례의 정착으로 화장은 단지 전염병 예방을 위한 대책, 혹은 무연고자의 시신 처리법 등 정상적이지 못한 죽음을 처리하는 장법 정도로 인식되어 왔다. 19세기 말 일본식 화장의 도입으로 화장은 혐오스런 장법으로 인식되었으나 21세기 국토의 효율적 이용 등의 인식변화에 따라 2016년 말 경 전국 화장률은 82.7%로 다시 화장이 일반적인 장법으로 자리잡고 있다.

- **화장(化粧)** : 메이크업. 시신을 Viewing할 수 있도록 잘 단장하고 분장하는 것.
- **화장묘** : 시신을 불에 태워 장골용기(葬骨容器)에 담아 장치하는 장법(葬法)이다.
- **화장장(火葬場)** : 시신 또는 유골을 화장하기 위한 시설.
- **화장장 예약** : 예약 가능한 사람은 사망자의 배우자, 자녀, 부모, 자녀 외의 직계비속, 부모 외의 직계존속, 형제자매, 기타 법령에 의해 권한이 인정되는 사람에 한하여 가능하다.

화장묘

♣ 구비서류 : 관련서류는 반드시 원본이어야 하며, 접수서류는 반환되지 않는다. 면제 또는 감면대상자는 해당증명서를 제출하여야 한다. - 일반사망자(자연사, 병사자)의 경우 : 사망진단서(사체검안서)1부, 등본 1부. - 기타사망자(사고사, 사인미상)의 경우 : 사망진단서(사체검안서)1부, 검사지휘서 1부.

- **화장장 이용절차** : 접수 ⇒ 운구 ⇒ 고별 ⇒ 화장 ⇒ 수골.

- **화장장 접수** : 예약상황 확인 ⇒ 예약구분 ⇒ 고인/신청자 실명 확인 ⇒ 신청자 핸드폰 인정 ⇒ 예약정보 입력 ⇒ 예약일시 선택 ⇒ 예약정보 확인 ⇒ 예약완료 ⇒ 사망진단서 FAX송부(24시간이내)
  ※ 화장장 도착은 당일 예약시간 30분 전까지 도착하여 접수절차를 마쳐야 한다.

- **화장허가서(火葬許可書, Cremation Permit)** : 화장을 위하여 지역의 공공기관에서 발행하는 허가서.

- **환원(還元)** : 천도교식 용어이다. 천도교에서는 인간의 죽음을 '환원(還元)'이라고 한다. 왜냐하면 생을 마치면 다시 본래의 성품자리로 되돌아간다고 보기 때문이다. 천도교 상례절차는 첫째 수시, 둘째 입관, 셋째 발인과 영결, 넷째 하관 및 사진봉안식의 4단계로 진행된다. 그 절차를 보면 수시 - 조문과 기도식 - 입관식(수의, 입관, 성복, 명정) - 발인식 - 영결식 - 하관식(청수 봉안, 하관, 성분) - 사진봉안식 순서로 진행된다. 천도교의 상기는 장례 후 3일까지이고, 3일 째 성묘할 때까지 상복을 입고, 산소에서 상복을 벗고 탈상한다. 그리고 초우, 재우, 삼우제 등 재래의 상례 행사는 일체 하지 않는다. 의례를 전반적으로 보면 절을 하지 않는다거나 명당을 찾는 등의 일을 금하는 것은 유교의 변형이라기보다는 전통적인 명당 관념과 신앙에 대한 혁신으로 볼 수 있다. 사실 제사의 경우 일반 유교식과는 전혀 다른 '향아설위법(向我設位法)'으로 행하는데, 자신을 향해 제사상을 진설하는 방법이다. 이는 신주를 거부하고, 자신의 안에 조상과 한울님이 있다고 보기 때문에 나타난 현상이다. 그렇게 때문에 기제사를 지내지만 전혀 다른 형태로 진행됨을 알 수 있다.

- **환질(環絰)** : 건(巾) 위에 두르는 수질(首絰). 두건 위에 덧쓰는 것이니, 누인 베 한 가닥으로 감는 것인데, 그 굵기는 시마(緦)의 질과 비슷하다.

- **황천(黃泉) 수부(水府) 구천(九泉)** : 저승(죽음)을 나타내는 말. 즉 지하에 있다는 샘으로 저승을 가리키는 말이다. 고고학적으로 볼 때 황천(黃泉)은 처음에는 묘실(墓室)을 파다 일정 깊이로 내려가면 땅 속에서 솟아나는 지하수를 만나게 된 데서부터 나온 말로써, 나중에 묘실을 칭하는 말이 되고 나아가 사후세계(死後世界)를 가리키는 말로써 쓰이게 되었을 것으로 보기도 한다(나희라, 『고대 한국인의 생사관』, 78쪽 참조).

- **회격(灰隔) 회곽(灰槨)** : 회 다지기. 광중 조성법. 광중(壙中 - 구덩이) 파는 일이 끝나면 석회(石灰)와 가는 모래(細沙)와 황토(黃土)를 섞어 골고루 펴서 다지고 채워서 회격(灰隔 - 회 다지기)을 만든다. 광중이 완성되면 외곽(外槨)처럼 만들기 때문에 회곽(灰槨)이라고도 한다. 회다지를 하는 것은 광중에 나무뿌리나 뱀, 쥐, 여우와 같은 동물들이 침범하지 못하도록 하기 위한 것이다. <의례준칙>의 해설에 의하면 회격(灰隔)은 호리(狐狸)의 발굴, 목근(木根)의 천입(穿入)을 방지할 정도로 한다는 설명이 간략하게 되어 있다. 『사례편람』에 의하면 먼저 광중 바닥에 회를 펴서 네모나게 하여 편평하게

한 후, 가장자리 사방에 판벽을 세우고 그 바깥쪽에 삼물(三物 : 석회, 細沙, 황토)을 섞어서 붓고 가운데에는 깨끗한 흙을 채운다. 이어서 가장자리의 회를 부은 곳을 절굿공이로 다지고 밟기를 9~10회 정도 하여 관을 안치하였을 때의 높이보다 4~5치 정도 높게 하여 그 윗면을 편평하게 한다. 한 가운데에는 광중 안에 놓는 내금정기(內金井機)를 놓고 먼저 채웠던 깨끗한 흙을 모두 파내어 회(灰) 바닥이 드러나도록 한다. 그러면 회격이 외곽처럼 되는데, 이때 찹쌀풀인 나미(糯米)즙을 깨끗한 회에 섞어서 회격의 사방에 두루 바르고, 빈 틈을 메워 마감한다. 이 형태에서는 회격 안에 따로 곽이 없기 때문에 회격 자체가 곽의 기능을 하므로 회곽으로 별칭하기도 한다. 『국조오례의』에 의하면 역시 광중의 바닥에 삼물(三物)을 2~3치 정도 채워 평평하게 하고, 그 위에 곽을 놓는다. 이어 사방에 삼물(三物)과 숯을 넣는데, 판으로 칸막이를 만들어 안쪽인 곽 쪽에는 삼물을, 그 바깥쪽에는 숯가루를 채우는데, 2~3치로 한다. 곽의 높이까지 채운다. 숯은 나무뿌리를 막고 물과 개미를 물리치고, 회는 모래와 합하면 단단하고 흙과 합하면 끈끈해서 여러 해 동안 굳히면 쇠나 돌같이 되어서 땅강아지와 개미나 도적이 도굴을 할 수 없다고 하였다. 즉 회격을 하는 이유는 나무뿌리나 곤충의 침입 및 도굴로부터 광중을 보호하기 위함이다.

- **회격개(灰隔蓋)** : 회다지기 뚜껑. 일명 횡대(橫帶)니, 횡판 다섯 조각 혹은 일곱 조각을 쓰는데, 두께는 대강 3~4치쯤 되고, 길이와 너비는 넉넉히 회격(灰隔 - 회 다지기) 사방에 각각 2치 위에 덮이도록 한다.

- **회격(灰隔)무덤** : 선사시대부터 한반도 지배계층의 무덤은 돌로 만든 무덤 계통이었는데, 조선조 세조의 광을 계기로 회격무덤으로 바뀌게 된다. 돌방무덤에서 회격무덤으로 변화하면서, 먼저 광중의 크기가 줄어 부장품의 수가 줄어드는 효과를 가져왔다. 이후 이것은 박장(薄葬)의 풍조로 이어지게 되었다. 다른 하나는 광을 회격으로 만드는 것이 상대적으로 간편하여 무덤을 만드는 비용과 노동력이 절반 이상 줄었다는 것이다. 회격무덤을 만드는 방법은 먼저 광을 파고 관곽을 안치한다. 다음 삼물(三物 : 석회, 황토, 자갈)을 각각 3 : 1 : 1의 비율로 느릅나무 껍질을 달인 물에 섞어 만들어서는, 광과 곽 사이를 채우고 다진 후에 봉토를 한다. 그리고 곽을 사용하지 않고 관 밖에 바로 회격을 한 것을 회곽(灰槨)무덤이라고 부르기도 한다. 이와 같이 왕릉에 회격을 사용함으로써 일반 민묘에도 많은 영향을 주게 되었으며, 이로써 회격무덤이 널리 퍼지게 되었다. 성호 이익의 『성호사설』에 보면, "후세에 와서는 회격을 아주 튼튼하게 하여 천백 년이 지나도 길이 남아 있도록 하고, 또 광내에 잡물이 들어가지 못하도록 예방하였다."라고 하여 회격무덤이 16세기 이후 크게 성행했음을 보여주고 있다. 실제로 경기도 파주와 용인 등지의 조선시대 분묘를 이장하는 과정에서, 관과 곽을 갖춘 데다 곽의 외부를 모두 삼물(三物) 회(灰)로 봉한 회격무덤들이 발굴되었다. 조선시대에도 고려시대 무덤과 마찬가지로 명기(明器)와 묘지석(墓誌石)을 부장하는 것이 보통이었다.

고려시대부터 성행한 묘지석은 죽은 사람의 성명과 신분 그리고 행적(行蹟)을 돌이나 사기 그리고 흙 등을 다져 새기거나 써서 남기는 것이다. 대체로 무덤 앞이나 관 위에 묻는 것으로서 보통 묘지(墓誌) 또는 지석(誌石)이라 하며 광지(壙誌)라고도 한다.

• 회곽묘(灰槨墓) : 무덤 내부가 회벽인 묘.

• 회광 반조(回光 返照) : 반조(返照) 현상 참조.

• 회다지 : 하관을 하고 광중에 흙이나 석회를 채울 때 단단하게 다지는 일을 말한다. 또한 회격을 하지 않고 흙을 채울 때는 빗물이 스며드는 것을 막기 위해 단단하게 다지는 일을 회다지라고 한다. 상주가 취토를 하고 나면 석회를 섞은 흙을 한 자 쯤 채우고는 다지고 해서 광중을 메운다. 보통 3번 내지 5번 행한다. 상두꾼들이 상여를 맬 때 썼던 연추대나 대나무를 가지고 선소리꾼의 소리에 발 맞춰 돌면서 다진다. 회다지를 하는 것은 광중에 나무뿌리나 뱀, 쥐, 여우와 같은 동물들이 침범하여 시신을 훼손하지 못하게 하기 위한 것이다. 회다지는 지역에 따라 회다지, 덜구, 달공, 달구질 등 다양한 용어가 발견된다. 선소리꾼의 선창에 따라 회다지꾼들이 리듬에 따라 발을 맞추어 다지기를 한다. 이때 부르는 노래를 회다지 노래라고 하는데, 앞소리꾼의 선창에 맞추어 후창을 하면서 회다지를 한다. 그리고 다지기를 하는 층수는 홀수로 하며 많이 할수록 좋은 것으로 인식하고 있다.

• 회다지 소리 : 봉분을 다지는 과정에서 흙을 덮고 땅을 다지기 위해 달구질을 하면서 부르는 소리. 장지에 도착한 상여행렬이 관을 내리고 봉분을 다지는 과정에서 흙을 덮고 땅을 다지기 위해 달구질을 하며 부르는 소리이다. 흔히 앞소리꾼의 선창에 따라 산역꾼들의 후창으로 이루어진다. 선창은 고인의 이력이나 애도의 가사로 이루어지고 후창은 주로 후렴으로 이루어진다. 회다지 소리는 지역에 따라 달고소리, 달구소리, 달구질소리, 달귀노래, 달구노래, 달구질노래, 지지미노래 등 여러 명칭으로 쓰이는데 양주지역에서는 회다지 소리 또는 달구소리라고 한다. 장지에 도착하여 시신을 매장할 때 유해를 광중에 안치하고 흙과 횟가루를 섞어 분묘를 다지는데 이를 달구질이라고 한다. 특히 회다지 소리는 사자를 장례하는 풍습 중 수장(水葬)이나 풍장(風葬), 화장(火葬) 등에서는 볼 수 없는 매장을 중시하는 우리 고유의 장례 풍습에서만 찾아볼 수 있는 의식요이다. 무덤을 사후의 가옥으로 인식하여 사자를 편안히 모시고자 하는 한국 장례문화의 핵심을 이루는 의식요라고 할 수 있다. 상여소리와 회다지 소리는 죽은 자에 대한 애도와 상여를 장지까지 운반하고 무덤을 만들기 위해 땅을 다지는 노동의 호흡을 고르고 흥을 돋우기 위한 노동요의 성격을 지니고 있다. 양주상여소리와 회다지 소리는 무형문화재 제27-1호로 지정되어 있는 문화 자산이다. 150여 명이 넘는 회원들은 상조회 식으로 운영되고 있다 회원들은 오래된 전통을 이어가기 위한 노력뿐만 아니라 지금도 마을에 초상이 나면 실제로 장례 전반에 주도적으로 참여함으로써 생활

문화로서의 전통 장례문화의 지킴이 노릇을 착실히 하고 있다.

- **회도살(回到殺)** : 하관하는 순간을 보면 산 사람이 화를 당한다고 한다. 일부에서는 '호충'을 피하라고 하며, 하관하는 전후 3분 동안 보지 않는다.
- **회칠(灰漆)** : 관(棺)의 안과 밖에 부패방지를 위하여 횟가루와 옻칠을 하는 것. "내외개용회칠(內外皆用灰漆 - 관의 안팎으로 모두 회칠을 함)." 퇴계 이황은 '골회(骨灰)칠과 같다.'고 하고, 서애 유성룡은 '골회(骨灰)는 쓸 수 없고 신회(蜃灰 - 조개가루)가 아닌가 한다.'라고 하였다(『가례집해(家禮集解)』).
- **회회청(回回靑)** : 도자기에 바르는 청색 도료.
- **횡대(橫帶)** : 매장할 때 영구 위에 흙이 직접 닿지 않도록 덮는 나무토막 또는 널빤지. 관을 묻은 뒤에 구덩이 위에 덮는 널조각. 즉 하관할 때 관 위에 가로로 걸쳐 놓는 막대기로서 나무판이나 대나무로 한다. 요즈음은 석판으로도 한다. 이것을 놓는 이유는 하관 후 관 위에 쏟아지는 회반죽이 직접 관에 닿지 않도록 하기 위함이다.

차 리본 　 장갑 　 유골함 　 산골함

횡대 　 운구버스 　 리무진

- **횡오(橫烏)** : 복두(幞頭 - 문상 시 머리에 쓰는 관[冠]의 일종)의 일종이다(권상하의 『가례집해』 참조).
- **횡첩판(橫貼板)** : 가로 붙인 널판.
- **횡판(橫板)** : 하관을 하고 광중에 흙을 채울 때 영구에 흙이 닿지 않도록 덮는 판을 말한다. 판은 나무, 돌 등으로 만든다. 이를 횡대(橫帶)라고도 한다. 회격을 할 때는 회격의 위쪽을 덮은 천판의 역할을 한다. 회격을 하지 않을 때는 흙으로 하는 곽의 덮개 역할을 한다. 하관을 하고 관의 주변을 흙으로 채운 다음 영구 위에 명정을 덮고 현훈

을 드린 다음 구의를 덮고 그 위에 간격을 두고 사방의 흙을 벽 삼아 천판으로 덮은 덮개를 횡판 혹은 횡대라고 한다.

- **횡편의(橫片衣)** : 명주 5~6자 남짓으로 반을 접어서 편의(片衣)를 만들고, 햇솜을 두텁게 두어서 장편의의 위에 등이 닿는 곳에 가로로 깔고 좌우로 거두어 일으켜서 충분히 옆구리를 지날 만큼 하되 배까지는 가지 않을 만큼을 취한다.

- **효(孝)** : 맏아들 효(孝), 맏손자 효(孝). 예를 들어 축문에서 맏아들은 기제사의 경우 봉사(奉祀)자로서 스스로를 효자(孝子)라 칭한다. 그런데 둘째 아들이 제주가 될 경우는 효(孝) 자를 빼고 그냥 자(子)라고만 칭한다. 손자의 경우도 마찬가지이다. 맏손자의 경우는 효손(孝孫)이라고 스스로를 칭하지만, 아닐 경우에는 손자를 빼고 그냥 손(孫)이라고만 칭한다.

- **효건(孝巾)** : 굴건제복할 때 상주와 복인이 머리에 쓰는 건(巾). 상제(주)의 두건(頭巾), 관 밑에 쓰는 것이다. 베로 머리를 싸고 꿰맨 솔기가 뒤 가운데에 있고 양쪽을 접어서 안에 넣고 그 위를 꿰매는데 앞뒤에서 바라보면 방관과 같으니, 속칭 두건(頭巾)이다.

- **효(絞), 효금(絞衾)** : 보통 염포(殮布)라고도 하는데, 시신을 싸서 묶는 띠(束帶)를 말한다. 빨아서 누인 고운 베로 만든다. 세로 매는 1폭으로 하는데, 길이는 10자쯤이다. 그 양쪽 끝을 각기 3갈래로 쪼갠다. 폭 중간 2/3는 쪼개지 않고 남겨 둔다. 가로 매는 3폭으로 하며 길이는 각각 4자 혹은 3자 정도로 하다. 매 폭 양끝은 각각 3갈래로 쪼갠다. 폭 중간 8치쯤은 쪼개지 않고 남겨둔다. 가로 매는 매듭을 정 중간에 해야 한다.

- **효대(絞帶)** : 상복 안에 받쳐 입는 중단의를 매는 띠. 요질 아래에 묶어 두르는 띠. 효대는 씨가 있는 삼끈 1조를 쓰는데, 크기는 요질의 반 정도이다. 가운데를 접어서 양 갈래를 각각 1자 남짓하게 만들어 곧 합하여 그 오른 쪽 끝을 양 갈래의 사이에 끼우고 반대로 오른 쪽에 삽입하여 요질의 아래에 늘어지게 한다.

- **후장(厚葬)** : 전통 장례 관습 중, 하관 시 망자가 지하(저승)의 세계에서 생활하는 데 필요한 생필품과 하인 등을 충분하게 넣어 주던 매장 풍습을 말한다. 또는 장사를 지낼 때 매우 성대하고 후하게 장례를 치러주는 것이 자손된 도리라 생각하여 매우 후(厚)하게 장사를 지내 주는 풍습을 말한다.

- **후토신(后土神)** : 토지지신(土地之神). 즉 토지(土地)를 관장하는 신.

- **후토제(后土祭)** : 치장(治葬)을 위해 산역(山役)을 시작하기 전에 먼저 토지지신(후토신)에게 간단히 고하는 제사. 효자의 정성어린 효심에서 우러나온 것으로서 부모의 시신이 묻힐 자리(陰宅)를 주관한다고 여겨지는 지신(地神)에게 부모와 자손들의 평안을 기원하는 제사를 모시는 것.

- **휘(諱)** : 죽은 사람의 이름.

- **훈교(燻珓)** : 점칠 때 50가지의 배교(环珓) 가지를 합쳐서 두 손으로 집고 향로 위에서 연기에 쏘이는 것을 말한다. 한 가지는 엎어지고 한 가지는 젖혀지는 것이 길한 것이다.
- **훙(薨)** : 제후(諸侯)의 죽음.
- **훙서(薨逝)** : 사망에 대한 경칭(敬稱). 즉 망자의 벼슬이 매우 높을 경우의 죽음을 표현하는 말이다. 연관(捐館), 엄기영양(奄棄榮養), 엄기색양(奄棄色養) 참조.
- **흉례(凶禮)** : 상례라고도 하며 상중에 행하는 모든 예절을 말함.
- **흉음(凶音)** : 부음(訃音).
- **흉제(凶祭)** : 시신을 묘지에 매장한 후 혼백을 제청에 모시고 거행되는 우제부터 졸곡 전까지의 제례를 흉제라 함.
- **흔작(齌酌)** : 잔을 향료 연기에 쏘이는 것.
- **흠향(歆饗)** : 음식을 잡수시는 것.
- **흥수(興洙)아이** : 1982~3년 충북 청원군 두루봉 동굴에서 발견된 한반도의 희귀한 구석기 시대 매장 유물이다. 이 동굴을 처음 발견한 김흥수(金興洙)의 이름에서 따온 것이다. 구석기 시대의 장례의식에 관한 매우 귀중한 자료이다. 발굴 당시의 모습을 살펴보면, 맨 아래에 넓고 평평한 석회암 낙반석을 깔고 그 위에 고운 흙을 뿌린 다음, 아이의 주검을 똑바로 펴 묻고 국화꽃을 뿌렸다. 그리고 다시 그 위에 고운 흙을 뿌려 살짝 덮은 다음, 넓적한 돌 판들을 이용하여 덮었다. 요컨대 이미 구석기시대부터 일정한 절차에 따라 장례의식을 거행한 장례의식의 일단을 엿볼 수 있다.

청원 두루봉 흥수아이   통영 연대도 패총 7호 무덤 인골

- **희생(犧牲)** : 우(牛), 양(羊), 시(豕)등 제사 시에 받쳤던 희생의 제물.

- **Air Tray** : 시체 운반용 컨테이너로서 관의 손상을 막기 위한 덧 관으로 씌워서 보호한다. 항공화물로 운송될 경우 지게차가 들어 올릴 수 있게 설계되어 있다.
- **Cannibalism** : 식인 풍습을 일컫는 용어. 그런데 식인종이 과연 존재할까? 100여 년 전 쯤 유럽인들은 식인종의 흔적을 과거에 살았던 '친척 인류'에게서 찾았다. 크로아티아의 크라피나 동굴 유적은 20C 초에 발견되었다. 이곳에서는 약 25,000년 전까지 살았던 네안데르탈인 화석 수십 개가 발견되었다. 특히 젊은 여성과 아이들이 많았는데, 흥미로운 특징이 있었다. 부서진 조각들이 많았고, 두개골이나 얼굴부위가 적었다. 그리고 뼈 곳곳에 칼자국이 나 있었다. 이것이 어떤 의미일까? 당시 인류학자들은 식인 풍습의 흔적이라고 해석하였다. 즉 네안테르탈인이 식인종이었다는 것이다.

메리 러셀 전 미국 케이스웨스턴리저브대 인류학과 교수는 1980년대에, 이들에게 정말 식인 풍습이 있었는지를 밝히기 위해 기발한 아이디어를 떠올렸다. 바로 뼈에 남은 칼자국의 특징을 살피는 것이었다.

러셀 전 교수의 생각을 따라가 보자. 만약 네안데르탈인이 서로 잡아먹었다면(즉, 식인종이었다면) 화석에서 보이는 칼자국은 도축을 한 흔적과 비슷해야 할 것이다. 이 경우 고기를 발라내기 때문에 보통 뼈의 중간 부분에 칼자국이 남는다. 반대로 식인을 한 것이 아니라 시신을 한 번 매장한 다음 나중에 꺼내 뼈를 손질해 묻는 '2차장'을 했다면 어떨까? 뼈를 다듬었기 때문에 뼈끝에 칼자국이 있을 것이다. 러셀 전 교수는 후기 구석기인들이 잡아먹은 큰 짐승의 뼈와 미국 인디언들의 골당(2차장을 모아 치른 인골들은 모셔 두는 곳)에서 나온 뼈를 모아 조사해 봤는데, 실제로 예상한 것과 같은 차이가 나타났다.

그럼 크라피나 화석의 칼자국은 어땠을까? 칼자국은 뼈의 끝부분에 있었다. 식인이 아니라 장례를 지냈을 가능성이 높아진 셈이다. 이제 유력한 식인종의 증거가 사라지게 되었다. 그럼 인류 역사에 식인 풍습은 없었다고 봐도 될 것인가?

그렇지는 않다. 네안데르탈인이 식인종이라 의심하기 전부터 사람들은 식인종의 존재에 대해 이야기해 온 것이 사실이다. 현생인류(Homo Sapience) 중에도 식인종이 있었다는 말이다. 원래 식인종이라는 영어 단어 'Cannival'은 15C 아메리카 대륙에 도착한 콜럼버스로부터 유래되었다. 그는 자신이 도착한 땅이 인도라고 믿었고 원주민들은 몽골인 칸의 후예라고 오해해 '카니바스'족이라고 이름 지었다. 유럽에는 이들이 사람을 잡아먹는다고 보고했다. 이후 식민지에 앞다투어 진출했던 유럽의 선교사나 인류학자들도 식인종에 대한 비슷한 기록을 많이 남겼다.

그런데 막상 20C 후반에 들어서 이상한 점이 발견되었다. 자료를 모아 검토해 보니 식인종 이야기는 하나같이 '소문'의 형식이었던 것이다. 즉 '우리는 아니지만 숲 저쪽에 사는 놈들은 무지막지한 식인종이다'라는 기록은 많은데, 직접 보았다는 기록이 전무하였다. 심지어 맨 처음 콜럼버스가 '카니바족은 식인종이다'라고 보고하게 된 것도 아라와크족의 증언을 통해서였다.

네안데르탈인도 아니고 신대륙에도 없다면 식인종은 허구일까. 그렇지는 않다. 식인 풍습을 지닌 종족이 종종 발견되기 때문이다. 그것도 비교적 최근인 20C 중반의 일이다. 바로 파푸아뉴기니에 살고 있는 포레족이다(현재는 식인 풍습 금지). 그런데 포레족의 식인 풍습은 장례 절차의 일종이었다. 즉 사람이 죽으면 모계 친족 여성들이 시신을 다듬는다. 시신의 손과 발을 자르고, 팔과 다리의 살을 저며 낸다. 그 다음에는 뇌를 꺼내고, 배를 갈라서 장기를 들어낸다. 그런 뒤 저며 낸 살은 남자들이 먹고 뇌와 장기는 여자들이 먹는다. 여자들이 손질하는 중에 옆에서 구경하는 아이들도 먹는다.

포레족은 왜 이런 끔찍한 장례를 치렀을까?. 이들은 자신들이 먹은 죽은 사람이 살아 있는 사람의 일부가 되어 동네에 계속 살게 된다고 믿었다. 이런 믿음은 다른 곳에서도 볼 수 있다. 아마존의 야노마모족은 죽은 사람을 화장한 뒤 그 재를 섞어 친척이자 이웃인 마을 사람들끼리 나눠 먹는다.

포레족의 식인 풍습은 끔찍하다. 그러나 겉모습을 걷어내면 그 안에는 지극히 보편적인 인간의 갈망인 사랑이 있다. 물론 모든 식인 풍습이 그렇듯이 애틋하지는 않을 것이다. 기록상으로는 증오에서 유발되는 식인 풍습도 있었다고 한다. 전쟁이나 복수를 위한 싸움에서 잡아온 상대를 죽인 다음 심장, 피 등 상징적인 부분을 먹는 행위이다. 증오의 상대를 '먹어 없애 버리는' 행위이다. 하지만 이 역시 기록은 있지만 근현대에 직접 보고 기록한 예는 없다.

지금까지의 연구 결과나 기록을 종합해 보면 인간이 다른 인간을 먹는 행위는 식생활의 일환이 아니다. 어떤 집단이나 부족도 식생활의 한 방편으로 인육(人肉)을 섭취하지는 않았다. 의례적 상징 행위일 뿐이었다. 사랑이든 증오든, 어떻게 보면 지극히 인간적인 열정이 의례의 형식으로 표출된 것이다. 이들을 과연 식인종이라고 부를 수 있을까? 식인 풍습이 있었을 가능성은 분명히 있고 일부는 사실로 밝혀졌다. 하지만 그렇다고 그들을 문자 그대로의 '식인종'이라고 부를 수는 없을 것이다(2012.1.14. 동아일보).

- **Calavera(깔라베라)** : 죽은 자의 날(멕시코 전통 민속 축제 중의 하나)에 먹는 멕시코 전통 음식이다. 설탕이나 초콜릿으로 만든다. 매년 11월 1 - 2일에 열린다. 해골 모양의 장식물들도 넘쳐 난다. 이 해골들을 통해 죽음에 대해 두려움을 없애고, 죽음과 친숙해지고자 한다. 파티도 하며 죽음을 축제로 승화한다.

- **Casket** : 관

- **Catacombs** : 카타콤은 '움푹파인 곳'이라는 뜻으로서, 죽은 사람들을 돌로 된 지하의 동굴 속에 매장한 공동묘지를 일컬었으나, 16세기 초에 기독교인의 지하묘지가 발견된 후부터는 모든 지하묘지를 일컫는 말이 되었다. 로마제국의 기독교 탄압을 피해 지하

동굴로 숨어든 기독교도가 순교자나 성자 또는 신도의 시체를 동굴 안의 벽면에 매장한 묘지이다. 구조는 보통 지하 10~15미터 깊이의 동굴에 대체로 폭 1미터 미만, 길이 2미터 정도의 규격을 갖추고 있다.

- **Cematory** : 화장장.
- **Cemetery** : 공원묘지. 집단묘지
- **Chapel** : 공원묘지교회. 집단묘지 내 예배당 또는 예배당 겸 장례식장
- **Columbarium(봉안당)** : 시신을 화장하여 유골을 용기에 넣어 모셔 두는 허가받은 봉안시설. 봉안 영구보관시설. 즉 Niche(납골보관소)가 있는 시설.
- **Crypt** : 시신보관소. 시신을 영구 보관하는 최소 단위 공간 또는 실(室).
- **Death Mask** : 죽음의 가면. 죽은 얼굴을 석고로 형을 떠서 만든 가면.
- **Embalming** : 방부처리. 소독 및 방부처리. 19C부터 미국에서 널리 행해지고 있는 장법으로 시체에서 혈액을 빼내고 포르말린 등 방부액을 주입한다. 시신이 훼손된 경우 조형수술로 복원하여 시신을 살아있을 때와 같은 모습으로 만든다. 미국 남북전쟁 당시 시신을 멀리 떨어진 유족들에게 온전하게 전하기 위하여 이 장법이 많이 사용되었다. 소련의 레닌, 중국의 모택동, 북한의 김일성 김정일 등의 장례 때 이 장법을 사용하였다. 혈액 대신 방부제를 주입해 시신을 영구적으로 보존하는 기술이지만, 이것도 장법 중 하나로 볼 수도 있다. 사자(死者)를 숭배하는 방법으로 사자의 생전 모습을 그대로 보여주는 것처럼 효과적인 방법은 없을 것이란 데서 비롯되었다.
- **Funeral Service** : 장례서비스.
- **Fumace** : 화장로.
- **Grave** : 분묘.
- **Mausoleum** : 매장시설. 시신 영구보관 시설. 즉 Crypt가 있는 시설.
- **Memento Mori** : 로마제국 시대에 전쟁에 승리한 개선장군이 얼굴에 붉은 칠을 하고, 네 마리의 말이 끄는 마차를 타고 로마시내를 퍼레이드 하는 관습이 있다. 이 때 붉은 칠을 한 개선장군의 마차 뒤에서 노예들로 하여금 외치게 했던 것이 바로 '메멘토 모리(Memento Mori)'이다. 그 뜻은 '죽는다는 것을 기억하라.'라는 경고문이다. 전쟁을 승리로 이끈 개선장군을 위해 얼굴에 붉은 칠을 함으로써 퍼레이드 하는 동안만큼은 신의 반열에 올려 존경심과 경의를 표현하였지만 그 뒤에 노예들로 하여금 '죽는다는 것을 기억하라.'는 뜻의 '메멘토 모리'를 외치게 하여 쿠테타나 시민을 위해하는 개선장군의 오만함과 잘못된 판단을 경계하는 경각심을 심어주기 위한 장치이다. 즉 '너무 우쭐거리지 말고 겸손하라. 죽는다는 것을 기억하라.'는 뜻으로 노예를 시켜서 개선장

군에게 '메멘토 모리'를 복창케 만든 것이다.

- **Monument** : 묘비.
- **Mortuary** : 장례시설.
- **Mummy** : 미라장(葬). 이집트의 피라미드나 공동묘지에서 흔히 발굴되고 있다. 이는 고대 이집트인이 죽음에 의해 일시적으로 신체를 떠난 영혼이 다시 신체로 돌아와 부활할 것으로 믿고 있어 시체를 보존하려고 이 장법을 사용하였다. 시신에서 뇌와 내장 등 부패하기 쉬운 부분을 꺼낸 후 약재(藥材)를 이용해 방부처리하고 나서 도포로 말아 관 속에 넣어 시신을 보관하였다.
- **Niche** : 납골보관소(봉안당). 화장한 유골을 보관하는 소구역 또는 실(室).
- **Pain Clinic** : 환자의 통증에 대처함에는 마취제에 의한 신경 Block이 행하여진다. Pain Clinic에는 주로 약제가 사용되지만 심리적인 요소도 중시된다.
- **Plate Marker** : 평판묘지. 평장묘지. 세로로 땅에 누인 형태의 묘비.
- **Shrouding** : 염습.
- **Upring Marker** : 입형묘지. 세로로 세워진 형태의 묘비.
- **Um** : 봉안함(납골함).
- **Vault** : 매장 시 관을 보호하는 곽(槨).
- **Terminal Care** : 말기 환자의 정신적, 육체적 고통을 감소시키기 위하여 도와주는 것으로 가족이나 사후 유족의 Care를 포함하는 경우가 있다. Terminal Care의 목적은 남아 있는 사람의 삶의 질을 높이고, 보다 나은 죽음을 맞이하기 위하여 돕는 것이다. 말기 환자의 욕구에는 신체적, 정신적인 것, 기타 사회적, 종교적 욕구가 있으며 그것이 상호연결되어 나타난다. ① 신체적 욕구 - 고통, 구토, 호흡 곤란, 식사, 배설 등의 처치. ② 정신적 욕구 - 죽음에 대한 불안, 고독 등 환자의 마음의 조치. ③ 사회적 욕구 - 유산 상속 등의 경제나 가정 문제, 가족이나 직장 문제의 상담. ④ 종교적 욕구 - 정신적 욕구의 한부분이지만, 마음의 고뇌만을 심리적 측면만으로 처리하는 경우 구미에서는 상담전문가나 병원 소속의 성직자가 상담한다.

2. 제의례 용어

- **가(斚)** : 제례에 사용하는 술잔.
- **가가례(家家禮)** : 집집마다 달리 행하는 예법(禮法)이 다르다는 뜻이다. 이는 제사(祭祀)라는 문화에서 파생된 속담(俗談)이다. 역사를 살펴보면 고려 이후 우리의 생활문화는 고려 말에 도입된 『주자가례』에 의해 조금씩 영향을 받기 시작하였는데, 조선이 건국되면서 국가에서는 우리의 가정의례를 『주자가례』에 준해서 시행하도록 권장하여, 이때부터 우리나라의 생활문화는 본격적으로 『주자가례』의 영향 아래 들어가게 된다. 그러나 의례(儀禮)란 원래가 기나긴 시간을 지내오면서 그 민족의 정서를 배경으로 하여 정립되는 것이기 때문에 하루아침에 제도적으로 바꿀 수 있는 것은 아니다. 더욱이 국가에서 기준으로 제시한 『주자가례』의 내용은, 중국이라는 외국의 생활문화로서 일반 백성들에게는 생소하였고 또 세부적인 사항까지는 규정하지 않기 때문에 그대로 실생활에 옮기기에는 어려운 부분이 많았다. 그리하여 우리나라의 유학자들은 『주자가례』의 내용을 백성이 쉽게 이해하고 실행할 수 있도록 하기 위해 많은 연구를 하였고, 그 결과 많은 가례서(家禮書)를 간행하게 되었는데, 그 내용은 유학자들이 갖고 있는 사상(思想)과 철학(哲學)을 배경으로 하여 재해석된 것이기 때문에 조금씩 차이가 있다. 지금도 각 집안마다 누구의 학설에 준거하느냐에 따라 가례(家禮)의 절차와 순서, 음식의 종류와 진설 방법 등 그 형식이 조금씩 다르다. <가가례(家家禮)>라는 말은 이와 같이 집안마다 시행하는 가례(家禮)가 다른 것을 두고서 하는 말로서 '남의 제사상에 감 놔라 배 놔라 한다.'는 말은 가가례(家家禮)의 일면을 보여주는 예(例)이다.
- **가공(加供)** : 소상(小祥)이나 대상(大祥)에 혹은 보통 제사에 지손이나 자손들이 따로 음식과 술을 마련하여 유식(侑食) 후에 제상 앞에 벌여 놓는 것. 『사례편람(四禮便覽)』에서는 잘못된 것으로서 정리를 표할 마음이 있으면 제수를 준비할 돈을 보태주는 것이 정리에 합당하다고 한다.
- **가기(家忌)** : 집안 조상의 기제사.
- **가기판(家忌板)** : 조상의 제삿날을 적은 종이를 붙여두는 판자.
- **가신(家神)** : 집에 딸려 집을 지킨다는 귀신. 사당에 모셔져 있는 조상신.

- **가이(斝彛)** : 옥이나 유기 등으로 만든 술을 담는 그릇. 보통 가을과 겨울 제사에는 맑은 물을 담기도 한다.
- **가찬(加饌)** : 제사음식 차림 시 정찬(正饌)만으로도 족하지만, 손님에게 더욱 더 존경하는 마음을 나타내기 위하여 차려지는 음식으로서 도(稻 ; 쌀밥), 량(梁 ; 차조밥), 곰국(경, 훈, 효), 육회(肉膾 ; 우자, 양자, 시자, 우지), 어회(魚膾), 해(醢 ; 젓갈), 겨자장(芥醬), 적(炙 ; 소, 양, 돼지고기 구이) 등을 말한다. 정찬(正饌) 참조.
- **가천견결(嘉薦蠲潔)** : '정결하게 제수를 차려 올리오니'의 종묘 축문 서식 문구.
- **간남(肝南)** : 제사음식에서 신(神) 또는 손님(賓)의 남쪽에 차려지는 밥반찬으로서 가장 중요한 음식이다. 육남(肉南)과 어남(魚南)이 있는데, 육남은 좌간남(左肝南)이라고도 하며, 어남은 우간남(右肝南)이라고도 한다. 물론 이 경우 좌우(左右)는, 신위의 입장이 아닌, 밥상 차리는 사람의 입장에서의 기준을 말한다.
- **간적(肝炙)** : 적(炙)의 일종으로서 소의 간(肝)을 구운 적(炙).
- **갈납** : 전(煎)의 다른 명칭.
- **감격(感格)** : 제사에서 강신(降神), 참신(參神)을 통해 귀신이 제사에 이르른 것을 실제로 느끼고 체감(體感)하는 것.
- **감모여재도(感慕如在圖)** : 사당도(祠堂圖), 신각도(神閣圖) 참조.
- **감상증신(感傷重新)** : '마음에 느끼는 슬픔이 너무 커서'라는 의미의 축문 어구.
- **감소고우(敢昭告于)** : ○○에게 감히 밝혀 아뢰옵니다. 처상(妻喪) 등 아랫사람들에게는 감(敢)자를 뺀다. 즉 처(妻)에게는 소고우(昭告于)로, 제(弟) 이하에는 고우(告于)로만 쓴다.
- **감실(龕室)** : 사당 안에 신주를 모셔 두는 장. 즉 조상숭배를 위하여 조상의 위패를 모셔서 사당에 넣어 두는 작은 집 모양의 장. 중국의 장례풍속에서는 감실 위쪽을 운궁(雲宮)이라고 하고 그 위를 운계(雲界)라고 하는데, 신령을 모시는 곳이다.
- **감제(監祭)** : 제향을 총감독하는 제관.
- **감주(甘酒)** : 단술. 식혜(食醯) 참조.
- **감훼봉역(敢毀封域)** : '감히 봉분을 헐었다'라는 의미의 축문 어구.
- **갑(匣)** : 신주를 거두어 넣어 두는 작은 상자.
- **갑일부지(甲日復至)** : '회갑일이 돌아오니'라는 의미의 축문 어구.
- **강신(降神)례** : 신을 불러 모심. 신위께서 강림하시어 음식을 드시라고 청하는 의식. 즉 제사를 지낼 때 신이 제사지내는 장소로 강림하도록 하는 것으로서 보통 <신내림>

이라고도 한다. 우리나라에서는 사람이 죽으면 혼(魂)은 하늘로 올라가고 백(魄)은 땅으로 흩어진다는 원리에 따라 하늘에 있는 신을 내리기 위해 향을 피우고, 땅에 있는 백(魄)을 오시게 하기 위해 술을 따라 모사(茅沙) 위에 붓는다. 경우에 따라서는 제주(祭主)가 신위를 모셔오는 뜻으로 문 밖에 나갔다가 들어오고, 제사(祭祀)를 지낸 뒤에도 다시 신위를 배웅하여 문 밖까지 나갔다 들어오는 지방(地方)도 있다.

- **강일(剛日)** : 전통사회에서는 천간(天干)과 지지(地支)로 시간, 날짜 등을 표시하였는데, 날짜의 일진(日辰)이 천간의 갑(甲)·병(丙)·무(戊)·경(庚)·임(壬)에 해당하는 날을 말한다. 척일(隻日)이라고도 하며, 양(陽)의 날이라고도 하여, 바깥일은 이 날에 하는 것이 좋다고 한다. 보통 우제(虞祭)를 지낼 때, 삼우제의 날을 잡을 때에 바로 강일(剛日)로 잡는다.
- **개문축렴(開門軸簾)** : 사당 문을 열고 발을 걷음.
- **개사초(改莎草)** : 잔디를 다시 입힘.
- **개신교의 제례** : 한국 개신교는 전래 초기부터 전통적인 제사를 부정하였다. 그렇지만 현재는 '추도식' 혹은 '추도예배'라는 이름으로 고인의 돌아가신 날을 기념하는 경우가 많다.

〈예수교 장로회(통합) 추도식 예식 지침〉

① 준비 유의사항 :
  - 고인이 별세한 날 하는 것이 좋고, 시간과 장소는 가족의 합의 하에 하는 것이 좋다.
  - 추모일이 주일과 겹치면 전날이나 다른 날 하는 것이 좋다.
  - 대상 범위는 직계에 한하는 것이 좋다.
  - 추모예식은 고인의 자녀 생존 시까지 함이 좋다.
  - 고인의 가까운 친척들이나 친지들에게 추모예식이 있음을 알릴 수도 있다.
  - 고인의 사진과 약력을 준비하고, 생전에 녹음해 놓은 육성이나 녹화해 둔 것이 있으면 준비하는 것이 좋겠다.
  - 식전을 꾸며 놓을 경우, 상위에 사진을 놓고 꽃으로 장식할 수 있다.
  - 음식을 준비하되 진상(상차림)해서는 안 되며 추모예식 후에 나누도록 함이 좋다.

② 추모식 순서 :
  - 개식사 : 주례자가 지금부터 故○○○님의 ○주기 추도식을 거행하겠습니다.
  - 신앙고백 : 다 같이 사도신경을 암송함으로 신앙을 고백한다.
  - 찬송 : 534장이나 다른 적절한 찬송을 부른다.
  - 기도 : 기도 맡은 사람이 기도한다.
  - 성경봉독 : 히브리서 11:1-12을 봉독한다.

- 말씀 : 추도식 인도자가 성경 말씀에 근거하여 설교한다.
   - 기도 : 순서 맡은 이가 기도한다.
   - 추모 : 고인의 약력 보고, 추모사, 고인의 유물 유언 등을 소개하고 추모한다.
   - 찬송 : 531장이나 다른 적절한 소망 찬송을 부른다.
   - 축도 : 목사의 축도로 추도식을 마친다.

• 개이경복(介以京福) : '큰 복(福)으로 도우소서'라는 의미의 종묘 축문 서식 문구.

• 개축기사(改築旣莎) : 봉분을 고치고 잔디를 입힘.

• 갱(羹) : 고기(소고기 등)를 삶은 국물에 채소(무우 등)를 넣어서 조미한 것. 특히 채소를 넣지 않고 순수하게 고기만을 삶아서 끓은 국을 갱(羹)과 구분하여 태갱(대갱 : 大羹))이라고도 한다. 그러나 지금은 갱과 태갱을 같은 의미로 혼용하여 사용하기도 한다. 제사 음식에 관한 중국의 한자말로서 무와 다시마 등을 넣고 끓인 제사에 쓰는 국. 고기 국이면 육갱(肉羹), 채소 국이면 채갱(菜羹)이라 한다. 신위(神位)의 수(數)대로 준비한다.

• 갱수(更水) : 냉수.

• 건고근고(虔告謹告) : 경건히 고하고 삼가 고함.

• 건인추원(虔禋追遠) : '경건한 마음으로 추모하여 제사를 드리오니'라는 의미의 종묘 축문 서식 문구.

• 건자택조(建茲宅兆) : 이곳에 무덤(택조)를 짓다.

• 건좌습우(乾坐濕右) : 모든 제물(祭物)을 제상에 놓을 때 마른 것은 왼 쪽에, 젖은 것은 오른 쪽에 놓는다는 이치를 나타내는 말.

• 견배(見背) : '부모가 돌아가시다'의 의미.

• 결척분(潔滌盆) : 설거지 통(그릇).

• 경수(硬水) : 숭늉.

• 경신전헌(敬神奠獻) : 공경히 신께 전(奠)을 올림.

• 경실선영(竟失先塋) : '마침내 선대의 묘를 잃어'라는 의미의 축문 어구.

• 경실수호(竟失守護) : '묘를 제대로 수호하지 못하여 마침내 실전되어'라는 의미의 축문 어구.

• 경연백대(慶延百代) : '경사로움이 대대로 이어지고'라는 의미의 종묘 축문 서식 문구.

• 계개삼급(階皆三級) : 사당 앞뜰의 계단은 모두 3단으로 조성.

• 계명축시(鷄鳴丑時) : 제사는 보통, 집안에 따라 다르겠으나, 자시(子時 - 11:00~1:00)

나 새벽 3~4시 경 닭이 울기 전에 지낸다. 이처럼 닭이 울기 전에 지내는 것은 자정이 되어 혼령이 오고 날이 밝으면 혼령이 돌아간다는 믿음에서 나온 것이다. 이를 일러 계명축시(鷄鳴丑時)라고 하는 것이다. 제사 시간에 대해서는 "다만 너무 빨리 해서도 안 되고, 너무 늦어도 안 된다."(최순권, 『한국의 제사』, 국립민속박물관, 2003, 131쪽)는 주장도 참고할 필요가 있다.

- 계문(啓門) : 닫았던 문을 여는 의식이다. 축관이 헛기침을 3번 하고 문을 열고 들어가면 참사자가 모두 따라 들어간다. 제사지낼 때 유식 뒤에 합문을 여는 것.
- 계문사신(啓門辭神) : 제사를 지낼 때 문을 열고 조상신과 작별하는 의례. 축관이 문 북쪽을 가서 기침을 3번 하고 문을 열면 상주 이하 참례자 모두는 제자리에 서고 집사는 국을 거두고 냉수를 그 자리에 놓고 삼초반(三抄飯 - 밥을 3번 떠서 물에 마는 행위)을 한 다음 축관이 상주의 오른쪽에 서서 서쪽을 향하여 이성(利成)을 고한다.
- 계반삽시(啓飯揷匙) : 제사 시 헌주를 끝낸 후, 메 뚜껑을 열고 메에 숟가락을 꽂고 젓가락을 적이나 편 위에 올려놓는 절차이다. 계반(啓飯)은 이처럼 헌주를 끝낸 후 하기도 하고, 아니면 초헌(初獻) 때 집사가 술잔을 드리면서 메 뚜껑을 미리 열기도 한다.
- 계이(鷄彝) : 닭의 문양이 그려진 술 담는 그릇으로서 봄, 여름 제사에는 물을 담는 데 사용한다.
- 고대(古代)의 제의례 : 한반도에서의 고대(古代)는 삼국시대 이전 즉, 예 부여 옥저 등과 같은 부족국가의 시대를 말한다. 원시시대를 지나서 등장하는 농경 목축사회가 이에 해당될 것이다. 우선 이 시대는 농경과 목축의 기술이 개발되는 정도에 비례하여 자연질서를 주재하는 신비스런 힘, 혹은 절대적 존재와 인간과의 대화가 중시되고 심화되는 경향이 나타난 시대이다. 나아가 이 시대의 사람들은 농경과 목축에 대한 경험적(經驗的) 지식(知識)이 쌓이면서 생명(生命)의 재생(再生)과 부활(復活)에 대한 관념을 보다 신비화하고 심화시키게 된다. 그리하여 자연과 인간의 대화, 노동력 손실 예방을 위한 질병의 치료, 생명의 재생과 부활 등을 주재할 주술적인 중재자가 필요하게 됨으로써 무당(巫堂)이라는 영매를 탄생시켰다.

고대(古代)에 이르면서 인간들은 때로는 막연하게 때로는 구체적으로 농경과 목축의 순조로운 진행과 풍요로운 열매를 보장해 주기를 기대하면서 풍요와 다산을 가져다 주는 신(神)에게 무리 모두가 참여하는 사회적 차원의 제의례를 지내기 시작하였다. 따라서 종전과 달리 농경과 목축을 주재하는 신을 만족시키기 위한 보다 세밀하고 복잡한 여러 단계의 의식 절차를 만들어 내고 시행하게 되었다. 또한 제의례만을 주관하는 전문가가 필요해지면서 무당(巫堂)이라는 영매가 출현하게 되었다. 요컨대 무당은 씨앗의 죽음을 열매로 부활시키고, 어미의 죽음을 새끼로 재생시키는 힘을 지닌 존재이다.

문헌에 보면 <부여>에서는 <영고(迎鼓)>라는 제의례가 있어서 추수가 끝난 후 모든 백성들이 모여 하늘에 제사지내며 추수를 감사하고 연일 음주가무(飮酒歌舞)하며 즐겼다는 기록이 있고, <마한>에서도 천신(天神)에게 제사지내는 의식이 있었으며, <예>에서도 <무천>이라는 제의례가 있었다는 기록이 있다.

집단의 규모가 커지고 구성방식이 복잡해지면서 제의례의 과정 또한 복잡해지고 보다 정교(精巧)해졌다. 제의례 자체는 해당 집단의 풍요와 다산을 하늘 혹은 자연의 주재자에게 빌기 위해 열리는 정기적 행사였지만, 제의례가 지니는 사회적 기능은 점차 강화되어 제의례만을 주관하는 종교적 직능자와 보조자들이 필요하게 되었다. 이에 따라 신과 인간 사이의 의사소통을 전담하고, 제의례의 사회적 기능을 체계적으로 분담할 보조자, 즉 신(神)내림을 받은 영매인 무당(巫堂)이 등장하게 되었으며, 이들에 의해 제의례가 진행되었다. 이들 무당에 의한 무속신앙은 오늘날까지도 우리 민족의 집단무의식에 잠재(潛在)하여 우리 생활에 많은 영향을 끼치고 있다. 오늘날 행해지고 있는 각종 고사(告祀)와 굿은 이러한 고대 무속신앙의 잔재들이다.

- **고래상전(古來相傳)** : '예로부터 전해 내려오기를' 을 의미하는 축문 어구.
- **고례길견(顧禮吉蠲)** : '미리미리 돌보아 주심에 감사의 예(제사)를 드리다'라는 의미의 종묘 축문 서식 문구.
- **고비(考妣)** : 돌아가신 아버지와 돌아가신 어머니.
- **고비각설(考妣各設)** : 내외분이라도 고위(考位), 비위(妣位)를 각각 진설함.
- **고비합설(考妣合設)** : 내외분을 함께 모시고 제사를 지냄. 즉 아버지 기일 때 어머니도 함께 모시며 하나의 제상을 차리는 것. 혼히는 고비각설보다 고비합설이 일반적이다.
- **고사(告祀)** : 새로운 일을 시작하거나 도모할 때 무사 소원성취를 기리기 위해서 드리는 제사를 말한다. 혼히 고사를 지낼 때 돼지머리를 앞에 놓고 지내는 경우가 많은데, 이는 돼지가 갖는 상징성 때문이라고 말할 수 있다. 돼지의 상징성은 우선 다산(多産)에 있다. 새끼를 많이 낳아 경제적인 도움을 달라는 기원이 담겨 있는 것이다. 다음은 다식(多食)이다. 먹성이 좋아 무엇이든 많이 먹는 것처럼 행운이 많이 들어오라는 뜻이다. 이와 같이 다산(多産)과 다식(多食)으로 상징되는 돼지의 습성을 본받아 많이 낳고, 많이 먹고, 많이 벌게 해 달라는 간절한 기원(祈願)의 뜻이 담겨 있는 것이다.
- **고사(告祠)례** : 집안에 특별한 일이 생겼을 때 사당(祠堂)에 고(告)하는 것을 말하며 절차는 참례와 같다.
- **고서비동(考西妣東)** : 고위(考位), 비위(妣位)를 합설할 때 고위 즉 남자 조상은 서(왼쪽)에, 여자 조상은 동(오른쪽)에 모신다.
- **고손(孤孫)** : 아버지가 먼저 돌아가신 다음에 할머니는 살아계시고 할아버지가 돌아가셨을 때의 주상인 손자. 곧 장손.

- **고수관(告授官)** : 사당의 조상 신위에게 관직을 제수 받음을 고함.
- **고실(故室)** : 죽은 아내를 이르는 제례 용어.
- **고애손(孤哀孫)** : 아버지가 먼저 돌아가시고 다음에 할머니와 할아버지가 모두 돌아가셨을 때의 주상인 손자.
- **고애자(孤哀子)** : 외롭고 애달픈 아들이란 뜻으로 양친이 작고하였을 때 상중에 장주가 자기를 일컫는 말.
- **고유제(告由祭)** : 어떤 행사를 함에 있어 그 까닭을 고(告)하는 제사를 지내기도 하는데, 이를 고유제(告由祭)라고 한다.
- **고위(考位)** : 돌아가신 아버지로부터 각 대 할아버지의 위를 말함.
- **고이성(告利成)** : 고이성(告利成)이란 초우제부터 행하는 의식절차로서 신령께 올리는 양례(襄禮)가 끝났음을 고하는 절차이다. 축관이 상주 옆에 나아가 서서 읍(揖)을 하며 이성(利成)하고 고하면 모두가 곡을 하고 재배한다.
- **고자(孤子)** : 외로운 자식이란 뜻으로 아버지를 여의였을 때 상주가 자기를 자칭(自稱)하는 말.
- **고지기[산지기]** : 옛날에 묘제(墓祭)를 지낼 때 제구 준비, 음식 준비 등 자질구레한 일을 도맡아서 하는 사람을 일컬어 '고지기'라고 하였다.
- **고지호천(叩地號天) 오정미궤(五情靡潰)** : 땅을 두드리고 하늘에 통곡하여도 오정(五情)은 점점 희미해지고 없어짐.
- **고추증(告追贈)** : 사당의 조상 신위에게 국가로부터 관직을 추증 받음을 고함.
- **곡이불배(哭而不拜)** : 문상 시 망자가 나보다 아랫사람인 경우에는 곡(哭)만 하고 절은 하지 않는다는 말이다.
- **공반면질(鞏磐綿袠)** : '굳건한 반석 위에 면면히 이어져서'라는 의미의 종묘 축문 서식 문구.
- **공수 내림** : 굿에서 신(神)내린 무당이 신의 말을 전하는 것.
- **공수세사우(恭修歲事于)** : 공손하게 (할아버님께) 제사를 올림.
- **공승입민(功崇立民)** : '공(功)은 높아 백성을 생존(生存)케 하오니'라는 의미의 종묘 축문 서식 문구.
- **공신세사(恭伸歲事)** : 공손히 세사(일종의 절사, 즉 시제)를 올림.
- **공신전헌(恭伸奠獻), 공신전의(恭伸奠儀)** : 공손히 제사 드리는 의식을 펴다. 윗사람의 경우 사용. 아랫사람의 경우는 신차전의(伸此奠儀)라는 서식문구를 사용.

- **공신정례(恭伸情禮)** : 공손히 정성의 예를 드리다.
- **공유타환(恐有他患)** : '다른 우환이 있을까 두려워'라는 의미의 축문 어구.
- **공이(恭以)** : '공손히'라는 의미의 축문 서식 문구.
- **공축(工祝)** : 신사(神事)를 맡은 축관.
- **공행상사(恭行祥事)** : '공손히 상사(祥事)의 예를 올리다'라는 의미의 축문 어구.
- **교제(郊祭)** : 교외(郊外)에서 지내는 제사. 국가의 제사에서 가장 중요한 것은 천신(天神)인 상제(上帝)에 대한 제사, 하늘에 대한 제사(天祭) 등이다. 그런데 이 제사는 주로 교외(郊外)에서 지내기 때문에 『예기(禮記)』 같은 경전에서는 이러한 제사를 교제(郊祭)라고 불렀다.
- **과시부제(過時不祭)** : 철을 넘겨서는 제사를 지내지 않음.
- **과실(果實)** : 대추, 밤, 배, 곶감, 사과 등의 과일. 3실과(實果)라는 말이 있듯이 제수를 마련할 때 대추, 곶감, 밤은 기본적인 종류였다. 적어도 3가지 많아도 5가지 이상은 쓰지 않는다.
- **곽머리 씻김굿** : 출상(出喪) 전날 망자(亡者)의 관을 앞에 두고 혼(魂)을 씻기는 굿.
- **광(筐)** : 광주리.
- **광음역서(光陰易逝)** : '돌아가신 후 해가 바뀌어'라는 의미의 종묘 축문 서식 문구.
- **구반경(九飯頃)** : 밥을 아홉 숟가락 뜨는 시간.
- **구찬(具饌)** : 제수(祭羞)를 준비하여 조리하는 일.
- **구로보은(劬勞報恩)** : '나를 낳고 길러주신 은혜에 보답하다'라는 의미의 축문 어구.
- **구실기처(久失飱處)** : '묘를 잃은 지 오래 되었다'는 의미의 축문 어구.
- **구어사세(拘於事勢)** : '세상일에 묶이어, 사정상'이라는 의미의 축문 어구.
- **구택유신(久宅維新)** : '옛 집(묘)이 새로워짐'이라는 의미의 축문 어구.
- **국궁(鞠躬)** : 국궁(鞠躬)이란 원래는 국가제사에서 배례를 하기 전에 몸을 숙이는 일을 말하지만, 영남지방에서는 헌다(獻茶)를 하고 고개를 숙이고 잠시 묵념자세를 하는 것을 국궁(鞠躬)이라고 한다. 예를 들면 『의성김씨 첨사(詹事)공 묘제홀기』 「종헌례」에서 "進茶點茶 獻官以下皆鞠躬 平身.", 『일직손씨 직산재(直山齋) 묘제홀기』에서는 "進茶 執事者二人進茶平湯于考妣位前 點茶 鞠躬 平身."이라고 하였다. 반면에 『율곡소정(栗谷所定) 묘제홀기』 「행종헌례(行終獻禮)」에서는 "撤羹進茶 肅俟少傾."이라고 하여 "잠시 기다린다."고 하였다.
- **국조오례의(國朝五禮儀)** : 조선시대 신숙주 등에 의해 편찬된 예서(禮書)이다. 이 경우

오례(五禮)란 길례(吉禮), 흉례(凶禮), 빈례(賓禮), 군례(軍禮), 가례(嘉禮)를 일컫는 말이다. 『국조오례의』에 의거해 보면, 제사의 경우 지내는 대상에 따라 명칭을 달리하였는데, 천신(天神)에 대한 제사를 사(祀)라 하고, 지신(地神)에 대한 제사를 제(祭)라고 하며, 인귀(人鬼)에 대한 제사를 향(享)이라 하였다. 그리고 공자(孔子) 등 성현들께 지내는 제사를 석전(釋奠)이라고 하였다.

- **군려편육(羣黎徧毓)** : '모든 백성을 고루 잘 살게 해주시니'라는 의미의 종묘 축문 서식 문구.
- **굿** : 무당 등에 의해 살(煞)을 푸는 행위. 묶이고 맺힌 것을 풀어서 본래의 편안한 상태로 만드는 것, 본래의 상태로 회복시키는 행위이다.
- **궐명(厥明)** : 다음 날 날이 밝음.
- **궐제(闕祭)** : 제사를 지내지 아니함. 제사를 지내지 못함. 제사를 생략함.
- **궤(簋)** : 종묘, 문묘 등 나라 제사에 쓰는 서(黍 : 수수)나 직(稷 : 좁쌀)을 담는 제기(祭器).
- **궤(簣)** : 나라 대나무로 만든 제사 그릇으로 오곡(五穀)을 담는다.
- **귀근지시(歸根之時)** : 풀과 나무의 뿌리로 기운이 거두어지는 계절이라는 의미의 축문 문귀(文句).
- **귀목판도(鬼木牌圖)** : 중국 소수민족인 나시족(納西族)이 사용하던 제사 용품으로서 나시족의 제사장이 제사, 장례, 특별한 의식 등에 사용하였던 제사 도구이다.
- **귀조(歸胙)** : 제사지낼 때 올린 제수(고기 등)를 보낸다는 의미로 사시제(四時祭) 등에서는 수조(受胙)라고도 한다. 즉 제사지낸 고기 등의 음복을 받는다는 의미이다.
- **근구석물(謹具石物)** : '삼가 석물을 갖추다'라는 의미의 축문 어구.
- **근수풍조(謹隨風潮)** : '삼가 세태의 변화에 따라'라는 의미의 축문 어구.
- **근이(謹以)** : 축문에서 삼가 정성을 다한다는 뜻이다. 처(妻)와 제(弟) 이하에는 자이(玆以)로 표기한다.
- **근준예전(謹遵禮典)** : '삼가 예법(禮法)으로 규정한 제도에 따라'라는 의미의 종묘 축문 서식 문구.
- **금구석물(今具石物)** : '이제 석물을 갖추다'라는 의미의 축문 어구.
- **금당주갑(今當週甲)** : '이제 회갑이 되어'라는 의미의 축문 어구.
- **금위(今爲)** : '이제 ○○하다'라는 의미의 축문 어구.
- **금이 초목귀근지시(今以 草木歸根之時)** : '오늘 초목의 기운이 뿌리로 내려가는 때를

맞이하여 선조의 음덕을 갚고자 늘 생각을 한다'의 의미의 축문 어구.

- **금자계폄(今茲啓窆)** : '이제 묘를 열어 보니'라는 의미의 축문 어구.
- **금장개장(今將改葬)** : '이제 장차 묘를 다른 곳으로 개장하고자 한다'는 의미의 축문 어구.
- **금장석물(今將石物)** : '이제 장차 석물을 갖추고자 한다'는 의미의 축문 어구.
- **금장수즙(今將修茸)** : '이제 장차 잔디를 입혀 분묘를 완성하고자 한다'는 의미의 축문 어구.
- **급시(扱匙)** : 숟가락을 밥그릇에 꽂는 것.
- **기무비표(旣無碑表)** : '이미 비석도 묘표도 없어'라는 의미의 축문 어구.
- **기봉기사(旣封旣莎)** : '이미 봉분을 만들고 잔디를 입히다'라는 의미의 축문 어구.
- **기서유역(氣序流易)** : 세월이 흘러 바뀜. 절기가 바뀌었음을 나타내는 축문의 문구(文句). 세서천역(歲序遷易)과 같은 의미.
- * **기양(祈禳)** : 복은 들어오고 재앙은 물러가라고 신명(神明)에게 비는 일. 즉 복(福)을 기구(祈求)하고 재앙은 피해달라고 신께 비는 기복신앙(求快避苦)의 모습.
- * **기우향지(冀右享之)** : '바라옵건대 흠향하시고'라는 의미의 종묘 축문 서식 문구.
- **기일(忌日, Death Day)** : 1년 단위로 고인이 돌아가신 날. 제삿날. 명일(命日)이라고도 함. 기일이 되면 제사를 올려 고인을 추모하는데, 이를 기일제(忌日祭)라 한다.
- **기일(忌日)** : 사람이 죽은 날. 제삿날.
- **기일무제(忌日無祭)** : 기일(忌日)에는 제사를 생략함.
- **기(일)제(忌日祭) 기제사(忌祭祀)** : 기신제(忌辰祭). 돌아가신 기일(忌日)에 지내는 제사. 제사는 제주(祭主)의 집에서 지내며 고인의 장자나 장손이 제주로서 제사를 주재한다. 장자나 장손이 없을 때는 차자나 차손이 주관하기도 한다. 부모, 조부모, 증조부모, 고조부모까지의 4대 조상을 각각의 휘일(諱日 - 사망일)의 첫새벽(子時頃)에 영위(靈位)를 모셔 놓고 제사를 모신다. 흔히는 대청에 진설하고 주인 이하가 사당에 들어가 두 번 절한 다음 해당 신주의 주독(主櫝)을 모시고 나와 교의에 봉안하고 제사지낸 다음 다시 사당으로 환봉한다. 기일제사는 원래 고전 예서에는 없는 것으로서 후대에 이르러 기일을 그냥 넘기기가 미안하여 인정상 추가된 예(禮)이다. 원래 고대에는 이 제사를 지내지 않고 살아 있는 자손이 죽는 날까지 이 날을 당하면 상을 당한 것처럼 의식을 거행하였다. 그러다가 송대에 이르러 기일 제사의 예를 거행하게 되었다. 우리의 경우는 『주자가례』의 보급에 따라서 조선조 명종(明宗) 이후부터는 부모로부터 고조부모까지의 4대 봉제(奉祭)를 행사(行祀)하여 왔다. 그런데 4대 봉사, 친상(親喪) 3년은 실상은 중국

에서도 사대부의 예절인데, 우리나라에서는 서민에게까지 중국예절이 5백년간이나 지켜져 오고, 아직도 계속되고 있는 실정이다. 그러나 1969년에 제정된 <가정의례준칙> 제39조에는「기제의 대상을 부모, 조부모 및 배우자로 한다. 다만 무후(無後)한 3촌 이내의 존속 동항렬(同行列) 또는 비속의 친족에 대하여는 기제를 지낼 수 있다」라고 하였다. 또 44조의「행사 방법은 양위가 모두 별세하였을 경우는 합설하는 것을 원칙으로 한다」고 하였다. 기제의 일시는 망종(亡終)한 날 즉 망종일의 새벽(子正)에 지내는 것으로 예서(禮書)에 쓰여 있으나 그 날로 접어드는 밤중(11시를 지나 1시까지)에 지내는 것이 보통이다. 그러나 <가정의례준칙> 제 40조에는「기제는 별세한 날 일몰 후 적당한 시간에 지낸다」로 하였다. 그러니까 2012년 3월 5일 밤에 돌아가신 분의 기제는 2013년 3월 5일 오후 7시경(일몰 후)에 지낸다는 것이다. 기제의 정도(正道)는 기제를 맞는 해당 신주(神主)만을 정침으로 모시고, 단설(單設)로 제사를 봉행한다 하였으나, 일반적으로는 정리(情理)상 고(考)와 비(妣)를 모신고 병설(竝設)로 봉사한다.

- **길 닦음** : 씻김굿에서 망자가 이승에 맺힌 원한을 풀고 극락으로 가는 길을 닦아 주는 굿거리. 씻김굿은 모두 열두(12)거리로 이어진다.
- **길일유신(吉日維辛)** : '길일(吉日)인 첫 신일(辛日)을 가려'라는 의미의 종묘 축문 서식 문구.
- **낙시저(落匙箸)** : 수저를 다시 시저접(匙箸楪)에 내려 놈.
- **낙식(落食)** : 먹을 것을 떨어뜨림(고시레와 같음).
- **난망국육지공(難忘鞠育之功)** : '길러주신 은혜를 잊을 수 없어'라는 의미의 축문 어구.
- **남좌여우(男左女右)** : 제사 시(時) 왼쪽은 남자(考位), 오른쪽은 여자(妣位).
- **남해안 별신굿** : 승방이라 불리는 세습무가 굿을 주관하는데, 남해안(거제, 통영) 지역 어민들의 안전을 비는 굿이다. 예술성이 뛰어난 무가와 사설이 등장하여 감동을 더해 준다.
- **납속(納粟)** : 납속가자(納粟加資)라 하여 흉년이 들거나 병란이 일어났을 때 곡식을 많이 바친 사람에게 정3품의 벼슬을 주어 포상하던 일. 공명첩(空名帖)과 같이 이름만의 벼슬임.
- **납주(納主)의례** : 신주 들여 모시기. 즉 제사를 마친 후 신주를 다시 사당 감실에 되돌려 모신다는 의미. 납주의 절차는 사시제(四時祭), 녜제(禰祭), 기제(忌祭) 등 사당에서 신주를 청사(廳舍 - 제사를 지내는 장소로 당[堂]을 의미)에 내모시고 지내는 제사에서 출주(出主 - 신주를 내모심)했던 신주를 다시 사당 감실 안으로 모신다는 말이다. 제사를 위해 신주를 옮길 때는 주독(主櫝)을 함께 움직인다.
- **내외봉작(內外奉爵)** : 안팎에서 잔을 전하는 제관.

- **내적유지(乃的幽誌)** : '마침내 지석이 발견되다'라는 의미의 축문 어구.
- **넋 올리기** : 씻김굿에서 지전으로 만든 망자의 넋을 올리는 굿거리. 지전으로 만든 망자의 넋이 신칼에 붙으면 좋은 곳으로 간다고 한다.
- **녜제(禰祭 : 이제)** : 돌아가신 아버지를 위한 정기적인 계절 제사로 만물이 이루어지는 음력 9월에 제사를 드린다. 전달 하순 제일(祭日)을 택한다. 제사의 순서는 참신, 강신, 진찬, 초헌, 아헌, 종헌, 유식, 합문, 계문, 수조(受胙), 사신, 납주(納主), 철상, 준(餕) 등이다. 부모의 제사를 특별히 지내는 것은 그 친분관계가 다른 조상과는 비할 바가 아니기 때문이다. 9월에 행하는 것은 이때가 만물이 결실하는 계절이기 때문이다. 만물이 잘 자라서 얻어지는 결실을 제사로써 부모께 드리고 기 기쁨을 함께 나누며 감사하자는 의도가 깃들어 있는 제사라 하겠다. 녜제 역시 우리나라에서는 잘 지켜지지 않았다.
- **노서합동(爐西盒東)** : 화로는 서쪽에 향합은 동쪽에 배치.
- **뇌우모상(酹于茅上)** : 모사 위에 강신 술을 부음.
- **뇌주(酹酒)** : 강신뇌주(降神酹酒)의 준말. 넋(魄)을 모셔 오기 위해 술을 모사기에 조금씩 따라서 3좨주(三祭酒)하는 것.
- **다(茶)** : 차. 세속에서는 숭늉을 쓰기도 한다.
- **다식(茶食)** : 녹말, 송화, 흑임자 등을 다식판에 넣어 과자 모양으로 찍어낸 과자의 일종.
- **단(壇)** : 높게 만든 제(祭) 자리.
- **단헌(單獻)** : 제사 시 삼헌(三獻) 할 술잔을 단 한 번만 올림(명절 차례제사 시).
- **당골(堂骨)** : 가족 대대로 세습으로 무당을 하고 있는 직업적 무당. 전남 진도지방에서 불리어지는 이름이다.
- **(송징) 당산제** : 마을의 신을 모시는 굿이다. 전남 완도 장좌리 장도에서 행해지는 송징 당산제는 마을의 신인 송징 장군을 모시는 굿인데 지금은 장보고 장군을 모시고 있다.
- **당위(當位)** : 해당 신위. 제사를 지낼 해당 신주.
- **당자영신(當茲令辰)** : '이 좋은 때를 맞이하여'라는 의미의 종묘 축문 서식 문구.
- **대덕왈생(大德曰生)** : '넓고 큰 인덕(仁德)을 갖춘 백성들이 생존할 수 있도록'라는 의미의 종묘 축문 어구.
- **대묘(大廟) 태묘(太廟)** : 종묘. 왕이 직접 제사를 모시는 사당.
- **대사(大祀) 대제(大祭)** : 종묘와 사직에 지내는 큰 제사(종묘대제, 사직대제). 영녕전(永

寧殿) 대사 등.
- 대성전(大成殿) : 공자의 유덕을 추모하여 받드는 문묘(文廟 : 향교)에 있는 사당. 문묘(文廟) 구역의 가장 중심이 되는 건물. 공자의 위패를 배치하고, 또 그 제자인 4성(聖) 10철(哲) 등 성현들의 위패가 배향되어 있다.
- 대진(代盡) : 친진(親盡)의 다른 말. 친진(親盡) 참조.
- 대축(大祝) : 제향(祭享)에 축문을 읽는 벼슬.
- 대향(大饗) : 선왕(先王)의 제사.
- 덕거재물(德鉅載物) : '덕(德)은 커서 만물을 싣고'라는 의미의 종묘 축문 어구.
- 도(韜) : 신주를 넣어 두는 겉뚜껑의 집.
- 도(禱) : 천지신명에게 비는 일(『논어』,「술이(述而)편」: 뢰왈도이우상하신기(誄曰禱爾于上下神祇) : 뢰문에 이르기를 '너를 상하 신명(神明[神 - 하늘의 신, 祇 - 땅의 신]에게 기도한다.'고 하였다).
- 도깨비 굿 : 전남 진도에서 행해지던 굿으로서, 음력 초하룻날 도깨비 굿을 벌여 농사가 끝날 때까지 도깨비를 가둬두는 풍습이다. 즐기고 함께 하는 축제 형식의 공동체 놀이마당이라고 할 수 있다.
- 도당굿 : 경기도 지방에서 행해지던 화려하고 아름다운 굿. 남자무당인 화랭이들이 굿을 주관하는데, 한강 이남 경기도 지방에서 전승했던 마을 굿이다.
- 도위하제사불용(桃爲下祭祀不用) : 복숭아는 하질이므로 제사에 사용하지 않음.
- 도유사(都有司) : 제사 집행을 총괄하는 어른. 도유사 밑에 재유사(齋有司)라는 직책이 있다. 이들이 도유사를 도와 제사를 맡아서 운영하는 핵심 주체들이다.
- 독(櫝) : 신주를 넣어 두는 궤(함). 나무로 짠 궤짝. 독(櫝 : 상례용어) 참조.
- 독개(櫝蓋) : 신주를 넣어 두는 궤(함)의 덮개. 위패함 덥개. 독개(櫝蓋 : 상례용어) 참조.
- 독전(櫝前) : 신주를 교의에 모시고 제탁에 제수를 진설한 앞.
- 독제문(讀祭文) : 제사 때 쓰는 글, 일종의 축문을 읽음.
- 독좌(櫝座) : 위패함 받침대. 독좌(櫝座 ; 상례용어) 참조.
- 독좌석(櫝座席) : 위패함 받침대 밑의 방석. 위패함 방석.
- 독축(讀祝) : 제사를 지낼 때 제사의 내용을 고하는 축문을 읽는 일. 제사 절차에서 보면 초헌의 부차적인 행위이다. 주인이 초헌의 잔을 올리고 일동이 부복하면 축관이 나와 축문을 읽는데, 이를 독축이라고 한다. 초헌이 끝나면 참사자 전원이 무릎을 꿇어

부복한다. 제주가 꿇어앉은 왼 쪽에서(흉사[우제] 시에는 오른 쪽, 길사[졸곡 이후] 시에는 왼 쪽) 축관이 축을 천천히 엄숙하게 읽는다. 독축이 끝나면 제주(초헌관)가 일어나서 재배한다. 집사는 잔에 담긴 술을 퇴주그릇에 붓고 비워 놓는다. 축관이 따로 없으면 제주가 직접 읽어도 무방하다. 또한 옛날에는 독축 후 부모의 기제사에는 반드시 곡(哭)을 하였으나 오늘날은 일반적으로 생략한다.

- **독흘(讀訖)** : 독축이 끝나는 것.
- **돗자리** : 실내에서 제사를 지낼 때 바닥에 까는 자리.
- **돌림제사** : 돌림제사는 고려시대에 크게 성행하였던 것으로 보인다. 유교의 가부장적 종법제도가 본격적으로 도입되지 않았던 고려시대에는 아들과 딸이 균등하게 재산을 상속받았으며, 이에 조상제사도 아들, 딸이 함께 담당했다. 특히 불교적 성향이 강했던 당시에는 조상의 위패를 사찰에 안치하여 제례를 올려왔는데, 여기에 소요되는 비용을 아들과 딸이 돌아가면서 지출하고 제례를 주관하였다. 그 후 조선시대 접어들어 사찰에서의 제례를 금지함으로써 개별 사당을 중심으로 제사를 지내는 형태로 바뀌었지만 돌림제사의 전통은 계속 지속되다가 이후 18세기 중기에 이르러 종법제도가 본격적으로 정착되면서 딸을 제외한 아들 중심의 재산 상속, 적장자 위주 제사로 바뀌게 된 것이다. 윤회봉사 참조.
- **동두서미(東頭西尾)** : 두동미서(頭東尾西) 참조.
- **동일미해(冬日未解)** : '얼음이 아직 풀리지 않아'라는 의미의 축문 어구.
- **동조서율(東棗西栗)** : 대추는 동쪽에, 밤을 서쪽에 진설하라는 의미의 제사용어이다. 같은 논리 선상에서 홍동백서(紅東白西)라는 제사용어도 등장한다.
- **동태전** : 동태의 비늘을 긁고 내장을 빼낸 후 껍질을 벗겨 넓적하게 포를 뜬다. 소금을 약간 뿌려서 간을 맞춘 후 생선에 밀가루와 달걀로 옷을 입히고 기름을 두른 프라이팬에서 약한 불에 지진다.
- **동해안 별신굿** : 세습무가 머리에 흰 띠를 두르고 굿을 주관하는데, 동해안 지역 어민들의 풍어와 안전을 비는 마을 굿이다.
- **두(豆) 목두(木豆)** : 김치와 젓갈을 담는 제기 그릇. 특히 절인 채소와 젓갈 등을 담는 그릇. 굽이 높고 사각형이며, 뚜껑이 있다.
- **두(斗)** : 곡식이나 액체를 담는 제기(祭器)의 하나.
- **두동미서(頭東尾西)** : 제사진설법의 하나로서 생선의 머리를 동쪽으로, 꼬리는 서쪽으로 진설한다는 것을 의미한다. 단, 생선의 배를 지방 쪽으로 놓는다. 그러나 지역에 따라서는 서쪽이 상위라 하여(고위 - 서, 비위 - 동 : 以西爲上) 반대로 놓기도 한다.

- **례전천년(例展千年)** : '예를 펼침이 천년만년 영원하다'라는 의미의 종묘 축문 어구.
- **례중보본(禮重報本)** : '예(禮)를 중히 여기고 근본을 잊지 않으며'라는 의미의 종묘 축문 어구.
- **료천명인(聊蔵明禋)** : '마음에 부족하오나 정결하게 제사의 예를 갖추어'라는 의미의 종묘 축문 어구.
- **료천비의(聊蔵菲儀)** : '마음에 부족하오나 제의(祭儀)를 마련하여'라는 의미의 종묘 축문 어구.
- **리어불용(鯉魚不用)** : 잉어는 제사에 사용하지 않음.
- **막가지적(莫可指摘)** : '확실히 지적할 수 없어서'라는 의미의 축문 어구.
- **만신** : 황해도 등 한강 이북 지방에서 불리어지는 무당(巫堂)의 다른 이름. 만 가지의 신을 모신다 하여 만신이라고도 한다. 판소리로 노래와 춤을 보여주는 전라도 지방의 무당과는 사뭇 다르다. 신기가 오르면 쇠스랑으로 돼지 머리를 찌르고 칼 놀음(혀로 칼의 날카로움을 확인하는 행위) 등을 하는 등 매우 역동적인 모습을 보여 준다. 무당의 역할은 결국은 신과 인간의 중개 역할이다. 무당(巫堂) 무속(巫俗) 참조.
- **망료례(望燎禮)** : 제사를 마무리할 즈음 제사 때 읽은 축문(祝文) 등을 태우는 의례. 즉 축문을 불살라서 신(神)께 의례가 끝났음을 알림.
- **망묘루(望廟樓)** : 종묘(宗廟)에 있는 건물로서 종묘의 서령(署令), 능참봉, 종묘관리인 등이 머무는 곳이다.
- **망실(亡室) 고실(故室)** : 아내를 이르는 제례 용어.
- **망예(望瘞 : 망료[望燎] : 예매[瘞埋])** : 신주 대신에 사용되었던 지방(紙榜)이나 신에게 바쳤던 '폐백'과 '축문'은 신에게 속하는 것이니 불태워 하늘로 올리고 남는 재는 땅에 묻는 절차. 즉 신에게 보내는 제물을 처리하는 절차이다.
- **망일부지(亡日復至)** : 죽은 날이 다시 돌아옴. 아내(妻)나 아랫사람의 경우 '諱日復臨' 대신 사용되는 제례용어이다.
- **망일참례(望日參禮)** : 매월 음력 보름날 분향재배한다. 모사(茅沙)는 베풀지 않는다.
- **망자(亡子)** : 죽은 아들의 신주 첫머리에 쓰는 말. 18세 미만에 죽은 자식은 망자수재(亡子秀才[士])라고 쓴다.
- **망제(亡弟)** : 죽은 동생의 신주 첫머리에 쓰는 문구.
- **매안(埋安)** : 친진(親盡)을 다한 신주를 길제 후 해당 무덤 옆에 묻음.
- **면(麵), 면식(麵食)** : 밀로 만든 음식. 국수, 만두(饅頭) 등의 제상에 올리는 음식. 『주

자가례』에서는 면식을 만두라고 하였으나, 만두는 그 속을 고기와 야채 그리고 갖은 양념으로 채워 만들기 때문에 곡류로 적당하지 않다고 하여, 우리나라에서는 국수를 써왔다.

- **면서병동(麵西餠東)** : 국수는 서쪽에, 떡은 동쪽에 진설.
- **명의(明衣)** : 제사를 지내기 위해 목욕재계하고 갈아입는 옷.
- **명인식건(明禋式虔)** : '정결한 제사를 의식에 따라 경건하게 드리다'라는 의미의 종묘 축문 어구.
- **명일장천(明日將遷)** : 날이 밝으면 옮김.
- **명조(名祖)** : 이름난 조상.
- **모관(某官)** : 생전의 벼슬(관직) 명(名)이며 관직이 없으면 학생(學生)으로 표기한다.
- **모공(某公)** : 전주 이(李)공, 김해 김(金)공 등 성씨의 본관(本官)을 일컫는 말이다.
- **모듬제사** : 조상의 기제사를 여러 형편상 한 날로 몰아서 지내는 것이다. 일종의 합동제사라고도 말할 수 있다.
- **모봉(某封)** : 남편의 직분에 따라 쓰이는 부인의 품계이며, 남편의 관직이 없으면 유인(孺人)으로 표기한다.
- **모사기(茅沙器)** : 강신할 때 사용하는 띠의 묶음과 모래를 담는 그릇. 즉 모래와 띠의 묶음인 모사(茅沙)를 담는 그릇으로 탕기보다 굽이 조금 높다. 모사는 글자 그대로 띠풀과 모래로 구성되어 있는데, 초목과 땅을 상징한다. 따라서 제사에서 강신은 두 가지 형태로 진행된다. 하나는 신[魂]이 하늘에 있을 경우, 향냄새를 맡고 강림하라는 뜻에서 향을 피우는 강신(降神)이고, 다른 하나는 신[魄]이 땅에 있을 때 술 냄새를 맡고 강림하라는 의미에서 술로 강신(降神)을 한다. 술 강신을 할 때, 원래는 땅에 술을 부어야 하나, 대청 등에서 제사를 지낼 때에는 땅에 술을 부을 수 없기 때문에, 땅을 상징하는 모사를 사용한다(종묘 제사 시에는 술을 붓는 관지의 구멍이 따로 있음). 따라서 묘제(墓祭)에서는 모사가 필요하지 않다.

  보통 강신뇌주의 술을 퇴주기에 붓기도 하는데, 이는 잘못된 것이다. 강신뇌주의 술은 항상 이 모사기에 부어야 한다.
- **모속(茅束)** : 제사에서 모사에 꽂는 띠 묶음. 이 띠 묶음을 만들기 위해서는 음력 7월 선영에서 가장 어른의 산소에 난 띠(茅)를 베어 한 묶음을 묶고 또 이 어른의 산소에 있는 고운 흙을 가져와서 1년에 한 번씩 띠 묶음을 만들면 된다.
- **모씨(某氏)** : 여자의 본관(本貫)과 성씨(姓氏)를 기재하는 것으로, 남원 양(梁)씨 등으로 기재한다.

- 모좌지원(某坐之原) : 묘를 어느 방향으로 잡음.
- 목기(木器) : 나무로 만든 제기(祭器).
- 몰영감망(沒寧敢忘) : '돌아가셨다고 하여 어찌 감히 잊으리오'라는 의미의 축문 어구.
- 몽은(蒙恩) : 나라의 은혜.
- 묘당배향(墓堂配享) : '납골묘(당)에 봉안하고자 한다'는 의미의 축문 어구.
- 묘사(墓祀) : 3월 상순에 택일하여 친속묘, 즉 고조 이하의 묘에서 거행하는 제사.
- 묘의미구(墓儀[儀物]未具) : '묘의 석물을 갖추지 못하여'라는 의미의 축문 어구.
- 묘제(墓祭) : 산소를 찾아가서 드리는 제사이다. 묘사(墓祀), 묘전(墓前)제사(祭祀)라고도 한다. 원래는 3월 상순에 지내는 고조 이하의 친제(親祭)를 뜻하는 말로, 『사례편람』에는 '3월 상순에 택일하여 하루 전에 재계(齋戒)한다.'고 되어 있으나 오늘날에는 묘사(墓祀, 親祭)·시향(時享)·절사(節祀) 등을 통틀어 이른다. 특히 5대조 이상의 조상에 대하여 1년에 한 번 지내는 묘제는 세일사(歲一祀), 세일제(歲一祭)라고 하며, 4대친에 대하여 설, 한식, 단오, 추석 등 명절에 지내는 묘제는 절사(節祀)라 구분하기도 한다. 특히 4대친에 대한 묘제를 사산제(私山祭)라 구분하기도 한다. 제찬(祭饌)은 기제(忌祭)와 같게 준비하고 토지신에게도 따로 제수를 마련하여 제사를 지낸다. 산소 왼쪽에 자리를 마련하고 토지신에게 먼저 제사를 지낸 뒤 산소 앞에 정한 자리를 깔고 제찬(祭饌)을 진설한다. 그리고 참신, 강신, 초헌, 아헌, 종헌, 사신의 순으로 제사를 지내고 상을 물린다.
- 묘제무진(墓祭無進) : 묘제에는 진찬(進饌)이 따로 없음.
- 무속(巫俗)신앙 : 인간과 하늘을 연결시켜 주는 무당의 존재를 믿는 고유의 민속신앙. 즉 무속(巫俗)은 자신들의 삶과 밀접한 관련이 있는 여러 신(神)들을 모셔 놓고 무당(巫堂)이라는 영매(靈媒)를 통해 춤과 노래로 풍요(豊饒)와 다산(多産)을 빌고, 나쁜 액(厄)을 막으려는 토속(土俗)신앙이다. 무당에는 강신무(신 내린 무당)와 세습무(윗대로부터 이어져 내려온 무당)가 있는데, 모두가 한(恨)을 풀어 주고 복(福)을 빌어 주는 데에서는 다르지 않다.
- 무축단작(無祝單酌) : 제사를 지낼 때 축문을 읽지 않고 술잔도 한 잔만 올리는 것. 무축단헌(無祝單獻)이라고도 한다.
- 문묘(文廟) : 공자를 비롯하여 공자 이래로 유교의 중요한 학자들의 위패를 모신 사당.
- 문선왕묘(文宣王廟) : 공자의 사당(祠堂).
- 물진물경(勿震勿驚) : '두려워하거나 놀라지 마십시오'라는 의미의 축문 어구.
- 미능여례(未能如禮) : '예를 다 갖추지 못하여'라는 의미의 축문 어구.

- 미사 : 가톨릭의 성스러운 제사의식. 예수의 <최후의 만찬>을 본받아서 진행하는 성제(聖祭)의 의식이다.
- 미수적(味數炙) : 술안주라는 뜻이다. 즉 밥반찬은 간남(肝南)이고, 술안주는 적(炙)이다.
- 미식(米食) : 떡. 쌀로 만든 음식. 특히 쌀가루에 콩이나 팥, 녹두 등을 섞어서 만든 각종 떡 종류를 말한다.
- 미완봉사(未完封莎) : '봉분을 완성하지 못하여'라는 의미의 축문 어구.
- 미유항려(未有伉儷) : '배필이 없어'라는 의미의 축문 어구.
- 미증감모(采增感慕) : '느끼고 사모하는 마음이 점점 더하여'라는 의미의 종묘 축문 어구.
- 반(飯) : 메. 밥. 주식이 되는 밥. 조상에게 드리는 제삿밥으로 신위의 수(數)대로 주발 식기에 수북이 담아 뚜껑을 덮는다. 고례(古禮)에서는 쌀, 기장, 보리, 조, 피 등 오곡으로 밥을 지었으나 지금은 밥은 쌀로 만들어 하나만 올리고 별도로 미식(떡)과 면식(국수)를 올린다.
- 반(盤) : 쟁반.
- 반서갱동(飯西羹東) : 밥은 서쪽에 국은 동쪽에 진설. 이는 산 사람의 상차림과 정반대의 상차림이다.
- 반좌갱우(飯左羹右) : 메는 오른쪽, 국은 왼쪽.
- 방제(傍題) : 제사를 받드는 사람의 이름.
- 방택(方澤) : 지기(地祇)를 제사지내는 사각형의 단(壇).
- 배복방향(背腹方向) : 닭구이나 생선포는 등이 위로 향해 놓는다는 제례용어.
- 배설여의(排設如儀) : '예에 맞게 설치하다'라는 의미의 축문 어구.
- 배신작주(配神作主) : '배위(配位)의 신위를 신주로 삼는다'라는 의미의 축문 어구.
- 배이선비(配以先妣) : 돌아가신 어머니를 배향함.
- 백곡용성(百穀用成) : '백곡(百穀)이 성숙하였으니'라는 의미의 종묘 축문 어구.
- 백로기강(白露旣降) : 계절이 바뀌어 '찬 이슬이 벌써 내렸다.'는 의미의 가을에 쓰이는 축문 서식 문구.
- 번시(燔柴)례 : 하늘에 대한 제사(천제) 등에서 불을 피워서 연기로서 신(神)에게 제사 드림을 알리는 의례.
- 번육(燔肉) : 제사에 쓰고 난 고기.

- 벽감(壁龕) : 형편이 어려워 사당을 지을 수 없는 집에서는 사당벽장이라 하여 대청 왼쪽 벽을 터서 작은 장을 꾸미고 이 안에 위패를 모셨다. 이것도 어려울 때는 나무상자를 벽에 걸어 두기도 했는데, 이것이 바로 벽감(壁龕)이다.
- 변(籩) 죽변(竹籩) : 실과(實果)와 건육(乾肉)을 담는 제기(祭器). 원래 대나무로 굽을 높게 엮어서 만들었다. 대추와 밤, 포 등 마른 음식을 담는 그릇.
- 별묘(別廟) : 가묘(家廟)에서 받들 수 없는 신주를 따로 모시던 사당.
- 병(餠) : 떡. 제수 중 가장 기본적인 음식으로 현란한 색깔을 피하고 팥고물을 쓸 때도 껍질을 벗겨내 가급적 흰 빛깔이 나게 한다. 보통은 백설기나 시루떡을 해서 사각의 접시에 보기 좋게 놓고 신위의 수(數)와 관계없이 한 그릇만 올린다. 떡을 올릴 때에는 찍어서 먹을 꿀이나 조청을 한 종지 같이 올린다.
- 병대(餠台) : 떡 받침. 떡을 담는 제기. 위판이 4각형이다.
- 병풍(屛風) : 제사지낼 장소의 뒤와 옆을 둘러치는 제구로 흉제(凶祭) 시에는 현란한 그림과 경사 잔치와 관계되는 내용의 글씨는 피해야 한다.
- 보(簠) : 제향(祭享) 때 도미(稻米 : 메쌀)과 양미(粱米 : 차조쌀)를 담는 그릇.
- 보본의식(報本意識) : 태어나거나 자라난 근본을 잊지 않고 그 은혜를 갚는 의식으로서 제의례의 의의를 설명하는 말이다. 즉 제사란 자신을 존재하게 하신 근본에 보답하는 의식이라는 말이다.
- 보우무강(保佑無疆) : '끝없이 보호하고 도와주소서'라는 의미의 종묘 축문 어구.
- 복기득길(卜旣得吉) : 배교(环珓 - 점치는 도구)를 가지고 점을 쳐 이미 길일(정일[丁日] 또는 해일[亥日])을 얻음.
- 복유(伏維) : '엎드려 생각하옵건대'라는 의미의 축문 어구.
- 복이(伏以) : '삼가 엎드려 생각하건대', '삼가 비오니'라는 의미의 축문 어구.
- 복이양봉(伏以襄奉) : '장사 지낼 때를 엎드려 생각하옵건대'라는 의미의 축문 어구.
- 복택자지(卜宅茲地) : '유택을 이곳에 정했었는데'라는 의미의 축문 어구.
- 봉게(奉揭) : 음복례 후 제수(祭羞)에 쓰인 음식을 나누어 싸서 주는 것.
- 봉로(奉爐) : 향로를 받드는 제관.
- 봉사(奉祀) : 제사를 받들어 모심. 조상의 제사를 받드는 것.
- 봉사손(奉祀孫) : 조상의 제사를 모시는 자손.
- 봉사조(奉祀條) : 제사지낼 재산 몫.
- 봉승선훈(奉承先訓) : '선대의 가르침을 이어받아'라는 의미의 축문 어구.

- **봉심(奉審)** : 제사를 지내기 전에 산소를 찾아가 살펴 봄.
- **봉역유신(封域維新)** : '봉분과 묘역이 새로워진다'는 의미의 축문 어구.
- **봉제사(奉祭祀)** : 제사를 받들어 모심. 양반의 행해야 하는 중요한 핵심 업무가 봉제사(奉祭祀)와 접빈객(接賓客)이다. 나아가 실무 차원에서 주부(主婦)가 담당해야 할 책임 가운데 가장 중요한 것이 조상을 받드는 봉제사(奉祭祀)이다. 이러한 까닭에 부녀자의 생활범절 등을 일러둔 내훈서 등에서는 제사에 임하는 몸가짐을 상세히 설명해 두고도 있다. 예컨대 이덕무(1741~1793)가 지은 『사소절(士小節)』에서는 제물의 마련과 장만에 있어 부녀자의 바람직한 태도를 제시하면서 제물의 규모보다는 정성으로 제사를 지낼 것을 언급하고 있다. 또한 우암 송시열(1607~1689)이 혼인을 앞둔 딸을 위해 지은 『계녀서(戒女書)』에는 <제사를 받드는 도리>라는 항목에 다음의 내용이 실려 있다 : "제사는 정성을 다하여 정결하게 하며 조심하는 것이 으뜸이니, 제수를 장만할 때는 걱정하지 말고, 하인도 꾸짖지 말고, 하하하 소리를 내어 웃지 말고, 노여움을 나타내며 근심하지 말고, 없는 것을 구차하게 얻지 말고, 제물에 티끌이 들어가게 하지 말고, 먼저 먹지 말고, 어린아이가 보채더라도 주지 말고, 음식을 많이 장만하면 자연히 불결하니 쓸 만큼 장만하고, 다음 제사에 부족할 것 같으면 일 년 동안 제수로 들어갈 것을 생각해서 다음 제사에 궐제(闕祭)를 아니하게 하고, 풍성하고 박한 것이 너무 뚜렷이 다르게 하지 말고, 정성을 다하여 머리를 빗고 목욕을 하되 추운 겨울이라도 그만두지 말고, 기제사에는 빛깔이 있는 옷을 입지 말고, 손톱 발톱을 잘 깎고 정결하게 하면 신이 흠향하고, 자손이 복을 받고, 그렇게 하지 아니하면 재화가 있을 것이다."
- **봉향(奉香)** : 향을 받드는 제관.
- **봉헌미사** : 가톨릭의 성당 제대에 준비된 봉헌 제물 위에 축복이 내리도록 기구하며 드리는 미사.
- **부(釜)** : 가마솥.
- **부군(府君)** : 돌아가신 조상의 존칭으로 제(弟) 이하에는 쓰지 않는다.
- **부부공제(夫婦共祭)** : 『예기』에 나오는 구절로서, "부부는 함께 제사를 올린다."는 말이다. 『주자가례』에서도 의례 절차에서 제사(祭祀)는 모두 주인(宗孫)과 주부(宗婦)가 함께 행하는 것으로 되어 있다.
- **부자승감(不自勝堪)** : 불승비념(不勝悲念)과 같은 의미로서 아내의 기제 축문 시 사용하는 문구이다. '스스로 견디어내지(감내하지) 못한다'는 의미.
- **부제(祔祭)** : 고인의 신주를 사당에 모신 조상 곁에 함께 모시도록 고하는 절차로서 부사(祔祀)라고도 한다. 부제를 지낼 때는 고인의 조부에게 고하는데, 이는 소목(昭穆)의 원리에 따른 것이다. 즉 소목의 원리에 따라 새로운 신주가 사당에 들어가는 위치는

항상 조부의 아래 쪽에 있기 때문에 조고에게 고하는 것이다.
- **분묘기성(墳墓旣成)** : '분묘를 이미 조성하다'는 의미의 축문 어구.
- **분정(分定)** : 제사를 지냄에 있어 초헌, 아헌, 독축 등 역할 분담을 하고 이를 문서화 하는 절차.
- **분조합(分胙盒)** : 음복을 나누어 담는 그릇.
- **분준(分餕)** : 제사 음식을 나누는 절차. 즉 제사에 참여한 사람은 물론 참례하지 못한 후손과 이웃에게까지 복조(福胙 - 제사를 지낸 고기)와 복주(福酒)를 나누어 주는 음복(飮福) 잔치의 성격을 지닌 제사의 절차이다. 혹은 제물(祭物)과 제기(祭器)를 다 치우고 나서, 제사에 참여한 사람들이 제물을 나누어 먹고 이웃에까지 나누어 주는 음복잔치이다.
- **분축(焚祝)** : 사신(辭神) 후 축문을 불사름.
- **분할(分割)봉사** : 윤회봉사가 자식들 간에 제사를 돌려가면서 모시는 것인데 반해, 분할봉사란 여러 제사를 서로 분할한 다음 특정제사를 자식들 중 특정인이 고정해서 봉사하는 것이다.
- **분합(分閤)** : 사당 대청 앞에 두리우는 4쪽의 창살문.
- **분헌례(分獻禮)** : 백두산 천제(天祭)에서 주신(主神)인 천(天 : 皇天上帝位), 지(地 : 皇地祇位), 인(人 : 檀君王儉位)을 제외한 좌우의 다른 신(神 : 해, 달, 별, 비, 바람, 구름, 우뢰 등의 신위)들에게도 술잔을 올리고 천지인(天地人) 삼신(三神)에게도 더 드시라고 첨작(添酌)을 하는 의례.
- **불교의 제례** : 제례 혹은 제사라는 용어는 기본적으로 불교 용어가 아니다. 따라서 불교식 제례라는 개념은 이전에는 존재하지 않았다. 불교에서는 시식의(施食儀), 그것도 아귀지옥에 빠진 중생에 대한 베품의 공양의례(供養儀禮)가 중심을 이룬다. 또한 이는 단지 한 가정 조상의 천도에 머물지 않고, 뭇 중생의 천도라는 회향공덕(回向功德)의 대승적 구조로 발달되었다. 최근 유교식 혹은 전통예식으로 진행하던 제례를 불자들이 불교식으로 하고자 하는 열망이 확산되면서 새로운 모델이 생겨나고 있는데, 이는 전혀 새로운 것이다.

불교식 제례는 전통적인 시식의(施食儀)의 절차를 현대적으로 변용하고 그를 약례화(略禮化)하는 경향을 보이고 있다. 오늘날 실행되는 시식에는 관음시식, 화엄시식, 상용영반, 종사영반, 구병시식 등이 있는데, 절에서 하는 기제사 의식은 보통 상용영반(常用靈飯)으로 진행한다. 상용영반의 기본 구조는 거불(擧佛: 아미타불, 관음세제보살, 인로왕보살) → 창혼(唱魂) → 착어(着語) → 영가청(靈駕請) → 수위안좌진언(受位安坐眞言) → 다게(茶偈) → 진반(進飯) → 사대진언(四大眞言) → 정근(精勤), 장엄염불(莊嚴念佛)

→ 봉송(奉送)이다.

조계종 가정 제례 의식은, 우선 병풍의 경우 있으면 사용하되, 병풍이 없으면 없는 대로 제례를 봉행한다. 다음 위패와 사진을 모시고 음식을 진설하며, 음식은 생전에 고인이 좋아하던 음식 순으로 준비하되, 나물과 과일을 기본으로 하여 떡, 나물, 전, 송편, 떡국, 과일 등을 준비하며, 육류는 가능하면 사용하지 않고, 좌우에 국화 등 현란하지 않은 꽃으로 장엄을 하며, 잔을 올리는 것은 술 대신에 녹차를 사용하는 것을 권장한다.

위패를 쓰는 법은 남자인 경우에는 '선(先) 엄부(嚴父)해주후인(海州后人) 무상(無常) 최(崔)공(公) 항(恒) 영가(靈駕)'를 예로 하며, 여자인 경우에는 '선(先) 자모(慈母) 남양유인(南陽孺人) 보리심(菩提心) 홍(洪) 순(順) 녀(女) 영가(靈駕)'를 예로 한다. 불명(佛名)은 후인·유인 다음에 쓰며, 두 분 부모님이 다 돌아가신 경우는 어느 때나 함께 모신다. 상차림은 첫줄은 과일과 과자, 둘째 줄은 나물류와 식혜, 셋째 줄은 채소 탕류, 넷째 줄은 전(煎)과 송편, 차, 다섯 번째 줄은 밥 국 등의 순으로 진설한다. 이것을 그림으로 보면 아래와 같다 :

[불교식 제상차림표]

위 패
고조부 고조모 증조부 증조모 조부 조모 부 모
메 갱 ○ ○ ○ ○ ○ ○ ○ ○ ○ ○ ○ ○ ○ ○ ○ ○
시접 전 차 전 차 송편
     탕 탕 탕
나물 나물 간장 식혜 김치
대추 밤 감 배 사과 과자 과자

불교식 제사의 식순은 거불 다게 청혼, 공양, 묵념, 보공양진언, 광명진언, 찬불가(극락왕생하소서), 발원, 음복의 순이다 :

(1) 擧佛 - 극락세계 아미타부처님을 청하는 미타거불
(2) 茶偈(차를 올리는 의식) - 시방삼세 부처님과 청정미묘하신 법과 삼승사과의 해탈 얻으신 승가에 공양하오니 베푸사 감응하여 주옵소서
(3) 請魂(조상님 영가를 모시는 의식)-금일 지극정성 설향봉청 제자 (주소)거주 가족 등 복위 000 영가시여, 저희들이 모시는 (추석·설 및 제사) 차례에 강림하시어 감응하여 주시옵소서 * 제주는 찻잔을 올리고 모두 3번 절한다. 수위안좌진언(受位安坐眞言) 옴 마니 군다니 훔훔 사바하(3번)
(4) 供養(공양 올리는 의식)-저희 자손들이 계·정·혜·해탈·해탈지견의 오분향을 공양하오니 자성의 대지혜를 발하고 반야의 밝은 등을 켜서 삼계의 어둠을 밝히나이다.

선망부모에게 맑은 차를 드리오니 목마름이 다 없어지옵소서. 선계의 진품과 일을 올리오니 진향하시옵고, 진수를 올리오니 든든함이 영원하시길 발원하옵니다. * 제주는 밥그릇 뚜껑을 열고, 수저는 밥에, 젓가락은 반찬류에 올려놓는다. * 가족이 돌아가며 차례로 차를 올린다. * 절 3번을 한 뒤 가부좌 자세로 앉아 죽비를 3번 치고 잠시 입정을 한다. 끝날 때도 죽비를 3번 친다. * 보공양진언부터 광명진언까지는 송주목탁으로 집전한다.

(5) 묵념(默念)-오늘 조상님 영가께 올린 모든 진수는 저희들이 작은 정성을 모아 올린 것이니 흠향하여 주시옵소서.

(6) 보공양진언(補供養眞言, 영가님께 공양을 올리는 진언)-옴 아아나 삼바바 바아라 훔(3번).

(7) 보회향진언(補回向眞言, 두루 공덕을 되돌려주는 진언)-옴 삼마라 삼마라 미만나 사라마하 자거라바 훔(3번).

(8) 광명진언(光明眞言)- 옴 아모카 바이로차나 마하 무드라 마니파드마즈바라 프라바를 타야 훔(3번).

(9) 발원(發願)- * 숭늉을 올리고 밥을 떼서 세 번 숭늉에 덜어 넣는다. 늘 저희들이 올린 공양을 받으시고 부처님의 진리를 깨달으시어 아미타부처님의 국토, 극락세계에 태어나시어 저희 후손들이 건강한 몸과 건전한 정신으로 올바른 삶을 영위하여 깨달음을 얻는 길로 이끌어 주시기를 발원하옵니다. * 다함께 아미타경, 반야심경, 원각경, 보안장, 무상계, 금강경 중에서 하나를 독송한다. 나무아미타불(7, 21번). * 모두 절 3번 후 헌식을 하고 그릇의 뚜껑을 닫고 위패를 사른다.

(10) 飮福 또는 會陰(모여서 차를 마심).

- **불감불 약계영역 (不敢不 略啓塋域)** : '감히 묘(영역)를 약간 열지 않을 수 없어' 라는 의미의 축문 어구.

- **불감은제 (不敢殷祭)** : '감히 성대한 제사를 올리지 못함'을 의미하는 축문 어구.

- **불록래신 (第綠來申)** : '복록(福祿)으로 도와주소서'라는 의미의 종묘 축문 어구.

- **불륙제기 (不鬻祭器)** : 아무리 가난해도 제기를 팔아서는 안 됨.

- **불승감모 (不勝感慕)** : 감동되어 사모[흠모]하는 마음을 억누를 수가 없음. 조부모 이상의 조상에게 쓰는 축문 서식 문구. 불승영모(不勝永慕)와 동일.

- **불승감읍 (不勝感泣)** : '깊이 감격하여 눈물이 남을 금할 수 없어'라는 의미의 축문 어구.

- **불승감창 (不勝感愴)** : 남편이나 방계 친족 기타 등에 쓰는 서식 문구. 가슴 아픔을 억누를 수 없음. 감회와 슬픔을 견디지 못하겠음. 사모하는 마음을 이기지 못함. 기제사시 아랫사람의 경우에 쓴다. 부모에게는 호천망극(昊天罔極), 조부모 이상에게는 불승영

모(不勝永慕), 불승감모(不勝感慕)를 쓴다. 제(弟) 이하에게는 불자승감(不自勝感)이라고 쓴다.

- **불승감통(不勝感痛)** : '마음에 깊이 느끼어 서러워함을 이기지 못하여'라는 의미의 축문 어구.

- **불승경달(不勝驚怛)** : 놀라움과 측은함을 이기지 못함.

- **불승비념(不勝悲念)** : 슬픈 마음을 억누를 수가 없음. 아내의 경우에 쓰는 축문 서식 문구.

- **불승영모(不勝永慕)** : 깊이 흠모하는 마음을 억누를 수 없음. 영원한 사모의 심정을 견디지 못함. 길이길이 사모하는 마음을 이기지 못함. 조부모 이상의 기제사에 사용한다.

- **불천위(不遷位)** : 살아생전에 이룩한 업적이 대단하여 4대가 지났어도(親盡) 자손 대대로 기제사를 모실 수 있도록 국가나 유림에서 인정한 조상(祖上). '불조위(不祧位)'라고도 한다. 국가 사회적으로 커다란 기여를 한 인물들에 대해서는 신주를 매안(埋安)하지 않고 자손만대로 기제사의 대상으로 설정하는 제도. 말하자면 영원토록 사당에 모셔지는 신위를 일컫는 말이다. 불천위는 국가에서 인정하기도 하고, 유림들이 인정하기도 한다. 한 집안에 불천위가 있는 것으로도 그 문중은 사회적 공인을 받을 수 있고, 그 구성원들은 굉장한 자부심을 가졌다. 따라서 불천위는 가문의 영광이 될 수 있다. 불천위 제사는 기제사가 확장된 것이기는 하나, 일반 기제사와는 비교되지 않을 정도로 성대하게 치러진다.

- **불천위제(不遷位祭)** : 불천위된 조상을 모시는 제사. 기제사처럼 지내되 매우 성대하게 지낸다.

- **비(篚)** : 대바구니. 광주리. 없으면 버들가지로 만든 그릇으로 대신한다. 제사에 사용되는 그릇이다.

- **비념상속 심언여훼(悲念相續 心焉如燬)** : '유명을 달리한 너(아들)를 생각하니 비통한 마음이 불타는 것 같구나'라는 의미의 축문 어구.

- **비념약신 심언여훼(悲念若新 心焉如燬)** : '슬픈 마음이 불꽃 같이 솟아 올랐다 사라진다'는 의미의 축문 어구.

- **비도산고(悲悼酸苦)** : '몹시 슬프고 쓰린 마음'을 의미하는 축문 어구.

- **비무후간(俾無後艱)** : '훗날 어려움이 없게 해주십사'는 의미의 축문 어구.

- **비자인료(備茲禋燎)** : '이에 제사의 예를 갖추어 섶나무를 때어 하늘에 제사를 지낸다'라는 의미의 종묘 축문 어구.

- **비저접(匕筯[箸]楪)** : 제사나 전(奠)에서 숟가락과 젓가락을 놓는 접시. 시접이라고도 함.

- **비저거중(匕筯[箸]居中)** : 수저접시는 중앙에 진설.

- **비통불기 지정여하(悲痛不已 至情如何)** : '지극한 정이 무엇이 길래 이렇게 마음이 슬프고 아픈가'라는 의미의 축문 어구.

- **비통여초 정하가처(悲痛如初 情何可處)** : '정이 무엇이기에 이렇게 마음이 처음과 같이 여일하게 슬프고 아픈가'라는 의미의 축문 어구.

- **비통외지 정하가처(悲痛猥至 情何可處)** : '아우를 잃은 외로운 마음 이를 데 없고 그리운 마음 어찌 할 바를 모르겠다'라는 의미의 축문 어구.

- **사갑제(祀甲祭)** : 죽은 사람의 회갑을 제사하는 것.

- **사구종신(捨舊從新)** : '옛 것(혼백상자)를 버리시고 새로운 것(신주, 신위, 지방)을 쫓으시라'는 의미의 축문 어구.

- **사기(私忌)** : 사갓집의 기제.

- **사당(祠堂), 사우(祠宇), 묘제(廟祭)** : 조상의 신주를 모시고 제사지내는 곳. 조상의 신주(4대조)를 모셔 놓은 집으로 신주, 향로, 제상 등이 마련되어 있다. 지을 경우에는 주인이 거처하는 방(정침)의 동쪽에 사당을 짓고 이곳에 조상의 신주를 모신다. 사람이 죽으면 신주를 궤연(상청)에 모시고 제사를 올리다가 3년상을 마친 뒤에는 신주를 궤연에서 사당으로 모시는데, 사당은 4감(龕)을 설치하고 북쪽에서 남향하여 서쪽부터 제1감은 고조고비, 제2감은 증고조비, 제3감은 조고비, 제4감은 고비의 위가 된다. 사당이 있는 집은 종자(宗子)가 대대로 살면서 지켰고 아무에게나 팔지 않았다. 사당이라는 용어가 최초로 사용된 곳은 『주자가례』로서 조상숭배의 장소라는 의미로 사용되었다.

- **사당도(祠堂圖)** : 관직의 이동, 여행 등으로 신주를 모시고 제사 등의 의례를 행하지 못할 경우, 이 그림으로 사당을 대신하고 여기에 지방(紙榜)을 붙여 신주를 대신하게 했던 그림이다. 감모여재도(感慕如在圖) 또는 신각도(神閣圖)라고도 불린다. 국립민속박물관에 소장되어 있는 이 그림은 3칸 건물의 중앙에 신주 모양을 한 빈 공간이 마련되어 있어 이곳이 지방을 붙이는 장소로 보인다.

- **사대봉사(四代奉祀)** : 조상의 제사를 4대까지 받들어 모시는 것.

- **사사여사생(事死如事生)** : 죽은 사람(조상) 섬기기를 산 사람 섬기듯 하라는 말이다. 상생지의(象生之義) 참조.

- **사세불체(事勢不逮)** : '사세(형편)가 미치지 못하여'라는 의미의 축문 어구.

- **사시제(四時祭)** : 사시제는 보통 시제(時祭)라 부르는 것으로서 사계절의 가운데 달(음력 2, 5, 8, 11월)에 고조 이하의 조상을 함께 제사하던 합동 제사의 하나이다. 즉 철에 따라 생산되는 각종 음식을 그때마다 올리고자 하는 효성스러운 정성이 담긴 제사로서

음 2, 5, 8, 11월 상순의 정일(丁日)이나 해일(亥日)을 택해 지낸다. 옛날에는 정제(正祭)라 하여 가장 중요시하였다. 주공(周公)이 예(禮)를 정할 때부터 있던 제도인데, 조선시대 이후 기제사와 묘제가 중요시되면서 시제(時祭)의 중요성이 점차 퇴색되어 갔다. 사시제는 조상의 신주를 모신 사당에서 거행하는 것이 원칙이지만, 사당이 좁을 경우에는 대청에서 행할 수도 있었다. 고대 중국에서는 사시제가 제사의 전형(典型)이었다.

- **사신(辭神, 합동 배례)** : 신을 작별하여 보내고 전송함. 신을 보내는 마지막 작별인사. 즉 고인의 영혼을 전송하는 절차로서 참사자가 신위 앞에 일제히 두 번 절한 뒤 지방과 축문을 불사른다. 지방은 축관이 모셔 나온다. 신주일 때는 사당으로 모신다. 이로써 제사를 올리는 의식절차는 모두 끝난다. 사신의 반대는 영신(迎神)이다. 영신 참조.

- **사십구재(四十九齋)** : 사람이 죽어 49일 되는 날 올리는 제사. 칠칠일(七七日). 불교의 제례로서 사람이 죽으면 극락왕생하기까지 49일 동안 중음[中陰 - 중유(中有)]의 공간에 떠돌게 되는데, 이 때 이승의 후손들이 간절히 재(齋)를 올려 정성을 들이면, 그 염력(念力)으로 영가(靈駕 - 영혼)가 극락왕생하는 데 도움을 받을 수 있다.

- **사직[단]대제(社稷[壇]大祭)** : 땅(地)과 곡식(穀食)의 신(神)에게 왕(王)이 드리는 국가적인 제사. 중요무형문화제 제 111호이다. 사(社)는 땅의 신, 직(稷)은 곡식의 신을 의미한다. 정궁(正宮)인 경복궁의 서쪽에 위치해 있다. 예로부터 나라를 세우면 조상에게 제사지내고 이와 함께 땅과 곡식의 신에게 백성이 편안하게 살 수 있도록 풍요를 기원하는 사직대제를 올렸다. 사실 사직대제는 종묘대제, 원구단 제사와 더불어 국가의 중요한 제사이다. 즉 원구단 제사가 폐지된 동안 조선시대에 중심이 되었던 국가제사는 사직대제와 종묘대제이었다. 『예기』에 의하면 나라를 세울 때에는 반드시 신의 위치는 사직을 우측에 모시고 종묘를 좌측에 모신다고 하였다. 이에 따라 조선시대에는 궁궐의 동쪽에 종묘를 배치하고 서쪽에 사직을 배치하였다. 중묘와 사직은 국가가 존립하면서 세워지고 국가가 망하면서 폐지되기 때문에 국가의 대명사처럼 언급되었다.
우리나라에서 사직단이 세워진 기록은 삼국시대로부터 시작된다. 사직단 제사는 원구단 제사와 마찬가지로 건물 안에서 지내지 않고 일정한 지역에 제단을 조성하고 그 위에서 제사를 지낸다. 사직에 제사를 지내기 위해 단(壇)을 조성하는 이유는 예로부터 "사(社)는 토지의 신이니 땅이 넓어 다 공경할 수 없으므로 흙을 모아 사(社)로 삼음은 그 공에 보답하고자 함이오, 직(稷)은 오곡의 우두머리이니 곡식이 많아 두루 제사드릴 수 없으므로 직신(稷神)을 세워 이를 제사하는 것"이라고 하였다. 사직단은 이와 같이 사단과 직단이 별도 구성되는데, 사단은 동쪽에 직단을 서쪽에 위치한다. 사단에서는 국사(國社)신을 북향하여 제사지내고 후토신을 동향하여 배향한다. 직단에서는 국직(國稷)신을 북향으로 제사지내고 후직신을 동향하여 배향한다.
사직단의 형태는 천원지방의 관념에 따라 정방형으로 조형하고 그 위에 5색의 흙을 덮었다. 동쪽-청색, 남쪽-적색, 서쪽-백색, 북쪽-흑색, 중앙 황색의 흙이다. 동서남북에 각각 홍살문이 있는데 북문만이 삼문(三門) 형태이고 나머지는 모두 한 칸 규모의 문으로 구성되어 있다. 북문이 곧 신이 출입하는 신문이므로 격을 높인 것이다. 국사(國社)신을 모시는 사단에는 돌로 된 신주(神主)가 설치되어 있다.

- **사필장의(事畢葬儀)** : '장례의 일을 마치다'라는 의미의 축문 어구.
- **사한단(司寒壇)** : 빙신(氷神)을 모신 단(壇).
- **삭(朔)** : 초하루.
- **삭망참례(朔望參禮)** : 매월 음력 초하룻날과 보름날 주인 이하가 옷을 갈아입고 각 위에 음식을 진설한 다음 모사를 향상에 놓고 제사지낸다.
- **산뢰(山罍)** : 산과 술독(罍, 술독 뢰)이 양각된 그릇으로 사시제(四時祭) 때 청주를 담았다. 즉 술통의 일종으로 제기(祭器)이다.
- **산신제(山神祭)** : 묘사에는 산신제도 지낸다. 이때는 강신, 향, 모사는 없이 지낸다. 향을 피우지 않는 이유는 불과 땅이 상극이기 때문이다. 산신제는 보통 집사가 제주를 대신해 지내는데, 축문을 올리는 자의 이름을 제주로 한다. 제수를 진설하고 참신한 다음 술을 한 잔만 올리고 독축한다. 독축 후에 재배하고 사신하면 산신제는 끝난다. 또 절사에도 산신제가 있으나 이는 절사의 절차대로 행한다.
- **산재(散齋)** : 산재(散齋)란 재계(齋戒)의 한 방법으로서 치재(致齋 : 지극한 재계)에 대비되는 느슨한 재계(齋戒)이다. 제사에 참여하는 사람들이 각자의 집에서 편의대로 행하는 것으로서 큰 제사의 경우는 7일을 하는데(『禮記』「祭統」 散齋七日以定之…), 이 때 남자들은 주인이 인솔하여 외실(사랑채)에서, 여자들은 안주인이 인솔하여 내실에서 목욕하고 마음을 깨끗이 다스렸다. 산재(散齋) 동안에는 술은 취하지 않을 만큼만 마셔야 하며, 고기는 먹을 수 있지만 마늘, 파 등과 같은 냄새가 심한 음식을 가까이 하지 않아야 한다. 치재(致齋) 참조.
- **삼국시대의 제의례** : 삼국시대는 불교가 성행하던 시대로서 불교의 영혼관(靈魂觀)에 따라 제의례가 변화하게 되었다. 불교의 영혼관에 따르면 육신은 잠시 거차한 헌 옷에 불과하며 생전에 지은 업(業)에 따라서 여러 종류의 환생(還生), 즉 윤회(輪廻)를 한다고 믿었기 때문에 불교의 제의례는 죽은 이의 영혼이 편안하게 극락왕생하거나 다른 생(生)으로 윤회하기를 기원하는 방식으로 치러졌다. 즉 불교의 제사는 영혼을 극락세계로 천도하는 천도재(遷度齋) 형식으로 치러졌다. 그러므로 중간 세계에 머무는 49일 동안 천도(遷度)를 기원하는 49재(齋)와 그 후 계속해서 천도(遷度)의례를 지내고 있다.

한편 삼국시대에 이르면 불교식 제의례와 함께 중국의 영향을 받아서 자연신에 제사지내던 방식으로부터 자신의 조상에게 제사지내는 의례로 제사가 발전하게 된다. 이는 민간에서보다도 왕가에서 주로 행해졌던 것으로 보인다. 고구려에서는 일찍부터 국조(國祖)인 시조(始祖)를 모시는 신묘(神廟)가 있었고, 시조묘 외에도 종묘(宗廟)가 있었던 것으로 보아 왕가에서는 일찍부터 조상에 대한 제사가 행해졌음을 알 수 있다. 백제 역시 시조묘로서 동명왕묘를 세우고 역대왕을 제사지낸 기록이 있다. 신라 역시 박혁거세를 제사지내는 시조묘가 있었고 후대에 김씨 왕족이 왕위를 독점하면서부터는 김씨들의 시조를 따로 제사지내는 신궁(神宮)을 설립하기도 하였다. 또한 신문왕 때는 중국식 종묘제도인 5묘제가 완성되기도 하였다. 고려시대에도 왕가(王家)의 종묘인 태묘(太廟)가 있었고 그 뒤에 다시 영묘(靈廟)를 설치하여 역대왕들의 신주를 모셨다.

이러한 왕가(王家)의 제사와 더불어 일반 가정에서도, 불교가 숭상(崇尙)되었던 점을 감안할 때, 당연히 조상(祖上)에 대한 천도재 형식의 제의례가 치러졌을 것으로 추정된다. 물론 천도재로서의 제의례는 당연히 절에서 스님이 주로 주관(主管)을 하였을 것이다. 오늘날 거행되는 장례 후 지내는 49재와 일부 신도들이 절이나 집에서 스님을 초청하여 지내는 각종 천도재는 바로 이러한 삼국시대의 제의례의 잔재물이다.

- **삼년봉상(三年奉喪)** : 3년간 상식(上食)을 올리고 복(服)을 입는 것.
- **삼상향(三上香)** : 제사를 지낼 때 초헌관이 향을 세 번에 나누어 향로에 올리는 일.
- **삼색과일** : 삼색의 과일을 일컫는 말로 붉은 색의 대추, 흰 색의 밤, 검은 빛의 곶감을 말한다.
- **삼색나물** : 흰색 나물(도라지, 무나물 등), 푸른색 나물(시금치, 배추나물 등), 갈색 나물(고사리 등)을 말한다.
- **삼양개태(三陽開泰)** : '삼양(三陽)이 태운(泰運)을 열어'라는 의미의 종묘 축문 어구.
- **삼우제(三虞祭)** : 장사지낸 뒤 3번째 지내는 제사로 재우 다음 날 첫 강일(剛日)에 지낸다. 요즘은 장례를 치른 3일째 되는 날, 제수를 올리고 분향하고 곡을 하며 재배한다. 상주는 간단한 묘제를 올리고 성분이 잘 되었는지 묘역이 잘 조성되었는지를 살피고 잔손질을 한다. 최근에는 장기(葬期)를 단축할 경우 삼우날에 고인의 묘에 가서 봉분 옆에 흙을 파고 혼백을 묻기도 하는데, 이를 매혼(埋魂)이라고 한다.
- **삼제어모(三祭於茅)** : 모사기에 3번 술을 좨주(祭酒)한다. 3번을 하는 이유는, 예(禮)란 3에서 이루어지기 때문이다(『가례』 初終 條 : '復聲必三者, 禮成於三也').
- **삼적(三炙)** : 육적(肉炙), 계적(鷄炙), 어적(魚炙)을 일컫기도 하며, 또는 육적, 어적, 소적(蔬炙 - 두부를 재료로 한 炙)을 일컫기도 한다.
- **삼초반(三抄飯)** : 제사 시 집사가 계문(啓門) 후 국을 거두고 냉수를 그 자리에 놓고 밥을 3번 떠서 물에 마는 행위를 하는데, 이를 삼초반(三抄飯)이라고 한다.
- **삼탕(三湯)** : 육탕(肉湯), 계탕(鷄湯), 어탕(魚湯)을 일컫기도 하며, 또는 육탕, 어탕, 소

탕(素湯, 蔬湯 - 채소나 두부를 재료로 한 湯)을 일컫기도 한다.
- 삼헌(三獻) : 제사 때 술잔을 3 번 올리는 것.
- 삼헌관(三獻官) : 초헌관, 아헌관, 종헌관의 3 헌관.
- 삽시정저(插匙正箸), 삽비정저(插匕正筋) : 첨작(添酌)이 끝나면 주부가 메(밥) 그릇의 뚜껑을 열고 숟가락을 메 그릇의 중앙에 꽂는다(啓飯揷匙). 젓가락을 가지런히 고른 뒤 어적이나 육적 위에 가지런히 옮겨 놓는다. 숟가락은 바닥이(안쪽) 동쪽으로 가게 한다. 삽시정저가 끝나면 제주는 두 번, 주부는 네 번 절한다. 첨작과 삽시정저의 두 절차를 흔히 유식(侑食)이라고도 하는데, 이는 '진지를 권하는 의식'이다. 뒤의 절차인 합문(闔門)까지를 유식이라고 하여 합문육식(闔門侑食)이라는 합성어도 생기게 되었으나, 유식은 첨잔(작)하고 수저를 올린 후 재배하는 단순한 의식에 불과하다.
- 상(尙) : 축문에서의 서식문구. <바라옵건대> <두루두루> <빠짐없이> 등의 의미이다.
- 상로기강(霜露旣降) : 서리와 찬이슬이 이미 내렸다는 의미의 축문 문구(文句). 백로기강(白露旣降)과 같은 의미.
- 상시(上匙) : 숟가락을 메밥 위에 올리는 일.
- 상정제(上丁祭) : 성균관이나 향교의 대성전에서 올리는 석전대제가 2월과 8월의 첫 번째 정일(丁日)에 지내기 때문에 이를 정제(丁祭) 또는 상정제(上丁祭)라고 칭하는 것이다.
- 상쥰(上樽) : 제사 때 상위(上位)에 놓는 주준(酒樽 - 술통).
- 상향(尙饗) : 신령께서는 흠향하시기 바랍니다.
- 상향(尙享) : 상향(尙饗)과 같은 말. '바라옵건대 흠향하십시오'라는 의미의 축문 어구.
- 생과(生果) : 제사 때 조과(造果 : 造菓)의 반대로 조율이시(棗栗李柿)와 같은 실제의 과일. 생과(生果) 중 복숭아는 보통 제사음식으로 금기시되고 있다. 공자의 『가어(家語)』에 보면 "과일 중에 복숭아는 제일 하치이니 쓰지 않는다."고 하여 제찬의 과일로 복숭아를 제외시키고 있다.
- 생기지제(生忌之祭) : 죽은 사람의 생일 제사. 생신제 참조.
- 생동숙서(生東熟西) : 날 것은 동쪽에, 익힌 것은 서쪽에 배치.
- 생당유경(生當有慶) : '살아 계신다면 당연히 경사로운 일이 되겠다는' 의미의 축문 어구.
- 생사당(生祠堂) : 국가에 특별한 공(功)을 세운 공신들의 경우 살아생전에 초상화를 그려 모신 사당을 건립하도록 하였는데, 이를 생사당(生祠堂)이라고 한다.

- 생신부우(生辰復遇) : '생신을 다시 맞았다'는 의미의 축문 어구.
- 생신제(生辰祭) : 고인의 운명 후 삼년상을 치르는 기간 내에 맞이하는 생신(生辰)에 지내는 제사(生忌之祭)로서 예서에는 규정이 없다. 그러나 남계 박세채(1631~1695) 선생이 말하기를 "생신의 제사는 비록 예가 아니라고 말하지만 돌아가신지 3년 이내라면 또한 행하지 않을 수가 없는데, 그 의례는 시속의 명절을 본떠 별도로 진설한다."라고 하였다. 3년 안에는 고인을 섬기기를 산 사람 섬기듯 한다는 상생지의(象生之義)를 토대로 아침 상식 뒤에 따로 몇 가지 음식을 차려서 조전(朝奠) 석전(夕奠)처럼 행하는 것이다. 또 보통 생신제에는 단헌(單獻)만 한다.
- 생채(生菜) : 절이거나 익히지 않고 그대로 조리한 채소. 그런데 생채에는 초(醋)를 사용하는 경우가 많아서 이를 초채(醋菜)라고도 하는데, 제사에는 주로 침채나 숙채를 쓴다. 무와 같은 채소는 절이거나 익히지 않고 생채로 쓸 수도 있다. 도라지의 경우도 생채로 쓸 수 있다.
- 서계(誓戒) : 제의례의 절차 중 준비과정에서 마음을 깨끗이 하는 것을 말한다. 몸을 깨끗이 하고 제의례의 장소 및 공간을 깨끗이 하는 것은 재계(齋戒)이다.
- 서립옥(序立屋) : 사당 참례자가 차례로 서는 집.
- 서반우갱(西飯右羹) : 제사상에 밥은 서쪽에, 국은 동쪽에 배치.
- 서직유형(黍稷惟馨) : '서직(黍稷)이 향기롭습니다'라는 의미의 종묘 축문 어구.
- 석전(釋奠) : 종묘대제, 사직대제와 더불어 국가적 차원에서의 제사 중의 하나로서 성균관과 향교의 대성전에서 공자를 위시한 성현들께 올리는 제사이다. 일종의 교육과 관련된 제사이다.
- 서원(書院) : 향사당(香祠堂) 참조..
- 서포동해, 혜(西脯東醢, 醯) : 포는 서쪽이고, 생선젓과 식혜는 동쪽. 좌포우해(左脯右醢) 참조.
- 선구사당(先救祠堂) : 집안에 화재가 발생하든가 하는 유사시 먼저 사당을 구함.
- 선인지실(先人之室) : 사당.
- 선조(先祖)제 : 시조(始祖) 다음 대로부터 내려와 제사를 드리는 사람의 5대조까지의 조상들에게 드리는 제사이다. 매년 입춘(立春)에 지냈는데, 입춘은 만물이 소생하는 때이므로 그 생생한 모양이 마치 선조들과 같은 형상이라 생각하여 시조를 제외한 5대조 이상의 조상들을 합동으로 제사지낸 것이다. 선조제 역시 사시제와 흡사하게 진행되며 축문만 다를 뿐이나 시조제와 같이 잘 지켜지지 않았다.
- 설위봉행(設位奉行) : '신위(지방)을 모시고 제향을 봉행한다'라는 의미의 축문 어구.

- 섭행(攝行) : 종묘대제나 사직대제 시, 왕(王) 대신 불가피하게 왕세자나 대신들로 하여금 제사를 대신 올리게 하는 것.
- 성덕재인(盛德在寅) : '크고 훌륭한 덕을 공경한다'라는 의미의 종묘 축문 어구.
- 성상재회(星霜再回) : 묵은해가 넘어갔다는 의미의 축문 문구(文句).
- 성생리살(省牲莅殺) : 희생의 제물을 살피고 도살에 임함.
- 성복(盛服) : 주인 이하가 제(祭)를 위해 옷을 잘 차려 입음.
- 성생(省牲) : 희생의 제물을 살핌.
- 성생대(省牲臺) : 종묘의 건물로서 찬막단 옆에 성생대가 있는데, 종묘 제향 시에 우(牛), 양(羊), 시(豕)의 삼생(三牲)을 도살하기 전에 살펴보던 곳이다.
- 생폐례제(牲幣醴齊) : '희생(犧牲)과 폐백(幣帛)과 예제(甘酒)'라는 의미의 종묘 축문 어구.
- 세사불체(歲事不逮) : '형편(歲事)이 이에 미치지 못하여'라는 의미의 축문 어구.
- 세서천역(歲序遷易) : 세월이 흘러 해가 바뀌었다는 의미이다. 세서역류(歲序易流), 기서유역(氣序流易)과 같은 의미.
- 세속변이(世俗變易) : '세상의 풍속이 변함'을 의미하는 축문 어구.
- 세월자구(歲月滋久) : '세월이 오래 되어'라는 의미의 축문 어구.
- 세율기경(歲律旣更) : 계절이 바뀌어 '이미 햇수를 고쳤다.'는 의미의 설날에 쓰이는 축문 서식.
- 세일사(歲一祀) : 10월에 택일하여 친진묘(親盡墓), 즉 4대조가 넘은 묘소에 한해 지내는 제사이다. 즉 음력 10월에 친진(親盡)을 다한 5대 이상의 각각의 조상(祖上)들을 날짜를 택일하여 자손들이 모두 모여서 각각의 묘소 앞에서 지내는 제사. 일명 묘사(墓祀), 세사(歲祀)라고도 한다.
- 세제(歲祭) : 묘사(墓祀), 묘제라고도 하여 음력 10월 보름날[하원]에 지내지만, 지방, 문중에 따라 10월 중 적당한 날에 시조 이하 전 조상님들을 한꺼번에 모시고 지내는 제사이다. 모든 후손들이 모여 가문과 조상의 음덕을 자랑삼고 문중 친족의 역사와 명예를 다지는 교육의 도량이 되기도 한다. 이때에는 토지신(土地神)과 산신(山神)에 대한 제(祭)도 같이 겸한다.
- 세제(世祭) : 대대로 제사지냄.
- 세차(歲次) : <금년의 차례>라는 뜻으로, 유세차(維歲次) ○○○는 <생각 하건대 금년의 차례가 ○년 ○월 ○일이 되어>라는 뜻이다.

- **세천일제(歲薦一祭)** : 일 년에 한 번 지내는 제사.
- **소기(素器)** : 장식이 없는 그릇.
- **소놀이 굿** : 경기도 양주 지방의 굿이다.
- **소목지서(昭穆之序)** : 사당에서 신주를 배치하는 방법 중의 하나이다. 사당에 4대조까지의 신주를 모실 때는 보통 이서위상(以西爲上)이라 하여 서쪽에서부터 고조부모의 신위부터 차례로 모시는데, 그 밖에 불천지위(不遷之位)나 시조(始祖)의 신위를 중앙에 모시고 그리고 나서 고조부모의 신위부터 4대조의 신위를 모실 때에는 보통 소목지서(昭穆之序)의 순서로 모시게 된다. 중앙의 신위를 기준으로 동쪽(昭)과 서쪽(穆), 다음에 다시 동쪽과 서쪽의 순서로 4대조의 신위를 차례로 모시는 것이다. 이 신주 배치방법을 바로 소목지서(昭穆之序)라 일컫는다.
- **소반(小盤)** : 제사 음식을 진설할 때 음식을 옮기는 작은 상(床).
- **소사(小祀)** : 작은 제사. 명산대천제(名山大川祭), 초제(醮祭), 향교의 석전제(釋奠祭), 서원의 향사(享祀), 사가(私家)의 가묘제(家廟制) 등.
- **소상(塑像)** : 진흙으로 만든 인물상(人物像). 사당(祠堂) 중에는 소상(塑像)을 봉안하던 곳도 있었다. 서울의 관왕묘는 동상(銅像)을 봉안하였다.
- **소적(素炙)** : 두부 두께 1센티 정도 되게 넓적하게 썰어서 소금을 약간 뿌려 기름을 두른 프라이팬에서 약한 불로 굽는다.
- **소채(蔬菜)** : 나물.
- **소탕(素湯)** : 고기붙이를 전혀 넣지 않은 국. 다시마를 마른 헝겊으로 깨끗하게 닦아서 물을 붓고 끓인다. 다시마를 건져내고 간장으로 국물의 간을 맞춘 다음 그 국물에 두부를 1센티 정도 되게 썰어 넣고 끓인다. 중간에 파를 넣고 끓이다가 건져 놓은 다시마를 위에 얹고 조금 더 끓여서 낸다.
- **속신(俗信)** : 민간에서 행해지는 미신적인 신앙 관습.
- **속절(俗節)** : 정월 초하루, 상원(上元 - 정월 대보름), 중삼(重三 - 3월 3일), 단오(端午 - 5월 5일), 유두(流頭 - 6월 15일), 칠석(七夕 - 7월 7일), 중양(重陽 - 9월 9일), 동지(冬至 - 12월 22,3일)에는 삭일참례(朔日參禮)와 같이 하되 다만 그 계절의 음식을 더 차린다.
- **손부조(孫祔祖)** : 사당에 조상 신위를 배치 시 소목지서의 순서에 따라 손자를 할아버지 곁에 곁들여 모심.
- **쇄자(刷子)** : 흔히 말하는 솔로서 먼지 등을 털어내는 도구.
- **쇄소정침(灑掃正寢)** : 제사를 지내기 전 정침 주변을 깨끗이 청소하는 일.
- *(용포)수망 굿** : 경상북도 영일지방의 굿이다.

- **수복방(守僕房)** : 제사 시 필요한 제물을 준비하는 곳.
- **수설총택(水齧塚宅)** : '수재(水災)가 무덤을 훼손한다'라는 의미의 축문 어구.
- **수작(酬酌)** : 술잔을 주고받음.
- **수조(受胙)** : 음복. 복(福)을 나눈다는 의미인데, 복을 나누기에 앞서 주인이 조상(신)으로부터 복을 받는 의식을 행한다. 즉 제사를 지낸 뒤 제관(祭官)이 번육을 나누어 받드는 일이다. 주인이 바쳤던 술을 맛보고, 바쳤던 밥을 축관이 조금씩 떠서 주인에게 가져다준다. 이 때 하사(嘏辭)를 읽어 복을 내린다. 즉 "조고(祖考)께서 공축(工祝)에게 명(命)하여 너 효손(孝孫)이 복을 많이 받도록 했노라. 너 효손아, 너로 하여금 하늘에서 녹을 받아 전답에 농사가 잘 되고 오래 살게 할 터이니 변함없이 지켜가거라."는 내용이다. 이 절차는 사시제, 녜제, 길제에만 있다. 또한 축관(祝官)이 주인을 향해 '고이성(告利成)'이라고 외쳐 제사를 잘 마쳤다는 것을 고하는 절차가 있으나 기제사나 차례에는 없다. 그런 다음에는 제사 지내고 남은 음식을 주위 사람들에게 주어서 나누어 먹는 것이 좋다. 귀조(歸胙) 참조.
- **수조반(受胙盤)** : 나눈 제사 음식(음복)을 담는 쟁반.
- **수조석(受胙席)** : 제사 음식을 나누는 돗자리.
- **수주정(壽酒亭)** : 술그릇을 올려놓는 탁자.
- **수직(壽職)** : 해마다 정월(正月)에 80살이 넘은 관리와 90살이 넘은 백성에게 은전(恩典)으로 주던 벼슬.
- **숙냉(熟冷)** : 제사 때 올리는 냉수.
- **숙사소경(肅俟少頃)** : 제사 시 진숙수(進熟水) 또는 진다(進茶) 후 낙시저(落匙箸) 할 때까지 잠깐 동안 기다리는 것을 말한다.
- **숙서생동(熟西生東)** : 익힌 나물은 서쪽에, 생나물은 동쪽에 진설.
- **숙수(熟水)** : 찬물에 밥알을 약간 풀어 놓은 일종의 숭늉.
- **숙야미녕(夙夜靡寧)** : '밤낮으로 마음이 편치 못하여'라는 의미의 축문 어구.
- **숙채(熟菜)** : 고사리, 무나물, 콩나물, 숙주나물, 배추나물 등 익힌 채소로 3색(흰색, 갈색, 푸른색) 나물을 올린다. 추석 때는 배추, 박, 오이, 호박 등 푸른색 나물을 쓰는데, 고춧가루와 마늘 양념은 하지 않고 조리한다.

숙채란 채소를 끓은 물에 데치거나 기름에 볶아서 익힌 것이다. 무나 도라지 같은 채소도 익혀서 숙채를 만들 수 있다. 시금치, 숙주, 고사리 같은 채소는 섬유질이 질기거나 독성이 있어 그대로 먹기가 부담스럽다. 따라서 끓는 물에 데치거나 기름에 볶음으로써 독성을 제거하고 먹기에 좋도록 하는데, 이와 같이 하여 조리한 채소음식을 숙채라고 하는 것이다.

- **숙흥야처 애모불녕(夙興夜處 哀慕不寧)** : '새벽부터 밤늦게까지 애모하는 마음으로 편치 않아서'라는 의미의 우제 축문 서식 문귀(文句).
- **시건향사(是虔享祀)** : '정성껏 향사(享祀)하고 비오니'라는 의미의 종묘 축문 어구.
- **시동(尸童)** : 고대 중국의 풍습으로 어린아이에게 죽은 이의 옷을 입혀서 제사상(祭祀床) 앞에 앉혀서 신위(神位)로 삼는 것.
- **시무** : 저승사자.
- **시물창무(時物暢茂)** : 계절이 바뀌어 '여러 식물들이 무성하게 번창하게 되었다.'는 의미의 단오에 쓰이는 축문 서식 문구.
- **시빙시의(是憑是依)** : '이에 의지하고 이에 기대시라'는 의미의 축문 어구.
- **시사(時祀)** : 기제사를 지내지 않는 친진(親盡)을 다한 5대조 이상의 윗대 선조(先祖)를 위해 음력 10월 중 택일하여 1년에 한 번 산소에 가서 지내는 제사. 세(歲)일사라고도 한다. 세제(歲祭)라고도 한다.
- **시일남지(是日南至)** : '이날 동지(日南至)에'라는 의미의 종묘 축문 어구.
- **시왕맞이 굿** : 제주도 지방의 굿이다. 심방이라 불리는 무당이 굿을 주관하는데, 10명의 조상신을 10년에 한 번씩 기리는 굿이다. 결국 굿이란 우리가 살아온 삶의 방식이었고 생활문화였다.
- **시저(匙箸, 匙筋)** : 숟가락과 젓가락.
- **시접(匙楪)** : 수저를 올려놓는 제기로 대접과 모양이 비슷하다.
- **시접거중(匙楪居中)** : 수저그릇은 중앙에 진설.
- **시제(時祭)** : 시제는 사시(四時)의 중월(仲月)에 거행하는 것으로서, 대개 정일(丁日)이나 해일(亥日)에 지낸다. 춘분, 추분, 하지, 동지 또는 속절일(俗節日)을 택하여도 무방하다.
- **시조제(始祖祭)** : 한 족속의 맨 위의 조상에 대한 제사로 매년 동지(冬至)에 지낸다. 동지는 음기(陰氣) 가운데 양기(陽氣)가 처음으로 생겨나는 때이므로 씨족으로 보면 곧 시조(始祖)에 비유될 수 있다. 그러므로 이때 시조(始祖 : 初祖)에게 제사하는 것이다. 즉 시조는 가문과 종족을 있게 한 뿌리이기 때문에 시조제를 양기(陽氣)가 시작되는 동지에 지내는 것이다. 시조제의 절차는 사시제와 흡사하나 다만 제사를 모시는 사람의 축문(祝文)이 다를 뿐이다. 우리나라에서는 사시제와 마찬가지로 선조에 대한 제사 관행은 그리 잘 지켜지지 않았다. 묘제(墓祭)로서의 시제와 집안제사인 기제사가 이를 대신하는 경향이 강했다.

- **시향(時享)** : 시제(時祭), 사시제를 말한다.
- **식간(食間)** : 제사 시 신위께서 음식을 드셨을 만큼의 시간.
- **식물(食物)** : 음식. 즉 반찬을 말한다.
- **식위민천(食爲民天)** : '먹는 것은 백성들이 하늘처럼 소중히 여기느니 것인데'라는 의미의 종묘 축문 어구.
- **식음제례(食飮祭禮)** : 보통 사가(私家)에서 불에 익힌 제물을 준비하여 지내는 제례. 생(生 - 날 것) 제물을 준비하여 지내는 왕가(王家)의 제례와 구별되는 제사.
- **식준조도(式遵祖道)** : 삼가 길(道)의 신(神)에게 제사를 올림. 조도(祖道)에 준하는 예를 올리다.
- **식진명천(式陳明薦)** : '삼가 경건하고 정결하게 받들어 올리오니'라는 의미의 종묘 축문 어구.
- **식표미침(式表微忱)** : '의식을 갖추어 정성을 표하오니'라는 의미의 종묘 축문 어구.
- **식해(食醢)** : 젓갈. 해(醢) 참조.
- **식혜(食醯)** : 단술. 술은 보통 곡물로 밥을 지어 누룩과 섞어서 발효시켜 만드는데, 이때 누룩을 사용하지 않고 엿기름을 사용하면 알콜은 생성되지 않고 단맛이 강한 음료가 된다. 이처럼 엿기름을 사용하여 만든 음료를 식혜(食醯)라고 하는데, 지방에 따라서는 이 식혜(食醯)를 감주(甘酒)라 하기도 한다.
- **신각도(神閣圖)** : 사당도(祠堂圖) 참조.
- **신개유택(新改幽宅)** : '새로이 유택을 바꾸어'라는 의미의 축문 어구.
- **신관례(晨祼禮)** : 종묘대제 시 강신(降神)을 위해 행하는 의례. 순서는 삼상향(三上香 - 천혼[天魂]을 모심), 관창(祼鬯 - 울창주를 관지구[灌地口]에 부어 체백[體魄]을 모심), 전폐(奠幣 - 폐백을 드림), 모혈(毛血) 간료등(肝膋登) 등의 4단계로 구성된다. 종묘대제와 달리 사직대제는 자연신이기 때문에 신관(晨祼)의식이 없고, 전폐(奠幣)의식만 있다.
- **신기강감(神其降監)** : '신께서는 내려와 굽어 살피소서'라는 의미의 종묘 축문 어구.
- **신기보우(神其保佑) 비무후간(俾無後艱)** : 신령께서 보호하사 훗날 어려움이 없도록 해 주십시오.
- **신물천지(新物薦之)** : 새 음식물이 있으면 천신(薦新)함.
- **신반실당(神返室堂)** : '혼령께서는 집으로 가시지요'라는 의미의 축문 어구.
- **신석전곡(申錫戩穀)** : '거듭하여 복된 곡식을 내려주소서'라는 의미의 종묘 축문 어구.
- **신위기성(神位旣成)** : '신위(지방)를 이미 만들었으니'라는 의미의 축문 어구.

- **신알(晨謁)례** : 매일 이른 아침 동틀 무렵 주인이 의관을 갖추고 사당 대문 안에 들어가 분향재배(焚香再拜)하면서 알현하는 예(禮).

- **신위봉안(神位奉安)** : 병풍을 두르고 그 앞에 제상을 놓는다. 제상 위에는 흰 종이를 깔고 제수를 진설한 뒤, 신위(지방)를 봉안한다. 제주가 분향하고 모사에 술을 부은 뒤 제주와 참사자 일동이 함께 신위 앞에 재배한다.

- **신위판(神位板)** : 제사 시 지방(紙榜)을 붙여 놓는 제구(祭具). 예전의 신주(神主)를 대신하는 것이므로 신주 형태의 목패(木牌)로 제작하여, 의자나 제사상에 세워 놓거나 작은 사진 액자 모양의 목판(木板)으로 제작하여 기대어 놓아도 무방하다.

- **신주(神廚)** : 사당의 제수를 마련하는 부엌.

- **신주개제(神主改題)** : 신주를 고쳐 새로 씀. 또는 양위 분 중 한 분의 신주를 탈상 후 먼저 가신 분의 신주와 함께 고쳐 써서 사당으로 모심.

- **신주매안(神主埋安)** : 체천(遞遷)되시는 5대조 양위분의 신주를 묘소 옆에서 땅 속에 묻음(埋安).

- **신주미황(神主未遑)** : 겨를이 없어 신주를 아직 만들지 못함.

- **신차세사(伸此歲事)** : '이 세사(제사)를 올린다.'는 의미의 아랫사람에게 쓰는 축문 서식 문구이다. 윗사람에게는 '祇薦歲事(지천세사)'를 쓴다.

- **신차전의(伸此奠儀)** : 이처럼 (마음을 다해 상(床)을 차려) 전을 올림. 공신전헌(恭伸奠獻)과 같은 의미로 사용되는데, 아랫사람의 경우에 이 글귀를 사용한다.

- **실뢰신휴(實賴神休)** : '실로 신의 보살핌에 힘입어'라는 의미의 축문 어구.

- **심방** : 제주도 지방의 무당(巫堂)을 이르는 이름인데, 결국 심방이란 신과 인간을 연결해주는 사제로서의 역할을 하는 인물이다.

- **심훼비념(心燬悲念)** : 슬픈 마음이 가슴을 다 태움. 마음이 불타는 것 같고 비통한 마음 한이 없음.

- **씻김굿** : 전라도(진도) 지방의 굿이다. 당골(堂骨)이라 세습무가 굿을 주관하는데, 망자의 혼을 씻기는 굿이다. 삶과 죽음의 허망함을 어루만지는 씻김굿을 통해 우리는 굿이 곧 우리의 생활 예술이었음을 알 수 있다.

- **아헌(亞獻)** : 제사 지낼 때 두 번째로 잔을 올리는 일. 원래는 주부(主婦)가 올리는데, 주부가 올리기 어려운 경우에는 제주의 다음 가는 근친자가 올린다. 우리나라에서는 전통적으로 여자가 헌작(獻酌)하는 경우가 드물었으므로 이는 주로 형제들이 하였다. 그러나 "제사는 부부가 함께 한다(夫婦共祭)"는 정신에서 『주자가례』류의 예법서에서는 주부가 아헌을 드려야 한다고 규정하고 있다. 절차는 초헌 때와 같으나 독축은 하지 않

는다. 주부는 4번 절한다.
- **아헌관(亞獻官)** : 제사를 지낼 때 두 번째로 술잔을 올리는 제관.
- **알묘(謁廟)** : 사당에 배알하는 것.
- **앙(盎)** : 동이.
- **애니미즘(Animism)** : 모든 자연물과 자연 현상에는 영혼이 깃들어 있다고 믿는 원시시대의 제의례.
- **애모불녕(哀慕不寧)** : '슬프고 그리워 마음이 편하지 않음'을 나타내는 축문 어구.
- **애성삼주(哀省三周)** : 묘제를 지내거나 성묘 시 무덤 주위를 슬피 살피며 3 바퀴를 두루 돌음.
- **애자(哀子)** : 어머니만 돌아가신 경우 상중에 자기를 지칭하는 말.
- **애천(哀薦)** : 애통한 심정으로 올림.
- **애천협사(哀薦祫事)** : 슬픈 마음으로 합사(合祀)하는 제사를 올림.
- **약설지례(略設之禮)** : '간략하게 예를 올림'을 의미하는 축문 어구.
- **양봉(襄封)** : 장사를 지낸다는 의미.
- **어동육서(魚東肉西)** : 생선은 동쪽에 육류는 서쪽에 진설.
- **어례지당(於禮至當)** : '예법(禮法)에 지극히 당연함'을 의미하는 축문 어구.
- **어물(魚物)** : 생선. 물에서 나는 동물. 회(膾 : 잘게 저민 날고기) 전(煎 : 기름을 두르고 익힌 것) 찜(수증기를 이용하여 익힌 것) 등의 형태로 올린다. 물고기의 경우 자르지 않고 형태를 그대로 살려서 기름을 두른 팬에 지져 내거나 찜으로 만들거나 혹은 포(脯)를 떠서 밀가루와 계란을 입혀서 전(煎)을 만들기도 한다. 금기시하는 고기도 있어서 잉어를 쓰지 않는 경우도 있고, <치>자 들어가는 생선을 쓰지 않는 경우도 있다. 그런가 하면 상어와 같이 평소 잘 먹지 않는 어류를 필수 제찬으로 하는 경우도 있다.
- **어우수(魚右首)** : 고기는 머리를 오른쪽으로 함.
- **어선영지하(於先塋之下)** : '선조의 묘 아래에'를 의미하는 축문 어구.
- **어적(魚炙)** : 조기의 비늘을 긁어내고 아가미와 내장을 떼어내 깨끗하게 손질한 후 소금을 약간 뿌려두면 간이 배어들게 된다. 간이 들면 노릇노릇하게 되도록 굽는다.
- **어탕(魚湯)** : 조기나 민어 등의 생선을 비늘과 내장을 제거하여 깨끗이 손질하고 4센티 정도의 크기로 토막을 친다. 다시마를 마른 헝겊으로 닦아 깨끗이 손질한 후 물을 붓고 5분 정도 끓이다가 다시마를 건져낸다. 그 국물에 간장으로 간을 한 다음 손질한 생선을 넣고 함께 끓인다. 10분 정도 함께 끓인 후 파를 넣고 끓이다가 건져 놓은 다시

마를 3센티 정도의 크기로 썰어 넣고 조금 더 끓인다. 탕기에 조기와 국물을 담고 그 위에 다시마를 곁들인다.

- **엄급초우(奄及初虞)** : 어느덧 초우가 돌아옴.
- **엄급기사(奄及朞祀)** : '어느덧 기년(朞年 ; 1년상)이 돌아옴'을 의미하는 축문 어구.
- **여경소급(餘慶所及)** : 조상님의 경사가 나에게까지 미침. 여경(餘慶)은 남에게 좋은 일을 한 보답으로 자손이 누리는 경사를 뜻하는 것이니, <선조의 음덕>으로 경사를 누리는 바를 말함.
- **여서(女婿)** : 사위를 말함.
- **연(練), 연제(練祭)** : 사후 1년 만에 지내는 제사. 소상제(小祥祭)라고도 한다.
- **연고항고(年高行高)** : 제의례 시 위계질서를 세울 때 이용되는 위계질서의 기준은 적장자(嫡長子)를 우선으로 하고 다음에는 연령이 높거나 항렬이 높은 사람 우선 순으로 하는데, 이러한 기준의 명칭을 연고항고(年高行高)라고 한다.
- **연기(燕器)** : 일상용 기물.
- **연복(練服)** : 소상(小祥) 때 입는 옷. 누인 베로 새로 만들거나 입던 옷을 빨아 입는다. 추복(麤服 - 굵은 베옷)이라고도 한다.
- **연세(捐世)** : 세상을 버리다.
- **연시제(年始祭)** : 정월 초하룻날 아침에 드리는 제사. 봉사 대상이 되는 여러분을 한꺼번에 모신다. 지방은 합사(合祀)하는 경우 한 종이에 나란히 쓴다. 메는 떡국으로 대신한다. 오늘날 설날의 차례를 말한다.
- **연운유구(年運有拘)** : '당해의 기운이 맞지 않음'을 의미하는 축문 어구.
- **연제(練祭)** : 처상(妻喪)에는 1년 만에 탈상(脫喪) 즉 대상(大祥)을 지내는 관계로 소상(小祥)은 11개월 만에 택일을 하여 지내는데, 이 제사를 연제(練祭)라 한다.
- **염주(斂主)** : 신주를 거두어들임.
- **영건유택(營建幽宅)** : '묘소 즉 유택을 조성하다'는 의미의 축문 어구.
- **영건택조(營建宅兆)** : 영건유택과 같은 말. 무덤을 조성한다는 사후토의 축문 서식 문귀(文句).
- **영결종천(永訣終天)** : 죽어서 다시는 산 사람과 만나지 못함. 극도의 슬픔을 나타내는 말.
- **영당(影堂)** : 목주(木主)나 위패(位牌)를 모신 대신 초상화를 모신 사당(祠堂). 진전(眞殿)이라고도 한다.

- 영등 굿 : 제주도 지방의 굿이다.
- 영산재(靈山齋) : 불교의 제사로서 천도재(遷度齋)의 일종이다.
- 영세시녕(永世是寧) : '영원토록 평안히 계십시오'라는 의미의 축문 어구.
- 영세시안(永世是安) : '영원토록 이곳에서 평안하십시오'라는 의미의 축문 어구.
- 영수길경(永綏吉慶) : '영원토록 편안하고 즐거운 경사를 내려주소서'라는 의미의 종묘 축문 어구.
- 영신(迎神) : 제사 때 신을 맞아들이는 것. 먼저 대문을 열어 놓는다. 제상의 뒤쪽에 병풍을 치고 제상 위에 제수를 진설한다, 지방을 써 붙이고 제사의 준비를 마친다. 옛날에는 출주(出主)라고 하여 사당에서 신주를 모셔오기도 하였다. 영신(迎神)의 반대는 사신(辭神)이다.
- 영신불류(靈辰不留) : 영신(영신 : 좋은 때)는 머물러 있지 않는다. 일포제(日晡祭) 축문 서식.
- 영신증감(令辰增感) : '좋은 때를 맞아 사모하는 마음이 점점 더하여'라는 의미의 종묘 축문 어구.
- 영이기가 왕즉유택(靈輀旣駕 往卽幽宅) : '상여가 이미 수레에 올라 이제 떠나면 곧 유택입니다.'라는 의미의 견전(발인) 축문의 서식 문구(文句).
- 영천지례(永遷之禮) : '영원히 떠나는 예'라는 의미의 조전(祖奠) 축문의 서식 문구(文句).
- 예당입주(禮當立主) : '예에 따라 신주로 모시어야 마땅하다'는 의미의 축문 어구.
- 예당합부(禮當合祔) : '예에 따라 합장으로 모시어야 마땅하다'는 의미의 축문 어구.
- 예불감망(禮不敢忘) : 예를 감히 잊을 수가 없음.
- 예수재(豫修齋) : 생전(生前) 예수재(豫修齋)의 줄인 말. 생전에 미리 자신을 위하여 베푸는 재(齋)를 말한다. 말하자면 예수재(豫修齋)는 죽은 뒤에 행할 불사(佛事)를 미리 생전에 하는 재(齋)이다. 결국 예수재(豫修齋)는 죽음을 맞이하기 전에 참회의 공덕으로 업(業)을 소멸하고 지계(持戒)와 보시(報施)로써 스스로 내생(來生)의 안녕을 추구할 뿐만 아니라 경전을 독송하고 해탈과 열반의 길에 들어서고자 하는 것이다. 특히 살아 있는 이가 본인이 사후에 받을 인과를 살아생전에 미리 닦는다는 의미에서 그 구성, 절차 등이 매우 특별한 의식이다. 보통 유년(윤달)이 드는 해에 재를 지내므로 49재 등 다른 재(齋)처럼 쉽게 볼 수 있는 의식은 아니다.
- 예유증제(禮有中制) : '예에 맞는 법'이라는 의미의 축문 어구.
- 예제(醴齊) : 단술. 감주(甘酒).

- **예제유한(禮制有限)** : '예에는 한계가 있다'는 의미의 축문 어구.
- **예주(醴酒)** : 제사에 쓰이는 알콜이 적고 매우 순한 술.
- **예필반곡(禮畢反哭)** : '예를 마치고 돌아와 곡하다'라는 의미의 축문 어구.
- **오폭관(五幅冠)** : 중국 소수민족인 나시족(納西族)이 사용하던 제사 용품으로서 나시족의 제사장이 제사, 장례, 특별한 의식을 진행할 때 착용하던 관(冠)이다.
- **오구새남 굿** : 남해안 통영지방의 씻김굿의 일종으로서, 남해안 별신굿을 주관했던 선조들을 기리고 극락왕생을 기원하는 굿이다.
- **옥백희제(玉帛犧齊)** : '아름다운 비단과 희생(犧牲)과 술(禮齊)를 갖추어'라는 의미의 종묘 축문 어구.
- **옥산통** : 통 속에 꽂거나 완전히 집어넣은 산가지를 구멍으로 집어내어 그 산가지에 새겨진 숫자로 점을 치는 통.
- **옹가(甕家)** : 무덤 위에 치는 차일(遮日). 묘상각(墓上閣) 참조.
- **완(椀)** : 사발.
- **왕즉다비(往卽茶毘)** : '가시면 곧 다비식(화장장)입니다'라는 의미의 축문 어구.
- **외생(外甥)** : '장인에 대한 자칭 사위'라는 의미의 축문 어구.
- **요제(遙祭)** : 멀리서 바라보며 제사함.
- **용기강년(用祈康年)** : '오곡(五穀)이 성숙하여 풍년이 들도록 기도함'이라는 의미의 종묘 축문 어구.
- **용위묘도(用衛墓道)** : '묘도를 호위케 함'이라는 의미의 축문 어구.
- **우간남(右肝南)** : 좌간남(左肝南) 참조.
- **우로기강(雨露旣降)** : 어느덧 비 내리고 이슬 내림.
- **우로기유(雨露旣濡)** : 봄이 되어 '비와 이슬이 내린다.'는 의미의 한문식에 쓰이는 축문 서식 문구(文句).
- **우(羽), 모(毛), 린(鱗)** : 적(炙)의 일종으로 우(羽)란 날개 달린 계적(鷄炙) 혹은 치적(雉炙)을 말하고, 모(毛)란 털이 있는 육적(肉炙)을 말하며, 린(鱗)이란 비늘 있는 어적(魚炙)을 말한다.
- **우반좌갱(右飯左羹)** : 메는 오른쪽에, 갱은 왼쪽에 진설.
- **우존작(右尊爵)** : 오른쪽에서 잔을 받아 올리는 제관.
- **우집잔(右執盞)** : 오른손으로 술잔을 잡음.

- 음감(歆感) : 제사 음식을 귀신이 맛보다.
- 원(환)구[단](圓(圜)丘[壇])대제 : 천신(天神)에 제사지내는 원형의 단(壇). 조선시대 왕(王)이 하늘에 제사를 지내는 국가적 제천의례(祭天儀禮)이다. 이 원구대제는 고려시대 성종대부터 시작하여 조선시대 세조대까지 행한 기록이 있다. 이후로 천자국인 중국에 대한 사대(事大)문제로 중단되었다. 상제(上帝)를 받드는 제사의 주인은 천자 이외에는 가능하지 않다는 중화주의적 관념 때문이었다. 『예기』왕제(王制)에서는 천자(天子)는 천지를 제사지내고 제후(諸侯)는 사직(社稷)을 제사지낸다 하여 천자와 제후 사이의 봉사(奉祀)의 한계를 정하고 있다. 이처럼 중국 명(明)나라의 압력으로 세조 이후 폐지되었다가, 고종 황제가 1897년 대한제국을 선포하면서 다시 부활시켰는데, 일제 강점기 때 다시 폐지되었다. 2008년 전주이씨 대종종약원은 종묘대제(人), 사직대제(地)와 함께 천지인(天地人)을 상징하는 이 원구대제(天)를 매년 10월 14일(고종의 대한제국 황제 즉위일)에 거행하기로 결의하였다.

  제사의 주요 공간은 원구단과 황궁우(皇穹宇)인데 후에 고종의 등극 40주년을 기념하기 위해 세운 석고단(石鼓壇)이 추가되어 주요 공간을 이루고 있다. 원구단에 모신 신위(神位)는 황천상제와 황지기, 북두칠성, 오악, 사해 등이며, 황궁우에는 황천상제 황지기와 짝하여 태조고황제의 신위를 모셨다.

- 원시시대의 제의례 : 원시시대 사람들은 자신에게 먹을거리인 짐승을 보내주는 자연에게 생명 사냥의 불가피성을 미리 알리고, 사냥하려는 짐승의 영혼과 먼저 대화하기 위한 한 방법으로, 자연과 사냥할 동물의 영혼에게 제사를 지냈다. 그렇게 하지 않으면 그 짐승은 다시 짐승의 세계로 태어나지 않음으로써, 곧 부활(復活) 재생(再生)하지 않음으로써 새로운 사냥감으로 이들 앞에 더 이상 나타나지 않게 된다고 믿었기 때문이다. 그리하여 그들은 사냥을 나가기 전이나 마친 후 혹은 특정한 때에 자신들이 선택한 동물을 자신들이 살던 동굴의 벽이나 천장 또는 거대한 암벽 등에 그려 놓고 그 앞에서 힘이 다하도록 춤추고 소리 지르며 제의례를 행하였다. 또한 거주하던 동굴 깊숙한 곳에 신성한 매장터를 마련하고 이곳에 사냥한 동물들의 뼈를 묻고 경건한 마음으로 제사를 지냈다. 이러한 의식을 통해 사냥 대상이 된 짐승의 혼(魂)을 달래고 그들의 재생을 기원하였다. 이들은 자신들의 집단에서 선택된 자가 그리거나 새긴 그림에는 신성한 힘이 깃들어 있음을 믿었으며, 신성한 터에 묻힌 동물의 뼈에 죽은 짐승의 영혼이 다시 깃들 것을 확신하였다. 그리고 원시시대에는 집단 무리 중에서 영험한 정신의 소유자 즉 자연 및 동식물과 대화를 통해 소통할 수 있는 자가 제사장이 되어 제의례를 주재(主宰)하였다(祭政一致). 오늘날 당상나무에 제사지내는 풍속이나 토지신에게 제사지내는 거리제, 산신제(山神祭) 등에서 그 원형을 유추할 수가 있다.

- **원자오계 잉축기사(爰茲誤啓 仍築旣莎)** : '묘를 잘못 열어 봉분을 다시 모으고 잔디를 입히다'라는 의미의 축문 어구.
- **위패함(位牌函)** : 조상의 위패를 모시거나 붙이는 제구(祭具).
- **유(維)** : <이제>라는 한문 어조사로서, <생각 하건대>로 풀이할 수 있다.
- **유과류** : 약과, 산자(흰색), 강정(검은깨).
- **유기(鍮器)** : 놋쇠(鍮 : 놋쇠 유)로 만든 제기.
- **유로증감(濡露增感)** : '은택(恩澤)을 입고 보니 사모하는 마음이 더하여'라는 의미의 종묘 축문 어구.
- **유사즉고(有事則告)** : 일이 있으면 사당의 신위에게 고함.
- **유세차(維歲次)** : 이 해의 차례라는 뜻으로 축문의 첫머리에 오는 문구.
- **유시(柳匙)** : 버드나무로 만든 숟가락.
- **유시보우(維時保佑)** : 계속 보호하고 돌봐줌. '때때로 묘를 돌보아 주다'라는 의미의 축문 어구.
- **유식(侑食)** : 종헌이 끝난 후 신위에게 음식을 권하는 절차. 첨작(添酌)과 삽시정저(挿匙正箸)의 두 절차를 통틀어 유식(侑食)이라 하는데, 이는 진지를 권하는(侑 - 권할 유) 의식이다. 넓게는 제사 때 삼헌작과 삽시한 후에 제관들이 문밖에 나와 문을 닫고 10분 가량 기다리는 일을 모두 포괄할 수도 있다.
- **유인(孺人)** : 남편의 벼슬이 없을 때 부인의 성씨 앞에 쓴다.
- **유학(幼學)** : 자기를 낮추어 일컫는 것. 벼슬이 없을 때 쓰인다. 또는 儒生을 말하기도 한다.
- **육기내향(六氣乃享)** : '6기(氣)를 다스려 제사지내는 것'을 의미하는 종묘 축문 어구.
- **육물(肉物)** : 가축과 산과 늪의 동물로서 먹을 수 있는 것은 모두 육(肉)의 재료가 될 수 있다. 간회 또는 천엽, 육회 등. 어물(魚物)과 마찬가지로 회(膾 : 잘게 저민 날고기) 전(煎 : 기름을 두르고 익힌 것) 찜(수증기를 이용하여 익힌 것) 등의 형태로 올린다. 즉 익히지 않고 채를 썰어 갖은 양념으로 무쳐서 회(膾)로 만들거나 손바닥 크기로 도톰하게 썰어서 갖은 양념에 재워 불에 직접 굽거나, 아니면 고기를 잘게 다져서 두부, 버섯, 양파 등 갖은 야채와 양념을 섞어 동그랗게 만들어 밀가루와 계란을 입혀 전(煎)을 만들기도 한다. 한편 닭과 같은 경우는 통째로 쪄서 올린다.
- **육적(肉炙)** : 보통 쇠고기 1센티 정도 두께로 포를 뜬 다음 잔 칼집을 앞뒤로 넣어서 고기의 결을 끊어줌으로 부드럽게 만든다. 간장, 설탕, 파, 청주, 깨소금, 참기름 등을 넣어 1시간 정도 재었다가 불고기 판에 구워서 낸다.

- 육탕(肉湯) : 깨끗이 손질한 양지머리와 썰지 않은 통 무를 넣고 물을 부어 은근한 불에서 무가 부드럽게 익을 정도로 끓인다. 고기와 무는 건져내고 국물은 면 보자기를 이용하여 기름을 깨끗이 걸러낸다. 건져낸 고기와 무를 사방 3센티 정도의 크기에 1센티 정도의 두께로 썰어서 걸러 놓은 국물을 붓고 간장으로 간을 하고 파를 썰어 넣은 후 다시 끓인다. 탕기에 담아서 내면 된다.

- 윤회봉사(輪回奉祀) : <돌림제사>라고도 하는데, 제사를 적장자(嫡長子) 위주로 지내는 것(長子奉祀)이 아니라 자녀가 서로 돌아가면서 평등하게 지내는 것을 말한다. 비슷한 말로는 외손봉사(外孫奉祀)라는 용어도 있다. 고려 시대에 일반적으로 행해졌던 우리의 전통 제사제도이다. 그런데 이러한 전통이 조선조에 들어오면서 유학의 종법(宗法) 위주의 풍습에 따라 적장자 위주로 바뀌게 된 것이다. 최근에 다시 시대의 변화에 따라 형제들이 번갈아 제사를 모시는 윤회봉사의 사례가 늘고 있다.

- 은산 별신굿 : 충남 은산 지방의 굿이다.

- 은제(殷祭) : 성대한 제사.

- 음복(飮福)례 : 신이 내려 주시는 복을 받아 마시는 의례. 제사를 지내고 난 후 그 음식을 나누어 먹는 것. 즉 참사자(參祀者)가 한자리에 앉아 제수를 나누어 먹는데 이를 음복이라 한다. 음복을 하면 조상들의 복을 받는다는 속신(俗信)이 있다. 음복이 끝나기 전에는 제복을 벗거나 담배를 피워서는 안 된다. 수조(受胙) 참조.

- 음양조화(陰陽調和) : 제수 진설 시 첫 줄과 셋째 줄에는 홀수로, 둘째 줄과 넷째 줄에는 짝수로 하여 음양을 구별한다.

- 음사(淫祠) : 음란하고 요사스러우며 난잡하여 예절을 무너뜨리고 풍속을 상하게 하는 제사. 특히 음사(淫祠)는 오신(娛神) 행위와 야제(野祭)를 통한 재화예방(災禍豫防)이 주류를 이루었는데, 오신(娛神) 행위는 장례 전일에 무격(巫覡)을 초청하여 밤낮으로 음주작락(飮酒作樂)하게 하였으니, 그것은 조상신을 위로하는 것으로 당시 세속에서는 그러한 행사를 하지 않으면 부모를 박대하는 불효로 간주하였다. 야제(野祭)는 질병으로 사망하면 앞으로 오는 재액을 방지하기 위하여 주식(酒食)을 성찬(盛饌)하고 무격(巫覡)이나 승려를 초청하여 가무와 범패를 행하고 남녀가 모여 환희함으로써 풍속을 퇴폐하게 하였다고 전해진다. 이러한 우리의 전통 무불식(巫佛式) 장례풍습을 정통 유가의 장례문화에서는 음사(淫祠)라 하여 엄하게 다스린 것이다.

- 음사(陰祀) : 유교적 제사는 계급과 신분에 따라 제사의 대상, 제기(祭器)와 제물(祭物)의 종류 등이 철저하게 규제되었다. 이 때 자신의 명분(名分)에 넘치는 제사는 음사(陰祀)라 하여 엄격하게 금지되었다.

- 의구속백(依具束帛) : '혼백에 의지하다'는 의미의 축문 어구.

- **의구신봉(依舊新封)** : '옛 것과 같이 봉분을 새롭게 하였으니 이에 의지하다'는 의미의 축문 어구.
- **의례묘사(宜禮墓祀)** : '마땅히 예에 따라 묘에서 제사를 올리다'라는 의미의 축문 어구.
- **의물다궐(儀物多厥)** : '석물(石物)을 많이 빠뜨리다'는 의미의 축문 어구.
- **이서위상(以西位上)** : 서쪽을 상석으로 함.
- **이성(利成)** : 제사를 잘 마쳤다고 고하는 말. 신위에게 음식 올리는 일이 끝났음을 알리는 것. 즉 흠향(歆饗)의 예(禮)를 다 마쳤음을 말한다. 이 경우 이(利)에는 '봉양하다.'의 뜻이 들어 있다.
- **이자상로(履玆霜露)** : '서리와 이슬을 밟다'라는 의미의 축문 어구.
- **익봉개사(益封改莎)** : '봉분을 더 쌓고 잔디를 다시 입힘'을 의미하는 축문 어구.
- **인작(引爵)** : 묘제(墓祭) 시 원래는 묘소 앞에서 제(祭)를 올려야 하나 사정이 여의치 못하여 사당이나 대청에서 지내게 되면, 제사를 모시기 전에 묘소 앞에 가서 헌작(獻爵)을 드린 후 술잔을 랩 등으로 포장해서 집으로 가지고 와 대청 제상(祭床)에 모셔놓고 제사를 지내게 되는데, 이처럼 헌작(獻爵)한 술잔을 집으로 가시고 오는 것을 인작(引爵)이라고 한다.
- **일본(日本)의 신도(神道)** : 일본의 민속종교로서 부정(不淨)한 것을 없애고 액운(厄運)을 씻고자 하는 일본의 민족종교. 부정을 씻는 도구를 오오누사(씻김굿에서의 지전과 비슷)라고 한다. 신과 인간 사이의 중재자는 신관(무당 역할자)이다. 일본 전역에는 약 8,000여 개의 신사가 있다고 한다. 신을 맞이하는 의식을 <마츠리>라고 한다. 제등행렬은 <오이야마>라고 한다. 제등행렬을 하는 도중 피리 등으로 <제등음악>을 연주한다.
- **일부일앙(一俯一仰)** : 배교(점치는 도구)를 쟁반에 던지니 하나는 엎어지고 하나는 젖혀짐.
- **일양초복(一陽初復)** : '일양이 처음으로 다시 돌아와'라는 의미의 종묘 축문 어구.
- **일월불거 엄급초우(日月不居 奄及初虞)** : '세월이 머물러 있지 않고 흘러 어느덧 초우가 되었습니다.'라는 의미의 우제 축문 서식 문구(文句).
- **입것** : 제사를 다른 곳으로 모시고 갈 때 하는 의식 행위. 즉 제사를 다른 곳으로 모시고 갈 때는 제사 모실 분의 지방을 들고 가는데, 지방을 들고 가기 전에 기제(忌祭)를 마친 후 마지막으로 "할아버지, 올해부터는 ○○집으로 모시고 갑니다."라고 말을 한다. 이를 '입것'이라고 하며, 이 '입것'을 한 후 지방을 모시고 간다. 모셔온 집에서는 지방을 모신 후, "할아버지, 여기가 [앞으로] 거주할 자리입니다."라고 말한다. 그리고 나서

후손들은 잔을 올리고 절을 한다.

- **입제일(入祭日)** : 제사를 준비하는 날. 제사 봉행 하루 전날을 말한다. 제사 하루 전부터 목욕재계하고, 사당 주변을 깨끗이 청소한 다음, 조상신을 경건히 정성스럽게 맞을 준비를 철저히 해야 한다.
- **입향(시)조(入鄕[始]祖)** : 어떤 지역에 처음으로 정착한 중(中)시조적 인물.
- **자녀균분상속제도** : 유교의 종법(宗法)제도가 뿌리내리기 이전, 고려시대와 조선 초기 및 중기 무렵에는 아들 딸 구분 없이 균등하게 재산을 나누어 주는 자녀균분상속이 이루어졌으며, 조상제사에 있어서도 모든 자녀들이 동등한 의무를 지니었는데, 이를 자녀균분상속제도라고 한다. 그리고 당시의 이러한 제사습속을 '윤회봉사' 혹은 '돌림제사'라고 한다.
- **자성서품(粢盛庶品)** : '자성(粢盛) 즉 도량서직(稻粱粢稷)과 여러 가지 제수를 마련하여'라는 의미의 종묘 축문 어구.
- **자이(玆以)** : 이에 지금부터. 처(妻)와 제(弟) 이하에 씀.
- **자향로(磁香爐)** : 자기로 만든 향로.
- **작(爵)** : 제사에 쓰이는 술잔. 유기(鍮器)로 만든다.
- **작(勺)** : 국자. 물(水)이나 술(酒), 탕(湯) 같은 것을 뜨는 데 쓴다.
- **작주유신(作主侑神)** : '신주로 삼고 신위로 권하오니'라는 의미의 종묘 축문 어구.
- **작헌(爵獻)** : 술잔을 올림.
- **잔반(盞盤)** : 잔과 잔 받침
- **잔서초동(盞西醋東)** : 진설 시 술잔은 서쪽에, 초접(醋楪)은 동쪽에 배치.
- **장가수치(將加修治[茸])** : '장차 수리를 하다(잔디를)'라는 의미의 축문 어구.
- **장개영역(將開塋域)** : '장차 묘역을 파다'라는 의미의 축문 어구.
- **장개장우차(將改葬于此)** : '장차 이곳으로 개장을 하고자 함'을 의미하는 축문 어구.
- **장계폄(將啓窆)** : '장차 무덤을 열어'라는 의미의 축문 어구.
- **장심유지(將尋幽誌)** : '장차 지석을 찾고자 함'을 의미하는 축문 어구.
- **장용쌍분지제(將用雙墳之制)** : '장차 쌍분으로 모시고자 함'을 의미하는 축문 어구.
- **장우자지(葬于玆地)** : '이곳에 장사지냄'을 의미하는 축문 어구.
- **장자봉사(長子奉祀)** : 제사를 적장자 위주로 지내는 것. 윤회봉사와 반대.
- **장찬자(掌饌者)** : 제수(祭羞)를 마련하는 사람.

- **재(齋)** : 재(齋)란 원래는 불교적 제사(祭祀) 용어이다. 수행하는 스님들이 정해진 시간에 공양(法供養 - 진리의 말씀)하는 것과 모든 불자들이 계(戒)를 지켜서 행업(行業)을 맑게 하여 마음의 안정을 찾고 지혜를 얻어 몸과 입과 뜻으로 지어 온 삼업(三業)을 깨끗하게 닦는 수행(修行)을 의미한다. 사십구재(四十九齋), 천도재(遷度齋) 등이 있다.

- **재계(齋戒)** : 몸을 깨끗이 하고 제의례의 장소 및 공간을 깨끗이 하는 것. 즉 몸과 마음을 바르게 하고, 주변을 청결히 하며, 부정한 일에 관계하지 않으며, 단정히 앉아 세상 잡사에 대한 생각을 끊고 정신을 집중하여 돌아가신 이를 추념하는 일이며, 간절한 마음으로 예를 다하며 제사를 준비하는 단계를 말한다. 즉 제사를 지내기 전에 마음과 몸을 가다듬고 음식과 행동을 삼가며 부정을 피하는 것을 말하는 것이다. 왜냐하면 몸과 마음이 가장 순수하고 청명한 상태가 되어야만 신명(神明)과 교접(交接)할 수 있기 때문이다. 목욕하고, 옷을 갈아입으며, 술을 마시되 어지러울 정도로 취해서는 안 되고, 고기를 먹되 냄새나는 채소는 먹지 않으며, 남의 집에 문상하지 않으며, 음악을 듣지 않으며, 흉하고 더러운 일에 참예하지 않는 것 등이 재계하는 방법들이다. "재계하는 날에는 조상의 생전의 거처를 생각하고 그 웃음과 말씀을 생각하며, 그 뜻을 생각하고 그 즐거워하시던 것을 생각하며, 그 즐기시던 것을 생각할 것이니, 재계한 지 사흘째에 재계하는 이유를 알게 될 것이다(『예기, 제의』)." 재계(齋戒)의 방법에는 2가지가 있는데, 산재(散齋)와 치재(致齋)가 그것이다. 산재(散齋), 치재(致齋) 참조.

- **재궁(齋宮)** : 종묘(宗廟)의 건물 중 왕이 목욕재계하고 의복을 정제하며 세자와 함께 제향 모실 준비를 하던 곳이다.

- **재사(齋舍)** : 재실(齋室), 재각(齋閣), 재궁(齋宮) 등으로도 불린다. 조상숭배를 위한 제사의 공간이면서 후손들이 모여서 제례를 치루고 문중의 중대사를 논의하는 곳. 재사(齋舍)는 묘지를 수호하고 제사를 지내기 위한 목적으로 건립되었기 때문에, 집안에 건립된 가묘(家廟)나 사당(祠堂)과는 달리 주로 묘소 근처에 자리를 잡고 있다. 처음에는 승려들이 거주하면서 묘소를 지키는 경우가 많았는데, 이것은 절에서 재(齋)를 지내던 불교적 유풍이 사당에서 제사를 지내는 유교적 유풍으로 바뀌어 가는 과도기적 시기에 나타난 절충적 제사 방법의 일환임을 나타내는 징표라 칭할 수 있다.

- **재어모지(在於某地)** : '어느 곳에 있다고는 하나'를 의미하는 축문 어구.

- **재육만물(載育萬物)** : '만물을 싣고 기르는 바'라는 의미의 종묘 축문 어구.

- **재진견례(載陳遣禮)** : 영구를 상여에 싣고 가시는 예를 행함.

- **저승혼사 굿** : 전남 신안지방에서 행해지던 굿으로서, 혼인을 하지 못한 채 고인이 된 영혼들끼리 결혼을 시켜주는 굿이다.

- **저접(筯楪)** : 젓가락을 놓은 대접.

- 저채(菹菜) : 생김치.
- 적(炙) : 구운 요리. 불에다 직접 굽는 조리법으로 조리한 요리. 초헌과 아헌, 종헌 때 각각 3회에 걸쳐서 올리는 것이 원칙이지만 지금은 잔찬 때 다른 음식과 함께 3적을 포개어 한 그릇에 올리고 제사가 끝날 때까지 그대로 두었다가 제사가 끝나면 다른 음식과 함께 물리기도 한다. 원래 이 적(炙)은 미리 구워 놓는 것이 아니라 제사지낼 때 제사상 옆에서 구워 바로 올린다. 서산 김흥락 선생의 『가제의(家祭儀)』에서는 적(炙)을 미수(味需)라고도 하였다. 제사상에서 가장 중요한 특별 음식이다. 양념한 어육(魚肉) 등을 대꼬챙이에 꿰어 불에 굽거나 지진 구이음식이다. 제사상의 가운데에 위치한다. 세 가지를 마련하여 직사각형 접시에 담는다. 술안주로서 가장 중요한 것이 적(炙)이며, 밥반찬으로서 가장 중요한 것이 좌간남(左肝南), 우간남(右肝南)이다. 어적(魚炙), 육적(肉炙), 계적(鷄炙 - 닭[꿩] 등을 구운 것) 등이 있다. 또한 간적(肝炙 - 소의 간[肝]을 구운 것), 소적(素炙 - 두부를 구운 것) 등을 사용하기도 하였다. 안동 권씨의 제사 기록인 『묘사의절(墓祀儀節)』에 보면 적(炙)을 "우(羽), 모(毛), 린(鱗) 3적의 첨합(添合)"이라고 기록한다. 깃털을 뜻하는 우(羽)는 닭이나 꿩고기로 만든 적(炙)이다. 모(毛)는 털을 의미하니 육지의 고기를 말한다. 원래는 소의 간(肝)을 구운 것이다. 린(鱗)은 비늘이니 물고기로 만든 어적(魚炙)이다. 제사에서 술을 3번 올릴 때 초헌(初獻)에서는 술과 함께 간적(肝炙)을 올리고, 아헌(亞獻)에서는 어적(魚炙)을, 종헌(終獻)에서는 계적(鷄炙)을 올리는 것이 법도라고 한다. 이처럼 3번 술을 올릴 때마다 3번 번갈아 올리고 물리고 하는 것이 맞지만, 경우에 따라서는 이를 쌓아 올려서 고임상으로 지내기도 하였다. 적(炙)을 고이는 순서는 밑에서부터 쇠고기, 생선, 닭(꿩)의 순서인데, 집안마다 다르기도 하였다. 적을 올릴 때에는 찍어 먹을 소금을 접시나 종지에 담아 한 그릇만 준비한다.
- 적대(炙坮) : 적을 올리는 제기. 나무로 만들고 발이 달려 있다.
* 적발총택(賊發塚宅) : '도적이 무덤을 도굴한다'라는 의미의 축문 어구.
* 적아자배지(敵我者拜之) : 문상 시 나와 대등하게 대적하는 사람[친구]에게만 절한다는 의미이다. 승아자배지(勝我者拜之 : 문상 시 나를 이기는 사람에게만 절을 한다는 의미)라는 말도 있다. 승아자배지(勝我者拜之) 참조.
- 적전중앙(炙奠中央), 적접거중(炙楪居中) : 적(炙)은 제상(祭床)의 신위 쪽부터의 2열 가운데에 놓는다. 옛날에는 술을 올릴 때마다 즉석에서 구워 올리던 제사의 중심 음식이었으나 지금은 다른 제수(祭羞)와 마찬가지로 미리 구워 제상(祭床)의 한 가운데에 놓는다.
- 적철(炙鐵) : 적쇠.
- 전(煎) : 기름에 튀기거나 부친 것으로 부침개이다. 더러는 간납(肝納)이라고도 한다.

적(炙)과 함께 홀수 접시를 쓰는데 대개 육전(肉煎 - 고기를 다져서 두부와 섞어 동그랗게 만들고 계란 노른자를 묻혀서 기름에 부침)과 어전(魚煎 - 생선을 납작하게 저며서 노른자를 묻혀서 기름에 부침)을 쓰며, 여유가 있으면 육회(肉膾 - 소의 살코기 장[腸], 간[肝] 등을 썰어서 접시에 담음)와 어회(魚膾 - 생선살만 저미거나 썰어서 접시에 담음)를 보태 4가지를 쓰기도 한다. 초장(醋醬)을 준비하는데, 초장은 간장에 식초를 탄 것으로 한 종지 준비한다. 어회를 쓰면 겨자를 물에 개어 작은 접시 하나에 담가서 놓는다.

- **전귀애성(奠貴哀誠) 주식불필풍전야(酒食不必豐腆也)** : 전(奠)을 올릴 때에는 슬픈 정성을 귀히 여기면 되고, 술과 음식을 반드시 풍성하게 차릴 필요는 없다.
- **전사청(典祀廳)** : 종묘의 건물로서 제수를 장만하는 곳. 제수나 제기 등을 준비하는 곳이다.
- **전용향다(奠用香茶)** : 전을 올릴 때에는 향(香)과 다(茶)를 사용.
- **전중(傳重)** : 조상의 제사를 자손에게 전하여 이음.
- **전저(奠箸)** : '수저를 드림.' 집안에 따라 '수저 굴리기', '수저 굴림', '수저 올리기', '안주 올리기', '안주 드리기', '수저 고르기' 등으로도 사용되었다. 헌작(獻爵)을 한 후 시접에 수저를 드리는 의식 절차이다. 한편 젓가락을 사용하지 않고서는 식사가 불가능한 동양의 식생활 습관에서 젓가락을 든다는 의미는 식사 행위 일체를 포괄하는 것이 될 수 있다. 즉 젓가락을 드린다는 것은 안주를 드시라는 의미, 차려 놓은 음식을 많이 드시라는 의미, 신에게 차려 놓은 음식을 잡수시라고 권장하는 의미 등을 내포할 수도 있다. 또한 전저(奠箸)를 헌작(獻爵)을 하고 시접에 수저를 3번 굴리는 것으로 이해되기도 하는데, 이는 놋쇠로 된 그릇에 젓가락을 3번 굴려 쇳소리를 냄으로써 신성(神聖)한 제사(祭祀)에 끼어드는 잡귀(雜鬼)를 쫓는 기능으로 해석될 수도 있다. 이처럼 전저(奠箸)는 예서(禮書)의 규정에는 없을 뿐만 아니라 헌작을 하는 부수적인 행위로 나타나기 때문에 제사의 절차로 볼 수는 없으나, 부가적인 절차로서는 중요한 의미를 가지는 것이다. 그리하여 우리나라에서도 지역적으로 가가례로 다양하게 행하여지기도 하였다. 흥미로운 것은 신을 인간처럼 생각하여 술을 마시면 반드시 안주를 들어야 하는 것으로 간주하여 젓가락을 드리도록 절차화 시켰다는 것이다.
- **전천지례(奠薦之禮)** : 제사 올리는 예
- **절사(節祀)** : 기제사가 아닌 한식 혹은 청명과 추석 등에 성묘하여 간단히 지내는 제사로서 친진묘(親盡墓)에는 거행하지 않는다. 연중(年中)절사라고도 한다.
- **절서역류(節序易流)** : '절기의 차례가 바뀌어서'라는 의미의 종묘 축문 어구.
- **점다(點茶)** : 밥에 물을 말아 숭늉을 만듦. 진다(進茶), 진숙수 참조.

- **점촉(點燭)** : 제사 시 촛불을 밝힘.
- **접동잔서(楪東盞西)** : 접시는 동쪽에, 잔은 서쪽에 진설.
- **정과(正果)** : 전과(煎果), 연근정과, 생강정과, 유자정과.
- **정시저(正匙箸)** : 시접(匙楪)에 놓인 숟가락과 젓가락을 바르게 고쳐 올려놓음.
- **정재(淨齋)** : 재사(齋舍)에 딸린 부속건물로서 제사를 지내기 전 목욕재계하는 곳.
- **정제(丁祭)** : 상정제(上丁祭) 참조.
- **정제(正祭)** : 정규 제사. 절사(節祀)에 대비되는 말이다.
- **정제일(正祭日)** : 제사를 모시는 바로 당일을 말한다. 이에 비해 입제(立祭)일은 제사 전일(前日), 파제(罷祭)일은 제사 다음 날이다.
- **정종(正終)** : 위독하여 천거정침(遷居正寢) 함으로써 정침(正寢)에서 마지막 임종을 하는 것을 말함.
- **정찬(正饌)** : 제사음식 차림 시 차려야만 되는 음식을 말한다. 혜(醯 ; 초장류), 저(菹 ; 김치류), 해(醢 ; 젓갈), 수육(熟肉 ; 소[牛], 돼지[豕], 양[羊] 등), 수수밥, 직(稷 ; 좁쌀밥), 읍(湆 ; 국), 형(鉶 ; 牛, 羊, 豕의 찌개류), 주(酒) 등이 이에 속한다. 가찬(加饌) 참조.
- **정하가처(情何可處)** : 정(情 ; 그리운 마음)을 어찌할 바를 모름.
- **정하비통(情何悲痛)** : 비통한 마음 어찌할 바를 모르겠음.
- **제기불가(祭器不假)** : 사대부는 제기를 빌리지 않는 법임.
- **제기폐매(祭器敝埋)** : 제기는 낡아지면 땅에다 묻을 것.
- **제관(祭官)** : 제사를 맡는 소임.
- **제구(祭具)** : 제사에 쓰이는 모든 기구.
- **제기(祭器)** : 제사 때 제사음식을 담는 그릇. 우리나라에서는 전통적으로 나무로 만든 목기(木器)와 놋쇠로 만든 유기(鍮器)를 함께 사용하였다. 제기는 빌려 쓰지 않으며, 아무리 가난해도 팔지 않는 것이 예의(禮儀)이다. 경제사정상 유기(鍮器)가 어려우면 목기(木器)를 쓰고, 그도 안 되면 주자(朱子)도 말했고 도암(陶庵) 이재도 말했듯이, 일상생활에서 쓰던 그릇 중 깨끗한 것을 선별하여 사용하면 된다.
- **제단(祭壇)** : 제사를 지내는 단.
- **제답(祭畓)** : 수확물을 조상의 제사에 쓰려고 마련한 논.
- **제례(祭禮)** : 제사를 모실 때의 여러 가지 예절. 조상을 추모하고 보은(報恩)하며 돌아가신 후에도 효(孝)를 다하는 신성한 의례이다. 다하지 못한 효도의 연장(延長)이고,

우리 민족의 정신문화이기도 하다. 제사는 또한 자신의 뿌리를 확인하고 생명의 근본을 깊이 새기는 의식이기도 한데, 그러한 의식을 통하여 조상의 축복을 기구하며, 가문의 전통과 정신을 배우는 것이다. 아울러 같은 뿌리를 가진 친족들을 불러 모아 화합과 우의를 다짐으로써 현대사회의 단절된 핵가족문화 폐단을 줄여주기도 한다.『주자가례』의 서문에는 제례의 근본적인 목적이 다음과 같이 잘 나타나 있다 : "예에는 근본(根本)과 문식(文飾)이 있다. 집에서 베푸는 것부터 말하자면 명분을 지키는 것과 사랑하고 공경하는 진실이 근본(根本)이고, 관혼상제와 의장도수가 문식(文飾)이다. 근본(根本)이라는 것은 집에서 매일 사용하는 상체(常體)이니 진실로 하루라도 닦지 않을 수 없다. 문식(文飾) 또한 모두 사람의 도리의 처음과 끝을 다스리는 것이니 비록 그것을 행함에 때가 있고 그것을 베풂에 장소가 있으나 강구함이 밝고 익힘이 익숙하지 않으면 일이 닥쳤을 때 마땅함에 맞게 하거나 절문(節文)에 상응하지 못할 것이니, 또한 하루라도 강습하지 않을 수 없다." 곰곰이 생각해보면 제사는 흩어져 사는 집안 식구들이 한데 모이는 장(場)이자, 가족의 화합을 도모하는 작은 축제이다. 우리는 제사를 통해서 자신의 존재 가치와 뿌리에 대해 성찰할 수 있고, 더 나아가 생명의 근원과 맥락을 확인하여 집안의 전통과 정신을 배우게 된다. 또 가족과 친족 간의 화합과 우의를 다질 수 있다. 조상을 기리고 복을 비는 지극히 사적 의식인 제사가 궁극적으로는 나보다는 남을 배려하는 이타(利他)의 정신을 고양시키는 역할을 하는 것이다. 모든 것이 바쁘게 돌아가는 현대 사회에서 옛날식만을 고집할 수는 없지만, 그 마음과 정신만은 퇴색하지 않고 이어졌으면 하는 바람이다. 전통적인 제사의 절차가 부담이 된다면 내 가정의 형편에 맞게 간소하게 차리면서 그 의미만은 부족함이 없도록 정성을 다하는 것으로 충분하다. 그것이 현대에 맞는 제사일 것이다. 제사의 종류로는 시제(時祭), 기제(忌祭), 차례(茶禮), 묘제(墓祭), 녜제(禰祭) 등이 있다.

- **제례악(祭禮樂)** : 문묘, 종묘의 봄, 가을 사대제(四大祭)에 쓰는 음악.
- **제병(祭屛)** : 제사 때 치는 병풍.
- **제복(祭服)** : 전통 제례 때 남자는 흰 도포나 두루마기에 유건(儒巾 - 검은 베로 만든 유생들의 관)을 썼으며, 여자는 흰색이나 옥색치마 저고리를 입었다.
- **제복폐분(祭服敝焚)** : 제복(祭服)은 낡아지면 불살라서 처리할 것.
- **제사(祭祀)** : 신령에게 음식을 바쳐 정성을 표하는 의식. 근본에 보답하는 경건한 마음의 표현. 삶의 근원인 궁극적(窮極的) 존재와 만나는 제사의 자세는 일상적인 삶에서 뿌리를 기억하며 사는 경건(敬虔)한 태도로 이어진다. 삶의 근본에 보답하는 제사는 뿌리를 기억하며 사는 삶으로 이어져서 삶을 거룩하고 의미 있는 상징적 우주로 만든다. 삶의 근원이 되는 궁극적 존재 앞에서 제사를 드릴 때 함부로 행동하지 못하는 것처럼, 삶 역시 제사의 경건함이 일상까지 스며들어 구현될 때 생물학적 수준에서 종교적 수

준으로 고양되기 때문이다.
　결국 제사는 의미 있는 삶의 주춧돌이다. 생명의 뿌리를 기억하고 근본에 보답할 때 삶은 비로소 의미를 갖게 된다. 요컨대 제사는 삶의 근본을 기억하고 그 은혜에 보답하는 경건한 태도로 의미 있는 삶을 가꾸어가는 출발점인 것이다. 보본의식에 기초한 유교적 제사는 죽음의 한계를 넘어서서 생명의 연속성을 확보하고자 하는 종교적 관점에서 효(孝)로 전개된다. 효(孝)는 보본의식을 의례적으로 구체화한 것이다. 제사를 통해 분명하게 확인되고 혈연으로 계승되는 생명의 연속성에 속함으로써 개인은 생물학적 죽음의 한계를 넘어선다. 제사를 통해 이미 죽은 조상과 현재의 가족 구성원은 물론이요 미래에 살아갈 자손들까지 신비로운 생명의 끈으로 연결되며, 죽음에 의해 막을 내리는 개체적 삶의 시간적 한계가 극복된다. 제사는 보본의식과 효의 종교성에 근거하여 과거 - 현재 - 미래로 이어지는 공동체적 생명 전승의 연속성 확보를 의례적으로 구현하는 제사공동체를 만들고 유지하는 유교적 의례라고 말할 수 있다.
　제사는 인간과 신과의 만남이다. 유교에서 제사의 대상이 되는 신적 존재는 크게 하늘과 관련된 천신(天神), 땅과 관련된 지기(地祇), 인간과 관련된 인귀(人鬼) 등으로 분류된다.
　나아가 우리나라에서 제사의 전통이 본격적으로 자리를 잡게 되는 것은 삼국시대 불교가 수입되고 난 이후로 추측되고 있다. 선사시대의 경우 고분(古墳)의 부장품들을 보면 귀금속뿐만 아니라 숟가락을 비롯한 각종 음식을 담는 토기와 술잔 등이 출토되는데, 이것은 저승생활에서 필요한 생필품들이다. 이처럼 저승에서 잘 살고 있는 영혼들을 구태여 제사를 통해 이승으로 부를 필요가 없었다. 그런데 불교가 성행하면서부터 죽은 자의 명복을 비는 [천도]재(齋)가 절에서 성행하게 된다. 단 이 경우 재(齋)를 올리는데 드는 비용은 자녀들이 동등하게 분담하였다(균등상속과 이를 통한 윤회봉사). 그러던 것이 조선조에 들어와 『주자가례』를 중심으로 한 유교식의 의례가 정착되면서부터 가묘(家廟)와 사당(祠堂)을 중심으로 한 장자(長子) 위주의 유교식 종법(宗法) 제사가 주류를 이루게 된다.
　한편 주술(呪術)이 신의 힘을 이용하려는 인간의 일방적인 행위인 반면, 제사는 신을 모시는 인간의 주도적인 봉헌에서 시작되는 것으로서 신과 인간의 만남이 빚어내는 상호교류(communication)이다. 이는 <예(禮)>의 개념에도 잘 반영되어 있다. 제사는 제기(祭器)에 제물을 담아 신에게 바치는 '인간의 정성(豊)'과 그에 대해 복으로 내려 주는 '신의 강복(示)'이 교환되는 과정이다. 따라서 제사는 신이 인간에게 혹은 인간이 신에게 일방적으로 행하는 것이 아니라 신과 인간이 서로 복(福)과 정성(精誠)을 주고받는 의례라고 할 수 있다.

- **제사(祭祀)문학** : 신과 인간의 만남을 위해 베풀어지는 것이 제사(祭祀)라면, 그 만남의 자리에서 인간의 목소리로 신에게 말해지는 것이 바로 <제사문학>이다. 사람이 죽으면

귀신(鬼神)이 된다고 한다. 제사는 산 사람이 죽어서 귀신이 된 사람에게 바치는 의식(儀式)이다. 거기엔 제물(祭物)이 있어야 하고 제물을 올리는 이유와 제물을 귀신이 흠향(歆饗)해야 하는 이유를 담은 글이 있어야 한다. 기본적으로 제물을 올리는 마당에 소리 내어 읽는 방식으로 베풀어지는 글로는 축문(祝文)과 제문(祭文)이 있다.

축문(祝文)은 천지(天地), 산천(山川), 종묘(宗廟), 오사(五祀) 등 제사에 사용되는 신에 대한 제향의 글을 광범하게 일컫는다. 고[유]문(告[由]文)이나 기문(祈文) 등을 따로 분류하지 않을 경우 신에 대한 제향(祭享)의 글은 축문(祝文)의 범주에서 포괄하여 다루는 경우가 많다. <축(祝)>이란 무언가를 이루어지게 해 달라고 <빌다>라는 뜻이다. 축문의 형식은 매우 정형화되어 있어서 그 문예성을 논하기가 조금은 어렵다.

제문(祭文)은 제사지낼 때 읽는 글로서 애제(哀祭)류의 문장 양식 중의 하나이다. 신에게 공물을 올리고 소원을 비는 정도의 짧은 형식에서 출발하였으나, 점차 구체적이고 수사가 가미된 축사로 발전하였고, 인간을 대상으로 한 제문에까지 영역이 확대되면서 후대에는 주로 망자의 죽음을 애도하는 문장 양식으로 자리를 잡아 갔다. 제문은 죽음 등 인간의 능력과 인지 범위를 벗어나는 한계상황을 배경으로 신이나 망자와 같은 현실 밖의 존재에게 고어(告語)하는 형태로 이루어지는 문장 양식이다. 따라서 불가항력적 상황이나 알 수 없는 세계에 대한 나름대로의 통찰을 보여 주고 있을 뿐 아니라, 한계상황에 처한 인간 내면의 진솔한 모습을 담아 보편적 감정에 호소하고 있다는 점에서 문학으로서의 가능성을 보여 주고 있다. 사실 제문(祭文)은 축문(祝文)의 변체(變體)로서 간략한 축문에서 발전되어 나온 것이다. 길이가 길어지고 내용이 늘어나는 과정에서 일정하게 문예성이 갖추어지게 되었다고 본다. 제문은 산문(散文)으로 된 것이 있는가 하면 운문(韻文)으로 된 것도 있다. 한편 제문은 묘지(墓誌)와는 다르다. 묘지(墓誌)는 대체로 죽은 이의 평생을 기술하고 그의 공적이나 덕행을 찬송하는 것을 위주로 한다. 또한 남에게 청하여 대필하는 경우가 많다. 그러나 제문(祭文)은 죽은 이에 대한 추도와 애통에 무게를 둔다. 작자가 죽은 친척이나 벗을 위해 짓는 경우가 많다. 제문(祭文)은 죽은 이의 평생을 미루어 기록하고 칭송함에 있어 <감정 색채>가 비교적 농후하다. 이 때문에 제문은 서정성을 강하게 지니게 되는 것이다. 제문(祭文)은 초월자인 신을 달래기 위해 올리는 제신문(祭神文)과 죽은 인간을 애도하기 위해 올리는 제망인문(祭亡人文)으로 구별된다. 초기의 제문들은 제신문(祭神文)이 주종을 이룬다. 후대로 내려올수록 제망인문(祭亡人文)이 우세를 보이고 있다. 제문(祭文)은 죽은 이도 산 사람과 마찬가지로 감정을 가지고 있다는 전제 아래 생과 사의 모순을 극복 지양하려는 산자의 몸부림의 소산이다. 결국 제문(祭文)을 듣고 감동하는 것은 망자가 아니다. 제사에 참여한 망자의 친척들과 벗들이다. 제문(祭文)을 읽는 이도 흐느끼고 듣는 이도 흐느껴야 비로소 망자가 흐느낄 수 있다. 어떻게 해야 모두를 흐느끼게 할 수 있을까. 제문(祭文)의 문예성은 그 <흐느낌의 미학>을 창조하는 글쓰기에 달려 있다. 제문(祭文)은 서두(序頭)와 본문(本文) 그리고 결어(結語)로 짜여 있다. 서두(序頭)에서는 <유세차>로 시작하여 언제 누구를 위해서 제사가 베풀어지고 있는지를 밝힌다. 본문(本文)은 죽은 이에 대한 회고가 주조를 이룬다. 망자의 성품과 말씨와 행적을 칭송하고 그의 죽음을 애도한다. 결어(結語)는 술을 한 잔 올려 신명(神明)이 제물을 받는 흠향이 이루어지기를 권하고 <상향(尙饗)>을 고하며 그친다. 격식(格式)은 축문과 거의 같으나 글자의 수효는 축문과 비교할 수 없을 정도로 길어질 수 있다. 한편 제문은 죽음을 예찬하는 <사의 찬미>를 결코 허용하지 않는다. 죽음을 현실로 받아들일 수 없는 산 자들의 회한의 감정을 역설적인 언어조작을 통해 극복하고자 하는 지혜의 소산이다.

- **제사 굿** : 망자(亡者)가 된 지 1년이 되는 날 망자의 혼(魂)을 달래는 굿.
- **제상(祭床)** : 제수(제사음식)를 차리고 진열해 놓는 상. 옛날에는 다리를 높게 하여 특별 제작하였다. 기본 음식을 다 진설하려면 가로 120센티, 세로 80센티 정도는 되어야 한다. 오늘날에는 보통 일반 교자상을 사용하기도 한다.
- **제석(祭席)** : 제사 때 까는 돗자리.
- **제수(祭需)** : 제사 때 필요한 여러 물품들과 이 물품들을 구입하는 데 드는 비용.
- **제수(祭羞)** : 제사에 쓰이는 제물을 말하며 제찬(祭粲)이라고도 한다. 제찬에는 고춧가루나 마늘, 후추, 향신료 등은 사용하지 않는다.
- **제야자필부부친지(祭也者必夫婦親之)** : 제사는 반드시 부부가 직접 지내야 함.
- **제의례의 기원** : 제의례의 유래는 인류의 역사와 함께 시작되었다고 볼 수 있다. 원시시대의 경우에는 자연의 재앙, 자연의 변화 현상 자체가 놀라움과 공포의 대상이었고, 그러므로 세상의 자연만물 즉 하늘, 땅, 숲, 산 등에는 초능력적인 신령이 깃들어 있다고 믿게 되었으며(Animism ; 物活論 ; 多神論), 그리하여 이들의 보살핌을 받아서 재앙 없는 삶을 누리기를 기원하게 되었다. 즉 원시시대 사람들은 자연현상과 천재지변의 발생을 경이와 공포의 눈으로 보았으며 4계절의 운행에 따른 만물의 생성(生成)화육(化育)으로 인간이 생존할 수 있음을 감사하였다. 동시에 천(天), 지(地), 일(日), 월(月), 성신(星辰), 산(山), 천(川)에는 모두 신령이 깃들어 있다고 생각하여 신(神)의 가호로 재앙이 없는 안락한 생활을 기원하였다. 이후 인지(認知)가 발달하면서 신비한 힘을 지닌 신성한 존재인 신(神)이라는 초월적이고 절대적인 존재를 상정하고 의지하게 된다(一神論). 이러한 인간의 초능력적인 대상에 대한 기구(祈求) 형태의 의례에서 우리는 제의례의 기원을 찾을 수 있다.
- **제의례의 대상** : 제의례는 자기보존의 본능으로 초능력자에게 자기보호를 위한 기구(祈求)를 표현하는 형태이다. 이런 제의례의 대상은 처음에는 천(天), 지(地), 물(物), 산(山)과 같이 거대하고 초능력적인 대상에서 보다 현실적이고 감각적인 것으로 옮겨져

거석(巨石), 거목(巨木), 거인(巨人), 장군 등의 신(神)에로 좁혀지고, 마침내는 남의 신(神)보다는 자기의 조상신(祖上神)에게로 옮겨지게 된다. 특히 유교문화인 중국을 비롯한 동양에서는 전통적인 효(孝)와 조상숭배(祖上崇拜) 사상에 기초하여 현재 나를 있게 해 주신 조상을 추모하고 기리는 의식으로서 제의례를 발전시켜 왔다. 한편 『예기』에 의하면 "제왕(帝王)은 하늘에 제사를 지내고, 제후(諸侯)는 사직에 제사를 지내며, 사대부(士大夫)는 조상에 제사를 지낸다."고 하였다. 이는 온 세상은 다스리는 제왕에게는 천지(天地)가 절대자이고, 한 지역을 다스리는 제후에게는 사직(社稷)이 상대자이며, 일반가정에서의 존대자는 조상(祖上)이라는 데에서 연유한다.

- **제의례의 목적** : 『예기(禮記)』에 보면 "제사(祭祀)에는 기(祈)가 있고, 보(報)가 있으며, 유피(由避)가 잇다.(祭有祈焉, 有報焉, 有由避焉)"라고 하여 제사를 지내는 목적을 크게 3가지로 나누고 있다. 이는 제사(祭祀)에는 기원(祈願)의 뜻이 있고, 보답(報答)의 뜻이 있으며, 재앙(災殃)을 그치게 하는 뜻이 있다는 것이다. 기복(祈福)과 기원(祈願)은 자식이 없을 때 자식을 점지해 달라고 기원하고, 풍년을 기원하며, 비(雨)를 기원(祈雨祭)하는 등 간절한 기원을 하는 것이요, 보답(報答)과 감사는 가을에 풍년이 들어 토지신께 감사(感謝)드리고 가문의 번창에 대해 조상님들께 감사드리는 것이고, 유피(由避)는 전쟁이나 질병, 천재지변 등과 같은 것을 피하고자 하는 것이다.

- **제의례의 의의(意義)** : 예로부터 인간이 조상에게 제사지내는 까닭은 효(孝)에서 우러나오는 정성의 표현이며, 효(孝)란 자기존재에 대한 보은(報恩)을 의미하는 것이다. 그러므로 제의례는 나를 있게 한 근본에 보답하는 의례라는 뜻으로 보본의식(報本儀式)이라고도 한다. 이처럼 제사를 통한 효의 표현은 보은을 위한 정성이기 때문에 온갖 행실 중에서도 가장 근본이 되는 효를 다하기 위해 부모나 조부모 등 자기 출생의 근원에 대해 할 수 있는 모든 방법으로 극진히 모시는 것이 마땅히 해야 할 인간의 도리인 것이다.

- **제의례의 절차** : 제의례의 절차는 일반적으로 준비 과정, 본(本) 과정, 마무리 과정으로 구분된다. 준비 과정이란 의식(儀式)의 전(前) 단계로서 서계(誓戒), 재계(齋戒), 진설과 제사에 제물로 바치는 동물인 희생(犧牲) 준비와 찬구(饌具) 점검 등의 절차이다. 본(本) 과정이란 본격적 제의례 예식인 신을 맞이하는 의식으로서의 영신(迎神)으로부터 신에게 술과 음식을 대접하고 기원하는 의식과 제의례를 마치고 신을 전송하는 의식인 사신(辭神)까지를 뜻한다. 마무리 과정은 식후(式後) 의식으로서 사당에서 모셔왔던 신주를 다시 사당의 제자리에 놓는 납주의 절차와 제기 정돈 등의 과정이다.

- **제의초(祭儀抄)** : 율곡(栗谷) 이이(李珥)가 학문을 처음으로 시작하는 아이들을 효과적으로 가르치기 위한 도학입문서(道學入門書)로서 편찬한 책인 『격몽요결(擊蒙要訣)』말미에 부록으로 설명해 놓은 제의(祭儀)에 관한 기본 핵심 내용을 설명한 글이다. 중국

과 다른 우리나라의 제의(祭儀)의 특징 중의 하나인 제물(祭物) 진설 시의 탕(湯)의 진설에 관한 전거(典據)로서의 의의(意義)가 크다.

- **제작(除酌)** : 좨주(祭酒) 참조.
- **제장(祭場)** : 제사지내는 장소.
- **제절(祭節)** : 제사지내는 절차.
- **제주(祭酒)** : 청주.
- **제주(祭主)** : 제사의 주인. 보통 강신례와 초헌관 역할을 담당한다.
- **제주(題主)** : 신주에 글씨를 쓴다는 말인데, 신주가 없으면 지방으로 대신하기도 한다. 작주(作主)는 신주의 재료를 밤나무로 규격에 맞게 제작하는 것을 말한다.
- **제주상(祭酒床)** : 주전자, 숭늉, 퇴주 그릇을 올려놓는 작은 상(床)을 말한다.
- **제주어진애경지성(祭主於盡愛敬之誠)** : 제사에는 애경지성을 다함에 주력해야 함.
- **제지모상(祭之茅上)** : 모사 위에 좨주(祭酒)함.
- **제천(祭天)** : 하늘에 제사지내는 의식. 부여(夫餘)의 영고(迎鼓), 동예(東濊)의 무천(舞天), 고구려의 동맹(同盟) 등의 행사는 물론이요, 강화도 마리산(마니산)의 참성단(塹星壇 - 사적 136호), 황해도 구월산의 삼성사(三聖祠), 평양 교외의 숭령전(崇靈殿) 등에서 각각 행하여진 제천(祭天)행사에서 그 사례를 찾아볼 수 있다.
- **제축문(祭祝文)** : 제사를 지낼 때 신명에게 고하는 글.
- **제향(祭享)** : 제사.
- **제향(祭香)** : 제사에 쓰이는 향.
- **제호망극(啼號罔極)** : '울부짖어 보아도 부모의 은혜가 그지없다'는 의미의 축문 어구.
- **조(俎)** : 고기를 담는 제기. 고기 중에서도 특히 희생(犧牲)을 담는 제기 그릇. 나무로 만들고 받침(발)이 있다. 위판은 직사각형.
- **조경계후(肇慶啓後)** : '처음으로 경사스러움을 후손에게 열어 주시고 씨족을 창안하시어 후대를 계속 잇게 하시어'라는 의미의 종묘 축문 어구.
- **조계(阼階), 서계(西階)** : 사당 뜰에 있는 동쪽 계단(조계), 서쪽 계단(서계). 조계는 오로지 주인만이 오르내릴 수 있으며, 다른 사람들은 중문 안으로 오르내릴 때 반드시 서계(西階)를 이용하도록 한다.
- **조과(造果)** : 유과 또는 엽과(葉果). 생과(生果)의 반대. 조과의 재료는 주로 쌀가루나 밀가루이다.
- **조도(祖道)** : 일포제(日晡祭) 축문에 나오는 축문 어구. 조도(祖道)란 길 떠나는 자를

위하여 로제(路祭)를 올리고 도로를 관장하는 신(祖道)께 송별연을 베푸는 것.

- **조매(祧埋)** : 4대 봉사 후 사당에 안치되었던 친진(親盡)을 다한 신주를 땅에 묻는 일을 말한다.
- **조석상식(朝夕上食)** : 상가에서 아침 저녁으로 궤연에 올리는 음식.
- **조선시대의 제의례** : 조선시대의 제의례는 뿌리 깊은 민간신앙과 팽배한 불교적 관습으로 인해 200여 년이 지난 선조 대에 이르러서야 정착되었다. 조선시대 제의례는 돌아가신 조상의 혼(魂)과 백(魄)을 불러 모시고 제사를 지내는 의례가 중심이 되었다. 한편 조선시대는 제사의 전성시대이다. 왕실의 경우는 『국조오례의』, 일반의 경우는 『주자가례』가 16세기 중엽부터 양반사대부 사회에 정착되어, 종묘대제, 사직대제, 사시제, 시조제, 선조제, 기일제, 묘제 등이 실행되었다. 그러다 조선조 말기 천주교의 영향으로 제사 관념에 많은 변화가 일어나게 되었다.

  조선시대의 제사의 주재자는 종법제도가 정착되면서 적장자 적장손 위주로 변화되었다. 재산상속도 장자위주로 바뀌었고 이에 따라 양자제도가 성행하기도 하였다. 이러한 유교적 제의례는 사계 김장생의 『상례비요』『가례집람』 도암 이재의 『사례편람』 등을 토대로 오늘날까지도 우리의 기본 제의례의 절차로 존속되고 있다.
- **조율시이(棗栗柿梨)** : 과일은 왼쪽에서부터 대추, 밤, 감(곶감), 배의 순으로 진설한다. 배와 감의 순서가 바뀌기도 한다(조율이시). 기타 철에 따라 사과, 수박, 포도 등도 놓으나, 복숭아는 놓지 않는 풍습이 있다.
- **조전(祖奠)** : 도로를 관장하는 도신(道神)에게 올리는 제사.
- **조주(祧主)** : 체천(遞遷)할 신주.
- **조천(祧遷)** : 친진(親盡)을 다한 신주, 즉 원조(遠祖)를 합사(合祀)하기 위해 조묘(祧廟 - 사당)에로 옮기는 것. 즉 자손들의 봉사를 받을 수 있는 대(代)가 한 신위를 사당으로부터 다른 곳(다른 사당 ; 조묘 등)으로 옮기는 것을 말한다. 보통 사가(私家)에서는 친진한 신주를 당사자의 묘 옆에 파묻지만, 왕실의 경우는 별도의 신실(조묘)를 만들어 그 곳에 모신다.
- **조판(俎板)** : 칼도마.
- **존자(尊慈)** : 어르신. 귀하. 상대를 높여 부르는 말.
- **종묘대제(宗廟大祭)** : 왕(王)이 선대의 왕께 드리는 국가의 제사(제향). 종묘는 조선왕조의 역대 왕과 왕비의 신주(위패)를 모시고 있는 사당(祠堂)으로서 신라시대에는 시조묘(始祖廟), 고려시대에는 태묘(太廟)라고 하였다. 정궁(正宮)인 경복궁의 동쪽에 위치해 있다. 국가의 근본을 상징하는 공간이다. 중요무형문화재 제 56호이다.

  삼국시대부터 종묘를 세우고 제사지낸 기록이 있으며, 이처럼 종묘는 고려를 거쳐 조선에 이르기까지 왕조의 명운과 관련되는 매우 중요한 의의를 지니는 제사이다. 종묘의 제사는 근본적으로는 왕실의 조상숭배 의례라는 성격을 가진다. 이를 통해 정치적으로는 왕위 계승의 정통성을 밝히고 그에 입각하여 국가의 모든 명분과 질서를 엄격하게 세우는 것이 가능하였다. 또 윤리적으로는 왕실 내부에서의 조상숭배의 의례를 엄격히 함으로써 전체 국민에게 효(孝)와 충(忠)의 윤리의식을 심어 주고 배양함으로써 결과적으로는 효(孝)의 윤리에 입각한 사회통합의 기능을 추구하였다.

종묘에는 정전(正殿)과 영녕전 이외에 칠사당 공신당 등이 있다. 공신당은 정전에 모신 왕들의 대(代)에 활동한 공신들의 위패를 모신 곳이다. 칠사당은 한 해에 7차례 순서를 지켜서 제사지내는 소신들의 위패를 모신 건물이다. 현재 정전에는 태조를 위시하여 순종에 이르기까지 19왕의 신위가 봉안되어 있다. 영녕전에는 목조(穆祖)로부터 의민 황태자에 이르기까지 16개의 신주(神主)가 봉안되어 있다. 공신당에는 38위의 신주가 봉안되어 있다. 이러한 종묘는 1995년 유네스코 세계문화유산으로 지정되기도 하였다. 지금은 매년 5월초 일요일에 전주이씨대동종약원에서 종묘대제를 봉행(奉行)하고 있다. 유교가 통치의 기본이념이었던 조선시대에는 조상에 대한 숭배를 인간의 도리이자 나라를 다스리는 가장 중요한 법도로 여겨 제사를 매우 중시하였다. 그리하여 예로부터 왕이 새로운 나라를 세우고 궁궐문을 열기 위해서는 반드시 종묘(宗廟)와 사직(社稷)을 세우고 조상의 은덕(恩德)에 보답하며, 천지신령에게 백성들의 생업(生業)인 농사가 잘 되게 해달라고 제사를 올렸다.

- **종법(宗法)** : 한 집안의 혈연적 공통성을 확인하고 보장하는 제도. 가령 평소 집안의 대소사에 대한 결정권을 누가 쥐고 있든 간에 제사에서 제주(祭主)는 반드시 종손(宗孫)이 되는 전통이 바로 여기에 해당한다. 고로 종법이란 한 집안의 핏줄의 정통성을 확인시켜 줌으로써 혈연으로 맺어진 그 집단의 질서가 자동으로 유지되게 만드는 제도적 장치인 것이다.

- **종자(宗子)** : 종가(宗家)의 맏아들.

- **종헌(終獻)** : 세 번째 술잔을 올리는 의식이다, 아헌자(亞獻者)의 다음가는 근친자가 아헌 때와 같이 한다. 잔은 7부쯤 부어서 올린다. 종헌 후에는 술을 퇴주그릇에 붓지 않고 그대로 둔다.

- **종헌관(終獻官)** : 제사를 지낼 때 세 번째로 술잔을 올리는 제관.

- **좌간남(左肝南)** : 1609년에 간행된 『영접도감의궤(迎接都監儀軌)』에 나오는 표현으로서, '간남(肝南)'이란 손님 상 남쪽에 차려지는 중요한 밥반찬을 말한다. 안동 권씨의 제사 기록인 『묘사의절(墓祀儀節)』에 따르면 좌측에는 육남(肉南 - 갈비찜, 수육, 육탕 등)을 두었고, 우측에는 어남(魚南 - 조개전, 멸치전, 합탕 등)을 두었다. 결국 제사 상차림도 귀한 손님을 맞이할 때의 '좌간남(左肝南), 우간남(右肝南)'의 법식에 맞춘 데에서 기인

한다고 말할 수 있다.

- 좌묘우사(左廟右祠) : 수도가 정해지면 궁궐을 중심으로 해서 왼쪽(동)에 종묘(宗廟)를 배치하고 오른쪽(서)에 토지와 곡식의 신에 제사지내는 사직단을 배치함.
- 좌반(佐飯) : 미역, 콩잎, 어, 육 등.
- 좌욕(坐褥) : 교의 위에 놓은 신주 방석.
- 좌존작(左尊爵) : 왼쪽에서 잔을 받아 올리는 제관.
- 좌집반(左執盤) : 왼손으로 잔 받침을 잡음.
- 좌포우해(左脯右醢[醯]) : 포는 왼쪽에 젓갈은 오른쪽에 진설할 것을 형상화한 용어이다. 둘째 줄의 나물 줄에 놓는다. 사람이 제상을 향해 섰을 때 오른쪽을 동쪽, 왼쪽을 서쪽이라 한다 하여 서포동해(西脯東醢[醯])라고도 한다.
- 좨주 쵀주(祭酒 啐酒) : 모사기에 술을 붓고, 남은 술을 헌작함. 즉 초헌, 아헌, 종헌에서 넘치게 따른(짐주[斟酒]) 술을 모사기에 조금씩 부어 잔을 조금 비우는 행위. 이를 제작(除酌)이라고도 한다.
- 죄역흉흔(罪逆凶釁) : '너무 큰 죄를 지다'는 의미의 축문 어구.
- 주고(廚庫) : 사당의 제기용품 보관소.
- 주(酒) : 술.
- 주과용신(酒果用伸) : '술과 과일을 정성들여 차려 놓았다'는 의미의 축문 어구.
- 주과포혜(酒果脯醯) : 술, 과실, 포, 식혜로 간단히 차린 제물.
- 주가(酒架) : 주전자, 현주병, 퇴주기 등을 올려놓는 작은 상(床).
- 주배(酒杯) : 술잔. 잔 받침이 반드시 있어야 한다.
- 주사(主祀) : 제사의 주인.
- 주술(呪術 ; Magic) ; 인간이 기복(祈福)적 욕구를 실현하기 위해 신을 불러들이는 행위.
- 주원(周垣) : 사당 주위를 둘러싼 4방형의 담장.
- 준(餕) : 음복(飮福)이라는 뜻으로 제사에 참석한 사람 및 주변 사람들과 제사를 지내고 난 음식을 두루 나누어 먹으며 제사의 복을 받는 절차. 남긴 제사 음식, 즉 남긴 제사 음식으로 음복연(飮福宴)을 함. 남은 제사 음식을 종류 별로 딜고, 또 술올 덜어 친우에게 보내며, 제사에 참여한 사람들에게 술과 음식을 나누어 대접한다. 제사에 쓰인 음식과 술은 그날로 나누어 먹고 마신다. 원래 기제사(忌祭祀)에는, 음복을 하지 않는 것으로 규정되어 있으나, 관행적으로는 기제사에도 음복을 한다.
- 준상독경(濬祥篤慶) : '깊은 복과 두터운 경사'를 의미하는 종묘 축문 어구.

- **준작(罇杓)** : 사기(砂器)나 구리로 만든 주전자. 소 모양의 희준과 코끼리 모양의 상준 등이 있다. 또한 작은 새부리 모양도 있다.

- **준항(罇缸)** : 술을 담는 병.

- **줄다리기 당굿** : 전남 무안지방에서 행해지던 굿으로서, 정월 대보름날 당산제를 지내며 줄다리기를 통해 마을의 풍년을 기원하는 굿이다. 마을 주민 모두가 즐겁게 참여하는 참여형 생활축제이다. 결국 굿이란 우리 민족문화가 온전히 고여 있는 커다란 저수지이다.

- **중구(重九)** : 음력 9월 9일. 또는 중양(重陽)이라고도 한다. 양수(陽數)인 9가 겹친 날이다. 중국 한(漢)나라 위(魏)나라 때에는 이날을 국화꽃을 감상하고 등산하는 명절로 삼았다고 한다. 우리나라에서는 고려 때부터 이날을 기려 국화전, 화채 등을 시식(時食)으로 하여 조상께 차례를 드렸다.

- **중사(中祀)** : 중급의 제사. 선농(先農)제, 선잠(先蠶)제, 성균관(문묘) 석전(釋奠)제[문선왕제] 등.

- **증(甑)** : 시루.

- **증상이폐(烝嘗已替)** : 증상(烝嘗)은 제사를 뜻함이니, 이미 제사지내는 것을 폐(마침)하였다는 뜻의 축문 어구.

- **증이(曾以)** : '일찍이'라는 축문 어구.

- **지산음수(地産陰數)** : 땅에서 나는 음식(과일)은 짝수 접시로 진설.

- **지천(祇薦)** : 정성껏 올림.

- **지천세사(祇薦歲事)** : 삼가 정성껏 세사를 올린다는 의미의 축문 서식 문구. 웃어른에게만 쓰고, 아랫사람에게는 '伸此歲事(신차세사)'를 쓴다.

- **지필묵함(紙筆墨函)** : 축문을 쓰거나 지방을 쓰기 위한 한지(韓紙), 붓, 먹, 벼루 등을 담아두는 함(函).

- **진기구찬(陣器具饌)** : 여러 가지 제기들을 늘어놓아 진설하고, 제물(음식)을 마련하여 준비함.

- **진다(進茶)** : 숭늉 올리기. 진숙수(進熟水). 헌다(獻茶). 점다(點茶). 우리의 경우 차 대신 물을 올렸다. 이 물을 숙수(熟水) 또는 숭늉이라고도 하여 현주와는 구분된다.

- **진설(陳設)** : 제수용품을 제상에 차리는 일. 앞에서 첫 줄에는 과일, 둘째 줄에는 나물과 포, 셋째 줄에는 탕, 넷째 줄에는 적(炙 - 불에 굽거나 찐 고기)과 전(煎 - 기름에 튀긴 것), 다섯째 줄에는 메(밥)와 국(갱), 잔을 놓는다.

- **진숙례(進熟禮)** : 신(神)에게 희생(고기)를 드리는 의식.

- 진숙수(進熟水) : 계문 후 갱(羹)을 내리고 숭늉을 드림. 진다(進茶), 점다(點茶) 참조.
- 진전(眞殿) : 영당(影堂) 참조.
- 진차전의(陳此奠儀) : 여러 음식(제수)을 차려 전을 올림.
- 진찬(進饌) : 제사지낼 때 강신 다음에 어(魚), 육(肉) 등의 주식(主食)을 제상에 진설하는 일. 즉 식어서는 안 되는 메(밥)와 국(갱), 탕 등의 제수들을 윗대 조상의 신위부터 차례로 올린다.
- 진혼(鎭魂) 굿 : 황해도 지방에서 행해지던 해원(解冤 : 살풀이) 굿이다. 만신이라 불리는 강신무가 굿을 주관하는데, 부정(不淨)과 살(煞)을 풀고 평화와 풍요를 비는 살풀이 굿이다. 살을 풀어버리는 것이 바로 굿이다.
- 짐주(斟酒) : 초헌, 아헌, 종헌 시 술을 따름.
- 집례(執禮) : 제의절차(笏記)를 읽는 사람. 제향 때 예식을 집행하던 임시 소임.
- 차(茶) : 세속에서는 숭늉으로 대신하기도 한다.
- 차등봉사(差等奉祀) : 『주자가례』에서는 부모에서 고조부모까지의 4대를 가묘(家廟)에서 신주를 모시고 봉사할 것을 규정하였다. 그렇지만 『경국대전』「예전」봉사(奉祀)조에서는 "6품 이상은 증조부모까지 3대, 7품 이하는 조부모 2대, 서인은 부모만을 봉사"하는 차등봉사(差等奉祀)를 규정하였다. 이처럼 일률적으로 4대 봉사를 하지 않고 품계에 따라 구별하여 봉사하는 것을 차등봉사(差等奉祀)라 한다.
- 차례(茶禮) : 음력으로 매월 초하루 날과 보름날 그리고 명절이나 조상의 생신날에 간단하게 지내는 제사이다. 절사(節祀), 다사(茶祀)라고도 한다. 원단(元旦, 1월 1일), 추석(秋夕, 음 8월 15일), 단오(端午, 음5월 5일), 동지(冬至, 24절기의 22번째로 보통 12월 22일 경. 작은설이라고도 함) 등의 아침에도 지낸다. 보통 4대조까지 한꺼번에 지낸다. 추석 대신 음 9월 9일(重陽節)에 지내는 수도 있고, 단오나 동지의 시제는 오늘날은 대부분 지내지 않는다. 제수와 절차는 기제를 따르지만, 축문이 없고 술을 한 잔만 올린다.
- 차일(遮日) : 노천(露天) 제의례 때 햇볕을 가리기 위해 치는 포장. 집안 제사에는 천장(天障)을 가리는 앙장(仰帳)을 사용하였다.
- 차장방(次長房) : 최장방(最長房) 다음으로 항렬이 높은 자. 최장방 다음의 서열자.
- 착준(著罇) : 유기(鍮器)로 만든 술통의 일종으로 제기(祭器)이다.
- 찬(饌) : 반찬. 포, 식혜, 나물, 과일 따위.
- 찬자(贊者) : 제례 시 헌자(獻者)와 독축자를 인도하는 사람.
- 참례(參禮) : 정초(正初), 동지, 그리고 삭일(朔日), 망일(望日)에 사당에서 술과 과일만

을 올리는 약식제사로 분향재배, 모사, 참신, 헌작재배, 사신 순으로 진행한다.

- **참성단(塹城壇), 천제단(天祭壇)** : 참성단이란 '성을 파서 만들은 제단'이라는 뜻으로, 산꼭대기에 제단을 만들고 하늘에 제사를 지내던 곳이다. 대표적인 곳은 강화도 마니산의 참성단이다.

한민족은 '하늘의 자손'이다. 단군 할아버지가 그 단적인 예이다. 시월상달에 하늘에 제사를 지냈던 풍습도 마찬가지이다. 부족국가시대 고구려 동맹, 부여 영고, 동예 무천 등이 그렇다. 그런데 하늘의 제사는 '하늘과 가장 가까운 곳'이 안성맞춤이다. 태백산 천제단, 강화도 마니산 참성단, 북한 구월산 천제단은 그러한 흔적이다. 산꼭대기에 재단을 만들고 제물을 바쳤다. 참성단의 한자 '塹城'은 '성을 파서 제단을 만들었다'는 의미이다.

그런데 태백산 천제단과 강화 마니산 참성단은 무엇이 다를까. 둘 다 모두 하늘에 제사를 지냈던 곳임은 틀림없다. 하지만 시대에 따라 미묘한 차이가 나타난다. 신라시대 태백산 천제단에서는 천신(天神) 즉 단군과 산신을 아울러 모시다가, 불교국가인 고려시대에는 태백산 신령을 주로 모셨다. 유교국가 조선시대 전기엔 산신도 빠지고, '천왕(天王)'을 모셨다. '신(神)'이 '왕(王)'으로 격하된 것이다. 하지만 임진왜란(1592년) 이후 다시 '천신(天神)'으로 직위가 올라갔다. 나라가 바람 앞 등불 같은 신세가 되자, 단군 할아버지의 도움이 절신했던 듯하다.

제사를 맡은 제관(祭官)도 시대에 따라 달라진다. 태백산 천제단은 신라 때에는 왕, 고려 때에는 국가가 파견한 관리가 주도하였다. 하지만 조선시대에는 그 지방의 구실아치나 백성이 주가 되어 제사를 지냈다. 이에 비해 강화도 참성단은 신라 고려 조선시대까지 줄곧 국가 관리들이 제사를 맡았다. 각종 제사비용을 위해 별도의 땅 즉 '제전(祭田)'까지 내려줄 정도였다. 제상에 올리는 제수(祭需)도 차이가 있었다. 태백산 천제단에서는 조선시대 소와 삼베를 주려 올렸다. 요즈음도 쇠머리와 삼베를 올린다. 또한 소, 삼베, 백설기를 빼곤 모든 제수용품은 날것 즉 생(生)으로 올렸다. 참성단에서는 우리 눈에 익은 술, 떡, 탕, 차 등을 올렸다.

태백산 천제단은 토속적이고, 마니산 참성단은 왕궁 냄새가 난다. 천제단이 백성의 자발적 기도처라면, 참성단은 국가의 공식 제천의례장소였다. 천제단이 정상 부근에 3곳이나 이어져 있다는 것도 이것과 무관하지 않다. 너도나도 봉우리마다 돌로 제단을 쌓고 제사를 지냈던 것이다.

참성단이 있는 마니산은 백두산과 한라산의 중간지점에 있다. '한반도의 명치'이다. 명치가 막히면 사람은 기가 막혀 살 수 없다. 명치가 뻥 뚫려야 두루두루 잘된다. 천제단이 있는 태백산도 백두산과 한라산의 중간에 있다. 한반도 척추인 백두대간의 급소이다. 허리뼈가 곧추서야 똑바로 걸을 수 있다. 마니산 참성단과 태백산 천제단은 사람의 치명적인 혈처인 것이다.

태백산 천제단의 토속화는 일제강점기에 더욱 두드러진다. 동학 등 신흥종교들이 '민족의 종산(宗山)'으로 떠받들며 그 아래로 모여든 것이다. 의병들은 천제단에서 '독립기원제'을 지냈다. 태백산 자락 아래 식민지 백성들은 너도나도 정화수를 떠놓고 치성을 드렸다. 이것이 오늘날 민간신앙의 성지로 이어진 것이다. 요즈음도 태백산 주위 곳곳에는 자생적 촛불치성 기도소가 많이 있다(2012.1.6. 동아일보).

- 참신(參神) : 고인의 신위에 인사하는 절차로서 모든 참사자가 일제히 두 번 절한다. 신주인 경우에는 참신을 먼저 하고 지방인 경우는 강신을 먼저 한다. 우제, 졸곡, 소상, 대상, 담제는 흉제(凶祭)이기 때문에 참신을 하지 않고 대신 입곡(入哭)을 하는 경우도 있다. 옛날에는 절을 하는 횟수가 남자는 2번, 여자는 4번을 하였다. 이는 남녀차별의 뜻이 아니라 음양의 원리에 따른 것이다. 산 사람과 남자는 양(陽)의 도를 따르고, 죽은 사람과 여자는 음(陰)의 도를 따르기 때문에 산 사람에게는 1(양)번 절하고, 죽은 사람에게는 2(음)번 절하나 여자는 그 2배로 한다. 그러나 현대에서는 음양이론을 따르는 것이 만사가 아니니, 남자와 마찬가지로 재배만으로도 무방할 것이다. 미리 제찬을 진열하지 않고, 참신 뒤에 진찬이라 하여 제찬을 올리기도 한다. 진찬 때에는 주인이 육(肉), 어(魚), 갱(羹)을 올리고, 주부가 면(麵), 편(篇), 메(밥)를 올린다.
- 창홀(唱笏) : 제사를 모실 때 제사의 순서(笏記)를 청아한 음석으로 고저장단(高低長短)에 맞추어 읊는 방식.
- 채반 : 사자밥 세 그릇과 짚신 세 켤레를 받쳐서 상가의 집 앞에 진열해 놓는 그릇.
- 채소(菜蔬) 및 숙채(熟菜) : 삼색나물(시금치, 고사리, 도라지).
- 척일(隻日) : 강일(剛日) 참조.
- 천구(遷柩) : 영구를 옮김.
- 천산양수(天産陽數) : 하늘에서 나는 것(肉, 魚)은 홀수 접시로 진설.
- 천신(薦新) : 계절의 새로운 음식을 올림. 속절(俗節)의 시식 이외에 새로운 물건이 나오면 이를 바치되 절차는 망일참례와 같다. 예를 들면 앵두, 참외, 수박, 조기, 뱅어, 은어, 대구, 청어, 동태 등이 새로 나오면 사당에 바쳤다가 내려서 먹는 것이다. 즉 새로운 음식을 만들거나 사왔을 때 빈소에 올려놓았다가 물리는 것이다. 율곡이 사당에 천신(薦新)하는 것에 관해 언급한 것이 있는데, '오곡 중에서 메를 지을 수 있는 것은 마땅히 반찬 두어 가지를 함께 마련하여 다달이 초하루의 사당참배와 같이 하고, 생선, 과일 따위 및 콩, 밀 등 메를 지을 수 없는 것은 새벽에 사당에 뵈올 때 신주독을 열고 한잔 술로 올린다.'고 말하였다. 이로 미루어 본다면, 천신(薦新)하는 것 중 오곡으로 메를 지을 수 있는 것은 메를 지어서 상식(上食)에 쓰고, 그 나머지는 전을 드릴 때에 함께 차리면 마땅할 듯하다.

- **천우타소(遷于他所)** : '다른 곳으로 옮기다'라는 의미의 축문 어구.
- **천원지방(天圓地方)** : 위(天)는 둥글고 아래(地)는 네모짐.
- **천자필향(薦茲苾香)** : '이 향기로운 음식을 올리오니'라는 의미의 종묘 축문 어구.
- **천제(天祭)** : 하늘에 대한 제사. 부여(夫餘)는 영고(迎鼓)라 하여 12월에 하늘에 제사하였고, 고구려에서는 동맹(東盟)이라 하여 10월에 하늘에 제사하였으며, 동예(東濊)에서는 무천(舞天)이라 하여 10월에 제사지낸 기록이 있다. 마한(馬韓)에서는 소도(蘇塗)라는 신역(神域)이 있어 솟대를 세우고 북과 방울을 달아 천신(天神)에 제사지냈다. 고려 이후에는 천제는 천자만이 지내는 것이라 하여 중국의 억압 하에 국가적으로는 천제를 드리지 못하고 사적으로 종교적 민간 신앙적 측면에서 천제(天祭)를 드리다가 고종이 황제로 등극한 후 황제국의 의례로서 원구단에서 천제(天祭)를 정식으로 드리게 되었다.
- **천주교의 제례** : 한국의 가톨릭 전래는 중국과 맥을 같이 한다. 중국의 경우 1600년 이탈리아 예수회 신부인 마테오 리치(Mateo Ricci)를 필두로 예수회 신부들이 선교의 중추에 있을 때, 그들은 중국의 사상과 풍습이 선교의 장애로 작용하지 않도록 여러 각도에서 중국적인 천주교의 정착을 시도하였다. 하지만 전례논쟁을 통해 예수회가 중국에서 물러나고 도미니칸선교회(Dominicans)와 프란시스코회(Franciscans) 등이 그 자리를 대신하면서 조상제사를 배격하는 입장이 중국 천주교의 주류가 된다. 이는 당시 조선에서도 마찬가지이다. 신해박해, 신유박해, 기해박해, 병호박해, 병인박해 등은 당시의 조선사회와 천주교의 갈등이 얼마나 심했는지를 확실하게 보여주고 있다. 그 중 병인박해 때는 프랑스선교사 9명과 8천명에서 2만명 정도로 추산되는 신자가 순교를 당한다. 당시 선교사가 12명이었고 신자가 2만3천명임을 생각하면 엄청난 수이다. 그러다가 1939년 교황청에서 조상에게 효성을 표시하는 민간풍습을 민간의식으로서 그 사회적 의의를 인정하였다. 제례에 대한 한국천주교의 입장은 제례에 대한 교회법에 다음과 같이 명시가 되어 있다. <중국 예식에 관한 훈령(한국 천주교 공동 지도서, 1958년 판)> : 제 1항 제사의 근본정신은 선조에게 효를 실천하고, 생명의 존엄성과 뿌리 의식을 깊이 인식하며 선조의 유지에 따라 진실된 삶을 살아가고 가족 공동체의 화목과 유대를 이루게 하는 데 있다. 한국 주교회의는 이러한 정신을 이해하고 가톨릭 신자들에게 제례를 지낼 수 있도록 허락한 사도좌의 결정을 재확인한다. 제 2항 전통 제례의 아름다운 정신은 복음의 빛으로 재조명하여 계속 살려나가되, 한국 주교 회의는 그 표현양식을 시대에 맞게 개선한다.

따라서 천주교는 전통적인 조상 제사와 무덤과 죽은 사람의 시신 앞에서 절하는 것, 제사지낼 때 향 피우는 것, 음식 차려놓는 것들을 정당한 것으로 허용하고 있다. 일반적인 순서는 아래와 같다 : ① 마음 준비 : 고해성사를 받고 마음을 깨끗이 하여 돌아가신 고인을 생각한다. ② 몸 준비 : 목욕재계하고 몸가짐을 바르게 하며, 최고의 품위와 예모를 갖출 수 있는 복장을 착용한다. ③ 상차림: 하루 전부터 집 안팎을 깨끗이 청소하고 특히 제사드릴 곳을 잘 정돈하고 꾸민다. 벽에는 십자가를 모시고 그 아래에 고인의 사진을 모시며, 제상에는 촛불과 향을 놓는다. 정성껏 준비한 제물을 진설할 수도 있고 꽃으로 꾸밀 수도 있다. ④ 제사 준비가 되어 영정(과 위패)을 모시면 제주는 제사의 시작을 알리고, 십자 성호를 긋는다. ⑤ 참석자 모두는 제주와 함께 재배한다. ⑥ 제주가 영정 앞에 나아가 무릎 꿇어 분향하고 잔을 받아 미리 준비한 그릇(茅沙器) 위에 삼쇄(三祭)한 다음 돕는 이에게 주면 돕는 이는 잔을 올리고 밥그릇 뚜껑을 열어 놓는다. 제주는 두 번 절하고 물러난다. 참석한 모든 이가 차례로 나아가서 잔을 올린다. 그러나 제주 이외에 다른 사람은 삼제를 하지 않는다. ⑦ 이러한 절차가 끝나면 제주가 조상께 고한다. ⑧ 제주는 참석자들이 함께, 성서의 말씀으로, 조상을 기억할 것을 권한다. ⑨ 이어서 주부가 나아가 숟가락을 밥그릇 위에 놓는다. 제주와 참석자는 두 번 절한다. 절한 다음 조상을 생각하며 잠시 묵상한다. ⑩ 이어서 제주인 주인과 주부는 국그릇을 거두고 냉수나 숭늉을 올린다. ⑪ 제주와 모든 참석자는 두 번 절하며, 작별인사를 고한다. 제사를 마치면서, 사랑과 일치의 잔치를 통해, 선조와의 통교, 가족 간의 일치를 더욱 심화한다. 주님께 감사하며 성가를 부른다. ⑫ 영정(과 위패)을 따로 모신 다음, 참석자들은 술과 음식을 나눈다. 이 식사는 사랑과 일치의 식사이며 조상과 가족 간의 통교를 더욱 깊게 하는 의미가 있다. 이러한 축제의 기쁨은 이웃, 특히 소외된 형제들에게도 확장되어야 한다.

- **천지신명(天地神明)** : 천지의 신
- **철(徹)** : 제물을 물림. 남은 음식을 거두어들이고 남은 술을 모두 병에 넣고 봉한다. 이렇게 봉한 술을 복주(福酒)라 한다. 주부는 제기를 씻어 보관한다.
- **철갱접다(徹羹點茶)** : 갱(羹)을 물리고 다(茶)를 올림.
- **철궤연(撤几筵)** : 신위를 모신 곳(喪廳)을 철거함.
- **철상(撤床)** : 제상의 제물을 치운다. 제상 위의 모든 제수를 집사가 뒤쪽에서부터 차례로 물린다.
- **철시복반(撤匙覆飯)** : 신위께서 제물을 다 잡수셨으므로 숭늉 그릇에 놓인 수저를 거두어 세 번 고른 다음 제자리에 놓고 메 그릇의 뚜껑을 덮는다. 이 때 수조(受胙)라 하여 제주가 꿇어 앉아 집사자가 물려주는 술잔을 받아 마시고 음식을 조금 받아 먹는 예가 있었으나 지금은 대개 이 절차가 생략된다.
- **철적(撤炙)** : 적(炙)을 초헌, 아헌 시 방 밖으로 내가는 것을 말한다. 퇴적(退炙)은 적(炙)을 상에서 물리는 것이다.

- 철주(徹酒) : 술을 물림. 퇴주(退酒)와 같은 의미.
- 철주기(徹酒器) : 퇴주 그릇(사발). 초헌, 아헌 시 술을 물릴 때 사용한다.
- 첨례(瞻禮) : 사당 출입 시 사당의 조상들께 우러러 인사하는 예(禮). 우러러 보는 예(禮).
- 첨소봉영(瞻掃封塋) : '우러러 선조의 산소를 깨끗이 단장한다.'는 의미의 축문 서식 문구(文句).
- 첨작(添酌) : 종헌이 끝나고 조금 있다가, 제주가 다시 신위 앞으로 나아가 꿇어 앉으면, 집사는 술 주전자를 들어 종헌 때 7부를 따라 올렸던 술잔에 세 번 첨작(잔에 더하여 따름)하여 술잔을 가득 채운다. 이는 술을 더 권하는 의식으로 첨잔(添盞)이라고도 한다. 유식(侑食)이라고도 한다.
- 첩 조고(妾 祖姑) : 첩 시할머니(첩 시할미).
- 청작서수(淸酌庶羞) : 맑은 술과 여러 음식.
- 청장(淸醬) : 간장. 맑은 장.
- 청천구우(請遷柩于) : 청하옵건대 영구를 옮기다.
- 체백불녕(體魄不寧) : '체백이 편치 못하다'는 의미의 축문 어구.
- 초목기장(草木旣長) : '풀과 나무에 이미 잎이 무성하다'는 의미의 축문 문구(文句).
- 초(醋) : 식초.
- 초(炒) : (고기, 생선 중) 볶은 것.
- 초쇠퇴비(草衰頹圮) : '잔디가 시들고 봉분의 흙이 무너져 내림'을 의미하는 축문 어구.
- 초접(醋楪) : 식초 접시.
- 초조(初祖) 제사 : 시조제(始祖祭) 참조.
- 초채(醋菜) : 생채(生菜)에 초(醋)를 가미하는 경우가 많은데, 이를 초채(醋菜)라 한다. 율곡의 「제의초」를 보면 상(牀)의 제일 북단에 초채(醋菜)가 있는데, 이는 매우 특이한 현상이다. 다른 예서(禮書)에서는 그곳에 초채가 아니라 초접(醋楪)을 놓았고 또 제사상 진설의 보편성에 비추어 보아도 그곳은 채소를 놓는 곳으로는 적당하지 않다. 따라서 「제의초」에서 말하는 초채는 채소에 비중이 있기 보다는 초(醋)에 비중을 둔 것이 아닌가 생각된다.
- 초헌(初獻) : 제사 지낼 때 첫 번째의 술잔을 신위에 드리는 것. 즉 제주(祭主)가 첫 번째 술잔을 올리는 예식이다. 수헌(首獻)이라고도 하였다. 그 절차는 상주가 영좌 앞으로 나아가면, 집사가 영좌 앞에 있는 잔을 가져다가 상주에게 주고 술을 따른다. 상주는 받은 술을 모사(茅沙) 위에 3번 제(三除)한 다음 집사에게 건네주고 잠시 엎드렸다가

일어선다. 집사는 받은 잔을 영좌 앞에 놓고 밥그릇 뚜껑을 열어 놓는다(開飯蓋). 상주 이하가 모두 무릎을 꿇고 엎드리면, 축관이 축판을 가지고 상주 왼쪽(흉사 시에는 오른쪽)으로 나와 무릎을 꿇고 축문을 읽는다. 축관이 축문을 다 읽고 나면, 상주는 곡하고 두 번 절한 뒤에 제자리로 온다.

- **초헌관(初獻官)** : 제사 때 첫 번째로 술잔을 신위에 올리는 제관.
- **촉대(燭臺)** : 촛대. 제상(祭床)에 촛불을 밝히기 위한 도구로 좌우 한 쌍을 준비한다.
- **총부법(冢婦法)** : 유교적 종법(宗法)제도가 정착되기 전 삼국시대 고려시대 이후 조선조 초기까지 부녀자들에게도 제사를 지낼 수 있는 권한이 보장된 적이 있었는데, 이를 총부법이라고 한다.
- **총택붕퇴(塚宅崩頹)** : '무덤이 무너져 내림'을 의미하는 축문 어구.
- **총택미완(塚宅未完)** : '땅이 얼어 무덤이 무너짐'을 의미하는 축문 어구.
- **최장방(最長房)** : 고조(高祖) 아래로의 생존자 중 가장 항렬이 높은 자. 즉 제사지낼 대수(代數)가 끝나지 않고, 항렬이 높으면서 나이가 가장 많은 사람이다.
- **쵀주(啐酒)** : 길제(吉祭) 시 진다(進茶) 점다(點茶)하고 수조(受胙)한 후 축관으로부터 선조위의 잔을 내려 받아 쵀주(祭酒)한 후에 술을 맛을 보게 되는데, 이를 쵀주(啐酒 : 맛볼 쵀)라고 한다.
- **추감미신(追感彌新)** : '추모하는 마음이 더욱 새롭다'는 의미의 축문 어구.
- **추석절사(秋夕節祀)** : 음력 8월 보름에 지내는 제사이다. 차례를 지내는 봉사 대상은 직계 조상을 원칙으로 하며(때로는 자손이 없는 방계 조상도 포함), 제수(祭羞)는 새로 익은 햇곡식과 햇과일로 한다.
- **추원감시(追遠感時)** : 돌아가신 때를 맞아 진정 추모하는 마음을 느낀다는 의미의 축문의 문구(文句). 즉 '세월이 흐를수록 더욱 생각난다.'는 뜻으로 <예에 따라 조상님을 추모하여 공경을 다함> <지난날의 감회가 깊고 깊어>의 뜻이다.
보통 부모에게는 <추원감시 호천망극(昊天罔極)>으로, 조부모 이상에게는 <추원감시 불승영모(不勝永慕)>로, 남편에게는 <추원감시 불승감창(不勝感愴)>으로, 처(妻)에게는 <비도산고 부자승감(悲悼酸苦 不自勝堪)>으로, 방친(傍親)에게는 <불승감창(不勝感愴)>으로, 형(兄)에게는 <정하비통(情何悲痛)>으로, 제(弟)에게는 <정하가처(情何可處)>로, 자(子)에게는 <심훼비념(心燬悲念)>으로 표기한다.
- **추유보본(追惟報本)** : '추모하여 근본에 보답하다'는 의미의 축문 어구.
- **축(祝)** : 제사 등의 의례에서 의례의 목적과 의미를 적어 의례의 대상에게 고하는 글이다. 축문(祝文)이라고도 한다.

- **축관(祝官)** : 축문을 읽는 사람을 축관이라고 하고, 축관은 제사의 끝남을 알리는 이성(利成)을 고하고, 축을 태우는 역할까지 두루 행하는 중요한 역할을 담당한다.
- **축판(祝板)** : 축문을 올려놓는 판(板).
- **축판석(祝板石)** : 무덤 앞에 축문을 올려놓기 위해 마련한 돌.
- **축주(祝酒)** : 제사 때 세 번 올리는 잔의 술을 모사(茅沙)에 조금 따름.
- **출입(出入)례** : 주인 주부가 문밖 출입 시 사당에 고(告)하는 의례. 밖에서 자고 올 때는 분향재배하고, 멀리 떠날 때는 분향, 고사, 재배한다. 한 달 이상 집을 떠날 때는 재배, 분향, 고사, 재배 그리고 중문 밖에서 재배한다.
- **출주(出主)의례** : 사당에서 신주를 모셔 내오는 일.
- **취여감고(就轝敢告)** : '관을 상여로 옮기고 감히 고하다'는 의미의 축문 어구.
- **치재(致齋)** : 재계(齋戒)의 2가지 방법(散齋, 致齋) 중 한 방법으로서 지극한 재계이다. 재(齋)란 가지런히 하는 것이다. 즉 산재는 느슨한 재계이고, 치재는 지극한 재계이다. 산재(散齋)를 먼저 한 다음 치재(致齋)를 하게 된다. 결국 치재(致齋)란 제사에 참여하는 모든 사람들이 한 곳에 모여서 합동으로 하는 재계(齋戒)이다. 3일 동안 행하였다. 즉 입제(入祭)하는 날부터 파제(罷祭) 다음 날까지의 3일 동안은 그 마음의 생각을 전일(專一)하게 하였다. 말하자면 치재 기간에는 남녀가 가까이 하지 않으며, 조문(弔問)을 가서도 안 되고, 풍류를 즐기거나 남을 흉보고 불길한 일 등에 관여해서도 안 된다. 집안에 잡인을 들이거나 부정(不淨)한 물건을 들여서도 안 된다. 그리하여 옛날에는 대문에 금줄을 치고 잡인이나 부정(不淨)한 물건이 들지 못하게 하였다. 즉 치재(致齋)기간 중에는 품행을 더욱 조심하고, 일체의 바깥 출입을 삼가고, 언행을 삼가며, 오직 돌아가신 조상만 생각하도록 하였다. 산재(散齋) 참조.
- **치제(致祭)** : 죽은 신하에게 임금이 내려주는 제사. 정조 16년(1792년) 영남 지역 선비들은 한양이 아닌 안동 도산서원에서 과거를 치렀다. 관학(官學)이 아니라 사학(私學)인 서원에서 과장(科場)이 열린 것이다. 과거에 앞서 정조는 도산서원이 모시는 퇴계 이황(1501~1570)을 치제(致祭 : 죽은 신하에게 임금이 내려 주는 제사)하게끔 하였다.
- **친기(親忌)** : 부모의 제사.
- **친진(親盡)** : 대진(代盡)이라고도 함. 친속 관계가 끝남. 제사를 지내는 대의 수가 다됨. 천자는 7묘(廟), 제후는 5묘, 민간인은 4묘를 모시는 것이 통례이다. 4묘는 아버지로부터 고조까지인데, 그 친족관계는 8촌까지 미친다. 효현손의 8촌이 생존하는 한 고조의 제사가 지내지고, 그 8촌이 모두 죽으면 친진이 되는 것이고, 고조의 신주를 사당에서

내어 모셔 무덤에 묻는다. 이 경우 이러한 사실을 고하는 축문을 해당 신주인 5대조께 읽어 올린다.

- **친행(親行)** : 종묘대제나 사직대제 시, 왕(王)이 세자와 문무백관을 거느리고 친히 제사를 올리는 것.

- **침채(沈菜)** : 동치미. 나박김치. 생나물로 희게 담근 나박김치. 소금에 절인 것. 원래는 침채(沈菜)와 생채(生菜)가 다른 것이다. 침채(沈菜)란 채소를 소금에 절인 것이요, 생채(生菜)란 절이거나 익히지 않고 그대로 조리한 것이다. 그런데 보통은 침채와 생채를 혼용하여 같은 개념으로 사용하고, 숙채(熟菜)와는 반대되는 것으로 이해한다. 침채는 주로 배추나 무, 미나리, 열무와 같은 채소를 소금에 절인 것이고 고춧가루와 파, 마늘 등을 섞어 발효시켜 만든 것으로 김치 종류가 이에 해당된다. 제사에는 국물이 있는 물김치, 나박김치를 올린다.

- **타살 굿** : 황해도 지방에서 행하는, 소나 돼지를 잡아서 신에게 진상 바치는 굿. 피 흘리지 않고 살(煞)을 막기 위해 하는 굿이다. 전쟁이나 세상이 어지러울 때 피를 흘리고 죽어간 이들을 위로하고 대접하는 굿. 황해도 등 한강 이북의 굿은 신내림을 받은 강신무가 주관을 한다.

- **탄파가곡(誕播嘉穀)** : '씨를 뿌리고 가꾼 곡식이 결실이 잘 되어'라는 의미의 종묘 축문 어구.

- **탕(湯)** : 고깃국에 생선이나 채소 등을 넣어서 조미한 것. 보통 탕은 갱(羹)에다 두부(소탕), 생선(어탕), 다시마 등을 넣고 한소끔 더 끓여서 만든다. 예서(禮書) 중 율곡 선생의 <제의초(祭儀鈔)>에만 보이고 다른 예서에는 없다. 탕은 홀수 그릇을 쓰는데, 대체로 3탕, 5탕의 양수(陽數)로 한다. 3탕일 경우에는 육탕, 어탕, 계탕(혹은 素湯)을 쓰는데 건더기(소탕 : 무우와 두부, 어탕 : 생선과 다시마, 육탕 : 쇠고기와 무우 등)만 탕기에 담고 뚜껑을 덮는다. 5탕일 경우에는 채소나 두부를 재료로 하며, 기타 적당한 재료를 추가하기도 한다.

- **탕기(湯器)** : 탕과 국을 담는 제기로서 여러 모양이 있다.

- **탕병(湯瓶)** : 탕을 넣어 놓은 병이나 단지.

- **태갱(大羹)** : 갱(고기를 삶은 국물에 채소를 넣어서 조미한 것)과 구별하여 채소를 넣지 않고 순수하게 고기만을 삶아서 끓인 국. 그러나 지금은 갱과 태갱이 같은 의미로 혼용되어 사용되기도 한다.

- **태묘(太廟)** : 황제국의 선조들을 모신 사당(祠堂). 제후국의 선조들을 모신 사당은 종묘(宗廟)이다. 왕이 직접 제사를 모신다. 대묘(大廟) 참조.

- **택조불리(宅兆不利)** : '유택이 좋지 못하여'라는 의미의 축문 어구.

- 토템이즘(Totemism) : 어떤 종류의 동물이나 식물을 신성시하여 자신이 속해 있는 집단과 특수한 관계가 있다고 믿고 그 동식물을 집단의 상징으로 하는 원시시대의 제의례의 일종.
- 퇴적(退炙) : 적(炙)을 상에서 내리는 것이다. 철적(撤炙)은 퇴적한 적(炙)을 방 밖으로 내가는 것이다.
- 퇴주(退酒) : 초헌, 아헌 시 헌작한 술을 물려 철수함.
- 퇴주기(退酒器) : 헌작(獻爵)과 술을 올릴 때 술을 따라 붓는 그릇.
- 파제일(罷祭日) : 제사가 끝나는 날을 말한다. 즉 돌아가시기 전 날이 입제일이라면, 돌아가신 날은 파제일이 된다. 입제일로부터 날짜 변경선을 넘겨 찾아오는 날이 진정한 제삿날로서 파제일인 것이다. 파제일의 가장 이른 시각 즉 자시(子時)에 기제사를 지내는 것은, 조상이 돌아가신 날에는 어떤 일보다도 우선하여 조상을 받들어 모신다는 뜻이다. 더구나 이 시각은 삼라만상이 고요히 잠들어 신성한 시각이므로, 신적 존재인 조상이 활동하기에 가장 적합하다고 인식되기도 한다. 따라서 조상제사가 치러지는 시각은 조상을 공경하는 마음을 최대로 표현하는 데 합당한 시점이라는 의미이다.
- 편(片) : 떡(설기는 안하고 백편으로 한다).
- 폄자유택(窆玆幽宅) : '체백을 이 유택에 모심'을 의미하는 축문 어구.
- 평량자(平涼子) : 패랭이. 남자들이 선조를 제사지낼 때 착용하는 것이다.
- 평생보은(平生報恩) : '평생토록 은혜에 보답함'을 의미하는 축문 어구.
- 포(脯) : 북어, 건대구, 건문어, 건전복, 건상어, 육포, 오징어 등 말린 고기를 총칭하는 용어로서 제사에서 가장 기본이 되는 제찬이다. 주로 사냥과 수렵을 통해 얻은 물고기나 육류를 건조시킴으로써 저장과 보관이 용이하게 한 식품으로 건조과정에서 육질에 변화가 오고 숙성이 이루어져 신선한 것보다 오히려 맛과 영양이 좋아지기도 하여 밥을 주식으로 하는 식생활에서 아주 유용한 식품이다. 어포(魚脯)나 육포(肉脯)가 있다. 직사각형 접시에 담는다. 어포는 북어포를 가장 많이 쓰는데, 이는 귀신이 안주로 사용하기 위하여 가져가기 편하다고 생각하는 주술적인 의미가 있다.
- 포대(布帶) : 베 띠. 포직령(布直領 - 베 직령), 평량자(平涼子) 등과 함께 남자들이 선조를 제사지낼 때 착용하는 것들이다.
- 포즉좌반(脯卽佐飯) : 포란 바로 좌반을 말함.
- 포직령(布直領) : 베 직령.
- 포해지천(脯醢之薦) : 제사지낼 때 제찬(祭饌)으로 포(脯)와 해(醢)만을 올리는 아주 간단한 제사.

- **하비저(下匕筯)** : 숟가락과 젓가락을 내려 놈.
- **하시(下匙)** : 숟가락을 내리다.
- **하시저(下匙筯)** : 수저를 뽑아 제자리에 내려놓다.
- **하사(嘏辭)** : 신이 주인에게 축관을 통해 내리는 축복의 말. 대개 다음과 같다 : "조상께서 축관에게 명하여 많은 복을 너 효손에게 이어 이르게 하노라. 너 효손에게 주어, 너로 하여금 하늘에서 복을 받고, 밭에서 곡식을 잘 가꾸게 하고, 눈썹이 세도록 오래 살게 하리니, (제사를) 폐하지 말고 기리 하여라." 진다(進茶), 점다(點茶)를 하고 나서 수조(受胙)한 상 앞에 꿇어 앉아 축관이 내려 주는 선조위의 잔을 받아 쇄주(祭酒)한 다음 술을 맛보는 쵀주(啐酒)를 한다. 축관이 젓가락을 들고 각위(各位)의 제물을 조금씩 떼어서 한지에 담아서 주인의 왼쪽에 꿇어앉는다. 축관이 "조상할아버지께서 온 우주의 주재자에게 알리어 너에게 많은 복이 이르기를 비노라. 이제 손자 네가 왔으니, 손자 너로 하여금 하늘의 복을 받고 농사(생업)가 뜻대로 되며 수명을 길게 누리고 모든 일에 변함이 없기를 바라노라."라는 내용의 준비된 하사(嘏辭)를 읽는다.
- **학생(學生)** : 망자가 아무런 관직이 없을 때 학생(學生)이라 칭함.
- **한식성묘** : 한식은 24절기 중에서 청명 다음날, 즉 동지로부터 105일째 되는 날로서 보통 4월 4~5일 경에 해당된다. 우선 조상에게 제사를 올리고 성묘를 간다. 집에서 제사를 모셨을 때는 묘제는 생략한다. 개자추의 전설이 전해지고 있다. 한식이라는 명칭은 비바람이 매우 심하여 불을 때지 못하고 찬밥을 먹었다는 데에서 유래된다.
- **합문(闔門)** : 참사자 모두 방에서 나와 문을 닫는 것.
- **합반개(闔飯蓋)** : 집사는 모든 음식(밥) 뚜껑을 닫음.
- **합사(合祀)** : 둘 이상의 죽은 사람의 혼을 한 곳에 모아 제사지내는 것. 보통 부부는 합사한다. 그리하여 지방을 작성할 때도 부부는 합사하여 한 장에 작성한다.
- **합제매안축(合題埋安祝)** : 윗대 조상의 신주를 친진을 다하면서 묘소 앞에 매안할 때의 축문.
- **합폄(合窆)** : 함께 묻음.
- **향(饗)** : 축문의 마지막 문구. <흠향하십시오>라는 의미이다.
- **향로(香爐)** : 향(香)을 사르는 기구로, 향을 피우는 것은 강신 때 혼을 부르기 위한 의식이다.
- **향비(香匕)** : 향 뜨는 숟가락.
- **향사(享祀)** : 제사.
- **향사당(享祀堂)** : 지방의 저명한 학자들이나 명사들을 모신 사당(祠堂). 이들 중 특별히

규모가 크고 교육시설의 부설되어 있는 곳을 서원(書院)이라고 한다.

- **향안(香案)** : 향로와 향합, 모사기를 올려놓는 작은 상(床).
- **향합(香盒)** : 향을 담아 놓는 그릇.
- **해동(海東)** : 발해(渤海)의 동쪽이라는 뜻. 옛날 우리나라를 이르던 이름.
- **해(醢)** : 물고기를 절인 젓갈을 의미하는 것으로 좌포우해(左脯右醢)라는 말처럼 제사상에서 빠져서는 안 될 제물 중의 하나이다. 물고기나 육류를 소금에 절여서 발효시킨 것으로, 발효과정에서 생성되는 아미노산으로 인해 맛과 영양이 좋아지는 것을 이용한 저장음식이다. 보통 젓갈이라고도 한다. 여기에 곡물을 섞으면 발효과정에서 생성된 효소로 인해 저장의 효과가 더욱 높아지는데, 이를 해와 구분하여 식해(食醢)라고 한다. 이 식해(食醢)에는 기호에 따라 고춧가루를 더 넣기도 하는데 안동지방의 가자미식해(食醢)가 그 하나이다.

밥을 주식으로 하는 문화권에서는 포(脯)나 해(醢) 같은 부식의 역할이 상당히 중요하다. 왜냐하면 밥은 염분이나 당분을 첨가하지 않은 채 곡류를 끓이거나 시루에 쪄서 만들기 때문에, 맛을 도와주는 음식이 없이는 많은 양을 먹을 수가 없고, 또 부식을 통해 밥에 부족한 영향을 보충할 수도 있기 때문이다. 따라서 포와 해는 밥을 주식으로 하는 식문화권의 기본적인 찬품으로, 밥을 올리지 않는 차례나 상례 때 진설하는 각종 전(奠 : 장례를 치르기 전에 올리는 음식. 즉 습전, 소렴전, 대렴전, 성복전, 견전 등) 등의 기본 찬품이 되고 있다.

- **해과(鮭科)** : 제물(祭物)로 사용하는 어채(魚采). 즉 복, 연어, 복어 등 생선을 조리한 어채의 총칭.
- **헌(軒)** : (고기, 생선 중) 크게 저민 고기.
- **헌관(獻官)** : 제사 때 임시로 임명하는 제관.
- **헌다(獻茶)** : 갱을 내리고 숭늉(茶)을 올린 뒤 메를 조금 떠서 물에 말아 놓고 저(箸)를 고른다. 이때 참사자는 모두 머리를 숙이고 잠시 동안 읍(揖)하고 있다가 고개를 든다. 이는 첨작 때와 같이 식사를 조금 더 권하는 의식이다. 헌다 후 수조(受胙), 음복(飮福)이라 하여 축관이 제주에게 술과 음식을 조금 내려주면서, '복을 받으십시오' 하고 축복하는 절차가 있다. 주인(제주)은 잔반을 받아 술을 조금 고시레 하고 나서 맛 본 뒤 음식도 조금 맛을 본다. 이것으로 제사의식은 끝난다. 그러나 조상의 기일에 자손이 복을 받는다는 것이 예의 정신에 맞지 않기 때문에 우리나라에서는 이 의식을 거행하지 않는다.
- **헌이시식(獻以時食)** : 사당에 제철 음식을 바침.
- **헌작(獻酌)** : 제사 때 술잔을 올리다.

- 헌현(獻賢) : 제물 중 좋은 것을 종자(宗子)에게 바치는 일.
- 현(顯) : 돌아가신 분에 대한 존칭(尊稱)으로 지방(紙榜)이나 축문(祝文)의 첫머리에 쓰며 손아래 사람에게는 망(亡 ; 亡子)이라 쓰고 부인에게는 망실(亡室) 또는 고실(故室)이라고 쓴다.
- 현고부군(顯考府君) : 신주나 지방을 작성할 때 돌아가신 아버지를 존칭하는 말.
- 현벽(顯辟) : 죽은 남편의 신주 첫머리에 쓰는 문구.
- 현비(顯妣) : 돌아가신 어머니의 신주 첫머리에 쓰는 문구.
- 현조고(懸祖考) : 돌아가신 할아버지의 신주 첫머리에 쓰는 문구.
- 현주(玄酒) : 제사 지낼 때 술 대신 쓰는 냉수. 정화수(井華水). 맹물. 혼히 졸곡 제사부터 현주(玄酒)를 사용한다. 현주는 그날 아침에 제일 먼저 떠온 정화수이다. 대부분의 예서(禮書)에는 진기(陳器)의 준비물로 현주병이 제시되어 있고, 제찬을 차릴 때 현주병은 술병의 서쪽에 놓는다고 하였다. 그러나 현주를 따라서 상에 놓는 그릇이 없고 제사의 절차에도 현주를 쓰는 절목이 없어서 실제로 현주를 올렸는지는 의문이다.
- 현증조고(顯曾祖考) : 돌아가신 증조할아버지의 신주 첫머리에 쓰는 문구.
- 현형(顯兄) : 돌아가신 형님 신주의 첫머리에 쓰는 문구.
- 현회유시(顯晦有時) : '밝고 어두움은 때가 있다'는 의미의 축문 어구.
- 혈식군자(血食君子) : 혈식(血食)이란 익히지 않는 날고기를 일컫는데, 뜻을 풀이하면 '날고기를 제물로 받는 훌륭한 인물'이 된다. 구체적으로는 '날고기를 제물로 올리는 향교[文廟]나 서원에 배향되거나 불천위로 지정될 정도로 뛰어난 인물'을 말한다. 예기(禮記)에 보면 "순(舜)임금의 제사에서는 생기(生氣)가 있는 것을 숭상했는데 희생(犧牲)의 피, 날고기, 데친 고기 등이다."(『예기』, 「郊特牲」)라는 구절이 있는데, 이처럼 고례에서는 익히지 않고 생(生)으로 사용하는 것을 최고의 품격으로 여겼다. 고로 혈식군자(血食君子)야말로 군자로서 성취할 수 있는 최고의 지위였다.
- 협사(祫事) : 처음 정식 제사를 올릴 때(초우제) 사용되는 축문 서식 문구 ; 초우제 - 哀薦祫事 尙饗. 재우제 - 애천우사(虞事) 상향. 삼우제 - 애천성사(成事) 상향 참조.
- 협실(夾室) : 신주를 모신 사당의 좌우에 별도로 만든 방(옆방, 곁방).
- 형(鉶) : 고기와 채소를 넣어 끓인 국을 담는 제기 그릇. 갱(羹)과 탕(湯)은 모두 이 형(鉶)에 담기는 음식들이다.
- 형귀둔석 신반실당(形歸窀穸 神返室堂) : '형체(육신)는 광중(무덤) 속으로 가셨지만 신령은 집안으로 돌아오십시오.'라는 의미의 제주(題主) 축문 서식 문구(文句).
- 혜(醯) : 식혜.

- 호준(壺樽) : 단지 모양의 술병으로 가을, 겨울 제사 때 흰빛 술을 담았다.
- 호천망극(昊天罔極) : 하늘과 같이 높고 넓어 끝을 모르겠음. 넓은 하늘과 같이 부모의 은혜가 크다는 뜻이며, 부모의 기제 축문에서만 사용한다. 즉 부모에게만 쓰이는 문구(文句)이다.
- 혹기유광지지(惑冀有壙誌之) : '혹시 광중에 지석(誌石)이라도 있을지 모름'을 의미하는 축문 어구.
- 홀기(笏記) : 혼례나 제례의 의식 때 제사순서(祭祀順序)를 적은 판.
- 홍동백서(紅東白西) : 붉은 과일은 동쪽에, 흰 과일은 서쪽에, 제주가 제상을 바라보아 오른쪽을 동, 왼쪽을 서라 한다.
- 화로(火爐) : 제물을 데우는 데 쓰는 물건.
- 화료총택(火燎塚宅) : '화마(火魔)가 무덤을 훼손한다'라는 의미의 축문 어구.
- 화저(火筯) : 제사음식 시 불을 관리하는 부젓가락.
- 환구(圜丘)대제 : 원구대제 참조.
- 환득실전묘(還得失傳墓) : '실전(失傳)된 묘를 도로 찾다'라는 의미의 축문 어구.
- 환심선묘(還尋先墓) : '선조 묘를 도로 찾다'라는 의미의 축문 어구.
- 환안실당(還安室堂) : '집으로 편안히 돌아가시라'는 의미의 축문 어구.
- 황궁우(皇穹宇) : 원(환)구단 내에 있는 하늘의 위패를 모신 공간.
- 황지지(皇地祇) : 땅의 신. 후토지신(后土之神)
- 황천상제(황천상제) : 넓고 큰 하늘의 천지신(天之神)
- 회(膾) : 고기나 생선 중 잘게 저민 날고기.
- 획점록위(獲霑祿位) : '벼슬자리를 받다'는 의미의 측문 어구.
- 효(殽) : (고기, 생선 중) 불고기류.
- 효(絞) : 싸매는 끈.
- 효(孝) : 효(孝)란 보본(報本)의식으로서 자기 생명의 근원에 대한 사랑의 의미를 담고 있다. 효(孝)라는 이념적인 사슬을 통해 우리는 개체의 유한적인 생명을 무한적인 시간 속으로 연장할 수 있다. 효(孝)를 통해 비로소 나는 나의 생명을 낳아준 앞 세대의 조상들과 연결된다. 따라서 효(孝)는 부모나 조상이 살아 있을 때에만 하는 것이 아니다. 제사도 효를 실행하는 한 방식이다. 조상이나 부모는 죽음으로 인해 현세와의 관계가 단절되는 것이 아니라 제사라는 의식을 통해 지속되는 것이다. 물론 제사를 무한정 모시는 것은 아니다. 유가에서는 제사를 인간의 정신과 육체의 기(氣)가 소멸되고 흩어지

는 기간을 한정하였다. 대체로 사대부들의 봉사(奉祀)기간인 4대까지이다. 그러나 위대한 정신을 지녔던 선현이나 조상은 불천위의 대상으로 남아 그 제사를 계속한다.

- 효자(孝子), 효손(孝孫), 효증손(孝曾孫), 효현손(孝玄孫) : 제사 축문에서 제주(祭主)를 일컫는 말이다. 이 경우 효(孝) 자는 <상속자>라는 뜻의 <맏이 효>로서 사(嗣) 자로 쓰기도 하며, 제주(祭主)가 적장자(嫡長子)일 경우에 쓰고, 맏이가 아니면 자(子), 손(孫), 증손(曾孫), 현손(玄孫) 등으로 효(孝)자를 떼고 기재하며, 고조(高祖) 이상인 경우에는 0대(代) 손(孫)으로 표기한다.

- 효종신지행(孝終身之行) : 제사의 중요성을 가리키는 말이다. 즉 제사는 보본의식(報本意識)의 발로로서 효란 조상이 살아계실 때만 하는 것이 아니라 내가 죽을 때까지 종신토록 행하는 것이라는 말이다. 그 종신토록 행하는 효가 바로 조상을 정성스럽게 모시는 제사이다.

- 후사(後嗣) 세우기(立後) : 조상제사가 있는 종교문화에서 흔히 나타나는 현상이다. 고대 그리스와 로마 등에서도 가족의 종교를 이어갈 아들을 중시하였고, 가족종교의 영속성, 제사 음식의 지속적 공여, 조상들의 영혼의 안식 등을 지키기 위해서 후사를 입양하는 것이 허용되었다. 그리고 가족의 종교를 계승하는 의례적 지위의 계승이 정치적 지위와 경제적 재산을 상속받는 결정적인 근거가 되었다. 유교적 전통사회 역시 생명의 연속성 확보를 위해 후사를 들이는 것을 허용했다. 생명의 근원인 조상으로부터 이어지는 종통(宗統)의 생명 전승은 종법(宗法)에 의해 보호되었고, 종자(宗子)라는 의례적 지위의 계승을 통해 종통은 지속적으로 전해졌다.

- 후토구룡씨(后土句龍氏) : 후토지신의 다른 말

- 휘신재림(諱辰載臨) : '기일이 다시 돌아오니'라는 의미의 말, 휘일부림과 같은 말.

- 휘일부림(諱日復臨) : 돌아가신 날(忌日)이 다시 돌아오다. 처와 아우 이하에는 망일부지(亡日復至)라고 한다. 망일부지 참조.

- 휴구시녕(休咎是寧) : '허물치 마시고 이에 평안하십시오'라는 의미의 축문 어구.

- 흉세지사(凶歲之事) : 나쁘고 더러운 일.

- 흠향제례(歆饗祭禮) : 종묘 등에서 생(生 - 날 것) 음식과 제물을 장만하여 지내는 왕실 등의 제사로서 식음(食飮)제례와 구별되는 제사.

- 희생(犧牲) : 우(牛), 양(羊), 시(豕)등 제사 시에 받쳤던 희생(犧牲)의 제물. 우(牛)의 경우 기를 때는 축(畜)이고, 제사 때는 생(牲)이 된다.

- 희설 : 씻김굿에서 저승의 육갑을 풀어주는 굿거리.

- 희차감모(喜且感慕) : '기쁘고 사모하는 마음에 감동하여'라는 의미의 축문 어구.

3. 풍수지리 용어

- **간룡(幹龍)** : 커다란 산줄기.

- **간룡법(看龍法)** : 풍수지리에서 산을 용이라 부르기 때문에 산을 보는 것을 간용법이라고 한다. 용(龍)은 동양의 설화나 전설에서 지극히 귀한 존재로 표현되며, 귀(貴)의 상징이 된다. 용(龍)은 그 변화가 무궁무진하여 천태만상과 천변만화의 상징적 동물이다. 풍수지리에서 산의 능선을 용(龍)이라고 부르는 것은 산맥의 흐름이 마치 용과 같이 변화무쌍하기 때문이다.

  간룡을 보는 법을 알기 위해서는 세, 형, 혈 / 태식, 잉, 육(勢形穴 / 胎息孕育)의 7글자만 제대로 이해하면 무난하다. 먼저 세(勢)란 세산(勢山 - 아주 큰 세력이 있는 산. 혈처에까지 이르게 되는 오직 한 줄기의 세력이 있는 산의 줄기)을 말한다. 형(形)이란 형산(形山 - 부드러운 산, 아담한 산, 단정한 산, 크기는 좀 작은 산)을 말한다. 혈(穴)이란 곧 자리를 하게 될 명당 터를 말한다. 이러한 세(勢)·형(形)·혈(穴)이 서로 자연스럽게 연결이 되어서 혈(穴)자리에서 머물러야 기세를 듬뿍 머금은 그러면서도 모양이 단정한 제대로 된 터가 되는 것이다.

  이 때 주의할 것은, 혈(穴)자리에서 보아 세산(勢山 - 바위 등으로 뭉쳐진 강한 파워를 가진 세가 있는 기세등등한 산. 즉 산 기운의 발전소)이 보이지 않아야 좋다고 한다. 즉 뒤의 형산(形山 - 세산 대비 산 기운의 변압기)에 의해서 설사 멀리 있더라도 세산(勢山)이 보이지 않아야 좋다는 것이다.

  다음 태식(胎息), 잉(孕), 육(育)이란, 형산(形山) 끝자리부터 혈(穴 - 育)자리까지의 산줄기의 모양을 말하는 용어이다. 태(胎)란 산줄기를 탯줄로 빗댄 말이요, 식(息)이란 형산(形山)에서 혈까지 내려오는 이 탯줄로서의 산줄기가 마치 호흡하는 것처럼 꿈틀거리며 왕성한 것을 말하는 것이요, 잉(孕)이란 혈처 바로 뒤에서 산기운이 잉태한 것처럼 뭉쳐 솟아난 언덕 같은 것(넓이 : 3~4미터에서 7~8미터 이상, 높이 : 2~30센티에서부터 몇 미터까지)을 말하는 것이요(고로 잉이란 곧 證穴이 됨), 육(育)이란 곧 혈(穴)을 일컬음이다.

- **간산(看山)** : 기가 응취된 혈을 찾기 위해서 맥을 따라 산(山)에 오르는 것.

- **감여(堪輿)** : 풍수의 또 다른 말.

- **강원(岡原)** : 산언덕.

- **개장(改葬), 이장(移葬)** : 산소를 다른 곳으로 옮겨 장사지냄.
- **개혈(開穴)** : '혈을 연다'는 뜻으로 보통은 시신을 안장하기 위해 땅을 파는 행위를 말한다. 개혈하면 땅 속으로 바람이 들어가 생기가 흩어진다.
- **격룡(格龍)** : 내룡(來龍)의 오는 방위를 패철을 이용하여 알아보는 행위.
- **겸혈(鉗穴)** : 형기론에서 형장의 모양을 가리키는 용어로서 와혈(窩穴)처럼 전체적인 생김새가 가운데 쪽으로 오목하게 들어간 음혈이다. 일명 '개각혈(開脚穴)'이라 하며 두 개의 지각(地脚)이 다리를 벌리고 다리 사이에 혈장을 받쳐 든 형상이다.
- **계간수(溪澗水)** : 산골짜기 물.
- **계체석(階砌石)** : 묘의 명당과 봉분을 구분하는 경계를 만든 돌로 묘 바로 앞에는 혼유석과 석상, 장명등 등을 놓고 그 다음에 계체석(階砌石)으로 경계를 한 다음 망주석을 세운다.
- **곡장(曲墻)** : 왕릉의 앞쪽을 제외한 동, 서, 북 3면에 바람을 막기 위해 둘러막은 담장. 봉분을 보호하기 위함이다. 담장이 굽었다 하여 곡장(曲墻)이라고 한다.
- **공장(空葬)** : 금장(禁葬)지역에 몰래 암장(暗葬)한 후 실제 분묘에는 허수아비 등을 묻어두는 것.
- **구곡수(九曲水)** : 묘 앞에 구불구불 옆으로 흐르는 물. 즉 갈지자(之) 형으로 흐르는 물을 말하고 풍수에서는 아주 길복이 많아 의식이 풍족하며 오는 물이나 가는 물이나 모두 길(吉)로 여기는 물이다.
- **구산(求山)** : 묏자리를 구함.
- **구혈수(溝血水)** : 평지에 흐르는 봇도랑 물.
- **국(局)** : 양택이든 음택이든 하나의 취합 형태를 이룬 것. 즉 혈(穴)과 사(砂, 沙)가 합하여 이룬 자리를 말한다.
- **궁궐풍수** : 양택풍수의 하나로 궁궐 건축에 있어서 풍수의 이론을 접목한 것. 2천년 이상의 오랜 역사를 가지고 있는데, 고조선의 왕검성, 고구려의 국내성 평양성, 백제의 하남위례성, 공주산성, 부여산성, 신라의 서라벌, 고려의 개성, 조선의 한양성 등의 성들이 있다. 이들 성들의 건축에 있어 항상 풍수의 이론이 그 기초가 되어 운용이 되었던 것이다.

현존하는 대표적인 궁궐로는 경복궁을 들 수가 있는데, 경복궁은 남산(전주작), 백악산(후현무), 낙산(좌청룡), 인왕산(후현무)로 사신사를 삼고, 청계천이 우에서 좌로 흘러 한강으로 들어가는 형태로서 좌향을 잡아 조성된 궁궐이다. 좌청룡 쪽으로는 창덕궁, 창경궁이 이어서 붙어있고, 우백호 쪽으로는 경희궁, 그 앞으로는 덕수궁이 붙어 있다. 이것이 대표적인 5대궁궐이다. 경복궁을 중심으로 창덕궁 창경궁을 동궐(東闕)이라고 하고, 경희궁을 서궐(西闕)이라고 하며, 이에 대해 경복궁을 북궐(北闕)이라고도 한다.

경복궁은 태조에 의해서 시작되고, 정종 때에는 다시 개성으로 갔다가, 태종에 의해서 마무리가 된다. 처음에는 무학대사와 정도전이 서로 풍수적 견해를 가지고 팽팽히 맞섰으나, 결국은 정도전을 중심으로 한 유학자들의 입장이 주류를 이루게 된다. 그 후 임진왜란(선조) 때 불타버리고, 이후 중창을 하지 않고 창덕궁에서 왕이 기거하며 정사를 행하게 되다가, 고종 때 대원군에 의해서 경복궁이 다시 만들어지게 된다. 고로 현존건물은 고종 때 복원된 것들이다. 궁궐을 볼 때는 항상 왕의 입장에서 접근하는 것이 바람직하다.

경복궁의 정문은 광화문(光化門, 南門)이고, 광화문 앞에는 해태 동상이 있다. 해태는 사람의 선악을 구별한다는 의미를 가지고 있으며, 고로 이 문으로 출입하는 공직자들의 선악을 지켜보고 있는 형상이다. 또 하마비(下馬碑) 하라는 의미도 내포하고 있다. 광화문(南門)에는 3문이 있는데, 가운데 문(천장 - 전주작[공작] 그림)으로는 왕(王)만 출입할 수 있고, 나머지 신하들은 옆문으로만 출입할 수 있다. 좌측옆문의 천장에는 후현무의 그림이 그려 있고(경복궁 뒤로는 진산의 정기를 받기 위해 문을 내지 않았음), 우측옆문 천장에는 말그림(午門 - 정남방향이라는 의미)이 그려 있다.

광화문(光化門)의 광(光)은, 먼 앞쪽에서 보이는 관악산이 너무 살기(殺氣)를 띠고 있으므로, 이 살기가 도성 안으로는 들어오지 못하게 이 살기를 억제하기 위해서 불꽃모양의 광(光)자를 써서 비보(裨補) 개념으로 쓴 글자이다. 그 때문에 남대문의 현판도 숭례문이라고 쓰고, 불꽃모양의 이 숭(崇)자를 통해 맞불작전을 쓴 것이다. 경복궁의 동쪽 문은 건춘문(建春門)인데, 그 천장에는 청룡그림이 그려 있고, 서쪽 문은 영추문(迎秋門)인데, 그 천장에는 백호의 그림이 그려 있다.

광화문을 지나 더 들어가면, 홍례문(興禮門 - 禮는 남쪽을 상징)이 있고, 더 들어가면 근정문이 있으며(근정문 뒤가 곧 근정전임), 이 홍례문과 근정문 사이에는 물줄기(錦川, 禁川)가 하나 있어서 땅의 기운을 근정전 쪽으로 모이게 하고 있다. 즉 바깥쪽의 청계천을 통해 기를 모으고, 다시 안쪽의 이 물줄기를 통하여 기를 다시 모으게 된다는 풍수이론이다.

경복궁은 외전(外殿)과 내전(內殿)으로 나뉘는데, 외전(外殿)이란 곧 임금이 정치를 하는 곳으로서, 근정전(勤政殿 - 가장 큰 건물. 즉위식, 법령 반포 등 행사를 하고 정식 조회를 하는 곳)과 사정전(思政殿 - 근정전 뒤의 건물. 집무실. 신료들과 국정을 토의하고 정사를 논하는 곳)으로 나뉜다. 내전(內殿)은 임금과 왕비가 쉬는 곳으로서 강녕전(康寧殿 - 임금이 자는 곳)과 교태전(交泰殿 - 왕비가 자는 곳)으로 나뉜다.

근정전을 오르내릴 때에는 동입서출(東入西出 - 동쪽 상승 서쪽 하강)의 논리에 따라, 동쪽으로 오르고 서쪽으로 내려온다. 임금은 가마꾼들에 의해 답도(踏道 - 구름 위에 있는 봉황 무늬 석판으로 구성)라 하여 중앙의 계단 위로 가마를 타고 오르내린다. 그리고 나서 용상에 앉게 된다. 용상 뒤에는 일월오봉병(日月五峰屛 - 음양5행의 모든 자연의 이치를 상징)이 있고, 좌우에는 좌청룡 우백호의 나무산들이 있고, 사이에 계곡이 흐르는 배산임수의 명당혈처에 임금이 앉아 있는 것이다. 근정전 천장에는 용의 그림(왕의 상징)이 있고, 근정전 주변의 월대들(두 단의 월대)에는 조각물들이 있는데, 북쪽에는 후현무(거북)의 조각물이 있고, 남쪽에는 전주작(봉황)의 조각물이 있다. 동쪽에는 좌청룡의 조각물이 있고, 서쪽에는 우백호의 조각물이 있다. 또 나머지 조각물들도 12지의 원리에 따라 빙 둘러서 조각되어 있다. 한편 사정전(思政殿)에도 용상 뒤에 일월오봉병과 왕을 상징하는 쌍룡 그림이 있어서 명당혈처임을 나타내고 있다.

내전은 휴식공간으로서 강녕전과 교태전이 있다. 내전(內殿 - 강녕전, 교태전)의 건물 기둥은 외전(外殿)이 원주(圓柱) 기둥임에 비해 각기둥으로 되어 있다. 이유는 천원지방(天圓地方)의 원리에 따른 것인데, 내전은 왕이 곤룡포를 벗고 왕자(아이)들의 아버지와 지아비로서 편하게 생활하는 생활공간이므로, 왕이 아닌 인간의 원리에 따라, 즉 정신(天圓)이 아닌 육체(地方)의 원리에 따라, 각기둥을 쓰고 있는 것이다. 내전 건물의 또 다른 특징은 지붕에 용마루가 없다는 것이다. 왜냐하면 내전은 왕과 왕비가 잠자는 곳이므로 용마루가 있으면 잠자는데 눌리는 느낌이 들게도 되고, 또 왕과 왕비 자체가 용이므로 용마루가 따로 있을 필요가 없는 것이다. 이런 형태의 지붕을 <무량갓지붕>이라고 한다. 강년전 서쪽 옆으로는 또 왕의 휴식공간인 경회루가 있다. 우백호의 강한 살기(殺氣)가 강년전으로 직접 들어오는 것을 비보하기 위한 역할도 한다. 또 경회루에 연못을 만들어서 우백호의 살기(殺氣)를 막고자(不見처리) 시도하기도 하였다.

교태전은 경복궁(北闕) 전체에서 가장 센터에 있다고 하여, 중궁전(中宮殿)이라고도 한다. 또 구중궁궐(九重宮闕)이라고도 한다. 교태전 뒤에는 자그마한 동산(蛾眉山)이 있는데, 이것이 풍수적으로 잉(孕)에 해당된다. 이 잉(孕)은 원래 강년전(태종 때 건축. 교태전은 후에 세종 때 건축)을 위해서 만들어진 것이다. 교태전 북쪽 뒤로도 백악산으로부터 오는 산줄기를 피하여 향원정(정자)과 연못을 파서 북악의 살기를 조금이나마 막으려고 하였다.

경복궁(태조) 동쪽에 있는 창덕궁과 창경궁은 동궐(東闕)이라고도 하는데, 창덕궁은 태종 때 처음 건축되었고, 9대 성종 이후에는 직접 창덕궁으로 이어하셔서 경복궁이 아닌 창덕궁에서 주로 정사를 돌보아서, 고종 때까지 약 200여 년 동안은 창덕궁 정치가 이어지게 된다. 다만 중간에 임진왜란 때(선조) 창덕궁이 불타게 되자, 선조는 월산대군 사저(현 덕수궁 자리)에서 잠시 정사를 하게 되고, 선조 사후(死後) 광해군 때 창덕궁을 다시 복원하게 된다. 그러다 고종 때 흥선대원군이 경복궁을 다시 복원하게 되는 것이다.

성종이 창덕궁으로 이어하게 되는 데에도 풍수의 영향이 많았다고 한다(세종 이후 문종, 단종, 세조, 예종 등이 단명하거나 왕자가 귀함). 경복궁에 비해 창덕궁은 주변 산세가 포근하고 안온한 느낌이 들며, 어쨌거나 이어 이후 성종은 많은 왕자들을 생산하게 된다. 멀리 뒤의 북한산이 세산(勢山)이 되고 이어 보현봉을 거쳐서, 바로 뒤의 응봉이 형산(形山) 겸 주산(主山)이 되어 창덕궁으로 산 기운이 들어오게 된다. 다만 태조 때 이미 만들어져 있던 백악으로부터 내려오는 종묘의 산기운은 건드리지 않고 피하여 창덕궁의 자리를 잡게 된다. 창경궁의 출입구는 돈화문(敦化門)인데, 우백호(인왕산)의 기운이 너무 세어서 서쪽으로 출입문을 내지 못하고(金虎門이라는 小門만 있음), 남쪽으로 꺾어서 문을 낸 것이다. 주 건물인 인정전의 앞마당이 반듯하지 않고 쭈그러든 이유도 창덕궁 앞에 있는 종묘의 지맥(地脈 - 땅기운)을 건드리지 않기 위해서이다. 인정전의 산기운이 달아나지 않고 뭉쳐 있게 하기 위해서, 인정전과 돈화문 사이에 또한 도랑(금천교)을 만들기도 하였다.

창덕궁의 외전(外殿)은 인정전(仁政殿)과 선정전(宣政殿)이다. 인정전의 동북쪽 약간 뒤쪽으로 선정전이 있다. 내전(內殿)은 창덕궁의 왼쪽 옆 약간 뒤편으로 마련되어 있다. 경복궁의 교태전 건물을 그대로 이전하여 창덕궁 내전의 대조전(大遭殿)을 만들었다.

창경궁(昌慶宮)은 원래는 수강궁(세종이 아버지 태종을 위해서 만들었던 궁)자리이다. 성종 때 수강궁을 확장공사를 하고, 창경궁으로 개명을 하게 된 것이다. 확장공사를 하게 된 이유는 대비들(세조비 정희왕후, 예종비 안순왕후, 생모인 의경세자비 소혜왕후 등)을 따로 모시기 위해서이다. 창경궁은 임진왜란 때 1차 소실(광해군 복구), 이괄의 난 때 2차 소실(복구), 순조 때 3차 소실(복구), 일제 때는 창경원으로 격하되기도 하였다. 경복궁(남향), 창덕궁(남향)과는 달리 창경궁은 동향(東向)이다. 이유는 물줄기 때문이다. 대문은 홍화문이 처음 있고, 다음 명정문이 있고, 이어 명정전이 있는데, 명정문과 첫 대문인 홍화문 사이에 북에서 남으로 개천(玉泉)이 흐르고 있는 것이다. 고로 동향을 하게 된 것이다.

외전(外殿)은 명정전(明政殿 - 동향)과 문정전(文政殿 - 남향)이 있다. 경복궁의 근정전과 창덕궁의 인정전은 왕의 정전(政殿)인 관계로 2층 누각인데 반해, 창경궁의 정전(政殿)인 명정전은 대비(大妃)들이 기거하는 곳인 관계로 단층(單層)이다. 단층 천장의 문양(紋樣)도 용의 그림이 아닌, 봉황의 그림을 그려 놓고 있다. 또 명정전은 둥근 기둥을 쓰고, 문정전은 각기둥을 씀으로써, 음양의 논리를 이용하여, 두 건물들(명전전과 문정전)이 서로 등을 돌리고 있는 형상을 풍수적으로 조화롭게 극복하고 있다. 내전(內殿)은 경춘전(景春殿)과 환경전이 있다.

• 귀성(鬼星) : 입수룡의 반대측면에 붙어 있는 작은 지각으로 용과 혈을 지탱하고 기운을 밀어준다.

• 규봉(窺峰) : 숨어서 혈(穴)을 엿보는 듯한 작은 봉우리의 산을 말한다. 즉 좌청룡 우백호 전주작의 뒷산들이 좌청룡 우백호 전주작 등에 가려서 도둑처럼 조그맣게 들여다

(엿)보는 산들이다. 동그랗게 들여다보면 재물이 손상된다고 하고, 뾰쪽하고 날카롭게 들여다보면 다친다는 설도 있다. 어느 정도 크기이면 규봉이라 할 수 있는가? 마루에 앉으면 안 보이고, 일어서면 보이는 정도의 작은 크기이다. 즉 빨리 간산(看山)하면 안 보이고, 찬찬히 뜯어보면 보이는 정도의 크기이다.

- **금산(襟山)** : 풍수설에서 옷의 깃[襟]과 같이 중요한 요충지를 이루는 산을 말한다.
- **금양임야(禁養林野)** : 분묘에 딸린 임야를 금지하는 임야로서, 그 연원은 조선시대 숙종 대에 '좌청룡 우백호'를 분산(墳山 : 宗山)을 지키고 벌목이나 목축을 금지할 수 있는 수호금양의 기준으로 삼은 데서 유래한다.
- **길사(吉砂)** : 혈(穴)부근의 아름답고 청명하며 순하게 보이는 산(山)이나 암석(巖石) 등을 말한다.
- **나경(羅經)** : 묘의 좌향을 보는데 이용되는 도구. 원반의 360°를 24개 방위로 구분하여 측정하는 귀중한 방향측정기로서 풍수에서 나경을 모르면 한치 앞을 측정할 수 없다. 원래 나경은 '우주의 삼라만상의 이치가 담겨 있다'는 뜻으로서 '포라만상 경륜천지(包羅萬象 經綸天地 ; 包羅-묶음, 萬象-모든 것[60갑자], 經綸-경영, 天地-세상)'의 羅자와 經자에서 따와 붙여진 이름으로, 허리에 쇠(鐵)를 차고(佩) 다닌다 하여 패철(佩鐵)이라고도 한다.

보통 나경은 황천살(밖에서 우리 집까지 어느 방향에서 나쁜 기운이 들어오는 가를 보는 경우 이 나쁜 기운이 들어오는 방향이 황천살임 - 보통 9층 패찰이 적당)을 찾을 때 사용된다. 또 좌향(坐向)을 볼 때도 사용된다. 사실 나경이란 동서남북의 방위를 따지는 방위학의 도구이다. 나경을 사용할 경우는, 항상 자석 방향이 '자(子)' 자와 일치하도록 하여 사용하면 된다. 그런 연후에 동서남북을 가름하면 되는 것이다. 또한 나경을 사용할 때는 반지나, 핸드폰, 시계, 목걸이, 쇠붙이 등은 빨리 몸에서 다 떼어 내고 사용해야 한다.

나경의 1층은 황천살을 찾는 데 사용되고, 2층도 황천살, 3층은 3합5행 층, 4층은 기준층(좌향 층 - 24 방위), 5층은 무덤에서 사용되는 층(72칸 - 형세론의 세형혈/태식잉육 중 잉자리에 올라서 태식을 올려 보거나 또는 혈자리를 내려 보고 나침반을 계산하여 좀 더 좋은 기운을 받아 보려고 할 때 사용하는 층), 6층은 황천살과 관계되어서 풀게 되는 층, 7층은 무덤에서 사용되는 층(60칸 - 역시 형세론의 세형혈/태식잉육 중 잉자리에 올라서 태식을 올려 보거나 혈자리를 내려 보고 나침반을 계산하여 좀 더 좋은 기운을 받아 보려고 할 때 사용하는 층), 8층은 황천살과 연관되어서 사용하게 되는 층, 9층은 무덤에서 사용하게 되는 층(분금 - 무덤에서 하관할 때 무덤의 방향을 조금씩 틀 때 사용함. 보통 관을 틀 때 트는 각도는 약 3도 정도씩임)이다. 결국 황천살을 살필 때는 1층, 2층, 6층, 8층을 사용하여 살피면 된다. 어떤 것은 양택과 음택에서 모두 사용하고, 또 어떤 것은 음택(무덤)에서만 사용하게 된다. 황천살은 양택과 음택 모두에서 사용하는 것이다.

- 낙산(樂山) : 행룡입수하는데 용의 뒤를 멀리에서 받쳐 주면서 서 있는 산. 즉 행룡(行龍)하는데 혈의 뒤가 허함을 막아주는 산을 말하며 낙산은 가까우면 발복이 빠르고, 낙산의 물이 돌아 혈전으로 흐르면 귀한 것으로 판정한다.

- 난간석(欄干石) : 왕릉의 주위를 두른 둘레석(병풍석) 주위를 다시 난간처럼 두른 돌. 곡장(曲墻)과 함께 이중으로 무덤 울타리 역할을 한다.

- 내룡(來龍), 용맥(龍脈) : 묘 뒤의 산세. 즉 혈 뒤의 산세를 말한다. 용이 처음 출발하는 곳의 높고 큰 산을 태조산(太祖山)이라 하며, 이는 산맥의 처음 출발지이며, 일개 광역을 대표하는 산이 된다. 또한 태조산을 출발한 내룡이 중간 중간 거치는 산을 중조산, 소조산이라 하며 이는 마치 조상의 족보를 따지는 것과 같다. 또한 단정하고 수려한 봉우리로 동네를 대표하는 산을 주산이라 하며, 집이나 묘 뒤에 있는 작고 단아한 봉우리를 현무봉이라 한다.

- 늑장(勒葬) : 권세를 이용하여 땅주인의 의사와는 상관없이 강제로 점탈하여 묘를 쓰는 일. 주로 사대부와 관리들이 행했는데, 조선 후기에는 많은 부를 축적한 서민 재력가들도 이런 행위를 하였다.

- 대수(帶水) : 풍수설에서 말하는 물이 돌아가는 방향.

- 도시혈(逃屍穴) : 시신이 없어지는 혈(穴).

- 도읍풍수 : 도읍을 정함에 있어서 풍수의 이론을 활용하여 도읍을 정하는 것. 한양을 도읍으로 정함에 있어서도 여러 풍수이론들이 동원되었다. 이성계 스스로 고려 말엽 공민왕 등에 의해 이루어진 한양으로의 천도, 이어 개경의 기득권층에 의한 개경 복구 등을 직접 목격하였으며(한양이 도읍지의 가치가 있음을 자각), 그리하여 위화도 회군 후 개경 수창궁에서 즉위(7월 17일)하자 곧바로(8월 13일) 한양으로의 천도를 굳히게 된다. 한양의 산줄기의 경우 백두대간 중 이북지역 추가령지역에서 뻗어나간 산줄기(漢北正脈)에 북한산(삼각산)이 있다. 세산(勢山)은 북한산이 되고, 형산(形山)은 백악이 되고, 경복궁이 혈처가 된다. 좌청룡은 낙산이 되고, 우백호는 인왕산이 되며, 전주작은 남산이 되고, 안산은 황토마루라는 현 교보생명 옆의 얕으막한 곳이 된다.

- 도장(倒葬) : 후손의 묘를 선조의 묘(墓) 위쪽에 쓰는 것.

- 동강(同岡) : 같은 산줄기.

- 동기감응(同氣感應) : 친자감응(親子感應)이라고도 하며 음택의 경우 응결된 생기(生氣)는 체백(體魄)과 영혼(靈魂)을 편안하게 하고 본해(本骸)에 축적되어 거기서 파장된 에너지는 유체(遺體)인 자손에게 감응되어 자손의 인정흥왕(人丁興旺) 및 부귀빈천(富貴貧

賤)을 주관하게 되는데 이를 동기감응(同氣感應)이라 한다.

- **동영이실(同塋異室)** : 같은 무덤에 광중을 달리함.
- **두뇌(頭腦)** : 일명 만두(灣頭) 혹은 승금(乘金)이라 하며, 무덤의 뒤쪽 중앙을 가리킨다. 보통은 무덤을 감싼 성벽의 중심이며 위치가 가장 높다. 혈 바로 뒤 두골(頭骨) 모양의 솟은 것.
- **드므** : 경복궁, 창덕궁, 수원 화성 등 목조건물 옆에 부수적으로 마련되어 있는 일종의 화귀(火鬼)를 쫓기 위한 항아리 비슷한 풍수 도구. 그 도구 속에 물을 담아 놓았는데, 그 물 자체가 곧 소방용 물이기도 하다. 불이 나지 않게 하기 위해 만들어 놓았던 풍수 도구이다.
- **득수(得水)** : 풍수 이론에서 형세론(形勢論)에는 간룡법, 장풍법, 득수법, 정혈법 등의 이론이 있는데, 그 이론 중 3번째 이론이 곧 득수법이다. 기계수즉지(氣界水則止)의 원리에 따라 물이란 기(氣)의 흐름을 멈추게 하는 역할을 한다. 즉 기(氣)란 물을 만나면 곧 멈추게 된다는 것이다. 물의 흐름의 모양도 혈처를 향해서 막아 주고 감싸고 있는 듯한(環包) 것이 좋다. 또 직류수(直流水)와 곡류수(曲流水)가 있는데, 직류수는 풍수상으로는 좋지 않은 것이고, 곡류수(예, 안동 하회마을 앞을 굽이굽이 흘러가는 물줄기)가 풍수상으로는 좋은 흐름이 된다.

  양(陽)이 남성적인 것(태양), 밝은 것, 팽창하는 것, 능동적인 것, 움직이는 것(활동성)이라면, 음(陰)은 여성적인 것(달), 어두운 것, 수축되는 것, 수동적인 것, 정적인 것(비활동성)인데, 이 음양의 개념을 풍수에 적용해보면, 산(山)은 음기(陰氣)에 해당하게 되고, 물(水)은 양기(陽氣)에 해당하는 것이 된다. 고로 산(山)은 양(陽)의 기운을 받으면 조화롭게 될 것이고, 따라서 산은 양(陽)의 모양을 가져서 꿈틀꿈틀하게 움직이는 모양(之자 모양 ; 玄자 모양 ; 生龍)이 좋다. 즉 산은 정(靜)함으로 음(陰)이고, 음(陰)이므로 움직여야 한다. 반면 수(水)는 음(陰)의 기운을 받으면 조화롭게 될 것이고, 따라서 수(水)는 음(陰)의 모양을 가져서 부드러워야 좋다. 즉 수(水)는 동(動)함으로 양(陽)이고, 양(陽)이므로 부드러워야 한다. 다시 말하면 물은 굽이굽이 돌고 돌아 부드럽게 흘러가야 좋다(曲流水). 왜냐하면 자연에는 직선이 없기 때문이다. 고로 건축물끼리도 일직선은 피했다. 직선을 살기(殺氣)를 띠므로 이를 피해야 좋다.

  또 혈처 멀리 있는 물줄기(外水, 客水) 보다 혈처(穴處) 가까이에 있는 물줄기(內水)가 더 중요하고 혈처에 직접적인 영향을 미친다고 보는 것이 좋다.
- **득수구(得水口)** : 혈에서 보아 처음 물이 들어오는 곳. 득수구(得水口)보다는 파구(破口)가 더 중요하다. 즉 파구는 산 기운을 붙잡아 주는 역할도 한다.
- **릉(陵) 원(園) 묘(墓)** : 릉(陵)이란 곧 임금이나 왕비의 무덤으로서, 어느 임금이 묻혀 있는 지 알 수 있을 경우에 릉(陵)이라고 칭한다. 임금이지만 누구의 무덤인지 잘 모를

경우는 총(塚 - 천마총 등)이라고 칭한다. 원(園)이란 왕세자(비) 또는 왕의 아주 가까운 사친(私親)이 묻혀 있는 경우이다. 묘(墓)란 왕이 되었다가 폐위된 왕과 왕비(연산군, 광해군, 장희빈)의 무덤이나, 왕족 중 나머지 사람들에 대한 무덤이다.

- **마을풍수** : 어느 한 사람의 혈자리가 아닌 마을 전체와 공동적으로 연관된 공동체 풍수로서, 우리나라의 경우 좋은 자리가 너무나 많아서 풍수적으로 마을이 입지되어 드러난 경우만 하더라도 약 2,000여개가 넘는다고 한다. 예를 들어 하회(河回, 河洄)마을은 형국론으로 보면 연화부수형(蓮花浮水形) 혹은 산태극수태극형(山太極水太極形)이고, 경주 양동마을은 형국론으로 구유랑형(狗乳囊形) 또는 물자형(勿字形)이다.

  반면 중국의 경우는 비록 땅은 넓지만, 우리처럼 좋은 길지가 많지는 않다고 한다. 일본의 경우도 화산지대가 되다 보니까, 무덤의 경우도 묻을 때가 그리 많지 않고, 그러다 보니 자연스럽게 화장문화가 발달하게 되었다고 말할 수도 있다. 그리고 음택보다는 양택풍수가 발달하게도 되었다. 홍콩이나 대만은 땅 자체가 협소해서 명당여부를 가릴 상황 자체가 아니다.

- **만포(灣抱)** : 둥글게 감싸 안은 것을 말한다.

- **망주석(望柱石)** : 봉분 앞 양 옆에 세우는 한 쌍의 돌. 이름으로도 알 수 있듯이 멀리서 바라보아 쉽게 알아 볼 수 있도록 한 일종의 묘표(墓表)이다. 흔히 망주석을 보고서 신령이 찾아온다고 한다. 무덤에 문인석, 장명등 같은 석물은 세우지 않더라도, 망주석만은 빼놓지 않고 세우는 것은 바로 이 때문이다. 또한 곡장(曲墻)에 의해 잘 저장된 땅기운이, 무덤 앞이 확 트임에 따라 흩어질 수도 있으므로, 다시 한 번 땅기운을 가두어 두도록 하는 비보(裨補)의 역할을 하는 것이기도 하다.

- **묘(墓)** : 죽은 사람을 매장하는 장소. 장(葬), 고(庫)라고도 하며, 12포태법 상에서 모든 활동이 중지되고 다시 자연으로 돌아간 상태이다.

- **명당(明堂)** : 혈(穴)을 포함하여 지기(地氣)가 응결되어 있는 혈 주변. 즉 혈(穴)의 앞뜰 마당을 말하며 혈을 포함하여 기가 응혈된 혈 주변까지 포함한다. 혈 바로 앞의 평평한 곳을 내명당(內明堂)이라 하고, 그 보다 멀찍이 위치하며 비교적 광대한 평지를 외명당(外明堂)이라 한다.

- **문화재풍수** : 풍수를 문화재에 접목한 이론. 풍수란 무덤만이 아니다. 즉 풍수이론은 문화재에서도 검증될 수 있다. 건물구조, 공간배치 등에서 풍수의 이론을 확인할 수 있다. 사실 테마 풍수는 다각도로 살펴 볼 수 있는데, 한반도 국토 풍수, 도읍 풍수, 궁궐 풍수, 마을 풍수, 사찰, 서원, 전통 가옥 등의 풍수가 있다. 또 무덤에서도 왕릉, 묘 등의 풍수가 있다. 조선조 후기에 들어와서야 무덤 풍수 쪽에 관심을 가지게 된 것이다.

- **반궁(反弓)** : 만포(灣抱)의 반대되는 현상을 말하며 흉(凶)으로 단정한다.

- **배산임수(背山臨水)** : 풍수의 논리 중의 하나로서 뒤에는 산이 뒤를 받쳐 주고 앞에는 물이 휘돌아 혈(穴)을 감싸 주는 명당에 대한 설명 논리이다.
- **봉침분금(縫針分金)** : 나경 9층을 말하며, 시신이 생기(生氣)를 받을 수 있도록 마지막으로 시신의 좌향(坐向)을 잡는 데 사용한다.
- **분금(分金)** : 나경 맨 바깥선(9층)에 배당된 것으로 망인과 산운의 상생 상극을 맞추어 상생을 취하는 것이다.
- **붕(崩) 훙(薨) 졸(卒) 불록(不祿) 사(死)** : 붕(崩)은 천자의 죽음을 일컫는 말이다. 그리고 훙(薨 - 승하)은 제후나 왕의 죽음을 일컫는 말이며, 졸(卒)은 대부(높은 관직)의 죽음을 일컫는 말이며, 불록(不祿)은 선비(士)의 죽음을 일컫는 말이며, 사(死)는 일반 백성들의 죽음을 일컫는 말이다.
- **비보(裨補)** : 자연형태를 기적(氣的) 측면에서 판단하여 강(强)한 것은 누르고 부족(不足)한 것은 보태준다는 의미이다. 즉 명당이라 하여도 완전한 명당은 만나기 어렵기 때문에 주의의 사각이나 물의 흐름을 인위적으로 고쳐서 흉(凶)함을 길(吉)로 만드는 행위이다(도와서 부족함을 채우거나 상서로움을 더함). 양택이나 음택 모두에 해당되는데, 균형(均衡)으로 안정을 찾고, 유정(有情)으로 사랑을 간직하고, 온습(溫習)으로 생기를 찾는 것으로서, 기울어지는 경(傾)과 배반하는 배(背)와 차가운 냉(冷)을 금기로 하였다.
- **비석비토(非石非土)** : 풍수에서 좋은 혈처의 흙을 평할 때 비석비토라고 한다. 즉 돌도 아니고 진흙도 아닌 콩가루 비슷한 양질의 흙을 말한다.
- **사(死)** : 12포태법 상에서 기운이 다하여 죽음에 이른 상태.
- **사(砂)** : 혈 주위의 산의 형세를 말한다.
- **사격(砂格)** : 사격이란 혈의 전후좌우에 있는 모든 산과 바위의 품격을 살펴보는 것. 예를 들면 혈의 뒤에는 주산과 현무가, 앞에는 안산과 조산, 좌우에는 청룡과 백호가 있으며, 물이 나가는 수구(水口)에는 화표(華表), 라성(羅星), 북진(北辰) 등이 있다. 사격이 반듯하면 귀격(貴格), 풍만하면 부격(富格), 깨지고 무정하면 흉격(凶格)을 뜻하는 등 사격은 바르고 유정한 것을 길격(吉格)으로 한다.
- **사대국포태법(四大局胞胎法)** : 좌향론(터를 잡는 이론)의 십수종의 다양한 이론 중의 하나. 즉 조선시대 왕릉 조성 시 인증되어 사용되었던 대표적인 이론 중의 하나이다. 구사세택팔용법(求四勢擇八龍法 - 도선국사 이후에 등장한 이론. 도선은 통일신라 말엽 왕건을 도와 건국을 도와 준 스님인데, 사찰풍수나 왕릉풍수에 이 구사세택팔용법을 많이 활용. 산줄기 중심으로 좌향을 정하는 방법), 지리신법(地理新法 - 송나라 때 호신순이 만들어낸 좌향론으로 려말선초 왕릉 조성 시에 많이 활용. 이성계가 한양천도 직전에 계룡산에 10개월간 궁궐을 조성한 적이 있는데, 당시 경기도 관찰사 하륜이 이 지리

신법 좌향이론에 의거해서 계룡산은 좌향이 좋지 않고 좋은 기운이 머물러 있어야 되는데 좋은 기운 쪽으로 물이 빠져 나가서 나쁘다고 하여, 즉 패철좌향론을 사용하여 중지한 적도 있음. 산줄기와 물줄기를 모두 계산해서 좌향을 정하는 방법)도 왕릉 조성 시 많이 사용된 이론이다.

사대국포태법(四大局胞胎法)은 오직 물줄기 기운만을 가지고 이야기하는 것인데, 왕릉에서는 조선 세조 때부터 나타나기 시작한다. 그 이후에는 자주 왕릉에 등장하는 이론으로서, 물줄기를 가지고 어떻게 좌향을 정하면 좋겠다고 결정하는 이론이다. 원래 득수법에 의하면 ① 혈자리 앞의 곡류수는 좋은 것이고 직류수는 좋지 않은 것이며, 또 ② 물줄기는 먼 것 보다는 혈자리에서 가까이 흘러가는 물줄기를 선택해야 하는 것이며, 또 ③ 득수법에서는 물의 끝나는 지점(파구)과 시작되는 지점(득수)을 매우 중요시 하였다.

사대국포태법(四大局胞胎法)은 패철의 4층을 가지고 논하게 되는데, 우선 4대국은 물줄기 나가는 방향(360도)을 크게 4개의 권역으로 나누어서, 12개의 좌향 방향을 정하는 이론이다. 다만 배산임수라는 원칙은 지켜야 된다. 또 사대국포태법(四大局胞胎法)에서는 먼저 동궁, 역행, 사대국, 포태법이라는 용어를 숙지해야 된다. 동궁(同宮 - 같은 집을 지음)이란 패철 4층의 24개 방향을 2글자씩 한 조가 되어 12개의 팀으로 나누는 것이다. 그리고 같은 조인 이 동궁에서는 같은 효력을 가지는 것으로 보는 것이다. 역행(逆行 - 거꾸로 감)은 24개 방향을 거꾸로 도는 것이다. 사대국은 360도를 크게 4개의 권역으로 나눈다는 의미이다. 예컨대 진파구(辰破口) 구역, 미(未)파구 구역, 술(戌)파구 구역, 축(丑)파구 구역 등이다. 포태법은 자연만물이 변해가는 모습을 12개의 모습으로 분석한 것으로 12성운법이라고도 한다. 즉 포태양생욕대관왕쇠병사묘(胞胎養生浴大官旺衰病死墓)라는 12글자이다. 이 12글자를 가지고 이야기하는 방법이다. 이 중 생대관(生大官)의 방향으로 좌향이 정해지면 좋다는 뜻이다.

- **사룡(死龍)** : 기(氣)가 없이 죽어 있는 산줄기. 즉 뒤에서 내려오는 산줄기가 힘이 없고 축 늘어져 있으면 이 터는 명당이 아니라 흉터가 되는 것이다. 보통 산줄기가 지(之)나 현(玄)자 모양으로 꿈틀대지 않고 기세 없이 일자로 쭉 뻗어 나오면 사룡(死龍)이라고 말한다. 이 사룡(死龍)의 반대는 생룡(生龍)이다. 생룡(生龍 - 順龍, 强龍, 進龍, 福龍 등)과 사룡(死龍 - 逆龍, 病龍, 退龍, 殺龍, 劫龍 등)을 구별하는 법으로서 보통 용세(龍勢) 12격(格)이라는 것이 있다.

- **사모사(紗帽砂)** : 산의 모양이 토성(土星)으로 관운이 있다고 본다.

- **사상(四象)** : 풍수에서 와(窩), 겸(鉗), 유(乳), 돌(突)을 말함.

- **사성(沙城)** : 무덤 뒤쪽 용미(龍尾)라고 부르는 주위를 말굽 모양으로 둘러놓은 흙 제방.

- **사신(四神)** : 혈을 감싸고 있는 혈 주위의 산이나 물을 말한다. 즉 좌측에는 청룡(靑龍), 우측에는 백호(白虎)라 하고, 전면의 산이나 물을 주작(朱雀)이라고 하며, 후면의 뒷산을 현무(玄武)라 한다.
- **사찰풍수** : 사찰 건립에 풍수의 이론을 도입하여 사찰 경관을 이룸고자 한 것이다. 통일 신라 시대(668년)에 의상대사에 의해 화엄종(敎宗 - 一卽多 多卽一 思想. 萬法歸一 思想. 낙산사<671년>, 봉정사<672년>, 부석사<676년> 등 의상대사가 직접 창설. 기타 불국사, 桐華寺, 갑사, 화엄사, 범어사, 옥천사, 해인사 등도 창건됨 - 화엄십찰 : 약 120년 정도)이 주류를 이루면서 왕즉불(王卽佛)의 정신으로 불교가 전개되어 나간다. 그러나 모든 것은 고이면 썩게 마련이다. 점점 정교일치가 되면서 불교가 권력화 되어 귀족불교, 왕실불교로 전락하고 타락하게 된다. 대중과 백성, 지방 호족들은 점점 소외되고, 따라서 통일신라 후반부에는 이에 대한 대안으로 입당승들로부터 선종(禪宗 - 1대 달마, 2대 혜가, … 6대 혜능대사)이 유입되면서(풍수이론 중 형세론도 동시에 공부하여 유입), 심즉불(心卽佛)의 정신을 강조하는 서민불교, 민중불교가 등장하게 된다. 이에 9산선문의 사찰들이 창설되어진다(實相寺[남원 - 828년 홍척국사가 건립], 寶林寺[전남 장흥 - 759년 원표스님 건립<화엄사찰 - 대웅전> - 860년 보조국사 재건<선종사찰 : 대적광전>], 雙峰寺[맹호수유형 - 도윤선사 부도, 맹호출림형 - 3층 대웅전], 泰安寺[전남 곡성 桐裏山], 봉암사, 법흥사[영월] 등 - 약 130년 정도). 그러면서 고려시대로 넘어가게 된다.

화엄사찰의 풍수적 스타일은 왕즉불의 정신에 따라 왕권을 강조한다. 이는 통일 후의 강력한 중앙집권과도 부합된다. 왕과 귀족의 권위가 강조된 것이다. 대웅전의 불상이 매우 중요하다. 이는 통일 후의 방대해진 국가를 통치하기 위해서는 필요한 이념일 수 있다. 사찰규모도 매우 크고 웅장하다. 따라서 혈처에 대웅전을 건립한다. 일주문에서 대웅전까지의 거리도 매우 길다. 대웅전 뒤에 매우 커다란 후현무(背山)가 위치하여 대웅전의 뒤를 튼실히 받쳐주고 있다.

반면 선종사찰은 심즉불의 정신에 따라 누구라도 깨달으면 부처가 될 수 있다는 입장이다. 지방의 호족들이 중앙집권에 반발하여 이에 호응하였다. 여기서는 깨달은 큰 스님들이 매우 중요하다. 따라서 혈처에 스님들의 부도를 건립하였다. 또 권위보다는 민중들과의 친밀함이 중요함으로, 일주문에서 대웅전까지의 거리가 매우 짧다. 실상사 대웅전 앞에서 일주문을 바라보면 지리산 천황봉 봉우리가 배산이 아닌 오히려 전(前)주작으로서 매우 웅장히 보인다. 누구나 깨달으면 부처가 될 수 있다는 상징적 표현이다.

원래 사찰에서의 중요한 혈자리는 처음에는 탑(塔)이었다. 그리하여 탑에다 부처님 진신사리를 모시어 두고 이곳을 기도하면서 돌았다(탑돌이). 다음 부도(스님들의 사리나 유해를 모신 곳)도 혈자리에 모실 수 있고, 불상(佛像)도 혈자리에 모실 수 있다. 적멸보궁(금강계단)은 부처님 진신사리를 모신 곳이다. 법당의 명칭도 여러 가지가 있는데,

우선 대웅전(대웅보전)은 석가모니부처님을 모신 곳이다. 비로전(대적광전, 대광명전, 화엄전)은 비로자나불을 모신 곳이다. 극락전(무량수전, 아미타전)은 무량수불, 아미타불을 모신 곳이다. 미륵전은 미륵불을 모신 곳이다. 약사전은 약사여래불을 모신 곳이다. 명부전은 지장보살이나 시방을 모신 곳이다.

우리의 토속신앙과 관계된 삼성각은 삼신각, 독성각(나반존자), 칠성각(칠여래)을 합하여 이르는 말이다. 삼장법사(三藏法師)에서 삼장이란 經師(말씀), 律師(계율), 論師(주석)를 일컫는 말이다.

범종각(梵鐘閣)에 보면, 종(鐘)은 지하에 사는 생물들과 지옥에 있는 중생들에게 법문을 들려서 모두 극락정토로 보내겠다는 것이고, 북(法鼓)은 지상에 뛰어 다니는 생물들과 중생들에게 법문을 들려서 모두 극락정토로 보내겠다는 것이며, 운판(雲板)은 날아다니는 생물들과 구천을 떠도는 영혼들에게 법문을 들려서 모두 극락정토로 보내겠다는 것이고, 목어(木魚)는 물속에 사는 모든 생물들에게 법문을 들려서 모두 극락정토로 보내겠다는 것이다. 사천왕문에는 4분이 있는데, 동쪽을 지키시는 분은 지국천왕(비파)이고, 남쪽을 지키시는 분은 증장천왕(칼)이고, 서쪽을 지키시는 분은 광목천왕(용, 여의주)이고, 북쪽을 지키시는 분은 다문천왕(깃발, 탑)이다.

- **사초지(沙草地)** : 왕릉 조성 시 왕릉이 터를 잡게 되는 언덕 위의 장소. 땅기운의 저장 탱크라 할 수 있으며, 생기를 올라타는(乘生氣) 형상으로서 이 언덕(沙草地) 위에 왕릉을 조성하게 된다.

- **산안(山眼)** : 묏자리를 알아보는 눈.

- **산운(山運)** : 묏자리가 좋고 나쁨에 따라 생긴다는 운수.

- **산(山)의 오성(五星)** : 산의 외형의 모양을 보고 오행에 따라서 5가지로 구별하는 것이다. 곧고 높이 솟은 산은 목성이고, 불꽃처럼 뾰족한 산은 화성이며, 금성은 둥근 바가지를 엎은 것처럼 부드럽고 둥근 산의 모습이며, 물결처럼 잔잔하면서도 작은 파도처럼 보이는 산은 수성으로 분류하고, 중앙의 평평한 모습으로 보이는 산은 토성으로 분류한다.

- **산자산 서자서(山自山 書自書)** : 풍수 공부를 많이 하고서 산에 올라가 보니, 책과 산이 각각 따로 있어서 도무지 알 수 없음을 비유한 말.

- **산맥(山脈)** : 산과 산이 능선으로 이어져 길게 연결된 산줄기. 1910년 일본인 <고또분지로>라는 사람이 우리나라의 지질구조, 암석, 지하자원에 대해서 분석한 논문에서 만들어 진 용어가 흔히 말하는 태백산맥, 소백산맥, 차령산맥 하는 것들이다. 그러나 우리 조상들은 이처럼 지하자원으로는 산을 보지 않았다. 즉 우리 조상들은, 산은 물을 건널 수 없고 물은 산을 넘을 수 없다고 하는 지극히 당연한 원리로서 산을 보았던 것이다. 그리고 이러한 원리에 따라서 산맥을 구분하였다. 또한 1980년도에는 산경표(山經表 -

산을 표로서 만들어 놓은 산의 족보책[조선후기 실학자 신경준이 처음 만들었음. 백두대간과 13정맥을 족보형식으로 만듦 - 1대 백두산, 99대 속리산, 123대 지리산… 등])라는 것이 만들어지면서 이제 산악인들은 물을 한 번도 건너지 않고서도 백두산에서 지리산까지 산을 능선으로만 이어서 갈 수 있는 상황이 되게 되었다.

우리 조상들은 산맥과 관련하여, 보통 ① 1[백두]대간(大幹 - 백두에서 지리까지), ② 1[장백]정간(正幹 - 백두에서 러시아쪽으로 뻗은 줄기), ③ 13정맥(正脈 - 청북정맥, 청남정맥, 漢北정맥, 漢南정맥, 낙東정맥, 낙南정맥, 호남정맥 등) 이라는 용어를 사용하였다. 동국여지지도, 대동여지도 등에 이러한 산맥의 정황들이 잘 나타나 있다. 우리 조상들은 조선시대나 고려시대 때부터 벌써 이러한 백두대간의 산줄기를 숙지하고 있었으며, 이러한 시각에서 터를 이해하고 풍수를 이해하였던 것이다.

- 산재(散齋) : 제사 전에 목욕재계(沐浴齋戒) 하는 일.
- 삼구부동총(三九不動塚) : 음력 3월과 9월에 무덤을 건드리면 재앙이 있다 하여 무덤 옮기기를 꺼리는 일.
- 삼양(三陽) : 풍수설에서 명당인 내양(內陽), 안산(案山)인 중양(中陽), 안후산(安後山)인 외양(外陽)을 아울러서 일컫는 말.
- 삼합수(三合水) : 2개의 물줄기가 합쳐져서 만나서 다른 곳으로 흘러가는 것으로서 양수(兩水)라고도 한다. 이 2개의 물줄기가 합쳐져서 만나는 곳을 파구(破口)로 보는 이론도 있다.
- 삼합오행 (三合五行) : 이기론의 포태법에서 각국의 생(生), 왕(旺), 묘(墓)가 서로 조화를 이룬 상태를 말한다.
- 상극(相剋) : 자연이 수-화-금-목-토로 역행하여 모든 생명체는 멸망하는 것이다. 문명의 산물들은 모두 상극의 원리에 따라 발명되어 사람의 삶에 도움을 준다. 즉 물로 불을 끄고, 불로 쇠를 녹여 철물을 만들고, 쇠로 나무를 자르고, 나무로 흙을 파내어 사람에게 이롭게 이용한다.
- 상당수(上堂水) : 명당 앞을 지나는 물(향 앞을 지나는 물).
- 상묘(相墓) : 지관(地官)이 묘지를 가려잡거나 또는 쓴 묘를 감정하는 일.
- 상문(喪門) : 극히 흉한 방위.
- 상문살(喪門煞) : 사람의 죽은 방위로부터 퍼진다는 살(煞).
- 쌍산오행 (雙山五行) : 나경에 나타난 24개 방위를 천간(天干)과 지지(地支)로 묶어서 오행 상 각각 한조씩 묶어 배열한 것이다.
- 상생(相生) : 자연이 봄·여름·가을·겨울로 순환하듯이 오행도 목-화-토-금-수로 순행

하는 것을 말한다. 상생의 원리는 나무로 불을 만들고, 불이 타면 흙(재)이 되고, 흙에서 쇠를 캐고, 쇠가 녹으면 물이 되는 이치이다.

- **생룡(生龍)** : 사룡(死龍)의 반대. 즉 산줄기가 살아서 꿈틀거리는 형세의 산줄기. 사룡(死龍) 참조.

- **서원풍수** : 서원 건립에 풍수의 이론을 접목하여 서원경관을 이루게 된다. 서원은 중종 이후에 등장하는데 이전에는 교육기관으로서 향교(鄕校)와 성균관(成均館)이 주류를 이루었다. 그런데 세조에 의해 집현전이 해체되고, 또 연산군에 의해 홍문관(성종에 의해 집현전 대신 만들어진 기관)이 철폐됨과 동시에 성균관이 연회장으로 전락되면서, 관학(官學)은 빛을 잃고 이제 사림파(士林派) 유학자들에 의해서 사학(私學)이 등장하게 되는데, 이것이 바로 서원(書院)인 것이다.

  향교는 관학(官學)인 관계로 주로 관아(마을) 근처에 터를 잡았다. 공자와 4대성현 등을 모셨으며, 공간배치는 보통 평지(平地)에서는 제향공간(祭享空間 - 대성전)이 가운데 중심을 잡고, 좌우로 동재(東齋)와 서재(西齋)가 배치되고, 뒤에 강학공간(講學空間 - 명륜당)이 배치되었다. 산지(山地 - 예, 강릉 향교)일 경우에는 제향공간(대성전)이 산의 맨 위쪽에 자리 잡고, 그 밑에 강학공간(명륜당)이 자리 잡게 되었다.

  서원은 사학(私學)인 관계로 좀 자유스럽게 산수경치가 좋은 곳에 터를 잡았다. 그리고 그 마을의 유명한 성리학자들을 모시었다. 공간배치는 평지와 산지에서 향교와 같은 관점에서 배치되었다. 백운동서원(중종 때 풍기군수 주세붕 건립 - 후에 명종 때 퇴계의 주청에 의해 소수서[紹修書院]으로 사액[賜額]을 받았다. [既廢之學 紹而修之 - 성리학이 이미 낡은 학문이 되었으므로 이것을 다시 이어서 일으켜 세우라는 의미])이 최초의 서원이 되었다. 후에 서원은 1기(중종 - 백운동[소수]서원), 2기(講堂 중심), 3기(현종, 숙종, 경종 때 - 祠堂 중심), 4기(영조 이후 탕평 시도)로 전개되어 나가다가(약 600여개의 서원), 고종 때 대원군에 의해 서원철폐령(20개 書院 27개 祠堂만 잔존)이 내려지게 되었다.

  서원은 건축배치에 따라 강당중심 서원과 사당중심 서원으로 분류 가능하다. 강당중심 서원은 강당(공부하는 곳. 원장이 기거하는 곳)이 혈자리에 들어가게 되고, 그리고 양 옆에 동재(東齋)와 서재(西齋)가 배치되고, 앞에 누각이 배치된다. 사당(祠堂)은 강당의 뒤에 배치된다. 2기 때 만들어진 서원은 주로 강당중심 서원들이 많았다.

  사당중심 서원은 사당(祠堂)이 혈자리에 들어가게 되고, 그리고 양 옆에 동재(東齋)와 서재(西齋)가 배치되고, 앞에는 강당이 배치된다. 또 그 앞에는 누각이 배치되었다. 3기 때 만들어진 서원들은 사당중심 서원들이 많았다.

- **석란(石欄)** : 돌로 만든 난간. 통일신라시대의 묘는 당나라의 영향을 받아 묘에 여러 가지 장식을 갖춘 것이 특징인데, 비각을 세우기도 하고, 석인(石人), 석수(石獸) 등으로

신도(神道)를 장식하고 무덤 주위에는 호석(護石 - 둘레석)과 석란(石欄 - 돌로 만든 난간)을 두르고 십이지신상을 조각하여 배치하는 등 호화롭게 꾸몄다.

- **성(城)[고을] 풍수** : 마을과 같은 공동체 풍수의 한 종류이다. 조선 초까지만 하더라도 성의 숫자는 약 759개 정도가 있었다. 또 마을과 같이 만들어진 읍성(邑城)도 약 179개 정도로 많았다. 임진왜란과 병자호란을 겪으면서 방어를 하고 살아야겠다는 필요의식을 느끼게 된 것이다. 그런데 일제시대를 거치면서 민족을 분열시키고 모이는 것을 없애기 위하여 성을 많이 헐어버리게 된다. 고로 지금 남아 있는 성은 그리 많지가 않다.

  현재 남아 있는 대표적인 계획된 성(城)은 정조에 의해 만들어진 수원 화성(華城)을 들 수가 있다. 1794~1796년에 만들어졌으며, 유네스코에 등록된 대표적인 풍수를 기초로 한 건축물이다. 6·25 때 많이 파괴되었는데, 복원을 거의 완벽하게 한 덕분이다(화성성역의궤를 참조하여 복원 성공).

  성(城)의 종류로는 도성(都城), 읍성(邑城), 산성(山城) 등이 있다. 도성(都城)은 도읍이 있는 곳에 쌓은 성으로서 궁궐지킴 내지 행정중심의 성이다. 산성(山城 - 남한산성, 북한산성, 동래산성 등. 주로 산지에 조성)은 전투를 위한 목적으로 만들어진 성이다. 읍성(邑城 - 동래읍성, 낙안읍성, 해미읍성, 고창읍성 등. 주로 평지에 조성)은 행정(현감, 관아, 향교 등)도 있고 유사시 전투도 같이 하는 성이다.

  성의 재료로는 나무(木柵), 흙(土城), 돌(石城), 벽돌(磚城) 등이 있다.

- **소주길흉(所主吉凶)** : 양택(陽宅)의 경우, 거주자가 거주하는 곳에서 받은 생기(生氣)로 말미암아 무병장수하고 부귀영화 하는데, 이처럼 거주자가 직접 받는 길흉(吉凶)이라 하여 소주길흉(所主吉凶)이라 한다.

- **수구(水口)** : 파구(破口)라고도 하는데 혈에서 보아 마지막 물이 나가는 곳.

- **수구사(水口砂)** : 물이 흘러나가는 수구를 막고 있는 작은 산으로, 물이 급격히 빠져나가는 것을 막아준다. 수구사의 종류로는 한문(捍門 - 수구의 양쪽에 서 있는 바위나 산), 화표(華表 - 수구의 물 가운데 박혀 있는 바위), 북진(北辰 - 화표 중 거북, 잉어 등 특이한 형상의 바위), 나성(羅星 - 수구처에 돌이나 흙 등이 퇴적하여 생긴 작은 섬) 등이 있다.

- **수근목간(水根木幹)** : 백두산 천지를 뿌리로 하여 백두대간으로 이어져 내려오는 줄기라는 뜻으로서 이 줄기에서 뻗어나가는 가는 가지들에 마치 나무 가지에서 꽃이 피듯이 한국의 도시들은 생성 발달하게 된다는 풍수적 용어이다.

- **수묘인(守墓人)** : 묘지기.

- **수라간** : 왕릉 등에 있는 제사 음식을 준비하던 곳이다.

- **수복방** : 왕릉 등에 있는 능지기(능참봉)가 지내던 건축물이다.
- **수세론(水勢論)** : 풍수에서는 산(山)은 움직이지 않고 정하기 때문에 음(陰)으로 보고, 물(水)은 움직여 동하므로 양(陽)으로 본다. 물은 생기를 인도할 뿐만 아니라 기를 멈추게 하기 때문에 물은 혈을 결지하는데 산과 더불어 필수조건이다. 용맥 양쪽을 따라 흐르던 물이 합쳐지면 그 사이로 흐르던 생기는 더 이상 나아가지 못하고 멈추게 된다. 이곳에 혈이 맺힌다. 즉 생기가 멈추어 모이는 곳이 혈이다. 지가서(地家書)에서는 '혈을 찾고자 할 때에는 산을 보지 말고 물을 봐야 한다. 물은 재록을 관장한다.'라는 등의 물의 중요성을 강조한 구절이 많이 있다.
- **12포태법(12胞胎法)** : 혈장을 중심으로 각 방위에 배당된 12개의 좌향별 길흉 판단기준으로서 국면과 물의 방향을 측정하는 데 있어 매우 중요시한다.
- **신로(神路)** : 종묘(宗廟)나 왕릉 등에서 홍살문을 지나 정자각까지 이어지는 길인데, 신께 올릴 향(香)이나 축(祝)을 모시는 길을 말한다. 향로(香路)라 하기도 한다. 오른쪽 약간 낮은 길은 임금이 다니는 길이라 하여 어로(御路)라고 한다.
- **심혈법(尋穴法)** : 주변의 산세(山勢)와 수세(水勢)를 살펴 혈(穴)이 있을 만한 곳을 예측하는 것.
- **아미사(蛾眉砂)** : 주위의 사각이 나비의 눈썹처럼 생긴 모양을 말하며 이러한 사각이 보이면 왕비가 나오고 미인이 탄생한다고 한다.
- **안대(案對)** : 무덤 방향을 잡을 때 안산이나 조산의 봉우리와 무덤의 방향을 일치시키는 좌향법이다.
- **안산(案山)** : 혈(穴)과 전주작(前朱雀) 사이에 있는 작은 동산이나 언덕. 즉 묘의 정면에 있는 동산. 혈 앞에 있는 사(砂)의 하나. 혈 앞에 엎드려 있는 낮고 작은 산. 주인과 손님(전주작) 사이에 놓는 손님을 맞는 책상. 사실 책상은 귀한 사람들에게나 있는 귀한 물건인 바, 혈처가 귀(貴)한 곳임을 형성해 준다. 단아(단정하고 아름다움)하여야 한다. 단 모양이 동그란 것도 있고, 네모난 것도 있을 수 있다. 호수나 큰 강물은 안산을 대신하여 혈의 생기를 보호할 수 있다. 이처럼 안산개념은 형세론(形勢論)이나 형국론(形局論) 모두에서 매우 중요하게 사용되는 개념이다.
- **암장(暗葬)** : 남의 산에 몰래 장사지내거나 남의 묘에 몰래 자기의 조상을 모시는 경우를 말한다. 평장(平葬) 투장(偸葬)이라고도 한다.
- **압장(壓葬)** : 기존 분묘 구역 안에 몰래 매장하는 것. 암장, 평장, 투장(偸葬) 참조.
- **앙고혈(仰高穴)** : 정상 부근의 높은 위치에 맺은 혈(穴)을 말한다. 이보다 조금 낮게 맺은 혈을 빙고혈(凭高穴)이라 한다.
- **앙두(仰頭)** : 쳐다 볼 정도의 높은 산봉우리.

- **양기(陽氣)** : 자연을 변화시키는 주체로 물과 바람을 가리킨다. 풍수에서는 물과 바람을 같은 개념으로 본다.
- **양기(陽基) 풍수** : 산 사람들이 공동으로 사용하는 마을, 또는 도성에 관한 풍수를 말한다. 즉 주인이 따로 있는 것이 아니라 공동체 자체로서의 공간 풍수를 말하는 것이다. 예를 들면 국토 풍수, 도읍 풍수, 마을 풍수 등이 있다.
- **양택(陽宅) 풍수** : 양택이란 살아 있는 사람들이 각각 개인적 주인으로서 거주하는 곳을 말한다. 주택 공간뿐만 아니라 공장 사무실 등 활동하는 공간까지도 포함한다. 예를 들면 궁궐 풍수, 사찰 풍수, 향교 풍수, 서원 풍수, 전통 가옥풍수 등이 있다.
- **역장(逆葬)** : 할아버지의 산소 위에 아버지의 산소를 쓰는 등의 장법. 일반적으로는 역장(逆葬)을 쓰지 않는다.
- **예감(瘞坎), 소전대 또는 망료위** : 왕릉구조물로 제향이 끝난 뒤 축문을 태우는 곳이다.
- **옥인(玉印)** : 묘 주위에 있는 암반(큰 바위), 건물 등을 말한다.
- **용(龍)** : 산맥 내지 산줄기의 모양이 용(龍)처럼 보인다 하여 산맥 내지 산줄기를 용(龍)이라 한다.
- **와혈(窩穴)** : 혈자리의 형태 중의 하나. 혈자리와 관련 흔히 와겸유돌(窩鉗乳突)의 4글자가 있는데, 그 중의 하나로서, 와혈(窩穴)은 좋은 혈자리로서 말하자면 혈자리 주변을 둥그렇게 둘러싼 산모양새를 말하고, 겸혈(鉗穴)은 산 모양새가 두 다리 모양으로 쭉 앞으로 뻗어나간 것을 말한다.
- **왕릉(王陵)** : 임금의 무덤. 조선 왕릉은 중국 일본에서는 찾아볼 수 없는 독특한 형식과 구조를 가지고 있다. 이에 따라 2009년 6월 27일 유네스코 세계 문화유산으로 등재되기에 이르렀다. 조선 왕릉은 크게 ① 제례를 준비하는 재실에서 왕릉 입구인 홍살문(紅箭門[홍전문] - 나쁜 기운을 좇아내기 위한 문)에 이르는 진입 공간(홍살문 앞으로 수로[水路]를 만들어 물을 흐르게 하여 수로로 산기운을 가두어 놓게 하는데, 이 수로 위의 다리를 금천교라고 함)과, ② 홍살문에서 제례를 올리는 정자각까지의 제향 공간, ③ 정자각에서 봉분에 이르는 능침 공간으로 나눌 수 있다. 진입 공간은 <속(俗)의 세계>이다. 그리고 산 자와 죽은 자가 만나는 제향 공간에는 <성(聖)과 속(俗)이 공존>한다. 끝으로 능침 공간은 평소에는 산 자의 출입이 금지되는 <성(聖)의 세계>이다.

왕릉의 구조는 ① 판위(板位, 拜位 - 돌을 깔아 놓아 참배자가 절을 하는 곳), ② 참도(參道 - 신[神]이 다니는 신도[神道 - 가운데 넓고 높은 부분]와 임금이 다니는 어도[御道 - 동쪽 좁고 낮은 부분]로 구분), ③ 수복방(능지기[능참봉]가 지내던 건축물), ④ 수라간(제사음식을 준비하던 곳), ⑤ 소전대(예감, 망료위 - 제향이 끝난 뒤 축문을 태우던 곳), ⑥ 비각(碑閣 - 왕릉에 묻힌 왕과 왕비의 비석이나 神道碑를 안치한 곳), ⑦ 산

신석(山神石 - 왕릉이 있는 산의 신에게 제사를 올리던 돌), ⑧ 무인석(왕을 호위하는 무관을 형상화한 돌. 문인석에 비해 왕릉에서 더 떨어져 양쪽에 배치. 일반 백성은 사용 불가하고 오직 왕릉에서만 사용 가능. 병권을 상징하기 때문), ⑨ 문인석(왕명에 복종한다는 의미로 홀[임금을 만날 때 지니는 관직을 적은 패]을 지니고 있음. 문치주의에 따라 무인석보다 더 왕릉 가까이 양쪽에 배치. 일반 백성도 사용 가능), ⑩ 석마(石馬 - 문인석과 무인석 뒤에 대동한 말의 조각), ⑪ 장명등(사찰의 석등과 비슷한 형식), ⑫ 혼유석(魂遊石 - 혼령이 노니는 곳이라는 뜻의 석상), ⑬ 망주석(望柱石 - 봉분의 앞면 좌우에 1개씩 세운 기둥. 곡장에 의해 잘 뭉쳐 있는 땅기운이 앞면으로 흘러나가지 않도록 브레이크 역할을 하는 비보 도구. 망주석의 細虎 - 땅기운이 흘러나가는 것을 방지하기 위한 싸이드 브레이크 역할을 하는 상상의 동물. 이 세호[細虎]는 망주석 양쪽 다 머리가 하늘을 향하게 배치되어 있는 것이 바람직), ⑭ 석양(石羊 - 명복을 빌며 사악한 것을 물리치는 양 모양의 수호신. 봉분 바깥의 방향으로 배치), ⑮석호(石虎 - 능침을 지키는 호랑이 모양의 수호신. 봉분 바깥의 방향으로 배치), ⑯ 곡장(曲墻 - 봉분을 보호하기 위해 3면으로 둘러싼 담장), ⑰ 병풍석(봉분을 병풍처럼 두른 돌), ⑱ 난간석(평풍석 바깥 둘레에 난간을 이루도록 둘러쳐진 돌) 등으로 이루어져 있다.

왕릉의 종류로는 단릉(單陵), 합장릉(合葬陵), 쌍릉(雙陵 - 영조릉, 숙종릉), 3연릉(三連陵), 동역이강릉(同域異岡陵 - 세조릉), 동원상하릉(同原上下陵[封] - 효종릉, 경종릉) 등이 있다.

신라의 능은 풍수가 아직 정착되지 않았을 때로서 주로 평지(平地)에 있으며, 고려시대 때는 풍수가 정착된 때로 주로 산지(山地)에 능이 있고, 조선시대에는 풍수가 완전 정착되었고 주로 비산비야(非山非野)의 나지막한 언덕[강(岡) ; 사초지(沙草地 - 땅기운의 저장 탱크. 乘生氣)]에 능을 조성하였다. 한양에서 80리 안에 왕릉을 주로 조성하였다. 태조릉은 구리시(東九陵)에 있고, 2대 정종은 개성에 있고, 3대 태종릉은 강남 대모산에 있고, 4대 세종은 대모산에 묻혀 있다가 여주로 천장(遷葬, 英陵)을 했고, 5대 문종은 구리시 동구릉에 있게 된다. 서쪽 고양시에는 서오릉(西五陵)이 있고, 그 옆에 서삼릉(西三陵)이 있게 된다.

왕릉 풍수에 사용된 이론은 배산임수 원칙과 형세론, 형국론, 좌향론 등이며, 특히 형세론과 좌향론이 주로 사용되었다. 즉 형세론 중의 장풍법과 좌향론 중의 좋은(生) 방향 쪽으로는 물줄기가 흘러 나가지 않도록 하는 것은 잘 지켜지고 있었고, 또 간룡법 중의 세형혈/태식잉육의 이론이 늘 사용되었다. 또 사초지(沙草地 - 언덕. 生氣의 저장 탱크)의 이론이 항상 사용되었다.

한편 옛날에는 평소 제사에는 소고기를 사용하지 못하고, 왕릉에서 제사를 모실 경우에만 소(牛)고기를 사용하였는데, 예를 들어 영조가 사도세자를 제사지내고 사용한 소고기를 수원 주변의 백성들에게 나누어 주게 되는데, 이에 따라 수원에서는 오래 전부터 소고기 요리법이 발달하게 되어, 이것이 오늘날 수원갈비, 수원화성갈비, 태릉갈비 등으로 유래되어 내려오게 되는 것이다.

태조 이성계의 건원릉(建元陵)을 조성하는 데에는 약 6,000명(충청도 3,500명, 황해도 2,500명, 강원도 500명 등)의 인원이 동원되었다고 한다. 또 세종의 무덤을 강남 대모산에서 여주 영릉으로 천장할 때, 그 주변의 눈에 보이는 무덤들(약 500기 정도)은 모두 다른 곳으로 강제 이장되었다고 한다. 후현무 쪽에 있던 모든 무덤들도 몇 십리까지 모두 옮겨졌다고 한다.

- **왕릉풍수** : 풍수의 이론에 의한 건축물 중 가장 적합하고 보존이 잘 된 건축물이 왕릉인 바, 따라서 풍수의 이론으로 왕릉을 설명한 것을 테마풍수 중에서 왕릉풍수라 한다.
- **우백호(右白虎)** : 묘지의 오른 쪽 능선의 산세.
- **우선수(右旋水)** : 혈을 중심을 오른 쪽에서 왼쪽으로 흐르는 물.
- **원진수(元辰水)** : 묘 앞에서 똑바로 빠져나가는 물(凶).
- **음택(陰宅) 풍수** : 음택이란 죽은 사람의 집이란 말로 묘소를 뜻한다. 즉 시신이 묻힌 자리이다. 묘나 능이 여기에 해당된다. 예를 들면 왕릉 풍수, 문중 풍수, 선산 묘 등이 있다.
- **음택론(陰宅論)** : 죽은 사람의 기(氣)가 후손의 기와 감응(感應)하여 복이나 화를 미친다는 풍수설로서 보통은 묘 터를 잡거나 장사를 지낼 경우 활용되는 풍수를 가리킨다.
- **음풍(陰風)** : 산세가 험준할 경우 깊은 골짜기에서 자연적으로 생기는 바람이다. 음풍은 혈 주변의 산들이나 입수, 묘 앞쪽의 전순까지 손상시키거나 허약하게 만든다.
- **이기론(理氣論)** : 풍수 이론 중 나경(羅經)의 법수(法數)로 이루어지는 이론.
- **24좌(24坐)** : 원의 360°를 24개 방위로 나눈 것이며, 쌍산 5행에 따라 천간과 지지로 짝지어져 있는 것을 말한다.
- **인정(人丁)** : 풍수에서 후손 특히 대를 이을 남자 후손을 가리킨다.
- **입수(入首)** : 혈을 만들기 위해 내밀고 있는 산머리를 말한다. 내룡(來龍)이 혈속으로 들어가려는 곳.
- **장대석(長臺石)** : 봉분, 특히 왕릉 앞 제전에 옆으로 길게 일직선으로 층을 지어 횡으로 구별해 놓은 돌. 이 돌은 이승과 지하 세계를 나누는 경계석이다. 이를 경계로 왕과 왕비가 영원히 잠들어 있는 봉분이 조성되었고, 그 주위를 문관석, 무인석, 석호, 석마 등이 마치 살아 있는 군왕을 모시듯 호위하고 있다.
- **장막(帳幕)** : 산세의 흐름이 마치 병풍(장막)을 펼쳐 놓은 듯이 좌우 겹겹으로 가지를 친 모양세의 산세를 말한다.

- **장명등(長明燈)** : 무덤을 밝혀 신들이 놀 수 있도록 불을 밝히고 잡귀와 부정을 막기 위해 무덤 앞에 설치한 석물. 장생(長生) 발복(發福) 기원. 귀신이 가장 무서워하는 것이 불이기 때문에 무덤 앞에 설치한다. 장명등은 조선 초기에는 지붕을 8각으로 하였다가 조선 후기로 내려오면서 4각 지붕으로 양식이 바뀌었다. 사찰의 석등과 비슷한 형식으로 불교사상의 영향을 나타내고 있다. 왕릉 앞의 장명등은 지붕을 여의주 모양으로 하고 있다(예, 태조 건원릉).
- **장택법(葬擇法)** : 시신에게 영향을 미치는 천문의 이기(理氣)에 따른 매장의 일시, 하관시(下棺時), 망자와 후손들의 사주(四柱) 등 천문, 지리, 인사가 서로 완벽한 조화를 이루도록 장사를 지내는 절차나 과정이다.
- **장풍(藏風)** : 풍수이론 형세론(形勢論) 중의 두 번째 이론(첫째 이론 - 간룡법[看龍法])으로서, 뒤에서 들어오는 산줄기 이외에 주변 산들을 관찰하는 방법이다. 바깥의 거센 바람은 바로 들어와서는 안 되고, 주변 산들에 의해 막혀서 부드럽게 들어와 부드럽게 나가야 된다는 것이다. 생기(生氣)는 어떻게 하면 모이는가. 『금낭경』에 보면 기승풍즉산(氣乘風則散 - 기는 바람을 만나면 흩어짐)하고 기계수즉지(氣界水則止 - 기는 물을 만나면 즉 멈춤)라는 구절이 있다. 고로 기(氣)를 흩어지지 않게 하려면 거센 바람을 막아주어야 한다(藏風)는 것이다.

장풍법에는 2가지 내용이 있는데, 사신사(四神砂 - 혈자리를 주변에서 4개의 수호신이 감싸주어야 좋다는 것을 의미, 후현무[後玄武, 전주작[前朱雀], 좌청룡[左靑龍], 우백호[右白虎])와 조신사(朝臣砂 - 사신사 이외에 멀리 주변에 있는 산들을 의미, 아침에 신하가 혈자리(임금)를 향해 인사를 드리는 것을 의미)가 바로 그것이다. 현무(玄武, 거북)은 수두(垂頭)해야 좋고, 주작(朱雀)은 상무(翔舞)해야 좋고, 청룡(靑龍)은 완연(蜿蜒)해야 좋고, 백호(白虎)는 준거(蹲踞)해야 좋다. 청룡과 백호의 끝자리가 혈자리를 잘 감싸고 있으면 유정(有情)한 것이 되고, 혈자리를 외면하여 머리를 밖으로 홱 돌리고 있으면 무정(無情)한 것이 된다. 좌청룡과 우백호는 혈자리의 모양을 단정하고 부드럽게 만들어주는 역할을 하며, 전주작과 후현무는 직접적으로 혈(穴)을 만들어주는 역할을 하게 된다. 후현무와 전주작을 어떻게 관찰하느냐 하는 것을 결혈(結穴)조건이라고 하며, 좌청룡과 우백호가 어떻게 혈(穴)을 잘 품어 주느냐 하는 것을 성국(成局) 조건이라고 한다.

결혈(結穴)조건으로서는 우선 후현무(主)는 전주작(客)보다 덩치가 커야 한다. 즉 뒷산이 더 크고 웅장해야 한다. 주객이 전도되어서는 안 된다는 이치이다. 성국(成局)조건으로서는 좌청룡과 우백호가 서로 혈처를 품어주어야 하고, 또 서로 비슷하게 크기나 균형이 맞아야 한다. 너무 크기나 덩치가 차이가 나면 안 된다는 것이다. 좌청룡 산은 양(陽), 남자 자손, 귀(貴), 장자(長子)를 상징하기도 하고, 우백호 산은 음(陰), 여자 자손, 재(財), 차자(次子)를 상징하기도 한다.

* **적호(的呼)** : 하관(下棺) 시 일진(日辰)과 상충되는 사람들을 피하게 하는 일.
* **전미지지(全美之地)** : 풍수에서 조금도 미흡한 것이 없는 완전무결한 땅을 말하는데, 사실은 이러한 땅은 없다는 것이다. 고로 미흡한 부분을 보충하는 비보(裨補)사상이 풍수에 등장하는 것이다.
* **전순(氈脣)** : 혈장의 바로 앞에 맞닿아 있으면서 혈장의 생기를 보호하고 지탱해주는 역할을 담당한다. 보통 암석으로 이루어져 있다.
* **정자각(丁字閣)** : 왕이 왕릉 앞에서 제사를 모시는 곳.
* **정혈법(定穴法)** : 생기를 잘 받을 수 있는 곳 즉 혈(穴)을 정하는 것. 즉 심혈법(尋穴法)에 의하여 개략적인 위치를 파악한 후 정확한 혈(穴) 자리를 찾는 것. 수십 종의 정혈법의 이론 중에 중요한 것으로서, 우선 ① 조안(朝案 - 사신사, 안산 등을 고려하여 혈처를 정함)정혈법이 있다. 후현무와 전주작, 안산 등의 크기나 위치 등을 따져서 혈자리가 위에 있는가 아래에 있는가를 정하는 이론이다. 다음에 ② 명당(穴자리가 아닌 혈자리 앞의 마당과 같은 곳)정혈법이 있다. 명당에는 소명당(혈자리 앞의 마당 즉 작은 명당. 평평해야 됨. 기울지 않아야 됨. 경사가 져서는 안 됨), 중명당(사신사 범위 안의 터가 얼마나 평평하고 바람직하고 기울지 않았는가를 따지는 것), 대명당(좌청룡 우백호를 벗어난 보이는 모든 범위)이 있다. 다음에 ③ 용호(龍虎)정혈법이 있다. 그야말로 좌청룡 우백호를 기준해서 정혈하는 방법이다. 즉 좌청룡의 산이 좋으면 먼저 좌청룡 쪽으로 가서 혈자리를 찾아보고, 우백호의 산이 좋으면 먼저 우백호 쪽으로 가서 혈자리를 찾아보라는 것이다. 간룡(看龍)법에서 나오는 세형혈/태식잉육(勢形穴/胎息孕育)의 이론과 현무수두(玄武垂頭)의 의미, 그리고 앞에서의 3가지 정혈법을 알면 충분히 정혈하는 법을 알 수 있다.
* **제살법(除殺法)** : 초상이 나서 발인하려 함에 중상일(重喪日)이나 복일(夏日)이 걸려서 곤란할 때 이 중상일(重喪日)이나 복일(夏日)의 액운(厄運)을 피하는 비법을 제살법(除殺法) 또는 살제법(殺除法)이라고 한다. 탄허 대종사에 의하면, 중상일(重喪日)이나 복일(夏日)의 액운(厄運)을 피하기 위해서는, 청결한 한지나 백지에 고급 경면주사(鏡面朱砂)로 다음의 월별로 표시된 한자 4자를 정성스럽게 2장씩 써서, 하관할 때 1장은 시신이나 유골의 가슴 우측 부위에 얹고, 다른 1장은 광중의 밑바닥 즉 시신을 놓으면 가슴 좌측 등 뒤에 닿도록 놓고 매장하면, 아무 탈이 없다는 것이다. 이 때 쓰여지는 한자는 다음과 같다 :

  1, 2, 6, 9, 12월 : 육경천형(六庚天形)
  3월 : 육신천연(六辛天延)
  4월 : 육임천로(六任天로)
  5월 : 육계천옥(六癸天獄)

7월 : 육갑천복(六甲天福)
8월 : 육을천덕(六乙天德)
10월 : 육병천양(六丙天陽)
11월 : 육정천음(六丁天陰)

- **조대산(朝對山)** : 안산(案山) 너머로 멀리 보이는 크고 높은 산. 즉 안산 뒤의 큰 산으로 외부로부터의 바람을 막아준다. 조산은 혈의 길흉화복을 가늠하는 것으로 문필봉과 귀인봉 등이 있으면 길하다.

- **조산, 종산(祖山, 宗山)** : 혈(穴) 뒤의 멀고 높은 산. 넓은 의미의 내룡 중에서 그 혈에서 가장 멀고 높은 산을 조산(祖山)이라 하고, 가까우면서도 높은 산을 종산(宗山)이라 한다.

- **족장(族葬)** : 한 내룡(來龍)에 여러 명의 조상을 위에서부터 아래쪽으로 나란히 모시는 장법(葬法)으로 조선시대에 와서 생긴 풍습이다.

- **종묘(宗廟) 사직(社稷)** : 종묘란 역대 임금의 신위를 모시어 놓은 곳이고 사직이란 땅의 신과 곡식의 신에게 제사를 지내는 곳이다. 이성계는 경복궁을 지으면서 종묘사직을 동시에 건축한다. 좌묘우사(左廟右社)의 논리에 따라 좌측에는 종묘(존엄성 의미)를 놓고, 우측에는 사직(재물과 부유성을 의미)을 놓게 배치한다. 종묘의 경우 보현봉을 세산으로 하고, 웅봉을 형산으로 하여 종묘의 혈자리가 잡히게 된다. 종묘가 이씨왕조를 위한 것이라면, 사직은 한반도와 백성을 위한 것이다. 고로 사직단에는 단군성전도 모셔져 있다.

- **좌선수(左旋水)** : 혈을 중심으로 왼쪽에서 오른 쪽으로 흐르는 물.

- **좌청룡(左青龍)** : 묘지의 왼쪽 능선의 산세.

- **좌향(坐向)** : 좌(坐)는 시신의 머리 방향이고, 향(向)은 시신의 발 방향을 가리킨다. 즉 혈의 중심이 되는 한 지점(坐, 穴)을 말하며, 24개 방위 중 좌(坐)가 먼저 결정되면 향(向)도 자연스럽게 결정이 된다. 향(向)이란 혈의 중심이 되는 한 지점의 앞쪽(前面)에 해당하는 방향을 말한다.

- **좌향론(坐向論)** : 풍수의 이론 중 형세론과 형국론으로 혈터를 정한 후에 방향을 정하는 이론. 종류에는 안대(眼對) 좌향론 내지 산수(山水 - 명산 쪽으로 대문을 내고 마당을 만들고 건축물을 놓음, 見처리, 不見처리) 좌향론과 패철(佩鐵 - 나경을 가지고 방향을 잡음, 음양, 오행, 천간, 지지, 황천살 개념 등 숙지 필요) 좌향론 등이 있다. 형세론이 바둑의 포석과 중반전이라면, 형국론은 바둑의 정석이라 말할 수 있고, 좌향론은 바둑의 끝내기라고 비유하여 말할 수 있다.

- **주산(主山) 후산(後山)** : 개인이나 개인 묘의 뒤의 높은 산(後玄武). 진산(鎭山) 참조.

- **중상일(重喪日) 복일(復日)** : 초상이 나서 발인 날짜를 택일할 때 <줄초상난다>고 하여 흉일로 치고 금기시하는 날. 매월 중상일(重喪日)과 복일(復日)은 음력기준으로 다음과 같이 확인할 수 있다.

  1월 : 갑, 경, 사, 해일.   2월 : 을, 신, 사, 해일.
  3월 : 무, 기, 사, 해일   4월 : 병, 임, 사, 해일.
  5월 : 정, 계, 사, 해일.   6월 : 무, 기, 사, 해일
  7월 : 갑, 경, 사, 해일.   8월 : 을, 신, 사, 해일.
  9월 : 무, 기, 사, 해일   10월 : 병, 임, 사, 해일.
  11월 : 정, 계, 사, 해일.   12월 : 무, 기, 사, 해일

- **증혈(證穴)** : 혈을 찾은 후 이 혈이 진혈(眞穴)인가 가혈인가를 확인하는 증거.

- **지관(地官)** : 지사(地師) 또는 풍수쟁이라고도 하며, 음양과를 합격한 풍수가(風水家)중에서 왕족의 묘 터를 잡기 위해 선별된 사람. 말하자면 땅의 이치와 땅의 기운이 사람의 생활에 미치는 영향을 잘 알고 터 잡는 일을 전문으로 하는 사람을 일컫는 말이다. 원래는 국상 때만 임명되는 임시직이었으나, 한 번 지관으로 임명되면 당대 최고의 풍수가로 인정 받아, 퇴임 후에도 그대로 그 벼슬 명을 붙여서 불렀다.

- **직룡(直龍)** : 기복이나 좌우의 굴곡이 없이 곧게 뻗어 내려오는 곧은 산을 말한다.

- **진산(鎭山) 후산(後山)** : 마을이나 공동체의 뒤의 높은 산(後玄武). 주산(主山) 참조.

- **진응수(眞應水)** : 묘 좌우에서 감싸주는 물.

- **참도(參道)** : 왕릉에 있는 길. 신(神)이 다니는 신도(神道)와 임금이 다니는 어도(御道)로 나뉜다.

- **천심(穿心)** : 개장의 중심을 뚫고 흐르는 산줄기이다.

- **천장(遷葬)** : 임금의 무덤을 이개장하는 것을 천장(遷葬)이라고 한다.

- **천장지비(天藏地秘)** : 명당은 적선자(積善者)와 적덕자(積德者)에게 주어야 하기 때문에 하늘이 감추고 땅이 숨긴다는 말이다.

- **천지(天池)** : 나경의 정 중앙에 있는 지남철. 뜬쇠라고도 하였는데, 왜냐하면 자석은 가만히 놔두면 늘 한쪽은 북쪽을, 한쪽은 남쪽을 가리키도록 들떠서 움직이기 때문이다.

- **총(塚)** : 왕릉인 듯한데, 무덤의 주인공이 누구인지 잘 모를 경우 총(塚)이라 칭한다.

- **태극(太極) 음양(陰陽) 오행(五行) 상생(相生) 상극(相剋) 천간(天干) 지지(地支)** : 태극(太極)이란 자연이 돌아가는 이치 즉 자연의 이치를 말한다. 도(道)라고 말할 수도 있다. 그런데 세상 돌아가는 자연의 이치를 분석해보니, 크게 2개의 기운이 천지간에 널

려 있으며, 이 2개의 기운의 융합으로 천지조화는 이루어지는데, 음(陰, 山)과 양(陽, 水)이 바로 그 2개의 기운이다. 말하자면 모든 만물의 이치는 성장(陽)하고 시들(수축, 陰)고 또 성장하고 시들(수축)고 하는 무궁한 변화의 과정으로 엮어지고 이루어진다는 것이다. 이 음(수축)과 양(성장)의 기운을 다시 세분하여, 양(성장)의 기운을 목(木, 약한 양 - 성장의 초반부) - 화(火, 강한 양 - 성장의 후반부)로 나누고, 음(수축)의 기운을 금(金, 약한 음 - 수축의 초반부) - 수(水, 강한 음 - 수축의 후반부)로 나누고, 음(수축)과 양(성장)의 중간에 윤활유(매개체) 역할을 하는 또 다른 기운으로 토(土)의 기운을 첨가하니, 이것이 곧 5행이 된다.

목형(木形 - 아침, 봄, 초년, 새싹, 靑色, 靑龍, 3-8, 仁, 東 : 貴) 산은 부드럽게 솟은 산이요, 화형(火形 - 낮, 여름, 청년, 잎 무성, 赤色, 朱雀, 2-7, 禮, 南 : 氣勢) 산은 뾰쪽하고 급격하게 치솟은 산이요, 토형(土形 - 오후, 盛夏, 성년, 黃色, 狗, 5-0, 信, 中央)의 산은 음양의 어느 편도 들지 않고 균등하게 음양을 매개하는 일자문성(一字文星 - 책상과 뒤주 모양 : 官이나 財)의 산이요, 금형(金形 - 저녁, 가을, 중년, 열매, 수확, 白色, 白虎, 4-9, 義, 西)의 산은 둥그러운 산(둥그러운 열매 - 노적가리를 쌓아 놓음 : 財)이요, 수형(水形 - 밤, 겨울, 노년, 수축, 黑色, 玄武[龜], 1-6, 智, 北 : 氣勢) 산은 물의 흐름처럼 출렁출렁 물결치는 산이다.

『금낭경』에 의하면, 음양의 기운(陰陽之氣)은 원래 일체인데, 그것이 내뿜으면 바람 운해가 되고, 하늘로 올라가면 구름이 되고, 그 음양의 기운이 내려오면 비가 되고, 그 음양기운이 땅 속으로 다니면 그것이 곧 생기(生氣)가 되니, 이 생기의 기운을 잘 올라타는 것이 곧 풍수의 목적이 되는 것이다.

한편 상생(相生)과 상극(相剋)이란 오행(五行)의 기운이 변화되어 가는 모양과 상태를 일컫는 말이라고 말할 수 있다. 자연스럽게 변화되어 가면 상생(相生 : 봄[木] - 여름[火] - 盛夏[土] - 가을[金] - 겨울[水])이 되고, 부자연스럽게 변화되어 가면 곧 상극(相剋 : 木 - 土 - 水 - 火 - 金)이 되는 것이다.

오행(五行)을 상생(相生) 순에 따라 다시 각각 둘로 나누어 본 것이 천간(天干)이 된다. 즉 목(木)을 나누어 갑(甲) - 을(乙)로, 화(火)를 나누어 병(丙) - 정(丁)으로, 토(土)를 나누어 무(戊) - 기(己)로, 금(金)을 나누어 경(庚) - 신(辛)으로, 수(水)를 나누어 임(壬) - 계(癸)로 한 것이 곧 천간(天干)인 것이다.

지지(地支)란 4계절과 음력 12달로 이해하면 쉽게 이해가 간다. 즉 춘(春 - 東 - 木) : 인(寅) - 1월, 묘(卯) - 2월, 진(辰) - 3월/ 하(夏 - 南 - 火) : 사(巳) - 4월, 오(午) - 5월, 미(未) - 6월/ 추(秋 - 西 - 金) : 신(申) - 7월, 유(酉) - 8월, 술(戌) - 9월/ 동(冬 - 北 - 水) : 해(亥) - 10월, 자(子) - 11월, 축(丑) - 12월/ 순으로 이해하면 쉽게 이해가 갈 것이다. 여기에다 오행(五行)을 적용해 보면, 인(寅-木) 묘(卯-木) 진(辰-土)/ 사(巳-火) 오(午-火) 미(未-土)/ 신(申-金) 유(酉-金) 술(戌-土)/ 해(亥-水) 자(子-水) 축(丑-土)/이 된다.

- **태조산(太祖山)** : 용(龍)이 처음 발원한 곳으로 시조와 같은 것이며 그 다음에 조종산, 조산 등으로 내려온다.

- **파구(破口)** : 혈처에서 보아 물이 빠져 나가는 곳. 득수구(得水口)의 반대. 득수구(得水口)보다는 파구(破口)가 더 중요하다. 즉 파구(破口)는 산 기운을 붙잡아 주는 역할도 한다. 파구의 모양새는 물줄기가 좁아져서 살며시 없어지는 모양새가 좋다. 물줄기가 크게 펑 뚫여서 크게 흘러 나가고 있는 모양새는 좋지 않다. 또 나경을 사용하여 파구가 어느 방향에 위치하느냐, 물줄기가 어느 방향으로 빠져 나가느냐에 따라서, 혈처의 명당 여부를 살피기도 한다.

- **투장(偸葬)** : 산지 소유자 몰래 묘를 쓰거나 타인의 묘를 교활하게 침탈하는 것.

- **파묘(破墓)** : 개장을 위해 무덤을 파는 것. 이장 시 전통의 방법에서는 묘 앞에 술과 음식 등 주과포혜(酒果脯醯)를 차리고 향을 피운 다음 분향하고 재배하면 축관이 북쪽으로 꿇어앉아서 고한다. 축관이 고사를 마치고 제사가 끝나면 그때부터 묘를 파기 시작하는데, 묘의 서쪽부터 괭이로 한 번 찍고 '파묘', 이어 또 한 번 찍고 '파묘'하고 외치면서 사방을 찍은 다음 흙을 파낸다. 관을 들어낼 때는 흙이 흩어지지 않게 조심하고 준비한 칠성판에 올려놓는다. 대개의 경우 관은 삭아서 없어지고 형체만 남은 유골은 칠성판에 놓게 되는데, 이것을 긴 베로 칠성판과 함께 머리에서부터 차례로 감아 내려온다. 이때의 베 포를 감포라 하며 칠성판에는 붓으로 북두칠성을 그려 놓는다. 발인에서 하관까지의 의식은 처음 장사 때와 같고 새로 묘지를 고친다는 부분인 신개유택(新改幽宅)만 다를 뿐이다. 개장이 끝나고 집을 돌아와서 주인은 시마복을 입고 주인 이하는 개장할 때 입었던 옷을 입고 사당에 나가서 고하고 신주를 정침으로 내온다.

- **패철(佩鐵)** : 나경 참조.

- **팔요풍(八曜風)** : 무덤 속으로 침입하는 바람을 말하며, 패철 2층에 8방위가 표시되어 있다.

- **풍수(風水)** : 지기(地氣)를 중심으로 하여 사자 공간(무덤)과 생자 생활공간의 호불호(好不好)를 설명하는 이론. 즉 장풍(藏風) 득수(得水)의 줄인 말로서 바람을 갈무리하고 물을 얻는다는 것이다. 기(氣)는 바람을 만나면 흩어져 버리고 물을 만나면 머문다고 한다. 그래서 풍수를 이용하여 땅의 기운을 얻으려 한 것이다. 감여(堪輿), 지리(地理), 지술(地術)이라고도 한다. 감여란 원래 천지(天地)라는 뜻으로, 천지가 만상(萬象)을 잘 유지하고 있는 것을 의미한다. 승생기(乘生氣) 즉 좋은 땅 기운 위에 올라타는 것이다.
종류로는 양기 풍수(陽基[공동체]風水 - 국토, 도읍, 마을), 양택 풍수(陽宅風水 - 궁궐, 사찰[도선국사, 원효대사, 의상대사가 주로 건축], 서원, 향교, 전통 가옥), 음택 풍수(陰宅風水 - 왕릉, 문중, 선산, 묘) 등이 있다.

인간의 운명을 좌우하는 것으로서 천기(天氣), 지기(地氣), 인기(人氣)가 있는데, 잉태되고 태어나는 순간에 천기(天氣)는 이미 결정되는 것이고, 조상들의 선악으로 인기(人氣)도 이미 결정되는 것이기에, 이 두 가지는 거의 숙명적이다. 따라서 천기(天氣)와 인기(人氣)에서 부족한 부분을 지기(地氣)로 보충해 보려는 노력이 풍수설의 출발이라고 할 수 있다. 그런데 중국의 풍수에서는 물이 중요시되었던 데 비해서 우리의 풍수에서는 산의 흐름이 중요시되어 대비가 된다. 중국 북부에 강수량이 적었던 원인도 있고, 중원의 너른 평원에 산이 없는 이유도 있다.

- 하수사(下水砂) : 혈 아래에 붙어 있는 작은 능선으로 혈장을 지탱하여 주는 역할을 한다. 용이 혈을 결지하고 남은 여기(餘氣)가 하수사를 만들기 때문에, 혈의 좋고 나쁨은 먼저 하수사를 보고 판단한다. 하수사는 혈 앞에 있는 물과 반대방향으로 감겨 있어야 물을 역수시킬 수 있다.

- 합금(合襟) : 혈 앞에서 물이나 용이 합하는 것을 말한다.

- 현궁(玄宮) : 현궁(玄宮)이란 임금님의 관을 일컫는 말이다. 왜냐하면 임금은 평소 궁(宮)에서 계신 분이기 때문이다. 따라서 임금의 관을 하관하는 경우에는 하관(下官)이라 칭하지 않고, 하현궁(下玄宮)이라고 칭하였다.

- 혈(穴) : 혈이란 혈지, 혈판, 당판이라고도 하며 시신이 매장되는 장소 혹은 건물이 들어서는 곳으로 풍수지리의 택지에서 가장 중요한 요소 중의 하나이다. 가장 중요한 곳. 가장 파워가 있는 곳(虎口穴). 즉 산 기운이 응집되어 있는 곳이다. 여기에 시신을 매장해야 이 기운에 감응하여 발복한다고 한다. 다시 말하면 기(氣)가 한 곳에 응집된 작은 공간(구멍)으로 핵심이 되는 지점이며 모양에 따라서 와혈(窩穴 - 오목하게 들어간 형태의 혈), 돌혈(突穴 -가마솥을 엎어 놓은 것처럼 볼록하게 생긴 혈), 유혈(乳穴 - 유방처럼 혈장이 약간 볼록한 형태의 혈), 겸혈(鉗穴 - 양 선익이 직선으로 길게 뻗은 형태의 혈)로 구분한다.

- 협산(峽山) : 산야(山野)를 말한다.

- 형국(形局) : 우주만물이 생겨날 때에는 형상이 있게 마련인데, 그 형상에 상응하는 기상과 기운이 그 형상 속에 있다고 보는 관념을 원리로 삼은 것. 형국이란 산의 모양을 사람들이 평소에 생활하면서 가까이 하는 물체의 형상에 비교하여 이름을 붙인 것이다. 이를 물형론(物形論)이라고도 하며, 금계포란형(金鷄抱卵型,) 장군대좌형(將軍臺座型) 등이 대표적인 명칭들이다.

- 형국론(形局論), 형기론(形氣論) : 풍수의 이론 중 산의 형국(形局)을 중심으로 연구하는, 터를 잡는 이론으로서 우리나라에서 만들어진 순수 자생(自生)풍수이론이라고 말할 수 있다. 종류로는 200여 가지가 있는데, 중요한 것으로서 약간을 추릴 수가 있다. 예를

들면 와우형(臥牛形), 용두형(龍頭形), 금계포란형 등등이다. 종류의 기준은 크게 사람모양(옥녀[부드럽게 솟아오른 산의 모양 : 玉女擊鼓形, 玉女開花形, 玉女丹粧形], 장군[남성 : 거칠고 위풍당당하게 솟아 오른 모양 : 將軍出陣形], 신선[남성 : 仙人乘鶴形], 선비[남성 : 高士讀書形] 등), 동물 모양(호랑이[頭大 : 산 모양새가 氣勢 有 : 伏虎形-虎口穴, 臥虎形-乳穴=猛虎授乳形], 용[雙龍交媾形, 回龍顧祖形], 소[산 모양새가 푸근하고 느릿함], 개[頭小], 말, 거북, 자라, 쥐 등), 조류 모양(독수리, 닭[金鷄抱卵形], 봉황[飛鳳歸巢形, 鳳巢形, 丹鳳含書形], 학[舞鶴形, 仙人乘鶴形], 기러기, 제비, 꿩 등 - 입 앞 또는 날개 품 안에 혈처 형성), 꽃 모양(연꽃, 매화, 모란, 도화, 이화 등 - 花心形), 사물 모양(舟, 쟁반, 비녀, 금가락지 등), 글자 모양(也, 日, 月, 勿, 用 등) 등으로 분류된다.

형국론이 우리나라에서 만들어지게 된 이유로는 우선 우리나라에 산이 많기 때문이라고 말할 수 있다. 보이는 것이 모두 산이므로 산에 대항하기 보다는 산과 조화롭게 살며 산의 정기를 받을 수 있는 방법을 찾게 되고 이를 이론적으로 정립하게 된 것이다. 애국가나 학교의 교가를 보면 모두 산의 정기를 의미하는 가사가 들어가 있음이 이를 증명한다.

산의 모양에 따라 와우(臥牛)산이 있게 되면 소의 위장(胃腸) 부분에 혈처가 형성되게 되고, 꽃 모양의 산이 있게 되면 씨방 안에 혈처가 형성되게 되며, 봉황산이 있게 되면 주둥이 부분이나 날개 부분에 혈처가 형성되며 또 오동나무나 대나무 등을 심거나 상징하는 것들을 만들게 되는 것이다. 그런데 이러한 형국론의 정서가 이해는 되지만, 사실 과학적으로 증명할 수는 없다. 이것이 곧 형국론의 한계 내지 단점이라고 말할 수가 있다.

형세(形勢)론이 지기(地氣)에 대한 문제라면, 형국(形局)론 지령(地靈)에 대한 문제라고 비교해서 말할 수도 있다. 이처럼 형국론은 우리의 문화의 특징이다. 삼국시대, 고려시대, 조선시대, 일제시대 등 우리의 문화에는 이 형국론의 이론이 다 들어가 있는 것이다. 고로 이 형국론을 알아야 우리 문화재의 의미가 풀릴 수가 있는 것이다. 전원주택 터나 일반적 터를 정할 때는 형세론(形勢論)과 좌향론(坐向論)만 가지고도 무난하나, 우리의 문화재나 고건축 등을 풀겠다고 한다면 형국론(形局論)의 이론이 없어서는 안 된다.

형국론에는 말을 붙이는 방법들이 있다. 봉황이면 봉서포란형(鳳棲抱卵形)이 되고, 옥녀면 옥녀단장형(玉女丹粧形), 호랑이면 복호형(伏虎形), 신선이면 선인승학형(仙人乘鶴形), 갈용음수형(渴龍飮水形) 하는 식(式)이다. ○○형, ○○○형, ○○○○형 등이 있는데, 종류로는 약 200여 가지나 되며, 형국에 걸린 마을만 하더라도 드러난 것만 2,146가지나 된다고 한다.

- **형세론(形勢論)** : 풍수의 이론 중 형국론(形局論)과 마찬가지로 터를 잡는 이론. 중국 당나라 때 만들어진 이론. 그 이전에는 지기(地氣)를 감(感)으로 느끼는 사람들이 있었

으나(氣感地) 아직 이를 이론적으로는 정리하지 못하였다. 후에 당나라 때 풍수에 대한 이론적 체계화작업이 이루어지게 된다. 역사를 살펴보면 통일 신라 말엽 입당승(入唐僧)들이 유학 후 귀국을 할 때 풍수의 이론까지 함께 공부하고 돌아와서 절터를 잡을 때 이 형세론을 적극 활용하였다. 형세론의 내용으로는 ① 간용법(看龍法 - 혈처 뒷산의 산줄기를 따라 산 기운이 혈처에 까지 오는 길목을 보는 방법), ② 장풍법(藏風法 - 혈처 주변[옆산, 앞산, 뒷산 등 - 좌청룡, 우백호, 전주작, 후현무]의 여러 산줄기들이 바람을 막고 안온하게 혈처를 보존하는 것을 보는 방법), ③ 득수법(得水法 - 혈처 주변 산들에 있는 계곡의 물줄기들이 들어오는 방향과 나가는 방향을 살펴보는 방법), ④ 정혈법(定血法 - 산 기운은 물을 건널 수 없는 바 이처럼 내룡[來龍]으로 흘러오던 산 기운이 물에 막혀서 혈 자리로서 맺혀 있는 곳을 정하는 방법) 등이 있다. 우리나라 풍수의 원조로는 보통 도선국사를 들기도 한다.

- **호석(護石)** : 둘레석. 즉 봉분의 흙이 흘러내리지 않도록 봉분 둘레를 보호하기 위하여 조성한 돌. 무덤 주위를 병풍처럼 둘렀다 하여 둘레돌 또는 병풍석이라고도 한다. 열석(列石)이라고도 한다. 통일신라시대부터 무덤을 수호한다는 의미에서 12지신상(통일신라시대는 立像 ; 고려시대는 坐像)을 조각하거나 모란무늬 등을 새기기도 했는데, 대체로 일정한 양식은 없고 무덤보호 기능에 장식적인 측면이 보태진 것이다.

- **호충법(呼冲法)** : 호충법이란 장지에서 마지막 하관 시 하관을 보지 말아야 하는 사람을 알려 주는 것을 말한다.

- **홍황자윤(紅黃滋潤)** : 혈의 흙 색깔이 붉고 노랗고 빛이 밝게 보여야 혈토라 한다.

- **황천살(黃泉殺)** : 흉성이 있는 방위. 나경 1, 2층에 배당. 6, 8층에서도 활용. 즉 밖에서 우리 집까지 어느 방향에서 나쁜 기운이 들어오는 가를 보는 경우, 이 나쁜 기운이 들어오는 방향이 곧 황천살이다. 규봉(窺峰)은 좌향이 안 정해져도 알 수 있지만, 황천살을 알려면 좌향을 먼저 정해져야 한다. 황천살은 1층 황천살과, 2층 황천살로 둘로 나누어진다.

1층 황천살이란, 먼저 혈처의 좌향(坐向)을 제대로 관측을 한 후(例, 壬坐丙向), 좌(坐)를 기준으로 먼저 1층까지 올라가서 어느 방향에서 황천살이 들어오는가를 찾아보고(例, 辰), 그것을 다시 6층(例, 辰)에 가서 바람(風殺)이 어떻게 들어오는가를 찾아보고 (산과 산의 골짜기가 6층 辰 방향에서 보이면 곧 風殺이 됨 - 風殺이 보이면 곧 이곳을 막고 살아야 됨), 또 8층(例, 辰)에 가서 물기운(水殺)이 어떻게 들어오는가를 찾아보는 것이다(혈처에서 보아서 막 물줄기가 보이기 시작하는 지점[得水]이면 곧 水殺이 됨. 그리되면 이곳으로 황천살이 들어오므로 이곳을 막고 살아야 됨).

2층 황천살이란, 먼저 혈처의 좌향(坐向)을 제대로 관측을 한 후(例, 壬坐丙向), 향(向) 기준으로 먼저 2층으로 내려가서 어느 방향에서 황천살이 들어오는가를 찾아보고(例,

巽), 그것을 다시 8층(例, 巽)에 가서 수살(水殺)이 들어오는가를 찾아보는 것이다(得水가 있거나 破口가 생기면 곧 水殺이 됨).

- **회도살(回到殺)** : 하관하는 순간을 보면 산 사람이 화를 당한다고 한다. 일부에서는 '호충'을 피하라고 하며, 하관하기 전후 3분 동안 보지 않는다.
- **횡수국(橫水局)** : 묘 앞의 물이 옆으로 흐르는 것.
- **후록(後麓)** : 뒷산.
- **흉사(凶砂)** : 혈 주위에서 흉하게 보이며 충(冲)하는 산(山)이나 바위 등을 말한다.

4. 기타 의례 관련 용어

- **가례(嘉禮)** : 국조 오례(五禮) 중의 하나. 왕의 즉위나 혼인, 왕세자 왕세손의 탄생이나 책봉 또는 성혼 등의 의식으로서 관혼의 의미로도 널리 쓰인다. 길례(吉禮)가 신인화합(神人和合)을 통해 신의 대리자인 왕의 권위를 높인다면, 가례(嘉禮)는 왕실 이하 백성에 이르기까지의 화합을 나타내는 것이다. 이 가례는 왕실 내부의 의식(儀式), 왕과 신하 간의 조하의(朝賀儀), 왕과 백성 간의 관계인 친만민(親萬民)의 의식 등 세 가지로 나눌 수 있다.

  왕실내부의 의식으로 중요한 것 가운데 하나는 책봉의식(冊封儀式)이다. 이 장엄한 의식을 통해 왕실의 위엄을 높이고 있다. 여기에는 대비(大妃)의 책봉의식과 세자빈의 책봉 후 연향(宴享)의식, 유모(乳母)의 봉작(封爵) 등이 있다. 왕과 신하 간의 만남은 조회(朝會)의식에서 잘 나타나고 있다. 왕과 신하 간의 화합은 더욱 확대되어 친만민(親萬民)의 단계에까지 이른다. 예를 들면 왕이 직접 연로한 대신들에게 궤장(几杖)과 의자를 하사하고, 또 백성들에게 기로연(耆老宴) 등을 베풀어 주는 것들이다.

- **가정의례준칙(家庭儀禮準則)** : 가정의례에 관한 법률에 의하여 가정의례 의식 절차의 기준을 정한 규칙이다. 원래 가정의례는 관혼상제에 연원을 둔 미풍양속의 전승이며, 오늘을 살아가는 현대인의 생활양식이다.

  그런데 박정희 대통령 집권기 당시의 급속한 산업화에 따른 의례의 상업화 및 과시 소비적 의례문화의 확산을 억제하기 위해 정부는 가정의례에 있어 허례허식의 일소(一掃)와 의식절차의 합리화를 통해 건전한 사회기풍을 조성하고자 '가정의례준칙'을 마련하게 되었다. 최초로 제정된 1969년 '가정의례준칙'은 '혼례, 상례, 제례'에 대한 규정 및 의식 절차에 대한 기준과 양식들을 총 4장 71조로 상세히 규정하고 있는데, '약혼식 폐지, 혼인 당일 혼인신고, 장례는 5일 이내, 노제 폐지, 부고. 축문은 한글 전용' 등 기존의 의례절차를 간소화시켰고 전통적 가정의례를 서양식으로 표준화. 근대화하고자 하였다.

  그 후 개정된 1973년 '가정의례준칙'은 기존 의례(혼례. 상례. 제례)의 범위에 회갑연을 추가하여 가정의례의 간소화 범위를 더 강화하고 기존의 4장 71조에서 5장 24조로 대폭 단순하게 규정하여, '장례는 3일장으로, 청첩장 발송 금지, 함잽이 금지, 단체명의의 신문 부고 금지' 등 기존의 의식절차를 더 생략하고 간소화하였다.

  이러한 '가정의례준칙'의 역사를 간단히 일별해 보자면, '의례준칙'(조선총독부, 1934.

11.10), '표준의례'(재건운동본부, 1956). '표준의례공포'(보건사회부, 1961), '가정의 준칙, 가정의례준칙에관한법률시행령공포'(보건사회부, 1969), '가정의례에관한법률'(보건사회부, 1973.5.17), '가정의례에관한법률'(보건복지부, 1993.12.27), '가정의례에관한법률시행령'(보건복지부, 1994.7.7), '건전가정의례의정착및지원에관한법률'(보건복지부, 1999.2.8), '장사등에관한법률'(2008.3.28) 등으로 변천되어 오고 있다.

- **경국대전(經國大典)** : 조선왕조의 근본을 이루는 법전이다. 세조 때 최항(崔恒)을 중심으로 노사신(盧思愼), 강희맹(姜希孟) 등이 만들기 시작하여 성종 때 완성하였다. 그 뒤로도 여러 차례 보완되었으나 기본 골격은 유지한 채 왕조 말까지 계속 적용되었다.

- **경례(敬禮)** : 경례란 서양의 절인데 개화기 이후 양복을 입으면서 우리나라에 들어와 절 대신 공경의 표시가 되었다.

- **계례(筓禮)** : 옛날에 여자가 성년에 이르러 머리를 올리고 비녀를 꽂던 성년례의 의식. 이때부터 정식으로 사회로부터 성인으로서의 대우를 받았다.

- **계수배(稽首拜), 숙배(肅拜)** : 남자의 큰절. 자기가 절을 해도 답배를 하지 않아도 되는 높은 어른에게와 의식 행사에서 하는 절. 여자의 큰절은 숙배(肅拜)이다.

- **고두배(叩頭拜)** : 신하가 임금에게 절할 때 공수한 손을 풀어서 두 손을 벌리고 이마를 바닥에 대며 하는 절.

- **고명(誥命)** : 중국의 황제가 제후국들의 세자 책봉이나 제후의 즉위 등에 대해 내리는 인증 명령서.

- **공수배(拱手拜), 반배(半拜)** : 남자의 반절. 웃어른이 아랫사람의 절에 대하여 답배할 때 하는 절. 반배(半拜)란 여자의 반절이다.

- **공수법(拱手法)** : 의전에서 손 처리하는 방법. 즉 의식행사에 참석했을 때 공손한 자세로 두 손을 앞으로 모아 잡은 것을 말한다. 차수(叉手)라고도 한다. 평상시에는 남자는 왼손이 위로 가게 포개 잡으며(즉 음양의 논리에 따라 왼쪽은 동이며 양을 뜻하는데, 남자는 양으로서 동을 나타내기 때문), 여자는 오른손이 위로 가게 포개 잡는다(男左女右). 흉사(凶事) 시에는 그 반대이다. 흉사란 임종 때부터 우제가 끝날 때까지이다. 영결식장 등 문상(問喪) 시에는 흉사 시의 공수를 해야 한다. 상중제의 시 초우, 재우, 삼우는 흉사 시의 공수를 해야 하고, 졸곡부터는 길사 시의 공수를 해야 한다.

- **관례(冠禮)** : 옛날에 남자가 성년에 이르면 상투를 틀고 관을 쓰게 하던 의식. 오늘날의 성년식에 해당된다. 15세가 넘으면 남자는 댕기머리를 자르고 상투를 틀어 올린 후 갓을 씌우는 의식을 거행하였다. 이때부터 정식으로 성인으로서의 대우를 받았다.

- **관혼상제(冠婚喪祭)** : 한국의 전통적인 일생의례를 일컫는 말. 관(冠)은 성인식인 관례(冠禮)를, 혼(婚)은 혼례(婚禮)를, 상(喪)은 상례(喪禮)를, 제(祭)는 제례(祭禮)를 지칭한다.

이 4가지 절차는 전통사회에서 인간이 일생을 살면서 기본적으로 행해야 하는 의례라는 뜻으로 사용한 것으로 보인다. 서구적인 학문이 도입되면서 통과의례(Rites of Passage)의 한 범주로서 한 사람이 일생을 살면서 겪는 의례를 일생의례 혹은 평생의례라고 하기에 이르렀다. 그러나 통과의례라는 용어는 일생의례 뿐만 아니라 시간의 통과(세시풍속)나 영역의 통과를 포괄적으로 지칭하기 때문에 통과의례라는 명칭이 일생의례나 관혼상제의 대체어가 될 수는 없다고 할 수 있다.

- **교배례(交拜禮)** : 신랑과 신부가 처음으로 만나 맞절로서 인사하는 의식.
- **구사(九思)** : 율곡의 『격몽요결(擊蒙要訣)』에 제시되고 있는 9가지의 올바른 마음가짐을 일컫는데, 내용은 다음과 같다. ① 시사명(視思明) - 볼 때는 밝게 보기를 생각하라. ② 청사총(廳思聰) - 들을 때는 총명하게 듣기를 생각하라. ③ 색사온(色思溫) - 얼굴색은 온화하게 가지기를 생각하라. ④ 모사공(貌思恭) - 태도는 공손하게 하기를 생각하라. ⑤ 언사충(言思忠) - 말은 참되기를 생각하라. ⑥ 사사경(事思敬) - 일을 할 때는 경건하기를 생각하라. ⑦ 의사문(疑思問) - 의심스러울 때는 묻기를 생각하라. ⑧ 분사난(忿思難) - 분할 때는 어려웠을 때를 생각하라. ⑨ 견득사의(見得思義) - 이득이 생기면 의리를 생각하라.
- **구용(九容)** : 9가지의 올바른 몸가짐(용태)을 일컫는데, 내용은 다음과 같다. ① 두용직(頭容直) - 머리 모습(용태)은 곧아야 한다. ② 목용단(目容端) - 눈의 모습은 단정해야 한다. ③ 기용숙(氣容肅) - 어깨 모습은 엄숙해야 한다. ④ 구용지(口容止) - 입 모습은 다물어야 한다. ⑤ 성용정(聲容靜) - 목소리 모습은 조용해야 한다. ⑥ 색용장(色容莊) - 얼굴색은 장엄해야 한다. ⑦ 수용공(手容恭) - 손은 공손해야 한다. ⑧ 족용중(足容重) - 발은 장중해야 한다. ⑨ 입용덕(立容德) - 서있는 모습은 의젓해야 한다.
- **국구(國舅)** : 왕비의 친정아버지.
- **국궁(鞠躬)** : 읍하는 자세로 허리를 굽히다.
- **국새(國璽)** : 나라의 도장. 과거 왕조시대에 제왕의 인장은 크게 옥으로 만든 옥새(玉璽)와 금으로 만든 금보(金寶, 金印)로 나누어지는데, 일반적으로 이를 합쳐서 국새(國璽)라고 한다.
- **국조오례의(國朝五禮儀)** : 조선조 초기 신숙주(申叔舟,) 정척(鄭陟) 등이 오례(五禮 - 吉禮, 凶禮, 軍禮, 賓禮, 嘉禮)의 예법과 절차 등을 그림을 곁들여 편찬한 책. 8권 6책이다. 왕실을 중심으로 한 기본 예식을 설명한 것이다.
- **국경일(國慶日)** : 우리나라는 <3·1절>, <제헌절>, <광복절>, <개천절>, <한글날> 등 모두 5개의 국경일을 가지고 있다. 이 중 <3·1절>과 <광복절>은 현대사에 있어서 거국적인 독립투쟁을 기념하거나 광복과 함께 대한민국정부의 출범을 경축하는 날이다.

또 <제헌절>은 우리나라가 자유민주주의체제를 근간으로 하는 민주공화국으로서의 새 출발을 경축하는 날이며, <개천절>은 우리 한민족의 근원을 정한 개국(開國)을 기리는 날이다. 또한 <한글날>은 세종대왕의 한글 반포를 기념하고 한글의 우수성을 선양하는 날이다.

국경일 제도는 1948년 8월 15일 정부가 수립된 이후 나라의 근본체계를 하나하나 마련해 나가는 과정에서 만들어졌다. 1949년 9월 21일 제5회 임시국회에서 국경일에 관한 법률안 심의가 시작되었는데, 논의과정에서 국경일 명칭에 '절(節)'을 사용하는 것에 대해 일본의 국경일 천장절(天長節) 의 모방이 아니냐는 의견이 제기되었으나, 과거 우리나라에도 임금의 탄신일에 <천춘절(千春節)>이라는 말을 사용한 사실이 있어, 결국 국경일 이름에 <절(節)>을 사용하기로 결정하였다. <한글날>은 오랫동안 법정기념일로 지정되어 오다가 2005년 12월부터 국경일로 승격되었다.

세계 각국의 국경일을 살펴보면 대개가 건국 또는 독립기념일(미국, 벨기에, 브라질 및 2차 대전 전후 독립된 신생국들), 혁명 기념일(프랑스, 이집트, 아르헨티나 등), 국왕 탄신일(영국, 일본, 태국, 덴마크 등)이 주류를 이루고 있다. 예외적으로 우리나라와 일본은 개천절 또는 건국 기원절(紀元節) 같은 개국일을 국경일로 정하고 있다.

• **국빈(國賓) 방문(訪問)** : 국가 정상급이 일반적으로 다른 우방국의 초청을 받아 공식적으로 행하는 방문. 국빈 방문은 그 예우 수준에 따라 대략 5단계로 나누는데, 가장 격이 높은 State Visit(국빈 방문)를 시작으로 Official Visit(공식 방문), Official Working Visit(공식 실무방문), Working Visit(실무방문) 및 Private Visit(사적 방문)으로 나눌 수 있다. 이 가운데 State Visit(국빈 방문)는 가장 엄숙한 의전행사로서 환영 및 환송식의 예우를 받으며, 국립묘지 참배, 국가원수와의 정상회담 및 공식만찬 등이 필수적으로 포함된다. 또 방문자의 관심도에 따라 국회본회의 연설, 저명인사와의 면담, 첨단산업단지와 유명 사적지(史蹟址) 관람 등이 일정에 포함되는 경우가 있다.

• **군례(軍禮)** : 국조 오례 중의 하나. 군례(軍禮)는 국왕에게 군(軍)의 최고통수권(最高統帥權)이 있음을 나타내는 의례이다. 군례에서 가장 중요한 의식은 강무의(講武儀)와 대열의(大閱義)이다. 강무의(講武儀)는 일정한 지역에서 사냥하는 의식으로서 즉 효과적인 군사훈련의 일종이 되었으며, 대열의(大閱義)는 한가할 때 무비(武備)를 정돈하여 변고에 대비하는 의식으로서 왕의 병권(兵權) 장악을 상징한다.

• **근배례(졸杯禮)** : 근배례란 표주박을 합치는 것으로, 박은 원래 하나였는데 둘로 나뉘었다가 이제 다시 합친다는 의미로 남자와 여자가 원래 하나였는데 따로 태어났다가 오늘 부부로 합친다는 것을 의미하는 혼례의식.

• **기별부인(棄別婦人)** : 이혼한 부인을 말한다.

• **기휘제도(忌諱制度)** : 유교문화권에서는 왕의 이름을 함부로 부르지 못하거니와 글자

로 쓰는 것도 금기시했다. 이러니 한 자라도 줄여주는 게 신하와 백성을 돕는 길이었다. 이러한 제로를 기휘제도라고 한다. 왕의 이름은 육조 참판과 당상관 이상이 모여 지었는데, 최대한 잘 쓰지 않는 글자를 선택했다. 심지어 자전에 없는 글자를 집자(集子)하기도 했다. 후대로 갈수록 기휘제도는 더욱 엄격해졌다. 왕 이름과 음만 같아도 쓰기를 꺼렸을 정도였다. 이에 영조는 이 제도의 폭넓은 적용을 금하라는 명까지 내렸다. 왕의 이름에 쓰인 부수는 모두 13종류인데, 일(日 : 7번)과 왕(王 : 4번)을 가장 많이 썼다. 귀하고 좋은 글자를 넣으려는 신하들의 충심이었다. 조선조 27대 왕 가운데 두 자로 된 이름은 태조, 정종, 태종, 단종, 선조, 인조, 철종, 고종뿐이고 나머지는 모두 외자 이름이었다. 그러나 이들도 단종과 태종을 제외하면 모두 이후에 외자로 개명했다. 고려의 신하였던 태조나 평민처럼 살았던 철종은 왕이 될 줄 몰라 이름을 두 자로 썼다가 후에 외자로 바꾸었다. 바로 기휘제도 때문이었다.

• **길례(吉禮)** : 국조 오례 중의 하나. 신과 인간이 교접을 통해 화합을 한다는 원시적 예(禮)의 원형에 가까운 항목으로서 이것은 국왕이 정권의 안정과 왕실의 보존을 신에게 의탁하고 있음을 상징하고 있다. 길례의 기본의식은 '신(神)은 예(禮)가 아니면 흠향(歆饗)하지 않는다.'는 것이다. 즉 길례는 일정한 분수(分數)가 있어서 서자(庶子)는 선조(先祖)에게, 제후(諸侯)는 하늘에 제사를 지낼 수 없다. 하늘에 제사는 오직 천자(天子)만이 지낼 수 있는 것이다. 만약 이를 어길 경우 귀신은 흠향하지 않는다는 것이다.

이 길례에 포함되는 대상은 천신(天神), 지기(地祇), 인귀(人鬼) 등으로 구별된다. 사직(社稷)은 지기(地祇)의 최고 최고신으로 국가를 '종묘사직(宗廟社稷)'이라 칭하듯이 국가를 세울 때는 반드시 이를 먼저 세우며, 특히 농업과 밀접한 관계를 가져 중요시되었음을 나타내 주고 있다. 사직은 '사(社 - 토지의 神)'와 '직(稷 - 곡식의 神)'으로 구별되는데, '사(社 - 토지의 神)'에는 신주가 있으나 '직(稷 - 곡식의 神)'에는 없다.

사직이 비록 길례에서 최고의 신으로 국상(國喪) 중에도 제사를 지내지만, 실제로 중시된 것은 종묘(宗廟)이다. 그것은 종묘가 왕실의 선조를 모신 관계로 천신, 지기보다 실제로는 왕실의 위엄을 더 보여 주기 때문이다.

• **난삼(襴衫)** : 선비들이 입는 도포 내지 예복을 말한다. 관례(冠禮) 시 삼가(三加) 때 유건(儒巾)과 함께 입는 옷이다.

• **납채(納采)** : 사주(四柱) 보내기. 의혼 단계에서 서로의 의사가 확인되면 결정적인 혼인 의사를 밝히면서 혼인 날짜를 청하는 절차이다. 이 때 남자의 사주(四柱)와 정중한 납채서(納采書)를 보낸다.

• **납폐(納幣)** : 폐백(함, 函) 보내기. 여자 측에서 사주를 보낸 남자와 길조가 나와 혼인한 날짜를 보내왔으므로 혼인이 완전히 정해진 것이다. 남자 측에서 그 여자를 맞이하기 위해 성의를 다해 예물(채단[綵緞])을 보내는 것이 납폐이다. 기본적으로 청단과 홍

단을 넣은 함과 납폐서(혼서지)를 보낸다. 이 혼서지는 고이 간직하였다가 죽으면 관 속에 넣어 가져간다고 한다.

- **내초례(乃醮禮)** : 내초(乃醮)란 제사지낸다는 뜻으로서, 관자에게 술 마시는 예법을 가르치는 절차이다.
- **단령(團領)** : 공복(公服, 관복)으로서 깃이 둥근 포(布)의 하나이다.
- **답소(答疏)** : 답장. 혼담 시 청혼서에 허혼하는 답장을 보냄.
- **대례(大禮)** : 혼인례를 말한다.
- **대수장군(大袖長裙)** : 소매가 길고 치마가 긴 옷.
- **도감(都監)** : 국가나 왕실에 중요한 행사가 있을 때 이를 추진하기 위하여 조정에 임시로 설치되는 임시기구를 말한다. 이 도감(都監)은 행사의 성격에 따라 그 이름이 각각 달랐다. 즉 왕실의 혼례 시에는 가례도감(嘉禮都監), 왕이나 왕세자의 책봉의식에는 책례도감(冊禮都監), 왕실의 장례에는 국장도감(國葬都監), 외국 사신을 맞이하는 행사에는 영접도감(迎接都監), 궁궐의 건축과 같은 일을 행할 때는 영건도감(營建都監) 등을 설치하였다가 그 행사나 일이 모두 끝나면 해체되었다.
- **돈수배(頓首拜), 평배(平拜)** : 남자의 평절. 자기가 절을 하면 답배 또는 평절로 맞절을 해야 되는 웃어른이나 같은 또래 사이에 하는 절. 여자의 평절은 평배(平拜)이다.
- **동심결(同心結)** : 두 고를 내고 맞죄어서 매는 매듭.
- **면복(冕服)** : 왕의 즉위식, 국가의 큰 제사 등 중요한 행사가 있을 때 임금이 입던 의례복으로 곤룡포 면류관을 갖추어 쓴다. 면복은 12면류 12장복으로 면류관의 유(旒 - 관의 앞뒤에 늘어뜨리는 채옥[彩玉]의 줄)가 12개이고 곤복에 수놓은 장문(章文)이 12가지이다. 그래서 곤룡포에 수놓은 12가지의 문양을 12장문이라 한다.
- **목례** : 눈길을 주고받으며 고개를 약간 숙여 예를 표현하는 것.
- **묘호(廟號)** : 왕에 대한 호칭 중 하나로서 사후 종묘(宗廟)에 안치되면서 중신회의를 통해 정해진 호칭이다. 즉 돌아가신 왕의 신주(神主)를 종묘에 모실 때 그 묘실(廟室)을 가리키기 위하여 조정에서 왕이 돌아가신 후 그 왕의 치적 등을 고려하여 중신회의에서 정하였다고 한다. 이외에 왕에 대한 호칭으로는 왕의 사후 중국 황제가 지어 보내주는 시호(諡號)와 신하들이 왕의 덕을 기리기 위해 지어 올리는 존호(尊號) 등이 있다. 예를 들면 조선을 개국한 태조 이성계의 정식호칭은 '태조강헌지인계운문신무대왕(太祖康憲至仁啓運文神武大王)'이라고 하는데, 이 중 '태조(太祖)'는 묘호(廟號)이고, '강헌대왕(康憲大王)'은 시호(諡號)이며, 그 나머지는 존호(尊號)이다. 그는 1899년(광무 3년) 12월 11일에는 태고조황제(太高祖皇帝)로 추존(追尊)되었다.

왕은 생시에는 '주상', '전하', '주상전하'라 호칭하였고, 사후에는 존칭으로 묘호(廟號)

나 능호(陵號)로 부르게 된다. 예를 들어 세종을 '영릉(英陵)'이나 '영묘(英廟)'라고 부르는 것이다. 고종은 1897년 8월 12일 <대한제국>을 선포하고 '황제(皇帝)'의 칭호를 사용한다. 이때부터 신하나 백성들은 왕을 '폐하(陛下)'라고 높여서 부르게 되었다.

- 무궁화(無窮花) : 무궁화(無窮花)는 우리나라를 상징하는 꽃으로서 '영원히 피고 또 피어서 지지 않는 꽃'이라는 뜻을 지니고 있다. 옛 기록을 보면 우리 민족은 고조선 이전부터 하늘나라의 꽃으로 귀하게 여겼고, 신라(新羅)는 스스로를 '근화향(槿花鄕 - 무궁화 나라)'이라고 부르기도 하였다. 조선 말 개화기를 거치면서 '무궁화 삼천리 화려강산'이라는 노랫말이 애국가에 삽입된 이후 더욱 국민들의 사랑을 받아왔다.
  우리나라에는 1백여 종의 무궁화가 자라고 있는데, 꽃 색깔에 따라 단심계, 배달계, 아사달계 등으로 크게 분류된다. 정부는 이들 가운데 꽃잎 중앙에 붉은 꽃심이 있는 단심계 홑꽃을 보급 품종으로 지정하였다.

- 문화융화(acculturation) : 서로 다른 문화체계를 가진 사회가 어떠한 접촉으로 인해 문화요소가 전파되어 인공물, 관습, 믿음 등이 새로운 양식의 문화로 변화되는 과정과 결과를 말한다. 예를 들어 새로이 유입된 유교식 상례문화는 서로 접촉하면 유사성이 있는 문화요소가 증가된다. 따라서 새로이 유입된 유교식 상례문화는 유교식 그대로 유지되는 것이 아니라 조선이라는 사회에 존재해 왔던 다양한 문화요소와 접촉하면서 문화융화를 일으키는 현상 등이다.

- 물목기(物目記) : 물건의 목록을 적은 기록 서식.

- 방친(傍親) : 직계가 아닌 방계의 친척.

- 배례법(拜禮法) : 절하는 의례절차. 절이란 상대에게 공경을 나타내는 기초적인 행동예절이다.

- 봉행(奉行) : 웃어른이 시키는 대로 좇아 행하다.

- 빈례(賓禮) : 국조 오례 중의 하나로서, 빈례(賓禮)는 당시 조선을 둘러싼 국제외교정치에서 사대교린(事大交隣)의 외교정책을 나타내는 의식이다. 빈례는 중국의 명(明)나라와 기타 인접한 나라의 사신을 맞이하는 의식으로 나눌 수 있는데, 예를 들면 명나라 사신을 맞이하는 영사신의(迎使臣儀), 명나라 황제의 고명(誥命)을 맞이하는 영고명의(迎誥命儀), 인접한 나라의 사신을 맞이하는 일본국사선위의주(日本國使宣慰儀注), 숙배의(肅拜儀) 등이다. 축어적으로 해석하여 손님을 대접하는 예절이라고도 할 수 있다.

- 사고(史庫) : 의궤(儀軌)와 함께 조선왕조실록, 왕실의 족보인 선원보(璿源譜)를 비롯해 국가적으로 중요한 문서들을 보관하던 곳이다. 사고(史庫)는 크게 왕실 관련 자료를 보존한 선원보각(璿源譜閣)과 실록 등을 보존한 사각(史閣)으로 구성되어 있다.

- **삼가례(三加禮)** : 관례의 세 번째 절차로서, 어른의 예복(난삼[襴衫] - 녹색이나 검은 빛깔의 단령에 과거에 합격될 때 입던 의복)을 입으며 혁대를 두르고 신을 신고 홀을 잡음을 익히고 복두 또는 유건(儒巾)을 씌우는 절차.
- **삼서(三誓)정신** : 전통 혼인례 속에 들어 있는 3가지 맹서의 정신으로 내용은 다음과 같다. ① 서부모(誓父母) - 자기를 있게 하신 조상과 부모에게 맹세하는 것. ② 서천지(誓天地) - 음양(陰陽)의 상징이며 경천애지(敬天愛地) 사상과도 직결되는 초능력자인 하늘과 땅에 맹세하는 것. ③ 서배우(誓配偶) - 서로가 배우자에게 맹세하는 것.
- **삼자(衫子)** : 속칭 당의(唐衣)이다. 길이는 무릎까지 닿고, 소매는 좁다. 여자들의 일상복이다. 조선시대에는 예복으로서 저고리 위에 입었다. 『임하필기(林下筆記)』에는 양반 부인들과 상궁들이 입는 예복이라 하였다.
- **상동하서(上東下西)** : 좌석배치 시 윗사람은 동쪽에, 아랫사람은 서쪽에 배치한다는 의미이다.
- **상호(相好)** : 부처의 얼굴.
- **선온(宣醞)** : 임금이 신하에게 술을 내리는 일 또는 그 술을 말한다. 사온서(司醞署)에서 만들었다.
- **소격서(昭格署)** : 조선시대에 조정에 설치하여 둔 관청의 하나로서, 여기에서 주관하여 일월성신(日月星辰)에 제사지내는 초제(醮祭)를 참성단에서 행하였다.
- **소물(素物)** : 고기가 없는 소박한 안주.
- **소족(疎族)** : 촌수가 먼 일가.
- **수(嫂)** : 형제의 아내(형수님, 제수씨 등).
- **수양자(收養子)** : 남의 아이를 자기 성으로 입양시킨 아들.
- **숙(叔)** : 남편의 형제.
- **시가례(始加禮)** : 관례의 첫 번째 절차로서, 어른의 평상복(심의[深衣]나 사규삼을 입고 대대[大帶 - 심의에 두르는 큰 띠]를 두르고 신을 신음)을 입혀 주고, 치관(緇冠 - 두꺼운 종이를 발라서 만든 검은 관. 먼저 상투를 틀고 망건과 탕건을 씌우고 치관을 씌움) 씌우는 절차.
- **시호(諡號)** : 죽은 자의 생전 행적에 의거하여 사후 임금이 내려주는 이름. 또는 황제가 제후들에게 내려주는 사후의 이름.
- **식사(式辭), 치사(致辭), 격려사(激勵辭)** : 식사(式辭)는 일반적으로 각종 의식행사를 주최하는 기관의 장(長)이 해하는 말이다. 치사(致辭)는 주로 주관 기관보다 그 상위 기관의 장(長)인 귀빈 또는 외빈(外賓)이 한다. 격려사(激勵辭)는 주로 내부만의 행사 시는

기관장이 하고, 외부인사가 참석할 경우 식사(式辭) 또는 대회사(大會辭)는 기관장이, 격려사(激勵辭)는 초청 귀빈(貴賓)이 하는 것으로 역할을 나누기도 한다. 격려사(激勵辭) 역시 치사(致辭)와 마찬가지로 상하(上下) 관계의 개념으로 많이 쓰이고 있다. 이와 반대로 축사(祝辭) 등은 수평적인 또는 대등한 관계에서 행해지는 식사(式辭)라고 말할 수 있다.

- **실로(室老)** : 집안의 노인.
- **실천적 예학(禮學)** : 18세기로 들어오면서 실학자를 중심으로 복잡한 『주자가례』를 간소화하여 현실에 적용하기 쉽도록 하려는 실천 중심의 보편화가 시도되었다. 성호(星湖) 이익(李瀷 ; 1681~1763)은 『가례』의 사례(四禮)를 번문욕례(繁文縟禮)하고, 허례허식에 치우쳐 경제적 파단을 가져와 생활기반을 흔들게 되었고, 학문적으로는 시의에 맞는 의례를 모색하는 진전이 없었다는 것을 문제로 삼았다. 그리하여 이익은 예학의 주류가 된 사계와 그 학파의 예서에 대해서는 철저한 변정을 가하고 『가례』를 분석하여 주자의 본의를 밝히고 생활화하고자 노력하였다. 우선 이익은 예(禮)의 보편화를 통하여 사회 정의를 구현하는 것을 그 이상으로 삼았다. 당대에 통례로 보편화되었던 『가례』는 중국에서 사대부를 중심으로 한 시왕(時王)의 제(制)로서 조선의 사대부와는 격이 맞지 않으며, 더욱이 사서인들이 이를 생활화하려 한 데에서 경제적 파단을 자초하였다고 이익은 판단하였다. 이에 따라 이익은 이를 바로 잡기 위하여 사서인(士庶人)에게 부합되는 예서를 편찬하게 되는데, 『가례』를 충분히 탐구한 다음 생활예서를 편찬하였다. 『상제법(喪祭法)』, 『전후상위일록(前後喪威日錄)』, 『예설유편(禮設類編)』, 『가례질서(家禮疾書)』, 『성호예설유편(星湖禮設有編)』 등이 그 결과물이다. 이러한 책에서는 사서인을 위한 예(禮)와 검소한 의례의 실천, 복제(服制)의 재해석, 상례절차의 간소화 등을 모색하여 실천 위주의 예학을 주장한다. 예를 들면 관(棺)에는 칠 대신 송진을 사용하고, 수의(壽衣)는 일상복인 포의(布衣)로 대신하고 염습에는 지피(紙皮)로 대신하였다. 또한 명정 등 상구(喪具)는 모두 종일 사용하고, 악수, 삽, 공포, 관보 등을 폐지하도록 권장한다. 이익은 예(禮)를 경세치용(經世致用)의 본(本)으로 보았는데, 실증과 실용을 학문의 방법으로 삼아 주자를 비롯한 국내의 여러 학자들의 설을 변정함으로써 실학적 예학이라는 새로운 예학을 개발하였다. 이는 뒤에 오는 정약용 등에게 커다란 영향을 미쳤다. 다산 정약용(1762~1836)은 이익의 예학정신을 이어받아 예설이 너무 간소화되었다고 보고, 『상례사전(喪禮四箋)』과 『사례가식(四禮家式)』 등의 예서 저술을 통해 사대부가 중심이 되는 새로운 가례의 정립을 모색하였다. 특히 가례의 실천을 위해 『가례』를 비판하면서도 『가례』를 받아들였을 뿐만 아니라 고례를 많이 수용하기도 하였다. 그리고 기존 예설의 오류를 지적하고 이를 바로 잡는 데도 일조를 하였다. 예를 들면 질병이란 목숨이 끊어지는 것, 선비 아상은 말우(末虞 ; 三虞)가 졸곡이며 졸곡제가 따로 없다는 것 등이다. 뿐만 아니라 『가례』 등 중국의 예는 천자국의 것이므로

재후국인 조선에서는 그보다 한 등급 낮춰서 의례의 형식을 갖추어야 한다고 주장하였다. 이처럼 실학자들의 의례 탐구는 실천을 위한 목적이 더 강하였다. 이 실천의 당위성을 확보하기 위하여 『가례』에만 의존한 것이 아니라 고래(古來)의 예서들도 두루 섭렵하여 당시 사회에 적합하고 타당성 있는 실천예학을 정립하려 한 데에서 유교식 상례의 능동적 수용을 읽을 수 있다(김시덕, 『한국의 상례문화』, 109f. 참조).

- **애국가(愛國歌)** : 애국가(愛國歌)는 말 그대로 '나라를 사랑하는 노래'를 뜻한다. 애국가라는 이름으로 노래 말과 곡조가 붙여져 나타난 것은 조선 말 개화기 이후부터이다. 1896년 '독립신문' 창간을 계기로 여러 가지의 애국가 가사가 신문에 게재되기 시작하였다. 오늘날 불리고 있는 애국가의 노래 말은 외세의 침략으로 나라가 위기에 처해 있던 1907년을 전후하여 조국애와 충성심 그리고 자주의식을 북돋우기 위하여 만든 것으로 보인다. 처음에는 스코틀랜드 민요 '올드 랭 사인(Auld Lang Syne)'의 곡조를 이용하였다고 한다. 그런데 당시 해외에서 활동 중이던 안익태는 애국가에 남의 나라 곡을 붙여 부르는 것을 안타깝게 여겨 1935년 11월에 지금 우리가 부르고 있는 애국가 곡조를 작곡하였다. 대한민국임시정부는 이 곡을 애국가로 채택하여 사용하였으나, 이는 해외에서만 펴져 나갔을 뿐, 국내에서는 광복 이후 정부 수립 무렵까지 여전히 스코틀랜드 민요에 맞춰 부르고 있었다. 그러다가 1948년 대한민국 정부가 수립된 이후 현재의 노래 말과 함께 안익태가 작곡한 곡조의 애국가가 정부의 공식행사에 사용되고 각급 학교의 교과서에도 실리면서 전국적으로 애창되기 시작하였다.

- **애니미즘(Animism)** : 영혼을 뜻하는 라틴어의 Anima에서 유래했으며, 온갖 다양한 영혼에 대한 신앙 전체를 애니미즘이라고 한다. 영혼은 사람의 눈에 실체로서 포착될 수 없지만, 예로부터 그 존재를 믿어 왔다. 영혼의 존재는 각 민족의 사회나 문화현상을 반영하는 것으로, 그 지역에서 사는 사람들의 세계관이나 사생관과 깊이 연관되어 있다. 일본에서도 사람이 죽으면 '혼'이 이탈한다고 믿었으므로 임종 시에는 '혼 부르기'라는 의례가 남아 있다. 유족들이 산 쪽을 쳐다보거나 오래 된 우물을 내려다보며 죽은 이의 이름을 여러 번 부르는 행위이다.

- **영(纓)** : 관을 메는 끈.

- **예(禮)** : 오랫동안 그 사회의 풍속이나 습관을 통하여 형성된 사회적인 규범을 말하는데, 다시 말하면 예란 인간 행위의 준칙(準則)이자 일종의 사회적 약속이다.

- **예절(禮節)** : 생활규범으로서의 예(禮)를 일상생활 속에서 개인 간의 관계를 규율하는 측면에서 말할 때 이를 곧 예절(Etiquette)이라고 한다. 결국 예절이란 친절, 배려, 양보를 바탕으로 하는 상식적인 행동 양식을 말하는데, 개인 간의 인간관계를 원만하고 조화롭게 해주는 윤활유 역할을 하는 것이다.

- **예조(禮曹)** : 고려와 조선시대 6조(曹) 중의 하나로서 예의(禮儀), 제향(祭享), 조회(朝

會), 교빙(交聘), 학교, 과거(科擧) 등에 관한 일들을 관장하던 부서이다. 예조(禮曹)는 다시 계제사(稽制司), 전향사(典享司), 전객사(典客司) 등으로 나뉘는데, 이 가운데 계제사(稽制司)는 의식(儀式), 제도, 조회, 경연, 사관, 학교, 과거, 인신(印信 : 관청의 인장), 표전(表箋 - 표[表]는 왕에게 소회를 올리는 글. 전[箋]은 나라의 길흉사가 있을 때 왕에게 올리는 글), 책명(冊名 - 왕이 신하에게 명하는 글), 누각(漏刻 - 물시계), 국기(國忌 - 왕과 왕비의 제삿날), 묘휘(廟諱 - 왕의 사후 칭호), 상장(喪葬) 등에 관한 사무를 담당하며, 전향사(典享司)는 연회, 제사, 제물, 음선(飮膳, 酒肴), 의약 등에 관한 사무를 담당하고, 전객사(典客司)는 사신, 왜인 양인의 영접, 외방(外邦)의 조공, 그들에 대한 연회, 하사품 등에 관한 사무를 담당한다. 오늘날은 교육과학기술부, 외교통상부, 행정안전부, 중앙인사위원회 등이 주로 이와 같은 일을 나눠 담당하고 있다.

- **오례(五禮)** : 길례(吉禮), 흉례(凶禮), 빈례(賓禮), 군례(軍禮), 가례(嘉禮) 등의 5가지 의례(儀禮)를 말한다. 즉 다섯 가지 의례를 중심으로 모든 정치 분야를 조정하여 왕권을 최고의 위상으로 분류하고 왕에게 최고의 권위를 향유하도록 한 고려시대 및 조선시대의 의례체계이다.

- **오복(五福)** : 『書經』 「洪範」에 나오는 5가지 행복을 말한다. 수(壽 - 장수), 부(富 - 재물), 강녕(康寧 - 질병 없이 건강함), 유호덕(攸好德 - 도덕을 즐김), 고종명(考終命 - 천명을 다하고 죽음) 등이다.

- **오정색(五正色), 오방색(五方色)** : 전통 한복에 있는 5가지의 기본 색(色)으로서 청(靑), 홍(紅), 황(黃), 백(白), 흑(黑)의 5가지 색깔이다. 여기에는 음양5행(五行)의 사상이 깃들어 있다. 청은 목(木)으로서 동(東)이요 숫자는 3~8에 해당하고, 홍은 화(火)로서 남(南)이요 숫자는 2~7에 해당하고, 황은 토(土)로서 중앙(中央)이요 숫자는 5~0에 해당하고, 백은 금(金)으로서 서(西)요 숫자는 4~9에 해당하고, 흑은 수(水)로서 북(北)이요 숫자는 1~6에 해당한다.

- **외생(外甥)** : 사위.

- **우귀(于歸)** : 남자가 여자의 집에서 장가를 들고 첫날밤을 치른 후, 아내를 데리고 시가(媤家)로 돌아오는 것.

- **원단(元旦)** : 설날 아침.

- **원삼(圓衫)** : 대의(大衣), 즉 큰 옷이다. 빛깔 있는 비단 혹은 명주로 만든 부녀자의 예복이다.

- **윤회설** : 윤회전생이라고 하는 예로부터 내려온 인도의 사고방식. 인간은 태어나서 죽고 죽어서 다시 태어나기를 거듭한다는 학설.

- **읍례(揖禮), 굴신례(屈身禮)** : 반절. 장소나 기타 사정으로 절을 할 수 없을 때 절할 상

대에게 간단하게 공경을 나타내는 동작의 예. 상읍례, 중읍례, 하읍례가 있다. 읍례는 간단한 예의 표시일 뿐 절은 아니다. 따라서 절을 할 수 있는 공간에 와서는 절을 해야 한다. 여자의 읍례동작이 다름 아닌 굴신례이다.

- **의궤(儀軌)** : 의궤(儀軌)는 의식(儀式)과 궤범(軌範)을 뜻하는 용어로서, 국가적 주요 의례에 대해 그 준비 및 진행과정 등을 상세히 기록하여 후세에 참고하도록 만들어 놓은 보고서 형식의 책이다. 말하자면 조선시대에는 세자와 세자빈의 혼례, 왕의 행차, 국장(國葬) 등 주요 행사가 있을 때에 후대에 이를 참고하도록 하기 위하여 그 준비 및 진행과정, 소요경비, 참가인원 및 동원물자, 행사가 끝난 후 유공자에 대한 포상 등을 상세히 기록하여 놓도록 하였다. 행사가 있기 전까지는 일지(日誌) 형식으로 작성해 두었다가 끝난 후에는 이를 간추려 항목별로 분류한 다음, 행사 모습을 함께 담아 왕이 친히 보는 어람용(御覽用) 1부를 포함해 대개 5~9부를 만들어 의정부, 예조, 춘추관 등에도 전달하고, 지방의 4대 사고(史庫)에 보관해 왔다. 이것이 바로 의궤(儀軌)이다. 이 의궤는 조선 중기부터 본격적으로 만들어지기 시작한 것으로 보이는데, 당시 시대상을 생생하게 알려주는 중요한 사료(史料)로서 그 가치가 매우 높다고 말할 수 있다.

  의궤(儀軌)에 기록된 주요 행사는 왕실의 혼인(婚姻)을 비롯하여 왕과 왕세자의 책봉(冊封), 왕실의 장례(葬禮), 제사, 궁중잔치, 활쏘기, 태(胎)의 봉안, 국왕의 행차, 궁궐 건축, 친농(親農), 친잠(親蠶) 행사, 중국 사신의 영접 등 국가나 왕실 행사 전반에 관한 것이다.

- **의사(義士), 열사(烈士)** : 우리의 독립운동에 몸 바치신 분들 가운데 어떤 분들은 의사(義士), 또 어떤 분들은 열사(烈士)라고 부르고 있다. 이유가 무엇인가? 의사(義士)는 어떠한 형태로든 성공하든지 아니면 비록 실패하더라도 그 결과에 불구하고 무력(武力)으로써 의거(義擧)를 행한 사람을 말하며, 바로 안중근·윤봉길 같은 애국자에게 보통 의사(義士)의 존칭을 붙이고 있다. 이와 달리 열사(烈士)는 의거(義擧)를 행하지 않았더라도 그 열렬(熱烈)한 뜻을 굽히지 않고 스스로 자기 생명을 바친 사람을 말하며, 이준·유관순 같은 애국자에게는 열사(烈士)의 존칭을 붙이고 있다.

- **의전(儀典, Protocol)** : 예(禮) 또는 예절(禮節)을 개인 간의 관계가 아닌, 일정하게 틀을 갖춘 조직 단위에서나 국가, 또는 국제간의 공식적 관계에서 적용할 때 이를 곧 의전(儀典)이라고 말한다. 의전(儀典)의 사전적 정의를 살펴보면 공사(公事), 불사(佛事), 신사(神事), 경조(慶弔) 등에서 행해지는 예법(禮法)이라고 할 수 있는데, 이러한 의전(儀典)은 예(禮)에 그 뿌리를 두고 있는 것으로서, 오늘날에는 '본분과 직분에 따라 마땅히 행하여야 할 기준과 절차'라고 새롭게 정의를 내릴 수도 있다. 결국 의전은 예(禮)를 바탕으로 하여 바람직한 방향으로 사회적 질서를 창조하고, 국민적 일체감을 조성하는 데에 기여한다. 뿐만 아니라 국가 간 또는 국제간에 있어서도 상식과 배려를 바탕으

로 바람직한 질서를 형성케 해줌으로써 세계평화의 유지에도 일익을 담당하고 있다.
의전의 역사는 매우 오래되었다. 중국에서는 이미 기원 전 11세기 경 주(周)나라 때 백성을 다스리는 군자의 덕목으로서, 또는 제후를 다스리는 천자(天子)의 지도 원리로서 '예(禮)'를 내세웠다. 전례(典禮)에 관한 책인 『예기(禮記)』가 중국 고대에 편찬되어 유가(儒家)의 3대 경전 가운데 하나로 후대에 까지 널리 통용되었다는 사실은 이를 뒷받침하고 있다. 조선시대는 '예(禮)의 나라'라고 할 정도로 국가의 통치이념으로서 또는 사회적 질서를 유지하는 하나의 축으로서 예(禮)가 강조되었다. 조선왕조 통치의 기틀이 된 기본 법전으로 편찬된 『경국대전』의 6전(典) 가운데 '예전(禮典)'에는 의장(儀章 - 복식), 의주(儀註 - 국가의 전례절차), 조정의 의식(儀式), 국빈을 대접하는 연회, 중국 및 기타 외국사신을 접대하는 방식, 제례, 상장(喪葬) 등 의전에 관한 사항이 두루 규정되어 있다. 또 조선 초기에는 『국조오례의』가 편찬되기도 하였다.
서양에서 근대적 의미의 의전(儀典)이 정착되게 된 때는 대체로 나폴레옹 전쟁 후인 19세기 초로 보고 있다. 산업혁명이 성공적으로 이루어져 서로 왕래가 활발해짐에 따라 자연히 국가 간의 마찰도 피할 수 없게 되었다. 이러한 과정에서 처음에는 사소한 다툼으로 시작된 의전상(儀典上) 서열(序列)이 국가 간의 불화로 이어지는 사례도 적지 않았다. 이러한 곡절 끝에 나폴레옹 전쟁 후에 개최된 1815년 비엔나 회의(Vienna Congress)에서 국제간 의전에 관한 원칙을 처음으로 정하게 되었다. 그로부터 140여 년이 지난 1961년에 체결된 『외교관계에 관한 비엔나 협정』에서 구체화되어 오늘날과 같은 의전 관행이 전 세계로 널리 파급되었다. 이 원칙에는 여러 나라 국기를 게양할 때에는 주최국 국기를 가장 중앙에 놓고 나머지 국가 국기는 영문 알파벳순으로 게양하며, 대사(大使)들 간의 서열은 그 해당 주재국에 신임장을 먼저 증정하는 순으로 한다는 내용 등이 들어 있다.

- 의전행사(儀典行事) : 일정한 시간에 다수의 사람들이 한 자리에 공통의 목적 달성을 위해 의전적 요소나 절차를 담아 어떤 일을 진행하는 것 또는 그 일.

- 의정관실(儀政官室) : 국가의전에 관한 업무를 담당하는 부서이다. 대한민국정부수립 후 오늘날까지 국가의전에 관한 업무는 정부조직의 개편에 따라 몇 차례 변동이 있었는데, 오늘날 국가의전에 관련된 제도를 관장하고 있는 부서는 바로 행정안전부 의정관실이다. 이 부서에서는 현재 태극기, 애국가, 무궁화 등 국가상징의 선양, 국기(國旗)에 대한 예절과 국민의례, 국새(國璽)의 보관 및 날인, 국내 주요인사에 대한 서열(序列) 및 호칭, 상훈(賞勳) 등 의전제도와 함께 대통령 취임식, 국경일 경축행사, 국빈(國賓) 영접 환영식, 국장(國葬) 및 국민장(國民葬) 등 여러 주요한 의전행사를 담당하고 있다. 그리고 국가의 중요한 정책을 심의하는 헌법상 기구인 국무회의 운영을 맡고 있다. 이 외에 의전 관련 부서로는 외국 국가원수 초청과 우리나라 대통령의 해외순방 등 외교관계를 관장하는 외교통상부 의전장실(儀典長室)이 있으며, 현충일 추념(追念) 행사는

국가보훈처, 국군의 날 기념행사는 국방부가 담당하는 등 각 중앙부처가 소관별로 수행하고 있다.

- **인아(姻婭)** : 인척(姻戚).
- **자관자례(字冠者禮)** : 관례의 절차로서, 관자에게 빈(賓)이 이름[字-별명]을 내려 주는 절차이다.
- **자당(慈堂)** : 남의 어머니를 일컫는 말. 돌아가시면 대부인(大夫人)이라 칭.
- **재가례(再加禮)** : 관례의 두 번째 절차로서, 어른의 출입복(조삼[早衫] - 검은 빛깔의 깃을 둥글게 만든 공복)을 입고 혁대를 두르고 (신을 신음) 모자(갓, 草笠)를 씌우는 절차.
- **전(殿) 당(堂) 합(閤) 각(閣) 재(齋) 헌(軒) 누(樓) 정(亭)** : 집(건물)의 등급을 이르는 말이다. 전(殿)은 임금이 기거하는 집이고, 고로 전하(殿下)라는 호칭을 쓰게 된다. 당(堂)은 강당, 사당(祠堂)으로서 두 번째 등급의 집이다. 합(閤)은 세 번째 등급(합하[閤下] - 대원군의 명칭)이다. 각(閣)은 네 번째 등급(각하[閣下])이다. 다섯 번째가 재(齋 - 東齋, 西齋)이다. 이어서 헌(軒) - 누(樓) - 정(亭) 순으로 이어지는 것이다.
- **전안례(奠雁禮)** : 전통혼례의 시작에 즈음하여 신랑이 신부의 집에 가서 원앙같이 살겠음을 다짐해서 기러기를 드리는 의식.
- **전위의식(傳位儀式)** : 선왕이 생존한 가운데 갖는 새로운 왕의 즉위식(卽位式)을 말한다. 조선시대 왕의 즉위식은 보통 국상(國喪) 중에 거행하는 경우가 대부분이었다. 따라서 아주 검소하게 즉위식을 거행하였다고 한다. 그런데 그리 흔치는 않았지만 세종대왕과 같이 선왕(先王)이 생존한 가운데 즉위식을 갖는 경우도 있었다. 이때는 매우 성대하게 즉위식을 거행하였다고 하며 이를 전위의식이라고 한다.
- **전채지례(奠菜之禮)** : 시집온 지 3개월(『의례』) 혹은 3일(『주자가례』)만에 가묘(家廟)에서 행하는 나물(菜)을 드리는 예(禮)[婚禮].
- **전하(殿下)** : 실학자 이수광(1563~1628)의 『지봉유설(芝峯類說)』에 보면 왕은 살았을 때 흔히 전하(殿下)라고 불렀다. 이는 중국 황제의 폐하(陛下)보다 한 단계 낮은 호칭이다. 폐하(陛下)는 궁전 뜰 저편 섬돌(陛) 아래에서, 전하는 큰 집(殿) 아래에서 부른다는 의미이다. 높을수록 멀리 떨어져서 아뢴다는 뜻이 담겨 있다. 왕세자는 더욱 더 낮춰 저하(邸下)라고 불렀다. 각하(閣下)는 대신, 즉 장관급을 부르던 호칭이었다. 따라서 '대통령 각하'라는 말은 무지(無知)에서 비롯된 소치라고 말할 수 있다.
- **절의(節義)** : 절개와 의리.
- **조(祖), 종(宗)** : 왕의 사후 종묘(宗廟)의 감실에 붙이는 묘호(廟號)를 말하는데, 흔히 조(祖)와 종(宗)으로 구별하여 붙였다. 사실 조종(祖宗)을 먼저 쓴 중국은 건국 시조만

조(祖)를 붙이고, 이후 왕에게는 종(宗)을 썼다. 조선조에서도 문종(文宗) 때까지는 이를 지켰는데, 세조(世祖)부터 이 원칙이 깨지기 시작했다. 아들인 예종(睿宗)이 '대행대왕께서는 나라를 새로이 세운 공덕이 크다.'며 조(祖)를 쓸 것을 고집했다. 계유(癸酉)정란을 일으켜 단종(端宗)을 폐한 그늘을 애써 지우고 싶었던 것인지도 모른다. 이후 조종(祖宗)을 둘러싼 논쟁은 여러 차례 벌어졌다. 인종은 아버지 중종이 연산군을 몰아낸 공로가 크다 하여 조(祖)를 쓰려 했으나, 신하들의 반대로 무산됐다. 선조와 인조는 임진왜란과 병자호란을 극복했다 하여 조(祖)를 썼으나 당시 상당한 논란거리였다. 영조와 정조는 첫 묘호(廟號)는 영종과 정종이었는데, 고종이 재위 26년과 36년에 조(祖)로 묘호(廟號)를 바꿨다. 아마도 종(宗)보다는 조(祖)가 우위에 있다고 보는 경향이 있는 듯하다. 생전에 자신이 원하던 묘호(廟號)를 얻은 왕들도 있다. 예종(睿宗)은 스스로 묘호를 짓고 '죽어서 이를 얻으면 만족하겠다.'고 수시로 말했다고 한다. 생전에 각각 '명(明)'과 '영(英)'을 은근히 기대했던 명종(明宗)과 영조(英祖)도 그 뜻을 이뤘다(동아일보, 2013.8.12 일자).

- **조사(弔辭), 추도사(追悼辭)·추모사(追慕辭)** : 조사(弔辭)는 장례식 등에서 조상(弔喪)하는 말로서 고인의 죽음을 애도하고 생전의 업적을 기리며 명복을 비는 식사(式辭)이다. 추도사(追悼辭) 내지 추모사(追慕辭)는 고인의 기일(忌日)을 맞아 제사의식이나 비석 제막식 등에서 하거나 현충일 추도식 등에서 하는 식사(式辭)이다.

- **조삼(早衫)** : 관례(冠禮) 시 재가(再加) 때 갓과 함께 입는 선비들의 외출복을 말한다.

- **조(祖) - 종(宗)** : 조선시대 역대 왕들의 호칭을 보면 '조(祖)'자 돌림의 명칭도 있고, '종(宗)'자 돌림의 명칭도 있다. 또한 '황제(皇帝)'자 돌림의 명칭도 있고, '군(君)'자 돌림의 명칭도 있다. 이 중 크게는 보통 조(祖)와 종(宗)으로 나뉜다.

그런데 이들 호칭으로 사용되는 이름은 왕의 묘호(廟號)를 일컫는 말이다. 이 경우 묘호(廟號)란 지금의 서울 종로구 훈정동에 있는 '종묘(宗廟 - 사적 제125호)'에 역대 왕들의 신위를 모시고 있는 묘실(廟室)의 이름을 말한다. 이 묘호는 돌아가신 왕의 신주를 종묘에 모실 때 그 묘실을 가리키기 위하여 조정에서 왕이 돌아가신 후 그 왕의 치적 등을 고려하여 중신회의에서 정하였다고 한다. 연산군이나 광해군은 재위 중 폐위되었기 때문에 묘실에 모시지 않아 조(祖)나 종(宗)의 묘호가 없이 왕이 되기 전인 '군(君)'의 위치로 되돌아갔다.

조정에서 묘호(廟號)를 정할 때는 태조 원년(1392년)에 정해진 '조공종덕(祖功宗德)'의 원칙에 입각하여 왕의 재위기간에 국가에 공이 많으면 '조(祖)' 국가에 덕을 많이 쌓았으면 '종(宗)'을 붙이도록 하였다. 그러나 이는 당시의 역사적 상황에 따라 정해졌기 때문에 지금의 잣대로만 본다면 역사적 사실과 다른 측면도 있을 수 있다. 예를 들면 임진왜란으로 고초를 겪은 제14대 선조(宣祖)의 경우 처음에는 국가적 재앙을 당하였다는 점에서 공(功)을 인정받지 못해 그의 첫 묘호(廟號)는 선종(宣宗)으로 올려졌지만, 세월이 많이 흐른 뒤에 왜란 중의 공로가 인정되어 다시 선조(宣祖)로 바뀌었다고 한다. 따라서 조선왕조실록에는 '선조실록(宣祖實錄)'이 아닌 '선종실록(宣宗實錄)'으로 편찬되어 있다.

- **존호(尊號)** : 임금의 사후 신하들이 왕의 덕을 기리기 위하여 지어 올리는 이름.
- **주동객서(主東客西)** : 손님을 맞이하여 주인과 손님이 좌석을 배치할 시 주인은 동쪽에, 객은 서쪽에 자리를 마련한다는 의미이다.
- **주최(主催), 주관(主管), 후원(後援)** : 주최(主催)란 어떤 행사나 회합을 주창하여 연다고 하는 의미이며, 주관(主管)은 어떤 일을 주장하여 관할, 관리한다고 하는 의미이다. 그런데 그 구별이 쉽지가 않다. 사실 주최와 주관의 구분이 필요한 곳은 민간부문보다는 정부부문이다.

  우선, 정부기관이 직접 행사를 담당하는 경우에는 <주관(主管)>으로 단일화하여 사용하는 것이 무방하다. 정부주관이라고 하지 정부주최라고 하지는 않는다. 실제로 광복절 경축행사의 주관기관은 행정안전부이다. 이 경우 주최기관은 별도로 존재하지 않는다. 그런데 정부산하단체가 업무와 관련된 행사를 거행할 때 해당 소속부처와 역할을 분담하게 되는데, 이때 주무부처는 주최(主催), 당해 단체는 주관(主管)으로 설정하면 크게 무리가 없다. 예를 들어 무역진흥에 관한 행사라면, '주최(主催) : 산업자원부, 주관(主管) : 대한무역투자진흥공사'로 표시할 수 있다.

  또한 정부산하단체 등이 행사를 거행할 때 그 행사의 대외 공신력을 높이기 위한 방안으로 소관 중앙부처로부터 <후원(後援)>을 받는 경우가 있다. 이 때 관련 중앙부처에 행사 전반에 대한 보고와 함께 후원(後援) 명칭을 사용할 수 있도록 건의하면, 관련 부서는 그 행사의 시기, 장소, 내용 등이 적정한 지 여부를 검토한 후 후원(後援) 명칭 승인 여부를 정한다. 후원 기관은 해당 분야 공로자에게 표창장을 수여하는 경우도 있다.

- **중구(重九)** : 음력 9월 9일. 또는 중양(重陽)이라고도 한다. 양수(陽數)인 9가 겹친 날이다. 중국 한(漢)나라 위(魏)나라 때에는 이날을 국화꽃을 감상하고 등산하는 명절로 삼았다고 한다. 우리나라에서는 고려 때부터 이날을 기려 국화전, 화채 등을 시식(時食)으로 하여 조상께 차례를 드렸다.
- **중원(中元)** : 7월 15일(백중)
- **지칭(指稱)예절** : 어떤 사람을 다른 사람에게 말할 때 가리키는 말이 지칭이며, 이 때 사용되는 적절한 언어예절이 지칭예절이다.
- **직령(直領)** : 깃이 곧고 소매가 넓은 웃옷이다. 조선시대 사대부 계층에서는 편한 복식

으로 입었던 것이다. 모양은 두루마기와 비슷하다. 심의를 갖출 수 없는 경우에 대신 사용한다. 일반적으로 일상복으로 입는 웃옷을 말한다.

- **진단구(鎭壇具)** : 건물을 새로 지을 때, 나쁜 기운이 접근하지 못하도록 넣어 두는 물건. 예를 들어 2013년 7월 경주 석가탑 삼층석탑 해체 시 석탑 상층 기단 내부 적심석(積心石 : 돌무지에 심처럼 박아 쌓은 돌)을 수습하다가 불상을 발견하였는데, 이것이 곧 진단구의 역할을 한 것이 아닌가 사료된다.

- **진산사건(珍山事件)** : 1797년 조선 정조시대 윤지충(尹持忠)과 권상연(權尙然)이 신주(神主)를 불사르고 제사(祭祀)를 폐지한 사건으로서, 당시 정조는 천주교 박해를 주장하는 다수의 의견을 듣지 않고 두 사람만을 처형하여 더 이상 사건을 확대하지 않았다.

- **축사(祝辭), 격려사(激勵辭)** : 축사(祝辭)는 어떤 행사에 초빙된 외부 인사 가운데 내빈 자격으로 그 행사를 축하하는 뜻이 담긴 연설을 말하며, 대개 경사스러운 일이면 크게 제한 없이 널리 사용되고 있다. 격려사(激勵辭)는 어떤 특정한 임무 수행을 위한 별도의 집단이 발족할 때 그와 연관된 인사가 구성원들의 사기를 북돋아 주기 위하여 하는 연설을 말하며, '전국체육대회 ○○도 선수단 발단식'과 같은 경우에 쓰인다.

  그러나 이 두 용어는 확연히 구분되는 것이 아니라 혼용되고 있다. 예를 들면, 행사에 초빙된 첫째 내빈이 축하의 의미로 '축사(祝辭)'를 했을 때 그 다음 내빈은 '축사(祝辭)'라는 똑같은 명칭을 사용하는 것이 적절치 않을 경우, 부득이 '격려사(激勵辭)'라는 이름으로 연설을 할 수가 있다는 것이다. 아무튼 축사(祝辭)와 격려사(激勵辭)는 그 말이 갖는 의미가 다소 차이가 있다는 전제 아래 행사마다 그 성격을 감안하여 적절한 용어를 선택해야 할 것이다.

- **칭호(稱號)예절** : 호칭예절과 지칭예절을 합친 예절.

- **태극기(太極旗)** : 우리나라 국기(國旗)인 태극기(太極旗)는 흰색 바탕에 가운데 태극문양과 네 모서리의 건곤감리(乾坤坎離) 4괘(卦)로 구성되어 있다. 태극기의 흰색 바탕은 밝음과 순수, 그리고 전통적으로 평화를 사랑하는 우리의 민족성을 나타내고 있다. 가운데의 태극문양은 음(陰 - 파랑)과 양(陽 - 빨강)의 조화를 상징하는 것으로 우주만물이 음양의 상호작용에 의해 생성하고 발전한다는 대자연의 진리를 형상화한 것이다. 네 모서리의 4괘(卦)는 음과 양이 서로 변화하고 발전하는 모습을 효(爻)의 조합을 통해 구체적으로 나타낸 것이다.

  그 가운데 건괘(乾卦)는 우주 만물 중에서 하늘을, 곤괘(坤卦)는 땅을, 감괘(坎卦)는 물을, 이괘(離卦)는 불을 각각 상징한다. 이들 4괘는 태극을 중심으로 통일의 조화를 이루고 있다. 이와 같이 예로부터 우리 선조들이 생활 속에서 즐겨 사용하던 태극문양을 중심으로 만들어진 태극기는 우주와 더불어 끝없이 창조와 번영을 희구하는 한민족(韓民族)의 이상을 담고 있는 것이다.

우리나라의 국기 제정은 1882년(고종 19년) 5월 22일에 체결된 조미(朝美)수호통상조약 조인식이 직접적인 계기가 되었다고 한다. 당시 청나라는 자기나라 국기인 용기(龍旗)를 약간 변형하여 사용할 것을 요구하였으나, 우리는 '태극 도형기'를 임시 국기로 사용하였다. 그 후 '태극 도형기'에 8괘를 첨가한 '태극 8괘 도안'의 기를 사용하다가, 1882년 9월 박영효는 고종의 명을 받아 특면전권대신 겸 수신사로 이 국기를 가지고 일본으로 가던 중 선상(船上)에서 8괘 대신 건곤감리 4괘만을 그려 넣은 '태극 4괘 도안'의 기를 만들어 바로 그 달 25일부터 사용하였다. 10월 3일 본국에 이 사실을 보고하자, 고종은 다음 해인 1883년 3월 6일(음 1월 27일) 왕명으로 이 '태극 4괘 도안'의 '태극기(太極旗)'를 국기(國旗)로 제정 공포하였다. 1948년 8월 15일 대한민국 정부가 수립되면서 태극기의 제작법을 통일한 필요성이 커짐에 따라, 정부는 1949년 1월『국기시정위원회』를 구성하여 그 해 10월 15일에 오늘날의『국기제작법』을 확정 발표하였다.

- **택일(擇日)** : 연길(涓吉)이라고도 함. 남자 측으로부터 사주를 받았으면 여자 측은 집안 사정을 감안하여 좋은 길일(吉日)을 택해 혼인 예식의 날을 남자 측에 보내야 하는데, 이 절차를 말한다.
- **통과의례(通過儀禮)** : 사람이 일생 동안 새로운 상황, 지위, 신분, 연령 등을 거치면서 치르는 갖가지 의례나 의식의 총칭을 말한다. 대표적인 통과의례로는 관례, 혼례, 상례, 제례 등이 있다.
- **항려(伉儷)** : 배필.
- **호칭(呼稱)예절** : 어떤 사람을 직접 부르는 말이 호칭이며, 이 때 사용되는 적절한 언어 예절이 호칭예절이다.
- **혼담(婚談)** : 남자 측과 여자 측이 혼인에 관하여 서로 상의하는 것. 즉 남자 측에서 청혼하고 여자 측에서 허혼하는 절차이다.
- **홀기(笏記)** : 의례의 순서와 차례 절차를 적어 놓은 서식.
- **후지(厚紙)** : 두터운 한지. 즉 장질 혼백상자용.
- **흉례(凶禮)** : 국조 오례 중의 하나. 왕과 왕비의 흉사(凶事) 의식. 한편 국구(國舅 - 왕비의 친정아버지)의 상(喪)의 경우는 일반 사가(私家)의 경우와는 의례가 달랐는데, 왕은 자신의 장인이나 장모의 상에는 대궐 안에서 곡(哭)을 하고, 상복을 입도록 하였다. 아울러 조회도 중지하도록 규정하고 있다. 또한 장인이나 장모의 빈소에 신하를 보내 조문하고, 장례 도구 및 인부들을 국가에서 지급하여 상을 치르도록 하였다. 이를 조선시대에는 '예장(禮葬)'이라고 하였다. 왕비의 경우도 왕과 마찬가지로 대궐 안에서 곡을 하고 상복을 입도록 하였다. 왕비는 출가외인이며 동시에 조선의 국모이지만, 동시에

친정아버지의 딸이기 때문에 직접 친정에 가지는 않고 대궐 안에서 상을 치르도록 한 것이다. 조선 성종 때 완성된 『경국대전(經國大典)』에 의하면 예장(禮葬)을 하는 범위는 왕비의 친정 부모, 빈과 귀인, 왕자인 대군(大君), 군(君)과 그 부인, 공주와 옹주, 의빈(儀嬪)과 종친, 종1품 이상의 문무신, 공신 등으로 규정하고 있다. 이 밖에 참찬, 판서 등 벼슬을 지낸 이도 대상이 될 수 있고, 왕의 특지(特旨)에 따라 예장(禮葬)을 받을 수도 있었다.

부 록[1]

1. 기제(忌祭) 축문(祝文)
2. 상례(喪禮) 축문(祝文)
3. 묘제(墓祭) 축문(祝文)
4. 이개장(移改葬) 축문(祝文)
5. 석물입석(石物立石) 축문(祝文)
6. 개사초(改莎草) 축문(祝文)
7. 기타(其他) 축문(祝文)
8. 묘제(墓祭) 홀기(笏記)
9. 기제(忌祭) 홀기(笏記)

---

[1] 李木春, 『增補祝文集覽』. 保景文化史.

1. 기제(忌祭) 축문(祝文)

1) 부모(父母) 합제(合祭) 축(祝)

惟 歲次 干支 0月 干支 朔 0日 干支 孝子 0 0
　　　　　　　　　　　敢 昭 告 于
顯考 學生府君
顯妣 孺人 000氏
　　　歲序遷易
考位(顯考)　諱日復臨　追遠感時
　昊天罔極　　　　謹以
　　淸酌庶羞 恭伸奠獻　　尙
饗

　이제 00년 00월 00일에 효자 00는 감히 밝혀 아버님과 어머님께 고합니다.
　어느덧 세월이 흘러 아버님께서 돌아가신 날이 다시 돌아와, 먼 옛날의 감회를 생각하니, <u>아버님의 은혜가 하늘과 같이 크고 넓어서 끝이 없사옵니다.</u>
　삼가 맑은 술과 여러 음식들로 공경을 다하여 제사를 드리오니 흠향하시기를 바라옵니다.

2) 조부모(祖父母) 합제(合祭) 축(祝)

惟 歲次 干支 0月 干支 朔 0日 干支 孝孫 0 0
　　　　　　　　　　　敢 昭 告 于
顯祖考 學生府君
顯祖妣 孺人 000 氏
　　　歲序遷易

祖位(顯 祖考) 諱日復臨 追遠感時

不勝永慕　　　　謹以

淸酌庶羞 恭伸奠獻　　　尙

饗

　이제 00년 00월 00일에 효손 00는 감히 밝혀 할아버님과 할머님께 고합니다.
　어느덧 세월이 흘러 할아버님께서 돌아가신 날이 다시 돌아와, 먼 옛날의 감회를 생각하니, 길이길이 사모하는 마음을 금할 수가 없사옵니다.
　삼가 맑은 술과 여러 음식들로 공경을 다하여 제사를 드리오니 흠향하시기를 바라옵니다.

　* 증조, 고조 합제 축문 시 : 현증조고(顯曾祖考) 현증조비(妣), 현고조(高祖)고 현고조비, 효증손(孝曾孫), 효현손(玄孫)으로 대체.

3) 부선망(父先亡) 기제(忌祭) 축(祝)

惟 歲次 干支 0月 干支 朔 0日 干支 孝子 00

　　　　敢 昭 告 于

顯考 學生府君

歲序遷易 諱日復臨 追遠感時

昊天罔極　　　　謹以

淸酌庶羞 恭伸奠獻　　　尙

饗

　이제 00년 00월 00일에 효자 00는 감히 밝혀 아버님께 고합니다.
　어느덧 세월이 흘러 아버님께서 돌아가신 날이 다시 돌아와, 먼 옛날의 감회를 생각하니, 아버님의 은혜가 하늘과 같이 크고 넓어서 끝이 없사옵니다.
　삼가 맑은 술과 여러 음식들로 공경을 다하여 제사를 드리오니 흠향하시기를 바라옵니다.

4) 모선망(母先亡) 기제(忌祭) 축(祝)

惟^유 歲^세次^차 干^간支^지 O月 干^간支^지朔^삭 O日 干^간支^지 孝^효子^자 O O

敢^감 昭^소 告^고 于^우

顯^현妣^비 孺^유人^인 OOO 氏^씨

歲^세序^서遷^천易^역 諱^휘日^일復^부臨^림 追^추遠^원感^감時^시

昊^호天^천罔^망極^극   謹^근以^이

清^청酌^작庶^서羞^수 恭^공伸^신奠^전獻^헌   尙^상

饗^향

이제 OO년 OO월 OO일에 효자 OO는 감히 밝혀 어머님께 고합니다.

어느덧 세월이 흘러 어머님께서 돌아가신 날이 다시 돌아와, 먼 옛날의 감회를 생각하니, 어머님의 은혜가 하늘과 같이 크고 넓어서 끝이 없사옵니다.

삼가 맑은 술과 여러 음식들로 공경을 다하여 제사를 드리오니 흠향하시기를 바라옵니다.

5) 부(夫) 기제(忌祭) 축(祝)

惟^유 歲^세次^차 干^간支^지 O月 干^간支^지朔^삭 O日 干^간支^지 主^주婦^부 O O 氏^씨

敢^감 昭^소 告^고 于^우

顯^현辟^벽 學^학生^생府^부君^군

歲^세序^서遷^천易^역 諱^휘日^일復^부臨^림

追^추遠^원感^감時^시 不^불勝^승感^감愴^창

謹^근以^이

清^청酌^작庶^서羞^수 恭^공伸^신奠^전獻^헌 尙^상

饗^향

이제 00년 00월 00일에 아내 00는 감히 밝혀 당신께 고합니다.

어느덧 세월이 흘러 당신이 돌아가신 날이 다시 돌아와, 먼 옛날의 감회를 생각하니, 슬픈 마음을 금할 수가 없사옵니다.

삼가 맑은 술과 여러 음식들로 공경을 다하여 제사를 드리오니 흠향하시기를 바라옵니다.

6) 처(妻) 기제(忌祭) 축(祝)

惟 歲次 干支 0月 干支 朔 0日 干支 夫 000
　　　　　　　昭 告 于
亡(故)室 孺人 000 氏(본관과 성)
　　　歲序遷易 亡日(逝日)復至
　　　悲悼酸苦 不自勝感
　　　　　　　茲以
　　　清酌庶羞 陳此奠儀 尙
饗

이제 00년 00월 00일에 남편 00는 밝혀 당신께 고합니다.

어느덧 세월이 흘러 당신을 사별한 날이 다시 돌아오니, 슬픔으로 쓰리고 비통한 마음을 스스로 금할 수가 없군요.

이에 맑은 술과 여러 음식들로 제수를 차려 올리오니 흠향하시기 바랍니다.

 * 아들로 초헌을 대신할 경우 : 부(夫) 000을 부(夫) 000 사자(使子) 00으로 개서(改書)하여 활용 가능

7) 형(兄) 기제(忌祭) 축(祝)

惟_유歲_세次_차 干支_{간지} 0月_월 干支_{간지}朔_삭 0日_일 干支_{간지} 弟_제 0 0

敢_감昭_소告_고于_우

顯_현兄_형 學_학生_생府_부君_군

歲_세序_서遷_천易_역 諱_휘日_일復_부臨_림

情_정何_하悲_비痛_통 謹_근以_이

淸_청酌_작庶_서羞_수 恭_공伸_신奠_전獻_헌 尙_상

饗_향

이제 00년 00월 00일에 아우 00는 감히 밝혀 형님께 고합니다.

어느덧 세월이 흘러 형님께서 돌아가신 날이 다시 돌아오니, <u>슬프고 비통한 마음 어찌할 바를 모르겠습니다.</u>

삼가 맑은 술과 여러 음식들로 공경을 다하여 제사를 드리오니 흠향하시기를 바라옵니다.

* 비통무기 지정여하(悲痛無已 至情如何 : 형님을 생각하니 내 몸이 없어지는 것 같은 비통한 마음 끝이 없어)로 표기 가능

8) 제(弟) 기제(忌祭) 축(祝)

惟_유歲_세次_차 干支_{간지} 0月_월 干支_{간지}朔_삭 0日_일 干支_{간지} 兄_형

告_고于_우

亡_망弟_제 學_학生_생 00

歲_세序_서遷_천易_역 亡_망日_일復_부至_지

情_정何_하可_가處_처 玆_자以_이

淸_청酌_작庶_서羞_수 陳_진此_차奠_전儀_의 尙_상

饗_향

이제 00년 00월 00일에 형은 아우에게 고한다.

어느덧 세월이 흘러 동생과 사별한 날이 다시 돌아오니, 그리운 마음을 금할 수가 없구나.

이에 맑은 술과 여러 음식들로 제수를 차려 올리니 흠향하기 바란다.

* 서수(庶羞) : 생략 가능.
* 형의 명(名) : 생략 가능.
* 비통외지 정하가처(悲痛猥至 情何可處 : 아우를 잃은 비통한 마음 이를 데 없고 그리운 마음 금할 수가 없구나)로 표기 가능.

9) 자(子) 기제(忌祭) 축(祝)

惟 歲次 干支 0月 干支 朔 0日 干支 父

告 于

亡子 學生 00

歲序遷易 亡日復至

心燬悲念 兹以

淸酌 陳此奠儀 尙

饗

이제 00년 00월 00일에 아버지는 아들 00 에게 고한다.

어느덧 세월이 흘러 너와 사별한 날이 다시 돌아오니, 아버지의 마음은 불타는 것 같고 비통한 마음은 한이 없구나.

이에 맑은 술을 차렸으니 흠향하기 바란다.

* 비념상속 심언여훼(悲念相續 心焉如燬 : 유명을 달리한 너를 생각하니 비통한 생각에 마음이 불타는 듯 하는구나)로 표기 가능

10) 백숙부모(伯叔父母) 기제(忌祭) 축(祝)

惟 歲次 干支 0月 干支 朔 0日 干支 姪 00

敢 昭 告 于

顯 伯(叔)父 學生府君
顯 伯(叔)母 孺人 000 氏
　　　　　歲序遷易
顯 伯(叔)父 諱日復臨 不勝感愴
　　　　　　　　謹以
　　　　清酌庶羞 恭伸奠獻 尙
饗

　이제 00년 00월 00일에 조카 00는 감히 밝혀 큰아버님과 큰어머님께 고합니다.
　어느덧 세월이 흘러 큰아버님께서 돌아가신 날이 다시 돌아오니, 슬픈 마음을 금할 수가 없습니다.
　삼가 맑은 술과 여러 음식들로 공경을 다하여 제사를 드리오니 흠향하시기를 바라옵니다.

　* 방친 : 추원감시 불승영모(追遠感時 不勝永慕)를 불승감창(不勝感愴)으로 교체

11) 외조부모(外祖父母) 기제(忌祭) 축(祝)

　　惟 歲次 干支 0月 干支 朔 0日 干支 外孫 0 0
　　　　　　　敢 昭 告 于
顯 外祖考 學生府君
顯 外祖妣 孺人 000 氏
　　　　　歲序遷易
外祖位(顯 外祖考) 諱日復臨 追遠感時
　　不勝永慕　　　　　　謹以
　　　　茲命 祗薦尉祀　　　　尙
饗

이제 00년 00월 00일에 외손자 00는 감히 밝혀 외할아버님과 외할머님께 고합니다.

어느덧 세월이 흘러 외할아버님께서 돌아가신 날이 다시 돌아와, 먼 옛날의 감회를 생각하니, <u>길이길이 사모하는 마음을 금할 수가 없사옵니다.</u>

삼가 도리라 알고 제사를 드리오니 흠향하시기를 바라옵니다.

12) 장인(丈人) 기제(忌祭) 축(祝)

惟 歲次 干支 O月 干支 朔 O日 干支 外甥(婿) O O O
(유 세차 간지 O월 간지 삭 O일 간지 외생 서)

敢 昭 告 于
(감 소 고 우)

室 顯考 學生府君
(실 현고 학생부군)

室 顯妣 孺人 OOO 氏
(실 현비 유인 OOO 씨)

歲序遷易
(세서천역)

室 顯考 諱日復臨 追遠感時
(실 현고 휘일부림 추원감시)

不勝感愴 謹以
(불승감창) (근이)

清酌庶羞 恭伸奠獻 尚
(청작서수 공신전헌 상)

饗
(향)

이제 00년 00월 00일에 사위 000는 감히 밝혀 장인, 장모님께 고합니다.

어느덧 세월이 흘러 장인께서 돌아가신 날이 다시 돌아와, 먼 옛날의 감회를 생각하니, <u>슬픈 마음을 이길 수가 없사옵니다.</u>

삼가 맑은 술과 여러 음식들로 공경을 다하여 제사를 드리오니 흠향하시기를 바라옵니다.

13) 탈상전(脫喪前) 선조(先祖) 기제(忌祭) 축(祝)

今日則
_{금 일 즉}

顯 祖考 學生府君 諱日
_{현 조고 학생부군 휘일}

孝孫 00 遭 00(돌아가신 분)之喪
_{효손}   _조   _{지 상}

不敢殷祭   謹將
_{불감은제}   _{근 장}

約設之禮   恭伸奠獻 尙
_{약설지례}   _{공신전헌} _상

饗
_향

 오늘 할아버님께서 돌아가신 기제일이 돌아왔으나 효손 00가 아버지 00의 상을 당하였습니다.
 감히 성대한 예로 제사를 드리지 못하고 삼가 장차 간략한 예로 공손히 제사를 드리오니 흠향하시기 바랍니다.

 * 불감은제(不敢殷祭) : 감히 성대한 제사를 드리지 못함.
 * 약설지례(略設之禮) : 간략하게 예를 표한다는 말.

2. 상례(喪禮) 축문(祝文)

1) 초제(初祭) 축(祝) [참고용]

惟 歲次 干支 0月 干支 朔 0日 干支 孤(哀)子 0 0
　　　　　　　　　　　敢 昭 告 于
學生 00 0公之靈 (孺人 000氏 之靈)
　　今爲殞命 見背捐世
　　不勝感痛　　謹以
　　淸酌庶羞 哀薦初事 尙
饗

　이제 00년 00월 00일에 고(애)자 00는 감히 밝혀 아버님(어머님)께 고합니다.
　오늘 운명을 하시고, 돌아가시어 세상을 버리심에, 애통함을 이기지 못하겠습니다.
　삼가 맑은 술과 여러 음식을 차려 애통한 마음으로 초제(初祭)의 예를 드리오니 흠향하시기 바라옵니다.

2) 성복제(成服祭) 축(祝) [우제(虞祭) 축(祝) 의거]

惟 歲次 干支 0月 干支 朔 0日 干支 孤(哀)子 0 0
　　　　　　　　　　　敢 昭 告 于
學生 00 0公之靈 (孺人 000氏 之靈)
　　日月不居 奄及成服
　　夙興夜處 哀慕不寧
　　　　　　謹以
　　淸酌庶羞 哀薦服事 尙
饗

이제 00년 00월 00일에 고(애)자 00는 감히 밝혀 아버님(어머님)께 고합니다.

세월은 머물지 않아 어느덧 성복할 때가 되었습니다. 새벽부터 밤늦게까지 슬프고 사모하는 마음으로 편할 때가 없습니다.

삼가 맑은 술과 여러 음식을 차려 애통한 마음으로 제사의 예를 드리오니 흠향하시기 바라옵니다.

3) 장지(葬地) 고사(告辭) 축(祝) : 택지(擇地) 후 궤연, 영구에 고함 [사례편람(四禮便覽)]

今以
得地於 00 郡 00 面 00 里(先塋下) 0坐之原 將以 0 月 0 日 襄封(합장시 : 將以 0日 合窆于先妣0封0氏之墓)

오늘
00군 00면 00리 00좌향 언덕에 좋은 자리를 마련하여 0월 0일에 장사지내게 되었음을 감히 고합니다.

4) 조전(朝奠) 천구고사(遷柩告辭) 축(祝) : 조전(朝奠) 때 고함 [사례편람(四禮便覽)]

今以吉辰遷柩 敢告(妻, 弟 이하 : 玆告)

이제 길일(吉日)이 되어 영구를 옮김에 감히 고합니다.

5) 청사(廳事) 천구고사(遷柩告辭) 축(祝) : 청사로 옮길 때 영연에 고함 [의절(儀節)]

請 遷柩 于 廳事

관(柩)을 청사로 옮기기를 청하옵니다.

6) 조전(祖奠) 고사(告辭) 축(祝) : 도신(道神)에게 올리는 축(祝) [가례(家禮)]

永遷之禮 靈辰不留 今奉柩車 式遵祖道

영원히 가시는 예(禮)입니다. 좋은 때는 머물지 않으니, 이제 상여에 받들겠사오며, 조도(祖道)의 예를 올리옵니다.

7) 천구취여((遷柩就轝) 고사(告辭) 축(祝) : 상여로 옮길 때 고함 [가례(家禮)]

今遷柩就轝 敢告
_{금천구취여 감고}

이제 관을 옮겨 상여(영구차)로 모심에 감히 고합니다.

8) 견전(遣奠) 고사(告辭) 축(祝) : 발인(發靷) 축(祝) [가례(家禮)]

靈輀旣駕 往卽幽宅 載陣遣禮 永訣終天
_{영이기가 왕즉유택 재진견례 영결종천}

이미 상여에 오르셨으니 이제 가시면 곧 유택이옵니다. 보내는 예를 다하여 드리며 영원한 슬픔의 이별을 고합니다.

 * 화장 시 : 유택(幽宅)을 다비(茶毘), 녹원(鹿苑), 선화(仙化) 등으로 개서(改書) 가능

9) 개기(開基) 전(前) 토지신(土地神) 축(祝) [가례(家禮)]

惟 歲次 干支 ○月 干支 朔 ○日 干支 幼學 ○○○
_{유 세차 간지 월 간지 삭 일 간지 유학}

　　　　　　　　敢 昭 告 于
　　　　　　　　_{감 소 고 우}

土地之神
_{토지지신}

　今爲 某官姓名(學生 ○○○ 公) 營建宅兆 (合窆于孺人 ○○○ 氏)
　_{금위 모관성명 학생 공 영건택조 합폄우유인 씨}

　神其保佑 俾無後艱　　　　謹以
　_{신기보우 비무후간　　　　근이}

　酒果(淸酌脯醢) 祗薦於 神　　　尙
　_{주과 청작포해 지천어 신　　　상}

饗
_향

이제 ○○년 ○○월 ○○일에 유생 ○○○는 감히 밝혀 토지신께 고합니다.

　오늘 이곳에 ○○ 공의 묘소를 조성(부인 ○○씨와 합폄하고자)하고자 하오니, 신께서는 보호하고 돌보아 주시어 훗날에 아무런 어려움이 없도록 보살펴주시기 바라옵니다.

　삼가 맑은 술과 과일(술과 포해)을 차려 경건하게 신께 드리오니 흠향하시기 바라옵니다.

10) 선영(先塋) 고유(告由) 축(祝) [사례편람(四禮便覽)]

惟 歲次 干支 0月 干支 朔 0日 干支 0代孫 00

敢昭告于

顯 0 代祖考 學生府君
顯 0 代祖妣 孺人 000 氏 之墓
　　　今爲 0代孫 0 封 0 氏(今爲 先考學生府君)
　　　將以 0月(將以明日) 營建宅兆 於先兆之下
　　　將開塋域 伏維 尊靈 勿震勿驚　　謹以
　　酒果用伸 虔告謹告

　이제 00년 00월 00일에 0대손 00는 0대 할아버님과 할머님께 감히 밝혀 고합니다.
　할아버님과 할머님의 묘하에 이제 대손 00(혹은 아버지)의 묘소를 조성하고자, 장차 묘역의 땅을 파려고 하오니, 엎드려 바라옵건대 존령께서는, 두려워하시거나 놀라지 마시기 바라옵니다.
　삼가 술과 과일을 갖추어, 경건하게 고하고 삼가 고합니다.

11) 선장부묘(先葬父墓) 합폄(合窆) 고사(告辭) 축(祝) [수암집(遂庵集)]

惟 歲次 干支 0月 干支 朔 0日 干支 孤(哀)子 00

敢昭告于

顯考 學生府君之墓
　　00 罪逆凶釁 先妣見背
　　0月 0日 捐世 葬於 0月 0日
　　行合窆之禮(祔于墓左) 昊天罔極
　　　　　　　　　　　　謹以
　　酒果用伸 虔告謹告

이제 00년 00월 00일에 고(애)자 00는 감히 밝혀 아버님께 고합니다.

00는 너무 큰 죄를 지어 0월 0일 어머님께서 돌아가시어 세상을 떠나셨습니다. 0월 0일에 아버님 묘소에 합장의 예로 장사지내려 하옴에, 슬픈 마음 하늘과 같이 끝이 없습니다.

삼가 술과 과일을 갖추어, 경건하게 고하고 삼가 고합니다.

12) 쌍분(雙墳) 축(祝) : 선장(先葬) 모묘(母墓) 쌍분 時 [근제집(近齊集)]

惟 歲次 干支 0月 干支 朔 0日 干支 孤(哀)子 0 0
　　　　　　　　　敢 昭 告 于
顯妣 孺人 000 氏 之墓
　　先考 學生府君 不行於捐世
　　禮當合祔而 年運有拘
　　將用雙墳之制 昊天罔極
　　　　　　　　謹以
酒果用伸 虔告謹告

이제 00년 00월 00일에 고(애)자 00는 감히 밝혀 어머님께 고합니다.

불행하게도 아버님이 돌아가시어 당연히 합장하여 모셔야 예(禮)에 합당하오나, 당해의 운이 맞지 않아 장차 쌍분으로 모시게 됨에, 슬픈 마음 하늘과 같이 끝이 없습니다.

삼가 술과 과일을 갖추어, 경건하게 고하고 삼가 고합니다.

13) 평토(平土) 후(後) 토지신(土地神) 축(祝) [가례(家禮)]

惟 歲次 干支 0月 干支 朔 0日 干支 幼學 0 0 0
　　　　　　　　　敢 昭 告 于
土地之神
　　今爲 某官某公(學生 000 公) 窆玆幽宅

^{신기보우} ^{비무후간}　　　　　　　　^{근이}
神其保佑　俾無後艱　　　　　謹以
　　^{청작포해}　^{주과}　^{지천어}　^신　　　　　^상
　　清酌脯醢(酒果)　祇薦於　神　　　　尚

^향
饗

　　이제 00년 00월 00일에 유생 000는 감히 밝혀 토지신께 고합니다.
　　오늘 이곳에 00 공의 묘소(유택)을 완성하였사오니, 신께서는 보호하고 돌보아 주시어 훗날에 아무런 어려움이 없도록 보살펴주시기 바라옵니다.
　　삼가 맑은 술과 포해(주과)를 차려 경건하게 신께 드리오니 흠향하시기 바라옵니다.
　　* 합장 시 : 폄자유택(窆茲幽宅)을 합봉사필(合封事畢)로 교체

14) 제주제(題主祭) 축(祝) : 평토 후 영악(靈幄)에서 혼백 대신 신주(지방) 작성 [가례(家禮)]

　　^{유세차}　^{간지}　^월　^{간지삭}　^일　^{간지}　^{고애자}
　　惟歲次　干支 0月　干支朔 0日　干支　孤(哀)子　0 0
　　　　　　　　　　　　^{감소고우}
　　　　　　　　　　　　敢昭告于

^{현고}　^{학생부군}
顯考　學生府君
　　　　^{형귀둔석}　^{신반실당}
　　　　形歸窀穸　神返室堂
　　　　^{신주기성}　^{복유}　^{존령}
　　　　神主既成　伏惟　尊靈
　　　　^{사구종신}　^{시빙시의}
　　　　捨舊從新　是憑是依

　　이제 00년 00월 00일에 고(애)자 00는 감히 밝혀 아버님께 고합니다.
　　아버님 체백이 분묘에로 돌아가셨으니, 혼령께서는 집으로 가시옵소서.
　　이미 신주를 작성하였으니, 엎드려 바라옵건대 존령께서는 옛 것(혼백상자)을 버리시고 새 것(신위-지방)을 따르시어, 이에 기대고 의지하시옵소서.

15) 평토제(平土祭) 축(祝) : 반혼제(返魂祭)

　　^{유세차}　^{간지}　^월　^{간지삭}　^일　^{간지}　^{고애자}
　　惟歲次　干支 0月　干支朔 0日　干支　孤(哀)子　0 0
　　　　　　　　　　　　^{감소고우}
　　　　　　　　　　　　敢昭告于

^{현고}　^{학생부군}
顯考　學生府君

　　　　形歸窀穸 神返室堂
　　　　神主未成 魂帛仍存
　　　　伏惟 尊靈 是憑是依

　이제 00년 00월 00일에 고(애)자 00는 감히 밝혀 아버님께 고합니다.
　아버님 체백이 분묘에로 돌아가셨으니, 혼령께서는 집으로 가시옵소서.
　신주는 작성하지 못하였으나, 혼백[사진]은 이내 잔존하옵니다. 엎드려 바라옵건대 존령께서는, 이에 기대고 의지하시옵소서.
　　* 혼백(魂帛) 사용 시 : 신주미(未)성 혼백잉존(仍存)으로 어구 교체
　　* 영정(影幀) 사용 시 : 신주미(未)성 진영잉존(眞影仍存)으로 어구 교체

16) 성분제(成墳祭) 축(祝) : 반혼제(返魂祭) [매산집(梅山集)]

惟 歲次 干支 0月 干支 朔 0日 干支 孤(哀)子 00
　　　　　　敢 昭 告 于
顯考 學生府君
　　　　墳墓旣成 禮當立主
　　　　拘於事勢 未能如禮
　　　　依具束帛 還安室堂
　　　　伏惟 尊靈 是憑是依

　이제 00년 00월 00일에 고(애)자 00는 감히 밝혀 아버님께 고합니다.
　이미 분묘를 조성함에 당연히 신주로 모셔야 마땅하오나, 사정이 허락지 못하여, 예를 다 갖추지 못하고, 혼백에 모시고 집으로 돌아가고자 합니다.
　엎드려 바라옵건대 존령께서는, 이에 기대고 의지하시옵소서.

17) 봉안당(奉安堂) 봉안 위령제(慰靈祭) 축(祝) : 반혼제(返魂祭)

惟歲次 干支 0月 干支 朔 0日 干支 孤(哀)子 00

　　　　　　　　敢昭告于

顯考 學生府君

　　今以茶毘 墓堂配享[安置]

　　事畢奉安 禮當立主

　　拘於事勢 未能如禮

　　依具束帛 還安室堂

　　伏惟 尊靈 是憑是依

　이제 00년 00월 00일에 고(애)자 00는 감히 밝혀 아버님께 고합니다.
　오늘 다비를 하여 묘당(봉안묘, 봉안당)에 모시고 봉안의 예를 마치었습니다. 당연히 신주로 모셔야 마땅하오나, 사정이 허락지 못하여, 예를 다 갖추지 못하고, 혼백에 모시고 집으로 돌아가고자 합니다.
　엎드려 바라옵건대 존령께서는, 이에 기대고 의지하시옵소서.
　* 선장위(先葬位)가 없을 경우 : 배향(配享) 대신 안치(安置)

18) 자연장(自然葬) 봉안 위령제(慰靈祭) 축(祝) : 반혼제(返魂祭)

惟歲次 干支 0月 干支 朔 0日 干支 孤(哀)子 00

　　　　　　　　敢昭告于

顯考 學生府君

　　今以茶毘 靈廟自然[樹木]

　　事畢奉安 禮當立主

　　拘於事勢 未能如禮

　　依具束帛 還安室堂

伏惟 尊靈 是憑是依
(복유 존령 시빙시의)

이제 00년 00월 00일에 고(애)자 00는 감히 밝혀 아버님께 고합니다.

오늘 다비를 하여 자연[수목]에 영묘를 모시고 봉안의 예를 마치었습니다. 당연히 신주로 모셔야 마땅하오나, 사정이 허락지 못하여, 예를 다 갖추지 못하고, 혼백에 모시고 집으로 돌아가고자 합니다.

엎드려 바라옵건대 존령께서는, 이에 기대고 의지하시옵소서.

19) 봉안당(奉安堂) 탈상(脫喪) 고사(告辭) 축(祝)[2]

惟 歲次 干支 0月 干支 朔 0日 干支 孤(哀)子 00
(유 세차 간지 월 간지 삭 일 간지 고애 자)

敢 昭 告 于
(감 소 고 우)

顯考 學生府君
(현고 학생부군)

世俗變易 謹隨風潮
(세속변역 근수풍조)

今以茶毘 墓堂配享[安置]
(금이다비 묘당배향 안치)

魂歸仙境 事畢葬儀
(혼귀선경 사필장의)

伏惟 尊靈 永世是寧
(복유 존령 영세시령)

謹以
(근이)

酒果用伸 虔告謹告
(주과용신 건고근고)

이제 00년 00월 00일에 고(애)자 00는 감히 밝혀 아버님께 고합니다.

세속이 변화함에 삼가 그 풍속에 따라, 오늘 다비를 하여 묘당(봉안묘, 봉안당)에 모시고, 혼령께서 선경으로 돌아가시게 하고, 장례의 예를 모두 마치었습니다.

엎드려 바라옵건대 존령께서는 영원토록 평안하시기를 빕니다. 삼가 술과 과일을 올려 경건히 고하고 삼가 고합니다.

---

2) 이목춘, 『증보축문집람』, 82쪽 참조.

20) 자연장(自然葬) 탈상(脫喪) 고사(告辭) 축(祝)[3]

惟_유歲_세次_차 干_간支_지 O月 干_간支_지朔_삭 O日 干_간支_지 孤_고(哀_애)子_자 OO

敢_감昭_소告_고于_우

顯_현考_고 學_학生_생府_부君_군

世_세俗_속變_변易_역 謹_근隨_수風_풍潮_조 今_금以_이茶_다毘_비

靈_영廟_묘自_자然_연[樹_수木_목] 魂_혼歸_귀仙_선境_경 事_사畢_필葬_장儀_의

伏_복惟_유 尊_존靈_령 花_화蝶_접遊_유庭_정 自_자然_연相_상隣_린 永_영世_세平_평昌_창

謹_근以_이

酒_주果_과用_용伸_신 虔_건告_고謹_근告_고

이제 00년 00월 00일에 고(애)자 00는 감히 밝혀 아버님께 고합니다.
세속이 변화함에 삼가 그 풍속에 따라, 오늘 다비를 하여 자연[수목]에 영묘를 모시고, 장례의 예를 모두 마치었습니다. 엎드려 바라옵건대 존령께서는, 꽃과 나비가 노니는 정원에서, 자연을 이웃하여, 영세토록 평창하시기를 빕니다.
삼가 술과 과일을 올려 경건히 고하고 삼가 고합니다.

21) 우제(虞祭) [초우, 재우, 삼우] 축(祝) [가례(家禮)]

惟_유歲_세次_차 干_간支_지 O月 干_간支_지朔_삭 O日 干_간支_지 孤_고(哀_애)子_자 OO

敢_감昭_소告_고于_우

顯_현考_고 學_학生_생府_부君_군

日_일月_월不_불居_거 奄_엄及_급初_초虞_우[再_재虞_우, 三_삼虞_우]

夙_숙興_흥夜_야處_처 哀_애慕_모不_불寧_령[子-悲_비念_념相_상續_속 心_심焉_언如_여燬_훼,弟-悲_비痛_통猥_외至_지情_정何_하可_가處_처,

兄-悲_비痛_통不_불己_기 至_지情_정如_여何_하,妻-悲_비悼_도酸_산苦_고不_부自_자勝_승堪_감,

---

[3] 이목춘, 『증보축문집람』, 83쪽 참조.

夫-感傷重新 不自勝堪]

謹以[妻弟이하 - 玆以]

清酌庶羞 哀薦[妻弟이하-陳此, 旁親-薦此]祫[再-虞,三-成]事 尚

饗

　이제 00년 00월 00일에 고(애)자 00는 감히 밝혀 아버님(어머님)께 고합니다.
　세월은 머물지 않아 어느덧 초우가 되었습니다. 밤낮으로 슬프고 사모하는 마음에 편할 때가 없습니다.
　삼가 맑은 술과 여러 음식을 차려, 애통한 마음으로 처음으로 제사의 예를 드리오니, 흠향하시기 바라옵니다.
　* 삼우까지 : 서향(西向) 궤(跪) 독축(讀祝)

22) 삼우(三虞) 탈상(脫喪) 축(祝)

惟 歲次 干支 0月 干支 朔 0日 干支 孤(哀)子 0 0

敢 昭 告 于

顯考 學生府君

日月不居 奄及三虞 夙興夜處 哀慕不寧

三年奉喪 於禮至當 事勢不逮 今期脫喪(切服)

魂歸仙境　　　　　　　　　　　　　　　謹以

清酌庶羞 哀薦成事　　　　　　　　　　　尚

饗

　이제 00년 00월 00일에 고(애)자 00는 감히 밝혀 아버님께 고합니다.
　세월은 머물지 않아 어느덧 삼우가 되었습니다. 밤낮으로 슬프고 사모하는 마음에 편할 때가 없습니다. 3년 상을 받드는 것이 당연하나 도리이오나, 사정이 여의치 못하여, 이번에 탈상(脫喪)하고자 하오니, 혼령께서는 선경으로 돌아가시기 바랍니다.
　삼가 맑은 술과 여러 음식을 차려 성사(成事)의 예를 드리오니 흠향하시기 바랍니다.
　* 탈상 시기에 따라 엄급졸곡(奄及卒哭), 엄급백일(奄及百日) 등으로 개서(改書)
　* 졸곡 이후 효자(孝子)로 개서(改書)

23) 화장장(火葬場) 위령제(慰靈祭) 축(祝)

惟 歲次 干支 ○月 干支 朔 ○日 干支 孤(哀)子 ○○

敢 昭 告 于

顯考 學生府君

世俗變易 謹隨風潮

今以茶毘 體魄歸天

이제 ○○년 ○○월 ○○일에 고(애)자 ○○는 감히 밝혀 아버님께 고합니다.

세상 풍속이 변화하여, 삼가 풍속에 따라, 오늘 다비를 하고자 하오니, 체백(體魄)께서는 하늘로 돌아가시기 바랍니다.

24) 졸곡제(卒哭祭) 축(祝) [가례(家禮)]

惟 歲次 干支 ○月 干支 朔 ○日 干支 孝子 ○○

敢 昭 告 于

顯考 學生府君

日月不居 奄及卒哭

夙興夜處 哀慕不寧 [子-悲念相續 心焉如燬, 弟-悲痛猥至情何可處,

兄-悲痛不已 至情如何, 妻-悲悼酸苦不自勝堪,

夫-感傷重新 不自勝堪]

謹以 [妻弟이하 - 玆以]

清酌庶羞 哀薦 [妻弟이하-陳此, 旁親-薦此] 成事 尚

饗

이제 ○○년 ○○월 ○○일에 효자 ○○는 감히 밝혀 아버님(어머님)께 고합니다.

세월은 머물지 않아 어느덧 졸곡일이 되었습니다. 밤낮으로 슬프고 사모하는 마음에 편할 때가 없습니다.

삼가 맑은 술과 여러 음식을 차려, 애통한 마음으로 제사의 예를 드리오니, 흠향하시기 바라옵니다.

* 사당 부제(祔隮) 시 : 成事 後 來日祔于祖考某官府君 가서(加書)
* 고자(孤子) → 효자(孝子) ; 독축(讀祝) : 동향(東向) 궤(跪)

25) 소상(小祥) [大祥] 축(祝) [가례(家禮)]

惟 歲次 干支 0月 干支 朔 0日 干支 孝子 0 0

敢 昭 告 于

顯考 學生府君

日月不居 奄及小祥[大祥]

夙興夜處 哀慕不寧[子-悲念相續 心焉如燬, 弟-悲痛猥至情何可處,

兄-悲痛不己 至情如何, 妻-悲悼酸苦不自勝堪,

夫-感傷重新 不自勝堪]

謹以[妻弟이하 - 玆以]

淸酌庶羞 哀薦[妻弟이하-陳此, 旁親-薦此]常事[대상-祥事] 尙

饗

이제 00년 00월 00일에 효자 00는 감히 밝혀 아버님(어머님)께 고합니다.

세월은 머물지 않아 어느덧 소(대)상일이 되었습니다. 밤낮으로 슬프고 사모하는 마음에 편할 때가 없습니다.

삼가 맑은 술과 여러 음식을 차려, 애통한 마음으로 제사의 예를 드리오니, 흠향하시기 바라옵니다.

26) 1년 탈상(脫喪) 축(祝)

惟 歲次 干支 0月 干支 朔 0日 干支 孝子 0 0

敢 昭 告 于

顯考 學生府君
　　日月不居 奄及朞年 夙興夜處 哀慕不寧
　　三年奉喪 於禮至當 事勢不逮 今期脫喪(切服)
　　魂歸墳墓　　　　謹以[妻弟이하 - 玆以]
　　淸酌庶羞 哀薦[妻弟이하-陳此, 旁親-薦此]常事 尚
饗

　이제 00년 00월 00일에 효자 00는 감히 밝혀 아버님(어머님)께 고합니다.
　세월은 머물지 않아 어느덧 1년이 되었습니다. 밤낮으로 슬프고 사모하는 마음에 편할 때가 없습니다. 삼년상을 받드는 것이 당연한 도리이오나, 사정이 여의치 못하여 이번에 탈상하고자 하오니, 존령께서는 분묘로 돌아가시기 바라옵니다.
　삼가 맑은 술과 여러 음식을 차려, 애통한 마음으로 제사의 예를 드리오니, 흠향하시기 바라옵니다.

27) 담제(禫祭) 축(祝) [가례(家禮)]

　惟 歲次 干支 0月 干支 朔 0日 干支 孝子 00
　　　　　　敢 昭 告 于
顯考 學生府君
　　日月不居 奄及禫祭
　　夙興夜處 哀慕不寧
　　　　　　謹以
　　淸酌庶羞 哀薦禫事 尚
饗

　이제 00년 00월 00일에 효자 00는 감히 밝혀 아버님(어머님)께 고합니다.
　세월은 머물지 않아 어느덧 담제일이 되었습니다. 밤낮으로 슬프고 사모하는 마음에 편할 때가 없습니다.

삼가 맑은 술과 여러 음식을 차려, 애통한 마음으로 담제의 예를 드리오니, 흠향하시기 바라옵니다.

　　* 보통 대상 탈상 후 상복을 벗고 소복을 입고 있다가, 담제 이후는 소복도 벗는다.
　　* 대상 후 2개월 후 정일(丁日) 혹은 해일(亥日)을 택일하여 거행

28) 길제(吉祭) 축(祝) [비요(秘要)]

　　　惟 歲次 干支 0月 干支 朔 0日 干支 孝子 0 0
　　　　　　　　　　　敢 昭 告 于
顯考 學生府君
　　　喪制有期 追遠無及 今以吉辰
　　　式遵典禮 隮入于廟 追遠感時
　　　昊天罔極　　　　　謹以
　　　淸酌庶羞 祗薦歲事　　　尙
饗

　　이제 00년 00월 00일에 효자 00는 감히 밝혀 아버님(어머님)께 고합니다.

　　세월은 머물지 않아 어느덧 길제일이 되었습니다. 아버님 상복을 입는 것도 기한이 있기에 더 이상 모시기 못하고 오늘 길한 날을 택하여 예법에 따라 신주를 사당으로 모시고자 함에 슬픈 마음이 하늘과 같이 끝이 없사옵니다.

　　삼가 맑은 술과 여러 음식을 차려, 공손한 마음으로 길제의 예를 드리오니, 흠향하시기 바라옵니다.

　　* 담제 후 다음 달에 정일(丁日) 혹은 해일(亥日)을 택하여 길제 거행

29) 담제를 겸(兼)한 소(대)상 축(祝)

　　　惟 歲次 干支 0月 干支 朔 0日 干支 孝子 0 0
　　　　　　　　　　　敢 昭 告 于
顯考 學生府君

　　　　　　일월불거　엄급기일　근수풍조
　　　　　　日月不居　奄及忌日　謹隨風潮
　　　　　　소대상제　우겸담제　동시병행
　　　　　　小大祥祭　于兼禫祭　同時幷行
　　　　　　예불적서　애모불녕　　　근이
　　　　　　禮不適序　哀慕不寧　　　謹以
　　　　　　청작서수　애천상사　　　　상
　　　　　　淸酌庶羞　哀薦祥事　　　　尙
향
饗

　이제 00년 00월 00일에 효자 00는 감히 밝혀 아버님(어머님)께 고합니다.
　세월은 머물지 않아 어느덧 기일이 되었습니다. 세속의 변화에 따라 소대상과 담제를 동시에 올리오니 예에 맞지는 않사옵니다.
　슬프고 사모하는 마음에 편지가 않아 삼가 맑은 술과 여러 음식을 차려, 애통한 마음으로 제사의 예를 드리오니, 흠향하시기 바라옵니다.

30) 연제(練祭) 축(祝) : 처(妻)의 소상(小祥) 축

　　　유세차　간지　　　간지삭　　일　간지　부
　　　惟 歲次 干支 0月 干支 朔 0日 干支 夫　000
　　　　　　　　　　소　고　우
　　　　　　　　　　昭　告　于
망　고　실　유인　　　씨
亡(故)室 孺人 000 氏
　　　　　　일월불거　엄급연제
　　　　　　日月不居　奄及練祭
　　　　　　비도산고　불자승감
　　　　　　悲悼酸苦　不自勝堪
　　　　　　　　　　자이
　　　　　　　　　　玆以
　　　　　　청작서수　진차전의　　상
　　　　　　淸酌庶羞　陳此奠儀　　尙
향
饗

　이제 00년 00월 00일에 부(夫) 000는 밝혀 부인에게 고합니다.
　세월은 머물지 않아 어느덧 연제일이 되었습니다. 슬프고 쓰린 마음 스스로 감내할 길이 없습니다.
　이에 맑은 술과 여러 음식으로 제수를 차려 올리니, 흠향하기 바랍니다.
　* 처상(妻喪) : 1년 만에 탈상 즉 대상을 지내는 관계로, 소상은 11개월 만에 택일하여 지내는데, 이를 연제(練祭)라 함

31) 처(妻) 대상(大祥) 축(祝)

惟歲次 干支 0月 干支朔 0日 干支 夫 000

　　　　　　　　昭告于

亡(故)室 孺人 000 氏

　　　日月易流 奄及朞祀
　　　茲以今日 恭行祥事
　　　悲悼酸苦 不自勝堪
　　　　　　　　茲以
　　　淸酌庶羞 陳此奠儀　尙

饗

　이제 00년 00월 00일에 부(夫) 000는 밝혀 부인에게 고합니다.

　세월은 머물지 않아 어느덧 1년이 되었습니다. 오늘 상사(祥事)의 예를 드리니 슬프고 쓰린 마음 스스로 감내할 길이 없습니다.

　이에 맑은 술과 여러 음식으로 제수를 차려 올리니, 흠향하기 바랍니다.

32) 장인상(丈人喪) 사위(外甥) 고축(告祝)

惟歲次 干支 0月 干支朔 0日 干支 外甥 000

　　　　　　　敢昭告于

顯 外舅 學生府君

　　　今於吉辰 建茲幽宅
　　　旣封旣莎 禮畢終虞
　　　伏惟尊靈 永世是寧

　이제 00년 00월 00일에 사위 000는 감히 밝혀 장인에게 고합니다.

　오늘 좋은 날을 기하여 봉분과 주위에 잔디를 입혀 장인어른의 묘역을 완성하고 우제까지 모두 마치었습니다.

　엎드려 생각건대 존령께서는, 영원토록 평안하시기 바라옵니다.

3. 묘제(墓祭) 축문(祝文)

1) 묘제 산신(山神) 축(祝) [가례(家禮)]

惟 歲次 干支 0月 干支 朔 0日 干支 幼學 000
　　　　　　　　　　　敢 昭 告 于

土地之神
　　　　00 (祭主名) 恭修歲事于[妻-弟이하 : 恭 削]
0代祖考 學生府君[卑-幼 : 府君 削]
0代祖妣 孺人 000 氏之墓
　　　　惟時保祐 實賴神休
　　　　　　　　謹以(敢以)
　　　　酒果(淸酌脯醢) 祗薦于 神　　尙

饗

　이제 00년 00월 00일에 유학 000는 감히 밝혀 토지신께 고합니다.

　오늘 00(제주)는 0대 할아버님과 0대 할머님 묘소에 삼가 세사(歲事)를 올리고자 합니다. 생각건대 그동안 적절히 보호하고 돌보아주심은 실로 신의 보살핌에 힘입은 바가 큽니다.

　삼가 술과 과일을 차려 공손히 신께 바치오니, 흠향하시기 바랍니다.

2) 묘제 축(祝) 1 : 절사(節祀) [가례(家禮)]

惟 歲次 干支 0月 干支 朔 0日 干支 0代 孫 00
　　　　　　　　　　　敢 昭 告 于

顯 0代祖考 學生府君
顯 0代祖妣 孺人 000 氏 之墓[壇, 堂]

　　　　기서류역　시유중추　백로기강
　　　　氣序流易　時維仲秋　白露旣降
　　　　첨소　봉영　단 당　　불승감모
　　　　瞻掃　封塋[壇,堂]　不勝感慕
　　　　　　　　　　　근이　감이
　　　　　　　　　　　謹以(敢以)
　　　청작서수　지천세사　　　　상
　　　清酌庶羞　祗薦歲事　　　　尚

향
饗

　이제 00년 00월 00일에 0대 손 00는 0대 할아버님과 할머님께 감히 밝혀 고합니다.
　어느덧 절기가 바뀌어 때가 늦가을이 되니 찬이슬이 이미 내렸습니다. 묘역을 쓸고 봉분[단, 당]을 바라보니 감동되고 사모하는 마음을 금할 수가 없사옵니다.
　삼가 맑은 술과 여러 음식을 차려 공경을 다하여 세사(절사)를 올리오니, 흠향하시기 바랍니다.

　　　입동전　　　　백로기강　　　　입동후　　　　상설기강　　　　정월　　　세율기경　　　한식　　　시유중춘　우
　*　立冬前 - 白露旣降 ; 入冬後 - 霜雪旣降 ; 正月 - 歲律旣更 ; 寒食 - 時有仲春,雨
　　　로기강　　　추석　　시유중추　백로기강　　　　단오　　　시물창무
　　　露旣降 ; 秋夕 - 時有仲秋,白露旣降 ; 端午 - 時物暢茂

3) 묘제 축(祝) 2 : 세일사(歲一祀) [우암집(尤庵集)]

　　유세차　간지　월 간지 삭　일 간지　대　손
　　惟歲次 干支 0月 干支 朔 0日 干支 0代 孫 00
　　　　　　　　　　감 소 고 우
　　　　　　　　　　敢 昭 告 于
현　대조고　학생부군
顯 0代祖考 學生府君
현　대조비　유인　　　　지묘　단 당
顯 0代祖妣 孺人 000 氏 之墓[壇, 堂]
　　　세천일제　예유중제
　　　歲薦一祭 禮有中制
　　　이자상로　미증감모
　　　履玆霜露 彌增感慕
　　　　　　　　　근이 감이
　　　　　　　　　謹以(敢以)
　　　청작서수　공신　지천　세사　　　상
　　　清酌庶羞 恭伸(祗薦)歲事　　　尚

향
饗

이제 00년 00월 00일에 0대 손 00는 0대 할아버님과 할머님께 감히 밝혀 고합니다.

1년에 한 차례 제사를 올리는 것이 예에 맞는 제도라 생각되어, 이에 서리와 이슬을 밟고 올라와 뵈오니, 감동되고 사모하는 마음이 더욱 더해집니다.

삼가 맑은 술과 여러 음식을 차려 공경을 다하여 세사(절사)를 드리오니, 흠향하시기 바랍니다.

4) 묘제 축(祝) 3 : 세일사(歲一祀) [우암집(尤庵集)]

惟^유 歲^세次^차 干^간支^지 0月 干^간支^지朔^삭 0日 干^간支^지 0代^대 孫^손 00

敢^감 昭^소 告^고 于^우

顯^현 0代祖考^{대조고} 學生府君^{학생부군}

顯^현 0代祖妣^{대조비} 孺人^{유인} 000 氏^씨 之墓^{지묘}[壇^단, 堂^당]

今以^{금이} 草木歸根之時^{초목귀근지시} 追惟報本^{추유보본}

禮不感忘^{예불감망} 瞻掃^{첨소} 封塋^{봉영}[壇^단,堂^당]

不勝感慕^{불승감모}　　謹以^{근이}(敢以^{감이})

清酌庶羞^{청작서수} 祗薦歲事^{지천세사}　　尚^상

饗^향

이제 00년 00월 00일에 0대 손 00는 0대 할아버님과 할머님께 감히 밝혀 고합니다.

이제 초목의 기운이 뿌리로 돌아가는 계절을 맞이하니, 조상의 음덕을 추모하고 근본에 보답하는 예를 감히 잊을 수가 없으며, 묘역을 쓸고 봉분[단, 당]을 바라보니, 감동하고 사모하는 마음을 금할 수가 없사옵니다.

삼가 맑은 술과 여러 음식을 차려 공경을 다하여 세사를 올리오니, 흠향하시기 바랍니다.

5) 사우(祠宇) 시향제(時享祭) 축(祝) : 세일사(歲一祀)

惟歲次干支 0月干支朔 0日干支 0代孫 00

敢昭告于

顯 0代祖考 學生府君
顯 0代祖妣 孺人 000 氏

氣序流易 霜露旣降 宜禮墓祀
歲事不逮 設位奉行 不勝感慕

謹以(敢以)

淸酌庶羞 祗薦歲事　　尙

饗

　이제 00년 00월 00일에 0대 손 00는 0대 할아버님과 할머님께 감히 밝혀 고합니다.
　세월이 흘러 절기가 바뀌어 찬 서리와 이슬이 내림에, 마땅히 예에 따라 묘제를 올리는 것이 도리이오나, 사정이 여의치 못하여 신위를 모시고 제향을 올리오니, 감동되고 사모하는 마음을 금할 수가 없사옵니다.
　삼가 맑은 술과 여러 음식을 차려 공경을 다하여 세사를 올리오니, 흠향하시기 바랍니다.

6) 일기(日氣) 관계 옥내(屋內) 시향제(時享祭) 축(祝) : 세일사(歲一祀)

惟歲次干支 0月干支朔 0日干支 0代孫 00

敢昭告于

顯 0代祖考 學生府君
顯 0代祖妣 孺人 000 氏

氣序流易 霜露旣降 宜禮墓祭
於禮之當 今爲 日氣不順 玆敢

　　　　　設位奉行 不勝感慕 謹以(敢以)

　　　　　淸酌庶羞 祗薦歲事　　　　尙

饗

　이제 00년 00월 00일에 0대 손(孫) 00는 0대 할아버님과 할머님께 감히 밝혀 고합니다.
　세월이 흘러 절기가 바뀌어 찬 서리와 이슬이 내림에, 마땅히 예에 따라 묘제를 올리는 것이 당연하오나, 일기가 불순하여 이에 감히 신위를 모시고 제향을 올리오니, 감동되고 사모하는 마음을 금할 수가 없사옵니다.
　삼가 맑은 술과 여러 음식을 차려 공경을 다하여 세사를 올리오니, 흠향하시기 바랍니다.

7) 사시제(四時祭) 축(祝) : 사당제(祠堂祭)

　　惟 歲次 干支 0月 干支 朔 0日 干支 玄孫 00

　　　　　　　敢 昭 告 于

顯 高祖考 學生府君
顯 高祖妣 孺人 000 氏
　　　　氣序流易 時有仲春 追遠感時
　　　　不勝感慕　　　謹以(敢以)
　　　　淸酌庶羞 祗薦歲事　　　　尙

饗

　이제 00년 00월 00일에 현손(玄孫) 00는 고조할아버님과 할머님께 감히 밝혀 고합니다.
　세월이 흘러 절기가 바뀌어 늦은 봄이 되었습니다. 미루어 생각건대 세시 때가 되니, 감동되고 사모하는 마음을 금할 수가 없사옵니다.
　삼가 맑은 술과 여러 음식을 차려 공경을 다하여 세사를 올리오니, 흠향하시기 바랍니다.

* 정월 - 歲律旣更 ; 한식 - 時有仲春 ; 단오 - 時物暢茂 ; 추석 - 時有仲秋 ;

　동지 - 時有冬至

* 不勝感慕 : 부모 - 昊天罔極, 妻弟 - 不勝感愴 으로 改書

4. 이개장(移改葬) 축문(祝文)

1) 구묘(舊墓) 계묘(啓墓) 전(前) 산신제(山神祭) 축(祝) [비요(秘要)]

　　　　유 세 차　간 지　　 월　간 지　삭　　　일　간 지　　유 학
　　　惟 歲次 干支 ０月 干支 朔 ０日 干支 幼學 ○○○

　　　　　　　　　　　　　　감　소　고　우
　　　　　　　　　　　　　敢 昭 告 于

토 지 지 신　　자 유
土地之神　 茲有

　　　　모 관 모 공　복 택 자 지　　공 유 타 환　합 폄　시　－　금 위 합 폄
　　　某官某公 卜宅茲地　恐有他患(合窆 時 － 今爲合窆)

　　　　장 계 폄 천 우 타 소　　　　　　　근 이
　　　將啓窆遷于他所　　　　謹以

　　　　청 작 포 해　주 과　　지 천 우 신　　　　상
　　　淸酌脯醢(酒果) 祗薦于 神　　　尙

향
饗

　이제 ○○년 ○○월 ○○일에 유학 ○○는 토지신께 감히 밝혀 고합니다.
　여기에 ○○의 유택을 정하였었는데, 다른 우환이 있을까 두려워, 장차 무덤을 열어, 다른 곳으로 옮기고자 하옵니다.
　삼가 맑은 술과 포해(脯醢)로 공경을 다하여 신께 올리오니, 흠향하시기 바랍니다.

　　　　　　　　　　천 우 타 소　　금 이 다 비　　천 우 다 비　　　개 서
　* 봉안 이장 시 : 遷于他所를 今以茶毘나 遷于茶毘 등으로 改書 가능

2) 구묘(舊墓) 선영(先塋) 고사(告辭) 축(祝) [사례편람(四禮便覽)]

　　　　유 세 차　간 지　　월　간 지　삭　　일　간 지　　대 손
　　　惟 歲次 干支 ０月 干支 朔 ０日 干支 ０代孫 ○○

　　　　　　　　　　　　감　소　고　우
　　　　　　　　　　　敢 昭 告 于

현　　대 조 고　모 관 부 군
顯 ０代祖考 某官府君

현　　대 조 비　모 봉 모 씨　　지 묘　　증 이
顯 ０代祖妣 某封某氏　之墓　曾以

현　　대 조 고　　부 군　선 고　　부 군　　동 장 우 일 강　부 장 우　차
顯 ０代祖考 ００府君(先考 ００府君) 同葬于一岡(祔葬于 此)

　　　　공 유 타 환　금 장 계 폄　천 우 타 소
　　　恐有他患 今將啓窆 遷于他所

　　　　추 감 미 신　고 비　호 천 망 극　　근 이
　　　追感彌新(考妣－昊天罔極) 謹以

酒果用伸 虔告謹告

이제 00년 00월 00일에 0대손 00는 0대 할아버님과 할머님께 감히 밝혀 고합니다.

일찍이 000 (先考) 가 같은 산등성이에 장자지내 있었는데, 다른 우환이 있을까 두려워, 이제 장차 무덤을 열어, 다른 곳으로 옮기고자 함에, 추모하는 마음이 더욱 새롭습니다.

삼가 술과 과일을 차려, 경건하게 고하고 삼가 고합니다.

3) 구묘(舊墓) 계묘(啓墓) 고유(告由) 축(祝) [비요(秘要)]

惟 歲次 干支 0月 干支朔 0日 干支 0代孫 00

敢昭告于

顯 0代祖考 某官府君 之墓

葬于玆地 歲月滋久

體魄不寧 今將改葬

伏惟 尊靈 不震不驚(勿震勿驚)

이제 00년 00월 00일에 0대손 00는 0대 할아버님의 묘소에 감히 밝혀 고합니다.

이곳에 장례를 모신지 세월이 흘러 오래됨에, 체백이 편안치 않을까 염려되어, 오늘 장차 다른 곳으로 옮기고자 이개장을 하고자 하옵니다.

엎드려 바라옵건대 존령께서는 두려워하시거나 놀라지 마시기 바랍니다.

* 妻弟 이하 : 惟 靈
* 봉안 시 : 今將改葬을 時俗變易 謹隨風潮 今以奉安으로 改書

4) 이장(移葬) 시(時) 견전(遣奠) 고사(告辭) 축(祝) [가례(家禮)]

靈輀旣駕 往卽新宅 載陳遣禮 永世是寧

이미 상여에 오르셨으니, 가시면 곧 새 유택이옵니다. 보내는 예를 보내는 예를 드리오니, 새 유택에서 영원히 평안하시기 바랍니다.

* 화장 시 : 新宅을 茶毘, 鹿苑, 仙化 등으로 改書 가능

5) 신묘(新墓) 산신제 축(祝) : 신묘 개기(開基) 전(前) [비요(秘要)]

惟_{유세차}歲次 干_{간지}支 O月 干_{간지}支朔_삭 O日 干_{간지}支 幼_{유학}學 OOO

　　　　　　　敢_감昭_소告_고于_우

土_{토지}地 之_{지신}神 今_{금위}爲

　　某_{모관모공}官某公 宅_{택조불리}兆不利

　　將_{장개장우차}改葬于此 神_{신기보우}其保佑

　　俾_{비무후간}無後艱　　謹_{근이}以

　　淸_{청작포해}酌脯醢(酒果) 祗_{지천우신}薦于神　尙_상

饗_향

　이제 OO년 OO월 OO일에 유학 OOO는 토지신께 감히 밝혀 고합니다.
　이제 OO 공의 무덤이 좋지 못하여 장차 이곳으로 이장하고자 하오니, 신께서는 그를 보우하사 훗날 아무런 어려움이 없도록 하여 주시기 바랍니다.
　삼가 맑은 술과 포해(脯醢)로 공경을 다하여 신께 올리오니, 흠향하시기 바랍니다.

　　* 妣_{비묘합폄}墓 合窆 시 : 宅_{택조불리}兆不利 將_{장개장우차}改葬于此를 合_{합폄우 모봉모씨}窆于 某封某氏로 改_{개서}書

6) 신묘(新墓) 선영(先塋) 고사(告辭) 축(祝) : 신묘 개기(開基) 전(前)

惟_{유세차}歲次 干_{간지}支 O月 干_{간지}支朔_삭 O日 干_{간지}支 O代_{대손}孫 OO

　　　　　　　敢_감昭_소告_고于_우

顯_현 O代_{대조고}祖考 某_{모관부군}官府君 之_{지묘}墓 今_{금위}爲

顯_현 O代_{대조고}祖考 OO_{부군}府君(先_{선고}考 OO_{부군}府君)

　　營_{영건택조}建宅兆 于_{우묘하}墓下(右_우, 左_좌)

　　　　　　　謹_{근이}以

　　酒_{주과용신}果用伸 虔_{건고근고}告謹告

이제 00년 00월 00일에 0대손 00는 0대 할아버님 묘소에 감히 밝혀 고합니다.

이제 0대 할아버님의 묘소 아래(우, 좌)에 0대 할아버지(혹은 아버지)의 무덤을 모시고자 합니다.

삼가 술과 과일을 차려, 경건하게 고하고 삼가 고합니다.

7) 이장 합폄(合窆) 시(時) 선장묘(先葬墓) 고사 축(祝)

惟^유 歲^세次^차 干^간支^지 0月 干^간支^지朔^삭 0日 干^간支^지 0代^대孫^손 00

敢^감 昭^소 告^고 于^우

顯^현 0代^대祖^조考^고 某^모官^관府^부君^군 之^지墓^묘

顯^현 0代^대祖^조妣^비 某^모封^봉某^모氏^씨

宅^택兆^조不^불利^리 將^장於^어 0月 0日

行^행遷^천祔^부之^지禮^례 不^불勝^승感^감愴^창

謹^근以^이

酒^주果^과用^용伸^신 虔^건告^고謹^근告^고

이제 00년 00월 00일에 0대손 00는 0대 할아버님 묘소에 감히 밝혀 고합니다.

0대 할머님의 묘소가 이롭지 못하여, 장차 0월 0일에 할아버님과 합장의 예로 모시고자 함에, 슬픈 마음을 억누를 수가 없습니다.

삼가 술과 과일을 차려, 경건하게 고하고 삼가 고합니다.

★ 考^고位^위를 妣^비位^위로 合^합窆^폄 시 : 合^합封^봉之^지禮^례로 改^개書^서

8) 이장 후 산신제(山神祭) 축(祝) [비요(秘要)]

惟^유 歲^세次^차 干^간支^지 0月 干^간支^지朔^삭 0日 干^간支^지 幼^유學^학 000

敢^감 昭^소 告^고 于^우

土^토地^지 之^지神^신 今^금爲^위

某^모官^관某^모公^공 建^건玆^자宅^택兆^조

　　　　神其保佑 俾無後艱
　　　　　　　　　謹以
　　　清酌脯醢(酒果) 祗薦于 神 尚
饗

　이제 00년 00월 00일에 유학 000는 토지신께 감히 밝혀 고합니다.
　이제 00 공의 무덤을 여기에 정하였으니, 신께서는 그를 보우하사 훗날 아무런 어려움이 없도록 하여 주시기 바랍니다.
　삼가 맑은 술과 포해(脯醢)로 공경을 다하여 신께 올리오니, 흠향하시기 바랍니다.

9) 이장 후 신묘(新墓) 고사(告辭) 축(祝)

　　惟 歲次 干支 0月 干支朔 0日 干支 0代孫 00
　　　　　　　　敢 昭 告 于
　顯 0代祖考 某官府君 之墓
　　　新改幽宅 事畢封塋
　　　伏惟 尊靈 永安體魄
　　　　　　　謹以
　　　酒果用伸 虔告謹告

　이제 00년 00월 00일에 0대손 00는 0대 할아버님 묘소에 감히 밝혀 고합니다.
　0대 할아버님의 유택을 새로 옮겨 봉분 작업을 마쳤습니다. 엎드려 생각건대 존령께서는, 체백을 영원토록 평안히 하시기 바랍니다.
　삼가 술과 과일을 차려, 경건하게 고하고 삼가 고합니다.

　＊ 봉안당 : 之墓를 之堂으로, 封塋을 奉安으로, 永安體魄을 永世是寧으로 改書

5. 석물입석(石物立石) 축문(祝文)

1) 입석 전(前) 산신제 축(祝) [우암집(尤庵集)]

惟 歲次 干支 O月 干支朔 O日 干支 幼學 OOO

敢 昭 告 于

土地 之神 今爲

　　某官某公 之墓

　　謹具石物(儀物未具 今將石物) 用衛墓道

　　神其保佑 俾無後艱

　　　　　謹以

　　淸酌脯醢(酒果) 祗薦于 神 尙

饗

　이제 OO년 OO월 OO일에 유학 OOO는 토지신께 감히 밝혀 고합니다.
　이제 OO 공의 묘에 삼가 석물을 갖추어(석물을 갖추지 못하였으나 이제 장차 석물을 갖추어) 묘도를 호위케 하고자 하오니, 신께서 보우하사 훗날 아무런 어려움이 없도록 하여 주시기 바랍니다.
　삼가 맑은 술과 포해(脯醢)로 공경을 다하여 신께 올리오니, 흠향하시기 바랍니다.

2) 입석 전(前) 선영(先塋) 고사(告辭) 축(祝)

惟 歲次 干支 O月 干支朔 O日 干支 O代孫 OO

敢 昭 告 于

顯 O代 祖考 某官府君 之墓 今爲

　　O代 祖考 墓域

　　今具石物 伏惟 尊靈

勿^물震^진勿^물驚^경　　謹^근以^이

酒^주果^과用^용伸^신　虔^건告^고謹^근告^고

　이제 00년 00월 00일에 0대 손 00는 0대 할아버님 묘소에 감히 밝혀 고합니다.

　오늘 0대 할아버님의 묘역에 석물을 갖추고자 하옵니다. 엎드려 바라옵건대 존령께서는 두려워하시거나 놀라지 마시기 바랍니다.

　삼가 술과 과일을 차려, 경건하게 고하고 삼가 고합니다.

3) 입석 전(前) 고사(告辭) 축(祝)　[우암집(尤庵集)]

惟^유歲^세次^차 干支^{간지} 0月 干支^{간지}朔^삭 0日 干支^{간지} 0代^대孫^손 00

　　　　　　　　敢^감昭^소告^고于^우

顯^현 0代^대祖^조考^고 某官府君^{모관부군} 之墓^{지묘} 伏^복以^이

事勢不逮^{사세불체} 儀物多闕^{의물다궐} 今具石物^{금구석물}(今以吉辰^{금이길신} 謹具石物^{근구석물} 排設如儀^{배설여의})

用衛墓道^{용위묘도}　　謹^근以^이

酒^주果^과用^용伸^신　虔^건告^고謹^근告^고

　이제 00년 00월 00일에 0대 손 00는 0대 할아버님 묘소에 감히 밝혀 고합니다.

　엎드려 생각건대, 형편이 여의치 못하여 석물을 많이 빠뜨렸는데, (오늘 길일을 맞아, 삼가 석물을 갖추어, 예에 맞게 배설을 하였습니다) 이제 석물을 갖추어 묘도를 호위케 하였습니다.

　삼가 술과 과일을 차려, 경건하게 고하고 삼가 고합니다.

　* 비석(碑石) 입석(立石) 시(時) : 용위(用衛)를 용표(用表)로 개서(改書)

4) 입석 후(後) 고사(告辭) 축(祝)

惟歲次 干支 ○月 干支朔 ○日 干支 ○代孫 ○○
　　　　　　　　　敢昭告于
顯 ○代 祖考 某官府君 之墓
　　　　　　伏以
　　事勢不逮 儀物多闕
　　今具石物(今以吉辰 謹具石物 排設如儀) 用衛墓道
　　伏惟 尊靈 是憑是儀

이제 ○○년 ○○월 ○○일에 ○대 손 ○○는 ○대 할아버님 묘소에 감히 밝혀 고합니다.

엎드려 생각건대, 형편이 여의치 못하여 석물을 많이 빠뜨렸는데, (오늘 길일을 맞아, 삼가 석물을 갖추어, 예에 맞게 배설을 하였습니다) 이제 석물을 갖추어 묘도를 호위케 하였습니다.

삼가 비오니 존령께서는, 이에 기대고 이에 의지하시기 바랍니다.

　* 석물(石物) : 상석(床石), 망주석(望柱石), 인석(人石), 혼유석(魂遊石), 묘비석(墓碑石) 등

6. 개사초(改莎草) 축문(祝文)

1) 개사초(改莎草) 전(前) 산신제(山神祭) 축(祝) [近齊集]

　　　　惟_유歲_세次_차 干_간支_지 0月_월 干_간支_지朔_삭 0日_일 干_간支_지 幼_유學_학 000

　　　　　　　　　敢_감 昭_소 告_고 于_우

土_토地_지 之_지神_신 今_금爲_위

　　　某_모官_관某_모公_공 之_지墓_묘

　　　塚_총宅_택崩_붕頹_퇴 將_장加_가修_수治_치(修_수葺_즙)

　　　神_신其_기保_보佑_우 俾_비無_무後_후艱_간

　　　　　　　　謹_근以_이

　　　清_청酌_작脯_포醢_해(酒_주果_과) 祗_지薦_천于_우 神_신　尙_상

饗_향

　이제 00년 00월 00일에 유학 000는 토지신께 감히 밝혀 고합니다.
　이제 00 공의 무덤이 무너져 장차 다시 쌓고자 하오니, 신께서 보우하사 훗날 아무런 어려움이 없도록 하여 주시기 바랍니다.
　삼가 맑은 술과 포해(脯醢)로 공경을 다하여 신께 올리오니, 흠향하시기 바랍니다.

2) 개사초(改莎草) 전(前) 고사(告辭) 축(祝) [近齊集]

　　　　惟_유歲_세次_차 干_간支_지 0月_월 干_간支_지朔_삭 0日_일 干_간支_지 0代_대 孫_손 00

　　　　　　　　　敢_감 昭_소 告_고 于_우

顯_현 0代_대 祖_조考_고 某_모官_관府_부君_군 之_지墓_묘

　　　世_세月_월滋_자久_구 草_초衰_쇠頹_퇴圮_비 今_금以_이吉_길辰_신

　　　益_익封_봉改_개莎_사(之_지墓_묘 伏_복以_이 奉_봉築_축不_불謹_근 歲_세久_구頹_퇴圮_비 將_장加_가修_수葺_즙)

　　　　복 유　존 령　불 진 불 경
　　　　伏惟　尊靈　不震不驚
　　　　주 과 용 신　건 고 근 고
　　　　酒果用伸　虔告謹告

　이제 ○○년 ○○월 ○○일에 ○대 손 ○○는 ○대 할아버님 묘소에 감히 밝혀 고합니다.
　세월이 오래 되어 잔디가 시들고 봉분이 무너져서, 오늘 길일을 가려, 봉분을 다시 모으고 잔디를 고치겠사옵니다. 엎드려 생각건대 존령께서는 두려워 마시고 놀라지 마시기 바랍니다. 술과 과일을 차려 경건히 고하고 감히 고합니다.
　* 처제(妻弟) 이하 : 복유존령(伏惟尊靈)을 유령(維靈)으로 개서(改書)

3) 개사초(改莎草) 후(後) 고사(告辭) 위안(慰安) 축(祝) [近齊集]

　　유 세 차　간 지　　월　간 지 삭　　일 간 지　대　손
　　惟 歲次 干支 ○月 干支朔 ○日 干支 ○代 孫 ○○
　　　　　　　　　　　감 소 고 우
　　　　　　　　　　　敢 昭 告 于
　현　대　조 고　모 관 부 군
　顯 ○代 祖考 某官府君
　현　대　조 비 유 인　　　씨　지 묘
　顯 ○代 祖妣 孺人 ○○○ 氏 之墓
　　　　기 봉 기 사　구 택 유 신
　　　　旣封旣莎　舊宅維新
　　　　복 유　존 령　영 세 시 녕
　　　　伏惟　尊靈　永世是寧
　　　　주 과 용 신　건 고 근 고
　　　　酒果用伸　虔告謹告

　이제 ○○년 ○○월 ○○일에 ○대 손 ○○는 ○대 할아버님과 할머님 묘소에 감히 밝혀 고합니다.
　이미 봉분을 다시 모으고 잔디를 입혀 유택을 새롭게 하였습니다.
　엎드려 생각건대 존령께서는 영원토록 평안하시기 바랍니다. 술과 과일을 차려 경건히 고하고 감히 고합니다.

4) 지동(地凍) 미완봉(未完封) 사초(莎草) 고사(告辭) 축(祝) [매산집(梅山集)]

　　유 세 차　간 지　　월　간 지 삭　　일 간 지　고 애　자
　　惟 歲次 干支 ○月 干支朔 ○日 干支 孤(哀)子 ○○
　　　　　　　　　　　감 소 고 우
　　　　　　　　　　　敢 昭 告 于

顯考 某官府君 之墓
_{현고 모관부군 지묘}

伏以襄奉 凍日未解 未完封莎
_{복이양봉 동일미해 미완봉사}

今將修茸 伏惟 尊靈 勿震勿驚
_{금장수즙 복유 존령 물진물경}

謹以
_{근이}

酒果用伸 䖍告謹告
_{주과용신 건고근고}

이제 00년 00월 00일에 고(애)자 00는 아버님 묘소에 감히 밝혀 고합니다.

엎드려 생각건대 지난겨울 장례 때에 땅이 얼어 봉분을 완성하지 못하였습니다. 이제 장차 봉분을 다시 쌓고 잔디를 입혀 완성하고자 합니다. 엎드려 생각건대 존령께서는 두려워 마시고 놀라지 마시기 바랍니다.

삼가 술과 과일을 차려, 경건히 고하고 감히 고합니다.

7. 기타(其他) 축문(祝文)

1) 실화(失火) 묘(墓) 위안(慰安) 고사(告辭) 축(祝) [述齊祝輯]

惟_유歲_세次_차 干_간支_지 0月 干_간支_지朔_삭 0日 干_간支_지 孝_효子_자 00

　　　　　　　　　敢_감 昭_소 告_고 于_우

顯_현考_고 某_모官_관府_부君_군 之_지墓_묘　　伏_복以_이

　　守_수護_호不_불謹_근 野_야人_인失_실火_화 勢_세成_성燎_료原_원

　　災_재延_연塋_영域_역 伏_복惟_유震_진驚_경 不_불勝_승痛_통慕_모

　　　　　　　　　　　謹_근以_이

　　酒_주果_과用_용伸_신 慰_위安_안

　이제 00년 00월 00일에 효자 00는 아버님 묘소에 감히 밝혀 고합니다.
　엎드려 비오니, 산소 보호를 소홀히 하여, 야인이 불을 놓아, 화마가 언덕을 태워, 화재가 무덤에 까지 이르렀습니다. 엎드려 생각건대, 두렵고 놀라서 애통하고 사모하는 마음 억누를 길이 없습니다.
　삼가 술과 과일을 차려 위안 드리고자 고합니다.

2) 실화(失火) 묘(墓) 개사(改莎) 후 위안(慰安) 고사(告辭) 축(祝) [述齊祝輯]

惟_유歲_세次_차 干_간支_지 0月 干_간支_지朔_삭 0日 干_간支_지 孝_효子_자 00

　　　　　　　　　敢_감 昭_소 告_고 于_우

顯_현考_고 某_모官_관府_부君_군 之_지墓_묘

　　野_야火_화燎_료原_원 火_화及_급封_봉塋_영 傷_상痛_통罔_망涯_애

　　今_금以_이改_개莎_사 伏_복惟_유 尊_존靈_령 永_영世_세示_시寧_녕

　　　　　　　　　　　謹_근以_이

　　酒_주果_과用_용伸_신 虔_전告_고謹_근告_고

이제 00년 00월 00일에 효자 00는 아버님 묘소에 감히 밝혀 고합니다.

들불이 언덕을 태워, 불길이 무덤에 까지 미쳐, 상혼과 애통한 마음 그지 없습니다. 오늘 다시 잔디를 입히온 바, 엎드려 비오니 존령께서는, 영원토록 평안하시기 바랍니다.

삼가 술과 과일을 차려, 경건히 고하고 삼가 고합니다.

3) 수재(水災) 묘(墓) 위안(慰安) 고사(告辭) 축(祝) [매산집(梅山集)]

_{유 세 차 간 지} _{월 간 지 삭} _{일 간 지} _{대 손}
惟 歲次 干支 0月 干支 朔 0日 干支 0代 孫 00

_{감 소 고 우}
敢 昭 告 于

_{현 대 조 고 모 관 부 군} _{지 묘}
顯 0代 祖考 某官府君 之墓

_{하 료 계 천 수 설 묘 정 계 체 붕 태}
夏潦稽天 水齧墓庭 階砌崩汰

_{금 가 수 치 복 유 존 령 영 세 시 녕}
今加修治 伏惟 尊靈 永世是寧

_{근 이}
謹以

_{주 과 용 신 건 고 근 고}
酒果用伸 虔告謹告

이제 00년 00월 00일에 0대 손 00는 0대 할아버님 묘소에 감히 밝혀 고합니다.

지난여름 장마에 묘정에 물이 흘러 축대와 흙이 무너졌습니다. 이제 묘역을 다시 고치었으니, 엎드려 생각건대 존령께서는 영원토록 평안하시기 바랍니다.

삼가 술과 과일을 차려, 경건히 고하고 감히 고합니다.

4) 도굴(盜掘; 遇賊) 후(後) 위안(慰安) 고사(告辭) 축(祝) [述齊祝輯]

_{유 세 차 간 지} _{월 간 지 삭} _{일 간 지} _{대 손}
惟 歲次 干支 0月 干支 朔 0日 干支 0代 孫 00

_{감 소 고 우}
敢 昭 告 于

_{현 대 조 고 모 관 부 군} _{지 묘 복 이}
顯 0代 祖考 某官府君 之墓 伏以

_{수 호 불 근 야 인 도 굴 절 발 지 변 지 급 분 묘 이 치 경 동}
守護不謹 野人盜堀(竊發之變 至及墳墓) 以致驚動

_{상 통 망 애 금 개 봉 축 복 유 존 령 영 세 시 녕}
傷痛罔涯 今改封築 伏惟 尊靈 永世是寧

^{근 이}
謹以

^{주 과 용 신　전 고 근 고}
酒果用伸 虔告謹告

이제 00년 00월 00일에 0대 손 00는 0대 할아버님 묘소에 감히 밝혀 고합니다.

엎드려 생각건대, 묘지 수호를 삼가 다하지 못하여, 야인이 도굴을 하였습니다.(절도의 변이 분묘에까지 이르렀습니다) 이에 놀라움이 말j할 수 없고, 슬프고 애통한 마음이 이를 데 없습니다. 이제 봉분을 다시 고치었으니, 엎드려 생각건대 존령께서는, 영원토록 평안하시기 바랍니다.

삼가 술과 과일을 차려, 경건히 고하고 감히 고합니다.

5) 상복(喪服) 실화(失火) 개제(改製) 고사(告辭) 축(祝)

^{유 세 차　간 지　　월 간 지 삭　　일 간 지　　고 애 자}
惟 歲次 干支 0月 干支 朔 0日 干支 孤哀子 00

^{감 소 고 우}
敢 昭 告 于

^{현 고　모 관 부 군　지 령}
顯考 某官府君 之靈

^{불 효 무 상　불 능 근 수}
不孝無常 不能謹守

^{분 실 상 복　자 감 개 제}
焚失喪服 茲敢改製

^{근 이}
謹以

^{주 과 용 신　전 고 근 고}
酒果用伸 虔告謹告

이제 00년 00월 00일에 고애자 00는 아버님 령에 감히 밝혀 고합니다.

항상(늘) 효성스럽지 못함으로써, 삼가 소임을 다하지 못하여, 상복이 소실되었기에, 이에 상복을 다시 제작하였습니다.

삼가 술과 과일을 차려, 경건히 고하고 삼가 고합니다.

6) 추후(追後) 매지석(埋誌石) 고사(告辭) 축(祝) [매산집(梅山集)]

^{유 세 차　간 지　　월 간 지 삭　　일 간 지　　대 손}
惟 歲次 干支 0月 干支 朔 0日 干支 0代 孫 00

^{감 소 고 우}
敢 昭 告 于

顯 O代 祖考 某官府君 之墓

　　　　墓誌銘受 某官某公之文 事力不逮

　　　　今纔刻成(燔成) 謹埋壙南 用賁泉道

　　　　　　　　　　　　　　謹以

　　　　酒果用伸 虔告謹告

이제 00년 00월 00일에 0대 손 00는 0대 할아버님 묘소에 감히 밝혀 고합니다.

　일찍이 0대 할아버님의 묘지명(銘) 글을 받은 바 있으나, 사정이 여의치 못하여, 오늘에야 겨우 완성, 삼가 광중 남쪽 가까이에 매안하여, 천도(泉道)에 활용하고자 합니다.

　삼가 술과 과일을 차려, 경건히 고하고 감히 고합니다.

7) 실묘(失墓) 추심(追尋) 축(祝)

　　惟 歲次 干支 O月 干支朔 O日 干支 O官 OOO (告辭者 姓名)

　　　　　　敢 昭 告 于

古塚之神

顯 O代 祖考 某官府君 之墓

　　　久失其處 古來相傳 在於某地 旣無碑表

　　　莫可指的 或冀有壙誌之 可以 考證者

　　　不敢不 略啓塋域 伏願 勿震勿驚

이제 00년 00월 00일에 000는 고총의 신께 감히 밝혀 고합니다.

　0대 할아버님의 묘소가 있던 곳을 잃어버린 지 너무 오래 되었습니다. 예로부터 전해 오기를, 이곳 어디엔가 있었다 하나, 이미 묘비나 표석이 없으니, 확실한 지적을 할 수 없어, 혹시 광중에 지석이 있으면 고증할 만한 것이 있을까 하고 바라는 마음에, 감히 무덤을 약간 열지 않을 수가 없게 되었습니다.

　엎드려 비오니, 두려워하시거나 놀라지 않으시기를 바랍니다.

8) 실묘(失墓) 위안(慰安) 고사(告辭) 축(祝)

惟歲次 干支 0月 干支朔 0日 干支 0代孫 00

敢昭告于

顯 0代 祖考 某官府君 之墓
竟失守護 歲月滋久 今玆啓窆 乃的幽誌
顯晦有時 喜且敢慕 改築旣莎 封域維新
伏惟 尊靈 永世是寧　　　謹以
酒果用伸 虔告謹告

이제 00년 00월 00일에 0대 손 00는 0대 할아버님 00의 묘소에 감히 밝혀 고합니다.

일찍이 묘를 수호하지 못하고, 잃어버린 지 오래 되어, 이제 묘를 열어보고, 마침내 지석이 적확하니, 다 때가 있음이옵니다. 기쁘고 또한 감동하여, 봉분을 다시 쌓고 이미 잔디를 입혀, 묘역이 새롭게 되었습니다. 엎드려 비오니, 존령께서는 영원토록 평안하시기 바랍니다.

삼가 술과 과일을 차려, 경건히 고하고 감히 고합니다.

9) 무징(無徵) 고총(古塚) 위안(慰安) 고사(告辭) 축(祝)

惟歲次 干支 0月 干支朔 0日 干支 0官 000 (告辭者 姓名)

敢昭告于

古塚之靈(神)
更失先塋 將尋幽誌 敢毀封域
爰玆誤啓 仍築旣莎 依舊新封
　　　　　　　　謹告
以酒 休咎是寧

이제 00년 00월 00일에 000는 고총의 혼령(신)께 감히 밝혀 고합니다.

필경 선영을 실전한 바, 장차 지석이라도 보고 찾으려고, 감히 묘소를 열었사오나, 이에 잘못 열었음을 알고, 이내 전과 같이 다시 봉분을 쌓고 이미 잔디를 심었습니다.

삼가 술을 올리고 고하오니, 허물치 마시고 평안하시기 바랍니다.

10) 곡장(曲墻) 석의(石儀) 수보(修補) 고사(告辭) 축(祝) [매산집(梅山集)]

惟 歲次 干支 0月 干支 朔 0日 干支 0代 孫 00

敢 昭 告 于

顯 0代 祖考 某官府君
顯 0代 祖妣 孺人 000 氏 之墓

曲墻石儀 値潦雨頹圮 載涓吉辰
爰方創設 仍舊補完　　謹以

酒果用伸 虔告謹告

이제 00년 00월 00일에 0대 손 00는 0대 할아버님과 할머님의 묘소에 감히 밝혀 고합니다.

곡장과 석의가 장마 비로 인하여 무너져, 좋은 날을 택해 이곳을 옛날과 같이 완성하였습니다.

삼가 술과 과일을 차려, 경건히 고하고 감히 고합니다.

11) 사우(祠宇) 중수(重修) 시(時) 고유(告由) 축(祝) [매산집(梅山集)]

惟 歲次 干支 0月 干支 朔 0日 干支 0代 孫 00

敢 昭 告 于

顯 0代 祖考 某官府君
顯 0代 祖妣 孺人 000 氏

祠宇建築 歲久頹圮 今將改修

$\underset{근봉신주}{謹奉神主}$ $\underset{이안타소}{移安他所}$

$\underset{복유}{伏惟}$ $\underset{존령}{尊靈}$ $\underset{물진물경}{勿震勿驚}$

이제 00년 00월 00일에 0대 손 00는 0대 할아버님과 할머님에게 감히 밝혀 고합니다.

사우를 건축한 지 세월이 오래 되어 무너져, 이제 장차 새롭게 수리하기 위해, 삼가 신주를 받들어, 다른 곳으로 이안하고자 합니다.

엎드려 비오니 존령께서는, 두려워 마시고 놀라지 마시기 바랍니다.

12) 사우(祠宇) 중수(重修) 후(後) 봉안(奉安) 고사(告辭) 축(祝) [매산집(梅山集)]

$\underset{유세차}{惟歲次}$ $\underset{간지}{干支}$ $\underset{월}{0月}$ $\underset{간지삭}{干支朔}$ $\underset{일}{0日}$ $\underset{간지}{干支}$ $\underset{대손}{0代孫}$ 00

$\underset{감소고우}{敢昭告于}$

$\underset{현}{顯}$ $\underset{대}{0代}$ $\underset{조고}{祖考}$ $\underset{모관부군}{某官府君}$

$\underset{현}{顯}$ $\underset{대}{0代}$ $\underset{조비}{祖妣}$ $\underset{유인}{孺人}$ 000 $\underset{씨}{氏}$

$\underset{사우수즙}{祠宇修葺}$ $\underset{공기필역}{工旣畢役}$ $\underset{금이길신}{今以吉辰}$ $\underset{봉안고처}{奉安故處}$

[$\underset{사제유신}{祀齊維新}$ $\underset{재연길일}{載涓吉日}$ $\underset{신판봉안}{神板奉安}$]

$\underset{복유}{伏惟}$ $\underset{존령}{尊靈}$ $\underset{영세시녕}{永世是寧}$ $\underset{근이}{謹以}$

$\underset{주과용신}{酒果用伸}$ $\underset{건고근고}{虔告謹告}$

이제 00년 00월 00일에 0대 손 00는 0대 할아버님과 할머님께 감히 밝혀 고합니다.

사우(당)를 중수하여, 이제 모든 공사가 끝나, 오늘 좋은 날을 택하여, 신주를 예전에 계시던 곳에 봉안하고자 합니다[사우를 새롭게 고쳐, 길일을 택하여, 신주를 봉안하고자 합니다]. 엎드려 비오니, 존령께서는 영원토록 평안하시기 바랍니다.

삼가 술과 과일을 차려, 경건히 고하고 삼가 고합니다.

13) 재실(齋室) 낙성(落成) 시(時) 기신제(基神祭) 축(祝)

惟 歲次 干支 ○月 干支朔 ○日 干支 幼學 ○○○

敢 昭 告 于

基址之神(址主之神=土地之神)

擇滋吉地 營建齋宇 今期落成

工雖人力 德是神助 不敢不欽

謹以

酒果 以表微誠 神惟鑑顧 敬奠闕居 尚

饗

　이제 ○○년 ○○월 ○○일에 유학 ○○○은 터주지신께 감히 밝혀 고합니다.
　오늘 이런 길지를 택하여, 재실을 세우고, 낙성식을 하게 되니, 공사를 한 것은 비록 사람의 힘이나, 덕은 신명께서 도움이라, 감히 공경하지 않을 수 없어, 삼가 술과 과일을 차려, 작은 정성을 표하오니, 터주지신께서는 감응하시어 돌보아 주시기 바라오며, 오래도록 이곳에 거처하시도록 공경히 전을 드리오니, 흠향하시기 바라옵니다.

14) 대지(垈地) 조성(造成) 시(時) 기신제(基神祭) 축(祝) : 착공(着工) 고사(告辭) 축(祝)

惟 歲次 干支 ○月 干支朔 ○日 干支 幼學 ○○○

敢 昭 告 于

土地之神(基址之神=址主之神) 今以吉辰

家垈基築 雖工整理 人力始就

德是神助 工中無事 不敢請願

謹以

酒果 以表誠意 惟神 鑑顧 尚

饗

이제 00년 00월 00일에 유학 000은 토지의 신령님께 감히 밝혀 고합니다.

이제 길일을 가려, 집 터전을 정리하고자, 인력을 들여 일을 시작하고자 하옵니다. 신령님께서 협조와 덕을 베푸시어, 공사 중 무사하기를 감히 청원하옵니다.

삼가 술과 과일로 작은 정성을 표하오니, 토지의 신령님께서는 감응하시어 돌보아 주시기 바라오며, 흠향하시기 바라옵니다.

15) 상량(上樑) 고사(告辭) 축(祝) [가옥(家屋)]

惟歲次 干支 0月 干支朔 0日 干支 屋主 000

敢昭告于

成造之神 今以吉辰

建築上樑 神助德是 災消福來 生氣充溢

出生子孫 東方朔壽 石珣之福 日益暢盛

益加滿財 所願成就 依神德澤 不敢不欽

謹以

酒果 奠儀　　　　　　　　　　　尙

饗

이제 00년 00월 00일에 건물주인 000은 성조(成造)의 신령님께 감히 밝혀 고합니다.

이제 길일을 가려, 집을 새로 세우고 상량을 하게 됨은 신령님의 도움과 덕을 베풀어 주심에 있사오며, 재앙이 소멸되고 복록이 깃들게 하여 주시고, 집안에 생기가 충만하고, 동방삭의 수명과 석순의 복록을 누리게 하며, 나날이 창성하여 집안에 재물이 가득하며, 소원하는 모든 일이 성취되도록 하여주시며, 이 모두가 신령님의 덕택에 의한 것이오니, 감히 신령님을 흠모하지 않을 수가 없사옵니다.

삼가 술과 과일로 의례를 올리오니, 흠향하시기 바라옵니다.

16) 사갑제(死甲祭) 축(祝)

惟 歲次 干支 ○月 干支朔 ○日 干支 孝子 ○○
敢昭告于
顯考 學生府君
歲序遷易 甲日復至 生當有慶
沒寧敢忘 追遠感時 昊天罔極
謹以
淸酌庶羞 恭伸情禮   尙
饗

 이제 ○○년 ○○월 ○○일에 효자 ○○은 아버님 영전에 감히 밝혀 고합니다.
 세월이 흘러 어느덧 돌아가신 아버님의 회갑일이 돌아왔습니다. 살아 계셨으면 당연히 경사스런 일이온데, 돌아가셨다 하여 어찌 감히 잊을 수가 있겠습니까? 지난날의 아버님 은혜를 생각하오니 추모하고 감사하는 마음이 하늘과 같아 끝이 없사옵니다.
 삼가 맑은 술과 여러 음식을 차려, 공손히 올리옵고 정성의 예를 표하오니, 흠향하시기 바라옵니다.

17) 생신제(生辰祭) 축(祝) [홍암집(弘庵集)]

惟 歲次 干支 ○月 干支朔 ○日 干支 孝子 ○○
敢昭告于
顯考 學生府君
歲序遷易 生辰復遇 生當有慶
沒寧敢忘 追遠感時 昊天罔極
謹以
淸酌庶羞 恭伸情禮   尙
饗

이제 00년 00월 00일에 효자 00은 아버님 영전에 감히 밝혀 고합니다.

세월이 흘러 어느덧 아버님의 생신일이 돌아왔습니다. 살아 계셨으면 당연히 경사스런 일이온데, 돌아가셨다 하여 어찌 감히 잊을 수가 있겠습니까? 지난날의 아버님 은혜를 생각하오니 추모하고 감사하는 마음이 하늘과 같아 끝이 없사옵니다.

삼가 맑은 술과 여러 음식을 차려, 공손히 올리옵고 정성의 예를 표하오니, 흠향하시기 바라옵니다.

18) 녜제(禰祭) 축(祝)

惟 歲次 干支 0月 干支 朔 0日 干支 孝子 00
　　　　　　　　　　敢 昭 告 于

顯考 學生府君
顯妣 儒人 000 氏
　　今以季秋 成物之始
　　感時追慕 昊天罔極
　　　　　敢以
　　清酌庶羞 祗薦歲事　尙
饗

이제 00년 00월 00일에 효자 00은 부모님께 감히 밝혀 고합니다.

이제 가을도 깊어 만물이 무르익는 때를 맞아, 먼 옛날의 감회를 생각하니, 아버님 은혜가 하늘과 같아 끝이 없사옵니다.

삼가 맑은 술과 여러 음식을 차려, 공손히 세사를 올리오니, 흠향하시기 바라옵니다.

* 녜제(禰祭) : 가을에 부모님을 모신 사당에 고하는 일종의 추수감사 절사

19) 중상(重喪) 시(時) 성복(成服) 축(祝) : 부상(父喪) 중(中) 모상(母喪)을 당한 경우

惟 歲次 干支 0月 干支 朔 0日 干支 孤哀子 00
　　　　　　　　　　敢 昭 告 于

顯考 學生府君
　　罪逆甚重 先妣見背 將行衰(최)禮 不敢廢禮
　　心誰惶恐 暫解斬衰(최) 叩地叫天 哀呼罔極
　　　　　　　　　　　　　　　　　謹以
　　酒果 百拜告辭　　　　　　　尚
饗

　이제 00년 00월 00일에 고애자 00은 아버님 영전에 감히 밝혀 고합니다.
　죄역이 막중하여, 어머님께서 돌아가시어, 장차 상을 치르려 하나, 감히 예를 폐하지 못함으로, 마음은 비록 황공하오나, 잠시 참최복(父喪)을 벗어 놓으려니, 땅을 치고 하늘에 부르짖어도, 애통한 마음이 끝이 없사옵니다.
　삼가 술과 과일을 차려, 백번 절하옵고 고하오니, 흠향하시기 바랍니다.

20) 승중상(承重喪) 시(時) 성복(成服) 축(祝) : 부상(父喪) 중(中) 조부상(祖父喪)을 당한 경우

惟 歲次 干支 0月 干支朔 0日 干支 孤哀子 00
　　　　敢 昭 告 于
顯考 學生府君
　　誠未至極 祖考棄世 治喪凡百 禮不可廢
　　暫停事生之道 將行承重之禮 夙夜靡寧
　　昊天罔極　　　　　　　　謹以
　　酒果 虔告謹告

　이제 00년 00월 00일에 고애자 00은 아버님 영전에 감히 밝혀 고합니다.
　정성이 지극치 못하여, 할아버님이 세상을 버리심에, 상사를 치르는 여러 가지 예를 감히 폐할 수가 없습니다. 잠시 섬기는 도리를 멈추고, 장차 승중의 예를 행하려 하오니, 밤낮으로 마음이 평안치 못하여, 슬픔이 하늘과 같이 끝이 없사옵니다.
　삼가 술과 과일을 차려, 경건히 고하고 삼가 고합니다.

21) 시산제(始山祭) 축(祝)

惟歲次干支 ○月干支朔 ○日干支 ○○山岳會會長 ○○○
　　　　　　　敢昭告于
泰山之神
　　素好看山 竝愛自然 肢體鍛鍊
　　心身修養 登高攀壁 不辭險峻
　　伏惟 尊神 庶鑑微衷 寧加保裕
　　以安山行　　　　　謹以
　　酒果(酒餠脯果) 敬伸尊獻　尙
饗

이제 ○○년 ○○월 ○○일에 ○○ 산악회 회장 ○○○은 태산지신님께 감히 밝혀 고합니다.

산을 좋아하고 아울러 자연을 사랑하며, 몸을 단련하여 심신을 수양하며, 높은 곳과 암벽을 오르고, 험준한 곳을 사양하지 않습니다. 엎드려 비오니, 산신님께서는 너그럽게 보살펴주시고 돌보아주시어, 무사히 산행을 할 수 있도록 도와주시기 바랍니다.

삼가 술과 과일을 차려, 경건히 전을 올리오니, 흠향하시기 바라옵니다.

22) 기우제(祈雨祭) 축(祝)

惟歲次干支 ○月干支朔 ○日干支 幼學 ○○○
　　　　　　　敢昭告于
皇天后土之神　伏以
　　天地大有 好生之德 風救漢帝之難 雨救司馬之死
　　實非風雨之能 天地神明 好生之休 福善禍淫
　　果是天也 人間有咎 受殃可矣 草木昆蟲 何罪同死

伏惟 神明 大施好生之德 以濟萬物　謹以
(복유)(신명)(대시호생지덕)(이제만물)　(근이)

牲幣 俯賜欽典
(생폐)(부사흠전)

　이제 00년 00월 00일에 유학 000은 천지신명님께 감히 밝혀 고합니다.
　엎드려 생각건대, 하늘과 땅이 크게 호생지덕이 있는지라, 바람으로 한 무제의 어려움을 구원하였고, 비로 사마의 죽음을 구원하였으나, 실은 바람과 비의 능함이 아니라, 천지신명의 호생의 아름다움이니, 복되고 착하고 화가 되고 음란함이 과연 이 하늘의 뜻이옵니다.
　인간이 허물이 있으면 재앙을 받는 것이 가하오나, 초목과 곤충은 무슨 죄로 같이 죽어야 하나이까? 엎드려 바라오니 신명께서는 호생지덕을 크게 베푸시어 만물을 구제하여 주시기를 바라옵니다.
　삼가 희생과 폐백을 갖추어 제사 드리오니, 굽어 흠향하시고 은전을 내려 주시옵소서.

23) 종묘대제(宗廟大祭) 축(祝)4)

惟 歲次干支 0月干支朔 0日干支 宗廟祭禮保存會理事長 000
(유)(세차간지)(월간지삭)(일간지)(종묘제례보존회이사장)

敢 昭 告 于
(감)(소)(고)(우)

太祖 至仁啓運 應天肇統 廣勳永命 聖文神武 正義光德 高皇帝
(태조)(지인계운)(응천조통)(광훈영명)(성문신무)(정의광덕)(고황제)

承仁順聖 神懿高皇后 韓氏
(승인순성)(신의고황후)(한씨)

順元顯敬 神德高皇后 康氏　伏以
(순원현경)(신덕고황후)(강씨)　(복이)

節序易流 當玆令辰 寀增感慕 聊蕆明禮
(절서역유)(당자영신)(미증감모)(료천명례)

謹以
(근이)

牲幣醴齊 粢盛庶品 式陳明薦　　尙
(생폐예제)(자성서품)(식진명천)　(상)

饗
(향)

　이제 00년 00월 00일 종묘제례보존회 이사장 000은 태조고황제와 신의고황후, 신덕고황후께 감히 밝혀 고합니다.
　엎드려 생각건대, 절기와 차례가 바뀌어, 이 좋은 날을 가려, 느끼고 사모하는 마음이

---

4) 종묘제례보존회,『종묘제례』, 154쪽 참조.

더하여, 이에 힘입어 정결히 제사지내는 예를 갖추었습니다.

　삼가 희생과 폐백과 예제와 도량서직과 여러 제수를 차려, 의식에 따라 경건하고 정결하게 받들어 올리오니, 흠향하시기 바라옵니다.

24) 사직대제(社稷大祭) 축(祝) [태사(太社)][5]

惟 歲次干支 ○月干支朔 ○日干支 社稷大祭保尊會會長 ○○○
(유 세차간지 월간지삭 일간지 사직대제보존회회장)

敢昭告于
(감소고우)

太社之神　　　伏以
(태사지신)　　(복이)

德鉅載物 功崇立民 冀右享之 萬祿來申
(덕거재물 공숭입민 기우향지 불록래신)

謹以
(근이)

牲幣醴齊 粢盛庶品
(생폐예제 자성서품)

式陳明薦　　以
(식진명천)　(이)

后土句龍氏 配神作主　　尚
(후토구룡씨 배신작주)　(상)

饗
(향)

　이제 ○○년 ○○월 ○○일 사직대제보존회 회장 ○○○은 태사지신께 감히 밝혀 고합니다.

　엎드려 생각건대, 덕은 커서 만물을 싣고, 공은 높아 백성을 세우셨습니다. 보우하사 제향을 올리고자 하오니 복록을 내려주옵소서.

　삼가 희생과 폐백과 예제와 도량서직과 여러 제수를 차려, 의식에 따라 경건하고 정결하게 받들어 올리옵고, 후토구룡씨로서 배위의 신주를 삼았사오니, 흠향하시기 바라옵니다.

---

5) 이목춘, 『증보축문집람』, 198쪽 참조.

25) 사직대제(社稷大祭) 축(祝) [태직(太稷)]

惟 歲次干支 ○月干支朔 ○日干支 社稷大祭保尊會會長 ○○○

敢昭告于

太社之神　　　伏以

食爲民千 百穀用成

神其降監 黍稷惟馨

謹以

牲幣醴齊 粢盛庶品

式陳明薦　　　以

后稷氏 配神作主　　　尙

饗

이제 ○○년 ○○월 ○○일 사직대제보존회 회장 ○○○은 태직지신께 감히 밝혀 고합니다.

엎드려 생각건대, 식은 백성이 하늘처럼 소중히 여기는 것인데, 백곡이 성숙하였습니다.

삼가 희생과 폐백과 예제와 도량서직과 여러 제수를 차려, 의식에 따라 경건하고 정결하게 받들어 올리옵고, 후직씨로써 배위의 신주를 삼았사오니, 흠향하시기 바라옵니다.

26) 사직대제(社稷大祭) 축(祝) [후토(后土)]

惟 歲次干支 ○月干支朔 ○日干支 社稷大祭保尊會會長 ○○○

敢昭告于

后土氏之神　　　伏以

職專司土 載育萬物

是虔享祀 介以景福

$$\begin{matrix}&&\overset{근이}{謹以}\\\overset{생폐예제}{牲幣醴齊}&\overset{자성서품}{粢盛庶品}\\\overset{식진명천}{式陳明薦}&\overset{작주유신}{作主侑神}\end{matrix}$$

尙

饗

 이제 00년 00월 00일 사직대제보존회 회장 000은 후토지신께 감히 밝혀 고합니다.

 엎드려 생각건대, 직책이 오로지 흙을 맡아, 만물을 싣고 기르는 바, 경건하게 제사 드리고 비오니, 큰 복을 내리소서.

 삼가 희생과 폐백과 예제와 도량서직과 여러 제수를 차려, 의식에 따라 경건하고 정결하게 받들어 올리옵고, 신주로 삼고 신위로 모시오니, 흠향하시기 바라옵니다.

27) 사직대제(社稷大祭) 축(祝) [후직(后稷)]

_{유세차간지} _{월간지삭} _{일간지} _{사직대제보존회회장}
惟 歲次干支 0月干支朔 0日干支 社稷大祭保尊會會長 000

_{감 소 고 우}
敢 昭 告 于

$$\begin{matrix}\overset{후직씨지신}{后稷氏之神}&&\overset{복이}{伏以}\\&\overset{탄파가곡}{誕播嘉穀}&\overset{군려편육}{羣黎徧毓}\\&\overset{고예길촉}{顧豫吉蠋}&\overset{신석전곡}{申錫戩穀}\\&&\overset{근이}{謹以}\\&\overset{생폐예제}{牲幣醴齊}&\overset{자성서품}{粢盛庶品}\\&\overset{식진명천}{式陳明薦}&\overset{작주유신}{作主侑神}\end{matrix}$$

尙

饗

 이제 00년 00월 00일 사직대제보존회 회장 000은 후직지신께 감히 밝혀 고합니다.

 엎드려 생각건대, 씨 부려 가꾼 곡식이, 결실이 잘 되어, 모든 백성을 고루 잘 살게 해

주시었습니다. 미리미리 돌보아주심에 제사 드리오니, 복된 길을 밝혀 주시고, 거듭 복된 곡식을 내려 주소서.

　삼가 희생과 폐백과 예제와 도량서직과 여러 제수를 차려, 의식에 따라 경건하고 정결하게 받들어 올리오며, 신주로 삼고 신위로 모시오니, 흠향하시기 바라옵니다.

28) 환구기곡대제(圜丘祈穀大帝) 축(祝)6)

惟 歲次干支 0月干支朔 0日干支 圜丘大祭保尊會會長 000
敢 昭 告 于 皇天上帝 皇地祇
皇天上帝 皇地祇 曰 伏以
三陽開泰 盛德在寅 用祈康年 吉日維新
謹遵禮典 備玆禮燎　　　　　　恭以
玉帛犧齊 粢盛庶品 式陳明薦
太祖至仁啓運應天肇統廣勳永命聖文神武正義光德高皇帝配神 尚
饗

　이제 00년 00월 00일 사직대제보존회 회장 000은 황천상제(천신)와 황지기(후토지신)께 감히 밝혀 고합니다.

　황천상제(천신)와 황지기(후토지신)께옵서 음양의 조화를 이루어 만물을 소생시켜 풍요로움이 열리게 하시었으니 크고 훌륭한 덕을 공경하나이다. 오곡이 성숙하여 풍년의 해가 되기를 기원하오며, 길일인 첫 신일을 가리어, 삼가 예법에 따라, 정결하게 제사의 예를 갖추고자 합니다.

　공손히 아름다운 비단과 희생과 예제와 도량서직과 여러 제수를 차려, 의식에 따라 정결하게 받들어 올리오며, 태조 고황제를 배신(配神)의 신주로 삼았사오니, 흠향하시기 바라옵니다.

---

6) 전주이씨대동종약원, 『조선왕릉과 제례』, 77쪽 참조.

29) 환구동지대제(圜丘冬至大帝) 축(祝)

惟 歲次干支 ０月干支朔 ０日干支 圜丘大祭保尊會會長 ○○○
_{유 세차간지 　월간지삭 　일간지 　환구대제보존회회장}

敢 昭 告 于 皇天上帝 皇地祇
_{감 소 고 우 황천상제 황지기}

皇天上帝 皇地祇 曰 伏以
_{황천상제 황지기 왈 복이}

一陽初復 六氣乃享 是日南至 大德曰生
_{일양초복 육기내향 시일남지 대덕왈생}

謹遵禮典 備玆禋燎　　恭以
_{근준례전 비자인료　　공이}

玉帛犧齊 粢盛庶品 式陳明薦
_{옥백희제 자성서품 식진명천}

太祖 至仁啓運 應天肇統 廣勳永命 聖文神武 正義光德
_{태조 지인제운 응천조통 광훈영명 성문신무 정의광덕}

高皇帝 配神　　　　　　　　　尚
_{고황제 배신　　　　　　　　　상}

饗
_향

　이제 ○○년 ○○월 ○○일 사직대제보존회 회장 ○○○은 황천상제(천신)와 황지기(후토지신)께 감히 밝혀 고합니다.

　황천상제(천신)와 황지기(후토지신)님. 일양이 다시 처음으로 돌아와 육기를 다스려 이내 제사를 지내는 것이 바로 이 동지 날입니다. 넓고 큰 인덕을 생하게 하여 백성들이 생존할 수 있도록, 삼가 예법에 따라, 정결하게 제사의 예를 갖추고자 합니다.

　공손히 아름다운 비단과 희생과 예제와 도량서직과 여러 제수를 차려, 의식에 따라 정결하게 받들어 올리옵고, 태조 고황제를 배신(配神)의 신주로 삼았사오니, 흠향하시기 바라옵니다.

30) 능(陵) 기신제(忌辰祭) 축(祝) [건원릉(建元陵)]

惟 歲次干支 ０月干支朔 ０日干支 全州李氏大同宗約院理事長 ○○○
_{유 세차간지 　월간지삭 　일간지 　전주이씨대동종약원이사장}

敢 昭 告 于
_{감 소 고 우}

太祖 至仁啓運 應天肇統 廣勳永命 聖文神武 正義光德 高皇帝
_{태조 지인제운 응천조통 광훈영명 성문신무 정의광덕 고황제}

伏以
_{복이}

光陰易逝 諱辰再臨
聊葳菲儀 式表微忱
謹以
清酌庶羞 式陳明薦　尚

饗

　이제 00년 00월 00일 전주이씨 대동종약원 이사장 000은 태조 고황제께 감히 밝혀 고합니다.

　엎드려 생각하오니, 해가 바뀌어 고황제께서 돌아가신 날이 다시 돌아왔습니다. 마음에는 부족하오나, 의식을 갖추어 정성의 예를 표하고자 합니다.

　삼가 맑은 술과 여러 제수를 차려, 의식에 따라 정결하게 받들어 올리오니, 흠향하시기 바라옵니다.

8. 묘제(墓祭) 홀기(笏記)

- 初獻及諸執事參祀員墓庭序立 : 초헌과 모든 집사, 참사원은 묘정에 차례로 서시오.
- 執禮先拜就位 : 집례는 먼저 절하고 제자리로 가시오.

◆ 行 參神禮 : 참신례를 행하시오.

- 初獻以下皆參神再拜 : 초헌 이하 모두 참신 재배하시오.

◆ 行 降神禮 : 강신례를 행하시오.

- 諸執事盥洗各就位 : 모든 집사는 관세위에서 손을 씻고 각자 제 자리로 가시오.
- 左右執事詣神位前陳饌 : 좌우집사는 신위 앞에 나아가 제찬을 진설하시오.
- 初獻盥洗陞東階詣香案前跪 : 초헌관은 손을 씻고 동계로 올라가서 향안 앞에 나아가 꿇어앉으시오.
- 奉香奉爐進跪于初獻之左右 : 봉향 봉로는 초헌의 좌우에 나아가 꿇어앉으시오.
- 三上香再拜 : 3번 향을 올리고 재배하시오.
- 仍詣香案前跪 : 초헌은 다시 향안 앞에 꿇어앉으시오.
- 司罇奉酒注進跪于初獻之右 : 사준은 술병을 받들고 초헌의 오른쪽에 꿇어앉으시오.
- 左執事奉盞盤進跪于初獻之左 : 좌집사는 고위의 잔반을 받들고 초헌의 왼쪽으로 나아가 꿇어앉으시오.
- 初獻受盞盤 : 초헌은 잔반을 받으시오.
- 司罇酌酒 : 사준은 술을 따르시오.
- 初獻灌于茅上 : 초헌은 모사에 술을 따르시오(모두 비운다).
- 左執事受盞盤還置故處 : 좌집사는 잔반을 제자리에 놓으시오.

- 初獻再拜降復位 : 초헌은 재배하고 제자리로 내려가시오.

◆ 行 初獻禮 : 초헌례를 행하시오.

- 初獻陞東階詣香案前跪 : 초헌은 동계로 올라가서 향안 앞에 나아가 꿇어앉으시오.
- 司罇奉酒注進跪于初獻之右 : 사준은 술병을 받들고 초헌의 오른쪽에 꿇어앉으시오.
- 左執事奉考位盞盤進跪于初獻之左 : 좌집사는 고위의 잔반을 받들고 초헌의 왼쪽으로 나아가 꿇어앉으시오.
- 初獻受盞盤 : 초헌은 잔반을 받으시오.
- 司罇酌酒 : 사준은 술을 따르시오.
- 初獻三祭于茅上 : 초헌은 모사 위에 약간씩 술을 3번 따르시오.
- 左執事奉盞盤奠于神位前 : 좌집사는 잔반을 받들어 신위 앞에 올리시오.
- 右執事奉妣位盞盤進跪于初獻之右 : 우집사는 비위의 잔반을 받들고 초헌의 오른쪽에 꿇어앉으시오.
- 初獻受盞盤 : 초헌은 잔반을 받으시오.
- 司罇酌酒 : 사준은 술을 따르시오
- 初獻三祭于茅上 : 초헌은 모사 위에 약간씩 술을 3번 따르시오.
- 右執事奉盞盤奠于神位前 : 우집사는 잔반을 받들어 신위 앞에 올리시오.
- 右執事奉肝炙(肉炙)跪授初獻 : 우집사는 간적을 받들고 꿇어앉아 초헌에 주시오.
- 初獻奉肝炙(肉炙)授左執事 : 초헌은 간적을 받들어 좌집사에게 주시오.
- 左執事奉肝炙(肉炙)奠于神位前啓飯蓋 : 좌집사는 간적을 받들어 신위 앞에 올리고 메의 뚜껑을 열어 놓으시오.
- 初獻俯伏興少退跪 : 초헌은 부복했다 일어나 조금 뒤로 물러나 꿇어앉으시오.

- 初獻以下皆俯伏 : 초헌 이하는 모두 부복하시오.
- 大祝礎獻之左東向跪讀祝 : 대축은 초헌의 왼편에서 동쪽을 향하고 꿇어앉아 축을 읽으시오.
- 初獻以下興平身 : 초헌 이하는 모두 일어나시오.
- 初獻再拜降復位 : 초헌은 재배하고 제자리로 내려가시오.
- 左右執事退酒器撤酒還置故處 : 좌우집사는 잔반의 술을 퇴주기에 따르고 제자리에 놓으시오.

◆ 行 亞獻禮 : 아헌례를 행하시오.

- 亞獻盥洗陞東階詣香案前跪 : 아헌은 관세위에 손을 씻고 동계로 올라가서 향안 앞에 나아가 꿇어앉으시오.
- 司罇奉酒注進跪于亞獻之右 : 사준은 술병을 받들고 아헌의 오른쪽에 꿇어앉으시오.
- 左執事奉考位盞盤進跪于亞獻之左 : 좌집사는 고위의 잔반을 받들고 아헌의 왼쪽으로 나아가 꿇어앉으시오.
- 亞獻受盞盤 : 아헌은 잔반을 받으시오.
- 司罇酌酒 : 사준은 술을 따르시오.
- 亞獻三祭于茅上 : 아헌은 모사 위에 약간씩 술을 3번 따르시오.
- 左執事奉盞盤奠于神位前 : 좌집사는 잔반을 받들어 신위 앞에 올리시오.
- 右執事奉妣位盞盤進跪于亞獻之右 : 우집사는 비위의 잔반을 받들고 아헌의 오른쪽에 꿇어앉으시오.
- 亞獻受盞盤 : 아헌은 잔반을 받으시오.
- 司罇酌酒 : 사준은 술을 따르시오.
- 亞獻三祭于茅上 : 아헌은 모사 위에 약간씩 술을 3번 따르시오.

- 右執事奉盞盤奠于神位前 : 우집사는 잔반을 받들어 신위 앞에 올리시오.
- 右執事奉肉炙(鷄炙)跪授亞獻 : 우집사는 육적(계적)을 받들고 꿇어앉아 아헌에게 주시오.
- 亞獻奉肉炙(鷄炙)授左執事 : 아헌은 육적(계적)을 받들어 좌집사에게 주시오.
- 左執事奉肉炙(鷄炙)加奠于肝炙之上 : 좌집사는 육적(계적)을 받들어 간적 위에 올리시오.
- 亞獻再拜降復位 : 아헌은 재배하고 제자리로 내려가시오.
- 左右執事退酒器撤酒還置故處 : 좌우집사는 잔반의 술을 퇴주기에 따르고 제자리에 놓으시오.

◆ 行 終獻禮 : 종헌례를 행하시오.

- 終獻盥洗陞東階詣香案前跪 : 종헌은 관세위에 손을 씻고 동계로 올라가서 향안 앞에 나아가 꿇어앉으시오.
- 司罇奉酒注進跪于終獻之右 : 사준은 술병을 받들고 종헌의 오른쪽에 꿇어앉으시오.
- 左執事奉考位盞盤進跪于終獻之左 : 좌집사는 고위의 잔반을 받들고 종헌의 왼쪽으로 나아가 꿇어앉으시오.
- 終獻受盞盤 : 종헌은 잔반을 받으시오.
- 司罇酌酒 : 사준은 술을 따르시오.
- 終獻三祭于茅上 : 종헌은 모사 위에 약간씩 술을 3번 따르시오.
- 右執事奉盞盤奠于神位前 : 우집사는 잔반을 받들어 신위 앞에 올리시오.
- 右執事奉妣位盞盤進跪于種獻之右 : 우집사는 비위의 잔반을 받들고 종헌의 오른쪽에 꿇어앉으시오.
- 終獻受盞盤 : 종헌은 잔반을 받으시오.

- 司罇酌酒 : 사준은 술을 따르시오.

- 終獻三祭于茅上 : 종헌은 모사 위에 약간씩 술을 3번 따르시오.

- 右執事奉盞盤奠于神位前 : 우집사는 잔반을 받들어 신위 앞에 올리시오.

- 右執事奉魚炙跪授終獻 : 우집사는 어적을 받들고 꿇어앉아 종헌에게 주시오.

- 終獻奉魚炙授左執事 : 종헌은 어적을 받들어 좌집사에게 주시오.

- 左執事奉魚炙加奠于肉炙之上 : 좌집사는 어적을 받들어 육적 위에 올리시오.

- 終獻再拜降復位 : 종헌은 재배하고 제자리로 내려가시오.

◆ 行 侑食禮 : 유식례를 행하시오.

- 初獻陞東階詣香案前跪 : 초헌은 동계로 올라가서 향안 앞에 나아가 꿇어앉으시오.

- 司罇奉酒注跪授初獻 : 사준은 술병을 받들고 꿇어앉아 초헌에게 주시오.

- 初獻奉酒注授左執事 : 초헌은 술병을 받들어 좌집사에게 주시오.

- 左右執事執酒注擧袖致敬詣神位前酌酒于盞盤皆滿 : 좌우집사는 술병을 잡고 소매를 들어 올려 경모의 뜻을 나타내며 신위 앞에 나아가 잔에 술을 넘치도록 따르시오.

- 左右執事揷匙(扱匕)飯中西柄正箸 : 좌우집사는 메에 숟가락을 꽂고 젓가락의 자루가 서쪽으로 가도록 놓으시오.

- 初獻再拜降復位 : 초헌은 재배하고 제자리로 돌아가시오.

- 初獻以下俯伏少頃 : 초헌 이하는 잠시 부복하시오.

- 初獻以下興平身 : 초헌 이하 일어나시오.

- 左右執事撤羹奉茶(代以水)奠于神位前 : 좌우집사는 국을 내리고 갱수를 받들어 신위 앞에 올리시오.

- 初獻以下序立肅俟少頃 : 초헌 이하는 차례로 서서 잠시 머리를 숙여 묵념하시오.

- 初獻以下平身 : 초헌 이하는 몸을 바로 서시오.

- 左右執事撤匙箸合飯蓋 : 좌우집사는 수저를 걷고 메 뚜껑을 덮으시오.

- 諸執事降復位 : 좌우집사는 제자리로 내려가시오.

- 初獻陞東階上西向立 : 초헌은 동계로 올라가서 서쪽을 향하여 서시오.

- 大祝陞西階上東向立 : 대축은 서계로 올라가서 동쪽을 향하여 서시오.

- 告利(禮)成 : 이성을 고하다.

- 初獻大祝降復位 : 초헌과 대축은 제자리로 내려가시오.

- 初獻以下皆再拜 : 초헌 이하는 모두 사신 재배하시오.

- 大祝初獻焚祝 : 대축과 초헌은 축문을 사르시오.

- 左右執事撤饌 : 좌우집사는 제찬을 거두시오.

9. 기제(忌祭) 홀기(笏記)

- 主人以下序立 : 주인 이하는 차례로 나와 제자리에 서시오.
- 執事者考妣位前點燭降復位 : 서집사는 고위 앞에 점촉하고 동집사는 비위 앞에 점촉하고 제자리로 돌아가시오.

◆ 行 降神禮 : 강신례를 행하시오.

- 主人陞詣考妣位前主人揖跪 : 주인은 향안 앞에 나아가 읍하고 꿇어앉으시오.
- 主人三上香俛伏興再拜 : 주인은 3번 향을 올리고 일어나 재배하시오.
- 執事者開酒取巾拭瓶口實酒于注 主人之右西向立 : 동집사는 술병을 열어 수건으로 병 입구를 닦고 술을 주전자에 부어 주인의 우측에 서향해 서시오.
- 執事者取卓上盞盤立于主人之左 : 서집사는 탁상에 있는 강신잔반을 들고 주인의 좌측에서 동향해 서시오.
- 主人及執事者皆跪 : 주인과 집사자는 모두 꿇어앉으시오.
- 執事者進盞盤主人 : 서집사는 강신잔반을 주인에게 주시오.
- 執事者斟酒于盞 : 동집사는 잔에 술을 따르시오.
- 主人左手執盤右手執盞灌盡傾盞于茅上 : 주인은 왼손으로 잔대를 잡고 오른손으로 잔을 잡아 술을 모사기 위에 3번 나누어 모두 다 따르시오.
- 以盞授執事者主人執事者皆俛伏興 : 주인은 잔반을 서집사에게 주고 주인과 집사자는 모두 일어나시오.
- 執事者反注及盞盤於故處先降復位 : 집사자는 잔반과 주전자를 제자리에 놓고 먼저 자리로 돌아가시오.
- 主人再拜降復位 : 주인은 재배하고 제자리로 돌아가시오.

◆ 行 參神禮 : 참신례를 행하시오.

- 主人以下皆參神再拜 : 주인 이하는 모두 참신 재배하시오.

◆ 行 初獻禮 : 초헌례를 행하시오.

- 主人陞詣考妣位前揖跪 : 주인은 향안 앞에 나아가 읍한 후 꿇어앉으시오.
- 執事者亦考妣位前揖東西向立 : 집사자 역시 향안 앞에 나아가 읍한 후 좌우에 서시오.
- 執事者奉考位盞盤授主人執事者執注斟酒于盞盤 : 서집사는 고위잔반을 받들어 주인에게 주고 동집사는 주전자를 집어 고위잔반에 술을 따르시오.
- 主人奉考位盞盤左手執盤右手執盞三祭于茅上以盞盤授執事者 : 주인은 고위잔반을 받들어 왼손으로 잔대를 잡고 오른손으로 잔을 잡아 모사기 위에 조금씩 3번을 따라 좨주하고 잔반을 서집사에게 주시오.
- 執事者授考位盞盤反之故處降復位 : 서집사는 고위잔반을 받아 원래 자리에 놓고 제자리로 돌아가시오.
- 次執事者奉妣位盞盤授主人執事者執注斟酒于盞盤 : 이어서 서집사는 비위잔반을 받들어 주인에게 주고 동집사는 주전자를 집어 비위잔반에 술을 따르시오.
- 主人奉妣位盞盤左手執盤右手執盞三祭于茅上以盞盤授執事者 : 주인은 비위잔반을 받들어 왼손으로 잔대를 잡고 오른손으로 잔을 잡아 모사기 위에 조금씩 3번을 따라 좨주하고 잔반을 서집사에게 주시오.
- 執事者授妣位盞盤反之故處降復位 : 서집사는 비위잔반을 받아 원래 자리에 놓고 제자리로 돌아가시오.
- 執事者考妣位前啓飯蓋置其南降復位 : 집사자는 고비위 앞에 나아가 서집사는 고위 반갱(탕)의 덮개를 열어 그 앞에 놓고 제자리로 돌아가고 동집사는 비위 반갱(탕)의 덮개를 열어 그 앞에 놓고 제자리로 돌아가시오.
- 祝主人之左取板東向跪 : 축관은 주인의 왼쪽으로 나아가 동쪽을 향해 꿇어앉으시오.

- 主人以下皆俯伏 : 주인 이하 모두 꿇어앉으시오.
- 祝讀祝畢置板於香案卓上 : 축관은 독축하고 축을 마치면 소탁 위에 놓으시오.
- 主人以下皆伏肅俟小頃興平身祝降復位 : 주인 이하는 모두 업드려 잠시 엄숙히 묵념 후 일어나고, 축관은 제자리로 돌아가시오.
- 主人再拜 : 주인은 재배하시오.
- 主人以退酒器北向立 : 주인은 퇴주기를 두 손으로 들고 향안상 앞에 나아가 북향해 서시오.
- 執事者以退酒器撤酒置盞故處降復位 : 서집사는 고위잔반을, 동집사는 비위잔반을 받들어 퇴주기에 술을 거두고 잔반을 제자리에 놓고 제자리로 돌아가시오.
- 主人降復位 : 주인은 제자리로 돌아가시오.

◆ 行 亞獻禮 : 아헌례를 행하시오.

- 主婦陞詣考妣位前屈身禮跪 : 주부는 향안상 앞에 나아가 북향하여 굴신례한 후 꿇어 앉으시오.
- 執事者亦考妣位前揖東西向立 : 집사자 역시 향안 앞에 나아가 읍한 후 좌우에 서시오.
- 執事者奉考位盞盤授主婦執事者執注斟酒于盞盤 : 서집사는 고위잔반을 받들어 주부에게 주고 동집사는 주전자를 집어 고위잔반에 술을 따르시오.
- 主婦奉考位盞盤左手執盤右手執盞三祭于茅上以盞盤授執事者 : 주부는 고위잔반을 받들어 왼손으로 잔대를 잡고 오른손으로 잔을 잡아 모사기 위에 조금씩 3번을 따라 줴주하고 잔반을 서집사에게 주시오.
- 執事者授考位盞盤反之故處降復位 : 서집사는 고위잔반을 받아 원래 자리에 놓고 제자리로 돌아가시오.
- 次執事者奉妣位盞盤授主婦執事者執注斟酒于盞盤 : 이어서 서집사는 비위잔반을 받들어 주부에게 주고 동집사는 주전자를 집어 비위잔반에 술을 따르시오.

- 主婦奉妣位盞盤左手執盤右手執盞三祭于茅上以盞盤授執事者 : 주부는 비위잔반을 받들어 왼손으로 잔대를 잡고 오른손으로 잔을 잡아 모사기 위에 조금씩 3번을 따라 좨주하고 잔반을 서집사에게 주시오.
- 執事者授妣位盞盤反之故處降復位 : 서집사는 비위잔반을 받아 원래 자리에 놓고 제자리로 돌아가시오.
- 主婦俛伏復興再拜 : 주부는 부복 후 일어나 재배하시오.
- 主婦以退酒器北向立 : 주부는 퇴주기를 두 손으로 들고 향안상 앞에 나아가 북향해 서시오.
- 執事者以退酒器撤酒置盞故處降復位 : 서집사는 고위잔반을, 동집사는 비위잔반을 받들어 퇴주기에 술을 거두고 잔반을 제자리에 놓고 제자리로 돌아가시오.
- 主婦降復位 : 주인은 제자리로 돌아가시오.

◆ 行 終獻禮 : 종헌례를 행하시오.

- 終獻陞詣考妣位前揖跪 : 종헌은 향안상 앞에 나아가 북향하여 읍한 후 꿇어앉으시오.
- 執事者亦考妣位前揖東西向立 : 집사자 역시 향안 앞에 나아가 읍한 후 좌우에 서시오.
- 執事者奉考位盞盤授終獻執事者執注斟酒于盞盤 : 서집사는 고위잔반을 받들어 종헌에게 주고 동집사는 주전자를 집어 고위잔반에 술을 따르시오.
- 終獻奉考位盞盤左手執盤右手執盞三祭于茅上以盞盤授執事者 : 종헌은 고위잔반을 받들어 왼손으로 잔대를 잡고 오른손으로 잔을 잡아 모사기 위에 조금씩 3번을 따라 좨주하고 잔반을 서집사에게 주시오.
- 執事者授考位盞盤反之故處降復位 : 서집사는 고위잔반을 받아 원래 자리에 놓고 제자리로 돌아가시오.
- 次執事者奉妣位盞盤授終獻執事者執注斟酒于盞盤 : 이어서 서집사는 비위잔반을 받들어 종헌에게 주고 동집사는 주전자를 집어 비위잔반에 술을 따르시오.

- 終獻奉妣位盞盤左手執盤右手執盞三祭于茅上以盞盤授執事者 : 종헌은 비위잔반을 받들어 왼손으로 잔대를 잡고 오른손으로 잔을 잡아 모사기 위에 조금씩 3번을 따라 줴주고 잔반을 서집사에게 주시오.
- 執事者授妣位盞盤反之故處降復位 : 서집사는 비위잔반을 받아 원래 자리에 놓고 제자리로 돌아가시오.
- 終獻俛伏興再拜降復位 : 종헌은 부복 후 일어나 재배하고 제자리로 돌아가시오.

◆ 行 侑食禮 : 유식례를 행하시오.

- 主人主婦陞東階詣香案前揖屈身禮 : 주인과 주부는 동계로 올라가서 향안 앞에 나아가 읍하고 굴신례를 하시오.
- 主人執酒注添酌考妣位盞盤立於香案前北向 : 주인은 주전자를 잡고 고비위 술잔에 첨작을 한 후 향안 앞에서 북향해 서시오.
- 主婦詣扱匕飯中西柄正箸正之於楪中立於香案前北向 : 주부는 나아가 메에 숟가락을 꽂고 젓가락 자루가 서쪽으로 가도록 시저접 위에 놓은 후 향안 앞에서 북향해 서시오.
- 主人主婦皆再拜降復位 : 주인과 주부는 모두 재배하고 제자리로 돌아가시오.
- 祝闔門(無門處降簾或屛幃)主人以下皆立於門東西向 : 축관은 병풍을 치고 주인 이하 남자 참사자는 모두 차례로 문의 동쪽에서 서향해 서시오.
- 主婦以下皆立於門西東向 : 주부 이하 여자 참사자는 모두 차례로 문의 서쪽에서 동향해 서시오.
- 尊長卽少休於他所 : 존장자는 잠시 다른 곳에서 휴식을 취하시오.
- 祝聲三噫歆啓門主人以下皆降復位 : 축관은 3번 기침을 하여 계문을 하고 주인 이하는 모두 제자리로 돌아가시오.
- 主人主婦陞撤羹奉茶(代以水)考妣位前奠于撤羹處 : 주인은 고비위 갱(국)을 내리고, 주부는 갱을 내린 자리에 대신 차(물)를 받들어 올리시오.

- 主人主婦皆俯伏興再拜 : 주인과 주부는 모두 부복 후 일어나 재배하시오.

- 左右執事撤匙箸合飯蓋 : 좌우집사는 수저를 걷고 메 뚜껑을 덮으시오.

- 主人以下皆再拜 : 주인 이하는 모두 사신(辭神) 재배하시오.

- 大祝主人焚祝 : 대축과 주인은 축문을 사르시오.

- 執事者撤饌 : 집사자는 제찬을 거두시오.

- 飮福 : 제사에 참례한 자손들은 제수를 나누어 먹으며 조상의 음덕을 기리시오.

편저자 약력 양 무 석

- 충남대학교 철학과 학사
- 동국대학교 일반대학원 철학과 박사
- 장례지도사 자격검정원장
- 전국장례지도학과교수협의회장
- (사) 늘푸른장사문화원 이사
- (사) 각당 죽음준비지도자과정교육 이수
- (국) 대전현충원 현충발전자문위원
- 종묘대체, 사직대체, 왕릉제향 전승교육 이수
- 현 대전보건대학교 장례지도과 교수
- 충남대학교 일반대학원 철학과 석사
- 충남대, 한남대, 대전대, 청주대, 침신대 등에서 강의
- 한국장례문화학회 부회장
- 한국동서철학회 이사
- (재) 한국장례문화진흥원 교육홍보위원
- (사) 한국웰다잉협회심화교육과정 이수
- 보건복지부 <자연장모형개발연구> 심사위원
- 대전광역시 노인정책개발위원

편저자 약력 김 철 재

- 대전보건대학 장례지도과 전문학사
- 한남대학교 일반대학원 경영학과 석사
- 현 대전보건대학교 장례지도과 학과장
- 한남대학교 경영학과 학사
- 배재대학교 일반대학원 조경학과 박사

장례용어

인 쇄 | 2025년 2월 25일
발 행 | 2025년 2월 25일

편저자 | 양무석·김철재
발행인 | 박상규
발행처 | **도서출판 보성**

주 소 | 대전광역시 동구 태전로126번길 6
전 화 | (042) 673-1511
팩 스 | (042) 635-1511
E-mail | bspco@hanmail.net
등록번호 | 61호
ISBN 978-89-6236-175-9 03190

정가 25,000원